Digital Analytics

Marco Hassler

Digital Analytics

mit Google Analytics und Co.

mitp

Bibliografische Information der Deutschen Nationalbibliothek
Die Deutsche Nationalbibliothek verzeichnet diese Publikation in der Deutschen Nationalbibliografie; detaillierte bibliografische Daten sind im Internet über http://dnb.d-nb.de abrufbar.

Bei der Herstellung des Werkes haben wir uns zukunftsbewusst für umweltverträgliche und wiederverwertbare Materialien entschieden.

Der Inhalt ist auf elementar chlorfreiem Papier gedruckt.

ISBN 978-3-7475-0748-3

6. Auflage 2023

www.mitp.de

E-Mail: mitp-verlag@sigloch.de
Telefon: +49 7953 / 7189 - 079
Telefax: +49 7953 / 7189 - 082

eco zoom
natureOffice.com/DE-077-529981
CO2e-emissions compensated

Lektorat: Sabine Schulz
Sprachkorrektorat: Petra Heubach-Erdmann
Coverbild: © wacomka / stock.adobe.com
Satz: III-satz, Kiel, www.drei-satz.de
Druck: Medienhaus Plump GmbH, Rheinbreitbach

Inhaltsverzeichnis

Über den Autor

Marco Hassler hat Betriebswirtschaft an der Universität St. Gallen studiert und arbeitet heute als Senior Principal Consultant bei Merkle, einem führenden Dienstleister für datengetriebenes Customer Experience Management. Er berät Großunternehmen beim Einsatz von Marketing-Technologien und Daten für ein erfolgreicheres Marketing und ist auf die Themenbereiche Marketing Automation, Customer Experience und Digital Analytics spezialisiert. Seit über 20 Jahren ist er im Digital-Bereich tätig und war über lange Zeit Mitinhaber der Digitalagentur *Namics*, deren Auf- und Ausbau im deutschsprachigen Raum er mitgeprägt hat. Seit 1998 befasst er sich mit Web-Statistik im herkömmlichen Sinn und seit 2002 mit den betriebswirtschaftlich orientierten und aufs Marketing fokussierten Methoden von Web Analytics. Während dieser Zeit hat er in zahlreichen Unternehmen die Einführung und Nutzung verschiedener Analytics-Produkte wie jene von Google, Adobe, Matomo, Webtrekk oder Webtrends begleitet.

Herr Hassler engagiert sich sowohl als Autor diverser Fachartikel und Whitepapers zu Analytics-Themen wie auch als Speaker an Fachkonferenzen und als Hochschuldozent. Er ist überdies Autor des Buches »Von Data-driven zu People-based Marketing«, das datenbasierte Marketing-Strategien vor dem Hintergrund steigender datenschutzrechtlicher Anforderungen beleuchtet.

Weitere Informationen über den Autor finden sich auf LinkedIn unter `www.linkedin.com/in/marcohassler`. Für Anregungen und Fragen ist er über die E-Mail-Adresse `marco.hassler@gmail.com` oder auf X unter `@mhassler` zu erreichen.

Vorwort

Als Google im November 2005 das kostenlose Analytics-System Google Analytics auf den Markt brachte, sorgte das für Aufruhr. Web Analytics war bis dato ein Nischenmarkt. Es gab zwar diverse Anbieter, vornehmlich aus dem US-amerikanischen Raum, doch die Verbreitung der unterschiedlichen Tools und der Umgang damit waren einigen wenigen Experten vorbehalten.

War Web Analytics früher eher in den IT-Abteilungen der Unternehmen angesiedelt, haben einfachere Implementierungsmechanismen und vor allem eine leichtere Usability der Benutzeroberflächen dazu geführt, dass Web Analytics auch für die Marketingabteilungen und Management-Ebenen zunehmend nutzbar wird. Dennoch steckt Web Analytics bei vielen Unternehmen immer noch in den Kinderschuhen.

Das Problem: In vielen Fällen reicht es nicht aus, lediglich ein Analytics-System auf einer Website einzubauen. Die eigentliche Arbeit beginnt bereits vorher mit diversen, individuellen businessabhängigen Fragestellungen. Für welches Tool entscheide ich mich? Welche Kosten kommen auf mich zu? Welche Eigenarten haben die Tools? Was möchte ich überhaupt messen? Welche Ziele verfolge ich mit meiner Website? Welche Aktionen kann ich aus den generierten Zahlen ableiten? Wer muss involviert werden? Welche Kennziffern sind wichtig?

Diese Prozesse sind notwendig, um aus Web Analytics einen wirklichen Mehrwert zu generieren. Hierzu benötigt man fundiertes Wissen und die entsprechenden Hintergründe. Dieses Buch ist ein Kompendium zum Thema Web Analytics, das sämtliche Themengebiete aus dem Bereich abdeckt. Angefangen mit Begriffserklärungen über die technischen Eigenschaften und Eigenarten von Web Analytics bis hin zur operativen Anwendung in Unternehmen. Ein ergiebiges Nachschlagewerk für Web-Analysten, Online-Marketers und Website-Betreiber, die das Ziel haben, mehr aus ihrer Website zu machen. Mehr Umsatz, mehr Erfolg.

Der Bereich der Trafficgenerierung ist schon recht weit professionalisiert. Suchmaschinenwerbung (SEM), Affiliateprogramme, Newslettermarketing, Display-Ads und Suchmaschinenoptimierung (SEO) sind mittlerweile in den meisten Unternehmen angekommen. Viel Geld wird hier ausgegeben. Studien und Experten sagen voraus, dass in nicht allzu ferner Zukunft die Werbeausgaben für das Online-Marketing die Ausgaben für TV-Werbung übersteigen werden. Mittlerweile verbringen viele Menschen mehr Zeit im Internet als vor dem Fernsehen – ein deutlicher Indikator der Wichtigkeit dieses Mediums. Dieser Trend wird eher zu- als abnehmen.

Die reine Generierung von Traffic reicht allerdings nicht aus. Eine Erhöhung des Traffics einer beliebigen Website beispielsweise über Suchmaschinenwerbung von zehn Prozent bedeutet nicht, dass auch der Umsatz um zehn Prozent steigt. Eine genauere Analyse nicht nur der Quantität, sondern vor allem der Qualität des Traffics kann zu Erkenntnissen und damit zu einer Ableitung von Aktionen führen. Aber auch die Gestaltung, der Inhalt und die Navigation der eigenen Website sollten hinterfragt werden. Fragen wie »Welche Traffic-Quelle bringt am meisten Umsatz?«, »Welches Keyword bringt die engagiertesten Besucher?«, »Auf welchen Seiten landen die User?« oder »Welcher Schritt innerhalb eines Bestellprozesses führt dazu, dass User den angestrebten Kauf nicht durchführen?« können beantwortet und zu entsprechenden Handlungsanweisungen umgesetzt werden. Schafft es eine Website durch Änderungen und Optimierungen bei gleicher Anzahl der User, zehn Prozent mehr Abschlüsse zu erzielen, hat dies direkten positiven Einfluss auf den Umsatz.

Web Analytics sollte innerhalb eines Unternehmens einen hohen Stellenwert besitzen und vom Management nach vorn getrieben werden. Die Zeiten, in denen sich einige wenige Mitarbeiter in der IT-Abteilung damit auseinandersetzten, sind vorbei – Web Analytics hat eine ähnliche Wichtigkeit wie die Controlling-Abteilung und betrifft das gesamte Unternehmen; Marketing, IT, HR etc. Die Wichtigkeit des Online-Kanals ist hinlänglich bekannt. Nun liegt es an den Unternehmen, aus den vielfältigen Möglichkeiten des Internets reellen und nachhaltigen (Mehr-) Umsatz zu machen. Die technischen Möglichkeiten sind fortgeschritten – anders als zu Zeiten des Internet-Hypes können heute mit Hilfe von Web Analytics fundierte Entscheidungen getroffen werden, die den Geschäftsverlauf nachhaltig positiv beeinflussen.

Mittlerweile gibt es weltweit mehr als vierzig Millionen Google-Analytics-Konten. Ich bezweifle, dass die Mehrheit dieser Konten aktiv genutzt wird und relevante Erkenntnisse aus den einfließenden Daten gewonnen werden. Aus vielen Kundengesprächen weiß ich, dass oftmals die internen Ressourcen fehlen, mitunter aber auch einfach das Wissen. Viele User fragen sich schlichtweg, »Wie fange ich mit Web Analytics an?«

Bei genau dieser Frage setzt dieses Buch an. Ohne zu sehr auf technische Details einzugehen, vermittelt Marco Hassler nützliches Hintergrundwissen, das Web Analytics in Ihrem Unternehmen professionalisieren kann. Sämtliche Aspekte von Web Analytics, inklusive ihrer Vor- und Nachteile, werden in verständlicher Art und Weise dargestellt. Diverse Grafiken und Screenshots unterschiedlicher Analytics-Systeme helfen beim Verständnis. Ziel dieses Buches ist es, konkrete Kenntnisse zu vermitteln und wertvolle praxisorientierte Tipps zu geben. Ein Muss für jeden Web-Analysten.

Timo Aden

Managing Director, Digitl, www.digitl.net

Einleitung

Websites, Apps oder Portale sind äußerst facettenreich. Bei der Gestaltung eines erfolgreichen Auftritts in diesen digitalen Kanälen muss man deshalb zahlreiche Aspekte aus den unterschiedlichsten Perspektiven berücksichtigen. Dazu zählen Themengebiete wie Usability, Customer Centricity, Suchmaschinenoptimierung, Social Media, Digital Marketing, Branding, User Experience oder eben auch Analytics.

Entscheidend für das Verständnis ist dabei, dass es sich bei all den Themen nicht um etwas anderes, sondern nur um einen anderen Blickwinkel auf immer dasselbe Objekt – die Website oder einen anderen digitalen Kanal – handelt. Bei der User Experience ist es der Blick durch die Erlebnis-Brille des Benutzers, bei der Suchmaschinenoptimierung jener durch die der Suchmaschine.

Bildlich ausgedrückt kann man sich eine Website so auch als Würfel vorstellen, bei dem jede Fläche einen der Blickwinkel darauf darstellt. Wer dann zum Beispiel Usability oder Branding nur aus der betreffenden Sicht betreibt und die anderen Dimensionen vernachlässigt, wird mit einer Website nie erfolgreich werden.

Genauso verhält es sich mit der Sicht »Analytics«. Wer Analytics nur zum Selbstzweck und aus Liebe zu harten Zahlen und aussagekräftigen Auswertungen betreibt, der bleibt in der zweidimensionalen Ansicht gefangen. Erst wenn man auch die anderen Sichten in die Betrachtungen mit einbezieht, wird man eine Website in ihrem vollen, dreidimensionalen Umfang beleuchten und einen wirklichen Mehrwert ableiten können.

Ziel dieses Buches ist es deshalb, nicht nur Analytics für sich allein zu betrachten, sondern auch die anderen Dimensionen und Themenbereiche in die Betrachtungen mit einzuschließen und so eine umfassende Sicht auf eine Website, eine App oder einen anderen digitalen Kanal zu erlangen. Sie werden deshalb in diesem Buch keine Analytics-Kennzahlen-Schlacht vorfinden, sondern die integrierte Betrachtung einer Website mit Analytics als Ausgangsdimension. Die Tangierung und Behandlung anderer Themenbereiche wie eben Usability, Suchmaschinenoptimierung oder User Experience gehört selbstverständlich mit dazu. Das Ganze erfolgt in der Überzeugung, dass man sich nur so dem eigentlichen Ziel nähern kann – nämlich der Gestaltung von für alle Beteiligten erfolgreicheren Websites.

An wen sich das Buch richtet

Dieses Buch richtet sich denn auch an all jene, die datengetrieben ein noch besseres und erfolgreiches Website-Erlebnis anbieten möchten. Dazu zählen beispielsweise:

- Marketing-Verantwortliche, die mehr Besucher auf die Website bringen und sie da zu einer bestimmten Aktivität bewegen möchten. Sie werden dieses Buch nutzen können, um herauszufinden, welche der Marketing-Aktivitäten am besten bei den einzelnen Zielgruppen ankommt und wie man Besucher am erfolgversprechendsten anspricht.
- Inhaltsverantwortliche, die für den Aufbau oder die Erstellung von Inhalten auf der Website zuständig sind. Sie werden einen Nutzen aus dem Buch daraus ziehen, indem sie erfahren, welche Inhalte auf der Website für die Besucher besonders nützlich sind und wie diese zukünftig strukturiert und formuliert sein müssen.
- Produktmanager, die das Web als einen Vertriebs- oder Supportkanal für ihr Produkt nutzen. Sie werden lernen, wie sich das Web noch effizienter zur Unterstützung der Verkaufstätigkeiten und zur fortwährenden Nutzung eines Produkts einsetzen lässt.
- Digital-Verantwortliche, die generell um eine Verbesserung der digitalen Kanäle bemüht sind. Sie werden sehen, wie sich Analytics dazu nutzen lässt, den digitalen Auftritt besser auf Besucherbedürfnisse abzustimmen, Usability-Hürden aus dem Weg zu räumen und die User Journey zu optimieren. Kommunikations- und Brand-Verantwortliche, die online das Unternehmen und die Marke positionieren möchten. Sie werden Erfolgsfaktoren kennenlernen, die diesem Ziel beisteuern.
- Management-Vertreter und C*x*Os, die eine strategische oder finanzielle Verantwortung für die Website auf höherem Niveau innehaben. Sie werden jene Teile des Buches nutzen können, die die strategische Ausrichtung der digitalen Kanäle behandeln, um zu verstehen, wie darauf Einfluss genommen werden kann. Ebenso hilft es bei der Argumentation, dass Erfolge im Web wie in anderen digitalen Kanälen messbar sind und Return on Investments ausgewiesen werden können.
- User-Experience-Designer, die sich mit der visuellen Gestaltung von Websites auseinandersetzen. Sie werden das Buch verwenden können, um festzustellen, welchen Einfluss Gestaltungselemente tatsächlich auf den Erfolg einer Website haben und wie man dies im Design verankert.
- System-Administratoren und Betreiber von Websites, die für die einwandfreie Funktion der Website zuständig sind. Sie werden die Ausführungen einsetzen können, um die Funktionsweise der Website zu monitoren und Mängel früh-

zeitig erkennen zu können. Auch hilft es dabei, die Bedürfnisse, die andere interne Anspruchsgruppen, wie Marketing, an die Website haben, besser zu verstehen.

Teile dieses Buches, insbesondere die einführenden Kapitel, haben einen etwas technischen Blickwinkel. Sie sind jedoch ausführlich erläutert, sodass kein technisches Vorverständnis dafür notwendig ist. Spätere Teile des Buches haben einen betriebswirtschaftlichen Fokus, jedoch braucht man auch für deren Verständnis keinesfalls ein Diplom in BWL. Die einzige Voraussetzung für dieses Buch ist nur das Interesse und der Wille, eine Website noch besser und erfolgreicher zu machen.

Entstanden ist die erste Auflage des Buches in einer Zeit, in der Analytics ein Spezialisten-Thema war und nur wenige Experten sich damit befasst haben. In der heutigen Zeit ist »datengetrieben« in aller Munde. Jeder, der digital erfolgreich sein will, muss daher Entscheide gestützt auf Daten fällen und die notwendigen Methoden und Herangehensweisen kennen. Während sich die Spezialisten heute mit Predictive und Prescriptive Analytics, statistischen Modellen oder Künstlicher Intelligenz in Analytics befassen, bleibt der Anspruch dieses Buches, eine solide Einführung in das Thema Analytics zu bieten. Insbesondere diejenigen, die sich bisher nur oberflächlich mit Analytics oder datengetriebenen Vorgehensweisen befasst hat, wird in dem vorliegenden Buch die Basis finden, um Wissen auf- und auszubauen.

Aufbau des Buches

Wer sich dazu entscheidet, seine Website datengetrieben oder mit Analytics-Mitteln zu optimieren, der findet in diesem Buch die notwendigen Schritte dazu. Der Aufbau des Buches richtet sich denn auch an dem Prozess aus, den man von der Einführung von Analytics bis hin zur Etablierung fortwährender Optimierungsmaßnahmen braucht.

Teil I: Basis schaffen und Nutzung messen

Der erste Teil des Buches bis Kapitel 4 befasst sich mit grundlegenden Betrachtungen zu Analytics und schafft das notwendige Basiswissen für die Nutzung. Neben der Erklärung der Funktionsweise von Analytics-Systemen wird insbesondere auf das Sammeln von Daten – der Data Collection – eingegangen. Dabei werden auch die unterschiedlichen Messmethoden bis hin zum modernen Page Tagging untersucht und die Vor- und Nachteile beleuchtet. Auch das Tag Management darf als wichtiges Element in der heutigen Datensammlung nicht fehlen. Überlegungen zu Datenschutz und Datensicherheit runden diesen Grundlagenteil ab.

Teil II: Metriken analysieren und interpretieren

Der zweite Teil ab Kapitel 5 bis Kapitel 11 fokussiert auf die typischen Metriken, die Analytics-Systeme messen, und bietet eine praxisbezogene Unterstützung bei ihrer Interpretation. Zu den betrachteten Kennzahlen zählen einerseits Standard-Metriken wie Seitenaufrufe, Besucher oder Besuche. Andererseits werden aber auch ausgefeiltere Metriken vorgestellt, die die Dimensionen Traffic-Quellen, Besuchereigenschaften, Besucherverhalten und Inhalte beleuchten. Typische Vertreter aus diesen Kennzahlen-Klassen sind verweisende Websites, Suchmaschinen-Keywords, Kampagnen-Daten, Besuchshäufigkeiten, Absprungraten, Klickverhalten oder nachgefragte Seiten. Auch Metriken aus anderen Kanälen wie Mobile-App oder Social Media werden untersucht. Schließlich stellt dieser Teil sozusagen das Handwerkszeug eines jeden Web-Analysten bereit, das Teil der täglichen oder wöchentlichen Arbeit ist.

Teil III: Erfolg nachhaltig steigern

Im dritten Teil in den Kapiteln 12 bis 16 geht es dann richtig zur Sache, wenn über Conversion-Messungen die Website auf ihre Ziele hin optimiert wird. Solche Optimierungen werden für unterschiedliche Bereiche wie Navigation und Benutzerführung, Marketing-Aktivitäten oder geschäftskritische Prozesse untersucht. Wichtige Usability-Beachtungspunkte und Tipps zur Formulierung von Inhalten oder Gestaltung von Anzeigen ergänzen die Betrachtungen. Das Kapitel 16 zeigt schließlich auf, wie all diese Erkenntnisse auch Einfluss in das Redesign einer Website finden können.

Weitere Informationen

Zahlreiche Abbildungen durch das Buch hindurch versuchen, die textlichen Erklärungen möglichst weit zu unterstützen. Für die beispielhaften Bildschirmansichten aus Analytics-Systemen wird dabei vorwiegend Google Analytics verwendet, soweit dies nicht anderslautend unter der Abbildung angegeben ist. Der Grund für die vornehmliche Verwendung von Ansichten aus Google Analytics ist die einfachere Nachvollziehbarkeit für Leser, da es sich bei Google Analytics um ein lizenzkostenfreies Produkt handelt, das jedermann einrichten und ausprobieren kann.

Die Verwendung von Google Analytics für die Illustrationen stellt allerdings keine Empfehlung dieses Analytics-Systems dar, vielmehr ist das Buch bewusst produktneutral gehalten und keinem Hersteller verpflichtet.

Teil 1

Basis schaffen und Nutzung messen

In diesem Teil:

Kapitel 1

Digital Analytics auf einen Blick

Es ist ein altes Grundbedürfnis jedes sozialen Wesens, wissen zu wollen, wie das, was man tut oder sagt, beim Gegenüber oder in der Gruppe ankommt. Darin steckt der verborgene Wunsch, in der Gemeinschaft gut aufgenommen zu sein und davon zu profitieren. Während die Zugehörigkeit zu einer Gruppe oder Gemeinschaft früher das Überleben sichern konnte, steckt heute mehr ein Identifikationsgedanke dahinter. Unverändert ist jedoch, dass man auf Feedback der Gemeinschaft angewiesen ist, will man darin nicht nur aufgenommen sein, sondern sich auch noch positiv positionieren.

Allerdings – und auch das kennen wir aus dem privaten Leben – ist der Mensch mit direktem Feedback vielfach eher zurückhaltend. Lob wird viel zu wenig ausgesprochen. Tadel wird zwecks Konfliktvermeidung auch nicht gerne angebracht. Dadurch ergibt sich nach der Theorie der bekannten Sozialpsychologen Luft/Ingham bei jedem Menschen ein sogenannter persönlicher »Blinder Fleck« zwischen dem, was man selbst weiß und wahrnimmt, und jenem, wie einen Dritte wahrnehmen. Je größer der blinde Fleck ist, desto stärker steigt die Gefahr von Missverständnissen, Vorurteilen und Abneigung.

Aber nicht nur im privaten Umfeld, sondern auch in der Geschäftswelt kommen solche Mechanismen zum Tragen. Hohe Popularität, gutes Ankommen bei einer breiten Masse und positive Assoziationen zu einem Produkt oder einer Marke haben einen starken Einfluss auf den Geschäftserfolg. Übergeht man als Unternehmen Wünsche und Bedürfnisse von Kunden und potenziellen Käufern, kann dies im Gegenzug genauso ins Negative umschlagen.

1.1 Die Geschichte der Datenanalyse

Zu wissen und zu verstehen, wie eine gesendete Botschaft vom Empfänger aufgenommen wird, ist daher nicht nur aus sozialen, sondern auch aus geschäftlichen Gründen äußerst relevant. Entscheidend für das Verständnis der Wahrnehmung einer Botschaft ist die Distanz und das eingesetzte Medium zwischen Sender und Empfänger.

Wenn im Mittelalter neue Gesetze oder Urteile kommuniziert wurden, dann geschah dies in Form einer Bekanntmachung vor versammelter Volksmenge. Durch die Nähe zwischen dem Verkündenden und den Empfangenden war direktes und lautstarkes Feedback auf eine Nachricht durch die Menge möglich. Dass solche nahen Feedbacks dazumal vielfach ungehört abprallten, lag wohl eher daran, dass der monarchische Sender die Distanz suchte und selbst nicht anwesend war.

In späteren Zeiten übernahmen Medien wie Zeitungen eine solche Kommunikationsfunktion für Botschaften. Aus Effizienzsicht stellt dies einen gewaltigen Schritt im Vergleich zur lokalen Verkündung dar. Allerdings wurde dadurch auch die Interaktions- und Feedbackmöglichkeit auf ein Minimum beschränkt. Leserbriefe repräsentieren heute gerade mal einen kleinen Auszug der Meinung der Leserschaft. Das harte Kriterium, das den Erfolg einer Zeitung misst, sind denn heute auch die Verkaufszahlen und die Auflage. Kaufen mehr Leute eine Zeitung, dann wird dies als positive Bewertung der Gesamtbotschaft eingestuft. Geht der Verkauf zurück, stimmt der Inhalt offenbar mit den Bedürfnissen der Leserschaft nicht überein.

Dummerweise zeigen sich solche Feedbacks aber unter Umständen erst Wochen oder Monate später, wenn die Zahl der Abonnenten zurückgeht. Die Beeinflussung und Korrektur einer gesendeten Botschaft wird somit sehr schwer. Auch bei zeitnäheren Erhebungen wie telefonischen Umfragen, bei denen nach Reichweite und Gefallen eines Mediums gefragt wird, bleibt die Antwort oft ungenau. Zu groß ist die zeitliche Distanz zwischen der Fragesituation und dem Zeitpunkt der effektiven Nutzung des Mediums.

Noch schwieriger erweist sich die Angelegenheit bei anderen Einweg-Publikationskanälen wie Plakatwänden. Die einzige Messgröße, die verfügbar ist, ist die geschätzte Anzahl Passanten, die durchschnittlich an der Plakatwand vorbeigeht, gegebenenfalls einen Blick darauf wirft und somit vielleicht die Botschaft wahrnimmt. Wie die Botschaft beim Empfänger aufgenommen wird, entzieht sich dabei komplett dem Sender. Aber auch bei etwas neueren Medien wie Radio und TV besteht dasselbe Problem, dass es eigentlich keinen Rückkanal für Feedback gibt – einmal abgesehen von Smart-TVs mit Internetverbindung wie zum Beispiel HbbTV (Hybrid Broadcast Broadband TV). Wichtige Indikatoren wie das Verhalten der Hörer oder Zuschauer, die zeigen könnten, ob eine Sendung gut oder schlecht ankommt, fehlen damit.

Behelfsmäßig weichen TV- und Radio-Stationen deshalb auf die Beobachtung von repräsentativen Gruppen aus, deren Verhalten mittels »Quotenbox« oder ähnlichen Verfahren speziell gemessen wird. Aus diesen Messungen werden anschließend Hochrechnungen gefahren, die die gesamte Einschaltquote schätzen. Beim Medium Radio stellt sich dies als relativ ungenaues Verfahren heraus, da Radio als Passivmedium gerne auch einmal den ganzen Tag hindurch läuft, ohne dass sich ein Hörer im Raum befindet oder gar aktiv zuhört.

Beim Fernseher ist die Aussagekraft solcher Auswertungen höher, da anhand des Zapping-Verhaltens doch darauf geschlossen werden kann, ob ein Programm gefällt oder nicht. Die relativ rasche Verfügbarkeit der Auswertungen erlaubt zudem eine zeitnahe Reaktion im Sendeprogramm, sofern die Zuschauerquote wiederholt nicht stimmt. Dennoch handelt es sich bei den Zahlen um eine Hochrechnung, die aufgrund der beträchtlichen Unschärfe mit Vorsicht zu genießen ist. Wie genau lässt sich denn wirklich von einigen Tausend ausgewählten Testpersonen auf das Verhalten von Millionen schließen? Auch wenn das Auswahlverfahren nach einwandfreien statistischen Regeln erfolgt: Waren sich alle Anwesenden darüber einig, eine bestimmte Sendung zu sehen oder wegzuzappen? Haben sich die Zuschauer tatsächlich den Werbeblock angeschaut, oder haben sie die Zeit fürs Auffüllen der Snack- und Getränkereserven genutzt? Ein beachtlicher blinder Fleck bleibt bestehen, wo man als Sender der Botschaft nicht genau weiß, wie sie beim Empfänger ankommt.

Ähnlich wie Zeitung, Radio oder TV stellt das Internet ein ähnliches Medium dar, worüber Unternehmen oder Privatpersonen ihre Botschaften nach außen tragen. Genau wie bei den anderen Medien stellt sich auch hier die Frage, ob und wie die Botschaft beim Empfänger ankommt und wie man sie allenfalls besser verständlich, zielorientierter oder wirkungsvoller vermitteln kann.

Im Unterschied zu allen anderen Medien besteht im Web jedoch die Möglichkeit, jeden einzelnen Empfänger grundsätzlich ganz genau zu beobachten und sein Verhalten zu interpretieren. Denn quasi in einer Vollerhebung wird jeder Klick und jede Abfolge von Seitenaufrufen jedes Nutzers ganz genau festgehalten – anders als beim Zappen im Fernsehen oder beim Blättern in der Zeitung. Zwar äußert der Empfänger nur selten seine direkte Meinung über ein Feedbackformular, aber aus dem Verhaltensmuster verschiedener Empfänger auf der Website lässt sich sehr viel erahnen und interpretieren. Diese medial einmalige Gelegenheit, die Empfänger eines Broadcasts in Vollständigkeit zu erfassen und den Einzelnen derart genau zu beobachten und zu verstehen, birgt ein unglaubliches Potenzial in sich. Nämlich die gesendete Botschaft genauestens auf den Empfänger abzustimmen und durch die effizientere und effektivere Kommunikation seinen Geschäftserfolg zu steigern und zu optimieren. Man muss es nur zu nutzen wissen.

1.2 Was ist Web Analytics, was ist Digital Analytics

Die Disziplin, die dieses Potenzial erschließt, nennt sich heute Digital Analytics. Digital Analytics hat zum Ziel, den Empfänger einer über einen digitalen Kanal gesendeten Botschaft besser kennenzulernen, den Menschen dahinter zu sehen, ihn zu verstehen und zukünftige Botschaften präziser auf ihn abzustimmen.

Schon zu den Anfängen des Internets, als die ersten Websites aufgeschaltet wurden, stellte sich schnell einmal die Frage »Schaut sich das überhaupt jemand an – oder hat noch keiner der spärlichen Nutzer den Weg auf den Server gefunden?« Die Frage nach dem »Ob« änderte sich mit steigender Nutzung schnell in ein

»Wie viel«: »Wie viele Seiten werden täglich aufgerufen?«, »Wie viele Besucher nutzen mein Angebot?« Auf dieser Ebene der Fragestellung verharrte dann lange Zeit das durchschnittliche Informationsbedürfnis von meist in der IT angesiedelten Webserver-Verantwortlichen. Zum Teil ist dieses Verständnis von Analytics heute immer noch so in manchen Köpfen verankert.

Digital Analytics ist allerdings weit mehr als die reine Frage nach der Anzahl Seitenaufrufe. Mit dem Platzen der Internet-Blase in den ersten Jahren des 21. Jahrhunderts gesellten sich nämlich vornehmlich betriebswirtschaftliche Fragestellungen über Investitionen in Webangebote und Marketing-Ausgaben zu den reinen Nutzungszahlen. Nicht mehr die Cash Burn Rate – sozusagen die Geschwindigkeit, wie ein Unternehmen Geld zum Fenster hinauswarf – war ein Bewertungskriterium, sondern der Return on Investment (ROI).

Auch normale Webauftritte von Unternehmen wurden dadurch mit Überlegungen zu ROI, das heißt der Rentabilität von Investitionen, konfrontiert. Dank der im Vergleich zu anderen Medien umfassenden Messbarkeit von Online-Angeboten wurde auch die Online-Erfolgsanalyse immer raffinierter. Dementsprechend sind auch die Fragestellungen, mit denen sich Web Analytics seither und Digital Analytics heute beschäftigt, wesentlich differenzierter.

Seit sich die Kundenzentriertheit in der Angebotsgestaltung durchgesetzt hat, hat auch das Nutzer- oder Kundenerlebnis als Erfolgsmerkmal einer Website an Bedeutung gewonnen. Damit treten auch Fragen zur Messbarkeit dieser Erlebnisse stärker in den Vordergrund.

Heute will man typischerweise wissen, wo und warum Besucher eine Website oder einen anderen digitalen Kontaktpunkt erfolglos wieder verlassen, welche Produkte online ein hohes Cross-Selling-Potenzial aufweisen – oder welche von mehreren Digital-Kampagnen auf welchem Kanal die höchste Erfolgsquote und Rentabilität erzielt.

Davon ausgehend wird der Begriff »Digital Analytics« im heutigen Verständnis umfassend für die Messung, Analyse und Auswertung von Daten zwecks Optimierung eines oder mehrerer digitaler Angebote wie Website, Mobile-App, E-Mailing oder Social-Media-Kanal definiert. Im Vordergrund steht dabei eine kanalübergreifende Betrachtung mit dem Nutzer im Zentrum. Brian Clifton, eine der Koryphäen auf diesem Gebiet, definiert dies sehr treffend wie folgt (frei übersetzt):

> *»Digital Analytics ist das Verfolgen von digitalen Fußabdrücken, um Personen und deren Erlebnisse zu verstehen.«*

Der Begriff »Web Analytics« stammt historisch gesehen aus einer früheren Phase, als sich das gleiche Vorgehen hauptsächlich auf den Kanal »Website« fokussierte bzw. andere Kanäle wie Mobile oder Social Media noch kein Gewicht hatten. Im engeren Sinne betrachtet befasst sich »Web Analytics« daher nur mit der Analyse und Optimierung einer Website allein und ist damit ein Teilbereich von Digital Analytics. Allerdings fand früher auch schon unter der Bezeichnung »Web Analytics« eine kanalübergreifende Betrachtung statt, weshalb man Digital Analytics durchaus als zeitgemäße Neubenennung von Web Analytics bezeichnen kann.

Im vorliegenden Buch wird größtenteils der Begriff »Digital Analytics« oder einfach »Analytics« verwendet, zumal das Vorgehen nicht nur für den Web-Kanal allein, sondern für alle digitalen Kanäle gilt. Dennoch stellt auch in der Betrachtung von Digital Analytics die Website den wohl wichtigsten Kanal dar und liegt deshalb häufig im Fokus. Der Begriff »Web Analytics« wird dort verwendet, wo explizit nur der Web-Kanal gemeint ist.

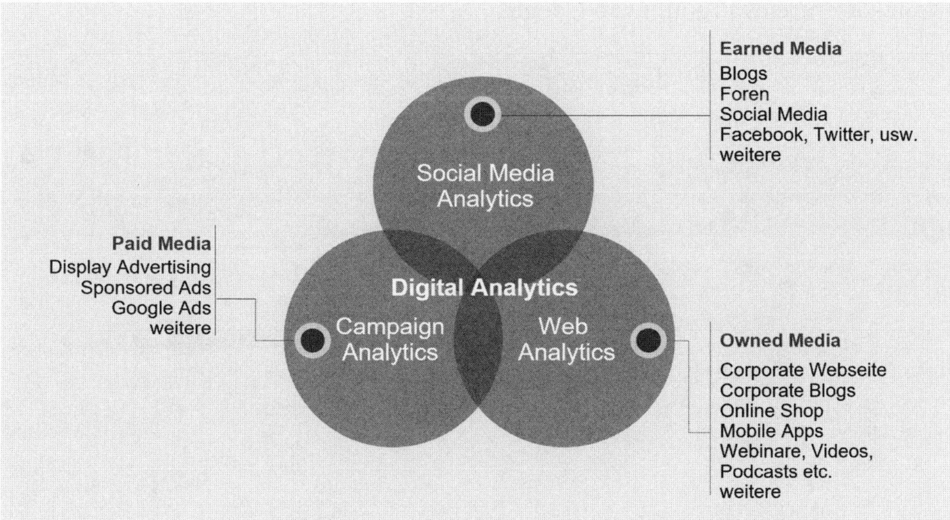

Abb. 1.1: Einordnung von Analytics entlang Medientypen

1.3 Angrenzende Definitionen und Themen

Angrenzend zu Digital Analytics und Web Analytics werden häufig nachstehende Themen und Begrifflichkeiten genannt:

- Page Tagging oder Pixel-Tracking
- Logfile-Analysen
- Online-Umfragen oder Surveys
- Persönliche Interviews und Benutzerbeobachtungen

Was genau hinter den einzelnen Fachbegriffen steckt, soll in den folgenden Abschnitten kurz erläutert werden.

1.3.1 Page Tagging oder Pixel-Tracking

Page Tagging ist dabei wohl die meistgenutzte und verbreitete Methode, um Daten für Web Analytics zu sammeln. Beim Page Tagging wird jeder Seite eines Webangebots ein Code (oder eben »Tag«) eingepflanzt, der die Seitenaufrufe und das Verhalten von Besuchern misst. Rein technisch erzeugt dieser Code ein pixelgroßes Bild, weshalb häufig auch von »Pixel-Tracking« gesprochen wird. Tools, die ein Page Tagging oder Pixel-Tracking unterstützen, führen also mehr oder weniger eine Vollerhebung sämtlichen Traffics einer Website durch – zumindest, soweit Datenschutzbestimmungen dies zulassen. Auf die so gesammelten Daten werden anschließend grafische Auswertungsmöglichkeiten geboten. Der bekannteste und am weitesten verbreitete Vertreter dieser Tool-Gattung ist Google Analytics – ein lizenzkostenfreies Produkt von Google.

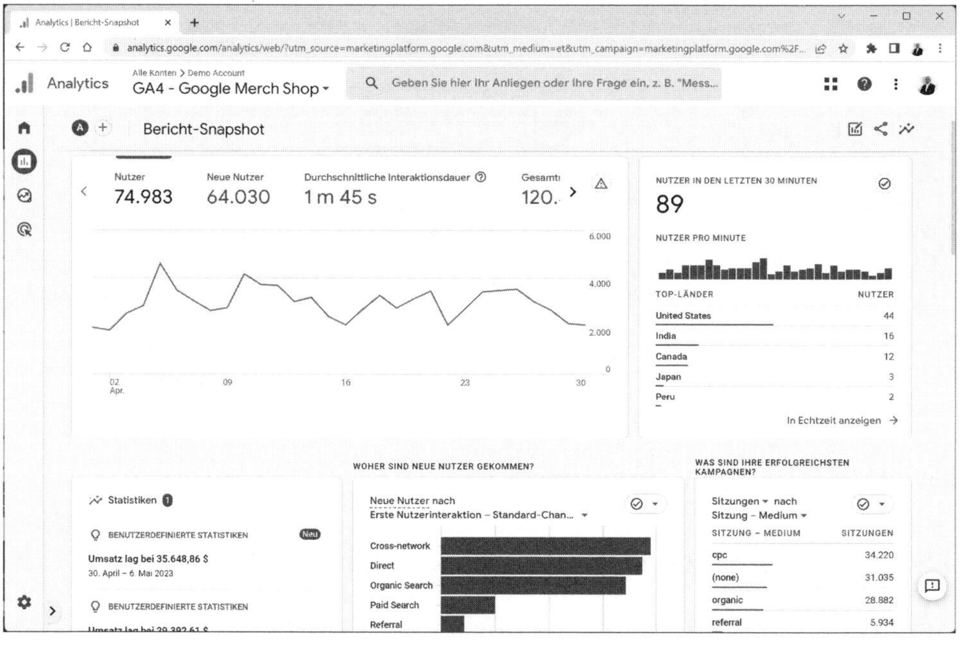

Abb. 1.2: Auswertung der Website-Nutzung mittels Google Analytics

Da es sich beim Page Tagging zweifelsfrei um das Hauptinstrument von Web Analytics handelt, ist im allgemeinen Sprachgebrauch mit Page Tagging oder Pixel-Tracking »Web Analytics« gemeint.

1.3.2 Logfile-Analyse

Die Logfile-Analysen waren die Vorgänger des heutigen Page Taggings. Die Messmethodik der Logfile-Analyse stammt aus jener Zeit, als das Internet noch hauptsächlich von der Technik selbst und nicht vom darauf aufbauenden Business geprägt wurde. Da jeder Webserver im Internet ganz genau protokolliert bzw. loggt, was er den ganzen Tag durch so tut, entsteht eine Unmenge von Nutzungsdaten bzw. Log-Dateien. Jedes einzelne ausgelieferte Bild, jede gezeigte Seite und jedes Stylesheet – aber auch jeden fehlerhaften Seitenaufruf schreibt der Webserver in ein solches Logfile. Am Ende des Tages wird daraus eine lange Datei, die all diese Informationen in Textform enthält.

```
66.249.73.155 - - [04/Jan/2016:03:32:49 -0500] "GET /etc/privacy.html HTTP/1.1" 200 7484 "-" "Mozilla/5.0 (compatible; Googlebot/2.1; +http://www.google.com/bot.html)"
124.105.51.9 - - [04/Jan/2016:03:37:23 -0500] "GET /etc/img/Dashboard1800x1200.png HTTP/1.1" 200 1710485 "https://www.google.com.ph/" "Mozilla/5.0 (Macintosh; Intel Mac OS
5.12.0.31 - - [04/Jan/2016:03:45:34 -0500] "GET /etc/img/Dashboard.png HTTP/1.1" 200 900780 "https://www.google.ro/" "Mozilla/5.0 (Macintosh; Intel Mac OS X 10_10_5) Apple
5.12.0.31 - - [04/Jan/2016:03:45:36 -0500] "GET /favicon.ico HTTP/1.1" 404 - "" "Mozilla/5.0 (Macintosh; Intel Mac OS X 10_10_5) AppleWebKit/537.36 (KHTML, like Gecko) Chr
84.30.65.73 - - [04/Jan/2016:03:53:34 -0500] "GET /etc/img/1600x1200.png HTTP/1.1" 200 900780 "https://www.google.nl/" "Mozilla/5.0 (Macintosh; Intel Mac OS X 10_11_2) App
31.172.233.122 - - [04/Jan/2016:03:57:04 -0500] "GET /etc/img/Transparent-1024x1024.png HTTP/1.1" 200 186737 "-" "Mozilla/4.0 (compatible; MSIE 7.0; Windows NT 6.1; WOW64;
66.249.73.146 - - [04/Jan/2016:03:58:16 -0500] "GET /etc HTTP/1.1" 301 252 "-" "Mozilla/5.0 (compatible; Googlebot/2.1; +http://www.google.com/bot.html)"
66.249.73.137 - - [04/Jan/2016:03:58:17 -0500] "GET /etc/ HTTP/1.1" 200 22162 "-" "Mozilla/5.0 (compatible; Googlebot/2.1; +http://www.google.com/bot.html)"
86.177.76.61 - - [04/Jan/2016:04:01:11 -0500] "GET /etc/data/products.json HTTP/1.1" 200 1268 "-" "Mozilla/5.0 (iPhone; CPU iPhone OS 9_2 like Mac OS X) AppleWebKit/601.1.
66.249.73.155 - - [04/Jan/2016:04:01:45 -0500] "GET /etc/ HTTP/1.1" 200 22162 "-" "Mozilla/5.0 (compatible; Googlebot/2.1; +http://www.google.com/bot.html)"
31.172.233.122 - - [04/Jan/2016:04:03:40 -0500] "GET /etc/img/1024x1024.png HTTP/1.1" 200 186737 "-" "Mozilla/4.0 (compatible; MSIE 7.0; Windows NT 6.1; WOW64; Trident/6.0
180.76.15.152 - - [04/Jan/2016:04:10:40 -0500] "GET /etc/res/video/flowplayer-3.2.18/example/style.css HTTP/1.1" 200 535 "-" "Mozilla/5.0 (compatible; Baiduspider/2.0; +ht
66.220.156.110 - - [04/Jan/2016:04:14:32 -0500] "GET /etc/res/iPhone.jpg HTTP/1.1" 200 18708 "-" "facebookexternalhit/1.1 (+http://www.facebook.com/externalhit_uatext.php)
5.10.169.178 - - [04/Jan/2016:04:38:38 -0500] "GET /etc/img/1024x1024.png HTTP/1.1" 200 146576 "http://picterest.info/V2FpbsdQ-software-dashboard-icon-png/" "Mozilla/5.0 (
195.184.115.220 - - [04/Jan/2016:04:39:38 -0500] "GET /etc/img/400x300.png HTTP/1.1" 200 98254 "https://www.google.dk/" "Mozilla/5.0 (Macintosh; Intel Mac OS X 10_10_3) Ap
66.249.73.146 - - [04/Jan/2016:04:42:13 -0500] "GET /etc/img/Press-20140403.pdf HTTP/1.1" 200 513768 "-" "Mozilla/5.0 (compatible; Googlebot/2.1; +http://www.google.com/bo
80.61.6.228 - - [04/Jan/2016:04:57:27 -0500] "GET /etc/data/products.json HTTP/1.1" 200 1268 "-" "Mozilla/5.0 (iPhone; CPU iPhone OS 8_1_3 like Mac OS X) AppleWebKit/600.1
80.99.205.237 - - [04/Jan/2016:04:57:36 -0500] "GET /etc/img/Dashboard.png HTTP/1.1" 200 900780 "https://www.google.hu/" "Mozilla/5.0 (Windows NT 10.0; Win64; x64) AppleWe
80.99.205.237 - - [04/Jan/2016:05:01:12 -0500] "GET /etc/img/Dashboard.png HTTP/1.1" 200 900780 "https://www.google.hu/" "Mozilla/5.0 (Windows NT 10.0; Win64; x64) AppleWe
220.181.51.109 - - [04/Jan/2016:05:07:18 -0500] "GET / HTTP/1.1" 301 251 "-" "Mozilla/5.0 (Windows NT 5.1; rv:6.0.2) Gecko/20100101 Firefox/6.0.2"
220.181.51.104 - - [04/Jan/2016:05:07:18 -0500] "GET /etc HTTP/1.1" 301 252 "-" "Mozilla/5.0 (Windows NT 5.1; rv:6.0.2) Gecko/20100101 Firefox/6.0.2"
220.181.51.104 - - [04/Jan/2016:05:07:19 -0500] "GET /etc/ HTTP/1.1" 200 22162 "-" "Mozilla/5.0 (Windows NT 5.1; rv:6.0.2) Gecko/20100101 Firefox/6.0.2"
173.68.100.252 - - [04/Jan/2016:05:08:19 -0500] "GET /etc/data/products.json HTTP/1.1" 200 1268 "-" "Mozilla/5.0 (iPhone; CPU iPhone OS 9_2 like Mac OS X) AppleWebKit/601.
123.125.71.109 - - [04/Jan/2016:05:09:04 -0500] "GET /robots.txt HTTP/1.1" 200 152 "-" "Mozilla/5.0 (Windows NT 5.1; rv:6.0.2) Gecko/20100101 Firefox/6.0.2"
213.205.198.128 - - [04/Jan/2016:05:16:05 -0500] "GET /etc/data/products.json HTTP/1.1" 200 1268 "-" "Mozilla/5.0 (iPhone; CPU iPhone OS 9_1 like Mac OS X) AppleWebKit/601
81.97.227.33 - - [04/Jan/2016:05:19:35 -0500] "GET /etc/data/products.json HTTP/1.1" 200 1268 "-" "Mozilla/5.0 (iPhone; CPU iPhone OS 9_2 like Mac OS X) AppleWebKit/601.1.
31.172.233.122 - - [04/Jan/2016:05:22:52 -0500] "GET /etc/img/Transparent-1024x1024.png HTTP/1.1" 200 186737 "-" "Mozilla/4.0 (compatible; MSIE 7.0; Windows NT 6.1; WOW64;
84.97.233.238 - - [04/Jan/2016:05:23:21 -0500] "GET /etc/presskit.html HTTP/1.1" 200 15236 "http://images.google.fr/imgres?imgurl=http%3A%2F%2Fwww.digital-analytics.biz%2F
84.97.233.238 - - [04/Jan/2016:05:23:21 -0500] "GET /etc/img/1600x1200.png HTTP/1.1" 200 900780 "http://images.google.fr/imgres?imgurl=http%3A%2F%2Fwww.digital-analytics.b
84.97.233.238 - - [04/Jan/2016:05:23:21 -0500] "GET /etc/idashboard-index.css HTTP/1.1" 200 15405 "http://www.digital-analytics.biz/iDashboard/presskit.html" "Mozilla/5.0
84.97.233.238 - - [04/Jan/2016:05:23:21 -0500] "GET /etc/idashboard-index-overview.css HTTP/1.1" 200 5329 "http://www.digital-analytics.biz/iDashboard/presskit.html" "Mozi
84.97.233.238 - - [04/Jan/2016:05:23:21 -0500] "GET /etc/img/2Color-1600x1200.png HTTP/1.1" 200 316407 "http://www.digital-analytics.biz/iDashboard/presskit.html" "Mozilla
84.97.233.238 - - [04/Jan/2016:05:23:21 -0500] "GET /etc/res/title-claim.png HTTP/1.1" 200 10533 "http://www.digital-analytics.biz/iDashboard/presskit.html" "Mozilla/5.0 (
84.97.233.238 - - [04/Jan/2016:05:23:21 -0500] "GET /etc/img/Quarter-400x300.png HTTP/1.1" 200 28331 "http://www.digital-analytics.biz/iDashboard/presskit.html" "Mozilla/5
84.97.233.238 - - [04/Jan/2016:05:23:21 -0500] "GET /etc/img/400x300.png HTTP/1.1" 200 52857 "http://www.digital-analytics.biz/iDashboard/presskit.html" "Mozilla/5.0 (Maci
84.97.233.238 - - [04/Jan/2016:05:23:21 -0500] "GET /etc/img/400x300.png HTTP/1.1" 200 27384 "http://www.digital-analytics.biz/iDashboard/presskit.html" "Mozilla/5.0 (Maci
84.97.233.238 - - [04/Jan/2016:05:23:21 -0500] "GET /etc/img/400x300.png HTTP/1.1" 200 42440 "http://www.digital-analytics.biz/iDashboard/presskit.html" "Mozilla/5.0 (Maci
84.97.233.238 - - [04/Jan/2016:05:23:22 -0500] "GET /etc/img/3Color-400x300.png HTTP/1.1" 200 59374 "http://www.digital-analytics.biz/iDashboard/presskit.html" "Mozilla/5.
84.97.233.238 - - [04/Jan/2016:05:23:22 -0500] "GET /etc/img/400x300.png HTTP/1.1" 200 44578 "http://www.digital-analytics.biz/iDashboard/presskit.html" "Mozilla/5.0 (Maci
84.97.233.238 - - [04/Jan/2016:05:23:22 -0500] "GET /etc/img/Hand-400x300.png HTTP/1.1" 200 98254 "http://www.digital-analytics.biz/iDashboard/presskit.html" "Mozilla/5.0
```

Abb. 1.3: Inhalt eines Server-Logfiles

Solche Log-Dateien können sehr wichtige Aufschlüsse geben, wenn es zum Beispiel darum geht, einen bestimmten Funktionsfehler in einer Webanwendung zu finden oder andere technische Analysen zu betreiben. Im Hinblick auf die Optimierung des Web-Angebots tragen sie allerdings nur relativ beschränkt bei. Denn die Sammlung der Daten erfolgt immer aus Sicht des Servers und nicht des Nutzers der Website. Dementsprechend sind die Auswertungen auch eher technisch orientiert denn auf den Besucher-Nutzen fokussiert.

Da bis zum Aufkommen der Page Tagging Tools solche Logfile-Auswertungen jedoch meist die einzige verfügbare Informationsquelle waren, sind diese Tools immer noch verbreitet. Für die Website-Optimierung sollten sie heute aber nur noch gezielt für bestimmte Spezialfälle eingesetzt werden, die später im Buch aufgezeigt werden. Eine Web-Analyse allein auf solche Tools zu stützen, ist dagegen nicht zielführend.

1.3.3 Online-Umfragen oder Surveys

Anstatt sich nur auf die technisch ermittelten Nutzungsdaten zu verlassen, kann es natürlich auch Teil einer Analyse sein, ausgewählten Benutzern konkrete Fragen zu stellen. In Online-Umfragen erfolgt dies, indem nach dem Zufallsprinzip einem Prozentsatz der Website-Besucher meist ein Pop-up eingeblendet wird. In diesem wiederum werden dem Nutzer – möchte er denn an der Umfrage teilnehmen – konkrete Fragen zum Beispiel zum Gefallen der Website oder hinsichtlich des Erfolgs seiner Informationssuche gestellt.

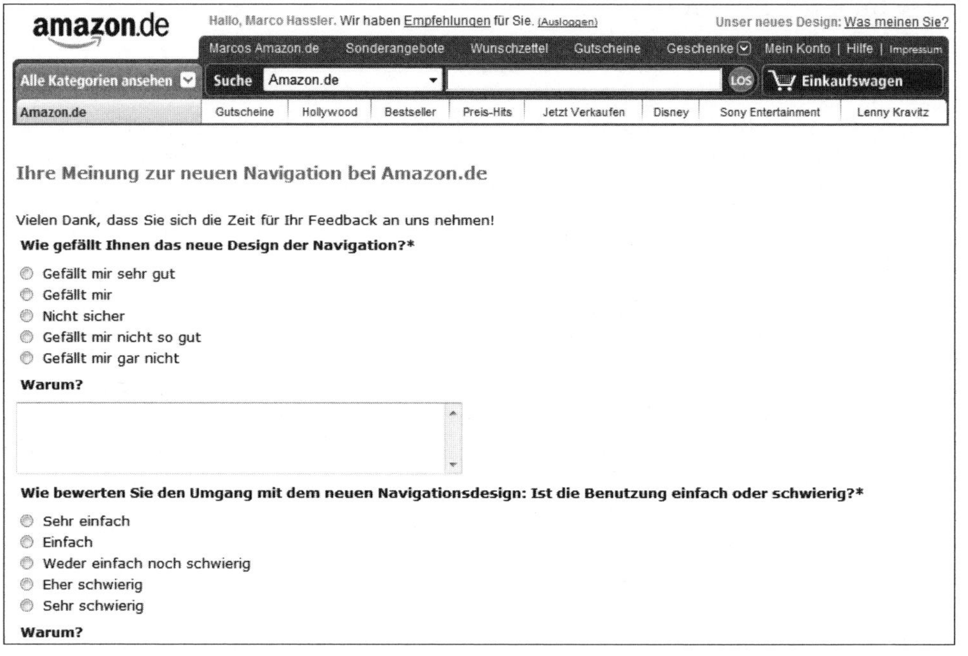

Abb. 1.4: Beispiel einer Online-Umfrage bei Amazon.de

Diese Methodik kompensiert einen wesentlichen Nachteil der bisher genannten Vorgehensweisen wie Page Tagging oder Logfile-Analyse. Letztere liefern nämlich nur Daten-Analysen und geben keine direkten Antworten auf konkrete Fragen. Surveys dagegen können auf sehr spezifische Fragestellungen klar antworten.

Da allerdings nur ein Bruchteil der ausgewählten Benutzer an der Umfrage teilnimmt, stellt sich immer die Frage, wie aussagekräftig solche Antworten im Ganzen sind – selbst wenn die Ergebnisse statistische Signifikanz aufweisen. Gerade wenn für die Teilnahme an einer Umfrage noch ein Geschenk oder Ähnliches versprochen wird, ist die Gefahr der Selektion von inhaltlich unmotivierten Nutzern groß. Auch die Gefahr, Besucher durch inflationären Einsatz von Umfragen zu nerven, ist nicht zu vernachlässigen. Bedachter Einsatz ist daher angebracht.

Nichtsdestotrotz sind aber gewisse Fragen wie zum Beispiel nach dem, was auf einer Website *nicht* gefunden wurde, kaum effizienter eruierbar. Die Tatsache, dass mit Tools wie Google Forms (`www.google.com/forms`) oder SurveyMonkey (www.surveymonkey.com) kostenlos und fast binnen weniger Minuten solche Umfragen erstellt und aufgeschaltet werden können, trägt das Ihrige dazu bei.

1.3.4 Persönliche Interviews und Benutzer-Beobachtungen

Die nächste Stufe der Datensammlung ist, anstatt anonym übers Internet Benutzer zu befragen, diese persönlich zu interviewen oder bei der Nutzung einer Website zu beobachten. Im Vergleich zu Online-Umfragen oder Analytics ist dies natürlich um Welten zeitintensiver. Wollte man eine gleiche Anzahl von Benutzern persönlich befragen, würde man wohl seine ganze Arbeitsleistung nur in Interviews und Beobachtungen stecken müssen. Erfahrungsgemäß reichen jedoch fünf bis zehn Benutzer aus, um wesentliche Mängel oder Verbesserungspunkte einer Website zu eruieren.

Lädt man solche Nutzer von der Straße ein, an einem Test im Usability-Labor teilzunehmen oder kann man sie gar zu Hause bei der Nutzung des Internets beobachten, so gelangt man zu äußerst wertvollen Erkenntnissen. Verglichen mit den anderen Methodiken wie Page Tagging oder Umfragen kann man so zum Beispiel feststellen, auf welchen Seiten Benutzer zögern, vergeblich nach etwas suchen oder erfreut oder verärgert reagieren. Solche impliziten Informationen misst sonst kein technisches System. Zudem – und auch das ist nicht ganz außer Acht zu lassen – kann man bei der Beobachtung oder im Interview einem Benutzer Fragen zu seinem Verhalten stellen. Gegebenenfalls lässt sich auch zurückfragen, sollte eine Antwort zu unpräzise sein.

Benutzer-Interviews und -Beobachtungen sind Vorgehensweisen, die auch in der User-Centered-Design-Methodik – der benutzerzentrierten Gestaltung von Websites – zum Einsatz kommen. Entsprechende Überschneidungen zwischen User-Centered-Design und Analytics sind denn auch gegeben, beschäftigen sich doch beide im Grunde mit der Optimierung von Webangeboten auf den Nutzer. Im Vergleich der beiden Vorgehensweisen ist Analytics aber eher die Methodik der vielen kleinen Verbesserungsschritte. User-Centered-Design dagegen stellt den Benutzer noch mehr ins Zentrum der Betrachtungen. Aus dessen Perspektive wird dann hauptsächlich in groben Zügen das Angebot geschnitzt und die härtesten Kanten geschliffen.

1.4 Grenzen – oder was Analytics nicht ist

Überall, wo es darum geht, ein Abbild der Realität zu schaffen, ist mit entsprechenden Unschärfen zu rechnen. Das gilt für einen Maler, der ein Porträt auf die Leinwand bringt, genauso wie für eine Fotografie, die auf zweidimensionalem Papier eine dreidimensionale Landschaft darzustellen versucht.

Bei Analytics verhält es sich beim Abbilden von Besucher- und Nutzungszahlen natürlich genauso – oder gar noch ausgeprägter. Ausgehend von der Realität können schon bei der Erhebung von Besucher- und Nutzerzahlen Ungenauigkeiten entstehen. Wird wirklich jeder Besucher gemessen? Was passiert mit jenen Besuchern, die ein Tracking ablehnen? Was ist, wenn sich der Besucher hinter einem Proxy-Server befindet, der zum Beispiel für verschiedene Benutzer innerhalb derselben Firma eine Webseite zwischenspeichert? Wie sollen »automatisierte Besucher« wie die Crawler von Suchmaschinen behandelt werden, die automatisch ganze Websites nach Inhalten absuchen? Sind dies auch Besucher?

Auch auf der nächstfolgenden Ebene, der Verarbeitung von Daten, entstehen entsprechende Ungenauigkeiten. Wenn ein Besucher eine Website besucht, zwischendurch einen Telefonanruf erledigt und einen Kaffee trinkt, um anschließend wieder weiterzusurfen – gilt dieses Verhalten dann als einmal die Website besucht oder als zweimal? Und wenn ein ganzes Mittagessen oder eine ganze Nacht zwischen zwei Betrachtungen der gleichen Website fällt?

Schlussendlich sind solche Überlegungen aber noch Marginalitäten, wenn man sich den Interpretationsspielraum bei der Deutung von Auswertungen vor Augen führt. Bedeuten mehr Besucher auf der Website nun wirklich, dass eine durchgeführte Verbesserung erfolgreich war – oder kamen einfach gerade zufällig etwas mehr Benutzer als üblich auf die Website? Heißt eine längere Verweildauer auf der Website nun, dass die Inhalte interessanter sind – oder dass Besucher länger gebraucht haben, um den Inhalt zu finden?

Trotz der vielen Anhaltspunkte, die uns Analytics liefert, um den Besucher zu verstehen, bleibt es aber eine Analyse und kein Orakel. Da wir nur das Verhalten des Besuchers sehen und keine direkten Antworten von ihm erhalten, kann uns auch Analytics keine direkten Antworten geben. Deutung und Interpretation bleibt die Aufgabe des Analysten, die Antworten muss man immer noch selbst finden.

Da wir aber im täglichen Leben gewohnt sind, das Verhalten anderer zu interpretieren und mit unserem Menschenverstand Schlüsse zu ziehen, ist dies keine Hexerei, sondern ein Lernprozess. Unsere Hauskatze antwortet uns ja auch nicht mit »Ja« oder »Nein« auf die Frage, ob die eben vorgesetzte neue Futtersorte denn schmeckt. Wenn wir aber beobachten, wie sie innerhalb von Minuten die Schale leerfrisst – oder nach zwei, drei Mal Dranschnuppern davonläuft –, wissen wir dies richtig zu interpretieren. Selbst weniger eindeutige Verhaltensweisen wie wiederholtes Miauen lernen wir je nach Kontext als »ich will raus«, »ich hab Hunger« oder »bitte streicheln« zu deuten – oder zumindest im Trial-and-Error-Verfahren nacheinander auszuschließen.

Auch wenn im Verlaufe dieses Buches Fragestellungen und Interpretationen rund um verschiedene Online-Angebote und Maßnahmen sehr differenziert beleuchtet und teilweise beantwortet werden, bleibt jedoch ein Grundsatz erhalten: Analytics ist keine exakte Wissenschaft. Keine Zahlen stimmen genau oder bilden exakt die

Realität ab. Je genauer man sein will, je mehr man rechnet und Summen zieht, desto deutlicher wird, dass Analytics-Daten nie wirklich exakt stimmen. Um zum Beispiel die genaue Anzahl von Bestellungen zu zählen, sind die Analytics-Methoden daher weniger geeignet. Dazu müssen andere Auswertungen zum Beispiel auf Datenbank-Ebene oder in einem Enterprise-Ressource-Planning- (ERP-) System genutzt werden.

Für das Ziel, dem Digital Analytics dient, nämlich der Verbesserung von digitalen Kanälen und dem dahinter stehenden Digital-Business, müssen die Zahlen aber glücklicherweise auch nicht ganz exakt sein. Denn um herauszufinden, ob zum Beispiel eine überarbeitete Website besser funktioniert und zielführender ist, ist der einzelne Besucher oder Klick nicht relevant. Interessanter sind da schon prozentuale Veränderungen zum Beispiel in einem Vorher/Nachher-Vergleich. Ob es dann absolut betrachtet einige Besucher mehr oder weniger waren, gleicht sich im Verhältnis aus. Viel wichtiger ist es, mit solchen ungefähren Werten zu arbeiten und Schlüsse daraus zu ziehen, statt auf Genauigkeit zu pochen und dafür am Ziel vorbeizuschießen. Schon Warren Buffet, ein amerikanischer Börsen-Investor, pflegte – wenn auch in anderem Kontext – zu sagen:

> *»Es ist besser, ungefähr richtig zu liegen, als exakt falsch.«*

Mit genau dieser Einstellung muss man Analytics zu nutzen versuchen.

Trotz des Bewusstseins für Unschärfen darf man dies aber nicht als grundsätzliche Aufforderung zur Ungenauigkeit verstehen. Denn genau wie in angrenzenden Disziplinen wie jener der Sozialwissenschaft und der Statistik ist eine strukturierte Vorgehensweise erforderlich. Manche Methoden wie Online-Umfragen oder Interviews entstammen denn auch der empirischen Sozialforschung. Für die Erstellung von Fragen, Auswahl von repräsentativen Benutzern und Auswertung von Ergebnissen sind dann auch entsprechend wissenschaftliche Herangehensweisen nötig. Lässt man die Grundlagen außer Acht, ist die Gefahr groß, dass Fragen falsch, nicht abschließend oder suggestiv gestellt werden und die Ergebnisse beeinflussen.

Ebenfalls ist die Durchführung von Auswertungen solcher Umfragen nicht gerade trivial, da statistische Werte wie Varianz, Mittelwert oder Standardabweichung berechnet und interpretiert werden müssen. Auch die Auswahl einer Stichprobe, zum Beispiel jener Personen, die für eine Befragung herbeigezogen werden und die Grundgesamtheit repräsentieren sollen, ist entscheidend. Repräsentiert diese Gruppe nicht die Grundgesamtheit, haben entsprechende Auswertungen nur beschränkte Aussagekraft oder sind gar unbrauchbar.

Wer gerade wegen der genannten Begriffe aus Statistik und Sozialwissenschaft die Luft anhielt und sich mit leichtem Schaudern in die Schulzeit zurückversetzt fühlte, darf getrost wieder ausatmen. Denn selbst wenn Verbindungen bestehen, ist Analytics keine Statistik und keine Sozialwissenschaft. Analytics ist im Vergleich dazu wesentlich mehr auf Marketing und betriebswirtschaftlichen Nutzen fokussiert und mit einer gesunden Prise Pragmatismus gewürzt. Anstatt lange Datenreihen zu wälzen, zählt vielmehr, mit vernünftigem Aufwand aus einer Fülle von Informationen jene herauszufiltern, die für das eigene Business oder die eigene Website mehr Erfolg versprechen.

1.5 Warum und wie Sie es tun sollten

Analytics hat also einen etwas schalen Beigeschmack bestehend aus Statistik und Sozialwissenschaft, liefert nur ungenaue Zahlen und ist vermutlich zeitraubend. Obendrein ist es noch mühsam, da man selbst viel mitdenken muss – lohnt es sich wirklich, sich so etwas anzutun?

1.5.1 Zehn Gründe für Analytics

Wahrscheinlich hätten Sie dieses Buch gar nicht erst in der Hand, wenn Sie diese Frage unbewusst für sich nicht schon mit einem »Ja« beantwortet hätten. Um es sich nochmals vor Augen zu halten, hier deshalb die zehn Gründe, warum man die Mühen von Analytics auf sich nehmen sollte:

1. Wenn man schon Zeit und Geld in Websites, Apps, Blogs etc. investiert, dann sollte man vielleicht auch wissen, ob das Angebot überhaupt genutzt wird. Alles andere ist Ignoranz und Überheblichkeit – und zum Fenster hinausgeworfenes Geld.
2. Genauso wie man sich für die Befindlichkeit eines Gastes zu Hause interessiert, sollte man sich auch um das Befinden von Besuchern auf der Website kümmern. Frustrierte Besucher kommen wahrscheinlich nicht wieder oder reden gar schlecht über einen. Besucher, die sich auf einer Website gut aufgehoben fühlen, sich schnell orientieren können und das Gewünschte finden, sind zufriedener. Zufriedene Besucher kommen gerne wieder oder werden gar zu Kunden.
3. Jeder bessere Verkäufer fragt zuerst den potenziellen Kunden nach seinen Vorstellungen, anstatt ihn einfach mit irgendwelchen Informationen einzudecken. Wenn man online etwas verkaufen oder Business generieren möchte, muss man ebenfalls zuerst die Bedürfnisse der Besucher kennenlernen.
4. Es reicht nicht, sich nur all zwei, drei Jahre beim Redesign einer Website Überlegungen zu Besucherbedürfnissen und Kundenzufriedenheit zu stellen. Denn im Internet ändern sich Situationen und Stimmungen wesentlich schneller. Die Gefahr, dass man dann einen Trend verschläft oder immer Jahre hinterherhinkt, ist beträchtlich.
5. Eine Website – auch wenn sie vermeintlich immer dieselbe bleibt – ändert sich doch ständig. Inhalte werden ergänzt oder gelöscht, kleinere oder größere tech-

nische Modifikationen vorgenommen oder Kampagnen auf- und abgeschaltet. Es gibt nicht viel Peinlicheres, als wenn man von Dritten hören muss, dass die eigene Website nicht verfügbar war oder ein Bestellprozess nicht funktioniert hat – ohne oder bevor man es selbst gemerkt hat.

6. Man kann eine Website durchaus als passives Instrument und notwendiges Übel verstehen. Spätestens seit der Corona-Pandemie sollte jedoch allen Unternehmen bewusst sein, dass das Internet nicht mehr aus dem Alltag der Nutzer wegzudenken ist – egal ob im Business-to-Consumer- (B2C) oder Business-to-Business-Umfeld (B2B). Wer aktiv etwas bewirken will im Web, der muss steuern, statt nur mitzufahren. Steuern heißt, auch nach vorne auf die Straße zu sehen und das Armaturenbrett im Blick zu haben.
7. Wenn man das Instrument Analytics richtig einsetzt, dann lassen sich weit größere Aufwände an anderer Stelle verringern. Ein FAQ- oder Support-Bereich, der auch wirklich die richtigen Fragen verständlich beantwortet, erspart beispielsweise Anrufe im Callcenter. Adressänderungen, die vermehrt über einen Online-Prozess statt auf dem brieflichen Weg ausgeführt werden, ersparen Administrationskosten.
8. Wer Hürden in der Navigation beseitigen kann, Problemstellen in einem Bestellprozess behebt oder herausfindet, welche Produkte gerne zusammen bestellt werden, kann mehr verkaufen.
9. Analytics spart bares Geld: Wenn man herausfindet, welche von mehreren Werbungen oder Plattformen zu den meisten Verkäufen und zum höchsten Ertrag geführt hat, dann kann man bei der nächsten Kampagne das Geld am richtigen Ort einsetzen.
10. Wer will schlussendlich mit seiner Website nicht einfach fortwährend seinen Erfolg steigern?

1.5.2 Wie man zum Ziel gelangt

Wer sich die eben aufgezählten Chancen nicht entgehen lassen will, sollte Analytics als Instrument dazu einsetzen. Allerdings ist Analytics nicht eine einmalige Angelegenheit, sondern ein fortwährender Prozess mit vielen kleinen Zwischenschritten. Man kann es also nicht einfach einmal machen und dann ist es abgehakt. Vielmehr muss man sich ständig damit befassen, im Idealfall täglich.

Wenn man fortwährend kleine Schritte macht, besteht aber auch die Gefahr, nicht mehr geradeaus auf ein Ziel zuzugehen, sondern sich auf ungeraden Pfaden zu bewegen oder gar Schleifen zu drehen. Ein strukturiertes Vorgehen mit klaren Meilensteinen auf dem Weg zum Ziel ist daher unbedingt vonnöten. Bewährt haben sich dabei folgende drei Stufen hin zur nachhaltig erfolgreichen Digital-Präsenz:

1. **Basis schaffen und Website-Nutzung messen:** Einmalig die Grundlagen von Analytics lernen, passende Analytics-Methoden und ein Analytics-System einführen und damit beginnen, Daten zu sammeln.
   1. **Metriken analysieren und interpretieren:** Fortwährend die Auswertungen überwachen, bei Ausreißern Ursachenforschung betreiben und Verbesserungen implementieren.
   2. **Erfolg nachhaltig steigern:** Ein zielorientiertes Modell etablieren und die digitale Ausrichtung von Website und anderen Online-Kanälen darauf optimieren.

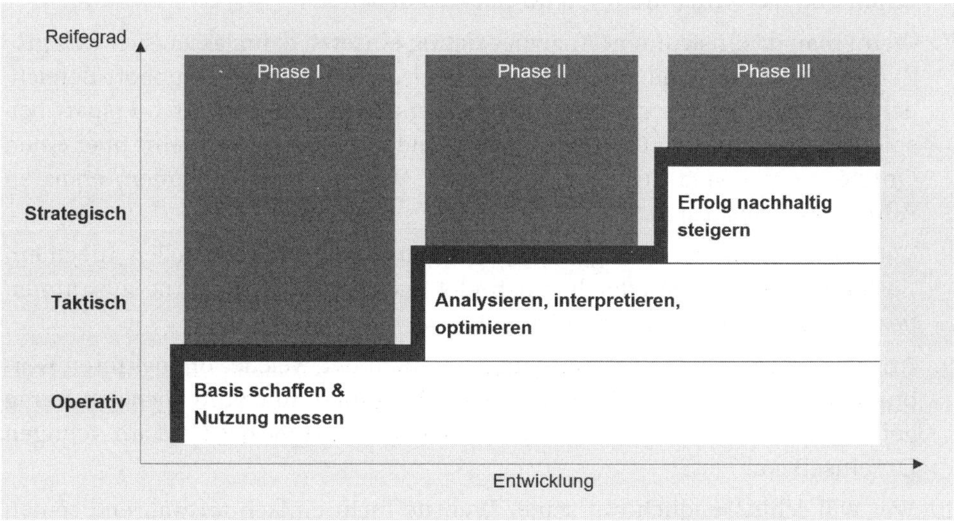

Abb. 1.5: Vorgehensweise für eine Analytics-Einführung und -Etablierung

Entlang dieser Stufen ist übrigens auch das Buch, das Sie in Händen halten, aufgebaut. Jede Stufe, sowohl im Buch wie in der Analytics-Praxis, ist dabei die Voraussetzung für die Erreichung der nächsthöheren. Einmal durchschrittene Stufen wie das Interpretieren von Analysen oder die Implementierung von Verbesserungen sind dabei nie abgeschlossen, sondern werden fortwährend wiederholt. Anders ausgedrückt heißt das für die nachhaltige Erfolgssteigerung und den fundierten Einsatz von Analytics:

- **einmalig** ein Analytics-System einführen und fortwährend messen
- **wöchentlich** oder öfter Auswertungen und Metriken interpretieren
- **monatlich** oder öfter Verbesserungen an der Website vornehmen und überprüfen
- **jährlich** mit den strategischen Online-Zielen abgleichen und generelle Anpassungen oder Redesigns der digitalen Kanäle angehen

Eine solche Vorgehensweise sorgt dafür, dass nicht ein allzu bekanntes Phänomen auftritt – nämlich dass nach der ersten Euphorie über die neuen Möglichkeiten das Ganze nach einigen Wochen wieder im Tagesgeschäft verloren geht. Mit lediglich etwas Disziplin lässt sich so nicht nur die dauerhafte Fortführung der Erfolgssteigerung gewährleisten. Auch werden die Anpassungen und Verbesserungsmaßnahmen so portioniert, dass man sich nicht gleich am Anfang verschluckt. Selbst wenn Auswertungen gröbere Mängel an der Website zutage bringen, sollten trotzdem zuerst jene mit dem besten Verhältnis zwischen Aufwand und Wirkung realisiert werden. Eine monatliche Planung und Priorisierung solcher Anpassungen und eventuell gar ein Aufschub von umfangreicheren Aufwänden auf ein nächstes Redesign schützt vor Verzettelung.

1.6 Auswahl eines Analytics-Systems

Die Grundlage für die Nutzung von Analytics ist ein geeignetes Analytics-System. Die Anzahl der am Markt verfügbaren Produkte ist trotz einer fortschreitenden Marktkonsolidierung immer noch recht groß und unübersichtlich. Das Spektrum der Angebote reicht dabei von der kostenlosen Einfachlösung bis hin zum mehrere Hunderttausend Euro teuren High-End-Produkt. In dieser Bandbreite das richtige und auf die eigenen Bedürfnisse passende Produkt zu finden, ist nicht ganz einfach.

1.6.1 Vorselektion von Produkten

Für eine erste Vorselektion der Produkte lassen sich aber folgende zentrale und nicht-funktionale Entscheidungs-Dimensionen heranziehen:

- Interner Betrieb oder gemietete Lösung
- Anforderung an den Datenschutz (zum Beispiel Datenspeicherung in Europa)
- Anforderungen an notwendige Schnittstellen (zum Beispiel API) und Integrationsfähigkeit in andere Systeme
- Marktanteil und Zukunftsträchtigkeit des Anbieters
- Angebot an Support und Schulungen
- Kosten (initial und laufend)

Je nach Entscheid und Gewichtung kann mittels dieser »harten Faktoren« rasch eine Vorselektion auf eine Handvoll Anbieter erfolgen. Darüber hinaus wird es aber schwierig, Produkte voneinander zu unterscheiden, ohne deren »weiche Faktoren« im Detail zu kennen. Anforderungskataloge und Produktpräsentationen helfen hier meistens wenig weiter, wenn man selbst seine funktionalen Anforderungen noch nicht so genau kennt und sich nicht auf die Feature-Show von Produktverkäufern einlassen will.

In der Praxis versteckt sich deshalb vielfach hinter einem aufwendig betriebenen Produkt-Evaluationsverfahren lediglich eine Auswahl nach folgendem Ablauf – selbst wenn das keiner zugeben mag:

- Entscheid interner Betrieb oder Mietlösung
- Entscheid Einsteiger- oder High-End-Produkt
- Auswahl des Marktführers in entsprechendem Segment

Dieses Vorgehen ist grundsätzlich legitim – wobei man sich dann aber ein langwieriges Evaluationsverfahren auch sparen und gleich entscheiden kann.

Allerdings birgt das Vorgehen die Gefahr, dass man später ein System im Einsatz hat, bei dem die Messung von spezifischen, fürs eigene Geschäft relevanten Kennzahlen aufwendiger ist als bei anderen Systemen. Will man dies vermeiden und bereits in der Evaluation berücksichtigen, dann muss man aber sehr genau wissen, welche Website-Ziele man verfolgt und welche Kennzahlen man messen möchte. Ist dies der Fall, dann kann man einen detaillierten funktionalen Kriterienkatalog ausarbeiten und die Produkte anhand ihres Erfüllungsgrads der Kriterien gegeneinander abwägen. Vermeiden sollte man dann aber unbedingt, sich von irgendwelchen netten Zusatzfeatures verleiten zu lassen, die zwar interessant scheinen, jedoch keinen Vorteil im Hinblick auf die definierten Anforderungen bringen.

1.6.2 Pragmatische Vorgehensweise zur Produktauswahl

Der Normalfall bei der Auswahl eines ersten Analytics-Produkts sieht aber so aus, dass man sich noch nicht im Klaren ist, welche Kennzahlen und Metriken denn eigentlich nun die wichtigsten zur Zielerreichung bzw. fürs eigene Geschäft sind. Um dies herauszufinden, müsste man nämlich schon ein Analytics-System im Einsatz haben – ein typisches Huhn-Ei-Problem. Sich nun einfach darauf zu verlassen, dass man sicher ungefähr die gleichen Anforderungen hat wie andere Unternehmen, ist ebenfalls gefährlich – denn kein Business gleicht dem anderen. Statt einer zeitaufwendigen Evaluation, die viel Geld kostet und während der noch keine Daten gesammelt werden, empfiehlt sich in solchen Situationen folgendes Alternativvorgehen:

- Bauen Sie Google Analytics, Matomo (früher Piwik) oder ein anderes kostenloses oder kostengünstiges Analytics-System in Ihre Website ein. Die Anmeldung zu Google Analytics ist kostenlos und in rund fünf Minuten erledigt. Der Einbau des Page Tags ist ebenfalls nur mit einigen wenigen technischen Handgriffen verbunden und wird Ihre IT-Verantwortlichen oder Webagentur vor keine großen Herausforderungen stellen.
- Lassen Sie Google Analytics oder Matomo in den folgenden zwei Wochen Daten sammeln.

- Untersuchen Sie in den darauf folgenden zwei bis vier Wochen die Standard-Auswertungen, so wie sie in diesem Buch in Teil II beschrieben sind. Sie verschaffen sich damit einen groben Überblick, wie Analytics funktioniert und was Sie erwarten können.
- Werden Sie sich anschließend über Ihre Website-Ziele und die wichtigsten Schlüsselindikatoren für Ihren Geschäftserfolg klar, so wie dies in Teil III dieses Buches beschrieben ist. Dank dieser Informationen wissen Sie, was Sie eigentlich messen müssten mit einem Analytics-System – sozusagen das Soll.
- Definieren Sie aufgrund dieser Erkenntnisse Ihre Anforderungen an ein Analytics-System und führen Sie eine Produktevaluation durch, in der Sie Produkte genau auf diese Kriterien prüfen. Da Sie sich nun bereits mehrere Monate mit einem Analytics-Produkt beschäftigt haben, wird Ihnen kein Produktanbieter mehr das Blaue vom Himmel versprechen können.
- Werden Sie sich bewusst, dass ein guter Web-Analyst wesentlich mehr bringt als das beste Analytics-System. Bevor Sie viel Geld in ein Tool investieren, sollten Sie mindestens so viel Geld dazu verwenden, für Analytics verantwortliche Personen einzustellen. Wenn Ihr Unternehmen nicht bereit ist, Geld in einen Analytics-Verantwortlichen zu investieren, dann lohnt sich auch eine Investition in ein teures Tool nicht.

1.6.3 Klassische Produkt-Evaluation

Falls Ihnen diese Vorgehensweise zu pragmatisch erscheint und Sie sich doch eher auf eine klassische Produkt-Evaluation verlassen möchten, werden Sie in Kapitel 12 zusammengefasst einige gewichtige Unterscheidungskriterien für Analytics-Systeme vorfinden, die im Verlaufe des Buches vorgestellt werden. Zentral ist allerdings, bis zu diesem Zeitpunkt seine genauen und individuellen Digital-Ziele und Messgrößen zu kennen – denn sonst macht die Evaluation wenig Sinn. Aus diesem Grund sind die entsprechenden Kriterien auch erst in diesem späten Kapitel des Buches beschrieben.

Kapitel 2

Funktionsweise der Datensammlung

Wenn man mit einem Auto etwas in der Gegend umherfahren möchte, braucht man eigentlich nicht zu wissen, wie Motor oder Getriebe technisch genau funktionieren. Zündschlüssel drehen, Gas geben und lenken reichen eigentlich vorerst mal aus, um ein Auto zu nutzen und von A nach B zu kommen. Gewisse technische Zusammenhänge zu kennen, zum Beispiel wozu die Kupplung eigentlich genau da ist oder was ein ABS bewirkt, kann bei häufigem Gebrauch aber ganz nützlich sein. Gerade in schwierigen oder ungewohnten Situationen kann es von Vorteil sein oder Sicherheit geben, wenn man sich ein Stück weit selbst zu helfen weiß. Und sei es nur zu wissen, was zu tun ist, wenn die Öllampe leuchtet oder man sich einen Plattfuß eingefangen hat.

Sobald man aber rennmäßig Autosport betreibt und sich im Wettbewerb mit anderen befindet, wird es unabdingbar, sich auch mit technischen Details auseinanderzusetzen. Erst durch die umfassende Kenntnis der Technik lässt sich beim Fahren das Letzte aus einem Fahrzeug herausholen – oder glauben Sie etwa, dass Michael Schumacher nicht wusste, was die Bremsbalance-Einstellungen an seinem Rennwagen technisch bewirken?

Bei Analytics ist es vom Prinzip her dasselbe. Analytics ist eigentlich kein technisches Thema, obwohl es häufig als solches diskutiert wird. Trotzdem hilft aber ein technisches Grundverständnis der Funktionsweise von Analytics-Systemen, um sich gewisse Vorgänge genauer erklären zu können. Befindet man sich im Wettbewerb mit anderen – was im Internet eigentlich immer der Fall ist –, muss man fast zwangsläufig das Letzte aus einem System herauskitzeln, wenn man einen Vorteil für sich erzielen will. Und zu guter Letzt steckt ein Web-Analyst auch immer irgendwo zwischen IT-, Business- und Marketing-Abteilungen drin. Die Technik zu verstehen hilft deshalb ungemein in der Kommunikation mit IT-Verantwortlichen.

Etwas Technik muss man also über sich ergehen lassen, will man später die Vorzüge in vollem Umfang nutzen und verstehen. Oder wie schon die alten Römer wussten: »per aspera ad astram«, über raue Pfade steigt man empor zu den Sternen.

2.1 Funktionsweise von Analytics-Systemen

Als Denkmodell, um sich an die Funktionsweise von Analytics-Systemen heranzutasten, lassen sich solche in drei Hauptaufgabenbereiche einteilen:

- die Datensammlung
- die Speicherung und Verarbeitung der Daten
- die Auswertung der gesammelten Daten

Bei der Datensammlung geht es zuerst einmal darum, wie der Website-Besuch eines Benutzers überhaupt registriert wird. Die Speicherung und Verarbeitung von Daten beleuchtet dann, was mit den gesammelten Informationen passiert und wie diese zusammengefasst werden. Die Auswertung schlussendlich beschäftigt sich dann erst mit dem sichtbarsten Teil, nämlich den bunten Grafiken und Tabellen, die Analytics-Systeme zur Aufbereitung der Daten bieten.

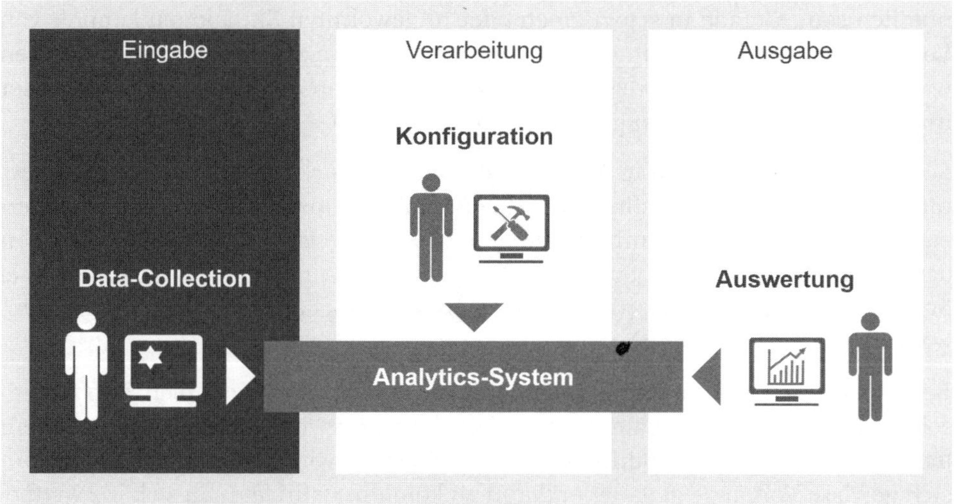

Abb. 2.1: Funktionsbereiche von Analytics-Systemen

Als erstem Funktionsbereich von Analytics-Systemen widmen wir uns in diesem Kapitel der Datensammlung. Das Sammeln und Registrieren von Website-Besuchern gehört eindeutig zu den Kernaufgaben eines solchen Systems. Dass dies eine tragende Aufgabe ist, ist relativ einleuchtend: Daten, die nicht gesammelt werden, können später auch nicht ausgewertet werden.

Ähnliches gilt für die Qualität der Sammlung: Bei einer schlechten oder falschen Datenbasis können auch Auswertungen daraus keine bessere Qualität aufweisen. »GIGO« bzw. »Garbage in – garbage out« heißt hier das geflügelte Wort in der IT: Wenn man in ein System nur Müll reinschüttet, kommt auch nur Müll raus. Eine solide Datenbasis ist also die ganz zentrale Grundlage für spätere Auswertungsergebnisse.

Selbstverständlich muss diese Datensammlung möglichst im Hintergrund erfolgen, damit der Benutzer bei seinem Website-Besuch nicht gestört wird. Um solche Besucherdaten zu sammeln, gibt es wiederum unterschiedliche Ansätze, nämlich

- serverseitige Datensammlung mittels Logfile
- clientseitige Datensammlung mittels Page Tagging
- alternative oder kombinierte Methoden wie Packet Sniffing

Die Ansätze unterscheiden sich einerseits komplett in der technischen Funktionsweise. Andererseits – und dies hat Relevanz für spätere Auswertungen – werden je nach Ansatz andere Datenpunkte und Besucherinformationen gesammelt. Je nach gewählter technischer Funktionsmethode stehen also später mehr, weniger oder andere Daten zur Auswertung zur Verfügung. Abhängig von dem späteren Auswertungsbedarf ist deshalb die Wahl der geeigneten Sammlungsmethode entscheidend.

2.2 Serverseitige Datensammlung mittels Logfile

Seit Anbeginn des Internets haben Webserver sämtliche Aufrufe, die an sie herangetragen und von ihnen beantwortet werden, protokolliert. Dieses Protokoll nennt sich Logfile. Logfiles stellen somit die urtümlichste Methode zur Sammlung von Server-Nutzungsdaten dar.

2.2.1 Funktionsweise der Logfile-Erstellung

Technisch läuft der Prozess bis zur Logfile-Erstellung folgendermaßen ab: Sobald ein Benutzer in seinen Browser die URL einer Website eingetippt hat, sendet der Browser einen Aufruf (Request) an den betreffenden Webserver. Der Webserver antwortet darauf und sendet dem Browser die gewünschte Seite zurück (Response). Da eine Seite selbst wiederum aus Bildern und anderen Dateien besteht, sendet der Browser automatisch weitere Anfragen an den Server, bis sämtliche Antworten bzw. Dateien zurückgekommen sind und die Seite vollständig geladen ist. Zugleich mit jeder Antwort an den Browser schreibt der Webserver Informationen zur Anfrage und Antwort in ein Logfile.

Das Logfile ist meist eine Textdatei, die pro Tag neu angelegt wird und Einträge folgender Natur aufweist.

```
2023-03-08 12:00:22 W3SVC594 SUN 192.168.0.141 GET /de/notebooks/dell.aspx - 80
    - 84.222.39.232 HTTP/1.1 Mozilla/5.0 (compatible; MSIE 7.0; Windows NT 6.1;
    SV1) - xyz.de 200 0 0 22433 261 687
2023-03-08 12:00:46 W3SVC594 SUN 192.168.0.141 GET /de/bikes/mountainbike.aspx
    - 80 - 80.144.85.245 HTTP/1.1 Mozilla/4.0 (compatible; MSIE+7.0; Windows NT
    5.1; .NET CLR 2.0.50727; .NET CLR 3.0.04506.30) - xyz.de 200 0 0 20865 231 3390
```

```
2023-03-08 12:00:46 W3SVC594 SUN 192.168.0.141 GET /res/style.css - 80 -
    80.144.85.245 HTTP/1.1 Mozilla/4.0 (compatible; MSIE 7.0; Windows NT 5.1;
    .NET CLR 2.0.50727; .NET CLR 3.0.04506.30) - www.xyz.de 304 0 0 213 718 249
```

Listing 2.1: Beispiel von drei Logfile-Einträgen

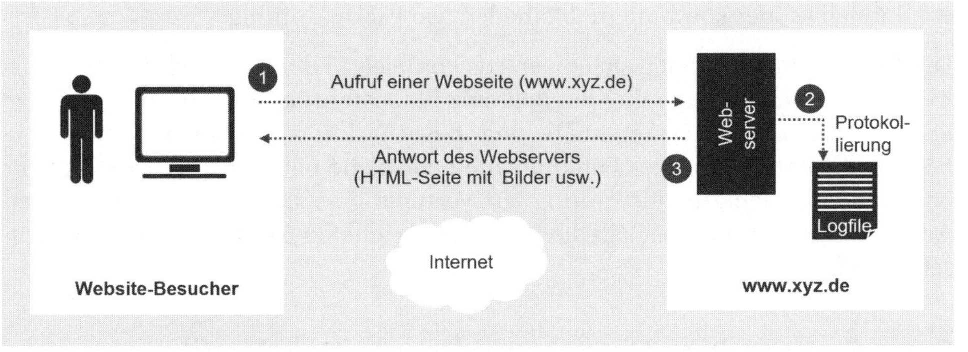

Abb. 2.2: Serverseitige Datensammlung in Logfiles

Der Webserver speichert darin strukturiert jede auf dem Server aufgerufene Datei und ausgeführte Aktion. Als Datei gilt dabei eine einzelne Webseite, ein in eine Seite eingebettetes Bild, eine Formatdatei (CSS) genauso wie ein Video oder eine JavaScript-Programmbibliothek. Jeder dieser Datei-Aufrufe wird im Fachjargon auch als »Hit« bezeichnet. Zu einem Hit können im Logfile beispielsweise folgende Informationen gespeichert werden:

- Aufrufdatum und Zeit
- URL (Uniform Resource Locator) der aufgerufenen Datei
- IP-Adresse (Internet-Protokoll-Adresse) des Aufrufenden
- Für den Aufruf verwendeter Browser und Betriebssystem (User Agent)
- Herkunft des Aufrufs (Referer)
- Ergebnis des Aufrufs (Status)
- Cookie

Darüber hinaus können weitere, für eine spätere Analyse aber weniger bedeutsame Informationen wie Aufrufmethode (GET, POST etc.), Hostname oder transferierte Datenmenge im Logfile gespeichert werden.

2.2.2 Bedeutung der gesammelten Daten

Betrachtet man die Einträge im Logfile etwas genauer, dann lassen sich folgende Details erörtern.

URL

Über die URL-Angabe im Protokoll ist eindeutig zu erkennen, welche Datei auf dem Webserver aufgerufen oder welche Aktion ausgeführt wurde. Ruft man als Besucher beispielsweise die Startseite von eBay Deutschland auf, dann wird das in der Startseite eingebettete eBay-Logo folgenden URL-Eintrag auf dem eBay-Server hinterlassen:

```
http://pics.ebaystatic.com/aw/pics/de/logos/logoEbay_x45.gif
```

IP-Adresse

Über IP-Adressen werden im Internet einzelne Rechner oder Netzwerke eindeutig identifiziert. Ein Webserver benötigt die IP-Adresse, um zu wissen, welcher Rechner die Anfrage nach einer Datei gestellt hat und wohin die Antwort zurückgesendet werden soll. Die IP-Adresse eines Besuchers ist somit die Absenderadresse auf einem Brief, an die der Empfänger die Antwort zurückschreibt. Grundsätzlich muss daher jedem Rechner, der mit dem Internet verbunden ist, eine solche eindeutige Adresse zugeteilt werden, damit eine Kommunikation überhaupt möglich ist. Die IP-Adresse kann ebenfalls im Logfile zu jedem Aufruf einer Datei wie folgt gespeichert werden:

```
213.3.47.51
```

Für statistische Auswertungen ist dies toll, wird doch bei jedem Aufruf der Besucher eindeutig erkannt – könnte man zumindest meinen. Denn in der Realität können IP-Adressen bei Weitem nicht immer eindeutig einem Rechner oder gar einer Person hinter dem Rechner zugeordnet werden. Die zwei hauptsächlich limitierenden Faktoren sind folgende:

Ein Endbenutzer, der sich über DSL mit dem Internet verbindet, bekommt in bestimmten Intervallen von seinem Provider eine andere IP-Adresse zugeteilt. Auch mobile Internet-Nutzer erhalten üblicherweise bei jedem neuen Verbinden mit dem Internet eine neue IP-Adresse. Derselbe Besucher kann also bei mehreren Besuchen einer Website unterschiedliche IP-Adressen im Logfile eines Servers hinterlassen, sofern er sich dazwischen neu verbunden hat oder sonst ein IP-Wechsel stattgefunden hat.

Umgekehrt könnten mehrere Logfile-Einträge mit der gleichen IP-Adresse auch von unterschiedlichen Benutzern stammen. Dies ist dann der Fall, wenn sich ein zweiter Benutzer beim gleichen Provider einwählt, dieselbe IP-Adresse erhält wie ein vorher Verbundener und dann zufälligerweise die gleiche Website besucht wie Ersterer.

Ein zweiter limitierender Faktor für die Identifikation eines Besuchers über die IP-Adresse ist vielfach die Konfiguration von Firmennetzwerken. Je nach Definition innerhalb einer Firma erhält nämlich nicht jeder einzelne Rechner einer Firma eine öffentliche IP-Adresse, sondern nur der Verbindungsknoten zwischen Firma und Internet. Ein Benutzer, der so vom Arbeitsplatz aus ins Internet geht und eine Website besucht, hinterlässt im Logfile der Website die öffentliche IP-Adresse des Unternehmens. Ein Arbeitskollege, der dieselbe Website besucht, hinterlässt im Logfile dieselbe IP-Adresse. Innerhalb des gleichen Großunternehmens können so Tausende von Nutzern nach außen dieselbe IP-Adresse aufweisen.

Hinzu kommt, dass eine IP-Adresse zwar in einem Logfile gespeichert werden *kann* – jedoch unter Umständen aus rechtlicher Sicht nicht *darf*. Überlegungen zur rechtlichen Situation sind später in Kapitel 3 in Abschnitt 3.2 ausgeführt.

User Agent

Neben der IP-Adresse wird bei jeder Anfrage an einen Webserver auch übergeben, welchen Browser und welches Betriebssystem der anfragende Benutzer einsetzt. Diese Browser/Betriebssystem-Kombination sowie noch weitere dazugehörende Informationen werden als User Agent bezeichnet.

Ein Webserver muss diese Information kennen, da er allenfalls je nach User Agent andere Informationen ausliefern muss. So kann der Webserver zum Beispiel für einen Desktop-Rechner mit Safari-Browser die gleiche Seite in einem anderen Format ausliefern als für ein Android-Mobilgerät mit einem Chrome als Browser.

Während eine solche unterschiedliche Ausgabe für PC-Browser heute vor allem für die Darstellungsoptimierung genutzt wird, hat es für mobile Besucher immer noch eine zentrale Bedeutung. Besucher, die den Browser ihres Handys verwenden, um Websites aufzurufen, sind aufgrund der reduzierten Bildschirmgröße und Datendurchsatzes dankbar, wenn eine auf Handys optimierte Version einer Seite angeboten wird. Da der Webserver den User Agent des Besuchers kennt und somit ein Mobilgerät als solches identifizieren kann, kann er die gleiche Seite zum Beispiel mit kleineren Bilddateien oder weniger Inhalten zurücksenden.

Die Einträge, die zu einem User Agent in einem Logfile gespeichert werden, sehen beispielsweise folgendermaßen aus:

```
Mozilla/5.0 (Windows NT 10.0; Win64; x64) AppleWebKit/537.36 (KHTML, like Gecko)
   Chrome/113.0.0.0 Safari/537.36 Edge/113.0.1774.35
Mozilla/5.0 (Windows NT 6.2; Win64; x64; rv:10.0) Gecko/20100101 Firefox/10.0
Mozilla/5.0 (Macintosh; Intel Mac OS X 13_3_1) AppleWebKit/605.1.15 (KHTML, like
   Gecko) Version/16.4 Safari/605.1.15
```

Der erste Beispieleintrag stammt von einem Benutzer mit einem Microsoft-Browser (Edge). Das verwendete Betriebssystem ist Microsoft Windows 10, das sich aus der Versionsnummer Windows NT 10.0 ableiten lässt.

Den zweiten Eintrag hinterließ ein Benutzer, der einen Firefox-Browser der Version 10.0 auf einem Rechner mit Windows 8 (das heißt Versionsnummer NT 6.2) einsetzte. Der letzte Eintrag stammt von einem Macintosh-Benutzer mit einem Safari-Browser. Neben solchen üblichen Besuchern sind auch spezielle Besucher anhand des User Agents identifizierbar. Ein Nutzer, der auf Newsreader zurückgreift, um RSS-Feeds einer Website anzuzeigen, hinterlässt genauso seine Einträge wie ein Seitenaufruf über ein Handy:

```
Windows-RSS-Platform/1.0 (MSIE 7.0; Windows NT 5.1)
Mozilla/5.0 (iPhone; CPU iPhone OS 16_4_1 like Mac OS X) AppleWebKit/605.1.15
   (KHTML, like Gecko) Version/16.4 Mobile/15E148 Safari/604.1
```

Ebenfalls häufige Besucher einer Website sind Suchmaschinen. Damit Suchmaschinen einem Suchenden überhaupt Resultate anzeigen können, durchgrasen sie tagtäglich das Web nach Inhalten. Aus Sicht eines Webservers sieht ein solcher Besuch eines Suchmaschinen-Crawlers oder -Robots – so heißen die automatischen Datensammler – ähnlich aus wie derjenige eines menschlichen Besuchers. Wie der Browser einer Person fragt auch die Maschine nach einzelnen Webseiten und Dateien, die der Webserver ausliefert. Einzig anhand des User Agents lassen sich Crawler von menschlichen Besuchern unterscheiden. Denn Suchmaschinenbetreiber zeichnen ihre Crawler anhand eines speziellen User Agents aus, wodurch sie anschließend im Logfile eines Webservers erkenntlich sind. Bei den Crawlern von Google, Bing oder Baidu lauten die im Logfile registrierten User-Agent-Einträge beispielsweise folgendermaßen:

```
Mozilla/5.0 AppleWebKit/537.36 (KHTML, like Gecko; compatible;
   Googlebot/2.1; +http://www.google.com/bot.html) Chrome/113.0.0.0
Safari/537.36 Mozilla/5.0 (compatible; bingbot/2.0; +http://www.bing.com/
   bingbot.htm)
Mozilla/5.0 (compatible; Baiduspider/2.0; +http://www.baidu.com/search/
   spider.html)
```

Neben diesen bekannten Suchmaschinen und deren Crawlern gibt es aber noch zahlreiche kleinere Suchmaschinen und Crawler. Die hinterlassen zwar auch ihre spezifischen Einträge. Wenn man jedoch nicht wie bei Google, Bing oder Baidu weiß, wie sie heißen, dann wird es extrem schwierig, sie von einem normalen Besucher zu unterscheiden bzw. herauszufiltern.

Referer

Eine weitere, spannende Information innerhalb von Server-Logfiles ist der Referer. Der Referer besagt, welche Website ein Benutzer unmittelbar vorher besucht hat, bevor er dort auf einen Link geklickt hat und auf die aktuelle Website gelangt ist. Ein Benutzer, der beispielsweise zuerst bei Google eine Suche absendet, auf einen Treffer klickt und auf einer Drittsite landet, kann im Logfile der Drittsite den folgenden Referer-Eintrag hinterlassen:

```
https://www.google.de/
```

Abbildung 2.3 zeigt diesen Ablauf über zwei Websites und die Übergabe des Referers schematisch auf.

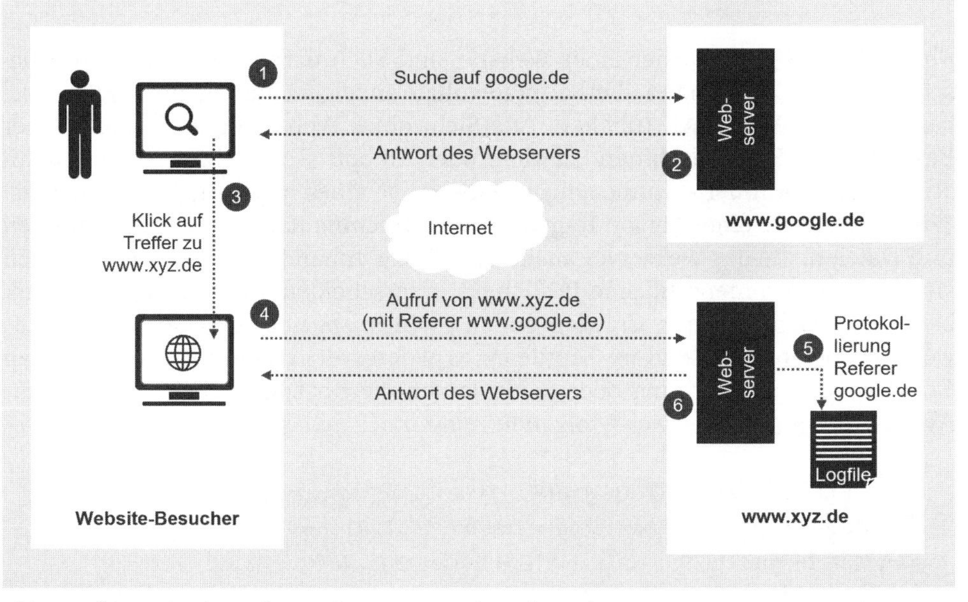

Abb. 2.3: Übergabe der Referer-Information an die Folgewebsite

Der Referer ist damit eine ähnliche Information, wie sie in der Verlaufsansicht des Browsers eines Benutzers steht. Im Vergleich dazu erhält ein Webserver die Information allerdings maximal einen Schritt zurück, und nur dann, wenn auf der vorangegangenen Website auf einen Link auf die aktuelle Seite geklickt wurde. Diese Einschränkung erfolgt aus Gründen des Persönlichkeitsschutzes. Nicht jeder möchte ja uneingeschränkt preisgeben, auf welchen Websites er sich im Verlaufe des Tages aufgehalten hat.

Aus Sicht des Betreibers einer Website hingegen kann diese Referer-Information natürlich äußerst aufschlussreich sein. Damit wird nämlich ersichtlich, über welche anderen Sites Besucher auf die eigene Website gelangen.

Da der Referer aber vom Browser des Benutzers an einen Webserver übergeben wird, kann der Benutzer grundsätzlich die Preisgabe des Referers auch unterbinden – wenn er dies denn aus Persönlichkeitsschutzgründen tun möchte. Auch Browser-Hersteller sind aus Datenschutz-Überlegungen dazu übergegangen, nicht immer die volle Referer-Information inklusive der ganzen URL zu übergeben, sondern nur noch die Domäne (also zum Beispiel `www.google.de` statt `http://www.google.de/search?q=begriff`). Überdies kann für die neueren Browserversionen auch der Website-Betreiber steuern, ob und welche Bestandteile der Referer-Information an die verlinkte Website übergeben werden. Wie bei der IP-Adresse ist also auch beim Referer kein absoluter Verlass gegeben. Wenn ein Logfile-Eintrag einer Webseite keinen Referer enthält, kann dies also zwei unterschiedliche Bedeutungen haben: Entweder wurde der Referer aus Datenschutzgründen gar nicht übermittelt oder es gab tatsächlich keine vorhergehende Seite im Browse-Verlauf des Besuchers. Letzteres ist dann der Fall, wenn er zum Beispiel die URL der Website von Hand eingetippt hat oder über seine eigenen Bookmarks darauf gelangt ist.

Referer oder Referrer?

Der Begriff »referer« stammt vom englischen Verb »to refer« (verweisen) ab. Nun lautet die orthografisch korrekte Substantivierung »referrer« mit Doppel-R und nicht »referer«. Dennoch hat sich diese Falschschreibweise als Standard durchgesetzt, und zwar mit folgendem Hintergrund: In der offiziellen Spezifikation von HTTP, dem Kommunikationsprotokoll des World Wide Webs, wurde der Begriff in der finalen Version falsch geschrieben. Dadurch hat er sich in der Definition bis heute verankert. Referer ist also der offiziell richtige Begriff im Internet-Umfeld, selbst wenn er eigentlich falsch geschrieben ist. So können sich Fehler verewigen.

Status

Der ursprüngliche Hauptgrund, weshalb man einen Webserver überhaupt ein Logfile erstellen lässt, ist das Nachvollziehen und Auffinden von Fehlfunktionen auf dem Webserver. Im Logfile stehen nämlich nicht nur erfolgreich beantwortete Anfragen an den Server, sondern auch fehlgeschlagene. Wird beispielsweise versucht, eine Datei bzw. Webseite auf dem Server aufzurufen, die gar nicht vorhanden ist, wird auch dies vom Server festgehalten. Im Logfile wird dann ergänzend zu den anderen Informationen ein Fehlercode bzw. Status niedergeschrieben. Im Falle des Aufrufs einer nicht existierenden Datei lautet dieser Status-Code 404.

Der Besucher einer Website bekommt in dieser Situation die Meldung »Seite nicht gefunden« eingeblendet.

Genauso wie »Seite nicht gefunden« gibt es noch weitere Status, die ein Webserver protokolliert und von denen ein Website-Besucher betroffen sein kann. Zu den bekannteren darunter gehören:

- 200 – OK, Anfrage erfolgreich beantwortet (fehlerlose Funktionsweise)
- 301 – Permanente Weiterleitung auf eine andere Seite
- 302 – Temporäre Weiterleitung auf eine andere Seite
- 403 – Unerlaubter Zugriff auf eine Datei/Seite
- 404 – Datei/Seite nicht gefunden
- 500 – Allgemeiner interner Serverfehler

Cookies

Eine zentrale Bedeutung bei der Datensammlung nehmen Cookies ein. Als Endbenutzer und Surfer kennt man Cookies vor allem über die Einstellungen im Browser, in dem man bei Sicherheitsbedenken deren Speicherung deaktivieren oder die angesammelten löschen kann.

Cookies sind kleine Textdateien, die zu einer Website direkt auf dem Computer eines Benutzers gespeichert werden. Die Speichermöglichkeiten sind dabei aber relativ beschränkt, kann doch pro Website oder Sub-Domain (zum Beispiel `maps.google.com`) nur ein einzelnes Cookie mit einer beschränkten Anzahl an Textzeichen hinterlegt werden. Im Normalfall werden verschiedene Textinformationen in sogenannten Schlüssel-und-Werte-Paaren gespeichert, also zum Beispiel `Besuchsdatum` und `02.07.2023`. Aus Sicht einer Website sind Cookies (oder vergleichbare Substitute wie LocalStorage) die einzige Möglichkeit, um Daten statt auf dem Server auf dem Computer des Benutzers zu speichern, ohne dass dieser dies explizit erlaubt. Diese Speicherung ist häufig praktisch eine technische Notwendigkeit, damit beispielsweise Produkte, welche ein Nutzer in einen Warenkorb legt, nicht beim Aufruf der nächsten Produkteseite wieder verschwunden sind.

Damit nun aber zum Beispiel der Webserver von Google nicht jenes Cookie eines Besuchers auslesen kann, das Amazon zuvor auf dessen Festplatte gespeichert hat, ist das Auslesen jeweils nur durch die Website (bzw. Domain) möglich, die es auch gesetzt hat. Dies erfolgt wiederum zum Schutz von allenfalls persönlichen Daten des Benutzers – Google soll ja zum Beispiel nicht wissen, welche Bücher ein Suchender vorhin bei Amazon bestellt hat.

Sicherheitsüberlegungen bei Cookies

Die diffuse Angst, dass persönliche Informationen irgendwie ausgelesen werden, bringt viele Besucher dazu, Cookies gelegentlich zu löschen oder gar nicht zu akzeptieren. Doch was steckt hinter dieser diffusen Befürchtung, wenn doch ein Webserver nur die Cookies auslesen kann, die er selbst gesetzt hat?

Wenn man nur den betreffenden Webserver anschaut, sind die Sicherheitsbedenken tatsächlich praktisch unbegründet. Denn der Webserver kann nicht mehr Informationen auslesen, als ihm der Benutzer zum Beispiel durch Formulareingabe mitgeteilt hat. Einzig, wenn zwei oder mehr Benutzer auf dem gleichen PC mit gleichem Benutzerkonto eingeloggt sind (zum Beispiel innerhalb einer Familie), könnte es so zu sehr beschränkten Persönlichkeitsverletzungen kommen.

Weshalb Cookies so einen schlechten Ruf genießen, ist anders begründet. Bei obigen Betrachtungen wird davon ausgegangen, dass nur jener Webserver Cookies liest und schreibt, der gerade die aktuelle Seite darstellt. In diesem Fall nennen sich Cookies im Fachjargon *First-Party-Cookies*.

Nun wissen wir aber, dass eine Webseite nicht nur aus dem Hauptdokument wie die HTML-Seite bestehen kann, sondern auch Bilder und andere Dateien innerhalb der Seite referenziert. Dabei muss nicht jede der eingebundenen Ressourcen von jenem Webserver stammen, der auch die Hauptseite ausgeliefert hat. Ein auf einer Seite dargestelltes Bild oder ein darin enthaltenes Widget kann also genauso gut auch von einem Drittserver – einer *Third Party* – angezogen werden, ohne dass der Besucher dies direkt sehen würde. Beim Ausliefern eines solchen Bildes oder Inhalts hat nun aber auch der Drittserver die Möglichkeit, sein Cookie zu schreiben oder zu lesen. Dies sind sogenannte *Third-Party-Cookies*.

Das allein wäre auch noch kein Sicherheitsproblem, da der Drittserver immer noch nur seine eigenen Cookies auslesen kann und beispielsweise nicht jenes des ersten Webservers, der die Seite ausgeliefert hat. Nun gibt es aber einen Spezialfall, wo es trotz dieser Restriktionen aus Datenschutzsicht kritisch wird, nämlich dann, wenn ein Drittserver von sehr vielen Websites eingebunden wird. Dies ist zum Beispiel bei Ad-Servern der Fall, die Display Ads für verschiedene Websites ausliefern. Wenn der Ad-Server dem Benutzer auf unterschiedlichen Webservern ein Banner ausliefert, dann kann sich der Ad-Server mittels Cookie merken, auf welchen der von ihm belieferten Plattformen der Besucher war. Auch für auf Websites eingebundene Social-Media-Funktionen wie ein Like-Button gilt Ähnliches.

Da tatsächlich gerade auch viele bekannte Websites von Ad-Servern einiger weniger Anbieter bedient werden, ist die Möglichkeit für die Erkennung der früher besuchten Websites eines Besuchers damit tatsächlich gegeben. Browser-Hersteller wie Apple oder Firefox sind daher dazu übergegangen, standardmäßig keine dieser Third-Party-Cookies mehr zu zulassen. Während dies die Ad-Industrie stark verändert, nutzt Digital Analytics meist First-Party-Cookies, die davon weniger tangiert sind.

Bei der Sammlung von Besucherdaten kann man sich Cookies sehr gut für die Identifikation eines Besuchers zunutze machen. Während die IP-Adresse dazu wenig taugt, kann ein Webserver durch ein Cookie einen Besucher einfacher wiedererkennen. Diese Wiedererkennung erfolgt sowohl von Seite zu Seite innerhalb eines Website-Besuchs wie auch bei einer Rückkehr Wochen oder Monate später. Cookies stellen daher ein sehr zentrales Element in der späteren Auswertung von Nutzungsdaten dar.

Allerdings – und nun kommt der Haken – funktioniert diese Erkennung natürlich nur, wenn der Benutzer das Setzen von Cookies nicht aus persönlichen Datenschutzüberlegungen ablehnt oder die Cookies regelmäßig löscht. Doch dazu und zu den datenschutzrechtlichen Überlegungen folgt später in Abschnitt 3.2.4 mehr.

2.3 Clientseitige Datensammlung mittels Page Tagging

Die eben beschriebene Logfile-Datensammlung hat folgenden gewichtigen Nachteil für eine Nutzung zu Analytics-Zwecken: Sie betrachten den Besucher nur aus Sicht des Servers und beleuchten somit nur einen kleinen Ausschnitt der Benutzertätigkeit bei einem Website-Besuch – nämlich den Moment eines Seitenaufrufs. Was der Benutzer zwischen zwei Seitenaufrufen macht oder was er sonst noch für Einstellungen bei sich im Browser getroffen hat, ist aus dem Logfile nicht herauszulesen.

2.3.1 Erweiterter Umfang der erfassbaren Daten

Um an solche zusätzlichen Informationen heranzukommen, begann man schon Ende der 1990er Jahre mit der sogenannten clientseitigen Datensammlung. Clientseitig bedeutet, dass nicht der Webserver seine Tätigkeiten protokolliert, sondern dass der Browser des Benutzers – eben der Client – die Benutzertätigkeiten aufzeichnet. Ist nämlich eine Webseite erst im Browser eines Benutzers geladen, dann kann diese Seite mittels der Skript-Sprache JavaScript viele Browsereinstellungen und Benutzeraktionen verfolgen. So lässt sich beispielsweise mittels JavaScript Folgendes feststellen:

- Mausklicks, die aktuelle Position des Mauszeigers oder Mausbewegungen
- die aktuelle Cursor-Position
- sämtliche Tastatureingaben im Browserfenster
- die aktuelle Fenstergröße des Browsers

- die Auflösung und Farbzahl des verwendeten Bildschirms
- die im Browser installierte Plug-ins (zum Beispiel Flash-Player, Java-Plug-in, QuickTime-Player)
- die Sprache des Browsers (Deutsch, Englisch etc.)
- die aktivierten Zusatzfunktionen wie Cookies oder Java
- die Abspieldauer oder die Unterbrechung von Multimedia-Dateien (zum Beispiel von Videos)
- die eingegebenen Inhalte in Formularfelder
- der Titel einer Seite
- die Anzahl Links innerhalb einer Seite
- usw.

Oder um es technischer Sprache zu präzisieren, sind dies alle Informationen, die über das Document Object Model (DOM) zur aufgerufenen Seite und das Browser Object Model (BOM) zu den Browsereinstellungen verfügbar sind.

Im Vergleich zu Logfiles, wo im Wesentlichen Zeitpunkt, URL, Referer und User Agent gespeichert werden, sind die clientseitig verfügbaren Daten über den Benutzer doch beträchtlich größer. Sämtliche Informationen, die in Logfiles vorhanden sind, sind im clientseitigen Verfahren natürlich auch vorhanden.

2.3.2 Funktionsweise der clientseitigen Datensammlung

Eine Herausforderung stellt sich allerdings noch, will man diesen Informationsreichtum für Analyse-Zwecke nutzen: Die Browser-Daten sind nämlich vorerst nur dem Browser bekannt. Der Webserver bzw. der Betreiber der Website kennt sie noch nicht. Um dies zu erreichen, muss man zu einem kleinen technischen Kniff greifen. Dieser Kniff heißt »Page Tag« und funktioniert folgendermaßen:

Das Page Tag ist ein verstecktes Element, das in jede Seite einer Website eingebettet wird. Normalerweise handelt es sich dabei um JavaScript-Code und ein kleines, 1x1-Pixel großes und damit praktisch unsichtbares Bild. Gelangt nun ein Besucher auf die so erweiterte Website, dann lädt er sich zuerst die normale Seite in den Browser. Dadurch wird versteckt auch das Page Tag in den Browser geladen. Das JavaScript des Page Tags versucht nun, an die verschiedenen gewünschten Zusatzinformationen über den Besucher zu kommen. Sind diese gesammelt, lädt das JavaScript das unsichtbare Bild von einem Drittserver in die bereits geladene Seite hinein. Dieses nachträgliche Laden kann nun genutzt werden, um die Zusatzinformationen an den Drittserver zu übermitteln.

Allerdings erlaubt der Browser nicht einfach so das Senden der Zusatzinformation an einen Server, sondern man muss sich auch hier eines Kniffs bedienen. Die ausgelesenen Daten werden daher in den URL-Aufruf des unsichtbaren Bildes verpackt, der dann wegen all der Information ziemlich lang werden kann:

```
https://www.trackingserver.com/dcs.gif?dcsdat=1205060892678&dcssip
=www.xyz.com&dcsuri=/&WT.co_f=2496af7c1bc5752c11951385505&WT.vt_
sid=2496aef7c1bc576752c11134685505.1205060892680&WT.vt_f_
tlv=1205050543&WT.tz=1&WT.bh...
```

Der Server, der das unsichtbare Bild ausliefert, gelangt durch Entschlüsselung dieser Daten aus der URL der Bildanfrage zu den im Browser gesammelten Informationen. Abbildung 2.4 zeigt den gesamten Kommunikationsablauf beim Page Tagging schematisch auf.

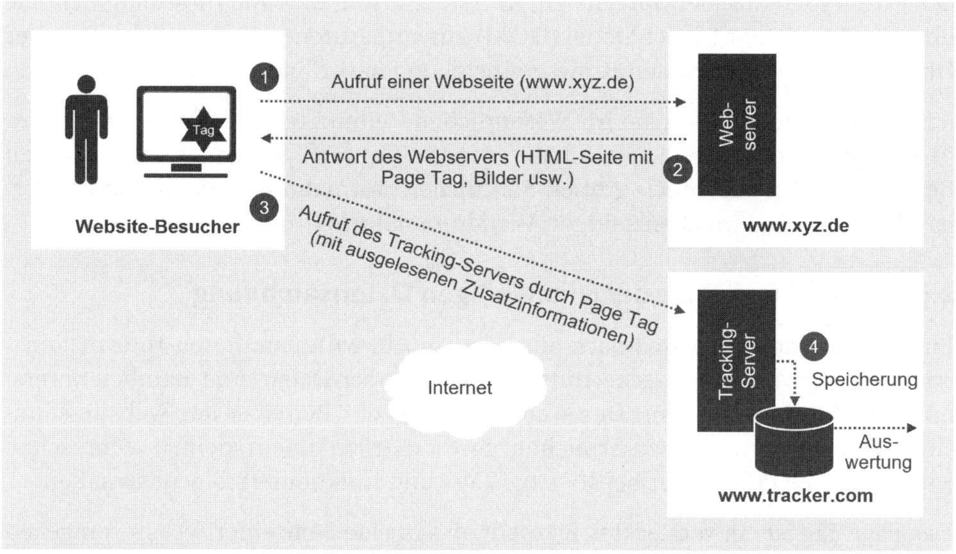

Abb. 2.4: Funktionsweise der clientseitigen Datensammlung mittels Page Tag

Aufgrund der Ausgefallenheit dieser Methode wird sie gelegentlich auch als »Web Bug« (Käfer) oder »Web Beacon« (Signalfeuer) bezeichnet. Der Hintergrund dieser negativ geprägten Bezeichnung liegt darin, dass sich ein Besucher bewusst in der Interaktion mit einer Website befindet – aber für ihn nicht offensichtlich ist, dass Daten an einen Dritt-Dienst im Internet gesendet werden. Es entspricht zwar nicht der reinen Lehre der Sicherheitstechnik, dass Elemente einer Seite von Dritt-Domains geladen werden – dennoch hat sich das Vorgehen nicht nur für Analytics, sondern auch für andere Bereiche wie Programmier-Bibliotheken, spezielle Schriftarten, Social-Media-Clips, iFrames usw. breit etabliert.

Voraussetzung, um mittels clientseitiger Sammlung an die Daten zu gelangen, ist also, dass jede Seite einer Website ein solches Page Tag enthält. Will man so ein Page Tagging einführen, bedeutet dies, dass man jeder einzelnen Seite so ein Tag einimpfen muss, das heißt, den HTML-Code um einen kleinen JavaScript-Code ergänzen muss. Besteht eine Website aus ganz vielen statischen HTML-Seiten, kann dies ganz schön aufwendig werden – muss man doch jede dieser Seiten in die Hände nehmen und modifizieren. Im Normalfall lässt sich das Tag aber zentral in einem Website-Template oder im Content-Management-System hinterlegen. Dann wird die ganze Implementierung technisch gesehen zum Kinderspiel.

2.3.3 Tag-Management-Systeme

Eine weitere technische Vereinfachung bei der Einpflege und vor allem bei der Anpassung eines Page Tags stellen heute sogenannte Tag-Management-Systeme (TMS) dar. Will man, wie heute üblich, nicht nur ein Page Tag für das Analytics-System, sondern gleich noch weitere Tags für Ad-Server, Surveys, Facebook- und Google-Ads-Conversion-Messung usw. in eine Website einbetten, dann übernimmt ein Tag-Management-System deren Verwaltung. Aus technischer Sicht werden einmalig einige Code-Zeilen für das Tag-Management-System in sämtliche Webseiten eingefügt. Dieses Meta-Page-Tag fungiert dann als Platzhalter und hält mehrere Schlitze bereit, in die die anderen Tags konfigurativ ergänzt, verändert oder entfernt werden können.

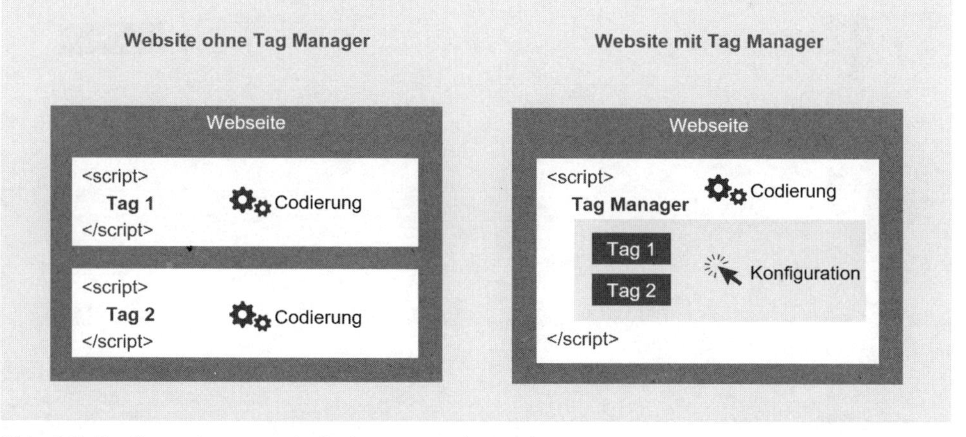

Abb. 2.5: Konfiguration statt Code-Anpassung bei Websites mit Tag Manager

Dies bringt insbesondere für die internen Prozesse in größeren Unternehmen Vorteile. Da für die Konfiguration nicht mehr in den Website-Code selbst eingegriffen wird, kann eine Veränderung am Page Tag vorgenommen werden, ohne dass die Website neu publiziert wird. Ein Marketing-Mitarbeiter kann so zum Beispiel ein neues Facebook-Tracking-Pixel ergänzen, ohne dass die IT-Abteilung etwas entwickeln oder ein Roll-Out vornehmen muss.

Darüber hinaus bieten Tag-Management-Systeme weitere Vorteile. Einer der wichtigsten ist, das mit dem Tag-Management-System Interaktionen oder Inhalte einer Website dynamisch ausgelesen und übergeben werden können. Möchte man zum Beispiel den Namen des Seitenautors an das Analytics-System übergeben, um dies später auszuwerten, dann kann das Tag-Management-System dies vornehmen. Vorausgesetzt der Autorenname ist in der jeweils aufgerufenen Seite sichtbar oder in einem versteckten Feld hinterlegt, konfiguriert man das TMS so, dass es dieses Feld ausliest und an das Analytics-Page-Tag übergibt. Gleichfalls lässt sich die Weitergabe von Produktnamen oder -preisen, Seitenkategorien, SAP-Nummern oder Ähnlichem definieren.

Ganz so simpel und untechnisch, wie es klingen mag, ist die Konfiguration dann allerdings doch nicht. Um die richtigen Werte auszulesen, muss man den HTML- oder CSS-Aufbau der betreffenden Seite sehr gut kennen. Mittels einer Regel, die man im TMS hinterlegt, identifiziert man das gewünschte Feld und liest den betreffenden Wert aus. Häufig werden in den Regeln eindeutige HTML-Elementabfolgen oder CSS-Auszeichnungen verwendet, um auf den gewünschten Wert zugreifen zu können.

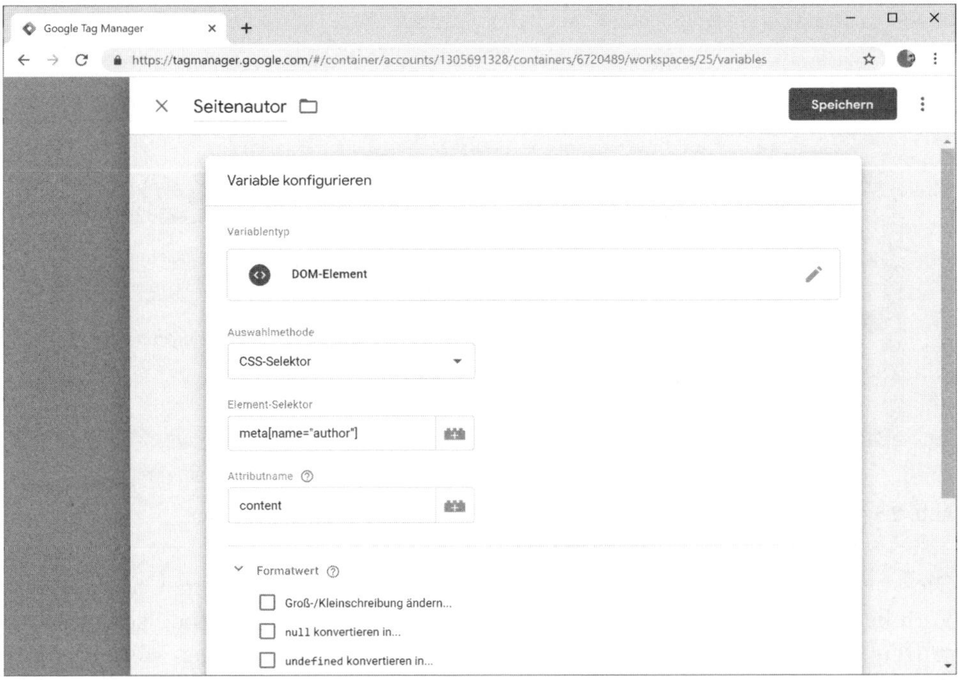

Abb. 2.6: Regel im Tag Manager zum Einlesen des Seitenautors in eine Variable

Eine weiter fortgeschrittene Art der Konfiguration ist es, die Werte statt über HTML- und CSS-Regeln aus einem sogenannten Data Layer auszulesen. Dabei werden Informationen wie zum Beispiel Seitenname, Produktname oder -kategorie in einem nicht sichtbaren Daten-Objekt strukturiert gespeichert. Auf dieses Objekt kann dann mittels Tag-Management-System zugegriffen und die gewünschten Informationen ausgelesen werden. Der Vorteil des Data Layers liegt darin, dass auch bei einer Änderung des Seitendesigns oder der HTML-Struktur die Ausleseregeln nicht angepasst werden müssen. Bei einer Regel auf Basis von HTML- und CSS-Elementen kann dies hingegen zu Problemen führen.

```
digitalData = {
pageInstanceID: "ProductDetailPageNikonCamera", page:{
      pageInfo:{
            pageID: "Nikon Camera",
            destinationURL:
                  "http://abc.de /produkte/NikonCamera.html"},
            category:{
      primaryCategory: "Kameras", subCategory1:
      "Nikon", pageType: "ProductDetail"},
            attributes:{
                  Seasonal: "Weihnachten"}
            },
      product:[{
            productInfo:{
                  productName: "Nikon SLR Kamera", sku: "sku12345",
                  manufacturer: "Nikon"},
                  category:{
                        primaryCategory: "Kameras"},
                  attributes:{
                        productType: "Sonderangebot"}
}]
}}
```

Listing 2.2: Beispiel eines Data-Layer-Objekts im W3C-CEDDL-Standardformat

2.4 Alternative oder hybride Datensammlungs-Mechanismen

Die clientseitige Page-Tag-Datensammlung stellt heute die meistverbreitete Kollektionsmethode für Nutzungsdaten dar. Daneben gibt es aber noch einige alternative Methoden, die einige der Nachteile sowohl von Logfiles wie auch von Page Tags versuchen auszumerzen. Ihre Verbreitung war lange Zeit eher gering, mit den gestiegenen Datenschutzanforderungen ist ihnen jedoch neues Leben eingehaucht worden:

- Packet Sniffer
- Reverse Proxies
- Hybride Methoden (client- und serverseitig)

Packet Sniffer verfolgen den Ansatz, dass sie sich direkt vor dem Webserver in den Verkehr zwischen Webserver und Client einklinken und sämtliche hin- und herfließende Datenpakete »beschnuppern« bzw. den Traffic aufzeichnen. Dies kann unter gewissen Umständen von Vorteil sein. Ist beispielsweise eine Website auf mehrere physische Server verteilt, dann erübrigt sich das Zusammentragen der Logfiles von den verschiedenen Servern. Abgesehen davon kämpfen Packet Sniffer aber mehr oder weniger mit denselben Nachteilen wie die serverseitige Logfile-Sammlung.

Eine weitere Datensammlungsmöglichkeit sind sogenannte Reverse Proxies. Solche Rechner werden direkt vor den Webserver gesetzt und nehmen sämtliche Anfragen von außen entgegen und leiten sie erst dann an den Webserver weiter. Bei der Antwort des Webservers geschieht dasselbe in umgekehrter Weise. Dadurch kontrollieren Proxies sämtlichen Datenverkehr zwischen Client und dem betreffenden Webserver. Anders als Packet Sniffer können Proxies aber nun nicht nur lesend den Datenverkehr aufzeichnen, sondern ihn auch modifizieren. Dadurch wird es zum Beispiel möglich, jeder auszuliefernden Seite auf dem Proxy noch nachträglich ein Page Tag einzuimpfen. Das Einbauen des Page Tags in jede HTML-Seite, wie es beim normalen clientseitigen Verfahren notwendig ist, entfällt dadurch. Schlussendlich funktioniert diese Methode ähnlich wie die clientseitige Datensammlung, behebt jedoch die eine oder andere Schwierigkeit von ihr. Auf der anderen Seite erfordern Proxies einen vergleichsweise hohen Hardware- und Installationsaufwand, sodass sie in der Praxis bislang eher selten als Analyse-Quelle zur Anwendung kommen.

Allerdings haben Methoden nach der Art und Weise von Proxies wieder starken Aufschwung erhalten, seit die technischen und datenschutzrechtlichen Einschränkungen bezüglich einer Datensammlung gestiegen sind. So bringen clientseitige Page Tags, die als »Web Beacons« Daten direkt an Dritt-Domänen in Dritt-Ländern senden, eine gewisse rechtliche Unsicherheit mit sich, da dort allenfalls nicht gleichwertige Datenschutzgesetze gelten. Dies gilt zum Beispiel zwischen der EU und den USA, wo in den letzten Jahren entsprechende Abkommen wie das »EU-US Privacy Shield« mal Gültigkeit hatten, dann wieder durch entsprechende Gerichtsentscheide für ungültig erklärt (»Schrems-Urteile«) und schließlich durch ein neues Abkommen ersetzt wurden.

Proxy- oder hybride Datensammlungsmethoden umgehen nun die Thematik der Web Beacons, indem zwar weiterhin clientseitige Page Tags eingesetzt werden, diese jedoch keine Daten mehr direkt an einen Dritt-Server senden. Stattdessen werden die gleichen Daten and den Webserver der aufgerufenen Website geschickt, womit die Daten erst einmal lokal in der Hoheit des Website-Betreibers bleiben. Ein serverseitiger Mechanismus nimmt diese Daten dann auf, filtert allenfalls datenschutzrechtlich sensitive Informationen wie zum Beispiel die IP-Adresse heraus und leitet sie erst dann allenfalls zur Auswertung an einen Drittserver weiter. Bei diesem Verfahren, in Abbildung 2.7 dargestellt, spricht man von einem client- und serverseitigen Page Tag. Während clientseitig keine wesentlichen Veränderungen zum Page-Tag-Verfahren vorgenommen werden müssen, bedingt die Methode aber einen serverseitigen Eingriff, der technischer Natur ist und Mehraufwand erfordert. Insbesondere in der EU, wo die rechtlichen Unsicherheiten weiterhin beträchtlich sind, wird sich ein solches Verfahren wohl als Standard für Produkte amerikanischer Tools wie zum Beispiel Google Analytics etablieren.

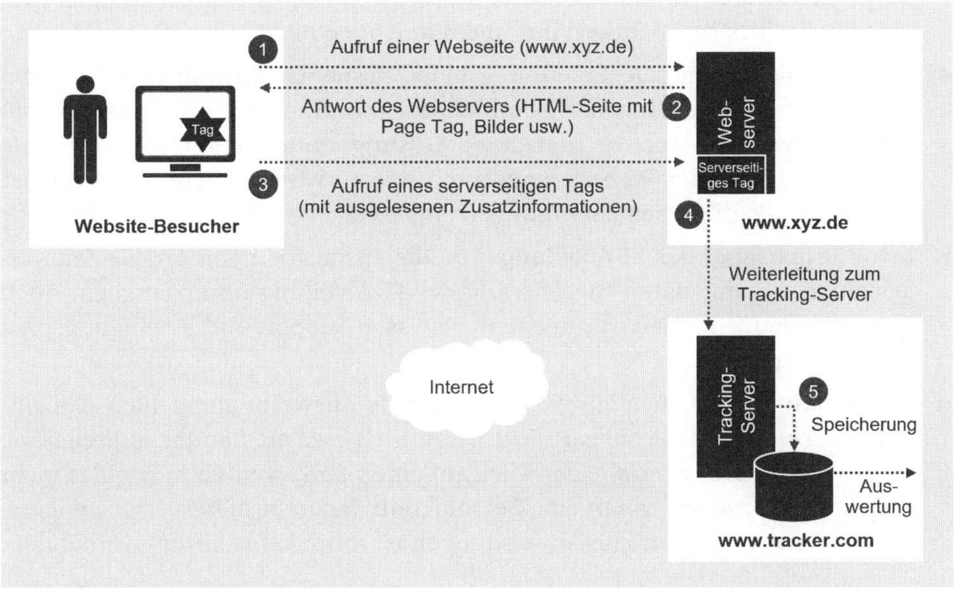

Abb. 2.7: Hybride Datensammlung mit client- und serverseitigem Tag

2.5 Vergleich der Datensammlungs-Methoden

Bei der Vielfalt der Funktionsweisen und Methoden zur Datensammlung stellt sich zwangsläufig die Frage, welche denn nun die beste für Analytics-Systeme ist. Da sich dies nicht so eindeutig beantworten lässt, folgen zusammengefasst nun einige Vor- und Nachteile der beiden Haupt-Methoden.

2.5.1 Vor- und Nachteile von Logfiles für die Analytics-Nutzung

Die Stärken von Logfiles liegen in der exakten Aufzeichnung von allem, was auf dem Server passiert. Für Analytics-Auswertungen ist dies von Nutzen, wenn es darum geht, zum Beispiel Fehlermeldungen oder Traffic von Suchmaschinen-Crawlern auszuwerten. Da in den Logfiles sämtliche Daten in einem standardisierten Format gespeichert werden, sind auch noch Daten aus früherer Zeit problemlos auswertbar.

Allerdings weisen Logfiles in der Datensammlung auch einige Schwächen auf. Diese sind:

- **Caching:** Durch das Caching (Zwischenspeichern) von Webseiten im Browser des Benutzers oder in sogenannten Proxy-Servern bei Internet Service Providern oder Firmennetzwerken dringen nicht immer alle Benutzer-Anfragen bis zum Webserver vor. Stattdessen antwortet dann der Proxy-Server auf Benutzeranfragen, sofern eine betreffende Seite im Proxy oder im Cache des Browsers gespeichert ist. Damit kann es sein, dass ein Webserver von bis zu zehn Prozent des Traffics gar nichts erfährt und damit auch nicht in Logfiles speichert.
- **Besuchererkennung:** Die Erkennung eines Besuchers wird dann sehr ungenau, wenn diese anhand der Kombination von IP-Adresse und User Agent ermittelt wird. Da für die genauere Messung mittels der Cookie-Methode Anpassungen an der Website notwendig wären, wird Letztere entsprechend seltener bei Logfile-Datensammlungen eingesetzt.
- **Involvierungsgrad der IT-Abteilung:** Für die Installation von Logfile-Analyse-Systemen ist eine starke Involvierung der IT-Abteilung unumgänglich. Auch später für den Unterhalt ist mit einem gewissen Support und Beteiligungsgrad seitens IT zu rechnen.
- **Fehlende Informationen:** Für viele interessante Auswertungen fehlen schlichtweg Informationen, da sie gar nicht gesammelt werden. Sämtliche Ereignisse innerhalb des Browsers, wie der Klick auf einen Link, werden in Logfiles nicht gespeichert (bzw. nur, wenn eine Serveraktion daraus resultiert). Für ereignisgesteuerte oder dynamische Anwendungen ist somit keine Lösung vorhanden.

Vorsicht vor Suchmaschinen-Traffic und Sonden

Krisensitzung im Digital-Team eines Großunternehmens: Die Web-Statistik zeigt einen plötzlichen Zusammenbruch der Website-Besuche um über ein Drittel an. Trotzdem sind weder technische Probleme ersichtlich noch scheint sonst irgendetwas Außergewöhnliches vorgefallen zu sein.

Nach Tagen der Fehlersuche stellt sich Folgendes heraus: Die IT-Abteilung des Unternehmens hatte die Verfügbarkeit seiner Website mittels einer sogenannten Sonde wie Pingdom (`www.pingdom.com`) überwacht. Die Sonde rief im Minutentakt verschiedene Seiten der Website auf und prüfte deren Verfügbarkeit. Sollte die Website einmal ausfallen, würde die Sonde dies in kurzer Zeit registrieren und per E-Mail oder SMS einen Alarm an den Betreiber aussenden.

Zwischenzeitlich hatte die IT-Abteilung jedoch die Sonde abgestellt und war auf eine andere Überwachungsmethode ausgewichen. So weit, so gut und richtig. Dummerweise waren vorher aber die Aufrufe der Sonde im Logfile-basierten Analytics-System für Seitenaufrufe von Benutzern gehalten worden, das heißt, der Sonden-Traffic wurde nicht ausgeschlossen. Beim plötzlichen Abstellen der Sonde erfolgte dann der vermeintliche Einbruch der Besucherzahlen.

2.5.2 Vor- und Nachteile von Page Tags für die Analytics-Nutzung

Die Stärken von Page Tags liegen dagegen genau in der Sammlung solcher zusätzlicher Informationen, die später für eine mehr geschäftsorientierte und weniger technische Auswertung von bedeutendem Nutzen sind. Gleichwohl hat jedoch auch die clientseitige Datensammlung ihre Grenzen:

- **Besuchererkennung:** Da Cookies als Hauptmethode für die Benutzererkennung eingesetzt werden, bestehen bezüglich der Messgenauigkeit dieselben Unschärfen, als wenn Cookies bei der Logfile-Datensammlung eingesetzt werden. Verschärft wird das Ganze dann noch, wenn Third-Party-Cookies eingesetzt werden, die von Besuchern oder Browsern häufig blockiert werden. Mittlerweile bieten jedoch die meisten Analytics-Tools die Möglichkeit, First-Party-Cookies einzusetzen.
- **Web Beacon:** Auch die Funktionsweise mit dem Web Beacon ist nicht über alle Zweifel erhaben. Wer zum Beispiel einen Ad-Blocker bei sich installiert hat, der sämtliche Banner von Drittsites einfach ausblendet, der verhindert auch die Datensammlung der Page Tags, falls diese auf einen Drittserver verweisen. Da die Installation mittels Hosting der Analytics-Lösung auf einem Drittserver um einiges einfacher ist, kommt diese Konstellation in der Praxis relativ häufig vor. Zwar werden Ad-Blocker nicht von so vielen Nutzern eingesetzt – ein gewisser Einfluss auf die Datensammlung ist aber wiederum gegeben.
- **Seiten ohne Page Tag:** Ein weiterer Problembereich von clientseitigen Sammlungsmethoden sind all jene Seiten, die kein Page Tag enthalten. Im harmlosesten Fall sind dies Seiten, bei denen das Tagging schlicht vergessen wurde. Schwierigere Fälle sind solche Dateien, in die überhaupt keine Page Tags eingebaut werden können. Dies ist beispielsweise bei PDF-Dateien der Fall. Wenn eine solche Datei über einen Link auf der Website aufgerufen wird, kann der Aufruf zwar noch gespeichert werden. Wird aber das PDF zum Beispiel direkt als Trefferdokument aus einer Suchmaschinen-Ergebnisseite aufgerufen, dann entgeht es dem clientseitigen Datensammler.

- **Suchmaschinen-Crawler und Sonden:** Der Traffic von Suchmaschinen-Crawlern wird im clientseitigen Verfahren nicht gemessen. Dies ist dadurch begründet, dass die meisten Suchmaschinen das JavaScript des Page Tags nicht ausführen und auch eingebettete Bilder wie das unsichtbare Bild des Web Beacons nicht aufrufen. Der Vorteil davon ist, dass die Daten nicht wie bei den Logfiles durch solchen automatischen Traffic verunreinigt werden. Der Nachteil ist dafür auch, dass der Besuch von Suchmaschinen-Crawlern nicht ausgewertet werden kann. Diese Informationen wären zum Beispiel für die Suchmaschinenoptimierung von Websites hilfreich.

2.5.3 Zusammenfassung und Empfehlung

Dass Analytics keine exakte Wissenschaft ist, haben wir bereits im ersten Kapitel erfahren. Die perfekte bzw. die Realität exakt abbildende Datensammlungsmethode gibt es schlichtweg nicht. Die Frage, die sich dann noch stellt, ist, welche der Verfahren – die serverseitigen Logfiles, das clientseitige Page Tagging oder eine Kombination daraus die für Analytics nun besser geeignete Variante ist.

Serverseitige Datensammlung bringt für rein technische Bedürfnisse einige Vorteile mit sich. Für eine Analyse-Auswertung, die auf den wirtschaftlichen Erfolg einer Website abzielt, fehlt der serverseitigen Auswertung allerdings die notwendige Datenbasis. Denn Logfiles wurden ursprünglich nicht dafür erstellt, um das Benutzerverhalten auf Websites zu analysieren und um daraus für die inhaltliche Entwicklung einer Site Schlüsse zu ziehen. Logfiles wurden zwecks Überwachung und Auffindung technischer Fehlfunktionen auf einem Webserver erfunden und verrichten dafür gute Dienste. Für die Analyse von Benutzerverhalten verfügen sie aber über die falschen und unzureichenden Informationen. Für business- und marketingseitige Ziele, die mittels Analytics verfolgt werden, ist daher zweifelsfrei die clientseitige Page-Tagging-Variante vorzuziehen. Um letztere aus Datenschutz-Sicht zu verbessern und personenbezogene oder sensitive Daten wie IP-Adresse oder IDs vor der Überstellung an eine Drittpartei zu filtern, ist das hybride Verfahren mit einem client- und serverseitigen Tag zu empfehlen. Zwar ist diese kombinierte Variante aufwändiger in der Installation und löst auch nicht sämtliche datenschutzrechtlichen Herausforderungen, sie stellt jedoch die aktuelle »Best Practice« diesbezüglich dar.

Kapitel 3

Datenspeicherung

Nach der Datensammlung ist die Speicherung der zusammengetragenen Informationen die zweite von drei Hauptaufgaben, die Analytics-Systeme lösen müssen.

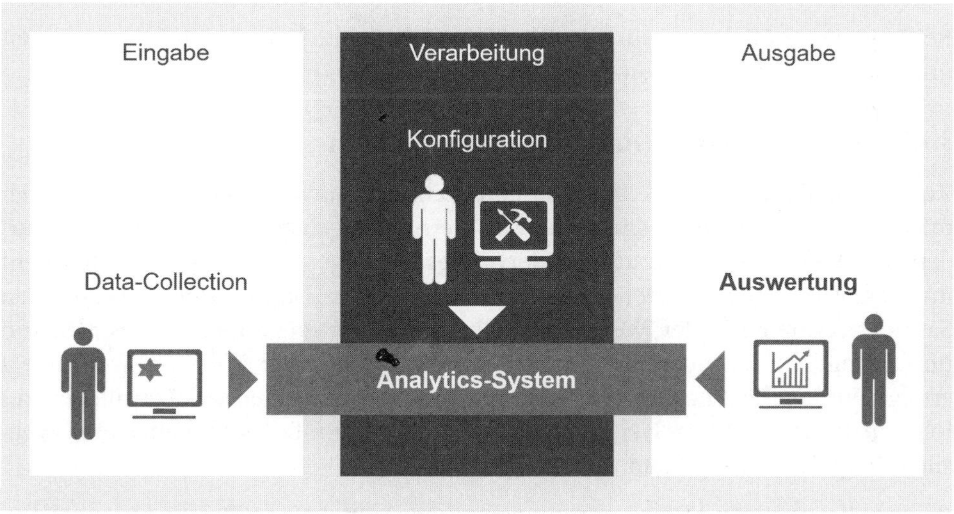

Abb. 3.1: Datenspeicherung und -verarbeitung als Aufgabe eines Analytics-Systems

3.1 Speicherungsvarianten

Was so profan klingt – Daten speichern kann doch jeder –, ist im Detail betrachtet aber gar nicht mal so simpel. Wenn man bedenkt, dass tagtäglich Tausende von Besuchern eine Website besuchen, dabei je rund ein halbes Dutzend Seiten anschauen und mit jeder Seite zig Hits erzeugen, dann kommt täglich eine beträchtliche Menge an Datenmaterial zusammen.

Will man dann noch über Monate oder Jahre diese Daten für Auswertungen verfügbar haben, füllt man schnell einmal ein paar Festplatten. Um sich vor Verlust zu schützen, muss man für das Ganze natürlich noch ein Backup durchführen, womit sich der Umfang nochmals multipliziert. Alles in allem kann so die Infrastruktur bei umfangreicheren Websites und je nach Besuchermenge schnell eine derartige Größe annehmen, die nicht mehr mit ein oder zwei Rechnern abzudecken ist.

Gerade wenn man nicht Stunden damit verbringen möchte, auf die Generierung von Auswertungen zu warten, dann macht eine gesunde Dimensionierung der Infrastruktur Sinn.

Nun hört sich »Dimensionierung der Infrastruktur« ziemlich nach »kompliziert«, »technisch« und »aufwendig« an und ist nicht unbedingt das, womit man sich in der Web-Analyse beschäftigen möchte. Zumindest einmal sollte man sich aber kurz damit auseinandersetzen, denn es gibt zwei grundlegend unterschiedliche Ansätze, wie man der Datenspeicherungs-Problematik begegnen kann.

- Die notwendige Infrastruktur intern aufbauen und betreiben
- Die Infrastruktur und Software zu einem Drittanbieter outsourcen (Cloud-Lösung bzw. Software as a Service)

Beide Varianten haben natürlich ihre Vor- und Nachteile in Zeitaufwand, Kosten und in der Hoheit der Daten.

3.1.1 Interner Betrieb von Analytics-Lösungen

Zu Zeiten, als die serverseitige Logfile-Datensammlung die einzige Möglichkeit für eine Besucheranalyse darstellte, war die Ausgangslage klar. Die Logfiles wurden vom Webserver direkt auf der Server-Festplatte gespeichert – oder auf einem im Netzwerk nebenan stehenden Server gesichert. Da bei der serverseitigen Sammlungsmethode der Webserver selbst die Logfiles schreibt, ist es ohnehin unumgänglich, dass auch die Auswertung der Daten in der Nähe des Webservers erfolgt. Für Logfile-Analysen muss bei einem internen Betrieb der Website demzufolge auch das Analytics-System intern vorhanden sein. Bei einer gehosteten Website erfolgt dies analog beim selben Hoster.

Bei der clientseitigen Datensammlungsmethode mittels Page Tag hingegen ist dies nicht mehr zwingend. Hier kann der Server für die Datenspeicherung grundsätzlich irgendwo stehen, sofern er denn mit dem Internet verbunden ist. Für eine hybride Datensammlungsmethode mit client- und serverseitigem Tag, wie in Abschnitt 2.4 eingeführt, gilt das Gleiche. Das Analytics-System intern oder beim selben Hoster zu betreiben, ist dann nur noch eine Option und keine Voraussetzung mehr.

Abbildung 3.2 zeigt die drei möglichen Konstellationen – interner Betrieb für Logfile-Analyse und Page Tagging sowie Cloud-Service für das Page Tagging – in einer schematischen Darstellung.

Die Vorteile eines internen Betriebs beziehungsweise von On-Premise-Lösungen sind folgende:

- **Niedrige Unterhaltskosten:** Verfügt man als Unternehmen bereits über ein Rechenzentrum oder entsprechende Server, ist der Aufwand für den Aufbau einer entsprechenden Infrastruktur nicht außer Acht zu lasen. Dafür ist der

Unterhalt und Betrieb der Lösung anschließend aber meist relativ kostengünstig. Das heißt, die Kosten für das System entstehen hauptsächlich initial und weniger im laufenden Betrieb.

- **Datenhoheit:** Da sämtliche Informationen intern gespeichert sind, ist auch sichergestellt, dass man stets Zugriff auf die Daten hat. Bei einer externen Lösung muss man sich dagegen stets auf die Zuverlässigkeit bzw. Verfügbarkeit des externen Anbieters verlassen können.
- **Datenschutz:** Je nach Informationen, die gespeichert werden, können diese schützenswert sein. Dies können beispielsweise personalisierte Auswertungen sein, wo man aufgrund von Datenschutzgesetzen verpflichtet ist, die Informationen unter Verschluss zu halten oder nur in Ländern zu speichern, deren Datenschutzgesetze adäquat sind. Für personenbezogene Daten wie auch Pseudonyme ist zum Beispiel für EU-Unternehmen eine Datenspeicherung in den USA derzeit in Frage gestellt. Bei einem internen Betrieb der Analytics-Lösung liegt der Schutz dieser Daten im eigenen Verantwortungsbereich und ist damit vollständig kontrollierbar. Diesen Vorteilen stehen jedoch auch einige beträchtliche Nachteile gegenüber:

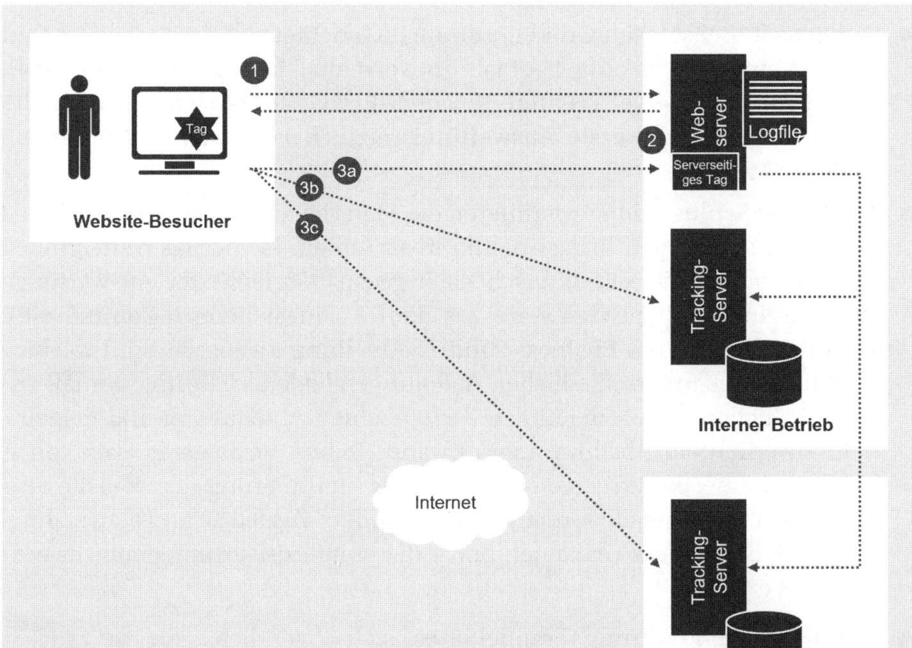

Abb. 3.2: Page Tagging bietet die Wahl zwischen internem Betrieb und Cloud-Lösung.

- **Investitionskosten:** Fährt man nur sporadisch Auswertungen und hält sich die Besuchermenge auf der Website in kleinen Grenzen, reicht im Normalfall ein zusätzlicher Server für die Datensammlung und die Auswertungen aus. Kleinere und mittlere Websites sollten damit gut auskommen. Im Minimalfall ließen sich die Auswertungen gar noch auf derselben Maschine ausführen, auf der auch der Webserver läuft – allerdings mit der Gefahr, dass die Performance der Website negativ beeinflusst wird. Bei steigender Besuchermenge und Anzahl Web-Analysten allerdings wachsen auch die Anforderungen an die benötigte Infrastruktur. Ein typisches Setting ist dann, einen eigenen Server für die Datensammlung und einen für die Datenauswertung zu verwenden. Fordert man wie bei einer Website auch von der Datensammlung eine bestimmte Ausfallsicherheit (zum Beispiel 99 Prozent verfügbar), dann müssen solche Systeme redundant aufgebaut werden. Verwendet man in einer professionellen Web-Infrastruktur zudem noch eine Testumgebung, die genauso aufgebaut ist wie die Live-Infrastruktur, verdoppelt sich der Serverbedarf nochmals. Eine Lösung fürs Backup der Daten noch nicht einmal mit eingerechnet, ist man dann schnell bei fünf und mehr Servern angelangt. Jeder dieser Server verursacht nicht nur Anschaffungskosten, sondern auch Lizenzkosten für Betriebssystem und die Analytics-Software – das kann schnell ins Geld gehen.
- **Aufbauzeit:** Bei solchen Größenordnungen leuchtet ein, dass solch ein System nicht in einer Woche aufgebaut ist. Im Normalfall beträgt allein schon die Lieferzeit für neue Server mehrere Wochen. Ein Gesamtsystem für Analytics so aufzusetzen, bis die erste Auswertung möglich ist, dauert dann gerne mal mehrere Monate.
- **IT-Projekt:** Schlussendlich definieren die Materie, die Kosten und die Zeit, dass es sich beim internen Infrastrukturaufbau um ein kleines bis mittelgroßes IT-Projekt handelt. Da der Wunsch nach geschäftsorientierter Auswertung der Website-Nutzung typischerweise aus dem Business-Bereich kommt, ist eine Interaktion zwischen Business- und IT-Abteilung zwangsläufig. Projekte mit Beteiligten aus unterschiedlichen Abteilungen leiden erfahrungsgemäß an unterschiedlichen Zielvorstellungen der einzelnen Abteilungen und neigen deshalb zu erhöhtem Abstimmungsaufwand. Einem flexiblen Einsatz von Analytics und einer kurzfristigen Nutzung zur Optimierung der Website ist dies zumindest nicht gerade förderlich. Oder anders ausgedrückt: Die Gefahr, dass das Analytics-Projekt versandet, bevor die erste Auswertung gemacht werden kann, ist existent.

Als Best-Practice-Erfahrung empfiehlt es sich eigentlich, nur in zwei ganz bestimmten Fällen einen internen Betrieb einer Analytics-Lösung in Betracht zu ziehen. Nämlich erstens dann, wenn aus ganz bestimmten Gründen der Einsatz der serverseitigen Logfile-Analyse als Datensammlungs-Methode dem clientseitigen Page Tagging vorgezogen wird. Begründet kann dies lediglich in den in Kapitel 2 in Abschnitt 2.5.3 genannten Situationen sein. Der zweite spezifische

Fall liegt dann vor, wenn der Datenhoheit und der Sicherheit und Vertraulichkeit von Nutzerdaten ein sehr hohes Gewicht zukommt, so wie dies zum Beispiel in der Bankbranche sein kann.

3.1.2 Analytics-Lösungen als Cloud-Service

Wer keine eigene Infrastruktur betreiben oder hosten lassen möchte, dem bietet sich für Analytics-Systeme eine interessante Alternative. Die meisten Produkthersteller von Analytics-Software haben erkannt, dass es sich für ein Unternehmen nicht rechnet, wenn es selbst eine technische Infrastruktur für die Datensammlung und Speicherung aufbauen muss. Insbesondere bei kleinen und mittleren Unternehmen ist die Voraussetzung dafür auch gar nicht gegeben. Verschiedene Hersteller bieten deshalb ihr Produkt in einer Mietlösung an, worin nicht nur die Softwarelizenz, sondern auch die Mitnutzung einer hoch skalierten Infrastruktur mit inbegriffen ist. Solche Mietmodelle werden heute als *Cloud-Services* bezeichnet. Gelegentlich werden für Anbieter solcher *On Demand*-Lösungen auch noch die älteren Begriffe *Software as a Service* (SaaS) oder *Application Service Provider* (ASP) verwendet.

Die Vor- und Nachteile eines solchen Mietmodells sind ziemlich genau reziprok zu jenen des internen Betriebs:

- **Schnelle Inbetriebnahme der Lösung:** Die Aufschaltung eines Cloud-Service kann im Idealfall innerhalb von Minuten erfolgen. Nimmt man Google Analytics als Beispiel einer Cloud-Lösung, dann ist eine solche Aufschaltung in der Tat binnen äußerst kurzer Zeit möglich. Bei lizenzkostenpflichtigen Lösungen definieren meist die Verhandlungen der vertraglichen und kostenmäßigen Bedingungen die Länge der Aufschaltzeit – und nicht die Technik.
- **Niedrige Investitionskosten:** Da kein Kauf einer Software erfolgt, sind die initialen Investitionskosten meist sehr niedrig. Setup-Kosten fallen höchstens für die Einrichtung eines Accounts beim betreffenden Produktanbieter an.
- **Flexibler Wechsel eines Anbieters oder Produktherstellers:** Dank der niedrigen Initialkosten ist ein Anbieterwechsel wesentlich einfacher als bei einer installierten Lösung. Einzig die Setup-Kosten und eigene Aufwände für den Einbau des Page Tags fallen bei einem Anbieterwechsel an. In der Realität ist der einfache Anbieterwechsel dann allerdings doch nicht so praktikabel, da bereits gesammelte Daten und Auswertungen bei einem Wechsel mangels Formatkompatibilität verloren gehen.
- **Flexibler Ausbau/Skalierung:** Wenn im Laufe der Zeit die Besuchermenge der Website stark steigt oder temporär intensivere Nutzungs-Auswertungen gefahren werden, dann verkraftet das die hoch skalierte Infrastruktur eines Cloud-Anbieters problemlos. Dies erfolgt im Normalfall flexibel, ohne Zusatzinstallationen oder Ähnliches.

Nachteilig kann sich dagegen in gewissem Maße die Abhängigkeit vom Anbieter auswirken. Im Falle eines Betriebsausfalls oder gar Bankrotts des Anbieters kann man unverhofft vor neue Tatsachen gestellt werden, ohne dass man viel dagegen unternehmen könnte. Der seriösen Auswahl eines Anbieters fällt dementsprechend eine höhere Wichtigkeit zu.

Auch die laufenden Kosten, die Miete, fällt zwangsläufig teurer aus als bei internem Betrieb – mal abgesehen von Ausnahmen wie eine lizenzkostenfreie Lösung im Stile von Google Analytics. Die Höhe der Betriebskosten bemisst sich in den üblichen Lizenzmodellen an der Anzahl der Server-Calls (Page Views und Events). Für viel besuchte Websites werden damit höhere Kosten fällig als für wenig besuchte – eine relativ faire Lösung.

Schließlich ist man bezüglich des Ortes der Datenspeicherung auf das Angebot des Anbieters limitiert. Ob ein Data-Center in einem EU-Land oder zum Beispiel lediglich in den USA verfügbar ist, lässt sich als einzelnes Unternehmen nicht beeinflussen.

3.1.3 Vergleich von internem Betrieb vs. Cloud

Best Practice für die Auswahl einer Betriebsvariante ist folgende: Da meist möglichst schnell ein Analytics-System eingesetzt werden soll – denn mit jedem Tag ohne Datensammlung gehen unter Umständen wichtige Nutzungsinformationen verloren –, ist der Cloud-Service im Normalfall die näherliegende Lösung. Außer wenn Datensicherheit oder Datenhoheit als besonders hoch gewichtet wird, dann kommt die Cloud vom Prinzip her weniger in Betracht. Die Vor- und Nachteile der beiden Varianten in der Übersicht:

Dimension	Cloud	intern
Aufbaudauer	+	-
Datenhoheit	-	+
Abhängigkeit vom Produktanbieter	-	+/-
Datenschutz-Einflussmöglichkeit	+/-	+
Investitionskosten	+	-
Unterhaltskosten/Laufende Kosten	+/-	+
Entstehende Aufwände bei Versionsupdates	+	-
Eignung für Logfile-Analyse	-	+
Eignung für Page Tagging	+	+

Tabelle 3.1: Vergleich von Cloud- und internem Betrieb von Analytics-Systemen: gut (+), durchschnittlich (+/-), schlecht (-)

3.2 Rechtliche Überlegungen zur Datenspeicherung

Wann immer es um die Speicherung von Nutzerinformationen geht, ist auch der Datenschutz ein Thema. Denn für die Speicherung von personenbezogenen Daten gibt es in vielen Staaten einschränkende Gesetze, die beachtet werden müssen. Erschwerend dabei ist, dass die Vorgaben von Staat zu Staat sehr unterschiedlich sein können. Während sich die Gesetzgebung in den USA wenig einschränkend bezüglich des Schutzes von persönlichen Informationen gibt, ist dies in Europa wesentlich restriktiver gehandhabt.

3.2.1 Allgemeine Datenschutz-Bestimmungen

Der größte gemeinsame Nenner länderübergreifend ist jedoch das Bestreben, dass jede Person selbst darauf Einfluss haben kann, welche Daten über sie gespeichert werden. Dies prägt sich meist in einer expliziten Erlaubnis durch den Betroffenen zur Speicherung von personenbezogenen Daten und einer Einsichtmöglichkeit ebendieser aus. Gleichzeitig sollen mit entsprechenden gesetzlichen Vorschriften einer Person die Mittel gegeben werden, auf Verlangen die Löschung ihrer Daten zu bewirken.

Im Endeffekt bedeutet dies, dass, sobald man Daten speichert, welche personenbezogen sind oder mit welchen später ein Personenbezug herstellbar ist, man in den Wirkungsbereich solcher Datenschutzgesetze gelangen kann. Entscheidend bei den Betrachtungen ist das Wort »personenbezogen«. Das heißt, dass erst Daten, die eindeutig einer natürlichen Person zugeordnet werden können, unter die Betrachtungen fallen. Unpersönliche oder anonymisierte Daten irgendwelcher Natur sind davon grundsätzlich nicht betroffen.

3.2.2 Bedeutung für Analytics-Systeme

Nutzungsdaten, die im Rahmen von Analytics-Betrachtungen gespeichert werden, können nun in gewissem Maße und in bestimmten Staaten von diesen Bestimmungen tangiert werden. Im Grundgedanken beabsichtigen dabei die handelsüblichen Analytics-Systemen, keine personenbezogenen Daten zu sammeln und zu speichern – denn in entsprechenden Auswertungen ist es nicht das Ziel, einen Rückschluss auf das Surfverhalten von Herrn Müller oder Frau Meier zu ermöglichen. Vielmehr interessieren in den Auswertungen ja auch aggregierte Betrachtungen wie die Gesamtzahl (anonymer) Besucher einer Website. Der Grat zwischen anonym und personenbezogen ist allerdings schmal. Ist man nicht sehr achtsam bei der Datensammlung, speichert man sehr schnell zu einem Website-Besucher auch persönliche Informationen und gelangt in den Wirkungsbereich der Datenschutzgesetze – beispielsweise, wenn dieser ein Kontakt-Formular ausfüllt und darin seine Personalien angibt. Aber auch häufig standardmäßig von Analytics-Systemen gesammelte Datenpunkte wie die IP-Adresse gelten als personenbezogen und bedürfen bei der Speicherung einer Berücksichtigung der Datenschutzgesetze.

Noch etwas komplizierter wird die Angelegenheit bei Pseudonymen – einem »Zwischending« von anonym und personenbezogen. Werden nicht-personenbezogene Daten eines Nutzers zum Beispiel in einem Nutzer-Profil gesammelt und wird dieses mit einer Kennung versehen, die später wieder zur Zuordnung zu einer Person dienen könnte, dann spricht man von einem Pseudonym. Auch Pseudonyme fallen in gewissen Ländern unter die Datenschutzgesetze – so zum Beispiel auch in der EU mit der Datenschutz-Grundverordnung (DSGVO). Auch wenn die Daten in Pseudonymen also nicht personenbezogen sind – sobald ein separat gehaltener Schlüssel besteht, mit dem ein Personenbezug wiederhergestellt werden kann, sind die die Datenschutzgesetze ebenfalls zu beachten. Insbesondere bei Verwendung von Kennungen oder IDs ist dies sehr schnell der Fall: Mit einer im Analytics-System gespeicherten Transaktions-ID einer Bestellung kann ein Shop-Betreiber sehr schnell auf den in seiner Kundendatenbank gespeicherten Besteller rückschließen. Auch in Cookies gespeicherte Besucher-Kennungen bergen ein hohes Potenzial, dass durch den Analytics-System-Hersteller oder Website-Betreiber ein Rückschluss möglich ist. Auch wenn es sich beim Großteil der Analytics-Daten tatsächlich um anonyme Nutzungsdaten und nicht um personenbezogene Daten handelt, ist also Vorsicht angebracht. In der Umsetzung ist dann entweder streng zu beachten, dass keine willentlich oder irrtümlich personenbezogenen oder pseudonymisierten Daten erfasst und gespeichert werden, oder es wird vor der Abspeicherung eine explizite Einwilligung des Nutzers von Nöten. So etwas lässt sich zum Beispiel durch einen Dialog in einem Pop-up oder mithilfe einer Check-Box realisieren, durch deren Bestätigung ein Benutzer seine Einwilligung zu einer entsprechend verständlich formulierten Erklärung gibt.

3.2.3 Spezialfall IP-Adresse

Noch etwas schwieriger macht es die Situation, dass nicht alle Staaten die gleiche Auslegung davon haben, was alles als personenbezogenes Datum gilt und was nicht. Konkret ist beispielsweise die IP-Adresse (vgl. Abschnitt 2.2.2 in Kapitel 2) ein solches Datum, das nach der EU-Rechtsprechung als personenbezogen verstanden wird, während in anderen Ländern dies nicht der Fall ist.

Unter normalen Umständen ist dabei eine IP-Adresse eigentlich unpersönlich, das heißt, ein Website-Betreiber kann sie nicht mit verhältnismäßigem Aufwand und ohne kriminelle Energie einer Person zuordnen. Einzig wenn staatlich angeordnet, kann ein Internet Service Provider den Rückschluss der IP-Adresse auf eine Person vornehmen – oder es kann in eher theoretischen Ausnahmefällen passieren. Letzteres wäre beispielsweise dann der Fall, wenn ein privater Benutzer über eine DSL-Leitung an das Internet angebunden ist, dabei explizit eine fixe (statt dynamisch zugeordnete) IP-Adresse bezieht und zudem dahinter eine eigene Website betreibt, deren URL er wiederum unter seinem Namen bei einer Domain-Registrierungsstelle angemeldet hat. Unter diesen Umständen ist es mit vertretbarem Aufwand und mit verhältnismäßig hoher Treffgenauigkeit möglich, eine IP-Adresse einer natürlichen Person zuzuordnen. Konkret kann man nämlich dann über einen »Reverse DNS Lookup« die zu einer IP-Adresse zugehörige Domain und über »Whois«-Datenbanken die dazu registrierte Person ausfindig machen. Zu den beiden genannten Begriffen findet man bei Google eine beliebige Anzahl Websites, die diese Suche unterstützen.

Am Ende des Tages reichen solche Gründe in gewissen Ländern wie Deutschland aus, dass die IP-Adresse als personenbezogenes Datum gilt und sie deswegen nicht ohne explizite Einwilligung des Nutzers gespeichert werden darf. Da Analytics-Systeme insbesondere von amerikanischen Anbietern genau dies jedoch vielfach tun, ist ein Konfliktpotenzial vorhanden. Die bekannteren Anbieter ermöglichen es jedoch meist, dass die Speicherung der IP-Adresse unterdrückt werden kann. Genau genommen handelt es sich dann meist um eine »IP-Obfuscation«, eine Verschleierung der IP-Adresse. Dabei wird der erste Teil einer IP-Adresse weiterhin gespeichert und genutzt zum Beispiel für die Geolokalisierung eines Nutzers. Der zweite Teil, das vierte Oktett der Adresse, wird jedoch verworfen, sodass kein Rückschluss auf eine einzelne Person mehr vorgenommen werden kann. Bei Anbietern wie Google oder Adobe ist jedoch eine explizite Aktivierung der Unterdrückung notwendig, damit das Produkt in Deutschland rechtskonform bezüglich IP-Adresse eingesetzt werden kann.

3.2.4 Spezialfall Cookie

Als wäre die datenschutzrechtliche Situation nicht bereits kompliziert genug, herrscht beim rechtskonformen Einsatz von Cookies im EU-Raum eine noch weniger überschaubare Ausgangslage. Für die Verwendung von Cookies, die unter anderem auch Analytics-Systeme zur Wiedererkennung von Besuchern nutzen, gibt es seit 2009 eine EU-Richtlinie (`E-Privacy-Richtlinie 2009/136/EG`). Diese hat diesbezüglich zum Ziel, dass das Setzen von Cookies, die nicht absolut notwendig sind, das Einverständnis des Nutzers voraussetzt (d.h. im Stile eines »Opt-in«). Die »Cookie-Richtlinie« ist als Anweisung an die EU-Mitgliedstaaten zu verstehen, entsprechende nationale Gesetze zu erlassen. Dieser sind die Länder erst verzögert oder in unterschiedlicher Ausprägung und Interpretation nachgekommen. Eine klarere Situation würde eine EU-Verordnung (anstelle einer Richtlinie) schaffen, die als Verordnung verbindliches Recht für alle EU-Staaten darstellt. Als solche geplant ist die E-Privacy-Verordnung (ePVO), die ursprünglich zusammen mit der Datenschutz-Grundverordnung (DSGVO) in Kraft treten sollte. Die Ausarbeitung ist jedoch immer noch im Gange, sodass die Rechtsunsicherheit weiter anhält.

In Deutschland ist beispielweise auf Basis der EU-Richtline erst Ende 2021 das Telekommunikation-Telemedien-Datenschutzgesetz (TTDSG) in Kraft getreten. Dieses hat die Situation bezüglich Cookies insoweit nun geklärt, als dass für deren Setzen grundsätzlich eine informierte, explizite Einwilligung erforderlich ist.

3.2.5 Einwilligung

Eine solche Einwilligung kann, wie in Abbildung 3.3 beispielhaft gezeigt, auch zusammen mit der Einwilligung zur Speicherung und Verarbeitung der Daten eingeholt werden. Wichtig bei dem Dialog ist einerseits, dass eine solche Einwilligung aktiv und informiert erfolgt – der Nutzer also über die Art und Funktionsweise der Cookies sowie dem Zwecke der Datenverarbeitung aufgeklärt wird und aktiv zustimmt. Zudem muss die Einwilligung freiwillig erfolgen und es muss eine entsprechende Ablehnungsmöglichkeit vorhanden sein. Um die juristischen Risiken gering zu halten, empfiehlt es sich, letztere möglichst gleichwertig wie die Zustimmung zu halten. Es ist also besser, eine Ablehnung, wie in Abbildung 3.3 gezeigt, direkt über eine gleich große Schaltfläche zu ermöglichen, anstatt sie schwerer erreichbar hinter weiteren Klicks zu verbergen. Eine leichte farbliche Hervorhebung der Einwilligungsschaltfläche hat bereits starken positiven Einfluss auf Zustimmungsraten, wobei stärkere Hervorhebungen das rechtliche Risiko allerdings wiederum erhöhen. Aufgrund der bestehenden Rechtsunsicherheiten gleicht die ideale Ausgestaltung des Dialogs einer Gratwanderung mit stetiger Kursanpassung.

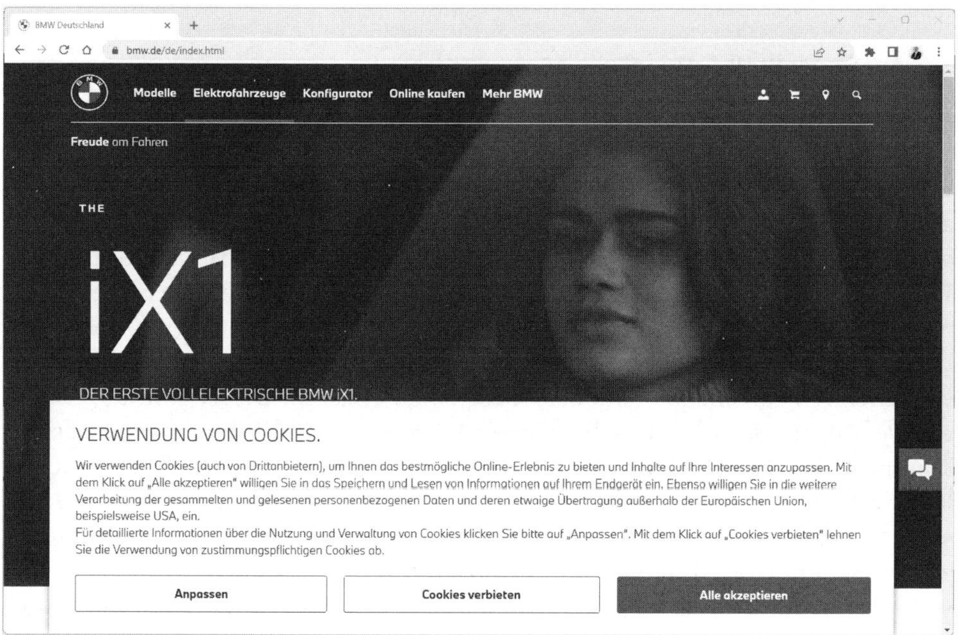

Abb. 3.3: Beispiel eines Einwilligungsdialogs zur Cookie-Verwendung

Die Voraussetzung einer Einwilligung zur Speicherung von Cookies sowie unter Umständen zur Verarbeitung und Speicherung von pseudonymisierten oder personenbezogenen Daten bedeutet, dass ohne Vorliegen einer solchen im EU-Raum Analytics-Systeme grundsätzlich wenige sinnvoll auswertbare Daten sammeln können. Verfahren mit »Cookie-losem« Tracking kranken stets daran, dass sie maximal Sitzungen, nicht aber Nutzer abgrenzen können. In der Praxis führt dies dazu, dass ohne Einwilligung gar keine Daten mehr an Analytics-Systeme übermittelt werden. In der Konsequenz ist damit jedoch auch nur noch ein Teil der Nutzerdaten in Analytics-Systemen abgebildet – eben jener der Nutzer mit Einwilligung. Wie hoch dieser Anteil effektiv ist, variiert stark von der Art und Weise, wie der Dialog ausgestaltet ist. Anbieter von Consent-Management-Plattformen (CMPs), die solche Nutzer-Zustimmungen sammeln und verwalten, sprechen von einer Bandbreite der Einwilligungsraten von 20% bis 80%, teilweise gar von erstaunlichen 95% (`bit.ly/didomi-consent`). Bei gut ausgestalteten, rechtskonformen Dialogen auf Websites vertrauenswürdiger Marken dürfte daher eine Einwilligungsrate von 50%-75% realistisch sein. Im Umkehrschluss bedeutet dies allerdings, dass bei 25%-50% der Nutzer keine Einwilligung und damit auch keine vollständigen Analytics-Daten inklusive einer Nutzer-Erkennung mehr vorliegen können. Dies klingt zwar nach viel, liegt jedoch immer noch in einem Rahmen, wo die Daten zweifelsfrei eine bedeutende Aussagekraft besitzen und für Analysen verwendet werden können.

3.2.6 Best Practice für Analytics-Datenspeicherung

Als Best Practice zur rechtlichen Betrachtung im Zusammenhang mit Analytics-Datenspeicherung lassen sich folgende Punkte zusammenfassen:

- **Keine personenbezogenen Daten in Analytics-Daten:** Klar definierte personenbezogene Datenpunkte wie IP-Adresse, E-Mail-Adresse oder ähnlich gehören nicht in Analytics-Datensammlungen. Diese sollten deswegen von der Sammlung und Speicherung ausgeschlossen werden. Insbesondere für die IP-Adresse sind bei vielen Analytics-Systemen entsprechende zusätzliche Konfigurationen notwendig.
- **Aktive, informierte Einwilligung zu Cookies und weiteren Zwecken:** Da im Normalfall innerhalb der EU für herkömmliches Digital Analytics eine Einwilligung vorausgesetzt wird, muss diese aktiv vor der Datenerfassung eingeholt werden. Bei der Einwilligung muss für den Nutzer einfach ersichtlich sein, wozu und zu welchen Zwecken er diese gibt. Da ohnehin eine Einwilligung erforderlich ist, empfiehlt es sich aus Betreibersicht, eine solche möglichst breit einzuholen – sprich, verschiedene Dienste, Zwecke, Methoden, verwendete Kennungen usw. detailliert aufzuführen und zusätzlich die Möglichkeit einer pauschalen Zustimmung anzubieten (»Alle akzeptieren«). Der Einwilligungsdialog sollte so optimiert werden, dass diese Zustimmung der einfachste Weg für den Nutzer ist – jedoch ohne eine Ablehnung zu verkomplizieren.

- **Transparente Kommunikation zu Daten:** Egal welche Daten man sammelt und was man damit tut – es sollte immer für den Nutzer leicht verständlich und transparent bleiben. Am sinnvollsten hinterlegt man diese Transparenz in einer einfach zugänglichen Privacy Policy bzw. Datenschutzerklärung auf der Website und informiert genau über die Datenverarbeitung. Ein allgemein verständliches Deutsch anstelle von Juristenformulierungen erhöht das Vertrauen der Benutzer – wenngleich die Formulierung natürlich juristisch abgeklärt sein muss.

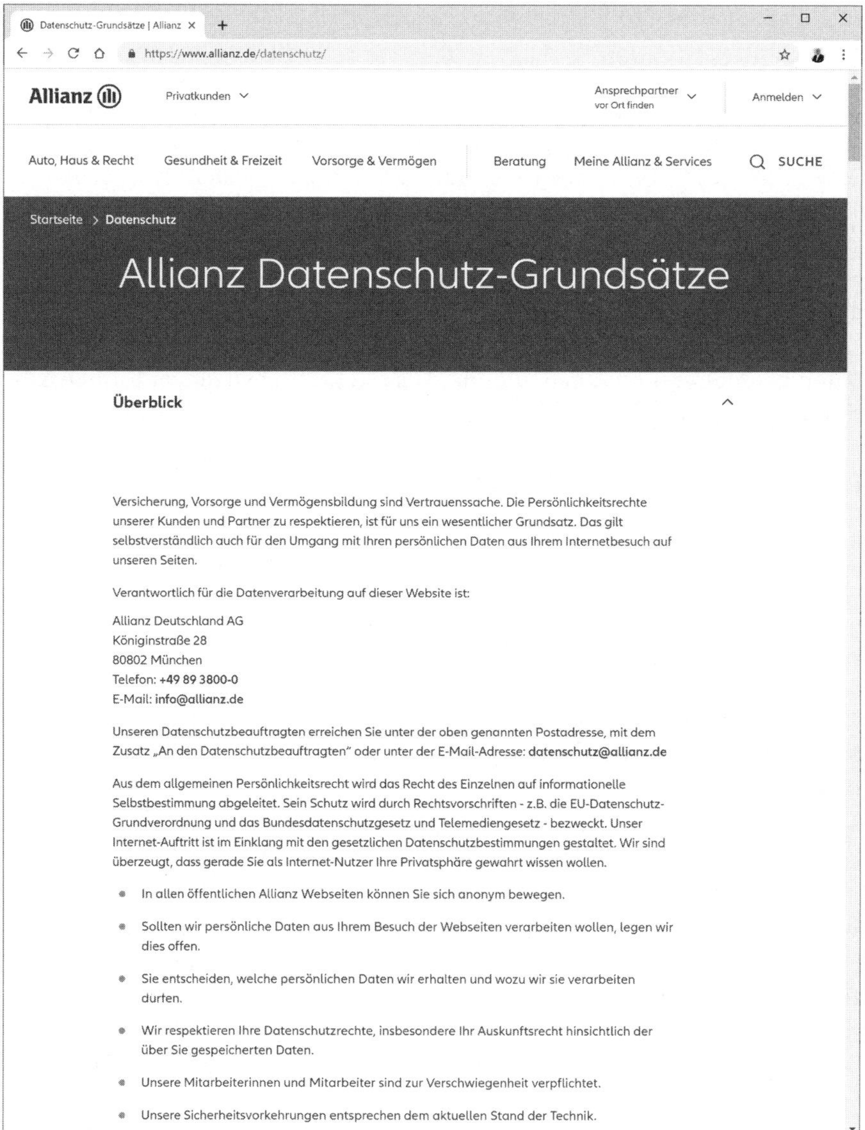

Abb. 3.4: Beispiel einer ausführlichen und transparenten Datenschutzerklärung

- **Consent-Management-Platform (CMP) verwenden:** Bei den unterschiedlichen Einwilligungs- und Widerrufsmöglichkeiten ist ein System zur Verwaltung dieser Möglichkeiten praktisch unumgänglich. Auch ein notwendiger rechtlicher Nachweis für erbrachte Einwilligungen ist über solche Systeme deutlich einfacher zu erbringen, genauso wie die optimierte Gestaltung von Dialogen. Zu den bekannteren CMPs zählen zum Beispiel Cookiebot, OneTrust oder ConsentManager. Verzichtet man darauf und versucht dies selbst zu entwickeln, empfiehlt es sich, zumindest das von der EU bereitgestellte »Cookie Consent Kit« (`bit.ly/eu-consent-kit`) zu bedenken.
- **Ort der Datenspeicherung beachten:** Wer die Speicherung der Daten nicht intern betreibt, sondern in die Cloud auslagert (Abschnitt 3.1.2), sollte sich über den Standort des Datencenters im Klaren sein. Werden die Daten durch den Drittanbieter innerhalb eines europäischen Landes gespeichert, kann man davon ausgehen, dass der Anbieter ähnlichen gesetzlichen Bedingungen unterliegt wie man selbst. Liegt der Ort der Datenspeicherung außerhalb der EU – was bei den amerikanischen Produkten häufig der Fall ist –, dann besteht die derzeitige Rechtsunsicherheit, inwieweit personenbezogene oder pseudonymisierte Daten dort unter adäquaten Datenschutzbedingungen gespeichert werden können. Falls personenbezogene oder pseudonymisierte Daten gespeichert werden, sollte dies entweder nach einer rechtlichen Beratung und Risikoabwägung, oder innerhalb der EU erfolgen.

Diesen Prinzipien folgend hat man grundsätzlich zumindest schon mal die größten rechtlichen Risiken zur Datenspeicherung verringert, und kann sich getrost den interessanteren Bereichen von Analytics zuwenden. Da sich jedoch auf gesetzlicher Ebene zum Datenschutz fortwährend Veränderungen ergeben, empfiehlt es sich, die Situation stets etwas im Auge zu behalten und im Zweifelsfall eine juristische Beratung beizuziehen.

Einsatz von Google Analytics in Deutschland

Über den gesetzeskonformen Einsatz von Google Analytics herrscht in Deutschland schon sehr lange Zeit eine rege Diskussion. Aufgrund rechtlicher Veränderungen sowie entsprechender Anpassungen seitens Google haben sich die Argumentationen dafür und dagegen ebenfalls fortwährend verändert. Zum Beispiel anonymisiert die aktuelle Version von Google Analytics standardmäßig die IP-Adresse vor einer Verarbeitung in den USA auf einem europäischen Server. Ob ein Einsatz aktuell rechtlich einwandfrei ist, ist aber eher der tagesaktuellen einschlägigen Presse zu entnehmen als einem gedruckten Buch. Allerdings lassen sich einige Grundbedingungen festhalten, die im Minimum eingehalten sein müssen, damit überhaupt ein gesetzeskonformer Einsatz in Betracht kommen kann:

- **Vertrag mit Google zur Auftragsverarbeitung:** Für die Verarbeitung der gesammelten Daten ist ein Vertrag zwischen dem Website-Betreiber mit Google notwendig. Als Website-Betreiber sind Sie dabei der Auftraggeber, Google handelt in Bezug auf die Verarbeitung der Daten lediglich entsprechend Ihrer Weisung. Die Verarbeitung der Daten im Auftrag schließt bestimmte Kontrollpflichten auf Ihrer Seite ein, bei denen Google durch Vorlage entsprechender Nachweise unterstützt. Der Vertrag ist in Google Analytics unter VERWALTUNG|KONTOEINSTELLUNGEN zu finden und mit den Datenschutzaufsichtsbehörden abgestimmt.
- **Datenschutzerklärung:** Nutzer Ihrer Website müssen in einer gut auffindbaren Datenschutzerklärung über die Verarbeitung von Daten im Rahmen von Google Analytics aufgeklärt werden. Auf eine Widerspruchsmöglichkeit gegen die Erfassung durch Google Analytics muss ebenfalls hingewiesen werden. Für eine mögliche Formulierung der Erklärung sei auf im Internet verfügbare Muster oder gar Generatoren verwiesen. Im Zweifelsfalle sollte ein solcher Text von einem Rechtsberater geprüft werden.
- **Klar sichtbare Information und Einwilligung:** Um den gesetzlichen Anforderungen nachzukommen, blendet man einen Einwilligungsdialog ein, bevor die Datensammlung mit Google Analytics gestartet oder Cookies gesetzt werden. Dieser sollte die Information enthalten, welche personenbezogene Daten an Google zur Verarbeitung und Speicherung in den USA übermittelt werden, und dass staatliche Behörden darauf Zugriff erhalten können. Die Einwilligung muss zudem aktiv und freiwillig erfolgen.
- **Einstellungen hinsichtlich Datenminimierung prüfen:** Um dem Grundsatz der Datenminimierung Folge zu leisten, sollten möglichst wenige Daten gesammelt und mit anderen Google Diensten geteilt werden. Insbesondere folgende beiden Einstellungen sollten überprüft und gegebenenfalls angepasst werden: Unter VERWALTUNG|KONTOEINSTELLUNGEN sollte die Option GOOGLE-PRODUKTE UND -DIENSTE deaktiviert sein. Im Menü VERWALTUNG|PROPERTY|DATENEINSTELLUNGEN|DATENERHEBUNG sollte die Option DATENERHEBUNG DURCH GOOGLE-SIGNALE abgestellt sein, ebenfalls die Option ERWEITERTE EINSTELLUNGEN FÜR DAS ZULASSEN VON PERSONALISIERTEN ANZEIGEN.

Falls Sie schon vor Einführung dieser Maßnahmen Google Analytics genutzt haben, können diese Daten unrechtmäßig erhoben worden sein. Deshalb müssten in dem Fall die Altdaten gelöscht bzw. das Google-Analytics-Profil gelöscht und ein neues erstellt werden.

Kapitel 4

Datenauswertung und Präsentation

Während Datensammlung und -speicherungen eher im Hintergrund und unsichtbar ablaufen, ist die Auswertung der Daten der sichtbarste Teil eines Analytics-Systems.

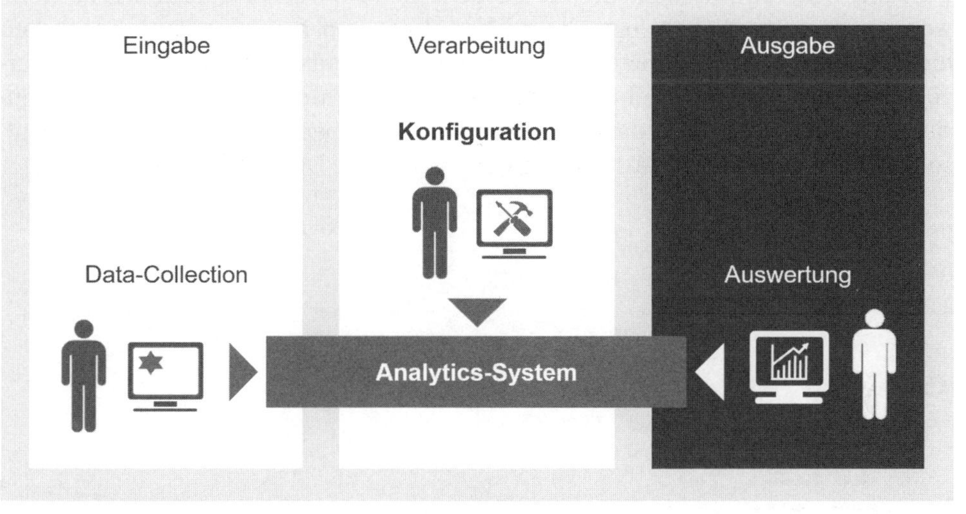

Abb. 4.1: Präsentation und Auswertung der gesammelten und gespeicherten Website-Daten

Die bunten Grafiken und Auswertungen sind denn auch so etwa das Erste, was auffällt und womit Produkthersteller auch gerne zu beeindrucken versuchen. Durch die Schönheit der Kuchendiagramme, Balken- und Liniengrafiken sollte man sich allerdings nicht zu stark vom eigentlichen Funktionsumfang ablenken lassen – denn schlussendlich ist es dies, was bei intensiverer Nutzung den Unterschied von einem System zum anderen ausmacht.

4.1 Auswertungsinterface

Jedes Analytics-System verfügt über eine Bedienungsoberfläche, über die auf praktisch sämtliche Auswertungsdaten zugegriffen werden kann. Im Normalfall ist ein solches Interface heute browserbasiert und damit ohne zusätzliche Installation einer Software auf dem Auswertungsrechner nutzbar. Manche Systeme verfügen für den Zugriff auf Auswertungen auch über verschiedene Auswertungsinterfaces – abhängig von den unterschiedlichen Bedürfnissen der Nutzer. Ein Vertreter aus dem Management erhält so eher Zugriff auf übersichtliche Charts mit zusammenfassenden Ergebnissen, während ein Web-Analyst auf die voll umfassende Ansicht mit allen Konfigurations- und Segmentierungsmöglichkeiten Zugriff hat. Um sich zu Beginn mit einem System zurechtzufinden, kann eine solch benutzerabhängige Benutzeroberfläche eine ganz nützliche Einrichtung sein.

4.1.1 Standard-Grafiken und Datentabellen

Praktisch alle Analytics-Systeme verfügen über ein vorkonfiguriertes Set an Standard-Reports und -Grafiken. Diese häufig abgefragten Werte wie Seitenaufrufe, Besuche, neue und wiederkehrende Besucher usw. werden aus Gründen der Auswertungsgeschwindigkeit fortwährend berechnet und generiert. Dadurch stehen die Auswertungen meist sozusagen in Echtzeit bzw. mit nur wenigen Minuten Verzögerung zum Datensammlungszeitpunkt zur Verfügung. Von diesen vorkonfigurierten Berichten sind in manchen Systemen weit über hundert Stück hinterlegt, sodass eine unmittelbare Auswertung der wichtigsten Daten schnell möglich ist.

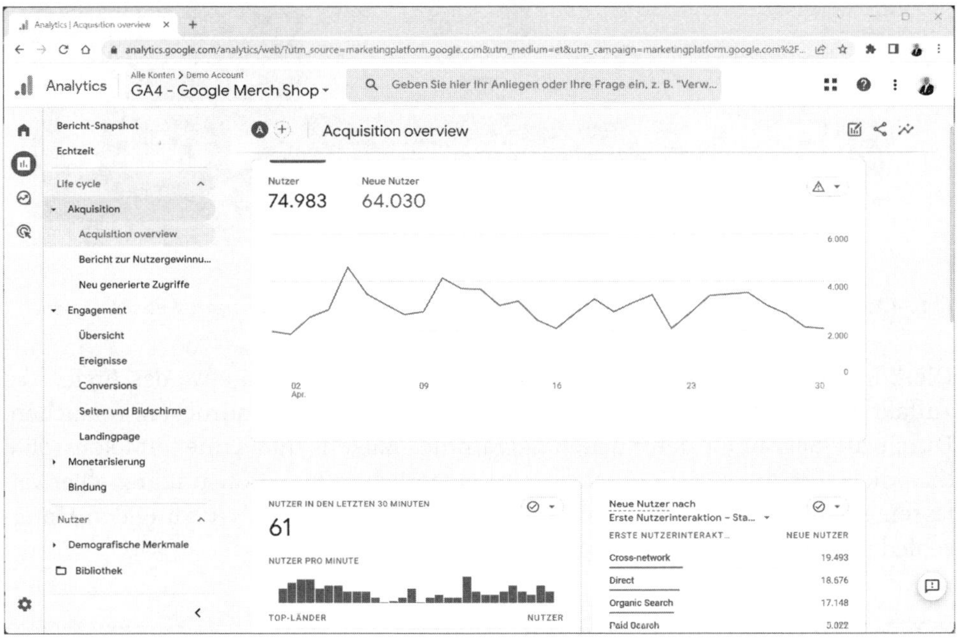

Abb. 4.2: Beispiel eines vorgenerierten Standard-Reports in Google Analytics

Für spezifische Reports ist je nach Fähigkeit des gewählten Analytics-Systems eine vorherige Generierung solcher Berichte notwendig. Dies bedeutet, dass man als Auswerter Dimensionen wie Zeitausschnitt und gewünschte Auswertung wie

Anzahl Besuche zuerst auswählt und dann den Bericht berechnen lässt. Je nach Datenmenge und Kapazität des Systems kann eine solche Berechnung dann Sekunden, Minuten oder gar Stunden dauern, bis die entsprechende Auswertung endlich vorhanden ist. Die lange Dauer hängt damit zusammen, dass aus den auf dem Server vorliegenden Rohdaten – eine unter Umständen riesige nicht normalisierte Datenmenge – die gewünschten Werte selektiert werden müssen. Cloud-Lösungen, die auf großer Rechnerkapazität aufbauen, können solche Rohdatenauswertungen auch in Sekundenfrist bereitstellen. Wo dies auf Rohdaten-Basis zu wenig schnell geht, wird häufig mit einer Auswahl von Daten (»Samples«) gearbeitet und die Ergebnisse dann hochgerechnet.

Logfile-Analyse-Systeme älterer Versionen funktionieren jedoch häufig noch nach dem Generierungs-Muster und auf einem lokalen Rechner mit beschränkter Rechenkapazität. Für eine zeitnahe Datenauswertung ist dies dann ein ziemlich mühseliges Unterfangen, was einzig dadurch etwas gelindert werden kann, dass bereits definierte Reports gespeichert und terminiert (zum Beispiel alle 24 Stunden) neu berechnet werden können.

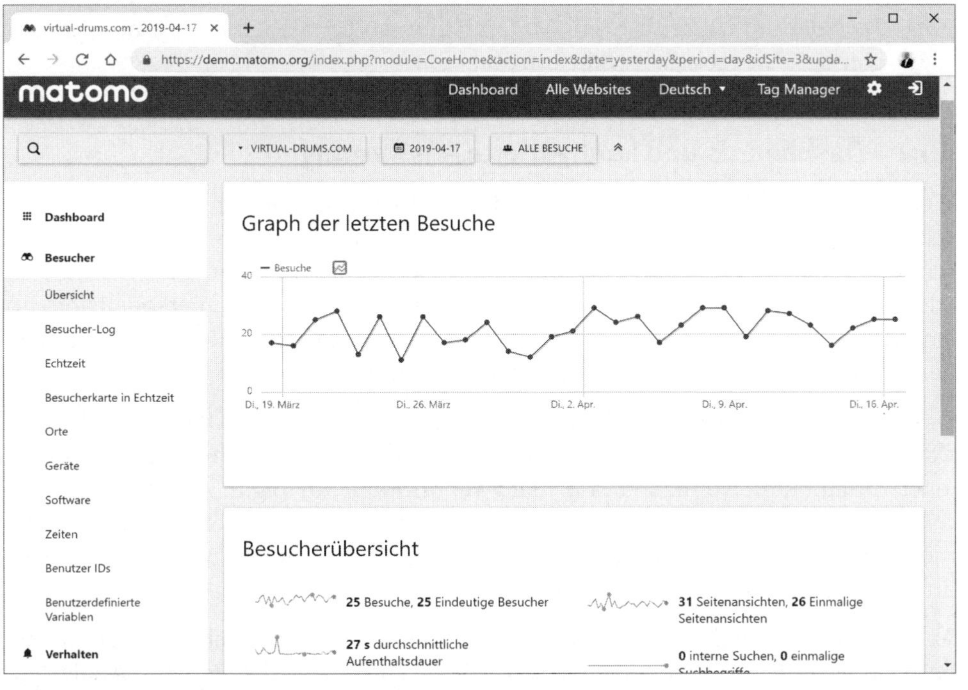

Abb. 4.3: Aktuelle Besuchszahlen im Tagesverlauf in Matomo

Im alltäglichen Gebrauch stellen diese Standard-Auswertungen eines der zentralen Elemente der Web-Analyse dar. In der täglichen oder wöchentlichen Überwachung des eigenen Web-Erfolgs sind die vorkonfigurierten Standard-Reports sehr nützlich, da sie die wichtigsten Kennzahlen wie Seitenaufrufe, Besuche usw. zeitnah zur Verfügung stellen und eine unmittelbare Sicht auf die aktuellen Vorkommnisse einer Website geben.

Demo-Zugänge und -Auswertungen von Google Analytics und Matomo

Sowohl Google Analytics wie auch Matomo stellen Zugänge zur Verfügung, die genutzt werden können, um sich mit den Tools vertraut zu machen. Da diese bereits über längere Zeiträume gesammelte Daten enthalten, erlauben sie einen Blick auf sinnvolle Auswertungen – verglichen mit einem selbst eingerichteten Konto, das erst einmal leer ist.

Ein Demo-Zugang von Google Analytics trackt die folgende Website: `shop.googlemerchandisestore.com`. Das ist der Shop von Google für Google-gebrandete Artikel wie Tassen, Mützen oder Pullover. Ein weiterer Zugang ermöglicht die Sicht auf die Daten einer von Google entwickelten Mobile-App. Voraussetzung für die Nutzung des Demo-Zugänge ist einzig ein kostenloses Google-Konto. Damit werden die Auswertungen über die Links unter `bit.ly/GA4-demozugang` zugreifbar. Für Matomo gibt es ebenfalls einen Demo-Zugriff, der unter `demo.matomo. cloud` aufrufbar ist.

4.1.2 Dashboards und konfigurierte Auswertungen

Wenn die Anzahl vorkonfigurierter Standard-Reports allerdings die 100 überschreitet – bei gut ausgestatteten Systemen der Normalfall –, leidet natürlich schnell die Übersichtlichkeit darunter. Hilfreich ist dann, wenn man sich die 10 oder 15 Metriken, die einem persönlich am wichtigsten sind, personalisiert im Analytics-System hinterlegen kann. Solche personalisierten Zusammenstellungen nennen sich *Dashboards* – sozusagen die Instrumententafel.

Dashboards geben einen noch schnelleren und aggregierten Überblick über die aktuellen Website-Vorkommnisse. Bewährt haben sich solche Dashboards in jenen Situationen, wo man gerade mal zwei Minuten am Tag in Analytics investieren kann oder will. Diese Zeit reicht aus, um kurz zu prüfen, ob auf der Website nichts aus dem Ruder läuft. Ein Website-Ausfall beispielsweise würde sich so unverkennbar in den Werten auf dem Dashboard widerspiegeln.

Aber auch für sonstige häufig verwendete Kennzahlen empfiehlt es sich, spezifisch angepasste Auswertungen zu erstellen. Diese erlauben einem Analysten, sich nicht wiederkehrend durch die 10 oder 20 individuell am häufigsten genutzten Standard-Reports durchklicken zu müssen. Stattdessen finden sich diese dann alle in einem individuell gestalteten Bericht. Während manche Analytics-Systeme Dashboards wie individuell gestaltete Berichte im Standard-Umfang anbieten, empfiehlt es sich bei anderen, auf Dritt-Tools zurückzugreifen. Bei Google Analytics ist beispielsweise das Google Looker Studio mit den individuell gestaltbaren Berichts- und Dashboard-Features ausgestattet. In Google Analytics selbst sind Berichte zwar auch insofern konfigurierbar, dass präferierte Metriken und Grafiken personalisiert dargestellt werden können. Allerdings fehlen grafische Möglichkeiten, um die vorgegebenen Standard-Darstellungen zum Beispiel farblich anzupassen.

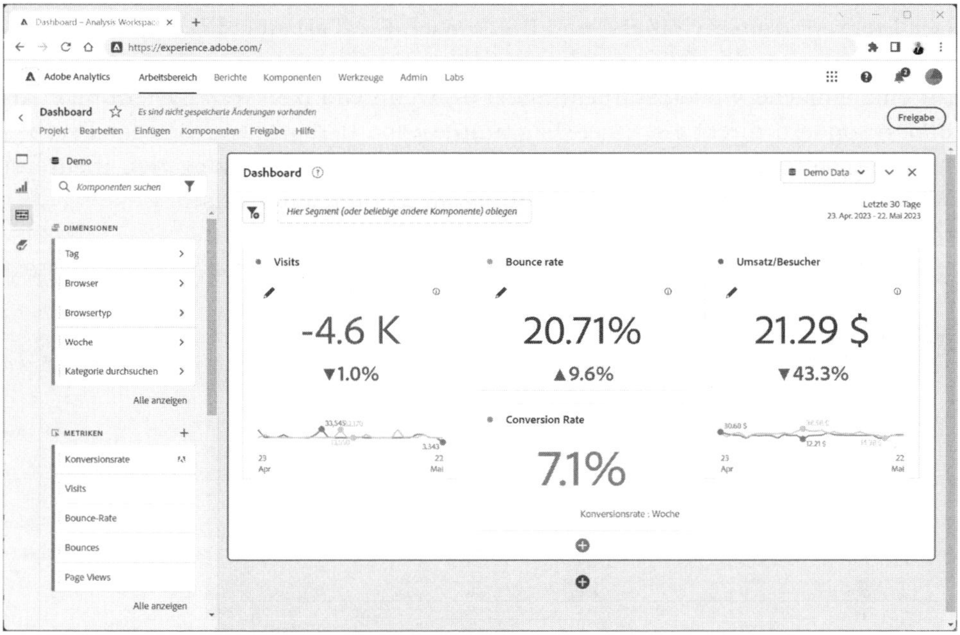

Abb. 4.4: Beispiel eines Dashboards in Adobe Analytics

4.1.3 E-Mail-Reports und Exporte

Die Auswertungen und Daten in einem System zu haben ist das eine. Das andere ist es jedoch, diese Daten auch dahin zu bekommen, wo man sie für eine weitere Nutzung braucht. Besteht die Aufgabe beispielsweise darin, dem Management wöchentlich oder monatlich eine Präsentation über den aktuellen Website-Status abzuliefern, dann ist es wohl eher ungeschickt, nur einen Link auf das Analytics-System zu senden. Auch die begleitende Information, wo sich denn die Mitglieder des Managements die Daten zusammenklicken können, hilft da nicht mehr viel. Dazu sind die Systeme dann doch zu kompliziert und etwas Einarbeitung unumgänglich.

Vielmehr bleibt es dann Aufgabe des Web-Analysten, die Auswertungen in PowerPoint- oder Excel-Dateien manuell aufzuarbeiten und die entsprechenden Tabellen und Grafiken aus dem Analytics-System in solch Management-kompatible Formate zu importieren. Einmal nicht weiter hinterfragt, ob eine derartige Nutzung von Analytics sinnvoll ist, braucht man in gewissen Situationen Exportmöglichkeiten aus einem Analytics-System. Hilfreich ist es dann, wenn ein System Excel, CSV oder PDF als Exportmöglichkeit anbietet sowie über eine API (Application Programming Interface) verfügt, die die technische Verknüpfung mit anderen Systemen vereinfacht.

Excel-Export

Der Export einzelner Grafiken und Daten nach Excel erlaubt, diese dort weiterzuverarbeiten und allenfalls mit Zusatzinformationen zu komplettieren. Nützlich für eine einfache Weiterverarbeitung ist es, wenn Grafiken vom System nicht als Bilder, sondern direkt als Excel-Diagramme exportiert werden. Bei der Bearbeitung von dahinter liegenden Daten, zum Beispiel bei der Aggregation mehrerer Werte zu einem, aktualisiert sich das Diagramm dann automatisch.

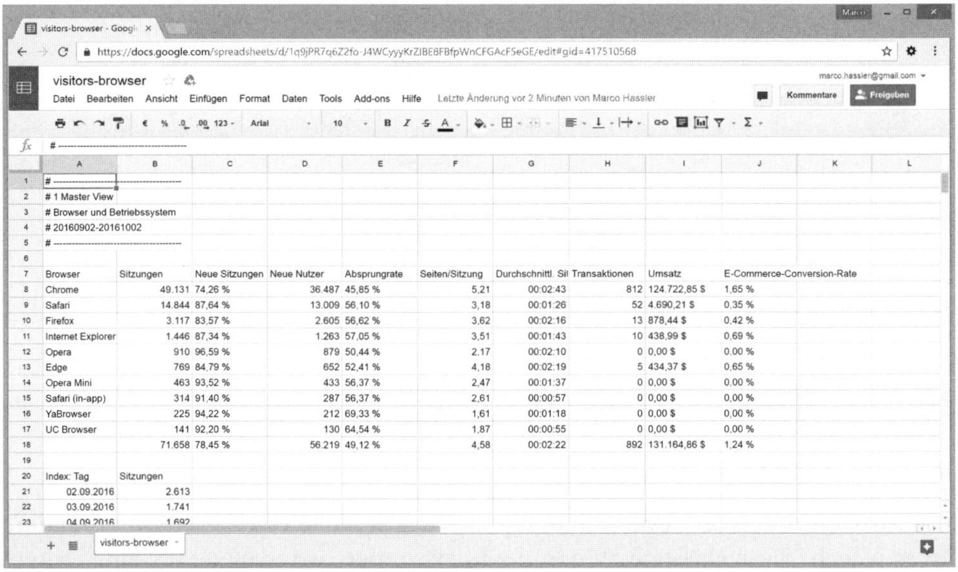

	A	B	C	D	E	F	G	H	I	J
1	# ----------------------------------									
2	# 1 Master View									
3	# Browser und Betriebssystem									
4	# 20160902-20161002									
5	# ----------------------------------									
6										
7	Browser	Sitzungen	Neue Sitzungen	Neue Nutzer	Absprungrate	Seiten/Sitzung	Durchschnittl. Si	Transaktionen	Umsatz	E-Commerce-Conversion-Rate
8	Chrome	49.131	74,26 %	36.487	45,85 %	5,21	00:02:43	812	124.722,85 $	1,65 %
9	Safari	14.844	87,64 %	13.009	56,10 %	3,18	00:01:26	52	4.690,21 $	0,35 %
10	Firefox	3.117	83,57 %	2.605	56,62 %	3,62	00:02:16	13	878,44 $	0,42 %
11	Internet Explorer	1.446	87,34 %	1.263	57,05 %	3,51	00:01:43	10	438,99 $	0,69 %
12	Opera	910	96,59 %	879	50,44 %	2,17	00:02:10	0	0,00 $	0,00 %
13	Edge	769	84,79 %	652	52,41 %	4,18	00:02:19	5	434,37 $	0,65 %
14	Opera Mini	463	93,52 %	433	56,37 %	2,47	00:01:37	0	0,00 $	0,00 %
15	Safari (in-app)	314	91,40 %	287	56,37 %	2,61	00:00:57	0	0,00 $	0,00 %
16	YaBrowser	225	94,22 %	212	69,33 %	1,61	00:01:18	0	0,00 $	0,00 %
17	UC Browser	141	92,20 %	130	64,54 %	1,87	00:00:55	0	0,00 $	0,00 %
18		71.658	78,45 %	56.219	49,12 %	4,58	00:02:22	892	131.164,86 $	1,24 %
19										
20	Index: Tag	Sitzungen								
21	02.09.2016	2.613								
22	03.09.2016	1.741								
23	04.09.2016	1.692								

Abb. 4.5: Excel- bzw. Google-Spreadsheet-Export von Analytics-Daten

CSV-, XML- oder JSON-Export

CSV (Comma Separated Values) ist ein Textexport, in dem tabellarische Daten durch Komma oder Semikolon getrennt ausgegeben werden. Der Vorteil dieses Formates ist, dass es sozusagen ein Allerweltsformat ist und in die meisten Drittsysteme eingelesen werden kann. Die etwas aktuelleren Varianten eines solchen offenen Formats sind XML oder JSON. Mindestens eine dieser Varianten sollte ein Analytics-System als Export also anbieten, damit die Auswertungsdaten ohne viel Tipparbeit in andere Systeme übernommen werden können.

```
Position;Datum;Besucher;Seitenzugriffe
1;01.08.2023;17835;22403
2;02.08.2023;16493;22319
3;03.08.2023;18466;26498
4;04.08.2023;18765;28974
5;05.08.2023;16308;25004
6;06.08.2023;15497;23654
7;07.08.2023;12076;19874
8;08.08.2023;19465;32098
9;09.08.2023;19899;33589
10;10.08.2023;18345;31752
11;11.08.2023;21015;38653
12;12.08.2023;20056;35242
13;13.08.2023;21078;40122
14;14.08.2023;18768;32037
15;15.08.2023;17965;28456
```

Abb. 4.6: Textdatei mit Comma Separated Values (CSV) für den Import in andere Systeme

E-Mail-Report

Anstatt sich proaktiv täglich oder wöchentlich in ein Analytics-System einzuloggen und sich Auswertungen anzuschauen, ist die passivere Methode eines E-Mail-Versands von Reports ganz bequem. Hierfür sollte das System die Möglichkeit bieten, ausgewählte Metriken in ein PDF (oder ähnlich) zu exportieren und dies automatisch in einem gewünschten Intervall an eine E-Mail-Adresse zu versenden.

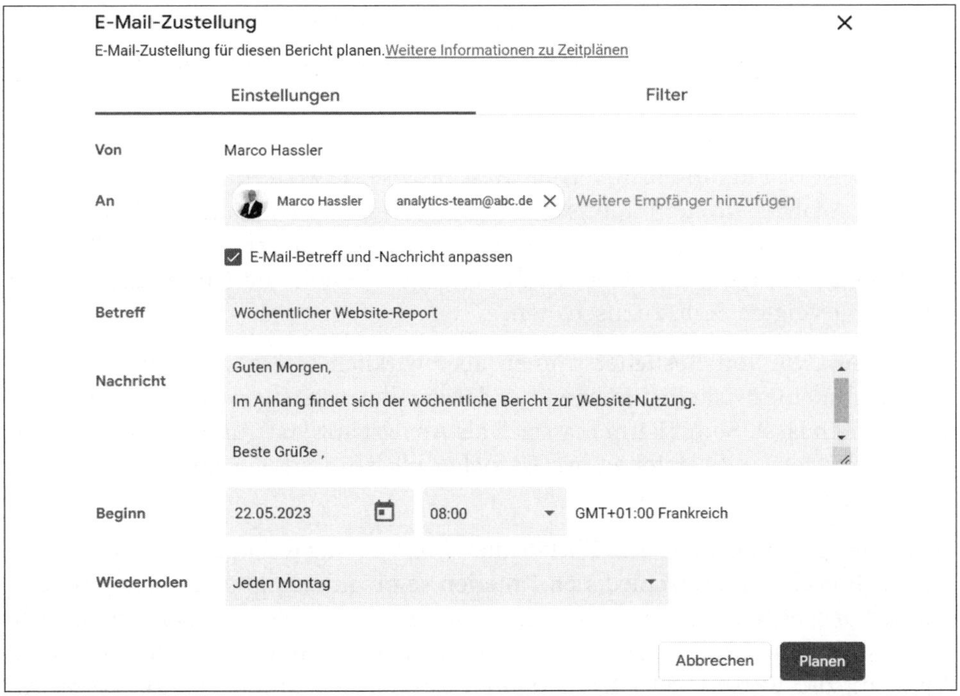

Abb. 4.7: Automatischer Mailversand eines Reports aus Google Looker Studio

Gerade für Benutzer aus Business-Abteilungen, die vielleicht nur am Rande ihres Tätigkeitsbereichs mit Auswertungen aus Analytics-Systemen zu tun haben, ist eine solche automatisierte Zustellung von Vorteil – die Auswertungen werden dann nicht mehr zur Holschuld, sondern liegen zum Beispiel montagmorgens im E-Mail-Posteingang und können mit der ersten Tasse Kaffee in der Hand konsultiert werden. Ausreden wie »Mein Login ins System hat nicht funktioniert« oder »Ich hab' den Auswertungsreport nicht finden können« ziehen dann nicht mehr. Noch besser ist es natürlich, wenn ein Web-Analyst solche Reports erstellt, noch mit entsprechenden Interpretationen, Erklärungen und Zusammenfassungen versieht und dann selbst in wöchentlichem Intervall an die Business-Nutzer sendet.

4.2 Browser-Overlay

Alle Auswertungen und Daten in einem zentralen Analytics-System zu haben, ist eine gute Sache. Greift man über eine eigene Bedienungsoberfläche darauf zu, hat dies trotzdem den Nachteil, dass der Bezug zur Website fehlt. Um sich beispielsweise bestimmte Kennzahlen zur Homepage anzuschauen, muss man explizit im Analytics-System nach der Homepage suchen. Auch Besucherflüsse über mehrere Seiten hinweg lassen sich in einem von der Website losgelösten System kaum verständlich visualisieren. Zwar enthalten die aktuelleren Analytics-Systeme solche schön aufbereiteten Besucherfluss-Grafiken in den Standard-Auswertungen. Diese bilden jedoch die Komplexität der unterschiedlichen Ströme und Klicks bei Weitem nicht so ab, dass man wirklich Nutzen stiftende Schlüsse für eine Website-Verbesserung daraus ziehen könnte.

Geradezu perfekt für solche Analysen sind dagegen sogenannte Browser-Overlays. Diese, meist in Plug-in-Form verfügbaren Browser-Erweiterungen, zeigen Daten aus dem Analytics-System kontextspezifisch zu einer gerade aufgerufenen Webseite an. Dies ermöglicht, sich sozusagen im Browser durch die eigene Website durchzuklicken und kontextspezifisch dazu sich jeweils die Nutzungsdaten der gerade angezeigten Seite anzuschauen.

Für die Analyse von Besucherströmen aber wirklich interessant wird es, wenn man sich in einer visuellen Ebene über der gerade angezeigten Webseite Klickdaten anzeigen lässt. Somit kann man sich als Analyst äußerst gut in einen Besucher hineinversetzen und verstehen, wo Besucher klicken und wie sie durch die Website navigieren.

Noch aussagekräftiger werden Klickdichten-Auswertungen dann, wenn sich Besucher auch noch nach verschiedenen Kriterien segmentieren lassen. Segmentierung bedeutet in dem Fall, dass man nur eine bestimmte Teilmenge an Besuchern betrachtet, beispielsweise nur jene, die über Suchmaschinen oder über eine bestimmte Kampagne auf die Website gelangen. Dadurch werden bestimmte Bedürfnisse unterschiedlicher Nutzergruppen wesentlich ausgeprägter ersichtlich und gleichen sich nicht in der Menge aller Nutzertypen gegenseitig aus.

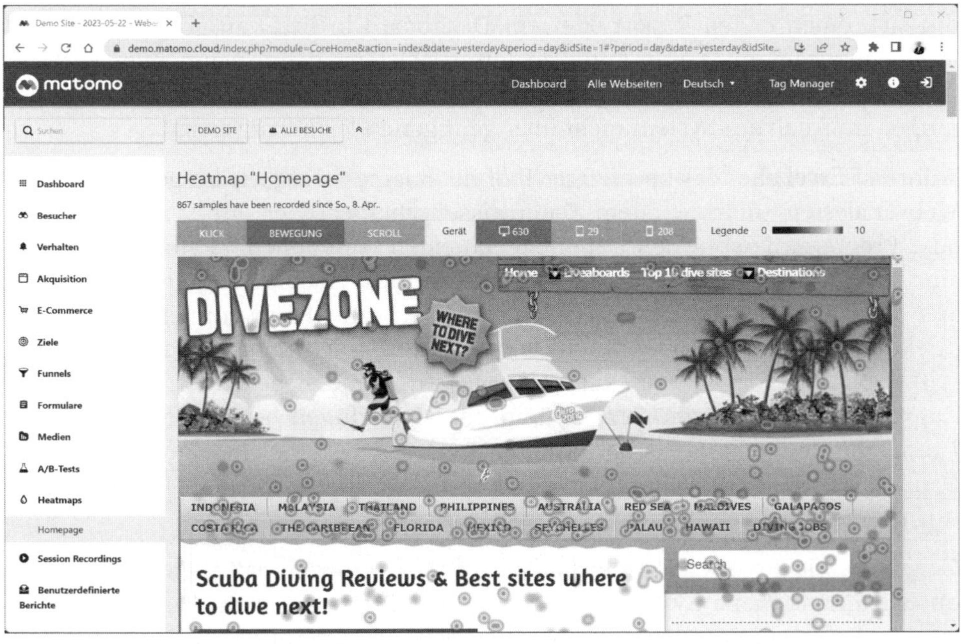

Abb. 4.8: Kontextspezifische Analyse mittels Analytics-Overlay von Matomo

4.3 Weitere Schnittstellen

Neben der Ausgabe über die Standard-Benutzeroberfläche oder mittels Browser-Overlay gibt es noch weitere nützliche Ausgabeschnittstellen. Eine solche kann beispielsweise Microsoft Excel oder Google Spreadsheets sein – und zwar nicht als Export, sondern als Bedienungsoberfläche. Gerade wenn man auf Basis von Nutzungsdaten aus dem Analytics-System weitere Auswertungen fährt – zum Beispiel das Verhältnis von Seitenaufrufen pro neuem Besucher berechnet –, dann bietet sich Excel als Instrument an. Wenn man aber lediglich einen Export aus dem Analytics-System nach Excel macht, dann muss man solche Berechnungsformeln jedes Mal neu schreiben.

Die Alternative zum Export ist deshalb, dass Daten aus dem Analytics-System direkt an Excel oder Spreadsheets angebunden werden. Excel dient damit sozusagen als Hauptinterface für die Analyse-Daten, bei jedem Öffnen der Datei werden die aktuellen Daten, wie Besucherdaten, aus dem verknüpften Analytics-System angezogen. Gerade wer für Analytics-Auswertungen standardisierte Wochen- oder Monatsreports in Excel nutzt, muss sich dann nicht in eine andere Anwendung begeben, sondern hat dank solch einem Excel-Plug-in alles in einem Auswertungsinterface verfügbar.

Auf der anderen Seite benötigen solche Excel-Integrationen viel Initialaufwand, um sich einen ersten Report oder ein Dashboard in Excel zu erstellen und die Daten anzuzapfen. Dieser Aufwand lohnt sich erst dann, wenn man wirklich intensiv mit wöchentlichen Reports arbeitet und dabei mit den Standard-Auswertungen im Analytics-System nicht über genügend Flexibilität verfügt.

Während Excel eher das bevorzugte Tool für Business-Fragestellungen ist, setzten Web-Analysten und vor allem Datenwissenschaftler eher auf Statistiksoftware oder Programmiersprachen mit entsprechenden Funktionen. »Python« oder »R« sind solche Sprachen, die häufig eingesetzt werden. Auch diese greifen auf Daten aus dem Analytics-System zu, indem sie über eine Programmier-Schnittstelle direkt die Datenquelle integrieren. Diese Schnittstellen nennen sich im Fachbegriff *Application Programming Interface* (API) und ermöglichen einen maschinellen Zugriff auf die Analyse-Daten. Python oder R verfügen beide über sogenannte *Pakete*, mit denen die APIs bekannterer Analytics-Systeme eingebunden werden. Dadurch ist die Verwendung von Analyse-Daten direkt in einem Programmier-Aufruf möglich.

Genau so wie Excel oder eine Statistiksoftware kann es natürlich auch andere unternehmenseigene Systeme geben, die mit Daten aus dem Analytics-System angereichert werden sollen. Wird beispielsweise ein internes Management-Reporting-System eingesetzt, worin sich ein Bereich mit dem Web befasst, dann müssen Daten aus dem Analytics-System häufig direkt dorthinein integriert werden. Auch diese setzen meist auf den APIs der Analytics-Systeme auf. Je nach geplantem Einsatz-Szenario kann die Verfügbarkeit und Fähigkeiten solcher Schnittstellen ein wichtiges Unterscheidungskriterium bei der Auswahl eines Analytics-Systems darstellen. Nicht unterschätzen darf man aber den Programmieraufwand, den es bedeutet, solche Schnittstellen in andere Systeme zu integrieren. Dies sind klassische IT-Projekte, die entsprechend Zeit und Ressourcen benötigen.

Teil 2

Metriken analysieren und interpretieren

In diesem Teil:

Kapitel 5

Einführung in die Welt der Metriken

Wenn man sich zum ersten Mal in ein Analytics-System einloggt, mag man wegen den schönen Auswertungen und Grafiken begeistert sein. Doch schon nach kurzer Zeit kommt mit dem »Und jetzt ...?« die Frage nach der Bedeutung der einzelnen Zahlenreihen und Diagramme auf. Im Folgenden wird deshalb geklärt, was hinter den einzelnen Begrifflichkeiten steckt, wie sie zustande kommen und wie man sie nutzen kann, um mehr über die Website und ihre Besucher zu erfahren. Im späteren Gebrauch nutzen wir diese Auswertungen, um täglich oder wöchentlich die Vorkommnisse auf der Website im Auge zu behalten.

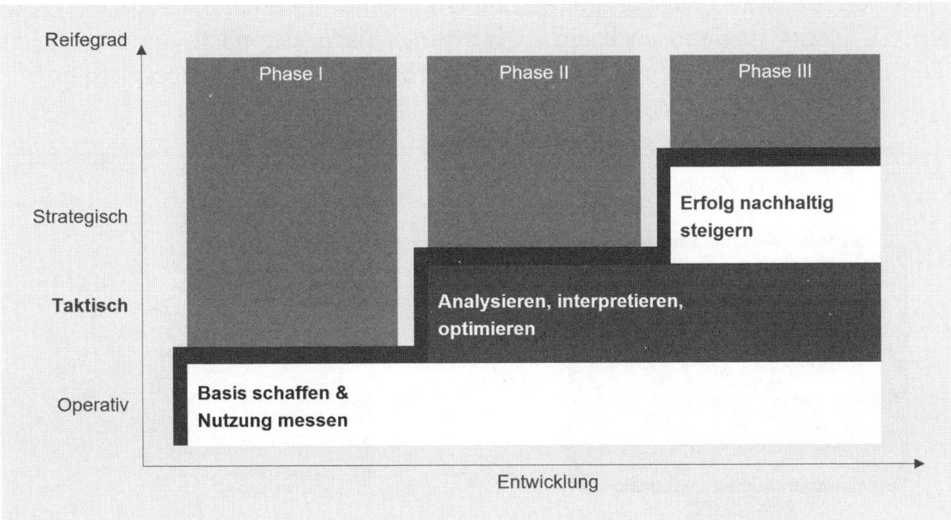

Abb. 5.1: Metriken helfen, Website-Vorkommnisse zu analysieren und zu interpretieren.

5.1 Metriken und wie sie zustande kommen

Wenn man seine Meinung darüber kundtun möchte, ob eine Website gut ausschaut, benutzbar und nützlich ist oder ihre Zielsetzung erfüllt, dann kann man dies sehr schnell und einfach in ein paar platten Sätzen tun. Ist man allerdings nicht allseits anerkannter Spezialist für die Beurteilung von Websites, muss man sich schnell den Vorwurf gefallen lassen, subjektiv zu urteilen und ohne Grundlage Behauptungen aufzustellen. Nun ist es tatsächlich nicht ganz einfach, für Faktoren wie Schönheit, Nutzbarkeit oder Zielerreichung einfach so eine objektive Aussage zu treffen, da immer schnell das eigene Empfinden mit in die Beurteilung einfließt. Ein Ausweg aus diesem Dilemma ist die Definition von messbaren Eigenschaften, sogenannten Metriken. Mittels solcher quantifizierbarer Größen lässt sich eine objektive Aussage zu einer bestimmten Gegebenheit erzielen, ohne diese bereits zu werten. Web Analytics baut schließlich auf zahlreichen solcher Metriken auf, die bekanntesten davon sind Hits, Seitenaufrufe, Besucher, Besuche oder Ereignisse.

5.2 Hits – und ihre Bedeutungslosigkeit

Die wohl älteste Metrik im Analytics-Umfeld sind die Hits. Bereits in den Anfängen des Internets versuchte man, die in den Server Logfiles gesammelten Informationen zu gebrauchen, um die Nutzung einer Website zu analysieren. Die ersten Analytics-Systeme in den frühen 1990er Jahre erlaubten denn auch, die textbasierten Logfiles zu aggregieren und Grafiken und Berichte daraus zu erzeugen. Ein »Hit« ist denn auch ein Auswertungs-Term, der noch aus dieser Zeit stammt und den Aufruf einer einzelnen Datei auf dem Webserver bezeichnet.

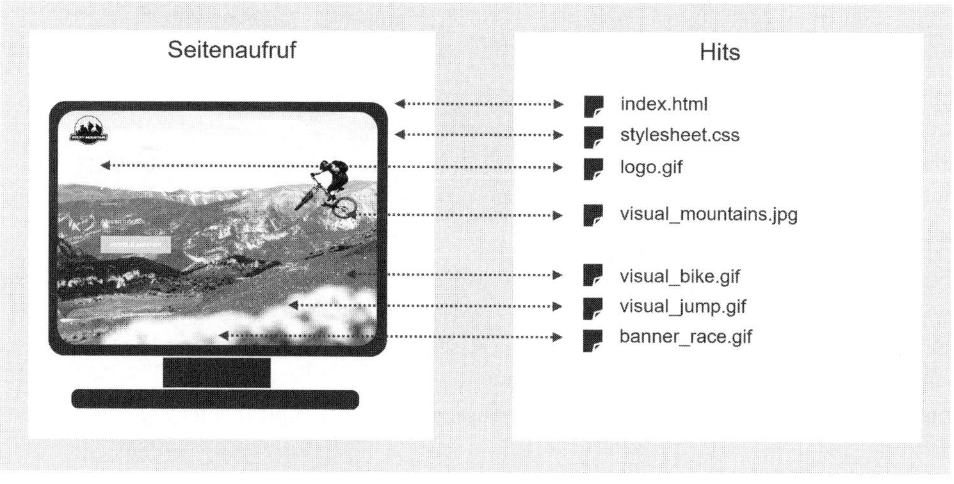

Abb. 5.2: Einzelner Seitenaufruf und die daraus resultierenden Hits

In einer Zeit, in der eine Webseite lediglich aus einer Textdatei bzw. einer einzelnen HTML-Datei bestand, waren die Hits eine vernünftige Kennzahl, um die Nutzungshäufigkeit einer Website zu messen. Jeder Hit konnte praktisch mit einem Seitenaufruf gleichgesetzt werden und ergab so Auskunft über die Nutzungsintensität einer Website. Im Verlaufe der Zeit, als Websites immer mehr multimedial wurden und mit Bildern und Grafiken versehen wurden, verwässerte sich die Kennzahl aber – mittlerweile ist sie gar unbedeutend. Heutzutage besteht nämlich eine einzelne Webseite, wie wir sie im Browser betrachten, nicht mehr aus einer einzelnen Datei. Vielmehr ist neben der eigentlichen HTML-Seite jede Grafik, jedes Bild oder jedes CSS, das für die Darstellung einer Seite benötigt wird, eine eigene Datei. Der Aufruf einer einzelnen Webseite verursacht also zugleich zahlreiche Hits.

Abhängig von der Anzahl der in eine Seite eingebundenen Elemente kann diese einmal zehn, einmal zwanzig oder gar hundert Hits generieren – unterschiedlich von Seite zu Seite. Das Zählen oder Vergleichen von Hits wird unter dieser Voraussetzung natürlich zur Nullaussage. Trotzdem hat sich der Begriff »Hits« irgendwie bis in die heutige Zeit gerettet und geistert gelegentlich noch zur Irritation aller in Berichten und Aussagen von Webverantwortlichen herum. Genau wissen, was es ist, aber selbst nicht im eigenen Analytics-Wortschatz verwendet – so lautet die Empfehlung zu der Metrik »Hits«.

5.3 Seitenaufrufe – die Standard-Metrik schlechthin

Aufgrund der steigenden Bedeutungslosigkeit der Aussagekraft von Hits ging man schon Mitte der 1990er Jahre dazu über, Seitenaufrufe (auch Seitenzugriffe, Page Views) als besser vergleichbare Messgröße zu definieren. Als Seitenaufruf wird jede von einem Besucher nachgefragte Seite einer Website bezeichnet. Bei mobilen Apps, die in dem Sinn nicht über Seiten verfügen, wird ein analoger Aufruf einer neuen Ansicht in der App »Bildschirm« oder »Screen« genannt.

5.3.1 Wie Sie es nutzen sollten

Im Normalfall sind die Seitenaufrufe eine relativ gute Metrik, um die allgemeine Nachfrage auf der Website abschätzen zu können. Ausschläge nach unten oder oben sind aber normal und im allgemeinen Nutzungsverhalten Ihrer Website-User begründet. Wenn Sie private Besucher mit Ihrer Website ansprechen, werden Sie wahrscheinlich feststellen, dass abends und an Wochenenden die Anzahl der Seitenaufrufe steigt. Im Geschäftsumfeld werden Sie die höheren Seitenaufruf-Zahlen unter der Woche und am Beginn des Nachmittags haben.

Eine tendenziell steigende Anzahl Seitenaufrufe kann als erhöhte Nutzung und Beliebtheit einer Website eingestuft werden. Die Zahl wird aber sehr stark von anderen Faktoren beeinflusst. Wenn Sie zum Beispiel eine Display-Ad-Kampagne schalten, ist der Anstieg der Seitenaufrufe wohl darauf zurückzuführen, anstatt auf ein generell angestiegenes Interesse an Ihrer Website. Da so zahlreiche weitere Faktoren auf die Zahl der Seitenaufrufe mit einwirken, ist es leider kaum möglich, die Seitenaufrufe als zielorientierten Indikator für Ihren Website-Erfolg zu nutzen.

Einsetzen sollten Sie die Seitenaufruf-Metrik stattdessen, um ein generelles Gefühl für die aktuelle Nutzung Ihrer Website zu bekommen. Der große Vorteil der Kennzahl »Seitenaufrufe« liegt dabei in ihrer Spontanität. Im Vergleich zu anderen, vielleicht geschäftsrelevanteren Kennzahlen wie Bestellungen oder Kontaktanfragen reagiert die Metrik Seitenaufruf wesentlich schneller, sodass sie gut als Frühindikator eingesetzt werden kann. Plötzliche massive Einbrüche der Page Views lassen so zum Beispiel ein größeres Problem oder gar einen Teilausfall auf der Website vermuten. Sprunghafte Anstiege der Seitenaufrufe nach einer gerade gestarteten Kampagne geben die Sicherheit, dass die Kampagne funktioniert und die verlinkte Kampagnen-Zielseite erreichbar ist. Würden Sie beispielsweise nur Bestellungen überwachen, würde diese Kennzahl erst nach Stunden oder Tagen warnend ausschlagen und zu spät auf das Problem hinweisen.

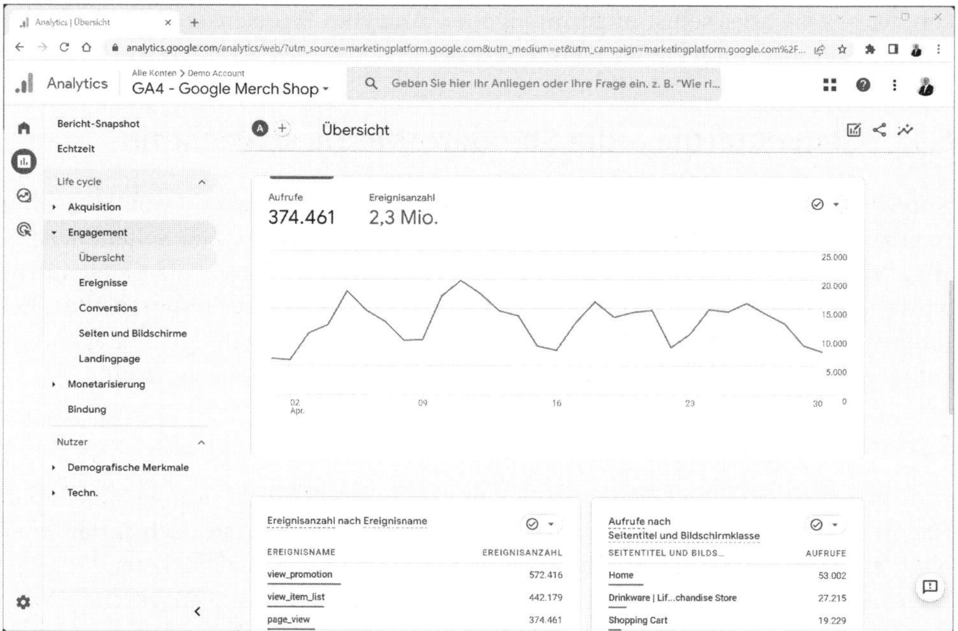

Abb. 5.3: Seitenaufrufe (Diagramm) zusammen mit anderen Metriken

5.3.2 Was es zu beachten gilt

In der Praxis gibt es allerdings einige Grenzen, wo die Aussagekraft des Seitenaufrufs schwindet. Ein Beispiel dafür sind stark dynamische Anwendungen – im Fachjargon Rich Internet Applications (RIAs) oder Single Page Applications (SPAs) genannt –, wie sie heute gang und gäbe sind. Solche dynamischen Anwendungen, die häufig nur aus einer oder wenigen Seiten bestehen, erlauben es, nach dem Laden der Seite im Browser noch weitere Bestandteile im Hintergrund nachzuladen. Dies geschieht, ohne dass die Seite selbst einen Reload erfährt und damit ein Seitenaufruf erzeugt wird. Für den Benutzer erscheint dies dann so ähnlich, als wenn er eine lokal auf dem Computer installierte Software bedienen würde. Das bei normaler Seitennavigation bekannte »Klicken-Warten-Anzeigen« entfällt – das Surf-Erlebnis steigt. Einige der frühen Websites, die sich diese Technik zunutze machten und damit die Nutzbarkeit gegenüber den herkömmlichen Sites massiv steigerten, waren Karten-Anwendungen wie Google Maps. Benutzer können dabei mit der Maus Kartenausschnitte innerhalb derselben Seite verschieben oder hinein- und hinauszoomen. Noch nicht geladene Kartenausschnitte rund um die aktuelle Position werden im Hintergrund und vom Benutzer praktisch unbemerkt nachgeladen.

Weitere bekannte Websites, die nach gleichem Muster funktionieren, sind jene von Facebook oder Twitter bzw. X, wo in der Timeline beim Scrollen fortlaufend ältere Beiträge nachgeladen werden. Mittlerweile haben auch viele Corporate Websites dieses Muster adaptiert und zeigen Inhalte bevorzugt in langen scrollbaren Seiten an.

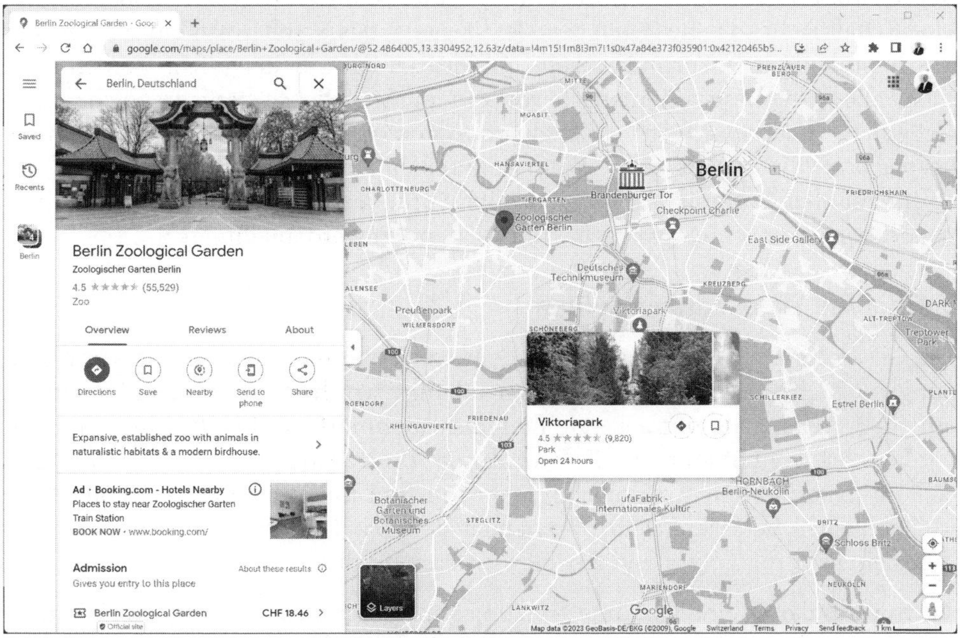

Abb. 5.4: Google Maps – eine der bekanntesten SPA-Anwendungen

Für die Seitenaufruf-Metrik in einer Analytics-Auswertung hat diese attraktive technische Möglichkeit allerdings einen gewichtigen Nachteil. Unter Umständen ruft der Benutzer nämlich nur noch eine einzige Seite auf und generiert so lediglich einen einzelnen Seitenaufruf. Für die restlichen Interaktionen werden nur noch Teilbereiche der Seite nachgeladen, was aber nicht als Seitenaufruf im herkömmlichen Sinne zählt. Bei Websites, die intensiven Gebrauch von solchen Techniken machen, ist damit die Metrik »Seitenaufruf« am selben Punkt angelangt wie der »Hit« vor einigen Jahren – nahe an der Bedeutungslosigkeit. Bevor man also seine Auswertungen stark auf Seitenaufruf-Kennzahlen stützt, sollte man sich über den Einsatz und die Nutzungshäufigkeit von dynamischen Anwendungen auf seiner Website im Klaren sein. Falls dynamische Anwendungen noch kaum oder mäßig oft eingesetzt werden, bleibt der Seitenaufruf aber eine brauchbare Metrik.

5.4 Ereignisse – Nutzer-Interaktionen

Abhilfe bei den Unzulänglichkeiten des Seitenaufrufs bei dynamischen Anwendungen oder langen Seiten schaffen die Ereignisse. Ereignisse oder Events sind Nutzer-Interaktionen oder Vorkommnisse, die innerhalb einer Seite erfolgen. Wie genau eine solche Interaktion oder ein Vorkommnis ausgeprägt ist, bleibt auf übergeordneter Ebene erst einmal offen – dies kann zum Beispiel ein Klick auf eine Schaltfläche, das Bewegen des Mauszeigers, das Scrollen auf einer Seite oder das Ausfüllen eines Formulars sein. Anders als beim Seitenaufruf werden auch nicht alle Ereignisse automatisch von einem Analytics-System gespeichert. Im Gegenteil, in den gängigsten Analytics-Systemen werden nur jene Ereignisse gespeichert, die explizit vom Website-Betreiber konfiguriert werden. Denn das Sammeln aller Ereignisse auf einer Seite würde auch viel zu viele Datenpunkte generieren, die nachher gar nicht sinnvoll genutzt werden können.

5.4.1 Wie Sie es nutzen sollten

Die Gesamtzahl an Ereignisse bringt denn auch erst mal wenig interessante Nutzungsmöglichkeiten, da die Zahl davon abhängt, welche Interaktionen individuell auf einer Website als zu trackende Ereignisse definiert wurden. Richtig spannend wird es erst, wenn man in die Tiefe vordringt. Dies werden wir später in Abschnitt 10.5 zu dynamischen Webanwendungen tun und uns dort mit den detaillierten Möglichkeiten befassen. Derart verwendet stellt das Ereignis-Tracking dann allerdings ein sehr mächtiges und flexibles Instrument dar.

Auch wenn damit eine konkrete Nutzung von Ereignissen erst mit einem fortgeschrittenen Einsatz möglich ist, stellen Ereignisse dennoch eine der zentralen Messgrößen eines aktuellen Analytics-Systems dar. Das Datenmodell von Google Analytics beispielsweise basiert seit der Umstellung auf die Version 4 komplett auf Ereignissen. Dies bedeutet, dass aus technischer Sicht für Google Analytics auch ein Seitenaufruf nichts mehr anderes als ein Ereignis ist.

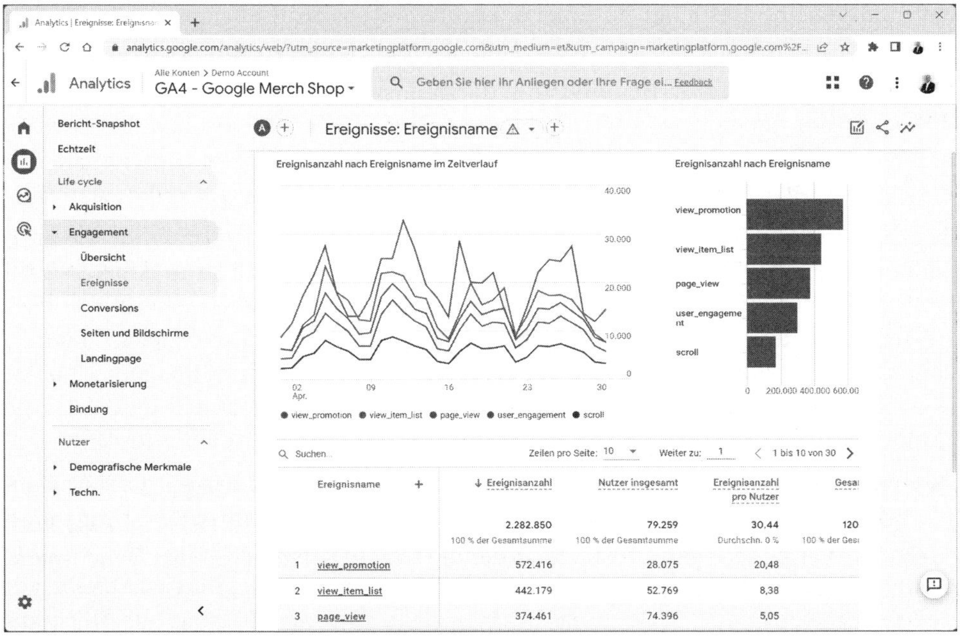

Abb. 5.5: Ereignis-Auswertung in Google Analytics

5.4.2 Was es zu beachten gilt

Da man als Betreiber Ereignisse individuell konfigurieren muss, steckt ein beträchtliches Maß an Aufwand dahinter, wenn man ein umfassendes Ereignis-Tracking einrichten möchte. Dies kann entweder über eine Erweiterung des Page-Tag-Codes durch einen Entwickler erfolgen oder – heute üblicher – durch eine Konfiguration in einem Tag Manager System wie in Abschnitt 2.3.3 ausgeführt. Allerdings setzt auch eine solche Konfiguration einige Erfahrung mit Webanwendungen voraus. Zumindest für häufig verwendete Ereignisse wie Scrollings, Klicks auf externe Links, Datei-Downloads oder Formular-Interaktionen bieten Systeme wie Google Analytics aber glücklicherweise einfach zu konfigurierende Tracking-Einstellungen an.

Bevor Sie allerdings beginnen, umfassend individuelle Ereignisse für Ihre Website zu konfigurieren, sollten Sie sich darüber im Klaren sein, welche die relevanten Interaktionen mit Ihrer Website sind. Am Ende lässt sich diese Frage nur dann schlüssig beantworten, wenn man von den Website-Zielen ausgehend denkt. Eine solche Herangehensweise werden wir später in Kapitel 12 ausführlich betrachten.

5.5 Besuche – Website-Sitzungen

Eine dritte, häufig angewendete Messgröße sind die Website-Besuche, die sogenannten Visits oder auch Sitzungen bzw. Sessions. Innerhalb eines Besuchs führt ein und derselbe Besucher ein oder mehrere Seitenaufrufe nacheinander durch. Ein Besuch ist abgeschlossen, sobald ein Besucher die Website wieder verlässt, beziehungsweise wenn eine Abfolge von Seitenaufrufen und Ereignissen unterbrochen wird.

5.5.1 Wie Sie es nutzen sollten

Besuche sind ähnlich wie die Seitenaufrufe ein wichtiger Indikator dafür, wie groß die Reichweite der Website ist. Eine steigende Anzahl Besuche kann dabei in zwei Dimensionen gedeutet werden: Entweder kommt eine größere Anzahl Besucher auf Ihre Website. Oder die gleiche (oder gar kleinere) Anzahl an Besuchern kommt häufiger auf die Website und bringt so die Metrik »Besuche« zum Steigen. Meist ist es aber eine Kombination dessen und eine Steigerung letztendlich eine Aussage darüber, dass das Angebot bei neuen und bestehenden Nutzern ankommt.

Um die Metrik sinnvoll zu nutzen, sollten Sie Vergleiche zu vorausgegangenen Zeitabschnitten ziehen. Abbildung 5.6 zeigt einen solchen Vergleich von zwei Perioden. Ein Vergleichszeitraum bietet so eine Orientierungshilfe oder Benchmark, um die Werte besser einstufen zu können.

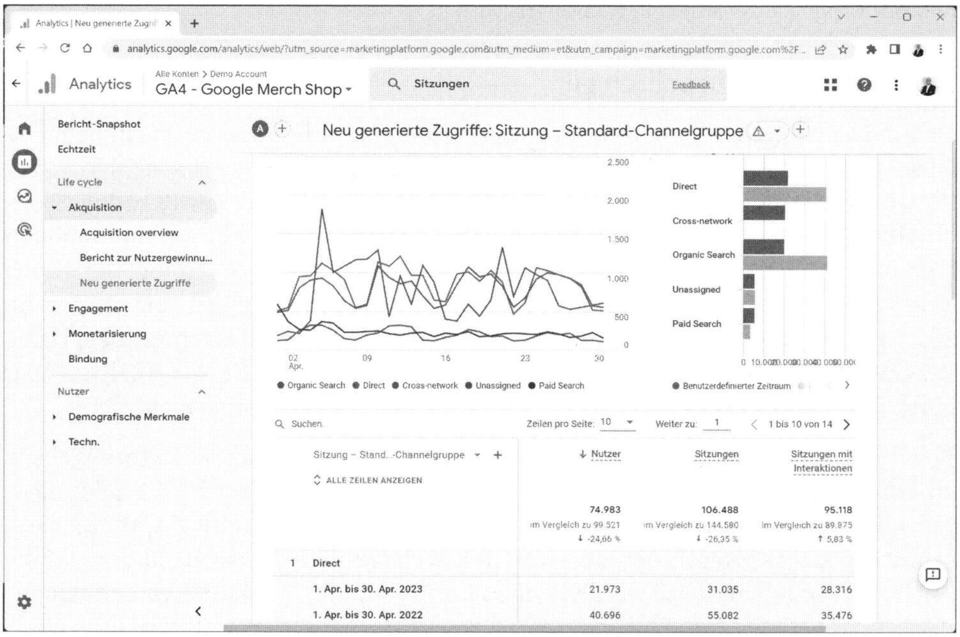

Abb. 5.6: Sitzungen werden in Google Analytics 4 nur in Unterberichten ausgewiesen

Wenn Sie Zeiträume vergleichen, dann sollten Sie stets korrespondierende Abschnitte wie beispielsweise den Dienstag mit dem Dienstag der Vorwoche oder den Monat April mit dem April vom Vorjahr vergleichen. Da Besuche stark abhängig sind vom Zeitpunkt – sowohl von der Uhrzeit wie auch Wochentagen und Monaten her –, ist dies für die Aussage des Vergleichs entscheidend.

Lernen Sie so über die Metrik der Besuche, wann Ihre Website am meisten Besuche aufweist. Sind es eher die privaten Nutzer, die kurz nach der Mittagspause im Büro, abends zu Hause und am Wochenende surfen? Oder sind es die Geschäftsnutzer, die sich hauptsächlich während der Bürozeiten auf der Website bewegen? Mit so einer kurzen Überprüfung lässt sich checken, ob Sie mit Ihrem Angebot auch die richtige Haupt-Zielgruppe erreichen.

Bei Analysen über einen längeren Zeitraum werden Sie ebenfalls feststellen, dass saisonale Unterschiede in der Anzahl der Besuche bestehen. Wenn Sie eine Detailhandelswebsite betreiben, wird sich dies mit Bestimmtheit in höheren Besuchszahlen in der Vorweihnachtszeit ausprägen – sofern Sie mit der Website die richtige Zielgruppe ansprechen. Auf diese simple Art und Weise kann man lernen, zu welchen Zeitpunkten das Webangebot offenbar besonders nachgefragt ist, und dieses Bedürfnis dann gar mit zusätzlichen Maßnahmen wie Online-Werbung forcieren.

5.5.2 Was es zu beachten gilt

So trivial die Metrik »Besuche« klingen mag, so schwierig ist es in der Praxis, sie genau zu messen und abzugrenzen. Die technische Herausforderung bei der Messung ist in der sogenannten Zustandslosigkeit vom Hypertext-Transfer-Protokoll (HTTP) begründet. HTTP – die technologische Basis, über die der Aufruf und die Auslieferung sämtlicher Webseiten erfolgt – kümmert sich nämlich nicht darum, ob und wie lange ein Besucher eine Seite betrachtet oder nicht. Sobald ein Webserver eine Seite erfolgreich ausgeliefert hat, ist für ihn die Aufgabe erledigt. Auch der Page Tag funktioniert nach diesem Prinzip: Sobald ein Seitenaufruf an den Tracking-Server gesendet wurde, herrscht grundsätzlich Funkstille. Wenn also ein Besucher nach dem Aufruf einer Webseite den Browser gleich wieder schließt, dann merken dies der Webserver und das Analytics-System nicht. Genauso haben der Webserver oder das Analytics-System keine Ahnung davon, wenn ein Besucher eine Seite eine halbe Stunde oder länger im Detail liest. Der Zustand, das heißt, ob noch eine Verbindung zwischen Besucher und Webserver besteht, ist also grundsätzlich im Web nicht bekannt.

Für die Definition eines Besuches ist dies nun ziemlich blöd, denn der Web- oder Trackingserver weiß zwar, wann ein Besuch eines Benutzers beginnt – aber nicht, wann genau er endet. Das ist ungefähr so, als wenn Sie bei sich zu Hause eine Party geben, die Gäste an der Türe begrüßen, diese sich beim Gehen aber nicht von Ihnen verabschieden. Wenn Sie sich dann im Verlaufe des Abends fragen, ob Frau Müller oder Herr Meyer eigentlich noch anwesend ist, bleibt Ihnen nur zu überlegen, ob Sie die beiden in der letzten halben Stunde noch gesehen haben oder nicht. Wenn nicht, dann müssen Sie davon ausgehen, dass sie sich wohl aus dem Staub gemacht haben.

Ähnlich muss sich auch ein Webserver und damit auch ein Analytics-System mit der Ungewissheit über die Anwesenheit seiner Besucher abfinden. Um nun trotzdem das Ende eines Besuchs definieren zu können, geht man für Auswertungen nach einer bestimmten Zeit ohne Aktivität des Besuchers davon aus, dass dieser seinen Besuch beendet hat. Standardmäßig wird in Analytics-Systemen diese Zeitspanne bei 30 Minuten festgelegt. Unternimmt also ein Besucher während 30 Minuten keine für den Webserver oder das Analytics-System sichtbare Interaktion wie einen neuen Seitenaufruf, dann wird davon ausgegangen, dass der Besuch abgeschlossen ist.

Im Normalfall fährt man mit dieser Annahme recht gut. In bestimmten Spezialfällen bringt dies allerdings Ungenauigkeiten mit sich. Angenommen, ein Besucher braucht nun tatsächlich 30 Minuten, um eine Seite zu lesen – da er vielleicht zwischendurch noch ein Telefonanruf erledigt oder einen Kaffee trinkt –, dann gilt sein Klick in der einunddreißigsten Minute bereits als zweiter Besuch. Umgekehrt kommt folgende Ungenauigkeit zum Tragen: Wenn Herr Meyer zu Hause am Familien-PC um 19 Uhr noch kurz das Online-Newsportal besucht und nachher den PC abschaltet, dann ist sein Besuch offensichtlich abgeschlossen. Falls nun aber Frau Meyer um 19:25 den Computer wieder startet und wenig später zufälligerweise das gleiche Newsportal besucht – dann zählt dies gemäß der Definition fälschlicherweise immer noch als ein und derselbe Besuch.

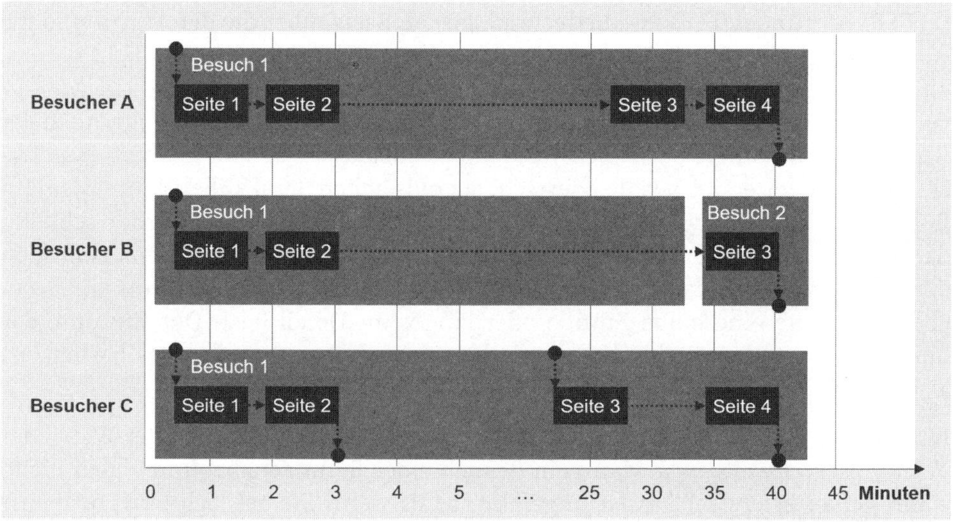

Abb. 5.7: Unschärfe der Besuchs-Messung bei Definition eines 30-Minuten-Timeouts

Abbildung 5.7 versucht, die Situation anhand des Verhaltens von drei Beispielbesuchern zu illustrieren: Besucher A gelangt auf die Website und ruft binnen zwei Minuten zwei Seiten auf. Auf der zweiten Seite verweilt er etwas weniger als eine halbe Stunde und ruft dann weitere Seiten auf. Dieses Verhalten wird bei einem Timeout von 30 Minuten als ein Besuch gewertet. Besucher B verhält sich im Prinzip gleich, nur verstreichen bei ihm zwischen dem Aufruf der zweiten und der dritten Seite etwas mehr als 30 Minuten. Dadurch wird sein Verhalten als zwei Besuche gezählt. Besucher C schließt seinen Website-Besuch eigentlich nach vier Minuten ab. Rund 20 Minuten später entschließt er sich aber, der Website noch einen zweiten Besuch abzustatten. Dieses Verhalten wird immer noch als ein einzelner Besuch gewertet.

Absolute Besuchszahlen sind daher stets mit etwas Vorsicht zu genießen, will man sich nicht zu falschen Schlüssen verleiteten lassen.

5.6 Besucher – die Person hinter dem Website-Besuch

Eine vierte interessante und gebräuchliche Zahl neben den Seitenaufrufen, Ereignissen und Besuchen ist jene der Besucher, oder je nach System synonym verwendet der Nutzer, Visitors oder User. Diese Metrik gibt die Anzahl einzelner Personen an, die eine Website innerhalb eines bestimmten Zeitrahmens besuchen. Ein einzelner Besucher kann dabei einer Website ein oder auch mehrere Besuche abstatten. Vielfach werden die Besucher synonym auch als »Uniques« oder »Unique Visitors«, das heißt eindeutige Besucher angegeben. Google Analytics unterscheidet zusätzlich noch zwischen »Nutzern« und sogenannten »aktiven Nutzern«. Bei der Zahl der aktiven Nutzer werden nur jene berücksichtigt, die mindestens 10 Sekunden auf der Website blieben sowie zwei oder mehr Seiten besucht oder eine sonstige (Conversion-)Interaktion vorgenommen haben. Suchmaschinen, Sonden und andere automatisierte Website-Nutzer gelten nicht als Besucher.

Ereignisse, Seitenaufrufe, Besuche und Besucher – eine Eselsbrücke

Die vier Begriffe Ereignisse (Events), Seitenaufrufe (Page Views), Besuche (Visits, Sitzungen, Sessions) und Besucher (Nutzer, Visitors, Unique Visitors, Uniques, Users) werden gern durcheinandergebracht, sodass schließlich Äpfel mit Birnen und Bananen verglichen werden. Ein eindeutiges Verständnis für diese Hauptbegrifflichkeiten ist daher essenziell. Am einfachsten kann man sich die Terminologie merken, wenn man die Analogie eines Hotels zur Hand nimmt:

- Die Website ist das Hotel.
- Der Besucher der Website ist der Hotelgast, eine Person also. Genau wie bei einem Hotel kann es sich um einen neuen Besucher oder um einen bereits aus früherer Zeit bekannten Besucher handeln.
- Ein Hotelgast kann ein oder mehrmals im gleichen Hotel logieren. Jeder dieser Aufenthalte ist ein Besuch, wie der Besuch einer Website. Innerhalb einer

Woche oder eines Jahres verzeichnet ein Hotel eine gewisse Anzahl Aufenthalte unterschiedlicher Gäste. Dies entspricht der Anzahl Besuche von Besuchern einer Website innerhalb eines entsprechenden Zeitraums.

- Jeder Hotelaufenthalt eines jeden Gastes kann ein oder mehrere Tage dauern. Genauso kann ein Besucher bei einem Website-Besuch ein oder mehrere Seitenaufrufe tätigen. Die Anzahl der Logiernächte eines Hotels entspricht der Gesamtzahl der Seitenaufrufe einer Website.
- Bei jeder Übernachtung kann ein Gast sich bei der Rezeption mit einem zusätzlichen Wunsch oder einer Bitte melden, oder anderweitig mit den weiteren Hotelangeboten interagieren. In der Website-Analogie entspricht dies den Ereignissen.

Alle Begriffe in eine Reihe gebracht bedeutet dies aber: Ein Besucher besucht eine Website in einem oder mehreren Besuchen und kann pro Besuch ein oder mehrere Seitenaufrufe tätigen. Jeder Seitenaufruf kann – muss aber nicht – Ereignisse enthalten.

5.6.1 Wie Sie es nutzen sollten

Besucher sind eine sehr bildliche Metrik, da es sich nicht um einen abstrakt errechneten Wert handelt, sondern man sich eine Gruppe von Personen darunter vorstellen kann. Dementsprechend kann man die Besucherzahl einsetzen, um im Vergleich mit anderen Medien die Reichweite des Webauftritts zu begreifen. 50.000 Konzertbesucher würde man doch wohl als eine beachtliche Menge bezeichnen. Wenn Sie ein Musiker wären und einen Auftritt vor so einer Menge hätten, dann würden Sie dadurch wohl ganz schön Lampenfieber bekommen, eine gute Vorbereitung wäre gewiss. Auf Websites sind solche Mengen – wenn auch nicht auf wenige Stunden konzentriert – ebenfalls gang und gäbe. Daher sollte man sich auch dort dem zu erwartenden Publikum entsprechend vorbereiten.

Die Besucherzahl kann einem also etwa als Brücke zu der realen Welt dienen, um so eine Messlatte zu anderen Bereichen des Lebens zu haben. Auch der Vergleich zu anderen Medien ist über die Besucherzahl am verständlichsten, zum Beispiel mit den Lesern einer Zeitung, Fernsehzuschauern oder Radio-Hörern.

Für die Steigerung des Website-Erfolgs hingegen kann die Kennzahl »Besucher« direkt eigentlich wenig beitragen. Wesentlich interessanter sind allerdings dann Vergleiche von Besucheranteilen oder deren Verhalten, wie der Anteil an erstmaligen Besuchern, die Häufigkeit der Rückkehr eines Besuchers usw. In diesem Sinne dient die Besucherzahl als wichtige Basis für weitere Metriken, die in Kapitel 7 noch betrachtet werden.

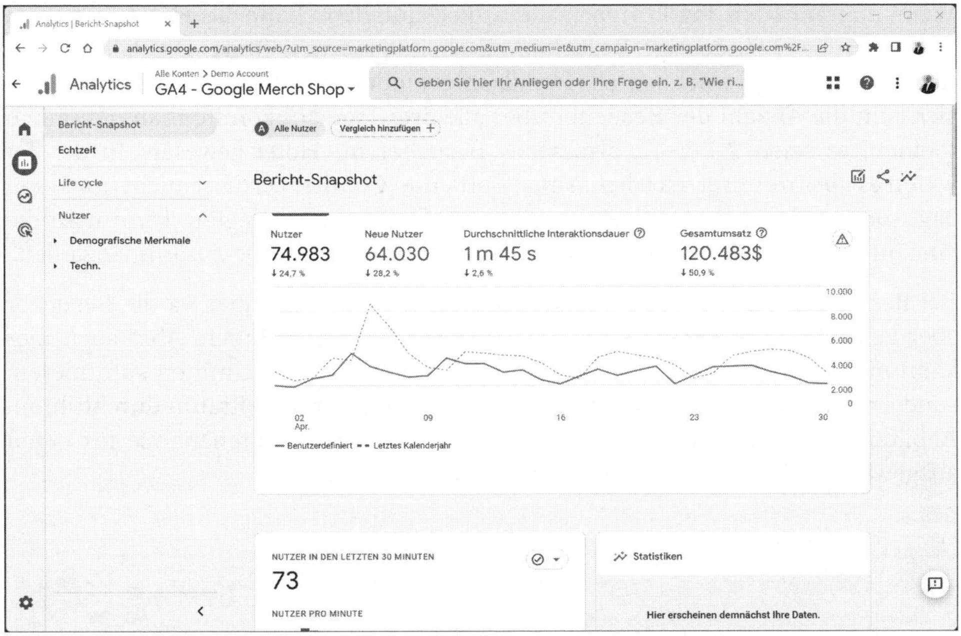

Abb. 5.8: Diagramm mit Nutzerzahlen eines Monats im Vergleich zum Vorjahr

5.6.2 Was es zu beachten gilt

Eindeutige Besucher werden meist innerhalb eines bestimmten Zeitrahmens wie einem Tag, einer Woche oder einem Monat angegeben. Wenn man sich so die Besucherzahlen genauer anschaut, wird man schnell folgendes Phänomen erkennen: Betrachtet man die wöchentlichen Besucherzahlen und zählt diese für die Wochen eines Monats zusammen, dann kommt man auf eine höhere Zahl, als wenn man sich die Gesamtzahl der Besucher innerhalb desselben Monats anschaut. Dies ist aber kein Fehler, sondern hängt damit zusammen, dass die Definition von eindeutigen Besuchern immer im Zusammenhang mit einem gewählten Zeitraum steht.

Dieses mittlerweile als *Hotel-Problem* bekannte Phänomen lässt sich folgendermaßen versinnbildlichen. Man stelle sich ein Hotel mit zwei Zimmern vor, die Zimmer sind an drei aufeinanderfolgenden Tagen von unterschiedlichen Besuchern belegt:

Hotelbelegung	Tag 1	Tag 2	Tag 3	Total
Zimmer 1	Anna	Berta	Anna	2 Besucher
Zimmer 2	Berta	Charlie	Charlie	2 Besucher
Total	2 Besucher	2 Besucher	2 Besucher	3 Besucher

Tabelle 5.1: Das *Hotel-Problem* – das Addieren von Besuchersummen über Zeiträume ist nicht erlaubt.

Wenn man nun den Tag 1 für sich allein anschaut, dann hatte das Hotel an diesem Tag genau zwei eindeutige Besucher, nämlich Anna und Berta. Das Gleiche gilt für Tag 2 und Tag 3 mit ebenfalls jeweils zwei eindeutigen Besuchern. Schaut man sich nun die Anzahl der Besucher über alle drei Tage an, könnte man irrtümlich meinen, es seien 2 + 2 + 2, also sechs Besucher im Hotel gewesen. In der Tat waren es aber nur drei, nämlich Anna, Berta und Charlie. Da diese nicht nur einen Tag, sondern teilweise an mehreren Tagen ein Zimmer belegten, kann man die eindeutigen Besucherzahlen nicht einfach über die Zeiträume zusammenzählen.

Bei Besuchern einer Website ist dies nun im Prinzip dasselbe. Da die Besucher aber keine Namen tragen, ist es einfach nicht so offensichtlich. Aber auch hier kann man nicht Besucherzahlen aus verschiedenen Zeitabschnitten summieren, sondern muss immer eine Auswertung für den gesamten Zeitraum durchführen. Abbildung 5.9 zeigt, wie sich dies in einer explorativen Datenanalyse für einen ausgewählten Zeitraum von drei einzelnen Tagen ausprägt.

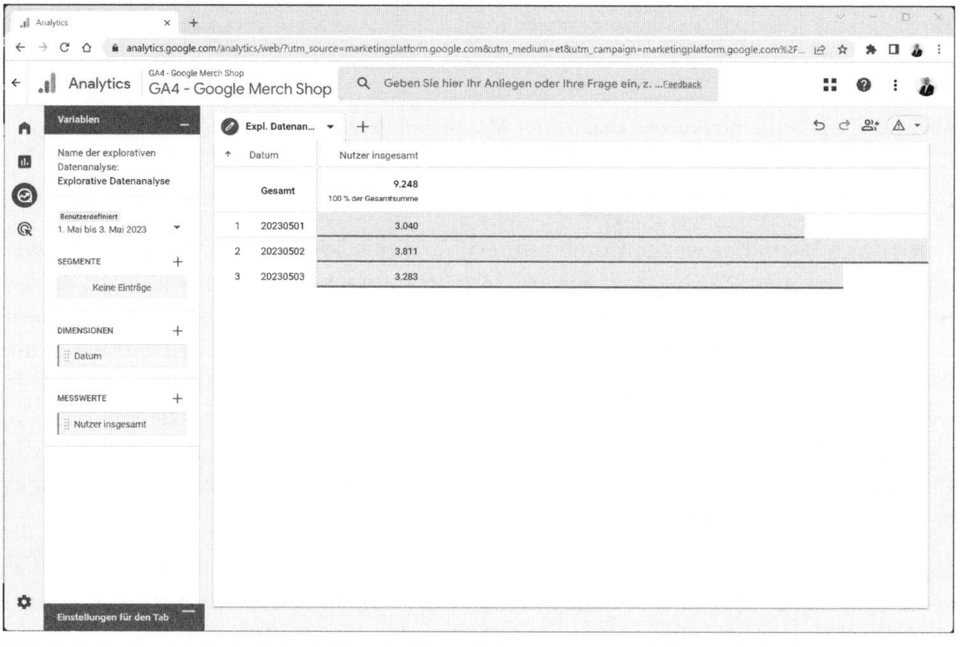

Abb. 5.9: Nachgezählt: 3.040 + 3.811 + 3.283 tägliche Besucher ergäbe total 10.134 statt 9.249.

Das gleiche Phänomen gilt im Hotelbeispiel nicht nur für die Gäste, sondern auch für die Zimmerbelegung. Die Zimmerbelegung ist die Analogie zu Seitenaufrufen im Analytics-Umfeld, womit auch Seitenaufrufe der Situation unterliegen. Auch hier sind Mehrfachbesuche die Erklärung dafür, weshalb man nicht einfach die Besucherzahl von einer Seite zur Besucherzahl einer anderen Seite addieren darf, um die Gesamtzahl der Besucher zu errechnen.

Während es sich beim *Hotel-Problem* lediglich um einen häufig begangenen Interpretationsfehler handelt, gibt es bei der Besuchererkennung aber auch tatsächliche Messfehler. Das eigentliche Problem ist es nämlich, den Besucher als solchen zu identifizieren bzw. von anderen Besuchern zu unterscheiden. Wenn wir uns ein Logfile wie in Kapitel 2 in Abschnitt 2.2 beschrieben vor Augen führen, dann sind dort zahlreiche Einträge zeilenweise gespeichert. Um nun zu identifizieren, welche Einträge alle von ein und demselben Besucher stammen, müsste es pro Eintrag eine eindeutige Besucher-Identifikation geben. Ohne weiteres Zutun gibt es eine solche allerdings weder innerhalb von Logfiles noch von Page-Tage-Datensammlungen. Naheliegend wäre allenfalls, die IP-Adresse dafür zu verwenden. Allerdings wissen wir aus Abschnitt 2.2 in Kapitel 2, dass diese aufgrund von Firmenproxies und stetem Wechsel beim Neueinwählen kaum zur Besucheridentifikation taugt – und sie auch aus datenschutzrechtlicher Sicht nur noch verkürzt gespeichert werden darf.

Um dem entgegen zu wirken, wird deshalb insbesondere noch von Logfile-Analyse-Systemen häufig eine Kombination aus verkürzter IP-Adresse und dem vom Besucher verwendeten User Agent gewählt. Da es eine große Zahl an Kombinationen von verschiedenen Browser- und Betriebssystemversionen gibt, bringt dies eine etwas bessere Unterscheidung von jenen Besuchern, die mit derselben IP-Adresse operieren. Bei Besuchern aus Firmen, wo üblicherweise alle Mitarbeiter dasselbe Betriebssystem und einheitliche Browserversionen einsetzen, wird damit aber kaum eine Verbesserung erzielt. Auch einer täglich wechselnden IP-Adresse bei privaten Nutzern kann diese Methode kaum ausreichend Rechnung tragen. Die Erkennung eines Benutzers über IP-Adresse und User Agent bleibt daher äußerst ungenau und wird kaum verwendet, wenn sich bessere Alternativen bieten.

Als eine solche bessere Alternative für die Erkennung und Wiedererkennung gilt – trotz großen Herausforderungen – das Cookie. Mittels Cookies kann über mehrere Seitenaufrufe oder gar Besuche hinweg ein Besucher eindeutig erkannt werden. Dies erfolgt, indem jedem Besucher auf der Festplatte ein Cookie gesetzt wird, das beispielsweise eine von der Website oder vom Page Tag generierte ID enthält. Im Logfile oder auf dem Datensammlungsserver wird so zu jedem Eintrag eine Cookie-ID hinterlegt.

Wenngleich Cookies die Genauigkeit der Besucher-Messung im Vergleich zur Methode mit verkürzter IP-Adresse und User Agent massiv erhöhen, bleiben viele systematische Ungenauigkeiten. Diese sind:

- Besucher können das Setzen von Cookies in den Browsereinstellungen grundsätzlich für jegliche Websites verbieten.
- Datenschutzbedachte Browser-Hersteller gehen dazu über, gesetzte Cookies nach einiger Zeit automatisch zu löschen. Je nachdem, um welche technische Art von Cookie es sich handelt, geschieht dies kurz nach dem Besuch, einige Tage später, oder auch gar nicht. Dies gilt für First-Party-Cookies, wie sie meist

von Analytics-Systemen verwendet werden – Third-Party-Cookies zum Beispiel von Werbetrackern werden von solchen Browsern schon gar nicht erst akzeptiert.

- Da Website-Betreiber aufgrund datenschutzrechtlicher Anforderungen (siehe Abschnitt 3.2.4) zumindest in der EU aktiv um Erlaubnis für den Einsatz von Cookies fragen müssen, steigt die Zahl der Cookie-Verweigerer auf der eigenen Website noch zusätzlich.
- Besucher können Cookies zwischen Sitzungen löschen. Bei erneutem Besuch der Website wird der Besucher dann als neuer Besucher gewertet.
- Dieselben Personen können verschiedene Geräte zum Besuch einer Website verwenden, zum Beispiel den Computer im Geschäft und zu Hause. In diesem Fall wird eine Person als zwei Besucher behandelt. Auch bei der Nutzung eines Smartphones und eines Tablets durch dieselbe Person entsteht dieser Effekt.
- Dieselbe Person kann auf dem gleichen Rechner mit mehreren Browsern surfen. Gelangt sie mit beiden Browsern auf die gleiche Website, wird auch dies als zwei Besucher behandelt, da in jedem Browser eine eigene Cookie-ID gesetzt wird.
- Umgekehrt können auf demselben Computer mehrere Personen denselben Browser benutzen. Gelangen beide Personen auf dieselbe Website, werden sie als ein und derselbe Besucher behandelt. Das Tablet zum Beispiel, das im Wohnzimmer liegt und von vier Familienmitgliedern abwechselnd genutzt wird, erzeugt häufig solche Effekte.

So hart es klingen mag, aber daraus folgt, dass Sie bei einer Datensammlung mittels Page Tag in der Realität eine ganz andere Anzahl von Besuchern haben, als Ihnen Ihr Analytics-System anzeigt. Die Effekte gehen dabei in zwei Richtungen und heben sich dadurch teilweise wieder auf: Durch nutzer- oder browserbasiertes Cookie-Löschen sowie durch die Verwendung mehrerer Geräte oder Browser wird vom System eine zu große Anzahl an Nutzern ausgewiesen. Hingegen gelangen mangels Einwilligung zu wenige Nutzer überhaupt in das Analytics-System. Der tatsächliche Effekt bleibt also schwer einzuordnen – klar ist einzig, dass bei den Besucherzahlen eine bedeutende Unschärfe besteht.

Abfedern lässt sich dieser Effekt ein wenig dadurch, dass Sie in den Auswertungen vermehrt kürzere Zeiträume für Nutzerzahlen verwenden. Für einen Zeitraum von zum Beispiel einer Woche greift der Effekt der Löschung von Cookies durch Browser oder Nutzer weniger. Bei Betrachtungen über längere Zeiträume wie beispielsweise mehrere Monate oder einem Jahr ist die Summe aller Besucher jedoch mit Vorsicht bzw. mit dem Wissen um die Ungenauigkeit zu genießen.

Aufgrund der steigenden Unzuverlässigkeit von Cookies zur Besuchererkennung sind gewisse Analytics-System-Hersteller wie auch Werbeplattformen dazu übergegangen, andere Methoden zu entwickeln. Die erfolgversprechendste ist dabei jene des »Digital Fingerprints«. Dabei werden, ausgehend vom Ansatz der IP-

Adresse und der User-Agent-Methode, weitere hard- und softwarespezifische Eigenschaften eines Browsers herangezogen, um eine eindeutige Erkennung zu ermöglichen. Der Gedanke dabei ist, dass die Kombination von verwendetem Betriebssystem, Browserversion, Grafikkarte und vielen weiteren über den Browser auslesbaren Komponenten derart mannigfach ist, dass für jeden Computer ein praktisch eindeutiger digitaler Fingerabdruck entsteht. Ein gutes Anschauungsbeispiel für die Funktionsweise von Fingerprinting zeigt zum Beispiel der Dienst `panopticlick.eff.org`.

Manche Analytics-Systeme setzen heute beim Fehlen eines Cookies die Fingerprinting-Methode ein, um Besucher zuverlässiger zu erkennen. Dadurch kann der Effekt des Löschens von Cookies durch Browser oder Nutzer beseitigt werden. Bezüglich der Einwilligung sollte jedoch davon ausgegangen werden, dass es auch für einen digitalen Fingerprint eine aktive Einwilligung braucht – wenngleich die Gesetzeslage hier weniger eindeutig ist.

Überdies hilft das Fingerprinting auch nicht dabei, wenn es um die Wiedererkennung desselben Besuchers von verschiedenen Geräten (Devices) oder in verschiedenen Kanälen (Channels) geht. Der sogenannte *Device Gap* und der *Channel Gap* sind denn auch die derzeit größten Herausforderungen, die sich bei der Nutzererkennung im Web stellen. Denn heutzutage bewegen sich die meisten Benutzer über verschiedene Kanäle wie Social Media, App oder E-Mail hin zu einer Website – und nutzen auf ihrer Reise durchs Web selbstverständlich verschiedene Geräte wie Smartphone, Tablet oder PCs, um auf dieselbe Website zuzugreifen. Abbildung 5.10 zeigt exemplarisch eine solche »Reise« eines Nutzers mit den Interaktionen auf verschiedenen Kanälen des gleichen Anbieters.

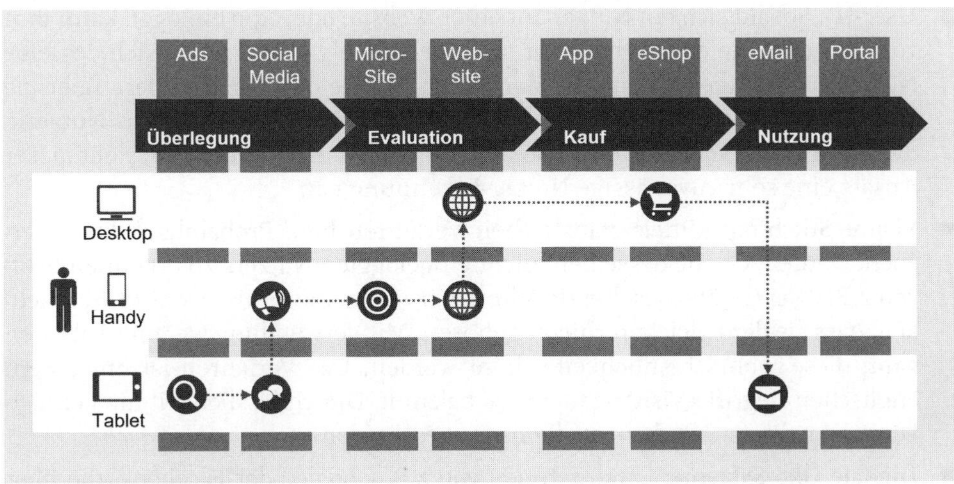

Abb. 5.10: Typische »Reise« eines Nutzers mit drei Geräten entlang verschiedener Angebotskanäle

Eine rein auf Cookie- oder Fingerprinting basierte Analytics-Lösung sieht dagegen eine Nutzerreise gemäß nachfolgender Abbildung 5.11. Die Systeme erachten die verschiedenen Geräte als einzelne Nutzer und können deshalb nur Ausschnitte des wirklichen Verlaufs darstellen. Neben der zu hoch ausgewiesenen Anzahl Nutzer kann dies auch in der Interpretation z.B. der Wichtigkeit von Quellen zu Fehlschlüssen führen.

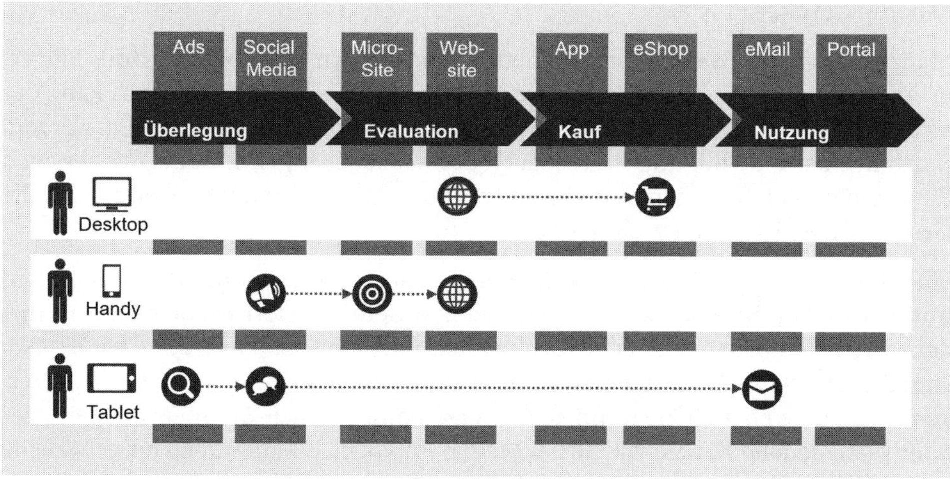

Abb. 5.11: Sichtweise eines Analytics-Systems derselben Nutzer-Reise

Um dies zu überbrücken, nutzen verschiedene Hersteller unterschiedliche Ansätze:

- **User-ID:** Sobald sich ein Nutzer auf einer Website oder App einloggt, kann ihm vom System eine eindeutige User-ID zugewiesen werden. Loggt sich derselbe Nutzer auf weiteren Geräten in denselben Service ein, können diese über die User-ID verbunden werden. Voraussetzung ist ein hoher Anteil an Nutzern, die sich auf den verschiedenen Geräten einloggen. Ist dies der Fall, stellt dieser Ansatz eine sehr zuverlässige Nutzer-Erkennung dar.
- **Visitor Stitching:** Mittels statistischen Verfahren bzw. Probabilistik kann versucht werden, Geräte desselben, nicht-eingeloggten Nutzers zu erkennen. Nutzen z.B. zwei Geräte dieselbe IP-Adresse, besteht eine gewisse Wahrscheinlichkeit, dass sie dem gleichen Nutzer gehören. Mit Verwendung weiterer Faktoren kann diese Wahrscheinlichkeit erhöht werden. Das Verfahren ist unter dem englischen Begriff »Visitor-Stitching« bekannt. Die Verlässlichkeit hinsichtlich Digital-Analytics-Zwecken ist allerdings bescheiden.
- **Digitale Öko-Systeme:** Unternehmen wie z.B. Google oder Facebook, die über eine sehr große Anzahl eingeloggter Nutzer auf verschiedenen Geräten verfügen, haben weitreichende Möglichkeiten der Identifikation. Ein Nutzer, der

zum Beispiel auf seinem Desktop-Rechner Chrome als Browser nutzt und ein Android-Mobilgerät besitzt, ist meist an beiden Geräten automatisch mit seinem Google Account eingeloggt. Diese Zuordnungen können von den betreffenden Anbietern in ihren Analytics-Systemen zur geräteübergreifenden Identifikation genutzt werden. Google bietet dies beispielsweise in Google Analytics unter der Bezeichnung »Google Signals« an. Die Voraussetzung für das Funktionieren ist allerdings, dass ein Nutzer auf sämtlichen seiner Geräte denselben Öko-System-Anbieter nutzt. Bewegt sich ein Nutzer in verschiedenen Öko-Systemen, zum Beispiel mobil mit Apple iPhone und auf dem Desktop mit dem Chrome-Browser, ist eine Erkennung darüber nicht möglich.

Sämtliche Verfahren stellen bei Weitem jedoch keine 100-prozentige geräteübergreifende Erkennung von Nutzern dar, sodass auch bei Verwendung eine dieser Methoden eine deutliche Unschärfe bestehen bleibt.

5.7 Mit Messungenauigkeiten leben und arbeiten

Auch wenn ja schon seit dem einleitenden Kapitel bekannt ist, dass Web Analytics keine exakte Wissenschaft ist: Bei all den Messungenauigkeiten bei Besuchen und Besuchern könnte man meinen, man bewege sich irgendwo im tiefsten Zahlensumpf. Und als ob es noch nicht genug wäre: Es wird noch schlammiger. Denn jedes Analytics-System handhabt diese grundsätzlichen Messungenauigkeiten unterschiedlich. So kommt es, dass ein Analytics-System gerne mal 10 Prozent mehr Besucher für dieselbe Website misst als jenes eines anderen Anbieters. Würde man mehrere Analytics-Tools gleichzeitig in eine Website einbauen und die von den einzelnen Systemen ausgegebenen Besucher-, Besuchszahlen vergleichen, dann würde keines der Tools die gleichen Zahlen anzeigen. Vielmehr treten Differenzen auf, die darin begründet sind, dass jeder Anbieter auf seine Art und Weise versucht, die gegebene Messproblematik zu umgehen.

Summa summarum sind die Unschärfen bei der Besucher-Identifikation beachtlich und nicht aus der Welt zu schaffen. Einzig ein auf der Website namentlich eingeloggter Besucher könnte schließlich eindeutig einer Person zugeordnet werden. Für eine normale, öffentliche Site steht dies jedoch außer Diskussion, da man ja nicht von einem Besucher vor dem einfachen Betrachten von Inhaltsseiten eine Registrierung voraussetzen kann und will.

Soweit nun aber die schlechten Nachrichten, jetzt zu den guten: All die Ungenauigkeiten spielen eigentlich überhaupt keine Rolle, um den Erfolg seiner Website mittels Analytics zu steigern. Denn um den Erfolg zu messen, sind absolute Zahlen und deren unbedingte Genauigkeit nicht relevant. Ob eine Website nun täglich 5.000 oder 6.000 Besucher hat, ist eigentlich egal, solange die Besucherzahlen zum Beispiel wöchentlich um fünf Prozent steigen. Die entscheidende und zu beobachtende Kennzahl sind dann nämlich die fünf Prozent – und diese Zahl ist ziemlich verlässlich, da sich in den Verhältnissen die Ungenauigkeiten mehr oder weniger rausdividieren.

Oder anders ausgedrückt: Es spielt keine Rolle, ob das Metermaß, das Sie verwenden, 93 cm oder 112 cm lang ist, solange Sie immer dasselbe für die Messung verwenden. Wenn also früher ein Schreiner seine eigene Ellenlänge zur Vermaßung eines Tisches verwendet hat, dann konnte der Tisch trotzdem ein Meisterstück werden – selbst wenn seine Elle drei Zentimeter kürzer war als der Durchschnitt. Probleme entstehen erst, wenn unterschiedliche Hersteller mit unterschiedlichen Ellen messen, also zum Beispiel, wenn ein Tisch mit Tischbeinen von verschiedenen Schreinern zusammengeschreinert wird.

Übertragen auf die Messungenauigkeiten im Analytics-Umfeld heißt dies zusammengefasst:

- Schenken Sie Verhältnissen mehr Beachtung als absoluten Zahlen und genießen Sie absolute Angaben mit Vorsicht.
- Fokussieren Sie die Auswertungen und Vergleiche auf kürzere Zeiträume wie Wochen, oder allenfalls einen Monat.
- Verwenden Sie stets das gleiche Analytics-System, wenn Sie Vergleiche ziehen.
- Versuchen Sie nicht, Ihre Kennzahlen mit jenen von anderen Websites zu vergleichen, ohne sich der Ungenauigkeit bewusst zu sein.
- Benchmarken Sie die Auswertungen mit früheren Zahlen ihrer eigenen Website, das heißt, erstellen Sie Verhältnisse zu einer Vorperiode (zum Beispiel Anzahl Besucher diese Woche zu Anzahl Besucher letzter Woche). Solche Vergleiche sind relativ resistent gegenüber den Messungenauigkeiten.
- Wenn Sie in bestimmten Fällen, wie beispielsweise bei der Anzahl von eingegangenen Bestellungen, trotzdem genaue Zahlen benötigen, dann setzen Sie nicht das Analytics-System, sondern ein anderes Auswertungssystem dafür ein. Die Datenbank, in der die Bestellungen gespeichert werden, kann Ihnen zum Beispiel ganz genau über die Anzahl Bestellungen Auskunft geben.

5.8 Weitere Metriken und Dimensionen

Seitenaufrufe, Besucher und Besuche gehören zu den am schnellsten einleuchtenden und am einfachsten verständlichen Metriken. Über diese »Big Three« der Standard-Metriken hinaus haben sich die Ereignisse als zentrale Größe aktueller Analytics-Systeme etabliert. Darüber hinaus kann man aber praktisch beliebig viele weiteren Metriken definieren und messen – je nachdem, was für die Erfolgsoptimierung sinnvoll und nützlich erscheint. Von den Typen her kann man dabei zwei Arten von Metriken unterscheiden. Diese sind:

- Anzahl
- Verhältnis

Eine Anzahl ist dabei eine absolute Zahl wie die Anzahl Besucher (5.849 Visitors) oder auch ein Verkaufstotal (129.873 Euro). Wie wir oben gesehen haben, sind die Anzahl-Metriken besonders von Messungenauigkeiten betroffen und mit Vorsicht zu genießen. Verhältnisse setzen Anzahl-Metriken (oder auch andere Verhältnisse) in Relation zueinander. Sie erscheinen meist in der Verbindung mit dem Ausdruck »pro«, also zum Beispiel »Anzahl Seitenaufrufe pro Besucher«. Das Ergebnis kann dann in Form eines Quotienten (5,46 Seitenaufrufe pro Besucher) oder einer Prozentzahl wiedergegeben werden (64,29 Prozent Anteil neuer Besucher zu allen Besuchern). Verhältnisse sind der wichtigste Typ von Kennzahlen, da sie verschiedene Metriken in einer Zahl kombinieren und zudem relativ resistent gegen Messungenauigkeiten sind.

Eine weitere wichtige Aufgabe kommt den Dimensionen zu. Dimensionen sind Attribute zu Metriken. In Auswertungen können die Metriken jeweils auf unterschiedliche Dimensionen angewendet werden. Eine Dimension ist zum Beispiel das »Land«, mit den möglichen Ausprägungen »Deutschland« oder »Vereinigte Staaten«. Eine bestimmte Anzahl Besucher (Metrik) kann somit aus Deutschland (Dimension), eine andere Anzahl Besucher (Metrik) aus den Vereinigten Staaten (Dimension) stammen.

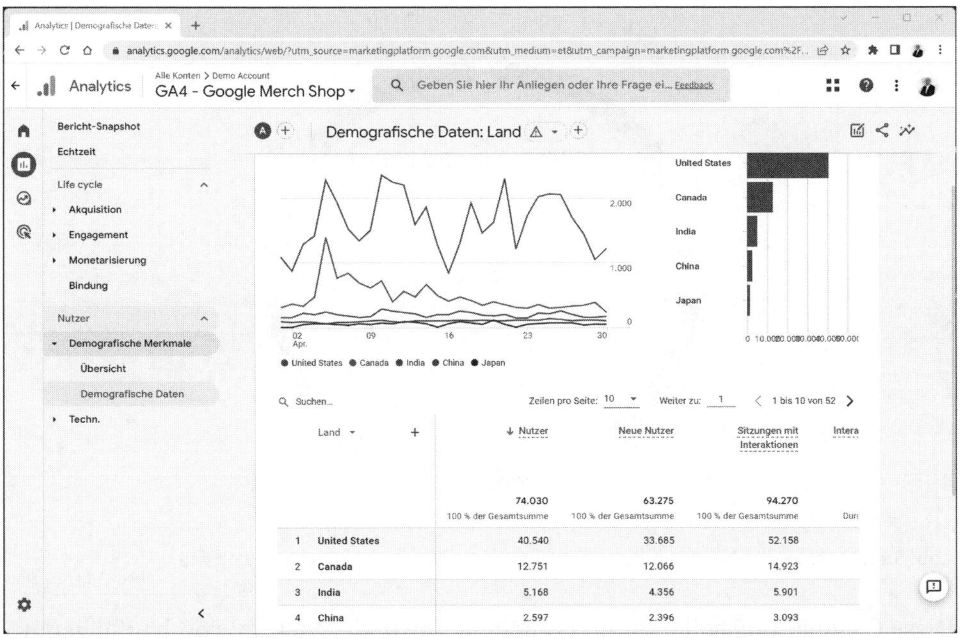

Abb. 5.12: Die Metriken Nutzer, neue Nutzer usw. für die Dimension »Land«

Typischerweise werden in den Auswertungen eines Analytics-System verschiedene Dimensionen und Metriken nach ihrer inhaltlichen Aussagekraft gruppiert.

Bei den Betrachtungen in den folgenden Kapiteln schauen wir uns die unterschiedlichen Dimensionen und Metriken daher in folgenden Kategorien an:

- **Quellen-Analyse:** Auswertungen dieses Typs helfen, die Qualität und Quantität des Traffics zu erhöhen. Wie gelangen die Besucher auf die Website? Welche Quellen liefern hochwertigen Traffic?
- **Besucher-Analyse:** Diese Auswertungen helfen, den Besucher besser kennenzulernen. Wer sind meine Besucher? Welche Besucher bewegen sich auf der Website und in welche Gruppen lassen sie sich einteilen?
- **Verhaltens-Analyse:** Diese Auswertungen unterstützen dabei, die Absicht der Besucher besser zu verstehen. In welchen Situationen gelangen die Besucher auf die Website? Was ist ihre Intention? Wie verhalten sie sich innerhalb eines Besuches?
- **Inhaltsanalyse:** Dieser Typ an Auswertungen hilft, die Qualität der Inhalte zu erhöhen. Was betrachten die Besucher und welche Inhalte werden wie stark genutzt? Welche Inhalte sind zweckdienlich, welche nicht?

Abbildung 5.13 zeigt den Rahmen auf, nach dem die einzelnen Metriken in den Kapiteln 6 bis 10 durchleuchtet werden.

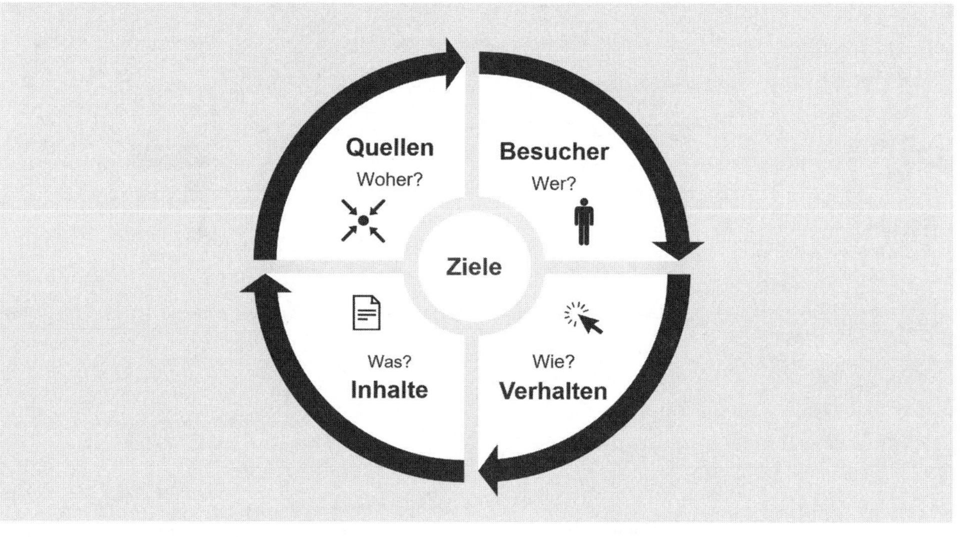

Abb. 5.13: Metriken beleuchten hauptsächlich vier Dimensionen einer Website.

Diese Gruppierung soll uns vorerst helfen, uns in der Vielzahl von häufig genutzten Dimensionen und Metriken zu orientieren. Später werden wir je nach Ausgangslage Berichte aus den einzelnen Bereichen nutzen, um eine Website auf ein spezifisches Ziel hin zu optimieren.

Eine Analyse und Optimierung der Traffic-Quellen hilft so zum Beispiel, die Reichweite der Website zu erhöhen und mehr Besucher auf die Website zu bringen. Die Besucher-Analyse unterstützt dabei, Eigenschaften und Bedürfnisse von Besucher-Gruppen zu erkennen, das eigene Website-Angebot damit abzugleichen und grundsätzlich besser auszurichten. Die Verhaltensanalyse zeigt die Nutzungsintensität der Website an und hilft bei der Aufdeckung von Hindernissen im Besucherfluss. Die Inhaltsanalyse schließlich fokussiert darauf, wie Inhalte genutzt werden und welche Bereiche besser auf die Besucherbedürfnisse abgestimmt werden sollten.

Kapitel 6

Traffic-Quellen

Eine zentrale Eigenschaft des Webs ist die Verlinkung von verschiedenen Sites miteinander und die dadurch entstehenden, individuellen Benutzerflüsse durch die Weiten des Internets. Die Besuchermenge einer Website, die schlussendlich eine der Knotenpunkte im weltweiten Netz darstellt, kann mit der Analyse und Optimierung der umliegenden Verknüpfungen stark beeinflusst werden. Schließlich stellt jeder eingehende Link von einer anderen Website eine Quelle für potenzielle Besucherflüsse dar. Es lohnt sich daher zu wissen, ob es sich bei der Quelle um eine seichte oder sprudelnde handelt. Metriken, die dies messen, fassen wir deshalb als Quell-Metriken zusammen. Sie geben Auskunft darüber, wie ein Besucher auf die Website gelangt ist bzw. woher er ursprünglich gekommen ist.

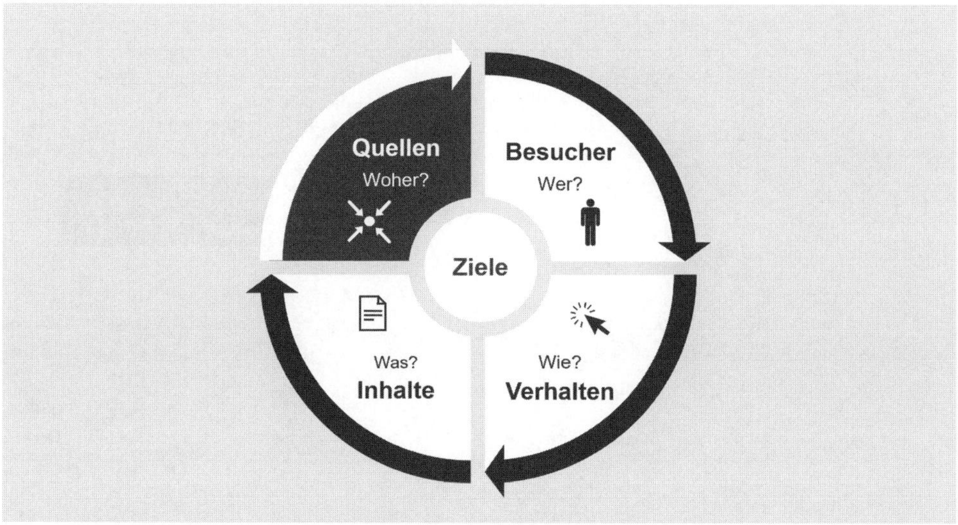

Abb. 6.1: Metriken mit Fokus auf Traffic-Quellen zeigen auf, woher Besucher kommen.

6.1 Direktzugriffe und Lesezeichen

Nicht immer haben Besucher einen Link auf einer Dritt-Website angeklickt, bevor sie auf die Website gelangt sind. In zwei bestimmten Situationen ist dies nicht der Fall, nämlich einerseits dann, wenn ein Besucher die URL von Hand in die Adresszeile des Browsers eingibt. Andererseits dann, wenn er eine Website in seinen

Favoriten oder Lesezeichen gespeichert – oder die Seite gar als Homepage definiert hat.

6.1.1 Was gemessen werden kann

Da es bei der Datensammlung technisch nicht ohne Weiteres feststellbar ist, ob ein Besucher nun über ein Lesezeichen, eine Homepage-Speicherung oder Direkteingabe der URL auf eine Website gelangt ist, werden Direktzugriffe und Lesezeichen meist als ein Topf behandelt. Diese mangelnde Unterscheidung ist aber nicht weiter tragisch, denn die Aussage von Direkteingaben und Bookmarks ist vergleichbar: Der Benutzer hat sich eine Website gemerkt – entweder als Lesezeichen im Browser oder als URL im Kopf.

Beides, Direktzugriffe und Lesezeichen, sprechen ein gewichtiges Lob an eine Website aus. Denn zu den paar Dutzend Websites zu gehören, die sich ein Benutzer speziell merkt, ist eine Auszeichnung. Sie zeugt von hohem Engagement eines Besuchers für eine Site sowie für hohe Qualität des Angebots. Direktzugriffe machen zudem eine gewisse Aussage über die Stärke eines Markenzeichens (Brands). Je stärker der Brand, desto eher geben Besucher die URL direkt in der Adresszeile ein.

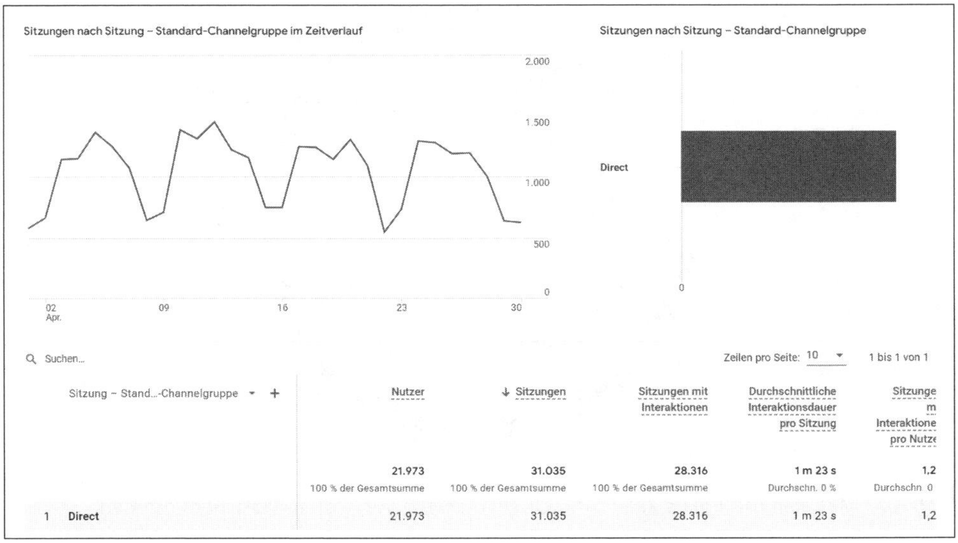

Abb. 6.2: Besuche, die die URL direkt eintippten oder Lesezeichen verwendeten

6.1.2 Wie Sie es nutzen sollten

Direktzugriffe und Lesezeichen sind allgemein ein sehr träger Indikator. Das heißt, die Zahlen schlagen erst Wochen oder Monate später aus, nachdem eine vielleicht ursächliche Anpassung oder ein Launch vorgenommen wurde. Daher eignet sich diese Metrik für eine monatliche oder quartalsweise, aber weniger für die laufende Beobachtung. Drei Ausnahmen dazu gibt es:

- Wenn Sie ein Portal betreiben, das für Benutzer den Einstiegspunkt ins Internet darstellt, sind Direktzugriffe essenziell. Dann muss es das Ziel sein, dass Besucher Ihr Portal als Startseite im Browser setzen oder zumindest häufig über Bookmarks oder Direkteingabe der URL auf dem Portal ihre Browse-Sitzung beginnen. Für Websites wie `gmx.net` oder `google.de` wären die Direktzugriffe zum Beispiel eine wesentlich bedeutendere Metrik als für eine Unternehmenswebsite mit Kommunikationsfunktion.
- Wenn Sie Werbung im Offline-Umfeld schalten und deren Online-Wirkung nachvollziehen möchten, dann sind Direktzugriffe für die Erfolgsmessung ein gewisser Anhaltspunkt. Wenn Sie also Plakate und TV-Werbungen schalten und darin Ihre URL angeben, dann sollten die Direktzugriffszahlen vorübergehend signifikant steigen. Wenn nicht, dann war die Offline-Werbung wohl zu wenig auf eine direkte Aktion ausgelegt oder die Affinität zum Internet war beim betreffenden Medium nicht gegeben. In Abschnitt 6.5 werden Sie allerdings noch sehen, wie man Offline-Werbemaßnahmen wesentlich genauer messen kann als mittels Direktzugriffs-Metriken.
- Wenn Sie Ihre Brand-Wahrnehmung online messen wollen, dann ist die Direkteingabe der URL, das heißt des Brandnamens, noch eine der geeignetsten Metriken – wenngleich natürlich noch von zahlreichen anderen Faktoren beeinflusst.

Steigende Direktzugriffe signalisieren, dass sich Ihre Website oder URL herumgesprochen hat und die Qualität der angebotenen Inhalte stimmt bzw. die gesamte Website offenbar einem Benutzerbedürfnis entspricht. Über einen längeren Zeitraum stetig sinkende Direktzugriffe hingegen sind ein sehr spätes Alarmzeichen dafür, dass Ihre Marke oder Ihr Website-Angebot Besucher nicht mehr anspricht.

6.1.3 Was es zu beachten gilt

Neben dem nochmaligen Hinweis darauf, dass Direktzugriffe ein zu träger Indikator sind, um im Negativfall noch Aktionen einzuleiten, gilt es bei der Messung noch Folgendes zu beachten:

Als Direktzugriff werden technisch alle Besuche gewertet, bei denen der erste Seitenaufruf keinen Referer enthält. Damit werden die Direktzugriffe auch etwas zum Sammeltopf für alles Undefinierte. Wenn der Browser oder Proxy eines Besuchers die Übergabe des Referers sperrt (vgl. Abschnitt 2.2.2 in Kapitel 2), dann wird dies beispielsweise ebenfalls als Direktzugriff gewertet – selbst wenn der Besucher eigentlich via Link auf einer Drittsite angelangt ist. Auch bei Klicks auf Links, die außerhalb eines Browsers notiert sind, wird der Referer nicht übermittelt. Dies ist z.B. innerhalb von PDF-Dokumenten, aus Mobile-Apps heraus, aber auch bei E-Mails der Fall. Wenn Sie häufig E-Mail-Marketing betreiben und die darin enthaltenen Links nicht mit speziellen Analytics-Anpassungen versehen, dann kann dieser Anteil ins Gewicht fallen und bei Versandwellen in den Statistiken der Direktzugriffe ersichtlich sein. Auch diese notwendigen Anpassungen für ein sauberes Tracking von E-Mail-Marketing-Links werden Sie in Abschnitt 6.5 kennenlernen.

Ein Fehler, der recht häufig gemacht wird und sich noch weit stärker auf die Auswertungen auswirkt, sind automatische Weiterleitungen, sogenannte Redirects. Redirects leiten Besucher automatisch zum Beispiel von einer kommunizierten Kurz-URL wie `www.abc.de/promo` auf eine Zielseite wie `www.abc.de/aktuell/promo.html` weiter. Je nachdem wie diese Redirects technisch eingerichtet werden, geht bei der Weiterleitung die Information über die externe Referer-Website verloren bzw. wird durch die interne Weiterleitungsseite ersetzt. Auch URL-Kürzungsdienste (URL-Shortener) unterdrücken gelegentlich den Referer.

Falls Ihre Website also eine ungewöhnlich hohe Anzahl an Direktzugriffen ausweist, dann kann dies auch durch diese technischen Ursachen begründet sein. In dem Fall sollten Sie Ihre IT-Abteilung oder Web-Agentur einmal bezüglich Auswirkung des Redirects auf die Referer-Information befragen.

6.2 Verweisende Websites und URLs

Eine der ersten und brennendsten Fragen, die Web-Verantwortliche meist interessiert, ist »Wo kommt denn unser Traffic eigentlich her?« Für Analytics-Systeme ist diese Frage relativ einfach zu beantworten, da ja über den Referer der dem Besuch unmittelbar vorangegangene Seitenaufruf des Besuchers ermittelt werden kann.

Die so verweisenden Websites kann man in vier Hauptgruppen unterteilen, nämlich die »normale« Website, die Suchmaschinen, die sozialen Netzwerke sowie Websites, auf denen Werbemittel verlinkt werden. Diese Gruppen werden häufig auch als Kanäle oder Channels bezeichnet. Da Suchmaschinen, soziale Netzwerke und Kampagnen besonders wichtig für die verbreitete Nutzung einer Website sind, werden wir diesen Klassen der Verweise später noch besondere Beachtung schenken. Vorerst gilt das Augenmerk aber jenen Websites, die Verlinkungen auf unser Internet-Angebot erstellt haben.

6.2.1 Was gemessen werden kann

Auswertungen über die verweisenden Websites sagen uns, woher Besucher kommen, was sie wahrscheinlich suchen und ob wir den Traffic von den richtigen Partnern im Internet erhalten. Verweisende Links von Drittseiten sind zudem meist ein positives Qualitätsmerkmal, zumal offenbar andere Personen oder Unternehmen den Brand oder die angebotenen Inhalte ansprechend finden – oder sie zumindest einem Bedürfnis entsprechen und so in thematische Linklisten aufgenommen werden.

Verlinkungsgrad bei Google

Neben dem direkten Traffic haben einkommende Verlinkungen eine weitere entscheidende Bedeutung, nämlich in der Optimierung eines Webangebots auf Suchmaschinen-Auffindbarkeit. Diese Optimierungsdisziplin wird in der Fachsprache SEO, Search Engine Optimization, genannt. Suchmaschinen wie Google machen die Relevanz von einem einzelnen Trefferdokument unter anderem davon abhängig, wie viele andere Websites im Internet darauf verweisen. Je mehr Drittseiten auf ein Zieldokument verweisen und je höher die Reputation der verweisenden Sites ist, desto relevanter muss der verlinkte Inhalt sein.

Dieser von Google angewandte Mechanismus ist vergleichbar mit einem wissenschaftlichen Zitat: Je mehr Publikationen auf eine Quelle verweisen, desto relevanter muss die Quelle im konkreten Kontext sein. Anhand solcher Relevanz-Bewertungen platziert Google deshalb stark verlinkte Dokumente weiter oben in einer Trefferliste zu einem bestimmten Suchbegriff. Dies wiederum hat natürlich beträchtlichen Einfluss darauf, wie viel verweisender Traffic von Suchmaschinen auf eine Website gelangt.

Um festzustellen, wie hoch der eigene Verlinkungsgrad im Internet ist bzw. wie viele Websites auf die eigene Site verlinken, nutzt man am besten einen sogenannten »Backlink-Checker« wie z.B jene von `www.openlinkprofiler.org` oder `www.ahrefs.com`. Auf `www.zalando.de` verweisen aktuell zum Beispiel rund 180.000 Links, wie Abbildung 6.3 zeigt.

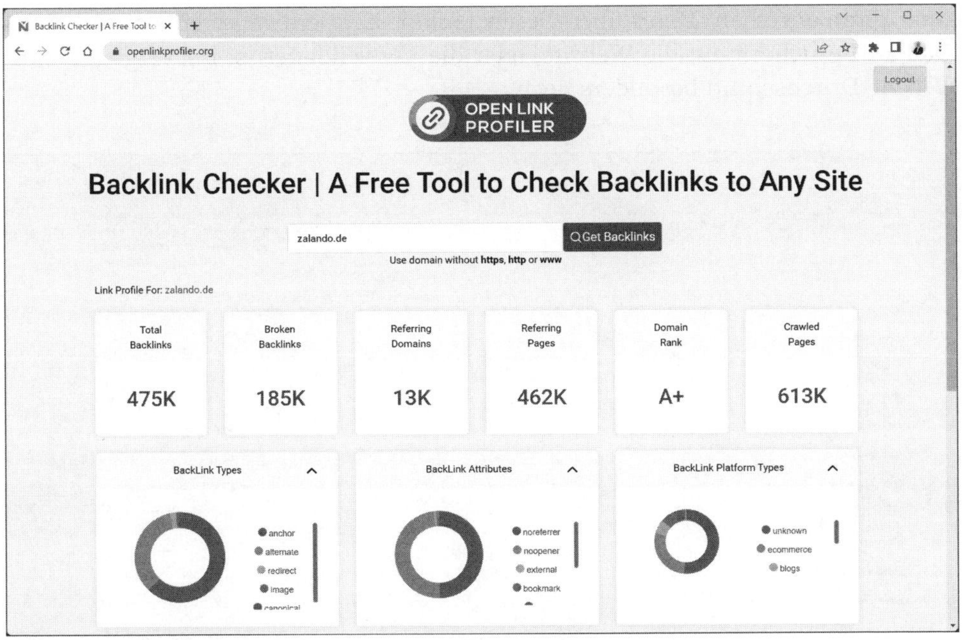

Abb. 6.3: openlinkprofiler.org listet die verlinkenden Websites auf.

Ganz genau darf man die angegebene Anzahl an verlinkenden Seiten allerdings nicht nehmen. Denn zum einen können gewisse Websites zwar Links auf eine Website enthalten. Wenn diese aber nicht auch von dem betreffenden Link-Checker in den Index aufgenommen wurden, dann sind sie nicht mit in der Auflistung enthalten.

Effektiv genutzte Verlinkungen

Die Betrachtungen bisher haben sich darauf fokussiert, welche Verlinkungen auf unsere Website überhaupt existieren. Ein Analytics-System, das Sie für das Tracking Ihrer Website einsetzen, gibt nun Auskunft darüber, welche der Verlinkungen effektiv und wie stark genutzt werden. Meist wird in den Systemen eine Unterscheidung vorgenommen zwischen verweisenden Domains bzw. Websites einerseits und verweisenden URLs bzw. Seiten andererseits.

Die Domain-Betrachtung ist dabei die Zusammenfassung von allenfalls mehreren Verlinkungen, die verteilt sind auf verschiedene Seiten einer referenzierenden Website. Sie ergeben einen Überblick darüber, welche Unternehmen oder Websites effektiv für die Weiterleitung von Traffic verantwortlich sind. In die Hauptlieferanten des Traffics lohnt es nun, Zeit und Mühe zu investieren, damit diese Verlinkung aufrechterhalten bleibt oder gar ausgebaut werden kann.

Abbildung 6.4 zeigt solche auf Domain-Ebene aggregierten Verweise von Drittsites. In diesem Beispiel würden sich die Websites hinter dem dritten und achten Eintrag besonders anbieten, um Bemühungen zur Aufrechterhaltung der Verlinkung voranzutreiben. Denn über diesen Link gelangt entweder eine ansehnliche Zahl an Besuchern auf die Website, oder die Verweildauer ist im Vergleich zum Website-Durchschnitt besonders hoch.

Suchen... | Zeilen pro Seite: 10 | 1 bis 10 von 10

	Sitzung – Quelle	Nutzer	Sitzungen	Sitzungen mit Interaktionen	Durchschnittliche Interaktionsdauer pro Sitzung	Sitzungen mit Interaktionen pro Nutzer
		2.803 100 % der Gesamtsumme	4.061 100 % der Gesamtsumme	3.692 100 % der Gesamtsumme	1 m 23 s Durchschn. 0 %	1,32 Durchschn. 0 %
1	wikipedia.de	305	744	620	2 m 15 s	2,03
2	youtube.com	555	691	650	1 m 34 s	1,17
3	spiegel.de	118	184	163	3 m 24 s	1,38
4	zeit.de	526	637	609	1 m 44 s	1,16
5	mail.google.com	41	63	55	2 m 12 s	1,34
6	theverge.com	96	114	107	1 m 20 s	1,11
7	quora.com	58	58	58	0 m 06 s	1,00
8	blogger.com	930	1.374	1.245	0 m 32 s	1,34
9	pinterest.com	100	105	103	0 m 11 s	1,03
10	udemy.com	86	155	133	0 m 16 s	1,55

Abb. 6.4: Aggregierte Ansicht von verweisenden Domains

Eine hohe Verweildauer bedeutet, dass der durchschnittliche Besucher länger mit unserer Website interagiert, womit sich auf eine hohe Affinität der Inhalte zwischen verlinkender und eigener Website schließen lässt. Wie man die Metrik »Verweildauer« noch zu anderen Zwecken für Beurteilungen einsetzen kann, werden Sie in Kapitel 9 in Abschnitt 9.4 sehen.

6.2.2 Wie Sie es nutzen sollten

Die Liste mit verweisenden Domains ist typischerweise lang – zumindest wenn man im Web einigermaßen gut vernetzt ist. Die Schwierigkeit besteht dann darin, den Überblick zu behalten. Bewährt haben sich dabei folgende beide Strategien:

- Die Top-3-bis-5-Domains im wöchentlichen oder monatlichen Rhythmus überwachen
- Sprunghafte Veränderungen überwachen

Mit ersterem Vorgehen behalten Sie die wichtigen verweisenden Websites im Blickfeld. Bemühungen, zum Beispiel um eine noch prominentere Platzierung des Links auf der Drittsite, sollten Sie in diese Partner investieren, da der Link dort offenbar im Interesse der Besucher steht. Bringen diese Links viel Traffic ein, sollten Sie gar versuchen, die Verlinkung partnerschaftlich abzusichern, zum Beispiel über einen Partner-Vertrag mit der betreffenden Website. Wenn dies etwas kosten sollte, können Sie sich die Frage stellen, wie viel Ihnen der von der Drittsite stammende Traffic denn wert ist. Im dritten Teil des Buches werden zu solchen Werten noch konkretere Überlegungen angestellt.

Für die wichtigsten verlinkenden Domains sollten Sie zudem überprüfen, auf welche Ihrer Seiten diese genau verlinken. Diese Eingangsseiten sind nämlich die »Landingpages«, der Ort, wo die Besucher auf Ihrer Website landen. Genau wie bei einer Landingpage für eine große Kampagne sollten Sie sich bei den Landingpages für Verlinkungen überlegen, ob die Besucher das finden, was sie vor dem Anklicken des Links erwartet haben. Denn das Ziel muss es ja nicht nur sein, möglichst viel einkommenden Traffic zu erhalten, sondern solche Besucher auch länger auf der eigenen Website zu behalten und sie eventuell zu einem bestimmten Ziel zu führen. Finden die Besucher nicht umgehend, was sie erwartet haben, dann werden sie Ihre Website schnell wieder verlassen. Eine leichte Landingpage-Optimierung, um einkommende Besucher »abzuholen«, ist also bei den häufigsten einkommenden Verweisen empfehlenswert.

Da aber auch die weniger häufig benutzten Verlinkungen relevant sind, zum Beispiel für die Relevanzgewichtung bei Google, sollten auch diese Sites nicht außer Acht gelassen werden. Die Vielzahl dieser Links mit wenig generierendem Traffic-Volumen lässt sich im Internet-Jargon auch als »Long Tail« bezeichnen (vgl. Abbildung 6.5). All diesen Verlinkungen sollten Sie ebenfalls gelegentlich nachgehen und versuchen zu verstehen, weshalb die betreffenden Websites auf Ihr Angebot verlinken. Daraus lernend sollten Sie versuchen, Anreize zu schaffen, damit noch mehr Drittsites auf die Idee kommen, auf Ihr Angebot zu verlinken. Mögliche Ansätze dafür sind das Angebot einer Gegenverlinkung oder gar die Auszahlung einer kleinen jährlichen Prämie für die Aufrechterhaltung der Verlinkung. Aufgrund der großen Anzahl an Verlinkungen sollte sich Ihr administrativer Aufwand je Verlinkungspartner jedoch in Grenzen halten.

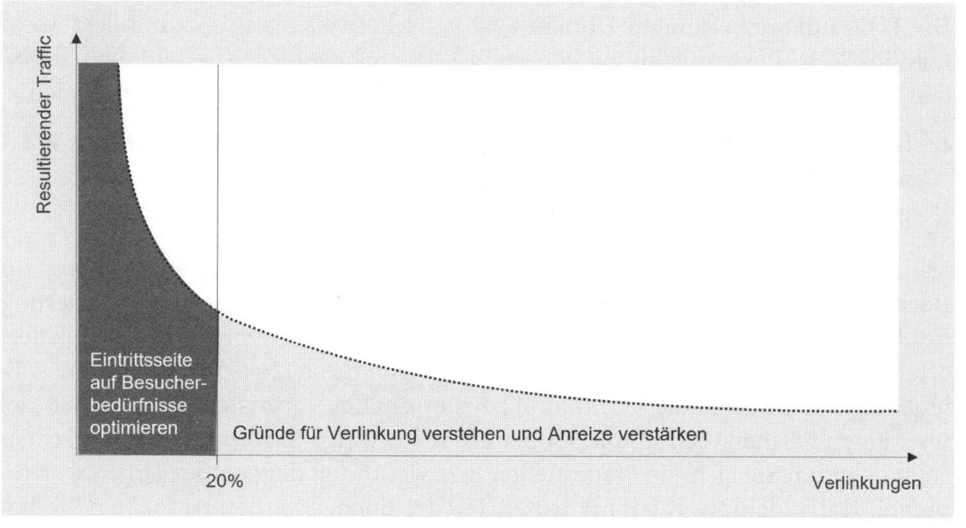

Abb. 6.5: Der »Long Tail« von eingehenden Verlinkungen mit Handlungsempfehlungen

Die Liste mit den drei bis fünf häufigsten verweisenden Sites wird sich im Normalfall über die Monate nur marginal verändern. Dies birgt die Gefahr, neue und eventuell grad so spannende Linkpartnerschaften zu verpassen. Mit der Überwachung von sprunghaften Veränderungen kann man dies umgehen. Plötzliche Traffic-Anstiege über verweisende Sites, zum Beispiel durch eine Neu-Verlinkung oder saisonale Unterschiede tauchen so auf dem Radar auf. Jeder dieser Veränderungen sollten Sie genau nachgehen und ergründen, weshalb sie erfolgt ist.

6.2.3 Was es zu beachten gilt

Für die verweisenden Seiten und Domains gelten dieselben Randbemerkungen wie für die Direktzugriffe (Abschnitt 6.1.3): Wenn ein Besucher in seinem Browser die Übermittlung eines Referers blockt oder der Betreiber einer Website das Übermitteln der Referer-Information im angeklickten Link verhindert, dann werden Verweise von betreffenden Seiten nicht gezählt. Das Gleiche gilt bei unsachgemäßem Einsatz von Redirects.

Sofern nichts anderes eingestellt wurde, haben Browser noch vor wenigen Jahren stets die volle Referer-Information übergeben, inklusive der Seiten-URL, auf der

der Link verwendet wurde. Aufgrund von Datenschutz-Bestrebungen der Browser-Hersteller ist das immer weniger der Fall, standardmäßig wird heute meist nur noch die Domain übergeben. Dadurch sind auch Auswertungen, auf welcher exakten Seite eine Verlinkung stand, kaum mehr möglich. Es bleibt das aufwändige Durchsuchen der Website, von jener der Verweis stammt.

6.3 Suchmaschinen

Suchmaschinen stellen eigentlich nichts anderes dar als die eben betrachteten verweisenden Websites, nur dass sie speziell wichtig sind und damit besonderer Beachtung bedürfen. Studien, die das Surfverhalten von Internet-Nutzern erfragen, kommen meist zum Schluss, dass weit mehr als die Hälfte der Internet-Aktivitäten mit der Suche nach Informationen oder Produkten begründet sind. Auch wenn soziale Netzwerke als Nutzungsgrund eine steigende Tendenz aufweisen, bleiben Suchmaschinen die relevanteste Traffic-Quelle. Aus geschäftlicher Sicht ist dies auch deshalb der Fall, da Suchmaschinen-Nutzer »transaktionsnäher« sind, d.h. mit einer konkreten Absicht – ggf. einer Kaufabsicht – die Suche nutzen. Bei so viel von Suchmaschinen generiertem Traffic lohnt es sich deshalb, noch eine Spur genauer hinzuschauen und zu analysieren.

6.3.1 Was gemessen wird

Auf der obersten Ebene der Betrachtungen sollte man sich zuerst einen Überblick verschaffen, über welche Suchmaschinen Traffic auf die eigene Website gelangt. Meist wird dieser Traffic noch speziell als »organisch« oder als »Organic Search« ausgewiesen – dies bezeichnet Verweise aus der durch den Suchalgorithmus generierten Trefferliste, und nicht Verweise über bezahlte Treffer wie z.B. Google Ads (»Paid Search«).

Obwohl Google zumindest in Europa eine ziemlich dominante Stellung im Suchmaschinenmarkt einnimmt, gibt es nämlich auch noch andere Suchmaschinen, die beachtliche Besucherzahlen generieren können. Dazu zählt zum Beispiel Microsofts Suche Bing. Bing ist insbesondere deshalb noch relevant, weil die MSN-Website mit der Bing-Suche bei neuen Notebooks häufig automatisch als Startseite im Microsoft Edge Browser eingestellt ist. Je nachdem, in welchen Regionen man seinen Zielmarkt hat, spielen auch andere Suchmaschinen wie zum Beispiel Baidu für den chinesischen Markt eine Rolle.

Übersichtliche Nutzungsansichten wie Abbildung 6.6 sagen aus, wie viele Besuche nun über eine bestimmte Suchmaschine auf Ihre Website gelangen. Damit lässt sich im ersten Schritt der Betrachtungen einmal ein Gefühl dafür bekommen, wie die Wichtigkeit der verschiedenen Suchmaschinen für die eigene Website ist.

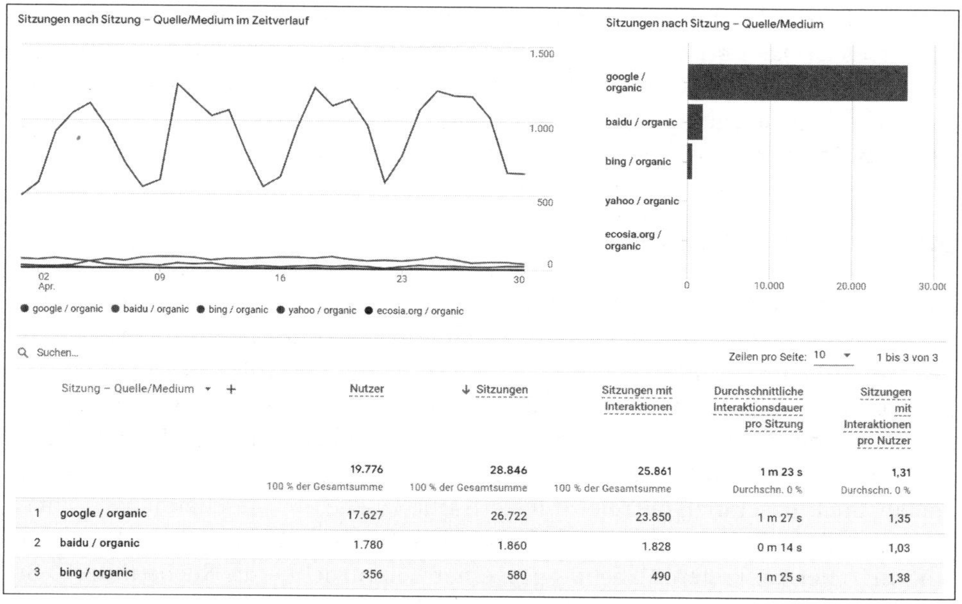

Abb. 6.6: Verweisender Traffic von verschiedenen Suchmaschinen

Manche Analytics-Systeme geben daneben noch an, welche Suchmaschinen-Crawler wie oft die Website besuchen und dadurch Seiten im Suchmaschinen-Index aktualisieren. Bei Analytics-Systemen, die mittels clientseitigem Page Tagging Daten sammeln, fehlt diese Auswertung jedoch meistens, da Suchmaschinen weder das JavaScript des Page Tags ausführen noch dessen unsichtbares Bild aufrufen.

Allerdings ist diese Crawler-Auswertung im Normalfall auch weniger interessant – außer wenn man sich gerade auf die Optimierung der Website auf Suchmaschinen-Auffindbarkeit konzentriert. Dann dienen solche Ansichten als Gewähr dafür, dass eine Website auch aktuell von Suchmaschinen wie Google auf neue Inhalte überprüft wird. Wichtig ist jedoch, dass man die beiden Ansichten, die für die von Besuchern benutzten Suchmaschinen und die von Besuchen durch Suchmaschinen-Crawler, nicht durcheinanderbringt.

6.3.2 Wie Sie es nutzen sollten

Die Verteilung des verweisenden Traffics auf die einzelnen Suchmaschinen mag anfangs interessant scheinen. Da sich auf dieser Ebene jedoch kaum entscheidende Veränderungen ergeben und im Normalfall der Traffic ohnehin von den drei großen Suchmaschinen Google, Yahoo und Bing kommt, ist eine fortwährende Überprüfung dieser Verteilung eher Zeitverschwendung. Nutzen sollten Sie die Auflistung der verweisenden Suchmaschinen deshalb folgendermaßen:

- Falls Sie in Suchmaschinen-Optimierungsmaßnahmen investieren wollen, können Sie anhand der Auswertungen entscheiden, wo sich die Investition am meisten lohnt. Wenn verweisender Traffic von Google, Yahoo oder Bing in der Minderheit ist, dann empfiehlt es sich, Optimierungsmaßnahmen genau auch darauf abzustimmen. Wenn Sie bereits Optimierungstätigkeiten vorgenommen haben, dann können Sie anhand dieser Auswertungen ablesen, ob sich die Bemühungen auch in Traffic ausbezahlt haben. Wenn der von Suchmaschinen stammende Traffic nach einer Optimierung nicht wie gewünscht angestiegen ist, dann ist die Maßnahme wohl als erfolglos einzustufen.
- Überprüfen Sie, dass die drei großen Suchmaschinen – oder allenfalls spezielle andere Suchmaschinen, die in Ihrem Branchenumfeld relevant sind – wirklich in den Auswertungen vertreten sind. Tauchen die Suchmaschinen nicht in der Auswertung auf, dann haben Sie mit großer Wahrscheinlichkeit ein Indexierungsproblem, dem Sie unbedingt nachgehen müssen. Indexierungsproblem heißt, dass Suchmaschinen technisch Ihre Website nicht besuchen und sie dadurch nicht in den Suchmaschinen-Index aufnehmen können. Die Gründe hierfür können vielfältig sein, darunter zum Beispiel komplett in JavaScript abgebildete Navigationen, die Verwendung von Framesets oder der gewollte Ausschluss von Suchmaschinen über die Datei robots.txt (siehe Abbildung 6.7).

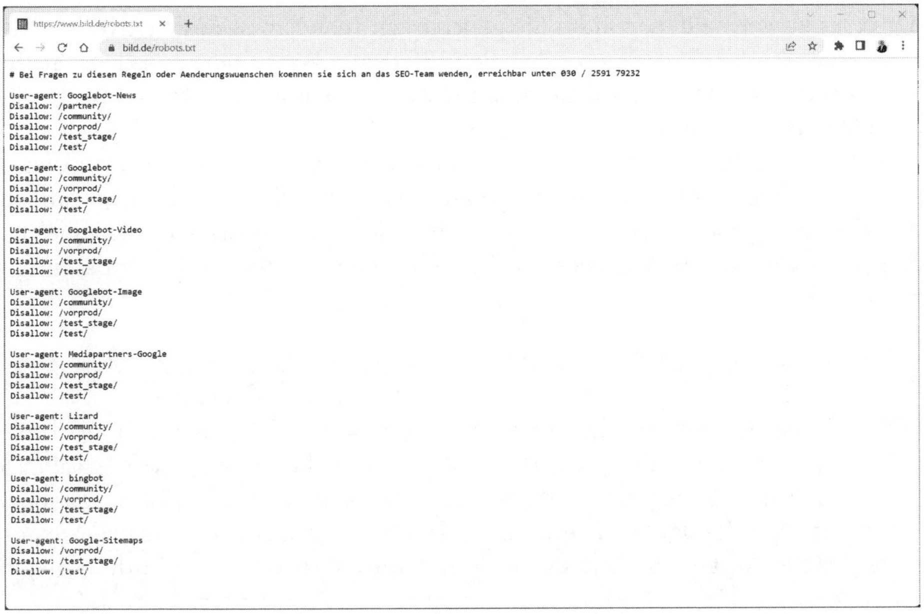


```
# Bei Fragen zu diesen Regeln oder Aenderungswuenschen koennen sie sich an das SEO-Team wenden, erreichbar unter 030 / 2591 79232

User-agent: Googlebot-News
Disallow: /partner/
Disallow: /community/
Disallow: /vorprod/
Disallow: /test_stage/
Disallow: /test/

User-agent: Googlebot
Disallow: /community/
Disallow: /vorprod/
Disallow: /test_stage/
Disallow: /test/

User-agent: Googlebot-Video
Disallow: /community/
Disallow: /vorprod/
Disallow: /test_stage/
Disallow: /test/

User-agent: Googlebot-Image
Disallow: /community/
Disallow: /vorprod/
Disallow: /test_stage/
Disallow: /test/

User-agent: Mediapartners-Google
Disallow: /community/
Disallow: /vorprod/
Disallow: /test_stage/
Disallow: /test/

User-agent: Lizard
Disallow: /community/
Disallow: /vorprod/
Disallow: /test_stage/
Disallow: /test/

User-agent: bingbot
Disallow: /community/
Disallow: /vorprod/
Disallow: /test_stage/
Disallow: /test/

User-agent: Google-Sitemaps
Disallow: /vorprod/
Disallow: /test_stage/
Disallow: /test/
```

Abb. 6.7: `bild.de` untersagt gewollt das Crawlen von bestimmten Bereichen der Website.

In dieser Textdatei, die im Root-Verzeichnis der Website liegt, kann man Suchmaschinen das Indexieren gewisser Seitenbereiche oder der ganzen Website untersagen. Ob alle Ihre Seiten von der Suchmaschine indexiert sind, überprüfen Sie am einfachsten, indem Sie zum Beispiel bei Google den Term `site:www.ihrewebsite.de` in das Suchfeld eingeben. Google gibt dann alle Seiten aus, die von dieser Domain im Google-Index enthalten sind. Diese Zahl sollte ungefähr mit der Anzahl Seiten inklusive Dokumente Ihres Webauftritts übereinstimmen.

6.3.3 Was es zu beachten gilt

Damit Analytics-Systeme die Suchmaschinen von ganz normal verweisenden Websites unterscheiden können und in einer separaten Ansicht ausweisen, braucht man so etwas wie eine Liste aller Suchmaschinen. In der Standardkonfiguration von Analytics Tools ist dabei üblicherweise bereits solch eine lange Liste mit Suchmaschinen-Anbietern hinterlegt. Gerade bei amerikanischen Produkten kann es jedoch gut sein, dass lokal bekannte Suchmaschinen wie `web.de` oder `suche.t-online.de` nicht in der Liste der Suchmaschinen vertreten sind. Obwohl diese vielfach dann auch Google als Suchtechnologie einsetzen, erscheinen sie nicht in den Suchmaschinen-Reports, sondern in den normalen verweisenden Websites. Schwerwiegend ist insbesondere, dass dann bei den Suchmaschinen eingegebene Suchbegriffe auch nicht erkannt und in den Statistiken ausgewertet werden.

Um dies zu vermeiden, sollten Sie gleich nach Installation des Analytics-Systems den Produkthersteller fragen oder die Hilfe-Datei konsultieren, welche Suchmaschinen vom System als solche erkannt werden. Diese Liste sollte anschließend vom Hersteller, Ihrer IT oder der betreuenden Webagentur um die lokal bedeutsamen Suchmaschinen ergänzt werden. Da solche Ergänzungen meist rückwirkend keinen Einfluss mehr auf bereits gesammelte Daten haben, ist eine frühzeitige Durchführung dieser Anpassung zu empfehlen. Leider ist es bei Google in der Version 4 von Google Analytics (noch) nicht möglich, eine solche Anpassung vorzunehmen.

Funktionsweise eines Analytics-Systems

Ob ein Analytics-System die Quelle eines Besuchs als Direktzugriff, als verweisende Website oder als Suchmaschine beurteilt, hängt vom Referer ab. Den meisten Systemen liegt dabei ein Regelwerk zugrunde, das den Referer nacheinander mit verschiedenen Listen von bekannten Suchmaschinen, Social Networks usw. vergleicht. Greift keine der Listen, dann fällt der Besuch in die Kategorie »verweisende Website« bzw. »Direktzugriff«, falls überhaupt kein Referer vorhanden ist.

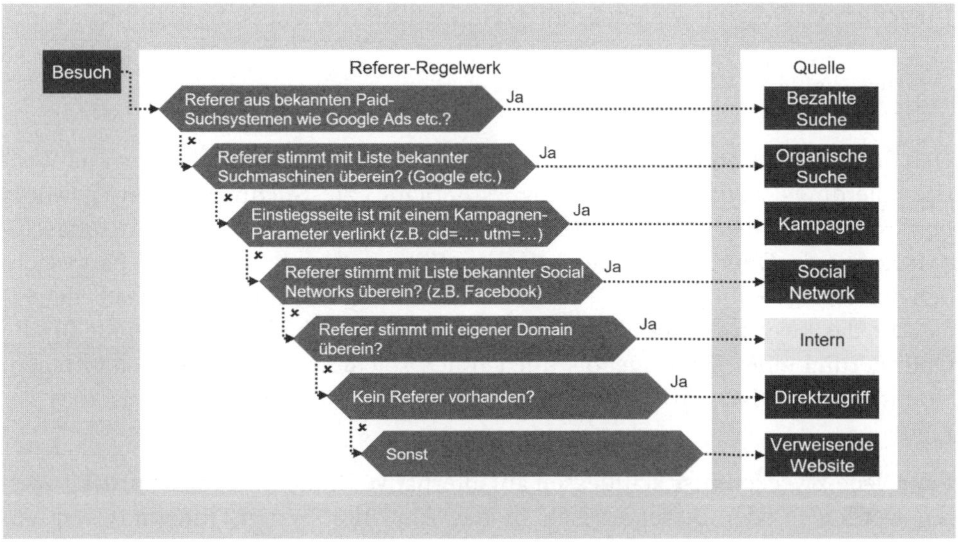

6.4 Suchmaschinen-Keywords

Erfolgten die obigen Suchmaschinen-Betrachtungen mehr so aus der Vogelperspektive, bedingt eine Optimierung des Angebots auf die Suchmaschinen-Auffindbarkeit mehr inhaltliche Tiefe. In mittlerweile fernen Zeiten, als Datenschutz als weniger relevant betrachtet wurde, waren Analytics-Systeme eine gute Quelle, um ein Verständnis für gesuchte Begriffe und Inhalte zu entwickeln. Mittlerweile ist dies allerdings kaum mehr der Fall, da Analytics-Systeme kaum noch auf die bei Suchmaschinen gesuchten Begriffe zugreifen können. Stattdessen verlagert sich deshalb die Analyse der Begriffe hautsächlich auf andere Systeme, deren Quelldaten von den Suchmaschinenbetreiber zur Verfügung gestellt werden.

6.4.1 Was gemessen werden kann

Wie bereits in Kapitel 2 in Abschnitt 2.2.2 ausgeführt, wissen Analytics-Systeme nur aufgrund des Referers, von welchen Websites und Suchmaschinen auf die eigene Website verlinkt wird. Wie bereits weiter oben in diesem Kapitel beschreiben, wird der Referer aber mittlerweile von vielen Browsern oder Website-Betreiber aus Datenschutzüberlegungen standardmäßig gekürzt, sodass teilweise nur noch die Domäne an die Ziel-Website und damit das Analytics-System übergeben wird. Damit entfällt meist auch der bei einer Suchmaschine verwendete Suchbegriff. Die Suchbegriffe würden zwar im vollen Referer stehen, da zum Beispiel Google diese wie folgt in die URL einer Trefferliste schreibt (gekürztes Beispiel für den Begriff »Fahrrad Shop«):

```
https://www.google.de/search?q=fahrrad+shop
```

Im gekürzten Referer, wie nachstehend aufgeführt, fehlt aber diese Information:

```
https://www.google.de
```

Den Suchmaschinen ist der gesuchte Begriff also noch bekannt, bei der Ziel-Website allerdings kaum mehr. Analytics-Berichte zu Suchmaschinen-Keywords berücksichtigen deshalb nur noch einen geringen Prozentsatz der Suchmaschinen-Keywords. Oder sie enthalten – wie im Fall von Google Analytics – hauptsächlich den Begriff »not provided« als Keyword-Eintrag, was nichts anderes bedeutet, als dass das Keyword nicht übertragen wurde. Das ist schade – denn gerade für die Optimierung eines Webangebots hinsichtlich solcher organischer Suchanfragen, womit sich die Disziplin »Search Engine Optimization« (SEO) befasst, ist dies elementar.

Für solche Zwecke muss stattdessen auf alternative Daten und Tools zurückgegriffen werden – oder diese müssen in das Analytics System integriert werden. Grundsätzlich stehen dafür folgende Alternativen zur Verfügung, welche Unterstützung bei der Findung und Definition von relevanten Keywords bieten:

- Google Search Console (`search.google.com/search-console`)
- Keyword-Generatoren wie der Google Keyword Planner (`ads.google.com/home/tools/keyword-planner`)
- Google Trends (`trends.google.com`)
- Auswertung der eingegebenen Keywords der Site-Suche auf der Website

Mittels der Google Search Console – einem kostenlosen Online-Service von Google, der lediglich ein Google-Konto voraussetzt – kann man nicht nur konfigurieren und überprüfen, in welcher Häufigkeit Google die eigene Website crawlt. Die Search Console stellt auch eine Auswertung bezüglich der Suchkeywords und Position bereit, zu denen die eigene Website bei `google.com` gefunden wird (siehe Abbildung 6.8). Dies sind genau jene Informationen, die für die Erfolgsüberprüfung von SEO-Maßnahmen relevant sind.

Vergleicht man in den Search-Console-Auswertungen die Anzahl der Impressionen nun mit den effektiven Klicks auf die Treffer – einer parallel dargestellten Ansicht –, dann lässt sich Folgendes analysieren: Bei Keywords, zu denen man zwar schlecht gelistet ist, aber dennoch eine nicht unbedeutende Menge an Klicks erhält, sollte man sich überlegen, ob man mit SEO-Maßnahmen nicht einen besseren Rang erreichen kann. Denn scheinbar spricht man mit seinem Angebot ein Bedürfnis des Suchenden an.

Umgekehrt haben Keywords, bei denen die Treffer häufig und gut positioniert erscheinen, jedoch selten angeklickt werden, offenbar ein sogenanntes Call-to-Action-Problem. Das heißt, dass der Titel oder das Trefferzitat den Suchenden nicht anspricht. In der Konsequenz muss man demzufolge insbesondere die in Suchresultaten dargestellten Seitentitel treffender auf das Suchkeyword abstimmen – zumindest wenn es sich um ein wichtiges Keyword handelt.

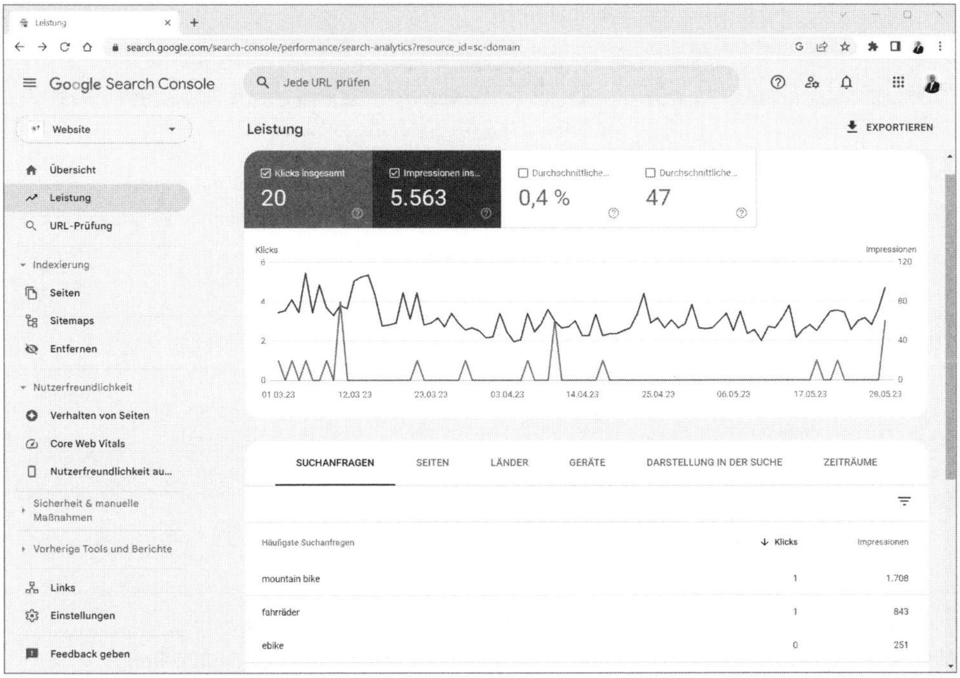

Abb. 6.8: Keywords, bei denen die eigene Website häufig gefunden oder angeklickt wird

Um neben jenen Keywords, zu denen die eigene Website bereits gefunden wird, noch zusätzliche relevante Suchbegriffe zu entdecken, empfiehlt sich der Einsatz von sogenannten Keyword-Generatoren. Solche Generatoren listen zu einem eingegebenen Keyword ähnliche Suchbegriffe auf. Im Hintergrund prüfen die Generatoren in ihren mächtigen Datenbanken, welche anderen Suchbegriffe häufig im Zusammenhang mit dem Suchbegriff eingegeben wurden. Einer der bekannteren Keyword-Generatoren ist der »Keyword Planner« von Google, der in Google Ads integriert ist und die Suchanfragen von Google berücksichtigt. Für andere Suchmaschinen gibt es eigene Generatoren (z.B. `www.bing.com/toolbox/keywords`), sowie kostenpflichtige Tools, die Ähnliches vollbringen (z.B. `www.moz.com/tools/keyword-difficulty`).

Abbildung 6.9 zeigt den Google Keyword Planner, wo zum Keyword »mountain bike« verwandte oder in Relation dazu eingegebene Suchbegriffe dargestellt werden. Neben der reinen Ideengenerierung, in welchen Variationen, Synonymen oder Kombinationen mit anderen Begriffen ein Keyword auftritt, kann man noch Folgendes aus der Abbildung auslesen: Die Spalten mit durchschnittlichen

Suchanfragen zeigen an, wie häufig nach dem Begriff effektiv gesucht wird. Keywords wie »e mountainbike« oder »elektro mountainbike« werden erwartungsgemäß mitunter am häufigsten gesucht.

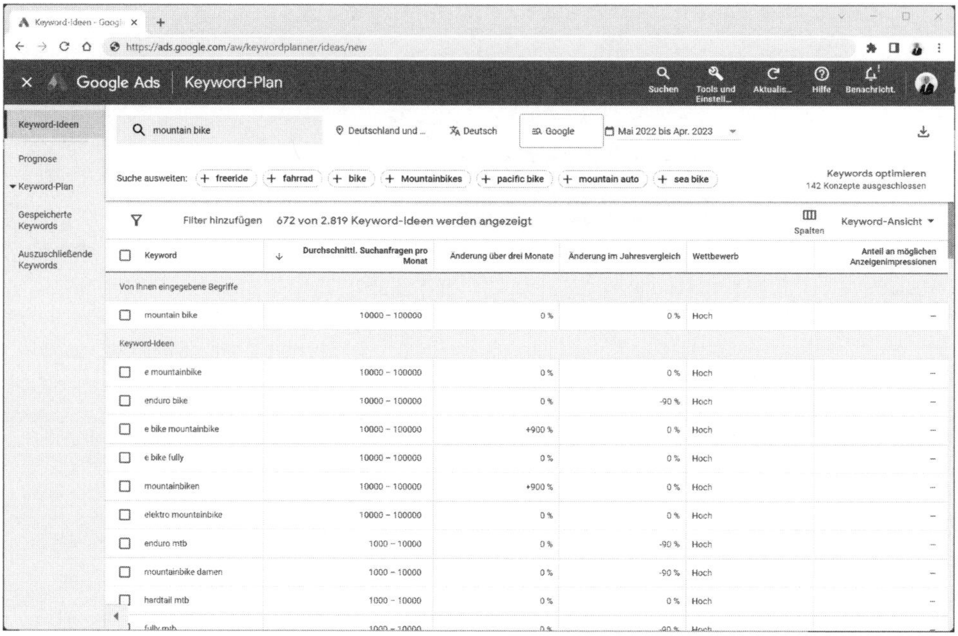

Abb. 6.9: Vorgeschlagene ähnliche Keywords mit entsprechenden Suchhäufigkeiten

Die Spalte mit der Wettbewerberdichte ist dann weniger für die Suchmaschinenoptimierung, sondern eher für die Schaltung von Google Ads interessant. Damit lässt sich nämlich ablesen, wie viele Anzeigen zu einem Keyword bereits von Konkurrenten geschaltet werden. Interessant für eine Google-Ads-Schaltung sind dann Begriffe mit hohem Suchvolumen, aber niedrigem Wettbewerb, da diese Anzeigepositionen günstiger zu haben sind und dennoch viel Traffic liefern. Sofern man auf solche Keywords stößt, sollte man sich für die Schaltung von Anzeigen statt einer SEO-Maßnahme entscheiden. Für teure Keywords mit hoher Mitbewerberdichte ist dagegen eine Optimierung der Auffindbarkeit in der organischen Trefferliste die wahrscheinlich effizientere Methode.

Eine weitere nützliche Quelle im Hinblick auf Suchhäufigkeiten von Keywords ist Google Trends (`trends.google.com`). Mittels dieser Google-Funktion lassen sich Suchhäufigkeiten bei Google noch besser in eine zeitliche und regionale Dimension bringen. Saisonale Unterschiede in den Suchhäufigkeiten werden so eindrucksvoll sichtbar gemacht. Abbildung 6.10 zeigt, wie sich Google Trends zur Betrachtung der Saisonalität des Begriffs »Mountainbike« nutzen lässt. Erwartungsgemäß steigt das Suchvolumen nach »Mountainbike« im Frühling an und erreicht seinen Höhepunkt im Hochsommer. Ebenfalls ersichtlich aus den Trend-Auswertungen ist, aus welcher Region der Suchende stammt. Offenbar scheint so das Bedürfnis nach Mountainbikes in alpennäheren Orten Deutschlands tendenziell größer zu sein.

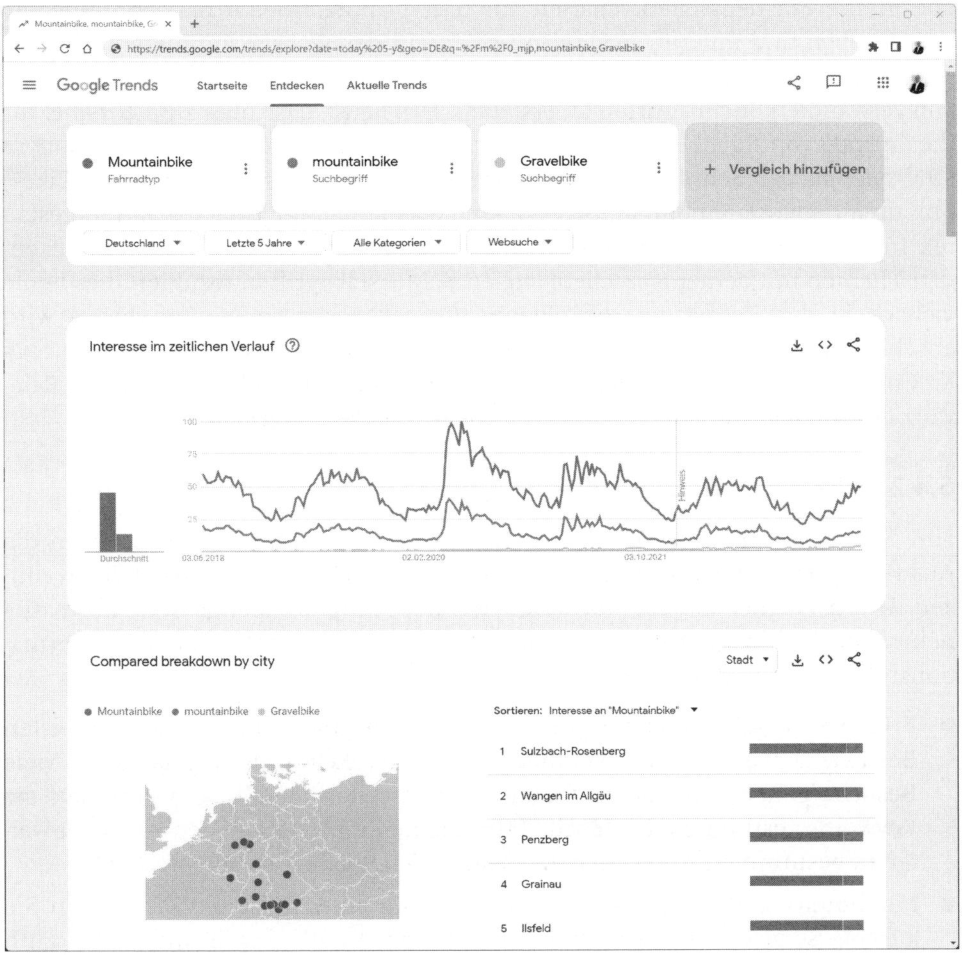

Abb. 6.10: Saisonale und regionale Unterschiede in der Suchhäufigkeit von »Mountainbike«

Ein häufig begangener Fehler bei der Suchmaschinen-Optimierung oder im Suchmaschinen-Marketing ist, dass nur bis zum Klick auf einen Treffer gedacht wird – und nicht weiter. Macht man sich nur darüber Gedanken, wie man sich möglichst sichtbar in Suchmaschinen präsentiert, geht ein zentraler Aspekt verloren. Nämlich, wo der Besucher landet und was mit ihm passiert, nachdem er auf den Treffer geklickt hat.

Stimmt dann die Eintrittsseite, das heißt die Landingpage, nicht mit dem überein, was der Besucher erwartet hat, ist er nämlich bereits nach Sekunden wieder verschwunden. Alle vorher unternommenen Anstrengungen sind dann umsonst. Die Abstimmung von Keyword und der jeweiligen Eintrittsseite sollte also unbedingt durchdacht werden. Für wichtige Gruppen von Suchbegriffen sollte man sogar spezifische Einstiegsseiten schaffen, die das vermutete Bedürfnis des Besuchers wiedergeben und ihn zum nächsten Schritt auf der Website animieren. Als Best Practice hat sich erweisen, solche Keyword-Landingpages für wichtige Gruppen von verwandten Suchbegriffen zu erstellen. Das heißt, dass man zum Beispiel für die Gruppe von Suchbegriffen, die zum Hauptbegriff »mountainbike« synonym sind oder in der Schreibweise leicht variieren (zum Beispiel »mountain bike«, »mountain bikes«, »mountainbikes«), eine eigene Landingpage textet und gestaltet. In einer gesamtheitlichen SEO- und Content-Strategie für viele zu besetzenden Themen mit dementsprechend vielen Schlüsselbegriffen resultiert dies heute vielfach in der Gestaltung von eigenen Content-Plattformen. Auf diesen wird anschließend für die unterschiedlichen Themenbereiche aus Nutzersicht wertvoller Content redaktionell gepflegt und erweitert, sodass sowohl Aktualität und Relevanz des Inhalts sowie die Variation der Begrifflichkeiten gegeben ist.

6.4.2 Wie Sie es nutzen sollten

Um Suchmaschinen-Keywords oder Google Ads zu optimieren, kann man die Auswertungen in der Google Search Console sehr vielschichtig und detailliert nutzen. Um im täglichen oder wöchentlichen Reporting die Menge der Informationen im Blickfeld zu behalten, braucht man jedoch eine Abstraktion der Informationsfülle. Bewährt haben sich dabei folgende Strategien:

- **Prüfen Sie regelmäßig die Top-5-bis-10-Keywords und -Phrasen**, die die meisten Besuche generieren, auf Veränderungen. Bei Keywords, die konstant viele Besuche generieren, sollten Sie die Eintrittsseiten identifizieren und auf die Keywords abstimmen. Im Idealfall führen die Eintrittsseiten den Besucher weiter zu bestimmten Angeboten, die seinem Suchbedürfnis entsprechen.
- **Monitoren Sie die Top-3-Aufsteiger** innerhalb eines Zeitintervalls. Gehen Sie anschließend den Hintergründen für diesen Aufstieg nach, indem Sie zum Beispiel Tools wie Google Trends oder den Google Keyword Planer einsetzen. Manchmal lassen sich dadurch saisonal interessante Trends erkennen, für die man sonst Marktforschungsinstituten teures Geld bezahlen müsste. Betreibt man einen Fahrrad-Shop und entdeckt plötzlich eine kleine, aber steigende Anzahl Anfragen nach dem Begriff »Gravel Bikes«, sollte man vielleicht sein Sortiment diesbezüglich erweitern.
- **Teilen Sie die restlichen Keywords in die Klassen »Brand«, »Erwartet« und »Unerwartet« ein** und prüfen Sie monatlich oder quartalsweise die Seitenaufrufe von Keywords der letzten beiden Kategorien. In der Kategorie »Brand«

sind alle Anfragen nach Firmennamen oder bekannten Produktnamen enthalten. Diese Kategorie bringt üblicherweise viel Traffic, ist aber weiter uninteressant für Optimierungen, da Sie über Ihren Firmennamen ohnehin gefunden werden. Der Verlauf des Gesamtvolumens der Brand-Suchbegriffe gibt allerdings spannende Aufschlüsse über die Brand-Wahrnehmung und kann daher als einer der wenigen Brand-Indikatoren herangezogen werden.
In die Kategorie »Erwartet« teilen Sie jene Begriffe ein, die Sie aufgrund des Website-Inhalts oder früherer SEO-Maßnahmen erwarten. Wenn die Gruppe dieser Keywords nicht mindestens ein Drittel der Seitenaufrufe verursacht, dann weist dies auf ein Indexierungsproblem hin – möglicherweise wurden nicht alle Seiten in den Index der wichtigen Suchmaschinen mit aufgenommen. In die Kategorie »Unerwartet« fallen alle anderen Suchbegriffe. Nutzen Sie diese Keywords als Input für spätere SEO- und Content-Maßnahmen und um zu verstehen, wonach Leute suchen. Falls die Suchhäufigkeiten solcher Keywords hoch sind und Sie ein treffendes Angebot für den Suchenden haben, sollten solche Begriffe in die zu optimierenden mit aufgenommen werden.

	A	B	C	D	E	F
1	Brand		Erwartet		Unerwartet	
2	Keyword	Besuche	Keyword	Besuche	Keyword	Besuche
3	trek	218	fahrrad	421	tandem	151
4	cannondale	200	fahrräder	402	occasionsfahrrad	82
5	rocky mountain	187	mountainbike	359	velos	71
6	trek bikes	150	mountainbikes	312	velobörse	55
7	cannondale mountain bikes	146	citybike	177	fahrrad gebraucht	34
8	shimano	146	trekkingbikes	154	gebraucht fahrrad	27
9	trek mountainbikes	122	fahrradverkauf	98	fahrradbörse	26
10	trek mountain bike	121	fahrradbekleidung	91	kinderfahrräder	25
11	cannondaile mountainbikes	121	fahrradkleider	91	e-bike	20
12	rocky mountain fahrräder	117	radkleidung	87	holzfahrrad	17
13	bikes cannondale	116	radbekleidung	86	fahrradanhänger	16
14	rocky mountain bikes	111	mountain bike	80	fahrradtrailer	16
15	fahrräder rocky mountain	109	mountain bikes	76	koth elektroräder	14
16	bikes trek	107	trekking bikes	71	kinderfahrrad	14
17	fahrräder trek	102	trekking fahrräder	70	elektrofahrräder	13
18	rocky bikes	100	city bike	70	gebrauchte fahrräder	12
19	shimano zubehör	100	bekleidung fahrrad	70	gebrauchtrad	12
20	cannondale bikes	99	city bikes	70	elektrobikes	11

Abb. 6.11: Ausschnitt einer Keyword-Kategorisierung in Excel nach einem CSV-Export

Abbildung 6.11 zeigt einen Ausschnitt einer solchen Keyword-Kategorisierung in Microsoft Excel. Während die Keywords in der Kategorie »Brand« und »Erwartet« keine großen Überraschungen darstellen, tauchen dank der Kategorisierung in der Unerwartet-Kategorie zwei interessante Phänomene auf. Einerseits gelangen offenbar einige Besucher unter Verwendung des Begriffs »tandem« auf die Website, obwohl diese Produktgattung gar nicht angeboten wird. Hier lohnt es sich nun durchaus, genauer zu prüfen, ob dies eine mögliche Sortimentserweiterung darstellen könnte. Andererseits suchen offenbar einige Nutzer unter Verwendung verschiedener Begriffe nach Gebrauchträdern. Erst anhand der Summe der verschiedenen verwendeten Suchbegriffe wird erkennbar, dass dies offenbar ein größeres Bedürfnis darstellt. Ohne Kategorisierung der Suchbegriffe wäre dies wohl im »Long Tail« der Suchbegriffe untergegangen.

6.4.3 Was es zu beachten gilt

Bei Google Analytics lassen sich die Auswertungen der Google Search Console sehr einfach als zusätzlicher Bericht integrieren. Über ein paar Klicks in den Google-Analytics-Konfigurationseinstellungen ist dies erledigt. Damit werden Keyword-Daten aus der Search Console als Ansicht im Analytics-System wieder zugreifbar – etwas, das bei einem aus Datenschutzgründen verkürzten Referer sonst kaum mehr möglich ist. Allerdings geschieht diese Datenverknüpfung nur auf Website-Ebene, nicht auf Nutzer-Ebene: Dadurch lassen sich keine kombinierten Abfragen erstellen, zum Beispiel wie lange Nutzer, die nach einem bestimmten Keyword gesucht haben, auf der Website gebliebenen sind oder gar ein Produkt gekauft haben. Der Zusatznutzen einer solchen Verknüpfung bleibt daher gering.

6.5 Kampagnen

Websites zu bauen, ohne Marketing dafür zu betreiben, ist wie ein Haus zu bauen, ohne je darin zu wohnen. Die Vielfalt an möglichen Marketing-Aktivitäten im Internet ist dabei beachtlich. Neben den eben beschriebenen SEO-Aktivitäten zählen klassische Display-Ads in verschiedenen Ausprägungen und Formaten, bezahlte Suchmaschinen-Werbung (»Paid Search«), E-Mail-Newsletter sowie Affiliate-Partnerschaften zu den beliebtesten.

6.5.1 Was gemessen werden kann

Für die verschiedenen Arten von Kampagnen haben sich im Verlaufe der Jahre sehr heterogene Messsysteme ergeben. Praktisch jede Werbe-Plattform, jedes E-Mail-Versandsystem und jeder Affiliate-Anbieter stellt seine eigenen Nutzungsstatistiken bereit. Zwar haben sich gerade bei Display-Kampagnen dank zentralen Ad-Servern beziehungsweise Demand-Side-Plattformen (DSPs) die Auswertungen etwas vereinheitlicht. Nichtsdestotrotz hat man aber immer noch je verwendetem Kanal eine eigene Auswertung – zusätzlich zu jener zur Website-Nutzung selbst.

Integrierte Kampagnen-Betrachtung

Eine der großen Errungenschaften von aktuellen Analytics-Systemen ist es, all diese Kampagnen in einem System integriert abzubilden. Der wesentliche Zusatznutzen ist dabei, dass nicht nur die Anzahl der Einblendungen und Klicks auf Ads oder E-Mails abgebildet werden, sondern auch der weitere Verlauf eines darauf folgenden Website-Besuchs. Gekrönt wird dies unter Umständen gar von der Messung eines Kaufabschlusses oder dem Erreichen eines Website-Ziels, womit der effektive Nutzen einer Werbung oder Botschaft beurteilt werden kann.

Bedingung für eine solche integrierte Messung in einem zentralen System ist jedoch, dass das Analytics-System sozusagen der »Master« für die Datensammlung ist, das heißt, von der Impression eines Ads über den Klick bis hin zum Kaufabschluss alles im selben System gemessen wird. Zwar erlaubt jedes bedeutendere kommerzielle Analytics-System einen Import von Daten aus anderen Tools zum Beispiel Newsletter-Systemen und Ad-Server-Auswertungen. Die technische Schwierigkeit dabei ist jedoch, die eindeutig identifizierten Besucher von Drittplattform und Analytics-System miteinander zu matchen. Wenn dies mangels eines für beide Systeme gültigen, eindeutigen Identifikators nicht erfolgt, dann ist die Integration praktisch nutzlos. Passiert das Einlesen der Nutzungsdaten zudem nicht in kurzen Intervallen, ist für die umfassende Auswertung stets mit Verzögerungen zu rechnen.

Abbildung 6.12 zeigt, wie solch eine integrierte Kampagnen-Betrachtung in einem Analytics-System aussehen kann. In einer Ansicht werden verschiedene Kampagnenkanäle inklusive der resultierenden Konversionen und Umsatzwerte aufgelistet.

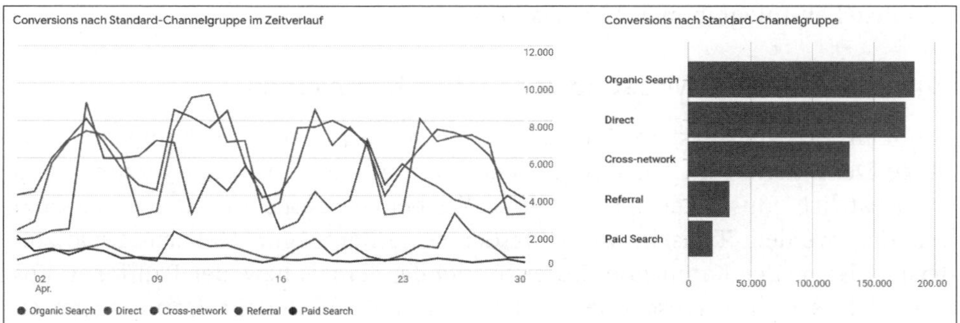

Suchen...   Zeilen pro Seite: 10   Weiter zu: 1   1 bis 10 von 13

	Standard-Channelgruppe	↓ Conversions	Werbekosten	Cost-per-Conversion	Gesamtumsatz	ROAS (Return on Advertising Spend)
		575.648,00 100 % der Gesamtsumme	10.841,56 $ 100 % der Gesamtsumme	0,02 $ Durchschn. 0 %	120.483,46 $ 100 % der Gesamtsumme	11,11 Durchschn. 0 %
1	Organic Search	183.712,40	0,00 $	0,00 $	40.110,81 $	0,00
2	Direct	176.191,00	0,00 $	0,00 $	58.215,49 $	0,00
3	Cross-network	130.360,36	10.468,97 $	0,08 $	7.064,01 $	0,67
4	Referral	33.455,11	0,00 $	0,00 $	8.969,31 $	0,00
5	Paid Search	19.590,11	0,00 $	0,00 $	50,59 $	0,00
6	Email	13.479,58	0,00 $	0,00 $	2.743,18 $	0,00

Abb. 6.12: Vergleich verschiedener Kanäle in Adobe Analytics

Die Grafik erlaubt so eine vergleichende Übersicht über die einzelnen Kanäle. Wo Werbekosten vorhanden sind, wie beispielsweise bei den Cross-Network-Maßnahmen, werden diese in Relation zu Konversionen und Umsatz gesetzt. Vom Analytics-System kann dadurch ein Return on Advertising Spend (ROAS), also den generierten Umsatz pro ausgegeben Marketing-Euro, direkt berechnet werden. Im gezeigten Beispiel ist dieser Wert ein Alarmsignal – die Kosten für die Werbung sind höher als der Umsatz, der damit generiert wird. Idealerweise sollte ein solches Verhältnis, abhängig von der Marge der verkauften Produkte, eher bei 4:1 liegen.

Wenn parallel zu solchen aggregierten Kampagnen-Ansichten noch weitere Auswertungen und Einblendestatistiken von den Plattformbetreibern erstellt werden, dann schadet dies nichts – ist jedoch nur noch für die Plausibilitäts- und gegebenenfalls Kostenkontrolle relevant. In bestimmten Spezialfällen wird man aber weiterhin auf Auswertungen in anderen Systemen zugreifen müssen, da Analytics-Systeme gewisse Informationen nicht messen können. Ein Beispiel dazu sind beim Newsletter-Versand jene Mail-Adressen, die sich nach dem Versand als ungültig herausstellen und an den Absender zurückgesendet werden. Solche »Bouncing E-Mails« können nur vom Versandsystem selbst gemessen werden. Auch bei Affiliate- oder Influencer-Marketing wird man die aktuellen Kosten und Klickraten nur im System von den jeweiligen Aggregatoren wie Awin (`www.awin.com`) oder Tradedoubler (`www.tradedoubler.com`) sehen. Will man auch solche Ansichten tagesaktuell im Analytics-System haben, sind aufwendige Schnittstellen-Integrationen Voraussetzung.

Funktionsweise der Messung von Online-Kampagnen

Damit ein Analytics-System Kampagnen messen kann, sind vor Kampagnenstart einige Definitionen im System für jede Plattform und Anzeige vorzunehmen. Grundsätzlich muss jede zu trackende Werbemaßnahme im Analytics-System hinterlegt werden. Typischerweise werden so je Kampagne Metadaten wie zum Beispiel Name der Kampagne, Bezeichnung des Kanals bzw. der Plattform, Kostenmodell, Anzahl vorgesehene Einblendungen etc. hinterlegt. Damit später ein Besucher, der über diese Plattform auf die Website gelangt, einer Kampagne zugeordnet werden kann, wird mit sogenannten »Tracking-Codes« oder »Kampagnen-Tags« gearbeitet. Diese vom Analytics-System generierte oder selbst definierte Kampagnen-Identifikatoren werden anschließend auf dem Ad-Server oder bei der gewählten Werbeplattform in die Verlinkung jeder Anzeige eingebaut.

Wenn die Zielseite bzw. Landingpage einer Kampagne für neue Mountainbike-Modelle zum Beispiel `www.bikes.com/fruehlingsangebote.html` lautet, dann werden auf verlinkenden Display Ads die Tracking-Codes als sogenannte URL-Parameter mitgegeben. Ein erstes Ad bei Yahoo.com linkt so zum Beispiel auf `www.bikes.com/fruehlingsangebote.html?cid=011`, ein zweites bei Bing.com auf `www.bikes.com/fruehlingsangebote.html?cid=021`. Ein Aufruf jeder dieser Links führt den Benutzer auf die gleiche Frühlingsangebotsseite. Anhand hinterlegter Regeln kann das Analytics-System aber nun je nach Kampagnen-ID (im Beispiel der Parameter »cid«) die Herkunft eines Besuchers der einen oder anderen Plattform zuordnen und die hinterlegten Metainformationen abrufen.

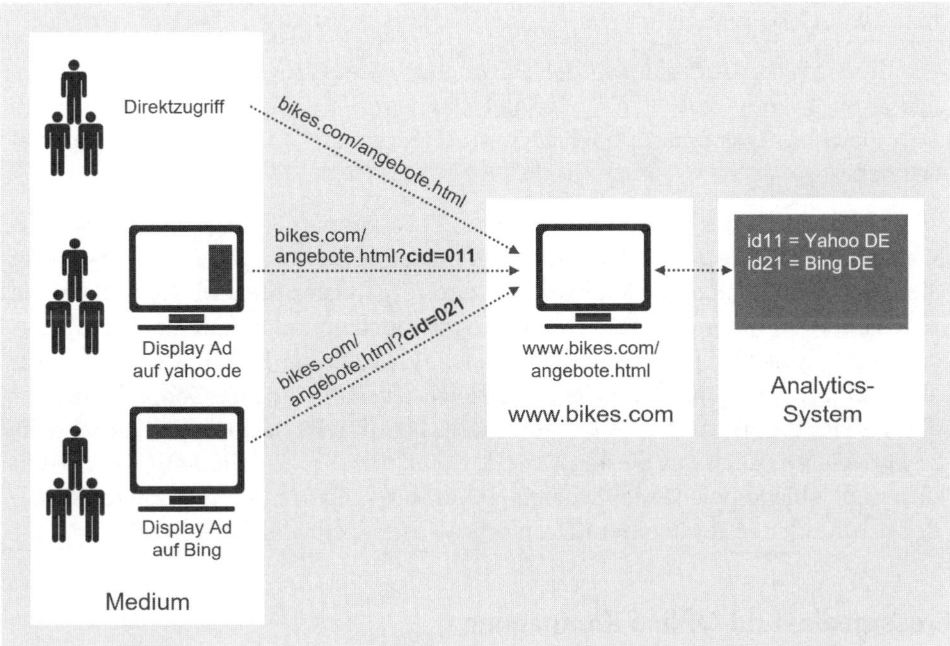

Abb. 6.13: Funktionsweise der Kampagnenmessung mittels Tracking-Codes je Plattform

Für andere Kampagnenarten wie Affiliate-, Influencer- oder E-Mail-Marketing funktioniert das Verfahren vom Prinzip her genauso. Erhält jedes einzelne Display Ad oder jeder E-Mail-Link solch einen Tracking-Code, kann später bis auf das einzelne Ad zurück das Verhalten von Besuchern analysiert werden – zum Beispiel welcher Link oder welches Ad schlussendlich zu den meisten Kontaktanfragen über die Website führte.

Kampagnen-Tracking mit Google Analytics

Google Analytics funktioniert bezüglich Kampagnen-Tracking etwas pragmatischer als bei anderen Systemen üblich. Es ist nämlich bei Google Analytics nicht notwendig, Meta-Informationen einer Kampagne im System zu hinterlegen. Stattdessen werden alle Meta-Informationen gleich im Kampagnen-Tag bzw. der hinter einem Ad gelegten URL übergeben. Dies resultiert darin, dass eine für Google Analytics verschlagwortete URL gleich mehrere URL-Parameter enthält, z.B.:

www.bikes.com/fruehlingsangebote.html?utm_source=Bing&utm_medium=Display&utm_campaign=Fruehling-2023. Aufgrund der Bezeichnung der Parameter, die alle mit »utm« beginnen, werden Kampagnen-Tags umgangsprachlich auch als »UTMs« bezeichnet. UTM ist dabei die Abkürzung von »Urchin Tracking Module«, wobei »Urchin« der ursprüngliche Produktname von Google Analytics war.

Für die einfache Generierung der Parameter bietet Google ein Online-Tool an, das unter ga-dev-tools.google/ga4/campaign-url-builder zu finden ist. Den gleichen Zweck kann aber auch eine Excel-Datei mit hinterlegter Formel erfüllen.

Obwohl dadurch die Verwendung eines UTM-Kampagnen-Tags sehr einfach ist – es braucht keine Hinterlegung von Metadaten im Analytics-System –, birgt dies auch entsprechende Gefahren. Bei der Vergabe der Metainformationen wie Kanal oder Kampagnen-Name ist nämlich peinlich genau darauf zu achten, dass die Schreibweise bei jedem Ad identisch ist. Wird z.B. der E-Mail-Kanal je einmal als *E-Mail, e-Mail, eMail* und *Email* bezeichnet, dann erfasst Google Analytics dies als vier unterschiedliche Kanäle. Dieses Naming ist nachträglich nicht mehr zu korrigieren. Auch aus diesem Grunde empfiehlt es sich daher, mit einer strukturierten Ablage wie Excel-Dateien zu arbeiten, wo z.B. hinterlegte Kanal-Bezeichnungen je Ad in einem Drop-down ausgewählt werden können.

Crossmedia- und Offline-Kampagnen

Einen besonderen Fall für die Analyse stellen crossmediale Kampagnen dar, die beispielsweise offline beginnen und als eines der Ziele den Website-Besuch haben. Dies können Direct Mailings, Fernsehspots, Plakatwerbung, Flyers, Radiowerbung usw. sein, die zum Beispiel einen Online-Wettbewerb oder eine Online-Registrierung vorgesehen haben. Gerade bei der Involvierung verschiedener Medien wäre es besonders interessant zu wissen, welches Medium und welche Investition den bedeutendsten Effekt auf den Online-Kanal haben. Das Grundproblem ist aber, dass ein Besucher, der zum Beispiel aufgrund eines persönlich empfangenen Direct Mailings oder eines Radiospots die Website aufsucht, keiner Kampagne zugeordnet werden kann. Tippt er einfach die Website-URL in den Browser ein, dann wird dies als Direktzugriff wie in Abschnitt 6.1 beschrieben gewertet und nicht als Teil einer Kampagne.

Der Trick, um nun auch Offline-Kampagnen online messbar zu machen, ist folgender: Genau wie bei einer Display Ad-Kampagne, wo dem Link von jedem Ad ein Tracking-Code angehängt wird, hängt man auch offline solch einen eindeutigen Code an. Nun ist es natürlich zwecklos, wenn man auf Direct Mailings oder gar im Radio URLs wie www.bikes.com/fruehlingsangebote.html?cid=031 kommuniziert. Stattdessen muss man für jeden Offline-Kanal und in jeder Offline-Werbung eine sprechende Kurz-URL einrichten, die eindeutig ist und gut kommuniziert werden kann. So könnte auf dem Direct Mailing zum Beispiel `fruehling.bikes.com` oder `www.bikes.com/fruehling` als Link angegeben werden, um direkt auf die aktuellen Frühlingsangebote zu gelangen. Für andere Kanäle und Werbungen wählt man analog andere URLs, die aber alle auf die gleiche Landingpage führen:

- Flyer: `www.bikes.com/fruehjahr`
- Plakate: `www.bikes.com/spring`
- Radio: `www.bikes.com/april`
- Fernseh: `www.bikes.com/angebote`
- usw.

Entscheidend ist, dass die kommunizierte URL für jeden Kanal eindeutig ist und sonst nicht bereits verwendet wird. Ein Besucher soll die Kurz-URL ja nur dann eingeben, wenn er über das betreffende Offline-Medium darauf gelangt ist. Natürlich lässt sich nicht vermeiden, dass trotzdem jemand nur die Haupt-URL der Website eingibt und nachher versucht, sich durch die Navigation zu den Frühlingsangeboten durchzuklicken. Dennoch wird ein Besucher im Normalfall die Kurz-URL wählen, da er dadurch direkt auf den angepriesenen Angeboten landet und damit Zeit spart.

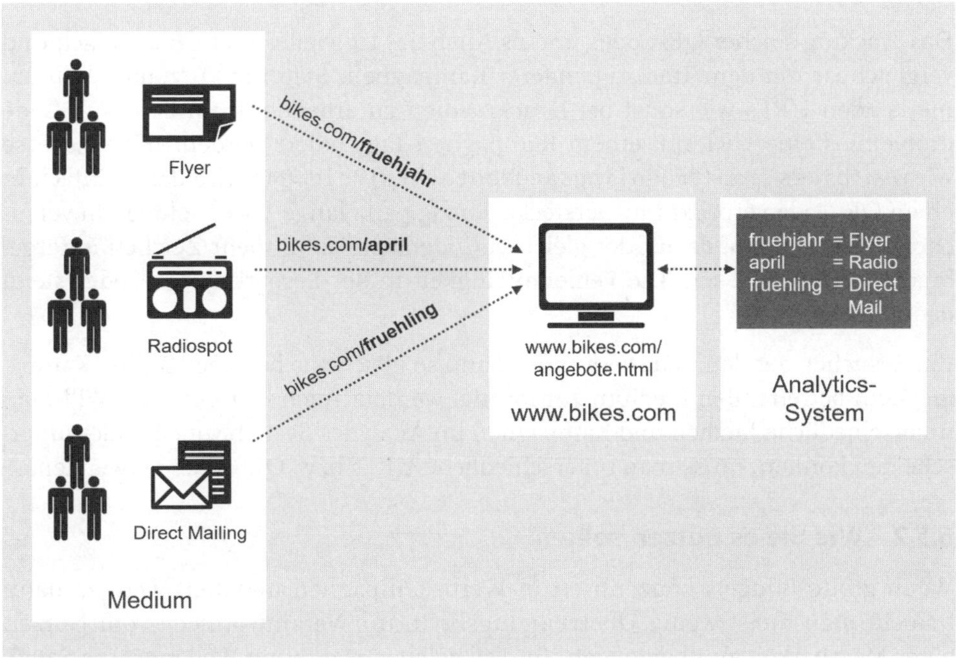

Abb. 6.14: Funktionsweise der Messung von Offline-Kampagnen

Analog den Online-Kampagnen bildet man im Analytics-System die Kurz-URLs nach und versieht sie mit Kampagnen-Metadaten wie Kanal, Reichweite oder Kosten. Die zusätzlich notwendigen Schritte sind nun aber noch, eine Weiterleitung der Kurz-URL auf die Zielseite einzurichten und dabei den Kampagnen-Tracking-Code zu ergänzen. Falls das Content-Management-System Autoren eine solche Einrichtung von Kurz-URLs und Weiterleitungen nicht erlaubt, ist hierfür ein kleiner technischer Eingriff auf dem Webserver notwendig. Eine andere einfachere Lösung ist es, URL-Shortener zu verwenden. Dabei wird die mit dem Kampagnen-Tag versehene Ziel-URL über den Shortener zu einer sprechenden Kurz-URL gekürzt. Manche URL-Shortener wie z.B. `www.bit.ly` bieten die kostenpflichtige Möglichkeit, die eigene Domain für die Kurz-URL zu verwenden. Somit ist es auch möglich, sprechende URLs wie `www.bikes.com/fruehjahr` zu generieren, die dann auf eine getrackte Zielseite wie `www.bikes.com/fruehlingsangebote.html?cid=032` weiterleiten.

Ein Spezialfall bei Crossmedia-Kampagnen ist die Verwendung von sogenannten QR-Codes (Quick Response Codes). Dies sind die mittlerweile weit verbreiteten zweidimensionalen Strichcodes, wie sie auf Briefen, Plakaten, Inseraten oder anderen Druckmedien anstelle von URLs aufgedruckt werden. Die Idee hinter den QR-Codes ist, dass ein Betrachter mit seinem Smartphone den Code abfotografieren kann und dann direkt mit dem mobilen Browser auf eine definierte Website gelangt. Das mühsame Abtippen einer URL im Smartphone entfällt damit, der Medienbruch von Print zu Online wird zu einer geringeren Hürde.

Das Tracking solcher QR-Codes mittels Analytics ist wiederum relativ einfach und vergleichbar mit dem Tracking anderer Kampagnen. Statt mit kurzen und gut zu merkenden URLs wie sonst bei Druckmedien zu arbeiten, kann beim QR-Code problemlos eine URL mit einem Kampagnen-Tag codiert werden. Eine Adresse wie `www.bikes.com/fruehlingsangebote.html?cid=041` wird dann einfach in einen QR-Code verpackt und versteckt. Einzig ganz lange URLs sollte man versuchen zu vermeiden, da auf der gleichen Codefläche dann mehr Zeichen untergebracht werden müssen. Die Fehleranfälligkeit in der Lesbarkeit des Codes steigt dadurch etwas an.

Ein Besucher, der den Code verwendet, kann so gleich wie bei einer Online-Kampagne dem betreffenden Medium zugeordnet werden. Auch hier gilt aber: Will man unterschiedliche Medien und Kampagnen im Analytics-System voneinander unterscheiden können, muss man unterschiedliche URLs bzw. QR-Codes verwenden.

6.5.2 Wie Sie es nutzen sollten

Wenn große Budgets konzentriert in Werbekampagnen investiert werden, dann braucht man meist wenig Überzeugungskraft, um Verantwortliche vom Nutzen einer Messbarkeit zu überzeugen. Im Fall solcher Marketing-Wellen ist die Sensibilität meist gegeben. Bei vielen kleineren Aktionen, zum Beispiel von unterschiedlichen Produktmanagern oder Units, ist die Übersichtlichkeit aber nicht immer vorhanden. Genau deshalb empfiehlt es sich, alle Kampagnen möglichst zentral zu messen. Um ein Empfinden dafür zu haben, welche Kampagnen in welcher Form gerade laufen, lautet die Best Practice, die Reichweite und Kosten der aktuellen Aktivitäten zu monitoren. Somit erhält man ein Gefühl für den aktuellen Medien- und Werbemix. Zu den auf diesem abstrakten Level zu betrachtenden Kennzahlen gehören

- Reichweite, Klickrate und Kosten von Ads
- Versandzahlen, Öffnungszahlen und Klickrate bei E-Mail-Newslettern
- Reichweite und Kosten von Offline-Kampagnen und deren Effekt auf Website-Besuche

Wenn man häufig Kampagnen lanciert, sollte man diese Zahlen während der Kampagnenlaufzeiten täglich oder wöchentlich überwachen. Über die Zeit betrachtet ergeben die Reichweitenzahlen einen Einblick darüber, wie stark das eigene Webangebot in der Öffentlichkeit präsent ist und wie ausgeprägt man sich gerade im »Akquisitionsmodus« befindet.

Wenn man die gleichen Anzeigen auf unterschiedlichen Plattformen schaltet, kann man zudem anhand der Klickrate Erkenntnisse darüber gewinnen, welche Plattform über die geeignetste Zielgruppe verfügt. Höhere Klickraten beim gleichen Ad heißen in dem Fall, dass die Zielgruppe eine höhere Affinität zum Angebot hat. Auf die Metrik der Klickrate sollte man allerdings wirklich nur setzen, wenn man das gleiche Ad über verschiedene Plattformen vergleicht und so die Plattformen oder den Kontext der Anzeige und nicht die Anzeige selbst testet. Über die Qualität eines Ads sagt die Klickrate nämlich relativ wenig aus.

Darüber hinaus kann man von den allgemeinen Kampagnenbetrachtungen auf diesem Level aber nur wenig lernen. Schaltet man nur wenige Kampagnen, lässt sich sogar komplett auf ein solches Monitoring verzichten. Um Welten nützlicher als diese reinen Überblickzahlen ist dann jedoch die Optimierung von ausgewählten Kampagnen auf ihre Effizienz und Effektivität im Hinblick auf eine Zielerreichung. Denn damit kann bares Geld gespart werden. Wie dies genau geht, werden Sie später im Teil III dieses Buches in Kapitel 15, Abschnitt 15.3 detailliert sehen.

6.5.3 Was es zu beachten gilt

Den Aufwand, den man braucht, um Kampagnen in einem Analytics-System zu tracken, darf man keinesfalls unterschätzen. Gerade wenn man auf vielen Plattformen und in verschiedenen Formaten und Varianten Ads schaltet, ist eine genaue Planung essenziell. In den üblichen Medienplan sind deshalb unbedingt auch die Kampagnen-Tags aufzunehmen, die in den Verlinkungen der einzelnen Anzeigen hinterlegt werden müssen und je nach Analytics-System auch in diesem hinterlegt werden müssen. Macht man dies nicht von Anfang an strukturiert – zum Beispiel in einer simplen Excel-Datei wie in Abbildung 6.15 –, dann ist die Gefahr groß, dass irgendwo zwischen Ad-Server und Analytics-System falsche Codes eingesetzt werden. Für die Auswertung ist dies nahezu eine Katastrophe, da, sobald die Kampagne läuft, es rückwirkend nicht mehr korrigiert werden kann. Die Auswertungsdaten sind dann praktisch nutzlos.

Landing-Page	ID	Offline-URL	Quelle	Medium	Inhalt	Kampagne	Ziel-URL
		Redirect einrichten. Muss eindeutig sein.					Hinter Banner etc. verlinken
http://www.bikes.com/angebot.html	011		Kundenmailing	Email		Fruehling	http://www.bikes.com/angebot.html?utm_source=Kundenmailing&utm_m
http://www.bikes.com/angebot.html	012		Newsletter	Email		Fruehling	http://www.bikes.com/angebot.html?utm_source=Newsletter&utm_mediu
http://www.bikes.com/angebot.html	013		Yahoo	Banner	Skyscraper	Fruehling	http://www.bikes.com/angebot.html?utm_source=Yahoo&utm_medium=
http://www.bikes.com/angebot.html	014		Yahoo	Banner	Horizontal	Fruehling	http://www.bikes.com/angebot.html?utm_source=Yahoo&utm_medium=
http://www.bikes.com/angebot.html	015		MSN	Banner	Skyscraper	Fruehling	http://www.bikes.com/angebot.html?utm_source=MSN&utm_medium=Ba
http://www.bikes.com/angebot.html	016		MSN	Banner	Horizontal	Fruehling	http://www.bikes.com/angebot.html?utm_source=MSN&utm_medium=Ba
http://www.bikes.com/angebot.html	017		Bild	Banner	Fullscreen	Fruehling	http://www.bikes.com/angebot.html?utm_source=Bild&utm_medium=Ban
http://www.bikes.com/angebot.html	018		Bild	Banner	Skyscraper	Fruehling	http://www.bikes.com/angebot.html?utm_source=Bild&utm_medium=Ban
http://www.bikes.com/angebot.html	019		Bild	Reportage		Fruehling	http://www.bikes.com/angebot.html?utm_source=Bild&utm_medium=Rep
http://www.bikes.com/angebot.html	020		Twitter	Social Media		Fruehling	http://www.bikes.com/angebot.html?utm_source=Twitter&utm_medium=
http://www.bikes.com/angebot.html	021		Facebook	Social Media		Fruehling	http://www.bikes.com/angebot.html?utm_source=Facebook&utm_mediu
http://www.bikes.com/angebot.html	022	http://www.bikes.com/fruehling	Braindust	Direct Mailing		Fruehling	http://www.bikes.com/angebot.html?utm_source=Braindust&utm_mediu
http://www.bikes.com/angebot.html	023	http://www.bikes.com/fruehjahr	Braindust	Flyer		Fruehling	http://www.bikes.com/angebot.html?utm_source=Braindust&utm_mediu
http://www.bikes.com/angebot.html	024	http://www.bikes.com/spring	Braindust	Plakat		Fruehling	http://www.bikes.com/angebot.html?utm_source=Braindust&utm_mediu
http://www.bikes.com/angebot.html	025	http://www.bikes.com/april	SWR	Radio		Fruehling	http://www.bikes.com/angebot.html?utm_source=SWR&utm_medium=R
http://www.bikes.com/angebot.html	026	http://www.bikes.com/offers	Tele	Fernseh		Fruehling	http://www.bikes.com/angebot.html?utm_source=Tele&utm_medium=Fer
http://www.bikes.com/angebot.html	027	http://www.bikes.com/aktuell	Company	E-Mail Footer		Fruehling	http://www.bikes.com/angebot.html?utm_source=Company&utm_mediu

Abb. 6.15: Strukturierte Auflistung von Kampagnen, IDs und URLs

Wenn man sehr viele Kampagnen auf granularer Ebene tracken möchte – zum Beispiel als Großunternehmen für Kampagnen in verschiedenen Ländern und für verschiedene Brands –, dann wird allerdings auch eine Excel-Datei für die Verwaltung der Kampagnen-Codes unpraktisch. Sollen viele Personen gleichzeitig solche Codes generieren, allenfalls noch mit unterschiedlichen Berechtigungen für die Definition von Metadaten, dann sind spezifische Kampagnen-Verwaltungstools von Vorteil. Solche Tools sind zum Beispiel `www.terminusapp.com`, `www.utm-linkmanager.com` oder `www.utm.io`.

Ein weiterer typischer Konfliktpunkt bei der Reichweiten-Auswertung von Kampagnen ist der Vergleich von Zahlen aus dem Analytics-System mit jenen von Ad-Servern. Wenn die Plattformen, auf denen die Anzeigen geschaltet werden, höhere Einblendungs- oder Klickzahlen angeben, als dies die eigenen Statistiken widerspiegeln, kommt schnell der Verdacht von Betrug auf. Etwas kritisches Nachfragen bei den betreffenden Plattformen kann sicher nichts schaden. Jedoch muss man sich bewusst sein, dass auch die Einblendungsmessungen von Ad-Servern denselben Messungenauigkeiten unterliegen, wie Sie es für Analytics-Systeme in den vorangegangenen Kapiteln in Abschnitt 3.2.5 und 5.7 gesehen haben. Unterschiede im Bereich von plus/minus zehn Prozent sind deshalb normal und systembedingt durchaus erklärbar.

6.6 Traffic von Social Networks wie Twitter bzw. X, Facebook oder LinkedIn

Neben den klassischen Kampagnen-Maßnahmen wie Display-Ads, E-Mail- oder Suchmaschinen-Marketing haben heute Social Networks wie Twitter bzw. X, Facebook oder LinkedIn eine zentrale Bedeutung. Dabei eignen sich diese Plattformen sowohl für bezahlte Display-Werbung wie auch für den organischen Aufbau von interessierten Followers. Die bezahlte Werbung auf Social Media (»Paid Social«) unterscheidet sich dabei aus Analytics-Sicht nur unwesentlich von der bezahlten Werbung auf anderen Plattformen, wie bereits im vorangegangenen Abschnitt ausgeführt wurde. Davon zu unterscheiden ist der organisch generierte Traffic aus Social Media (»Organic Social«). Eigen ist dieser Form der Vermarktung, dass sie mehr auf ein kontinuierliches Wachstum der Reputation abzielt als auf das plötzliche Erreichen einer großen Reichweite. Der daraus generierte Effekt ist daher mit Analytics-Methoden eher langfristig als ad hoc zu monitoren.

6.6.1 Was gemessen werden kann

Wer eine Fan-Page auf Facebook erstellt, Videos auf YouTube einstellt oder über ein Twitter-Konto Nachrichten an seine Followers verbreitet, möchte die Wirkung und den Nutzen dieser Anstrengungen überprüfen. Je nach Plattform gibt es dabei unterschiedliche Kennzahlen wie z.B. die Anzahl Followers bei Twitter bzw. X, die Freunde oder Fans bei Facebook oder die Anzahl Betrachtungen auf YouTube. Welche Messmöglichkeiten es für solche Inhalte auf Drittplattformen gibt, wird in Kapitel 10 in Abschnitt 10.2 weiter ausgeführt.

Im Hinblick auf die Traffic-Quellen für die eigene Website interessiert aber erst mal, wie viele Besucher von einem Social Network schlussendlich auf der eigenen Site landen und dort eine bestimmte Aktion – zum Beispiel eine Informationssuche oder gar Bestellung – durchführen.

Derartiger Traffic wird von Analytics-Systemen in einer eigenen Kategorie »Social« oder »Organic Social« geführt. Diese Kategorie kommt dadurch zu Stande, dass Analytics-Systeme ähnlich wie bei Suchmaschinen eine Liste mit bekannten sozialen Netzwerken führen. Ist das soziale Netzwerk darin vorhanden, wird es diesem Traffic zugeordnet – ansonsten landet es im Topf der Verweise.

Auch bei Google Analytics existiert eine entsprechende Auswertung zum organischen Traffic aus sozialen Netzwerken. Um diesen detailliert je Plattform auszuwerten, so wie in Abbildung 6.16 gezeigt, müssen Sie allerdings in die Tiefe der Auswertungen vordringen: Im Bericht NEU GENERIERTE ZUGRIFFE unter dem Navigationspunkt AKQUISITION fügen Sie dabei einfachheitshalber einen neuen Filter hinzu, der als SITZUNG – STANDARD-CHANNELGRUPPE nur die Dimension ORGANIC SOCIAL enthält. In der so erzeugten Auswertung des Organic Social Traffics lässt sich anschließend über ein Plus-Zeichen neben der ersten Dimension eine weitere Dimension einblenden. Wenn man hierfür SITZUNG – QUELLE auswählt, gelangt man zu der Auflistung der verweisenden Sozialen Netzwerken.

Noch detaillierter gelingt das Tracking von Social Media Traffic dann, wenn man die verweisenden Links aus Social Networks wie Kampagnen (Abschnitt 6.5) behandelt. Versieht man die Verlinkungen mit entsprechenden Kampagnen Tags, dann lassen sich nämlich nicht nur die Plattformen selbst, sondern auch die einzelnen Posts in den Social Networks auseinanderhalten.

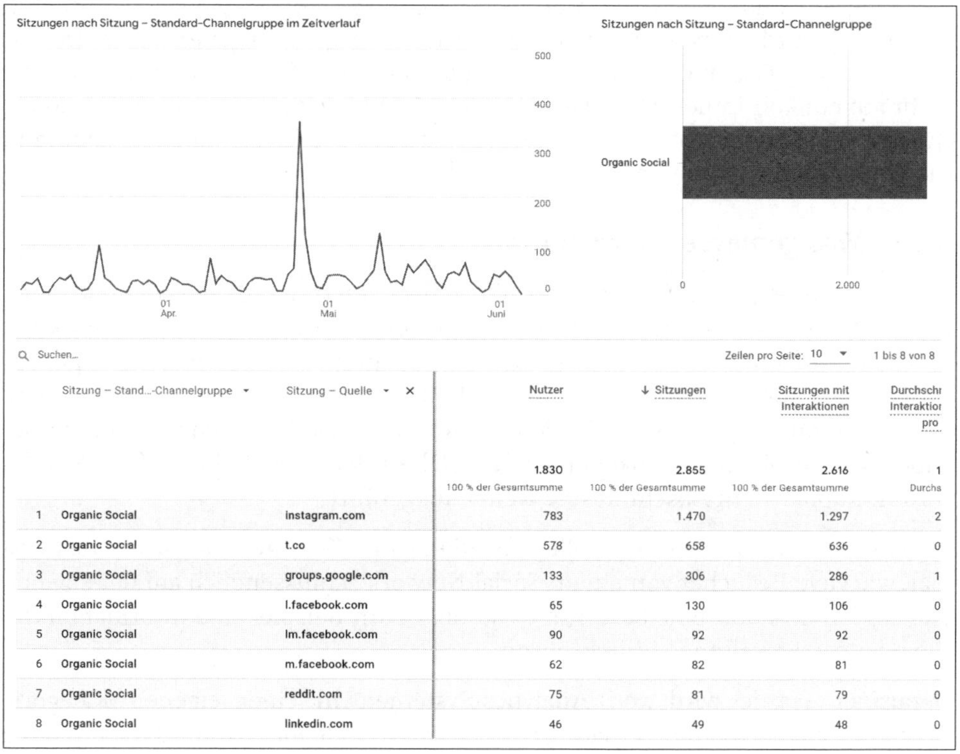

Abb. 6.16: Auswertung von Social Network Traffic

Um zum Beispiel von Twitter und Facebook auf die Zielseite `www.abc.de/wettbewerb/sommeraktion.html` der eigenen Website zu verlinken und das Ganze mit einem Analytics Tool wie Google Analytics als Kampagne zu tracken, geht man wie folgt vor:

- Kampagnen-URLs definieren: Analog dem Vorgehen bei Kampagnen-URLs hängt man der Zielseite Kampagnen-Parameter an, die den Kampagnen-Namen (z.B. »Sommer Wettbewerb«), die Quelle (Facebook oder Twitter) und das verwendete Medium (z.B. »Social Network« enthalten). Bei Google Analytics würde eine solche Kampagnen-URL für Facebook wie folgt `www.abc.de/wettbewerb/sommeraktion.html?utm_source=Facebook&utm_medium=Organic%2BSoical&utm_campaign=Sommer%2BWettbewerb` und für Twitter `www.abc.de/wettbewerb/sommeraktion.html?utm_source=Twitter&utm_medium=Organic%2BSocial&utm_campaign=Sommer%2BWettbewerb` lauten.

- Short-URLs generieren: Aus diesen beiden URLs lassen sich nun zwei Kurz-URLs, z.B. `www.bit.ly/ABCD` für Facebook und `www.bit.ly/EFGH` für Twitter generieren.
- Kurz-URLs je Plattform platzieren: Diese beiden URLs hinterlegt man nun als Link auf die Zielseite auf der jeweiligen Plattform.

Nun lassen sich die einkommenden Links wie jede andere Kampagne im Web Analytics Tool auswerten. Für Links von weiteren Social Networks oder für andere Zielseiten lassen sich natürlich analog Kampagnen-URLs definieren. Gleichfalls kann man nun über die Verwendung eines weiteren Parameters wie »utm_content« gar unterschiedliche Posts voneinander abgrenzen. Auch Influencer-Marketing-Kampagnen, bei welchen Influencer in sozialen Netzwerken auf die Unternehmens-Website zurück verlinken können analog diesem Muster erfolgen. Sowohl für eigene Post wie für Influencer-Kampagnen bleiben allerdings die gleichen Herausforderungen wie bei anderweitigen Kampagnen – nämlich, dass die richtigen Kampagnen Tags erstellt und auf der jeweiligen Plattform verwendet werden müssen.

6.6.2 Wie Sie es nutzen sollten

Wird der verweisende Traffic aus Social Networks wie Kampagnen gemessen, dann sollte auch die Nutzung der Auswertung vergleichbar mit Kampagnen sein: Als sogenannte Mini-Kampagne gilt dann jede Aktion in den Social Networks, die einen Link auf die eigene Website enthält. Ein Tweet mit dem Verweis auf einen Wettbewerb auf der eigenen Website wäre dann eine solche Mini-Kampagne, für die man einige Kennzahlen im Blickfeld halten sollte.

Zu den relevanten Kennzahlen zählen insbesondere die folgenden:

- Zugriffe je Quelle: Die absolute Anzahl Zugriffe je Quelle gibt als einfacher Indikator Aufschluss darüber, welche Social Networks einen Business Impact bzw. Bezug zur eigenen Website herstellen können.
- Zugriffe je Quelle im Vergleich zur direkten Reichweite: Setzt man die Anzahl Zugriffe ins Verhältnis zu der direkten Reichweite des betreffenden Social Networks (z.B. die Anzahl Followers auf Twitter oder Freunde und Fans auf Facebook), erhält man eine Aussage zum viralen Effekt der Mini-Kampagne. Ist eine solche hochwertig, verbreitet sich die Nachricht entsprechend im Internet, z.B. durch Retweets – die Wiederholung einer Twitter-Nachricht durch andere Nutzer. Der verwendete Kampagnen-Link wird so verbreitet und damit häufiger angeklickt. Das Verhältnis »Zugriffe« zu »direkter Reichweite« wird erhöht und wird im Idealfall gar größer als 1.
- Weitere Standardkennzahlen je Quelle: Analog dem Traffic aus anderen Quellen zählen Seiten je Zugriff, Verweildauer oder Absprungrate je Quelle zu

wichtigen Kennzahlen, um zu erkennen, inwiefern die Zielseite den in der Mini-Kampagne geschürten Erwartungen der Nutzer entspricht.

Je nachdem wie häufig Mini-Kampagnen lanciert werden, sollte auch das Monitoring dieser Kennzahlen stattfinden. Wichtig ist dabei zu beachten, dass die Social Networks alles andere als träge funktionieren. Bei Twitter zum Beispiel erfolgen die Reaktionen auf eine Aktion typischerweise innerhalb von Minuten oder Stunden. Die Überprüfung des Erfolgs einer Mini-Kampagne sollte deshalb unmittelbar nach der Publikation erfolgen.

Beobachtet man die Auswirkungen solcher Mini-Kampagnen und testet verschiedene Varianten aus, lässt sich ein sehr schneller Lerneffekt erzielen. Bereits nach wenigen Aktionen ist erkennbar, was auf welcher Plattform welche Nutzergruppen interessiert und sich rasch verbreitet – oder eben nicht. Ausprobieren – und dazu gehört auch, kleine Misserfolge zuzulassen – ist daher am Anfang empfehlenswert.

6.6.3 Was es zu beachten gilt

Analog zu anderen Kampagnen wie Display-Ads oder E-Mail-Marketing gilt es daran zu denken, die URL der Zielseite vor dem Start der Aktion mit den Kampagnen-Parametern zu versehen – denn ist eine URL erst mal publiziert, lässt sich das Ganze nachträglich nicht mehr einrichten.

Anders als bei den herkömmlichen Kampagnen muss man sich aber bei viralen Kampagnen bewusst sein, dass man nicht mehr immer alle Zügel in den Händen hat. Die Verbreitung von Nachrichten und auch den darin enthaltenen Links passiert nach Willen und Gutdünken der Nutzer. Dies kann daher auch bedeuten, dass Nachrichten und Links beim Verbreiten verändert werden. Schön mit Kampagnen-Parameter versehene Kurz-URLs können so plötzlich durch eine andere Kurz-URL ersetzt werden, sodass der virale Effekt nicht mehr vollständig in den Auswertungen nachvollzogen werden kann. Genauso kann eine so verbreitete URL inklusive Kampagnen-Parameter von Dritten auf deren Website verlinkt werden, sodass ein Verweis künftig als Kampagne gezählt wird. Solche Nebeneffekte gehören jedoch zu einer viralen Kampagne und sind kaum zu vermeiden.

Der Erfolg einer viralen Kampagne hängt schlussendlich davon ab, dass der Empfänger der Nachricht einen starken Anreiz hat, diese weiterzuverbreiten. Beinhaltet die Nachricht nicht schon aufgrund ihrer Neuigkeit oder Relevanz einen solchen Anreiz in sich, lässt sich dieser auch mittels gezielter Maßnahmen verstärken. Ein typisches Vorgehen, um zum Beispiel bei Twitter einen Retweet bzw. eine Wiederholung der Nachricht zu erreichen, ist daher, unter allen Retweetern eine kleine Preisverlosung durchzuführen. Der Ausgestaltung solcher Wettbewerbe sind dabei kaum Grenzen gesetzt.

Kapitel 7

Besuchereigenschaften

Wenn man eine Website gestaltet und Inhalte publiziert, dann sollten eigentlich immer die Bedürfnisse des Besuchers im Mittelpunkt stehen. Die düstere Wahrheit ist aber, dass viele Website-Betreiber keine Ahnung haben, wer die Besucher ihrer Website eigentlich sind. Die Besucher sind aber keineswegs eine anonyme und einheitliche Masse, sondern – wie in der realen Welt auch – Individuen mit ganz unterschiedlichen Eigenschaften, Bedürfnissen und Zielen. Wenn man diese etwas genauer kennt und versteht, dann hat man die Chance, einen direkteren Zugang zu seinen Kunden zu schaffen. Dies wiederum ist die Basis, um auch online besser Geschäfte zu machen.

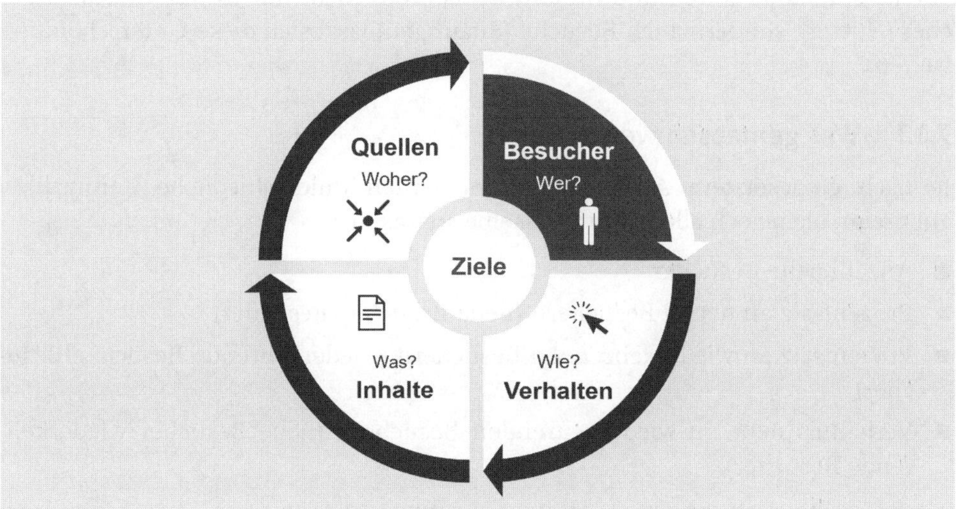

Abb. 7.1: Verstehen, wer die Besucher sind, die auf die Website gelangen

Im Idealfall würde man natürlich jeden Besucher mit all seinen Vorlieben persönlich kennen, so wie dies ein gutes Hotel mit seinen Gästen zu tun versucht. Von vornherein zu wissen, ob ein Gast das Zimmer mit Morgen- oder Abendsonne oder zum Frühstück Tee oder Kaffee bevorzugt, erhöht die Wahrscheinlichkeit, dass der Gast sich wohlfühlt und wiederkehrt. Auf einer Website kann man seine Besucher natürlich nicht so genau kennen, sofern man nicht gerade eine personalisierte Portal- oder Shopping-Site betreibt.

Schon viel bringt es jedoch, wenn man seine Besucher in drei bis sieben Gruppen einteilt und sein Angebot auf diese abstimmen kann. Um dies zu tun, muss man aber diese Besucher zuerst kennenlernen. Genau dies versuchen wir in diesem Kapitel mit den Möglichkeiten, die Analytics bietet, zu tun. Ziel ist es nun, dass wir einerseits verstehen, welche Hintergründe und Eigenschaften diese drei bis sieben Gruppen ungefähr ausmachen. Andererseits werden wir versuchen, uns je Gruppe einen typischen Repräsentanten vorzustellen. Dies könnte zum Beispiel Otto aus Süddeutschland sein, männlich und in den Dreißigern, deutschsprachig, Windows- und Chrome-Nutzer und im Durchschnitt jede zweite Woche auf unserer Website anzutreffen.

7.1 Neue und wiederkehrende Besucher

Eine der gebräuchlichsten Kennzahlen, wenn man einen genaueren Blick auf die Besucher einer Website werfen möchte, ist die Aufteilung zwischen neuen und wiederkehrenden Besuchern. Neue Besucher sind jene, die zum ersten Mal auf die Website stoßen. Wiederkehrende folglich solche, die vor einer gewissen Zeit bereits einmal da waren und nun zurückkehren. Nicht nur für die Metrik Besucher (Nutzer), sondern auch Besuche (Sitzungen) lässt sich diese Unterscheidung treffen.

7.1.1 Was gemessen werden kann

Je nach eingesetztem Analytics-System werden unterschiedliche Kennzahlen angezeigt, die jedoch alle in etwa dasselbe aussagen:

- Anzahl neue Besucher
- Prozentsatz an neuen Besuchern (neue Besucher/Besucher)
- Prozentsatz an wiederkehrenden Besuchern (wiederkehrende Besucher/Besucher)
- Verhältnis neue zu wiederkehrenden Besuchern (neue Besucher/wiederkehrende Besucher)

Analoges gilt für die Metrik der Besuche. Schließlich sollte man sich für eine Metrik entscheiden, je nachdem was man im Fokus haben möchte: Wem für die Verfolgung seiner Ziele neue Besucher besonders wichtig erscheinen, wählt den Prozentsatz an neuen Besuchern. Wessen Geschäftsmodell eher auf Bestandskunden aufbaut, ist mit dem Prozentsatz wiederkehrender Besucher gut bedient. Wer lieber mit Verhältnissen arbeitet, wählt die Ratio der beiden Werte.

Anzahl-Werte wie die Anzahl neuer Besucher sollte man dagegen möglichst meiden. Denn wie gut ist es nun, wenn Sie an einem Tag 50 neue Besucher mehr haben? »Mehr Besucher sind immer gut«, kann man sich sagen – aber wenn Sie am selben Tag 300 wiederkehrende Besucher mehr hatten als am Vortag, dann sind die 50 vielleicht doch nicht so gut. In Verhältnissen, wo neue Besucher zu der Gesamtbesucherzahl oder zu wiederkehrenden Besuchern gesetzt werden, kommen solche außergewöhnlichen Schwankungen wesentlich besser zur Geltung.

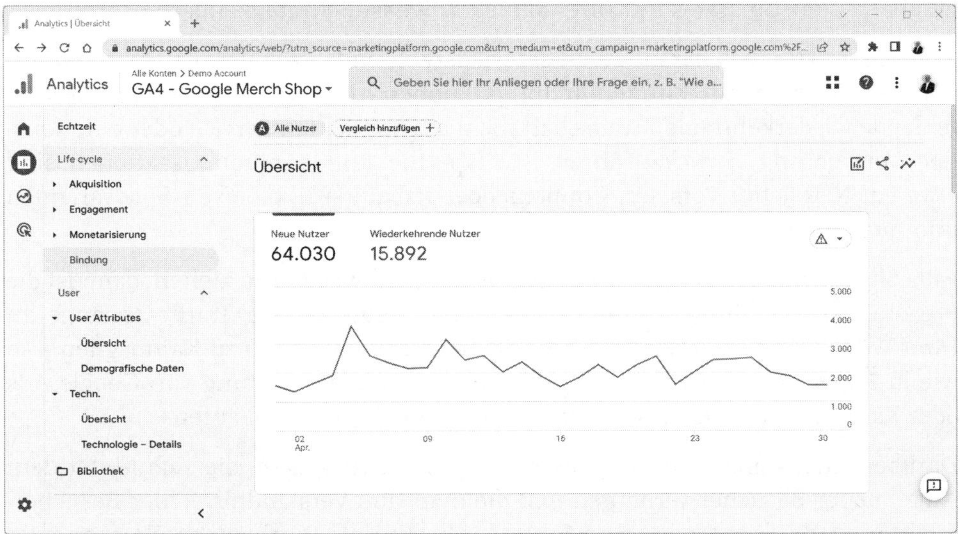

Abb. 7.2: Neue und wiederkehrende Besucher

7.1.2 Wie Sie es nutzen sollten

Eine Wertung für einen hohen Anteil neuer oder wiederkehrender Besucher fällt nicht ganz so einfach aus. Grundsätzlich kann man nämlich nicht sagen, dass viele neue oder wiederkehrende Besucher gut oder schlecht sind. Viele neue Besucher sagen aus, dass man neue Benutzergruppen erreicht und damit das Potenzial hat, neue Kunden zu gewinnen. Viele wiederkehrende Besucher sagen aus, dass man interessante Inhalte und Services bietet, die Besucher gern mehr als einmal aufsuchen.

Das Verhältnis neuer zu wiederkehrenden Besuchern ist als ausgewogen zu bezeichnen, wenn im Durchschnitt etwa zwei neue Besucher auf einen wiederkehrenden treffen. Je nach Website-Strategie und -Zielen – auf die Teil III dieses Buches noch genauer eingehen wird – ist es aber gut, wenn man mehr oder weniger hat. Bei einer Website, für die stark Werbung betrieben wird, wird der Anteil neuer Besucher deutlich höher sein. 80 Prozent neue Besucher sind dann keine Seltenheit. Die Website befindet sich sozusagen im »Akquisitionsmodus«, was sich in den hohen Neubesucher-Zahlen widerspiegelt. Für Portale oder Content-Sites, die davon leben, dass Besucher wiederkehren, kann der Anteil neuer Besucher bei 30 Prozent liegen und immer noch gut sein. Eine solche Website befindet sich im »Kundenerhaltungsmodus« und baut ihr Geschäft auf vielen wiederkehrenden Besuchern auf.

Grundsätzlich lässt sich aber sagen, dass die Kennzahlen rund um die neuen und wiederkehrenden Besucher tendenziell überbewertet werden. Denn Aktionen, die eine kurz- oder mittelfristige Wirkung hätten, leiten sich kaum daraus ab. Nutzen Sie deshalb das Verhältnis an neuen Besuchern, um in größeren Zeithorizonten zu überprüfen, ob dieses mit Ihrer aktuellen Website-Strategie übereinstimmt.

Falls Sie im Hinblick darauf zu wenig wiederkehrende Besucher haben, dann planen Sie entsprechende Kundenbindungsaktionen – einmal vorausgesetzt, dass die fehlende wiederkehrende Kundschaft nicht auf schlechten Service oder eine sonstige Verärgerung zurückzuführen ist. Typische Kundenbindungsaktionen sind etwa ein Newsletter-Versand, Coupons oder Rabatte – in diversen Spielvarianten und Ausprägungen.

Falls Sie meinen, zu wenig neue Besucher auf Ihre Website zu ziehen, dann ist die Handlungsempfehlung relativ einfach. Optimieren Sie die Traffic-Zugänge zu Ihrer Website von Verlinkungen über Suchmaschinen bis hin zu Kampagnen – so wie in Kapitel 6 beschrieben. Insbesondere durch die Schaltung von Google Ads oder Kampagnen lassen sich relativ einfach neue Besucher »kaufen«.

Darüber hinaus gibt es noch weitere interessante Aussagen, die sich hinter dem Anteil neuer Besucher verbergen und die man fürs Verständnis seiner Besucherschaft nutzen kann: Beobachten Sie, ob es bestimmte Wochentage, Wochen oder Monate gibt, wo der Anteil an neuen Besuchern steigt. Wenn solche Spitzen nicht auf gerade geschaltete Kampagnen zurückzuführen sind, dann kommt Ihr Angebot an diesen Wochentagen, Wochen oder Monaten offenbar besonders gut an. Dies kann darauf zurückzuführen sein, dass Sie saisonale Produkte anbieten oder sich Ihre Website an Privatnutzer richtet, die vor allem sonntags surfen. Wenn sich solche Spitzen erkennen lassen, dann sollten Sie zu dem betreffenden Zeitpunkt auch gezielt den größten Anteil Ihrer Werbung schalten.

7.1.3 Was es zu beachten gilt

Wiederkehrende Besucher werden im Normalfall mittels eines gesetzten Cookies erkannt. Wie Sie bereits in Kapitel 5 in Abschnitt 5.6 gesehen haben, ist diese Messung aber ungenau. Sobald Besucher oder deren Browser Cookies nach einem Besuch löschen, gelten sie bei jedem Besuch als neue Besucher. Man sollte sich deshalb bewusst sein, dass der Anteil neuer Besucher von Analytics-Systemen tendenziell als zu hoch angegeben wird. Dies fällt insbesondere dann ins Gewicht, wenn man große Auswertungszeiträume wie zum Beispiel ein Jahr auswählt.

7.2 Herkunftsland, Region und Stadt

Eine der plakativsten Grafiken, die einem Analytics-System-Anbieter gerne unter die Nase reiben, ist jene der Herkunftsländer, -regionen und -städte der Besucher.

In der Tat ist es noch spannend, einmal grafisch aufbereitet zu sehen, aus welchen Teilen der Welt oder welchen Regionen eines Landes sich die Besucherschaft auf der Website zusammensetzt.

Abbildung 7.3 zeigt eine regionale Auswertung der Besuche in Google Analytics. Die unterschiedlichen Besuchszahlen werden dabei in der Karte mittels Größe der Kreise grafisch wiedergegeben.

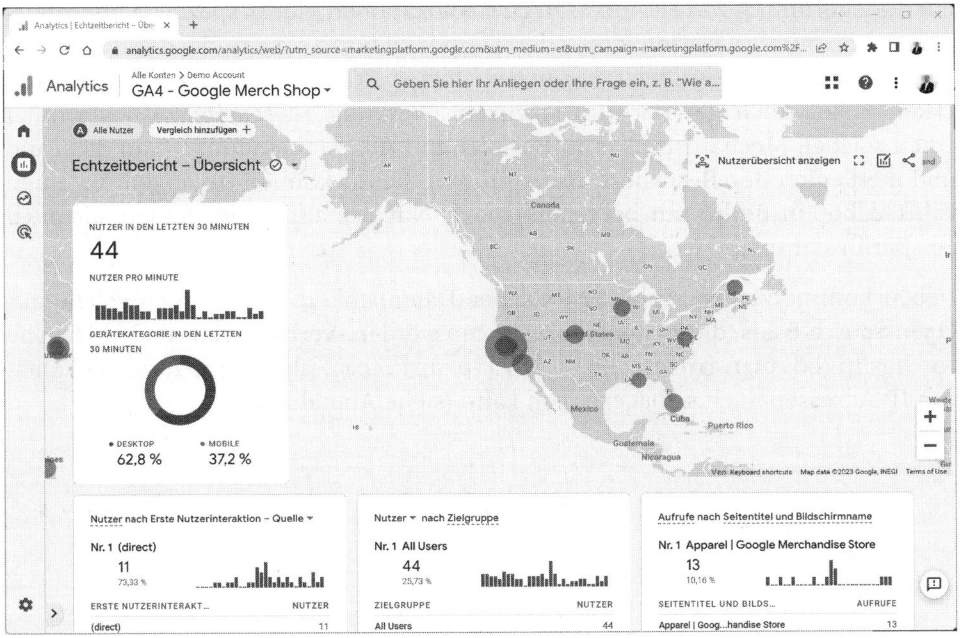

Abb. 7.3: Standort der Website-Besucher nach Städten aufgeschlüsselt

7.2.1 Was gemessen werden kann

Die Auswertungen nach Ländern, Regionen oder gar Städten kommen wie folgt zustande: Jeder Besucher hinterlässt beim Website-Besuch seine IP-Adresse. IP-Adressen können zwar keinem einzelnen Benutzer zugeordnet werden, jedoch immer einem Besitzer. Besitzer einer IP-Adresse sind meist Organisationen wie Internet Service Provider (ISP), Universitäten oder größere Unternehmen. Diese sind öffentlich bekannt und können somit über die Postleitzahl einem Land bzw. einer Stadt zugeordnet werden.

Der Besitzer verfügt dabei typischerweise nicht nur über eine einzelne IP-Adresse, sondern über einen ganzen Adressraum. So verfügt die Deutsche Telekom zum Beispiel über den Adressraum 80.128.0.0 bis 80.159.255.255. Das heißt, dass IP-Adressen, die mit 80.128.*.* beginnen, hochgezählt bis 80.159.255.255 im Besitze der Telekom sind. Die Verteilung einzelner IP-Adressen an Benutzer kann der

Besitzer nun selbstständig organisieren. Ein Benutzer, der sich über die Telekom ins Internet einwählt, wird dann aber immer eine IP-Adresse aus dem Adressraum der Telekom erhalten. Gerade bei großen Internet Service Providern gibt es zudem zahlreiche lokale Einwahlknoten, deren Standort wiederum eruierbar ist. Ein Internetnutzer aus dem Großraum München gelangt beim Einwählen deshalb automatisch an den Einwahlknoten München. Folglich ist eine IP-Adresse meist ungefähr einer Region oder größeren Stadt zuordenbar.

Für die Zuordnung von IP-Adressen zu Geolokationen gibt es spezialisierte Anbieter wie Maxmind (`maxmind.com`) oder Neustar (`neustar.biz`), die diese in mächtigen Datenbanken weltweit versuchen abzuspeichern. Vielfach werden diese Datenbanken auch genutzt, um lokalisiert Werbung zu schalten. Google nutzt einen solchen Mechanismus zum Beispiel, um Ads-Einblendungen auf das Land und die Region des Besuchers abzustimmen. Somit können Anzeigen für einen Fahrradshop in Berlin nur bei jenen Google-Nutzern angezeigt werden, die auch aus Berlin stammen.

Neben kommerziellen Anbietern solcher Datenbanken gibt es auch solche auf Open Source-Basis, die kostenlos angeboten werden. Vertreter davon sind Dienste wie hostip (`hostip.info`) oder IP-API (`ip-api.com`), über die man die Lokalität von IP-Adressen auch selbst erfragen kann (siehe Abbildung 7.4).

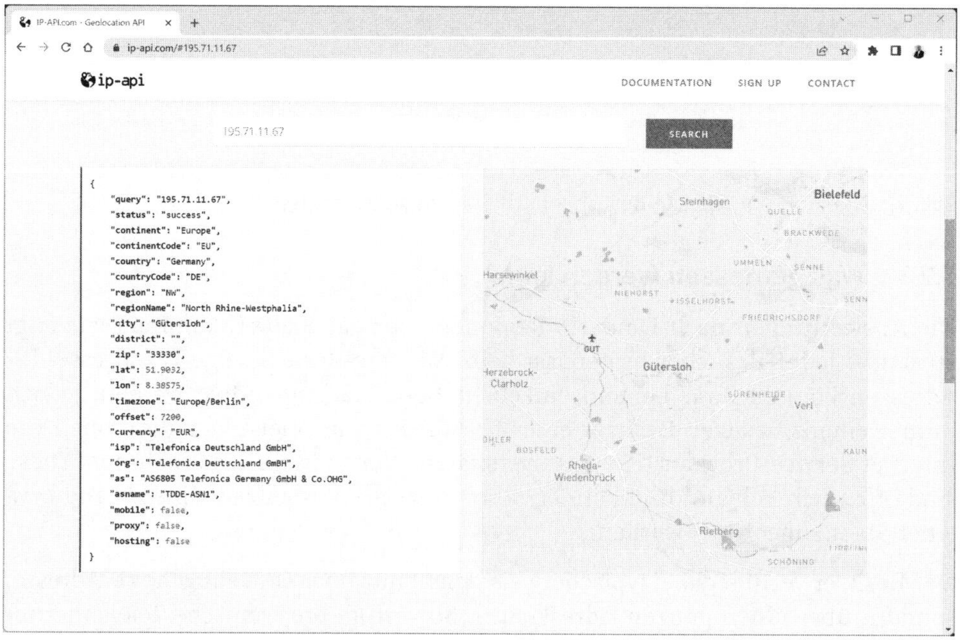

Abb. 7.4: Abfrage der Geolokalität einer IP-Adresse über den offenen Dienst von hostip.info

Technische Funktionsweise der Geolokalisierung bei hostip.info

Dienste wie hostip.info gelangen zur Geolokalisierung von IP-Adressen auf zwei Arten: Einerseits steht eine Community dahinter, deren Teilnehmer ihre eigene IP-Adresse einem geografischen Ort zuordnen. Ausgehend von dieser Information lassen sich ganze Adressräume in einer bestimmten Region vermuten. Bei Einwahlknoten von ISPs funktioniert dieses Verfahren ziemlich gut. Bei anderen Netzwerk-Knoten, zum Beispiel Unternehmensnetzwerken, dürfte die Unschärfe massiv größer sein.

Die zweite Art, wie hostip.info die IP-Geodatenbank füllt, sind sogenannte Robots. Diese automatischen Suchprogramme rufen systematisch IP-Adressen auf und führen ein sogenanntes »Traceroute« durch. Damit kann die Anbindung einer IP-Adresse ins Internet verfolgt werden, das heißt, die IP-Adressen von Einwahlknoten werden dadurch sichtbar. In einem sogenannten »Reverse-DNS-Lookup« wird anschließend der zur IP-Adresse zugehörige Hostname ausfindig gemacht, das heißt, aus einer IP-Adresse wird so eine Domain wie »p54AE-9A6F.dip0.t-ipconnect.de«. Schließlich wird mittels landesspezifischer Regeln versucht, Ortsnamen ausfindig zu machen. Aus dem Hostnamen »143.atm3-0.xr2.lax2.alter.net« lässt sich so dann etwa »lax« als Kürzel für Los Angeles extrahieren. Dass dabei einige Ungenauigkeiten und Fehler auftreten können, liegt auf der Hand.

7.2.2 Wie Sie es nutzen sollten

So eindrücklich die Weltkarten-Grafiken für Herkunftsauswertungen auch sein mögen, für die Optimierung eines Webangebots taugen sie wenig. Allenfalls kann man sein Management noch damit beeindrucken, sonst haben die Grafiken in der täglichen Arbeit aber kaum Relevanz.

Fürs Operative nützlicher sind dafür nach Besucherzahlen sortierte Listen mit Ländern und Regionen. Diese sollte man folgendermaßen einsetzen:

- Wenn die Website international ausgerichtet ist, die Länder innerhalb der Top 3 bis 5 monitoren.
- Wenn die Website national ausgerichtet ist, die Top 3 bis 5 der Regionen oder größeren Städten überwachen.

Im Normalfall werden sich die Top-Ränge über die Zeit nicht groß ändern. Es reicht deshalb aus, wenn man in größeren Abständen, zum Beispiel quartalsweise, die Liste checkt. Falls aufgrund der Website-Ausrichtung eine höhere Volatilität bei der Lokalität der Besucher besteht, sollte man stattdessen die Top 3 bis 5 der Auf- und Absteiger in kürzeren Intervallen monitoren.

Mit den so herausgefilterten wichtigsten Ländern oder Regionen sollte man Folgendes überprüfen:

- Bieten wir unsere Dienstleistung oder Produkte überhaupt in den Top-Besuchsländern an?
- Ist das Website-Angebot auf die wichtigsten Länder und Regionen ausgerichtet?

Falls ein Land oder eine Region in der Top-Liste besonders hervorsticht, kann man sich überlegen, ob sich das Angebot von regionalen Spezifika lohnt. Dies können zum Beispiel Inhalte oder eigene News aus der betreffenden Region sein oder gar auf ein Land abgestimmte Produkte oder Services.

Neben solchen Chancen für eine Erweiterung des Website-Angebots lassen sich durchaus auch Mängel des aktuellen Auftritts diagnostizieren. Wenn man als Elektronik-Versandhändler so zum Beispiel feststellt, dass ein beachtlicher Teil der Besucher aus der Schweiz kommt, der Versand der Produkte der Einfachheit halber aber nur in EU-Länder angeboten wird, dann sollte das zum Nachdenken Anstoß geben.

7.2.3 Was es zu beachten gilt

Was man bei solchen Länder-, Regions- und Städteauswertungen immer im Hinterkopf behalten muss, ist die unter Umständen beträchtliche Ungenauigkeit der Angaben. Während eine Zuordnung auf Länderebene noch relativ gut funktioniert, kann die Unschärfe spätestens auf Stadt-Niveau massiv sein. Gerade in ländlichen Regionen können Einwahlknoten von Internet Service Providern Dutzende von Kilometern vom eigentlichen Ort des Nutzers weg liegen – vielleicht gar im geografisch nächstgelegenen Ballungszentrum.

Auch Firmenproxies und Virtual Private Networks (VPN) verursachen beträchtliche Unschärfen. Nutzer aus einem Unternehmen, das beispielsweise zentral in Hamburg ans Internet angebunden ist, werden unter Umständen auch dann noch Hamburg zugeordnet, wenn sie sich 300 Kilometer davon entfernt in einer Filiale befinden. Genauso ergeht es einem Außendienst-Mitarbeiter, der sich von zu Hause zuerst via VPN ins Unternehmensnetzwerk einwählt und so im Internet surft. Auch seine IP-Adresse wird dann nicht seinem eigentlichen Standort, sondern dem Unternehmensstandort zugeordnet.

Auch die Anonymisierung von IP-Adressen mit dem Zwecke des Datenschutzes hat je nachdem, wie dies ein Analytics-System ausführt, Einfluss auf die Geolokalisierung. Während manche Systeme erst die Geolokalisierung durchführen, um danach die IP-Adresse gekürzt abzuspeichern, führen andere dies umgekehrt durch. Durch die gekürzte IP-Adresse sinkt die Zuordnungsgenauigkeit bezüglich genauem Ort und allenfalls Region des Besuchers.

Zu guter Letzt ist meist nur ein Bruchteil der Besucher überhaupt über die IP-Adresse lokalisierbar. Je nach verwendeter Datenbank ist eine Lokalisierung auch nur von 20 bis 30 Prozent der Besucher möglich. Beim großen Rest bleibt dann die Lokalität schlicht unbekannt. Zwar kann man annehmen, dass sich die Verhältnisse von Länder- und Regionen-Verteilungen im unbekannten Teil ungefähr gleich verhalten. Eine gesunde Portion Vorsicht bei der Interpretation der Werte kann aber auch hier nicht schaden.

7.3 Sprache

Die Geolokalität nach Land und Region ist das eine, die von Besuchern gesprochene Sprache das andere. Denn wenn Inhalte aufgrund der Sprache nicht verstanden werden, hat dies einen erheblichen Einfluss auf den weiteren Verlauf eines Website-Besuchs. Die Länderinformationen zur Sprachbestimmung zu nutzen, reicht dabei vielfach nicht aus, da gerade im asiatischen Raum je Land verschiedene Sprachen gesprochen werden – man denke nur mal an Russland oder China. Aber auch in Westeuropa ist Sprache und Land nicht immer eineindeutig, wie in den Benelux-Staaten oder der Schweiz offensichtlich wird.

7.3.1 Was gemessen werden kann

Computer-Benutzer installieren im Normalfall Software in ihrer Landessprache, sofern diese verfügbar ist. Dies gilt auch für den Browser, der zumindest im Falle der am meisten verbreiteten Versionen des Google Chrome, Firefox oder Microsoft Edge in Dutzenden von Landessprachen erhältlich ist. Die vom Benutzer im Browser gewählte Sprache kann nun bei einem Website-Aufruf ausgelesen werden. Insofern lässt sich relativ genau eruieren, welche Sprache ein Besucher versteht.

Die Spracheinstellung im Browser wird im standardisierten ISO-Format als Kombination zwischen Sprache und Land definiert. Somit kann es für dieselbe Sprache auch mehrere Sprach-/Landkombinationen geben. Für Deutsch sind dies zum Beispiel:

- de-AT (Österreich)
- de-DE (Deutschland)
- de-CH (Schweiz)
- de-LI (Liechtenstein)
- de-LU (Luxemburg)

Viele Analytics-Systeme geben diese Kombinationen nur einzeln und nicht aggregiert aus. Für die aggregierte Zusammenstellung der effektiven Sprachverteilung muss man dann selbst zum Taschenrechner greifen. Abbildung 7.5 zeigt eine aggregierte Auswertung nach Sprache, wie sie Google Analytics mittlerweile bietet.

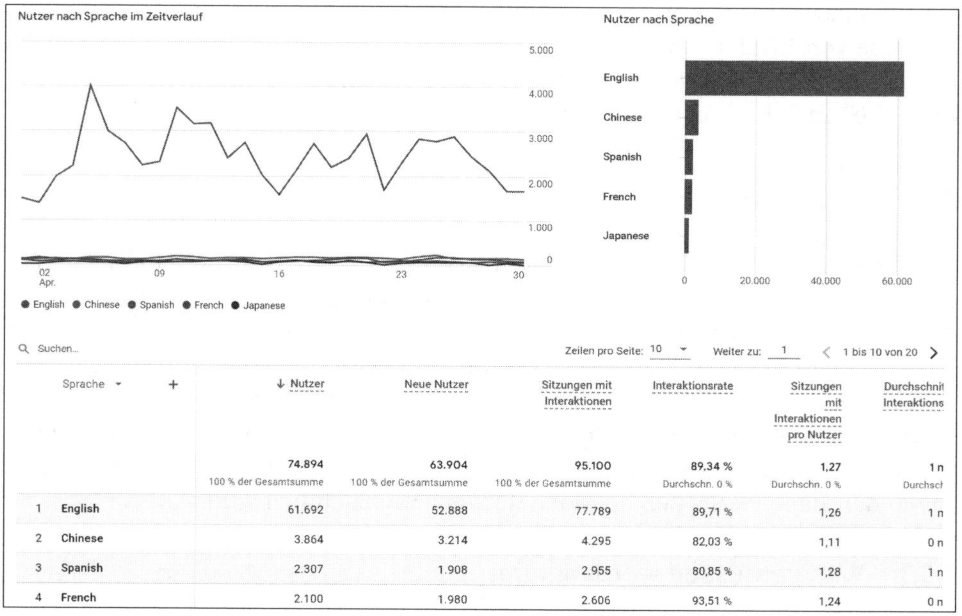

Abb. 7.5: Sprachverteilung von Besuchen auf der Website

7.3.2 Wie Sie es nutzen sollten

Auch die Zusammensetzung der Sprachen von Website-Besuchern ändert sich im Normalfall nicht von heute auf morgen, sofern man nicht plötzlich in einer neuen Sprachregion Marketing betreibt. Die verwendeten Sprachen gehören deshalb auch zu den Passiv-Metriken, die man getrost nur quartalsweise auf größere Trends überprüfen kann.

In den am meisten verwendeten Sprachen sollte man natürlich dann auch seine Website-Inhalte anbieten. Als Richtwert beim Entscheid, ob die Website in eine zusätzliche Sprache übersetzt werden soll – was ja oft viel Aufwand bedeutet –, kann man sich an die 80/20-Regel halten. Für mindestens 80 Prozent der Besucher sollte dann die Website in ihrer eigenen Sprache verfügbar sein. Als international ausgerichtetes Unternehmen ist die Frage, ob man zum Beispiel eine englische oder gar chinesische Sprachversion anbietet, allerdings eher ein Kommunikations- oder Marketingentscheid denn eine Abstimmung auf die Besucherbedürfnisse.

7.3.3 Was es zu beachten gilt

Gerade bei der vom Benutzer gewählten Browsersprache gilt es, einige Feinheiten zu beachten. So bedeutet die gewählte Browsersprache hauptsächlich, dass der Benutzer diese Sprache zwar versteht, jedoch nicht zwingend gut spricht. Die eigentliche Muttersprache kann also eine ganz andere sein. Gerade in internationalen Unternehmen ist es nämlich gebräuchlich, dass weltweit alle Arbeitsplätze mit englischem Betriebssystem und Browser eingerichtet werden. Diese erscheinen dann in den Auswertungen als englischsprachig, selbst wenn der einzelne Benutzer Englisch vielleicht nur mit Mühe versteht.

Bevor man sich deshalb aufgrund der gewählten Browsersprache entscheidet, ein Webangebot zu übersetzen, sollte man noch ein paar weitere Nachforschungen betreiben. Dazu zählt zum Beispiel, die Länderauswertungen zu konsultieren, zu schauen, wie lange die Besucher einer nicht unterstützten Sprache auf der Website verweilen und wie viele Seiten sie sich anschauen. Kurze Verweildauer und Verlassen der Website nach Betrachtung einer einzelnen Seite lassen darauf schließen, dass die Besucher den Inhalt effektiv nicht verstehen.

7.4 Geschlecht und Altersgruppe

Wann immer man versucht, sich einen Besucher etwas genauer vorzustellen, spielen Geschlecht, Alter oder weitere demografische Merkmale eine tragende Rolle. Auch im Marketing werden häufig die Dimensionen Geschlecht und Altersgruppe herangezogen, um Zielgruppen grob zu umreißen.

7.4.1 Was gemessen werden kann

Nun steckt leider das Alter und Geschlecht eines Besuchers nicht irgendwo in einer Browsereinstellung drin – und auch mittels der IP-Adresse lässt sich dieses natürlich nicht eruieren. Die einzige Möglichkeit, an solche Daten zu gelangen, ist, wenn dies ein Besucher explizit preisgibt. Die reellsten Chancen, um daran zu gelangen, hat man, wenn sich ein Benutzer für einen Dienst anmeldet oder eine Bestellung vornimmt. Bei der Registrierung oder Eingabe von Adressdetails ist der Benutzer noch am ehesten bereit, auch weitere persönliche Angaben preiszugeben. Ein Feld, in dem der Nutzer im Rahmen von Adressdaten auch die Anrede eingibt, ist zum Beispiel für die Geschlechtsbestimmung eine einfache Quelle. Auf keinen Fall sollte man aber solche Eingaben wie das Alter als Pflichtfelder definieren, die zwingend erfasst werden müssen. Die Gefahr, dass sich aufgrund solch detaillierter Angaben ein Benutzer zu stark bedrängt fühlt und deswegen die Registrierung oder Bestellung abbricht, ist beträchtlich und die gesammelten Daten kaum wert.

Auf solche Art und Weise ist es also grundsätzlich möglich, an Alters- und Geschlechtsprofile von Besuchern zu gelangen. Die meisten Analytics-Systeme unterstützen dies, indem abhängig von der Benutzereingabe bei der Registrierung Alters- und Geschlechtswerte in Form von frei definierbaren Variablen an das System übergeben werden können. Allerdings braucht man dafür auf jeden Fall eine technische Anpassung auf der Website, da dies nicht mit der Standard-Implementation eines Analytics-Systems erfolgt. Zudem muss man sich bewusst sein, dass so nur ein kleiner Teil der Website-Besucher erfasst werden – nämlich jene, die sich zu einer Registrierung oder einem Kauf entschieden haben. Der größere und für die Analyse auch spannendere Teil jener Besucher, die sich nicht anmelden, bleibt im Dunkeln.

Nun kommt noch hinzu, dass wohl die wenigsten Websites überhaupt eine Online-Bestellung oder Anmeldung vorsehen. Für eine normale Corporate- oder Branding-Website ist dies nämlich schlicht kein Anwendungsfall. All diese Websites müssten ohne Profildaten auskommen, wenn es da nicht noch einen spannenden Dienst von Google gäbe.

Seit einiger Zeit bietet Google nämlich innerhalb von Google Analytics die Option für die Auswertung von solchen demografischen Daten an – zumindest für jene Nutzer, die die Ad-Personalisierung aktiviert haben. Allerdings ist dies in Google Analytics erst möglich, wenn man die Tracking-Einstellungen für die Google Signale sowie die Privacy Policy entsprechend anpasst. Ersteres allerdings mit wenigen Handgriffen erledigt und zum Beispiel unter `support.google.com/analytics/answer/7532985` ausführlich beschrieben. Die Privacy Policy anpassen sollte man, da für die Aktivierung des Dienstes das Cookie aus dem Werbenetzwerk von Google verwendet wird.

Ist diese Aktivierung erfolgt, zeigt Google Analytics Besuchermerkmale zu Geschlecht, Altersgruppe und Interessen an. Konkret lässt sich wie in Abbildung 7.6 dargestellt eine Analyse der Altersverteilung der Besucher fahren. Für die angezeigte Website zum Beispiel vermutet Google den bedeutendsten Anteil der Nutzer im Alterssegment zwischen 25 und 34 Jahren. Auch wenn für den Hauptteil der Nutzer keine solche Daten vorliegen bzw. nicht verknüpft werden dürfen, sind darauf basierende Hochrechnungen dennoch hilfreich.

Als Alternative zu Google bietet zum Beispiel Quantcast (`www.quantcast.com`) einen ähnlichen Dienst mit demografischen Schätzungsfunktionen an.

»Wie kann Google das überhaupt wissen?«, lautet da die wohl häufigste Frage und schürt wieder mal den Verdacht, dass Google als »Datenkrake« die Benutzer ausspioniert. Dem ist allerdings nicht so, denn die Besucherprofile basieren u.a. auf Daten der Google-Suche, Google Analytics und Marktforschungsdaten Dritter. Wer sich nun für einen Dienst von Google anmeldet, muss bei der Registrierung einige persönliche Daten angeben, unter anderem Geburtsjahr und Geschlecht, und einer Nutzungsvereinbarung zustimmen. Registrierte Benutzer werden anschließend bei der normalen Suche auf google.com, aber ggf. auch auf Dritt-Sites durch das Cookie der Google-Marketing-Plattform wiedererkannt. Sobald ein registrierter Benutzer eine Suche ausführt, auf eine Treffer-URL klickt oder eine mit Google Analytics getrackte Website besucht, könnte Google dies nun legal einem registrierten Benutzer und somit dem hinterlegten Alter und Geschlecht zuordnen – und tut dies mutmaßlich auch, um zu den entsprechenden Daten zu kommen.

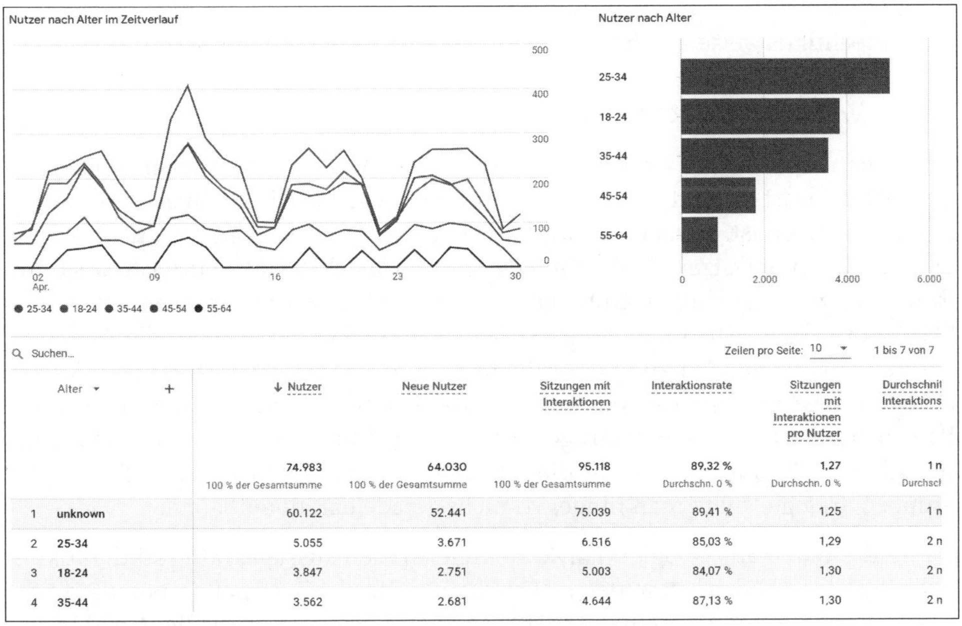

Abb. 7.6: Von Google Analytics vermutete Demografie der Besucher.

7.4.2 Wie Sie es nutzen sollten

Wenn man seine Produkte oder Dienstleistungen online vermarktet, hat man ja meist eine Vorstellung davon, an welche Zielgruppe man sich wenden will. Zumindest sollte die Gestaltung einer Website oder Online-Kampagne ja unterschiedlich ausfallen, je nachdem ob man damit zum Beispiel Teenager oder Frauen im mittleren Alter ansprechen möchte.

Alters- und Geschlechtsangaben von Website-Besuchern sollte man deshalb gelegentlich nutzen, um sie mit den Zielgruppen zu vergleichen, die man eigentlich ansprechen möchte. Stimmen Soll und Ist nicht überein, muss man sich der Frage stellen, ob die Kampagne oder die Website an den Vorstellungen der Zielgruppe vorbei erstellt wurde. Gerade bei Kampagnen kann man aus der Demografie-Aufschlüsselung des resultierenden Traffics viel darüber lernen, von welchem Stil und welcher Botschaft welche Altersgruppen oder welches Geschlecht besonders angesprochen werden.

Hat man keine klare Ausrichtung seiner Produkte oder Dienstleistungen auf eine bestimmte Altersgruppe, dann hilft nur die Detailanalyse von einzelnen Inhalten auf die Nutzung durch entsprechende Altersgruppen. Auf diese Weise kann man allenfalls herausfinden, welche Teilbereiche der Website die unterschiedlichen Altersgruppen ansprechen.

Neben der Analyse der eigenen Website sollte man gelegentlich auch jene der Konkurrenz betrachten. Spricht die Konkurrenz ein ganz anderes Profil an, dann stellt sich berechtigterweise die Frage, ob man selbst online richtig positioniert ist.

7.4.3 Was es zu beachten gilt

Nutzt man Dienste wie Google Analytics für die Analyse von Altersgruppen und Geschlecht, lässt sich relativ schlecht beurteilen, wie gut die Qualität der darunter liegenden Daten ist. Gerade bei Google-Diensten wie Gmail kann es gut sein, dass die genötigten Benutzer die Pflichtfelder zu Geschlecht und Geburtsjahr auch mit Fantasieangaben ausfüllen. Optionale Felder würden hier eine bessere Datenqualität liefern. Schließlich hängt von dieser Datenqualität ab, wie gut die Aussagen zur demografischen Nutzung einer Website sind. Sie mögen sich an die IT-Weisheit »Garbage in – garbage out« aus Kapitel 2 bestimmt noch erinnern. Um ein Bauchgefühl für die altersmäßige und geschlechtliche Zusammensetzung der Besucher zu bekommen, reicht die Qualität aber auf jeden Fall aus. Seine Zielgruppenstrategie sollte man hingegen nicht gerade darauf aufbauen.

Damit die Daten aus Google Analytics einigermaßen aussagekräftig sind, muss es sich überdies bei der betrachteten Website um eine einigermaßen populäre handeln. Je stärker besucht eine Website ist, desto genauer wird die Aussage zur Demografie. Bei selten besuchten Websites ist die Datenmenge hingegen zu klein, um daraus sinnvolle Schlüsse ziehen zu können.

7.5 Gerät, Browser, Bildschirmgröße und weitere technische Eigenschaften

Um es gleich vorwegzunehmen: Informationen zu technischen Eigenschaften wie genutztes Gerät, Browser, Verbindungsgeschwindigkeiten und eingesetzte Bildschirmgröße bringen kaum etwas in der laufenden Optimierung eines Webangebots. Die Auswertungen dazu in den Analytics-Systemen existieren hauptsächlich deshalb, weil man's halt messen kann – und nicht, weil es fundamental nützlich wäre. Nur in größeren Abständen bietet es sich an zu vergleichen, ob die technischen Voraussetzungen, unter der eine Website ursprünglich konstruiert wurde, noch mit den aktuellen Eigenschaften der Besucher übereinstimmen.

7.5.1 Was gemessen werden kann

Mittels clientseitigem Page Tagging können zahlreiche technische Eigenschaften des Computers sowie Benutzereinstellungen im Browser ausgelesen werden. Zu den gebräuchlichsten gehören:

- **Eingesetzter Browser:** Welchen Browser in welcher Version verwendet der Besucher?
- **Eingesetztes Betriebssystem:** Welches Betriebssystem in welcher Version nutzt der Besucher?
- **Eingesetzte Geräte:** Nutzt der Besucher ein Smartphone, Tablet oder einen Desktop-Computer?
- **Bildschirmauflösung und Anzahl Farben:** Welche Auflösung und Farbtiefe unterstützt der Bildschirm des Benutzers?
- **Browserfenstergröße:** Wie groß ist das Browserfenster, in dem der Besucher die Website betrachtet? Da bei großen Bildschirmen das Fenster häufig nicht den gesamten Bildschirm ausfüllt, ist diese Information noch interessant.
- **Plug-ins:** Welche Plug-ins, wie etwa Java, Flash oder Silverlight, unterstützen die Browser der Besucher?
- **JavaScript:** Unterstützt der Browser des Besuchers JavaScript?
- **Cookies:** Unterstützt der Browser des Besuchers Cookies?
- **Verbindungsgeschwindigkeit:** Verfügen die Besucher über eine schnelle DSL-Leitung oder noch über eine langsame Analog-Verbindung?

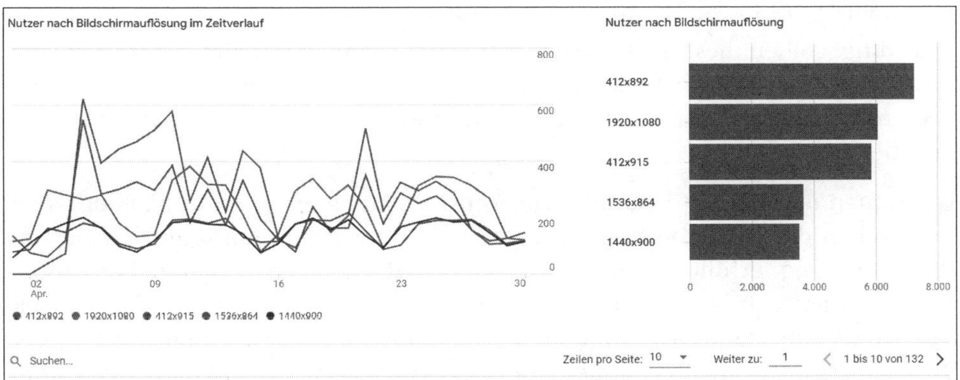

	Bildschirmauflösung	Nutzer	Neue Nutzer	Sitzungen mit Interaktionen	Interaktionsrate	Sitzungen mit Interaktionen pro Nutzer	Durch Intera
		71.787 100 % der Gesamtsumme	60.618 100 % der Gesamtsumme	90.433 100 % der Gesamtsumme	89,31 % Durchschn. 0 %	1,26 Durchschn. 0 %	D
1	412x892	7.260	6.464	8.664	97,93 %	1,19	
2	1920x1080	6.071	4.458	7.311	81,92 %	1,20	
3	412x915	5.854	5.423	6.985	96,89 %	1,19	
4	1536x864	3.664	2.796	4.800	78,04 %	1,31	

Abb. 7.7: Verwendete Bildschirmauflösungen beim Website-Besuch

Ob und inwieweit eine Website verschiedene Betriebssystem- und Browserkombinationen unterstützen soll, ist ein häufiger Diskussionspunkt. Sollen nun Linux-Besucher auch eine sauber gestaltete Website auffinden, auch wenn sie nur einen geringen Prozentsatz aller Besucher ausmachen? Wie ist mit alternativen Browsern wie Firefox oder Opera zu verfahren? Wie ist mit älteren Versionen von Browsern zu verfahren – soll zum Beispiel der Microsoft Internet Explorer überhaupt noch unterstützt werden? Schließlich gibt es Dutzende Kombinationen von Betriebssystemen und Browsern in den verschiedenen Versionen. Auf all diese Kombinationen zu optimieren und die Website zu testen, lohnt sich kaum, der Aufwand wäre enorm.

Stattdessen muss man sich auf einen Prozentsatz an Besuchern festlegen, die man mindestens bedienen will. Dies kann zum Beispiel der 80/20-Regel folgend sein, sodass man jene Betriebssystem-Browser-Kombinationen unterstützt, die von mindestens 80 Prozent der Besucher eingesetzt werden. Wer's besser machen und mehr Aufwand in die Optimierung investieren will, nimmt den 90-Prozent-Satz als Grenze, um die zu unterstützenden Varianten abzuleiten. Auswertungen in Analytics-Systemen können so eine Entscheidungsgrundlage liefern, welche Kombinationen zu unterstützen sind. Schließlich bleibt es aber ein individuelles Abwägen von Aufwand und Nutzen, das jeder für sich entscheiden muss.

Auch die Frage nach der Unterstützung von Smartphones und Tablets bzw. die Optimierung der Website auf die entsprechenden Bildschirmgrößen lässt sich entsprechend beantworten. Für die Entscheidung, ob die Website »responsive« – adaptiv auf verschiedene Darstellungen für Smartphone, Tablet oder Desktop – sein sollte, lassen sich die Auswertungen der verwendeten Geräte zurate ziehen. Unbedingt sollten diese aber nicht nur in einer Momentaufnahme, sondern auch in einer Trendansicht betrachtet werden. Falls Zugriffe über Mobilgeräte heute noch nicht einen Großteil ausmachen, dann werden sie das sehr wahrscheinlich in naher Zukunft tun.

Wenn man nach einem Relaunch die Website ständig erweitert und ändert, stellt sich zudem die Frage, ob technisch überhaupt noch die ursprünglich gesetzten Anforderungen erfüllt werden. Oder ob mittlerweile unbemerkt Funktionen implementiert wurden, die zum Beispiel mit älteren Browsern gar nicht korrekt ausgeführt oder dargestellt werden. Wenn man dann selbst schon mit neueren Browserversionen arbeitet, entgehen einem solche Fehler gerne. Umgekehrt gibt es neue Browserversionen oder Geräte, die es zum Erstellungszeitpunkt der Website noch gar nicht gegeben hat.

Um diese potenziellen Fehlerquellen auszumerzen, kann man entweder ständig auf den verschiedenen Betriebssystem-Browser-Kombinationen testen – oder man versucht dies zu automatisieren. Eine interessante Anwendung diesbezüglich ist jene von `www.browserstack.com`. Bei diesem auch frei zugänglichen Dienst kann man angeben, von welchem System aus ein Screenshot der eigenen Website gemacht werden soll – oder man kann direkt auf verschiedenen Browsern, Betriebssystemen und Bildschirmauflösungen durch die eigene Website surfen. Zumindest die groben Layout-Fehler lassen sich so mit minimalem Test-Aufwand herausfinden.

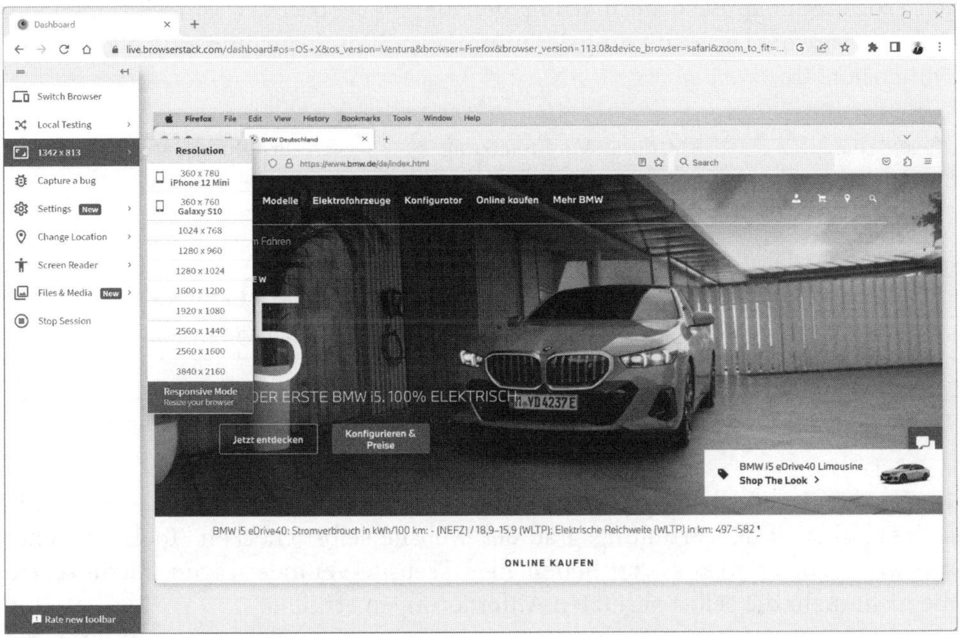

Abb. 7.8: Automatisiertes Testing einer Website mit diversen Betriebssystem-Browser-Kombinationen bei browserstack.com

7.5.2 Wie Sie es nutzen sollten

Während man beim Website-Relaunch meist noch peinlich genau prüft, ob die Website den definierten technischen Voraussetzungen entspricht, geht dies im Betrieb gerne verloren. Dabei ändert sich das Umfeld aber ständig: Neue Browserversionen werden eingeführt, alte Bildschirme werden durch neue mit höherer Auflösung und besserer Farbunterstützung ersetzt, neue Geräte-Typen wie Tablets, Wide-Screens oder Smartwatches haben plötzlich eine stärkere Verbreitung. Eine zyklische Prüfung, ob die Website-Voraussetzungen noch mit jenen der Besucher kongruent sind, ist daher angebracht. Allerdings ist es meist ausreichend, wenn diese Prüfung quartalsweise oder halbjährlich erfolgt.

Am einfachsten führt man dabei die Website-Voraussetzungen, wie sie beim Relaunch definiert wurden, gemäß Tabelle 7.1 auf. Hat man dies beim Relaunch nicht gemacht, kann man sich natürlich auch nachträglich überlegen, was ein Besucher denn für technische Voraussetzungen braucht, damit die Website für ihn brauchbar ist.

Anschließend liest man den Erfüllungsgrad der Besucher aus den entsprechenden Auswertungen im Analytics-System aus und trägt sie in der dritten Spalte der Tabelle ein. Die niedrigste Prozentzahl in der dritten Spalte definiert schließlich den Anteil an Benutzern, die maximal die Website sauber dargestellt sehen können. In der Folge braucht man insbesondere diese Eigenschaft, die den niedrigsten Prozentsatz an Besuchern erfüllt, genauer zu beobachten. In nachstehendem Beispiel wäre die Unterstützung der minimalen Bildschirmauflösung die kritische Dimension.

Eigenschaft	Minimal-Voraussetzung	Erfüllungsgrad Besucher
Browser	Chorme 110, Safari 15, Firefox 78	92,27 Prozent
Betriebssystem	Windows 10, Mac OS 10.15, Android 13, iOS 16.1	94,76 Prozent
Bildschirmauflösung	1680 x 1050 (Desktop)	**82,21 Prozent**
Farbtiefe	24 Bit	99,79 Prozent
Java	Nein	-

Tabelle 7.1: Beispiel mit technischer Website-Voraussetzung und Erfüllungsgrad durch Besucher

Im gleichen Intervall, wie man den Erfüllungsgrad durch die Besucher überprüft, sollte man auch den Erfüllungsgrad der Website selbst checken. Tools wie jenes von `www.browserstack.com` helfen hier, Website-Veränderungen aufzudecken, die nicht mehr die selbst gesetzten Anforderungen erfüllen.

7.5.3 Was es zu beachten gilt

Um die aktuellen Systemeigenschaften von Besuchern abzufragen, ist es einerseits wichtig, dass man eine genügende Anzahl an Besuchern berücksichtigt. Ist die Anzahl zu klein, hat die Auswertung zu wenig Aussagekraft.

Auf der anderen Seite darf man auf der Zeitachse nicht zu weit zurückgehen, um auf eine hohe Anzahl berücksichtigter Besucher zu gelangen. Betrachtet man nämlich die Systemeigenschaften zum Beispiel über das ganze vergangene Jahr, dann sind die Daten zum Teil schon wieder veraltet. Denn Benutzer, die vor einem Jahr noch mit einer alten Browserversion surften, nutzen jetzt vielleicht eine aktuelle.

Entscheidend ist deshalb, ein gutes Mittelmaß zu finden. Maximal drei Monate oder 100.000 Besucher – je nachdem was eher eintrifft – dürfte ein solches Mittelmaß sein.

Kapitel 8

Besucherverhalten

Welche Typen von Besuchern mit welchen Eigenschaften sich auf unserer Website bewegen, wissen wir nun. Als Nächstes versuchen wir zu verstehen, wie sich diese während eines Besuchs auf unserer Website verhalten, was sie wollen, wie lange sie verweilen, wo sie klicken und was sie eigentlich suchen. Im Unterschied zu den im vorherigen Kapitel erläuterten Besuchereigenschaften kann das Verhalten eines Besuchers von Besuch zu Besuch variieren – die Eigenschaften hingegen bleiben auch über einen Besuch hinaus konstant.

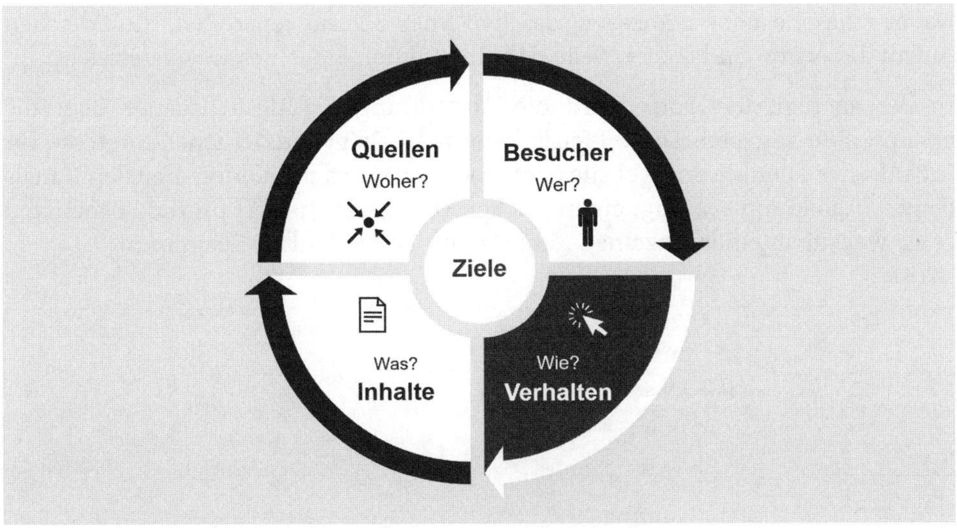

Abb. 8.1: Analyse des Verhaltens von Benutzern auf einer Website

Um das Besucherverhalten zu verstehen, würde man im Idealfall jeden einzelnen Besucher beobachten, sein Verhalten notieren und ihn über die Gründe seines Tuns befragen. Genau auf diese Weise geht man vor, wenn man in Usability-Labors Benutzer bei der Nutzung einer Website analysiert. Solche Tests mit einer Handvoll repräsentativer Website-Nutzer sind aber ziemlich zeit- und kostenintensiv, sodass man sie sich gerade mal in größeren Zeitabständen oder bei Redesigns leisten kann.

Mit Analytics-Mitteln lässt sich jedoch auch einiges über das Verhalten von Benutzern herausfinden. Dazu nutzen wir Verhaltensmetriken und -tools, mit denen wir nicht einzelne Benutzer, sondern das Verhalten der Gesamtheit der Website-Besucher oder typischer Vertreter von Nutzergruppen während eines Besuchs analysieren.

8.1 Besuchsdauer

Eines der am einfachsten zu erkennenden und zu messenden Verhaltensmuster ist die Dauer, die ein Besucher auf einer Website verbringt. Die auch als Verweildauer oder Interaktionsdauer bezeichnete Metrik lässt sich dabei gewissermaßen als Interesse für eine Website interpretieren, denn welcher Besucher würde schon seine Zeit – nach dem Geld bald das wertvollste Gut – in etwas investieren, was ihn nicht interessiert?

8.1.1 Was gemessen werden kann

Bei der Besuchsdauer wird von Analytics-Systemen meist die durchschnittliche Dauer eines Besuchs gemessen, das heißt der Schnitt jener Zeit, die zwischen Aufruf der ersten und letzten Seite oder Interaktion eines Besuchs verstreicht.

In der aggregierten Form wird die Auswertung die Besuchsdauer über die gesamte Site angeben. Diese Metrik kann man als grundsätzliches Interesse für Inhalte oder Themen der Website oder eines anderen analysierten digitalen Kanals deuten. Abbildung 8.2 zeigt einen solchen Durchschnittswert für die Besuchszeit einer Website in einer einzelnen Zahl und im Zeitverlauf als Diagramm.

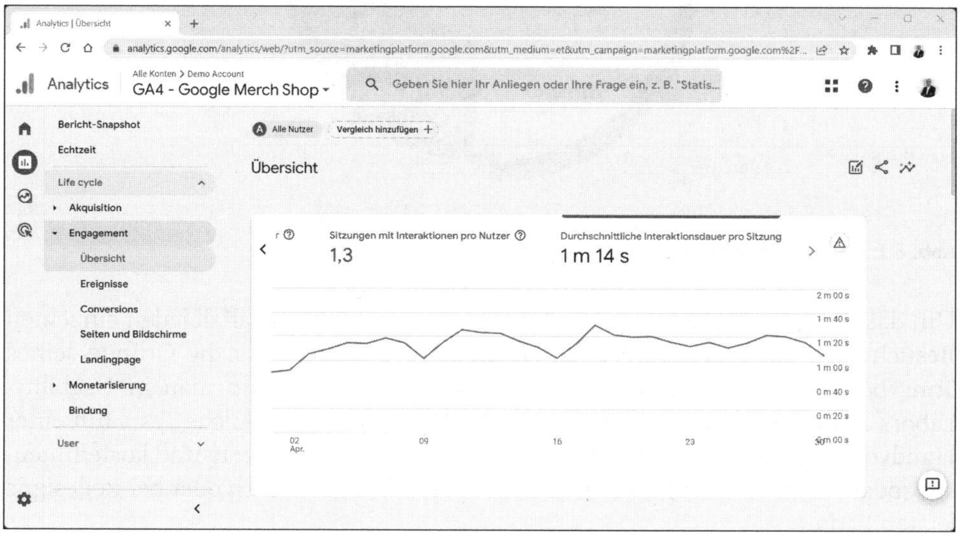

Abb. 8.2: Durchschnittliche Besuchszeit über einen Monat betrachtet

8.1.2 Wie Sie es nutzen sollten

Was nun genau ein guter und was ein schlechter Wert für die Besuchsdauer ist, lässt sich nicht so einfach beurteilen. Eine lange Besuchsdauer kann nämlich nicht nur Interesse bedeuten, sondern im Einzelfall auch heißen, dass gesuchte Inhalte gar nicht gefunden werden bzw. Besucher viel Zeit für die Auffindung und Orientierung aufwenden. So betrachtet ist eine lange Besuchsdauer kein Qualitätskriterium.

Schließlich hängt es auch stark vom Ziel und Inhalt einer Website ab, was nun als guter Wert bezeichnet werden kann. Auf einer News-Website sollte die Besuchsdauer relativ hoch sein, da im Idealfall möglichst viele Beiträge auch studiert werden. Gleiches gilt für eine Shopping-Site, wo sich Besucher über Produkte informieren. Bei einer normalen Unternehmenswebsite dagegen, wo Besucher vielleicht nur nach bestimmten Informationen wie der Mitarbeiterzahl oder dem letzten Geschäftsbericht suchen, wird die durchschnittliche Verweildauer tendenziell niedriger ausfallen – und kann dennoch als gut gewertet werden.

Um für eine Website jene Schwelle herauszufinden, die einen guten Wert für die Besuchsdauer darstellt, kann man wie folgt vorgehen:

- Überlegen Sie sich die verschiedenen Motivationen, durch die Besucher auf Ihren Digitalkanal gelangen könnten. Bei einer Website könnte dies zum Beispiel »Ausgeschriebene Stellen prüfen«, »Unternehmenskennzahlen und Investitionsmöglichkeiten klären« oder »Produkt kaufen« sein. Bei einer Mobile-App könnten je nach Zweck der App solche Intensionen vielleicht »Anfahrtsweg suchen«, »Nach Neuigkeiten prüfen« oder schlicht »Zeitvertreib unterwegs« sein. Wenn Sie für Ihre Website Personas definiert haben, sollten Sie unterstützend die Motivationen aus den Persona-Beschreibungen ablesen können.
- Schätzen Sie anschließend, wie viel Zeit ein Besucher auf Ihrer Website bzw. Ihrem Digitalkanal mindestens benötigt, um eine solche Aufgabe zu erfüllen. Hierzu klickt man sich am besten mit gezückter Stoppuhr von der Startseite oder einer typischen Einstiegsseite bis zum Ziel durch. Denken Sie beim Durchspielen aber daran, dass es sich bei Ihren Besuchern im Normalfall um solche handelt, die den Aufbau der Website noch nicht kennen. Realistischer ist es daher, wenn man einen Kollegen oder gar einen echten Benutzer, der die Website nicht wie die eigene Hosentasche kennt, beim Erfüllen dieser Aufgaben beobachtet.
- Nehmen Sie nun zusätzlich eine Einschätzung der Gewichtung der einzelnen Motivationen vor. Wenn Sie also davon ausgehen, dass 20% der Nutzer auf Stellensuche sind, während 80% ein Produkt kaufen möchten, gewichten Sie die entsprechend geschätzte Dauer für diese Aufgaben. Zur Hilfestellung die-

ser Schätzungen dienen zum Beispiel Besucherflussanalysen, wie Sie sie gleich in Abschnitt 8.6 kennen lernen werden.

- Wenn Sie nun den gewichteten Durchschnitt der geschätzten Zeitaufwände für die jeweiligen Aufgaben nehmen, dann haben Sie einen Richtwert für eine gute Besuchsdauer Ihrer Website.

Natürlich handelt es sich dabei um ein Näherungsverfahren, das zum Beispiel nicht berücksichtigt, ob ein Besucher auf der Homepage einsteigt oder über einen Suchmaschinen-Treffer direkt auf einer Unterseite landet. Zudem haben Websites typischerweise nicht nur ein, sondern mehrere Nutzungsszenarien, die sich in der notwendigen Zeitdauer bis zum Abschluss der Aufgabe unterscheiden. Als erster Anhaltspunkt, den man durchaus auch nach eigenem Gefühl und Zielvorstellungen anpassen soll, verrichtet der Richtwert allerdings nützliche Dienste.

Falls es Ihr Analytics-System erlaubt, sollten Sie nun nicht nur den websiteweiten Durchschnittswert beobachten, sondern die Verteilung der einzelnen Besuchszeiten. Hierzu empfiehlt es sich, die Besuchsdauer in drei Gruppen zu teilen, nämlich:

- Uninteressierte Besuche: Besuchsdauer < 75 Prozent des Richtwerts
- Interessierte Besuche: Besuchsdauer 75 bis 125 Prozent des Richtwerts
- Engagierte Besuche: Besuchsdauer > 125 Prozent des Richtwerts

Angenommen, wir hätten vorher den Richtwert für eine gute Besuchsdauer auf zwei Minuten geschätzt, dann wären nun alle Besuche zwischen eineinhalb und zweieinhalb Minuten als interessiert zu bezeichnen. Derart ausgewertet erhält man Anteile für das Besuchsinteresse, wie zum Beispiel:

- 45.587 (64,2%) uninteressierte Besuche
- 10.202 (14,4%) interessierte Besuche
- 15.216 (21,4%) engagierte Besuche

Wenn ein Analytics-System es nun nicht direkt unterstützt, die berechneten Schwellen auszuwerten – so wie dies auch bei Google Analytics der Fall ist – dann erstellt man hierfür spezifische Nutzer-Segmente. Dabei wird je ein Segment für uninteressierte, interessierte und engagierte Besuche definiert. Wie das mächtige Instrument der Segmentierung genau funktioniert, werden Sie später in Abschnitt 11.3 zu sehen bekommen.

Die Verteilung von interessierten und engagierten Besuchen sollte man anschließend regelmäßig auf größere Veränderungen überwachen. Insbesondere nach irgendwelchen Website-Änderungen oder Kampagnen ist der Anteil interessierter Besuche ein guter Indikator dafür, wie diese bei den Besuchern aufgenommen wird. Lanciert man beispielsweise eine umfassende Digital-Kampagne und bleibt der Anteil interessierter Besuche einigermaßen konstant, dann spricht dies für die

Qualität der Kampagne. Im Normalfall wird der Anteil eher abnehmen, da Kampagnenbesucher tendenziell eine geringere Motivation aufweisen als zum Beispiel Besucher, die über Direkteingabe der URL auf die Website gelangten.

8.1.3 Was es zu beachten gilt

Wenn einem das Analytics-System einen hohen Anteil uninteressierter Besucher bzw. Besucher mit einer Besuchsdauer von null Sekunden ausgibt, dann braucht Sie das nicht unbedingt weiter zu beschäftigen. Dies liegt nämlich an der Messproblematik, wie Sie sie in Abschnitt 5.4 kennengelernt haben. Eine Website und damit auch das Analytics-System weiß nie genau, wann ein Besuch eines Benutzers nun wirklich abgeschlossen ist. Deshalb kann die Betrachtungsdauer der letzten Seite eines Besuchs nicht gemessen werden. Auf die Besuchsdauer hat dies zweierlei Einflüsse:

- Wenn ein Besucher bei einem Besuch nur eine Seite betrachtet und auch keine weiteren Ereignisse auslöst, dann ist die Besuchsdauer unbekannt. Die meisten Systeme werten die Dauer dann als 0 Sekunden aus, was sich in dem hohen Anteil uninteressierter Besucher niederschlägt.
- Wenn die 0 Sekunden für Einzelzugriffe mit in die Berechnung für die durchschnittliche Besuchsdauer einbezogen werden, dann zieht dies unter Umständen den Schnitt erheblich nach unten. Auch die fehlende Betrachtungsdauer der letzten Seite führt dazu, dass eine kürzere Besuchsdauer gemessen wird, als dies effektiv der Fall ist.

Da Analytics-Systeme unterschiedlich mit dieser Thematik umgehen, können die berechneten Besuchszeiten von System zu System variieren. Am besten fragt man seinen Systemhersteller, welchen Einfluss die Betrachtungsdauer der letzten Seite auf den angegebenen Durchschnittswert hat.

Besonders betroffen von dieser Problematik sind übrigens Blogs oder sogenannte »One-Pager«-Sites. Bei Blogs ist es praktisch der Normalfall, dass lediglich eine Seite betrachtet wird. Bei »One-Pager«-Sites impliziert dies schon der Name – sie bestehen nur aus einer, meist langen, Seite. Zwar kann die Problematik etwas entschärft werden, indem man Interaktionen wie Scrollen oder Mausklicks als Ereignisse abbildet und dadurch einen weiteren Zeitstempel zur Dauer-Messung erzeugt. Die Metrik der Besuchsdauer hat bei Blogs, One-Pager- oder ähnlichen Sites aber dennoch wenig Aussagekraft. Auf gehaltvollere Metriken wird stattdessen später in Abschnitt 10.5 eingegangen.

Metrik-Berechnungen bei Google Analytics

Wenn man die in Google Analytics dargestellten Metriken näher betrachtet, fällt auf, dass häufig scheinbar gleiche Metriken ausgewiesen werden, die aber unterschiedliche Werte zeigen. Bezüglich der Besuchsdauer gibt es zum Beispiel die

Metrik »durchschnittliche Interaktionsdauer« und »durchschnittliche Interaktionsdauer pro Sitzung«. Was soll hier bitte der Unterschied sein? Letztere Metrik weist die in diesem Abschnitt beschriebene Besuchsdauer aus, die sich daraus ergibt, wenn die aufsummierte Seitenbetrachtungsdauer durch die Anzahl der Sitzungen geteilt wird. Diese in Google Analytics dargestellte Zahl ist damit am besten vergleichbar mit jenen von anderen Systemen gemessenen Besuchsdauer-Metriken. Seit der Version 4 nutzt Google jedoch die »aktiven Nutzer« als Hauptmetrik für die Berechnungen. Aktive Nutzer sind mindestens 10 Sekunden auf der Website verblieben und haben dabei mehr als eine Seite betrachtet oder ein (Conversion-)Ereignis ausgelöst. Die Berechnung der »durchschnittlichen Interaktionsdauer« wird deshalb nun lediglich auf Grundlage dieser aktiven Nutzer durchgeführt – die Besuchsdauer von »schlechten« Nutzern, die schnell wieder weg sind, wird damit von der Zahl ausgenommen. Aus diesem Grund ist die durchschnittliche Interaktionsdauer auch länger als die durchschnittliche Interaktionsdauer pro Sitzung.

8.2 Besuchstiefe

Die Besuchstiefe, auch Seitentiefe genannt, oder im Google-Analytics-Terminus als »Aufrufe pro Sitzung« bezeichnet, gibt an, wie viele Seiten innerhalb eines Besuchs durchschnittlich betrachtet werden. Ähnlich wie die Besuchsdauer spiegelt die Besuchstiefe das Interesse an einer Website wider, wenngleich die Tiefe dafür nicht ganz so aussagekräftig ist wie die Zeit.

8.2.1 Was gemessen werden kann

Auf der obersten Ebene der Betrachtungen lässt sich als erster Indikator die durchschnittliche Anzahl betrachteter Seiten pro Besuch auswerten. Für die Berechnung dieser Zahl werden schlicht alle Seitenaufrufe innerhalb eines Zeitraums durch alle Besuche im selben Zeitraum geteilt. Die durchschnittliche Besuchstiefe vermittelt einen Eindruck dafür, wie man es schafft, Besucher auf der Website zu halten. Eine hohe Zahl betrachteter Seiten je Besuch kann daher grundsätzlich als positiv eingestuft werden. Die sinnvolle Platzierung von Teasern und eine konkludente Navigation helfen dabei meist bei der Steigerung der durchschnittlich betrachteten Seiten. Je nach Geschäftsmodell ist es zudem ein wichtiges Website-Ziel, diese Zahl zu steigern: Bei Portalen oder Websites, die ihr Geld mit der Anzeige von Display Ads verdienen, führt jeder Seitenaufruf zu einer weiteren Werbeeinblendung und damit zu barem Geld.

Allzu hohe Werte für die Besuchstiefe lassen allerdings auch darauf schließen, dass Inhalte nicht gefunden und sich Nutzer suchend durch die Website klicken. Wenn eine hohe Besuchstiefe zudem in Korrelation mit einer niedrigen Besuchsdauer auftritt, dann kann man durchaus interpretieren, dass sich Nutzer eher durch Seiten und Menüs durchklicken, anstatt wertvolle Inhalte zu konsumieren. Auch bezüglich einer Suchmaschinenoptimierung gelten niedrigere Besuchstiefen als besser: Ist die Anzahl der Seitenaufrufe innerhalb eines Besuchs gering, sind die Inhalte offenbar in Suchmaschinen gut auffindbar und bringen den Nutzer direkt zum richtigen Treffer.

8.2.2 Wie Sie es nutzen sollten

Wie bei der Besuchsdauer sollten Sie auch bei der Besuchstiefe als Erstes die Hauptkennzahl, die Seitenaufrufe je Besuch, im Blickfeld haben. Um tiefere Einblicke zu haben, empfiehlt es sich dann, die Verteilung der Seitenaufrufe zu klären. Auch hier sollte man sich wieder an einem Richtwert orientieren, der individuell für die eigene Website eine gute Anzahl Seitenaufrufe definiert. Den Richtwert kann man analog der Beschreibung in Abschnitt 8.1.2 ausgehend von den vermuteten Besucheraufgaben ermitteln. Glaubt man zum Beispiel, dass ein Besucher mindestens über fünf Seiten gehen muss, bis sein Ziel des Website-Besuchs erfüllt ist, dann wählt man fünf als Richtwert.

Anschließend kann man ausgehend vom Richtwert folgende Gruppierungen des Besucherverhaltens bilden:

- Einzelzugriffe bzw. Direktabsprünge: Besuche mit nur einem Seitenaufruf
- Oberflächliche Besuche: Besuche mit wenig Seitenaufrufen
- Zielorientierte Besuche: Besuche mit einer Seitenaufruf-Zahl, die sich um +/- 2 Seiten rund um den Richtwert bewegt
- Intensive Besuche: Besuche mit Seitenaufrufen ab drei Seiten über dem Richtwert

Damit hat man alles Wichtige im Blickfeld: die Einzel- und Schnellzugriffe, der Anteil Besuche, die im optimalen Bereich liegen, und die Intensivbesuche, bei denen die Website den Besucher lange hält. Analog zu der Besuchsdauer gilt auch bei der Besuchstiefe, dass manche Systeme eine solche Klassifizierung oder Häufigkeiten der verschiedenen Besuchstiefen direkt ausweisen. Bei anderen hingegen – darunter auch Google Analytics –, ist die Bildung von Segmenten nötig, um zu entsprechenden Ergebnissen zu gelangen. Die Vorgehensweisen zur Segmentierung werden Sie in Abschnitt 11.3 näher kennen lernen.

Setzt man sich nun beispielsweise einen Richtwert von fünf Seiten als Ziel, dann werden sich Auswertungen der einzelnen Klassen in der nachfolgenden Art und Weise darstellen:

- Einzelzugriffe: 30.837 (43,4%)
- Oberflächliche Besuche: 9.168 (12,9%)
- Zielorientierte Besuche: 19.536 (27,5%)
- Intensive Besuche: 11.457 (16,1%)

Das Ziel muss es nun natürlich sein, als Erstes einen möglichst niedrigen Wert für die Einzelzugriffe zu erreichen. Wenn sich dieser zwischen einem Drittel und der Hälfte der Besuche bewegt, dann befinden Sie sich in guter Gesellschaft mit anderen, erfolgreichen Websites. Schließlich zählt aber der Anteil zielorientierter und intensiver Besucher fast mehr. Machen diese zusammen mindestens ein Drittel der Besuche aus, dann hat man doch schon eine beträchtliche Nutzerschaft mit seinem Angebot angesprochen.

8.2.3 Was es zu beachten gilt

Der Richtwert für die Anzahl Seitenaufrufe eines Besuchers von der Homepage bis zu seiner Zielseite basiert natürlich auf einem Idealfall. Viele Besucher werden ja nicht auf der Homepage starten, sondern über Suchmaschinen-Treffer direkt auf Unterseiten einsteigen. Der Richtwert ist also nur mäßig fundiert und kann und soll nach eigenen Zielvorstellungen angepasst werden. Wer es genauer haben möchte, kann für die Auswertungen der Besuchstiefe jene Besuche herausfiltern, die über eine Suchmaschine auf die Website gelangt sind.

Falls Sie in Google Analytics nun schon verzweifelt nach dem Bericht über die Besuchstiefe gesucht haben, hier die Bestätigung: Google Analytics führt die Besuchstiefe nicht mehr als Standardbericht in der Navigation. Jedoch wird die Zahl vom System weiterhin berechnet und geführt – sie ist zum Beispiel in der explorativen Datenanalyse als Metrik mit der Bezeichnung »Aufrufe pro Sitzung« zu finden.

8.3 Absprungrate und Interaktionsrate

Bereits bei der Besuchstiefe im vorangehenden Abschnitt haben wir jenen Spezialfall betrachtet, bei dem Besuche nur eine einzelne Seite aufweisen bzw. eine Seitentiefe von lediglich eins erreichen. Ein solches Nutzerverhalten, bei dem nach dem ersten Seitenaufruf kein weiterer Aufruf oder Interaktion mehr folgt, wird auch als »Absprung« bezeichnet. Die Absprungrate (Bounce Rate) misst nun, welcher Anteil aller Besuche derartige Absprünge waren. Hohe Absprungraten weisen grundsätzlich darauf hin, dass Nutzer das Erwartete nicht vorfinden.

8.3.1 Was gemessen werden kann

Die Absprungrate ist nach den »vier Großen« (Besucher, Besuche und Seitenaufrufe sowie Ereignisse) die wohl bekannteste und gebräuchlichste Metrik innerhalb Digital Analytics. Dies hat insbesondere damit zu tun, dass sie nicht nur für eine Website-Optimierung, sondern auch für die Display-Werbung eine hohe Aussagekraft hat. Wann immer ein Nutzer nach dem Klick auf ein Display-Ad nicht weiter mit der dadurch erreichten Zielseite interagiert, ist dies ein verlorener Klick: Das Ad hat zwar entsprechende Aufmerksamkeit und gar eine erste Interaktion generiert, allerdings war, was danach folgte, offenbar nicht interessant genug, um den Nutzer zu einem weiteren Klick zu bewegen.

Was für den Kanal der Display-Ads gilt, kann gleichfalls auf andere Traffic-generierende Kanäle wie Suchmaschinen oder Social Media angewendet werden. Eine hohe Absprungrate auf einer Website lässt deshalb darauf schließen, dass die Erwartungen des Nutzers nicht direkt erfüllt werden konnten – sei es, weil der erste Eindruck nicht gut war, das Gesuchte nicht gefunden wurde oder das in einer Anzeige Angepriesene auf Anhieb nicht gefiel.

Je nach verweisendem Kanal gibt es aber auch bei der Absprungrate Gründe für die Unterschiede. Während bei der Schaltung von Werbung hohe Absprungraten grundsätzlich immer ein schlechtes Zeichen sind, ist dies bei organischem Suchmaschinen-Traffic etwas zu differenzieren. Bei letzterem können hohe Absprungraten auch bedeuten, dass Nutzer eine Antwort auf das Gesuchte gefunden haben und deshalb die Website wieder verlassen. Auch wenn dies grundsätzlich positiv ist, hilft dies aus Business-Perspektive allerdings wenig: Um dies in Geschäftserfolg umzumünzen muss es eine Website auch in solchen Fällen anstreben, den Nutzer weiter zu halten und zu weiteren geschäftsrelevanten Interaktionen zu bewegen. Hohe Absprungraten sind so gesehen also auch bei Suchmaschinen-Traffic kein gutes Signal.

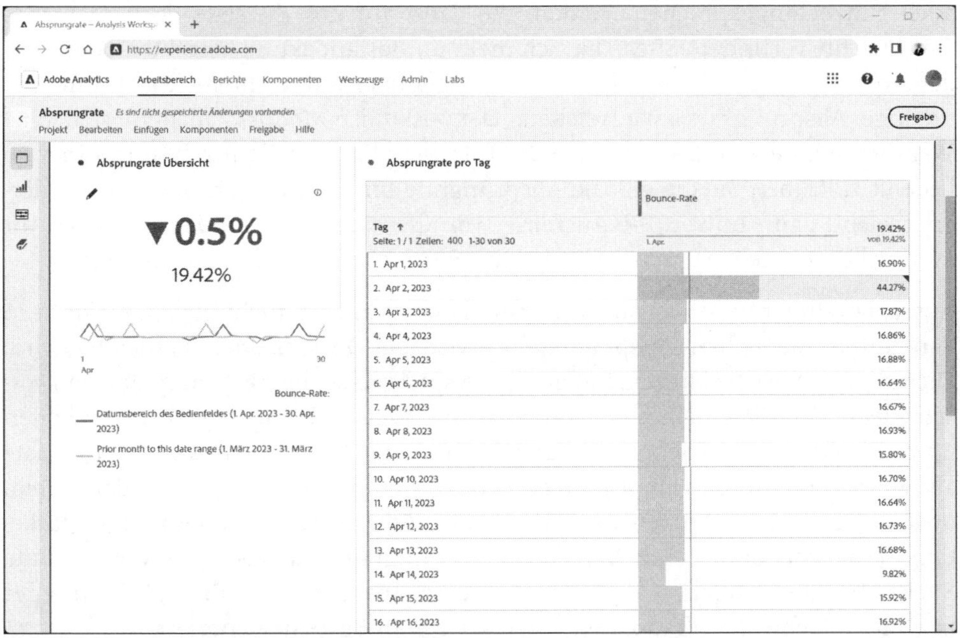

Abb. 8.3: Absprungraten in Adobe Analytics

Die Abbildung 8.3 zeigt eine entsprechende Auswertung mit der Absprungrate über einen gesamten Monat, sowie aufgeschlüsselt nach Tag innerhalb des Monats. Während die täglichen Absprungraten an den meisten Tagen rund um das

Monatsmittel angesiedelt sind, weist der zweite April einen deutlicher Ausreißer nach oben auf. Dies könnte der Startpunkt einer tieferen Analyse sein, um zu eruieren, was an diesem Tag vorgefallen ist. Eine kurzzeitige Kampagne, die nicht den entsprechenden Erfolg brachte und gleich wieder eingestellt wurde, wäre eine mögliche Erklärung.

8.3.2 Wie Sie es nutzen sollten

Die globale Absprungrate, das bedeutet die Absprungrate sämtlicher Besuche der Website, wird von viele Einflussfaktoren bestimmt und ist demensprechend schwer zu interpretieren. Grundsätzlich lässt sich aber sagen, dass eine globale Absprungrate im Bereich von 20-30% im Rahmen der üblichen Erwartungen liegt – während eine Absprungrate von über 60% wohl auf ein größeres Problem schließen lässt.

Allerdings muss man solche globalen Werte stets im Kontext der gesamten Website betrachten. Tendenziell weisen nämlich Websites und Plattformen, die auf die Akquise neuer Nutzer oder Kunden ausgerichtet sind, höhere Absprungraten auf. Dies liegt daran, dass bei Kampagnen und anderen Akquise-Maßnahmen häufiger auch Nutzer angesprochen werden, die dann auf der Zielseite doch nicht das Gewünschte vorfinden. Sites, die sich mehr an Bestandskunden richten oder Kundenbindung als Ziel haben, haben dem gegenüber ein leichteres Spiel, um eine niedrige Absprungrate zu erreichen. Der »Akquise-Modus«, in dem sich eine Website befindet, ist deswegen bei der Interpretation der Kennzahl unbedingt zu bedenken. Haben Sie die globale Absprungrate für Ihre Website aber einmal derart geeicht, dann nutzen Sie Ausreißer von diesem Wert als Ausgangspunkt für eventuelle weitere Analysen – so wie zum Beispiel in Abbildung 8.3 gezeigt.

Aussagekräftiger wird die Absprungrate dann, wenn sie nicht global, sondern in den unterschiedlichen Ausprägungen zwischen Dimensionen betrachtet wird. Dies können Sie vornehmen, indem Sie beispielsweise die Absprungraten von verschiedenen Traffic-Quellen gegenüberstellen. Meist wird in Übersichtsberichten zu Traffic-Quellen, wie wir sie in Kapitel 6 kennengelernt haben, die Absprungrate als eine von mehreren Haupt-Kennzahlen zur Beurteilung der Quellen dargestellt. So lässt sich vielleicht erkennen, dass Display-Ad-Kampagnen oder E-Mail-Marketing-Aktivitäten eine deutlich höhere Absprungrate aufweisen als die bezahlte Suche. In einem solche Falle wäre dies eine Auszeichnung für den Traffic der bezahlten Suche, der offenbar die interessierteren Besuche generiert.

Ebenfalls kann die Absprungrate als geeignete Interpretationshilfe für verschiedene Inhaltsseiten oder Landingpages zu Rate gezogen werden. In Abschnitt 9.4 zu der Beurteilung und Attraktivität von Seiten wird deshalb wieder Bezug auf die Absprungrate genommen.

8.3.3 Was es zu beachten gilt

In den letzten Jahren haben Interaktionen innerhalb einer Seite im Vergleich zum einzelnen Seitenaufrufen stets an Bedeutung gewonnen – bereits in Abschnitten 5.3 und 5.4 wurde im Detail auf die Gründe davon eingegangen. Im Zuge dessen hat auch die Absprungrate eine Veränderung erfahren. In der klassischen Betrachtung wurde ein Absprung dann als solcher definiert, wenn während eines Besuches nach der Betrachtung der ersten Seite keine weitere Seite mehr aufgerufen wurde. In der heute gebräuchlichen Betrachtungsform werden hingegen auch Ereignisse bzw. Nutzer-Interaktionen innerhalb einer Seite berücksichtigt. Dies bedeutet, dass zum Beispiel ein durch ein Scrolling ausgelöstes Event den Absprung aufhebt, selbst wenn nur eine einzelne Seite in einem Besuch betrachtet wird. Die Aussagekraft der Absprungrate bleibt dadurch auch auf stark dynamischen Sites oder Single Page Applications (SPAs) erhalten. Allerdings dürfen solche Werte von Absprungraten nicht mit den klassisch gemessenen Absprungraten verglichen werden, da sie schlicht etwas anderes messen.

Im Zuge des stärkeren Einbezugs von Ereignissen und Nutzer-Interaktionen hat sich ebenfalls eine weitere Kennzahl stärker etabliert: Die Interaktionsrate. Dies ist jedoch eigentlich keine neue Kennzahl, sondern lediglich der komplementäre Teil zur Absprungrate. Sie bezeichnet also jenen Anteil der Besuche, der eine weitere Interaktion oder Seitenaufruf enthielt – und ergibt sich damit mathematisch aus der Rechnung 100%-Absprungrate. Zwischen der Absprung- und der Interaktionsrate geht es also lediglich darum, ob man das Glas halbvoll oder halbleer sieht. In den Google-Analytics-Auswertungen findet sich heute nur noch die Interaktionsrate.

8.4 Besuchstreue – Wiederkehr-Häufigkeit, -Frequenz und -Aktualität

Treue Besucher sind die wichtigsten. Denn während man für neue Besucher unter Umständen viel Geld für Marketing-Aktivitäten oder Suchmaschinen-Optimierung ausgeben muss, bekommt man die treuen Besucher sozusagen »geschenkt«. Dieses Besuchersegment etwas genauer unter die Lupe zu nehmen und Zeit darin zu investieren, wird sich also mittel- bis langfristig garantiert auszahlen.

8.4.1 Was gemessen werden kann

Treue oder Loyalität kann auf verschiedene Weisen gemessen und über Metriken zum Ausdruck gebracht werden. Die wohl simpelste davon sind wiederkehrende Besuche, wie sie bereits in Abschnitt 7.1 als Besuchereigenschaften betrachtet wurden. Neben der Betrachtung als Gesamtzahl oder Anteil aller Besuche ist in Bezug auf die Treue insbesondere aber die Häufigkeit eines Wiederbesuchs aussagekräftig. Ein Nutzer, der täglich eine App nutzt oder auf eine Website zurückkehrt – also eine hohe Wiederkehr-Häufigkeit aufweist – kann gut als treuer Nutzer bezeichnet werden.

Manche Analytics-Systeme weisen solche Häufigkeiten aus, indem sie für einen Auswertungszeitraum Gruppen nach Besuchshäufigkeiten bilden: eine erste Gruppe mit einmaligen Besuchen, eine zweite Gruppe mit zweimaligen Besuchen, eine dritte Gruppe mit dreimaligen Besuchen usw. Solche Gruppen, die im Betrachtungszeitraum die gleichen Eigenschaften aufweisen, werden auch als Kohorten bezeichnet. Typischerweise findet sich der größte Anteil dann in der Kohorte der einmaligen Besuche wieder, während die folgenden Kohorten fortwährend kleiner werden.

Eine etwas aussagekräftigere Auswertung wird erreicht, wenn Kohorten nach täglich wiederkehrenden Nutzern gebildet werden. Eine Kohorte sind dann beispielsweise jene Nutzer, die gleich am Tag ihres ersten Besuches wiedergekehrt sind. Als zweite Kohorte wird jene Gruppe an Nutzern definiert, die auch am siebten Tag nach dem Erstbesuch noch jeden Tag wiedergekehrt sind. Eine dritte Kohorte enthält dann noch Nutzer, die auch noch am 30. Tag nach dem ersten Besuch täglich zurückgekehrt sind. Abbildung 8.4 zeigt eine solche Kohorten-Auswertung im Zeitverlauf, wobei jede der drei Linien für eine Kohorte steht.

Abb. 8.4: Neue Besucher, die am 1., 7. oder 30. Tag täglich wiedergekehrt sind

Steigende Linien, wie jene der zweiten Kohorte ab Mitte des Monats, zeigen dann, dass es gelingt, die Treue der Nutzer zu erhöhen. Die Kohorte der neuen Nutzer, die auch am siebten Tag noch täglich zurückkehrt, steigt ab diesem Zeitpunkt von praktisch null auf immerhin rund ein Prozent an. Je nachdem, mit welcher Abstufung man diese Kohorten bildet, zeigt sich auch, nach welchem Zeitabstand zum Erstbesuch das Interesse abflacht.

Neben den eben betrachteten Häufigkeiten eines Wiederbesuchs lassen sich aber auch Zeitmetriken zur Einschätzung der Treue verwenden. Im Versandhandel ist es beispielsweise schon lange gebräuchlich, Kunden nach dem sogenannten RFM-

Modell (Recency, Frequency, Monetary Value) in Werteklassen zu unterteilen. Sehr wertvolle Kunden sind zum Beispiel jene, die erst kürzlich bestellt haben, bisher in kurzen Zeitabständen bestellten und einen hohen durchschnittlichen Bestellwert aufweisen. In Abstufungen davon werden weitere Segmente definiert, bis hin zum für ein Unternehmen praktisch wertlosen Kunden, der ein einziges Mal vor drei Jahren für einen Minibetrag eine Bestellung aufgegeben hat. Das RFM-Modell geht davon aus, dass bei Kundensegmenten, die häufig bestellen und erst kürzlich bestellt haben, die Wahrscheinlichkeit einer erneuten Bestellung besonders hoch ist. Jedes Kundensegment kann anschließend mit dedizierten Marketingmaßnahmen bearbeitet werden.

Während dies für den Versandhandel eine interessante Herangehensweise ist, hat es leider für Auswertungen, wie sie in Analytics-Systemen vorkommen, wenig Bedeutung. Die Idee, die Zeitdauer seit dem letzten Besuch mit der Zeitdauer seit der letzten Bestellung gleichzusetzen, ist leider nicht ganz realistisch, zumal das Engagement bei einer Bestellung wesentlich höher ist als bei einem unter Umständen beiläufigen Besuch. Dennoch finden sich in manchen Systemen Auswertungen zu Besuchsfrequenz und Besuchsaktualität wieder, weswegen sie hier kurz definiert sind:

- Die Besuchsfrequenz (Frequency) gibt den zeitlichen Abstand zwischen zwei Besuchen an. Sie ist also ein Maß für die durchschnittliche Zeit zwischen zwei Besuchen eines Besuchers.
- Die Besuchsaktualität (Recency) gibt an, wie viele Tage seit dem letzten Besuch eines Besuchers verstrichen sind.

Abbildung 8.5 stellt grafisch dar, wie sich Häufigkeit, Frequenz und Aktualität von beispielhaften Besuchen eines Nutzers unterscheiden.

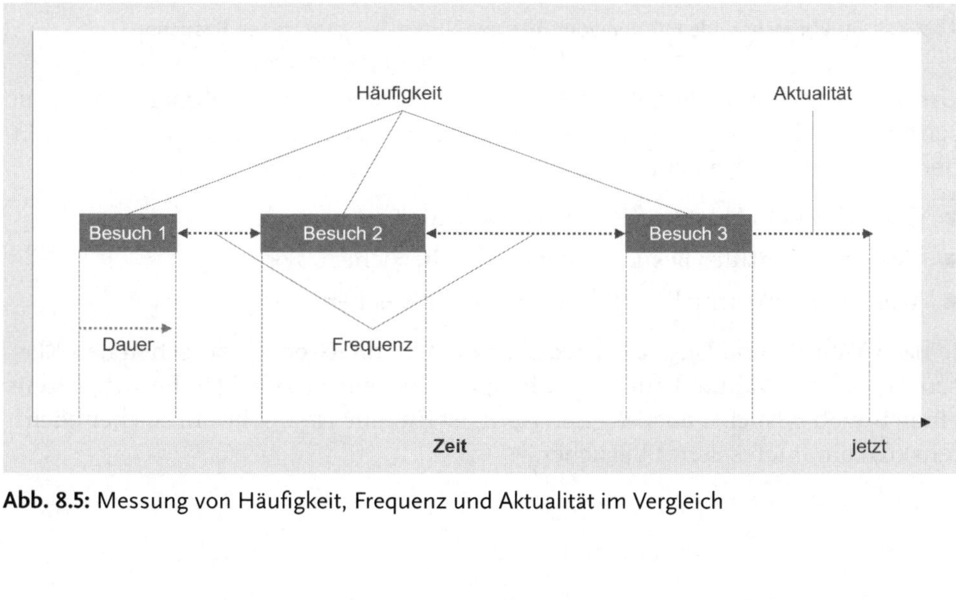

Abb. 8.5: Messung von Häufigkeit, Frequenz und Aktualität im Vergleich

8.4.2 Wie sie es nutzen sollten

Aus den verschiedenen Metriken für die Messung der Treue ist die Besuchshäufigkeit wohl die Aussagekräftigste. Rein aus dem aggregierten Wert lässt sich allerdings noch relativ wenig ableiten, was sich in Aktionen ummünzen ließe. Um dies zu ändern, sollten Sie die beiden folgenden Strategien anwenden:

- Teilen Sie die Besuchshäufigkeiten in Klassen ein.
- Vergleichen Sie verschiedene Zeiträume und suchen Sie nach Hypothesen für Ausreißer.

Um aus einem Internet-Nutzer einen treuen Besucher zu machen, gibt es drei große Hürden zu überwinden. Die erste Hürde ist, den Nutzer überhaupt auf die Website zu bringen und zum Besucher werden zu lassen. Wie dies geht, haben Sie bereits in Kapitel 6 erfahren. Die zweite Hürde ist es, einen Besucher mit dem Angebot so anzusprechen, dass er später wiederkommt. Die dritte Hürde, die es schließlich zu nehmen gilt, ist, den wiederkehrenden Besucher zu einem langfristig loyalen Besucher zu machen.

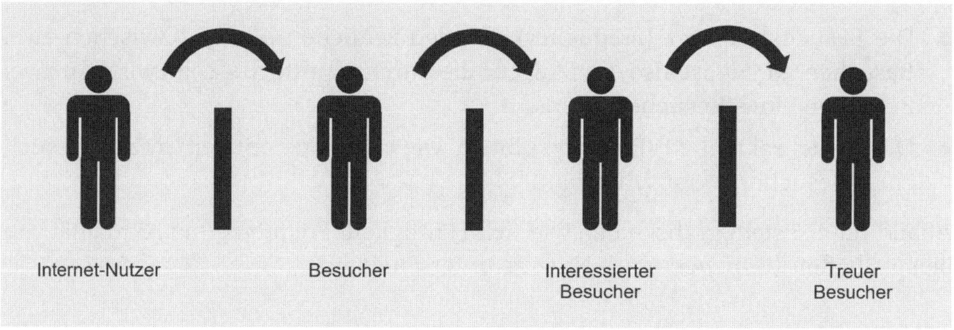

Abb. 8.6: Zu überwindende Hürden vom Internet-Nutzer bis zum treuen Besucher

Um zu beobachten, wie gut Besucher diese Hürden gerade nehmen – bzw. wie stark wir sie darin fördern –, teilen wir die Besuchshäufigkeiten mittels Segmentierung in drei Klassen ein:

- Erster Besuch: Flüchtige Besucher/Passanten
- Zweiter und dritter Besuch: Interessierte Besucher
- Vierter und mehrmaliger Besuche: Treue Besucher

Je nach Website und Geschäftsmodell sollte man die Grenzen zwischen den Klassen anpassen: Während für eine Shopping-Site ein viermaliger Besuch bereits einen treuen Besucher auszeichnen kann, ist für eine News-Site ein solcher höchstens mal ein interessierter Besucher.

Für diese drei Klassen betrachtet man zuerst einmal einen größeren Zeitraum, zum Beispiel ein Quartal. Der lange Zeitraum gibt sozusagen den Benchmark vor. Denn je länger der gewählte Zeitraum, desto weniger ist dieser von saisonalen Effekten geprägt. Betrachtet man später kürzere Zeiträume, geben Ausschläge vom Mittel erste Indizien für ein verändertes Verhalten. Für die weitere Analyse können wir nun die einmaligen und flüchtigen Besuche getrost vergessen, für die Treue-Betrachtungen sind sie uninteressant. Für die beiden anderen Klassen versuchen wir nun als Nächstes, kleinere Zeitabschnitte wie Monate oder Wochen zu analysieren. Bei Portal-Websites, wo ein tägliches Wiederkehren das Ziel ist, macht gar die Analyse auf Tagesbasis Sinn. Beachtung schenken wir insbesonders gewissen Ausreißern im Vergleich zur Gesamtansicht über ein Jahr. Findet man solche, braucht es etwas Hirnschmalz, um zu verstehen, was die Ursachen dafür gewesen sein könnten – ein spezielles Angebot auf der Website, Inhalte, die thematisch in den Medien gerade behandelt wurden, usw. Entdeckt man solche Ursachen, dann sollte man diese in Zukunft auch aktiv fördern. Aber selbst wenn man nicht immer eine eindeutige Antwort auf solche Ausreißer findet, hilft die Analyse dennoch, die Besucher langsam besser kennenzulernen.

8.4.3 Was es zu beachten gilt

Frequenz, Aktualität und Häufigkeit werden gelegentlich durcheinandergebracht, da die Metriken alle etwas Ähnliches messen. Es ist deshalb wichtig, diese sauber auseinander zu halten, um nicht Äpfel mit Birnen zu vergleichen. Abbildung 8.5 soll dazu helfen, diese etwas schwer verständlichen Begriffe visuell zu definieren.

Sämtliche Treuemetriken – ob wiederkehrende Besuche, Frequenz oder Häufigkeit – setzen den Einsatz einer Nutzererkennung über Cookies oder verwandte Methoden voraus. Genauso wie die Messung der Besucherzahl ist die Treue deshalb an deren Unschärfen bei der Datensammlung gekoppelt. Werden zum Beispiel vom Besucher keine Cookies akzeptiert, dann kann von einem solchen Besucher auch kein Wiederbesuch oder eine Besuchshäufigkeit höher als eins ausgewiesen werden.

8.5 Navigationsverhalten

Wenn Internet-Nutzer auf eine ihnen unbekannte Website gelangen, dann gibt es zwei typische Verhaltensweisen für das Auffinden von Informationen: Der eine Typ wählt die Navigation, um sich hierarchisch durch die Website zu bewegen und zu seiner gewünschten Information zu gelangen. Der andere Typ wählt die interne Suchfunktion auf der Website, die sogenannte *Site Search*, um die Website zu durchsuchen. Suche und Navigation sind die zwei Hauptinformationszugänge, also Navigationshilfen, über die aus Betreibersicht sämtliche Inhalte der Website erschlossen werden. Allerdings werden diese Informationszugänge nicht zwingend von allen Nutzern genutzt – viele fokussieren sich rein auf den Inhalt und versuchen, ihr Ziel durch Anklicken von Links im Text oder Teasern zu erreichen.

Bei der Website-Gestaltung legt man normalerweise einen hohen Fokus auf die Navigation. Für die Informationsarchitektur – das heißt für das Kategorisieren, Strukturieren und Gruppieren von Inhalten, für deren treffende Bezeichnung sowie deren Anordnung in einer Navigation – kann man bei großen Websites gut Wochen bis Monate aufwenden. Die interne Suche wird dagegen gerne stiefmütterlich behandelt. Zwar hat es sich mittlerweile eingebürgert, dass zumindest auf jeder Seite oben rechts ein Suchfeld steht. Ob der Benutzer damit zielgerichtet an die gewünschte Information gelangt, ist jedoch eine andere Frage. Demgegenüber stehen verschiedene Studien, die besagen, dass ein nicht unbeträchtlicher Teil der Besucher, insbesondere solche, die kurz vor einer Transaktion stehen, die Site Search als primäres Navigationsinstrument verwenden.

Natürlich können Unterschiede zwischen bestimmten Zielgruppen oder Altersgruppen bestehen. Das Verhalten hängt auch stark davon ab, um was für eine Website es sich handelt. Zieht eine Website mehr solche Besucher an, die genau wissen, was sie wollen, dann wird die Suchfunktion häufiger gebraucht. Auf Support-Sites wird so gerne direkt nach Produktnamen oder Fehlermeldungen gesucht. Auf normalen Unternehmenswebsites oder Zielsites von Kampagnen bewegen sich dagegen häufiger Besucher, die sich ein Gesamtbild verschaffen möchten und dadurch eher zum Browsen via Navigation oder Links im Inhalt neigen. Eine genaue Analyse des Navigationsverhaltens der Besucher auf der Website kann daher ziemlich interessante Einblicke in das Besucherverhalten geben.

8.5.1 Was gemessen werden kann

Besucher, die über externe Suchmaschinen wie Google direkt auf einer Unterseite einer Website einsteigen, sind meistens bereits nahe an der gesuchten Information und navigieren nicht mehr ausschweifend und quer durch die Website. Interessant für das Navigationsverhalten sind deshalb jene Besucher, die auf der Homepage oder einer anderen Landingpage einsteigen. Auf diese Seiten legen wir deshalb den Fokus.

Um zu messen, welche Wege Besucher ab der Homepage oder Landingpage einschlagen, eignen sich sogenannte Pfadanalysen. Dabei wählt man eine spezifische Seite aus – in unserem Fall die Homepage – und analysiert die von dort gewählten Folgeseiten. In Google Analytics sind die Pfadanalysen gut versteckt: Sie finden sich unter dem Eintrag EXPLORATIVE DATENANALYSEN auf der obersten Navigationsebene.

Im gewählten Beispiel von Abbildung 8.7 ist so ersichtlich, dass knapp ein Drittel der Homepage-Besuche zur Produktübersicht führen. Wenn nun in der weiteren Auflistung der nachfolgenden Seiten eine Suchtreffer-Seite auftaucht, dann haben die Besucher diese Informationszugriffe als ihren bevorzugten weiteren Weg gewählt. Im gezeigten Beispiel führen lediglich rund 5% der Folgeseite auf die Suchergebnisse-Seite – das heißt, die Nutzer haben die Suche kaum als Navigationsinstrument verwendet.

Abb. 8.7: Pfadanalyse mit Homepage als Startpunkt

Die restlichen Folgeseiten der Auflistung stammen von Nutzern, die entweder über die Navigation oder Links im Inhalt von der Homepage wegnavigiert sind. Um dies genauer aufzudröseln, muss man nun die aufgelisteten Links mit der Ansicht der Homepage vergleichen. Dadurch lassen sich jene Seiten, die im Inhaltsbereich der Homepage verlinkt sind, als eine Inhaltsnavigation klassifizieren. Im gezeigten Beispiel war dies zum Beispiel für den Eintrag »Sale« der Fall – der Abverkauf wurde von der Homepage aus angeteasert. Die meisten restlichen Einträge, inklusive der langen Liste an weiteren Seiten, erfolgten durch die Nutzung der Navigation, zum Beispiel auch der Link zu der Produktübersicht oder zur Anmelde-Seite für den Login ins Portal.

8.5.2 Wie Sie es nutzen sollten

Ausgehend von diesen Werten lässt sich nun das Navigationsverhalten der Besucher gruppieren. Die Klickraten in entsprechenden Navigationsbereichen in Abbildung 8.7 zusammengezählt ergeben so zum Beispiel:

- Navigation: 91,2 Prozent
- Suche: 5,6 Prozent
- Inhaltslinks/Teaser: 3,2 Prozent

Die gezeigte Website verfügt also über ein stark navigationsorientiertes Nutzungsverhalten. Wenn man solche Messungen neben der Homepage noch auf einigen Landingpages durchführt, dann bekommt man noch ein etwas breiter abgestütztes Bild vom Navigationsverhalten. Zusätzlich lassen sich dann auch interessante Vergleichswerte ziehen, zum Beispiel ob Navigation oder Teaser auf einer Landingpage häufiger verwendet werden als auf einer anderen.

Die Verteilung des Navigationsverhaltens von Besuchern wird sich im Normalfall über die Zeit nicht groß verändern. Es reicht deshalb aus, die Verteilungen monatlich oder quartalsweise zu berechnen und dafür zu nutzen, das Verhalten der Besucher besser zu verstehen.

Falls sich die Verteilung zwischen Navigations- und Suchnutzern nicht die Waage hält, lässt sich das Navigationsverhalten wie folgt interpretieren:

- **Höherer Anteil an Suchnutzung:** Besucher der Website sind sehr fokussiert und wissen genau, was sie wollen.
- **Höherer Anteil an Navigationsnutzung:** Besucher sind eher im Browse-Modus und wollen sich einen Überblick verschaffen.
- **Höherer Anteil an Link- und Teaser-Nutzer:** Besucher sind offen für spezielle Inhalte und Angebote, die eventuell gar nicht der ursprüngliche Grund für ihren Besuch waren.

Umgekehrt heißt dies:

- **Niedriger Anteil an Suchnutzung:** Die Suchfunktion erfüllt ihren Zweck nicht. Überprüfen Sie, ob die Suchfunktion auf jeder Seite gut angeordnet ist (oben rechts) und ob man damit zielgerichtet Inhalte findet.
- **Niedriger Anteil an Navigationsnutzung:** Begriffe in der Hauptnavigation sind schlecht gewählt bzw. sprechen das Benutzerbedürfnis nicht an. Eventuell ist die Navigation auch als solche zu wenig erkenntlich oder schlicht nicht bedienbar. Überprüfen Sie, ob die Navigation die Inhalte richtig abbildet.
- **Niedriger Anteil an Link- und Teaser-Nutzer:** Die ausgewählten Inhalte sprechen die Benutzer nicht an. Überdenken Sie die auf der Homepage oder Landingpage dargestellten Inhalte oder das Teaser-Konzept.

8.5.3 Was es zu beachten gilt

Die Messung des Klickverhaltens auf einer Seite macht nur Sinn, wenn sich die Inhalte während der Messung nicht maßgeblich verändern. Angenommen, während der Messperiode werden ein Teaser und Link ausgewechselt, dann werden diese in den Auswertungen nicht korrekt kategorisiert. Um diesen Fallstricken zu entgehen, sollte man deshalb für die Auswertung einen Zeitraum nur so groß wählen, wie inhaltlich keine wesentlichen Änderungen erfolgt sind.

8.6 Klickverhalten und Besucherfluss

Eine der am meisten unter den Fingern brennenden Fragen bei der Web-Analyse haben wir bereits tangiert: »Wo klicken die Besucher auf der Website und wie bewegen sie sich durch die Seiten durch?« Die Beantwortung dieser Frage bringt wohl am meisten Einblicke in die Denkweise, Bedürfnisse und Motivationen von Besuchern. Denn mit der Beobachtung des Klickverhaltens folgt man den Besuchern sozusagen auf Schritt und Tritt.

8.6.1 Was gemessen werden kann

Wie allen Analytics-Fragestellungen gemeinsam, interessiert nicht unbedingt das Verhalten des einzelnen Besuchers. Vielmehr geht es darum, Trends und ähnliche Verhaltensweisen verschiedener Nutzer herauszulesen.

Eine der gebräuchlichsten Auswertungen, um Besucherströme zu erkennen, ist die Fortsetzung der bereits im vorhergehenden Abschnitt angewendeten Pfadanalyse. Dabei wird die Abfolge von besuchten Seiten während eines Besuchs betrachtet. Besuche, die die gleiche Abfolge im Seitenablauf aufweisen, werden danach gruppiert. So entstehen sogenannte Pfade durch die Website. Manche der Pfade sind typischerweise ausgetreten, andere werden eher selten begangen. Abbildung 8.8 zeigt ein Beispiel einer solchen Pfadanalyse. Diese stellt die Häufigkeiten bestimmter Abfolgen von Seitenaufrufen nach dem Einstieg auf der Startseite dar. Genauso wie Seitenaufrufe könnten auch Interaktionen die einzelnen Schritte darstellen.

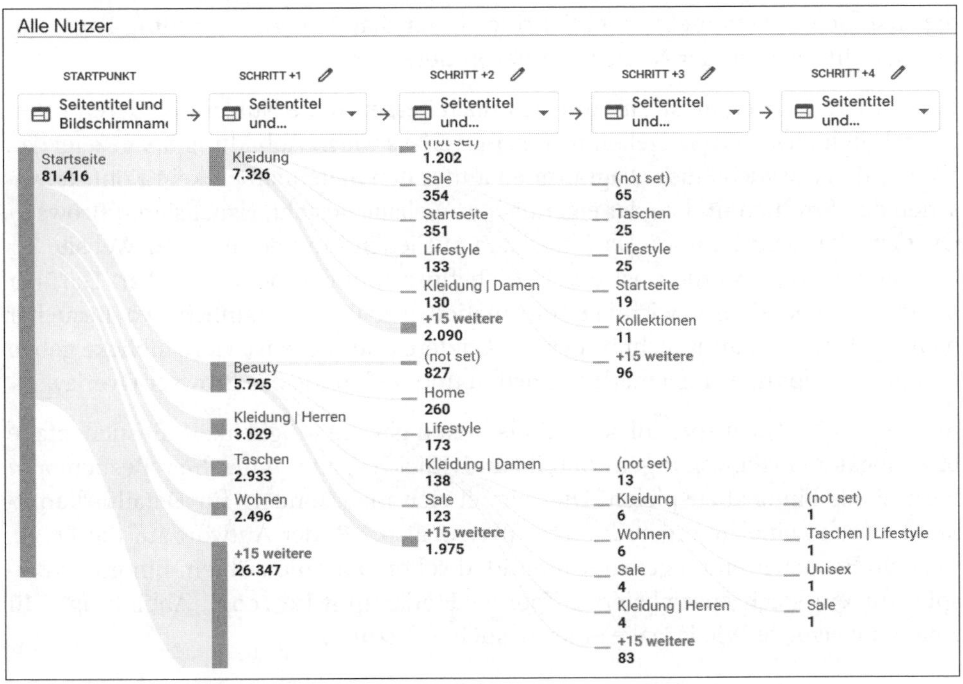

Abb. 8.8: Häufig genutzte Websitepfade Google Analytics

Wenn man sich Abbildung 8.8 etwas genauer anschaut, wird auch die Herausforderung bei solchen Pfadanalysen sichtbar. Es gibt unzählige von Wegen und Abfolgen, die Benutzer einschlagen können. Wenn eine Seite zwanzig Links hat, dann gibt es allein für diese Seite schon mal zwanzig mögliche Pfadverzweigungen. Geht man nun davon aus, dass jede weitere besuchte Seite ebenfalls über zwanzig Links verfügt und ein durchschnittlicher Besuch über fünf Seiten geht, dann gibt es allein für dieses Szenario schon einmal zwanzig hoch fünf mögliche Pfade. Das sind über drei Millionen Möglichkeiten. Hinzu kommt, dass der Startpunkt ja nicht immer die Homepage, sondern jede Seite einer Website sein kann. So gibt es auf einer Website Hunderte Millionen möglicher Pfade, denen eine einfache Pfadabbildung schlicht nicht gerecht werden kann. Pfadauswertungen entlang einer Vielzahl von Schritten kann man daher getrost außen vor lassen.

Interessanter sind die Pfadansichten, wenn es gelingt, die Anzahl der Schritte zu verringern oder Inhalte zusammenzufassen. Eine Möglichkeit für letzteres ist, dies über sogenannte Inhaltsgruppen vorzunehmen. Seiten, die sich zum Beispiel inhaltlich mit einem ähnlichen Thema befassen, werden in einer Inhaltsgruppe zusammengefasst. In einem Warenhaus-Shop werden so beispielsweise alle Seiten rund um Kleidung in eine Gruppe zusammengefasst, genauso wie Schmuck oder Haushalt. Pfadanalysen auf derart aggregiertem Niveau gewinnen dadurch an Aussagekraft. So lässt sich zum Beispiel erkennen, ob Besucher von der Startseite aus mehr auf Kleidungsangebote oder Haushaltsartikel reagieren. Daraus lassen sich die aktuellen Interessen der Besucher relativ einfach ableiten. Wenn das eingesetzte Analytics-System keine Gruppierungen von Inhalten erlaubt, hilft die Analyse der ersten ein, zwei Schritte ab der Startseite oder Landing-Page, um die Hauptinteressen der Nutzer zu interpretieren.

Eine andere Darstellungsform, um sich noch besser in die Nutzer und deren Interessen hineinzuversetzen, stellen Browser-Overlays wie in Abbildung 8.9 gezeigt dar. Während bei Besuchsfluss-Diagrammen außer den Seitennamen kein Kontext zwischen den Strömen und zu der eigentlichen Website besteht, visualisieren Browser-Overlays dies sehr konkret. Da Klickdaten auf jeden Link der eigenen Website im Overlay angezeigt werden, ist der Besuchsfluss intuitiv nachvollziehbar. Darüber hinaus ist eine ebenso wichtige Information visualisiert, nämlich, wo Besucher nicht klicken und damit nicht hingehen. Letzteres kann ebenso viel Einblicke geben und bei der Optimierung einer Seite helfen und fehlt ohne das Browser-Overlay.

Auf solche Analysen spezialisierte Tools bieten gar die Möglichkeit, Besuchspfade bzw. sogar Mausbewegungen, Scroll- und Klickverhalten einzelner Besucher in Form eines Films abzuspielen. Dies eignet sich insbesondere für Detail-Erkenntnisse folgend einer übergeordneten Analyse, also z.B. der Antwort auf die Frage, weshalb Besucher einen gewünschten Pfad selten oder nie wählen. Ein gutes Beispiel für ein solch spezialisiertes Tool ist Hotjar (`hotjar.com`), Abbildung 8.10 zeigt eine visuelle Wiedergabe einer Besucher-Sitzung.

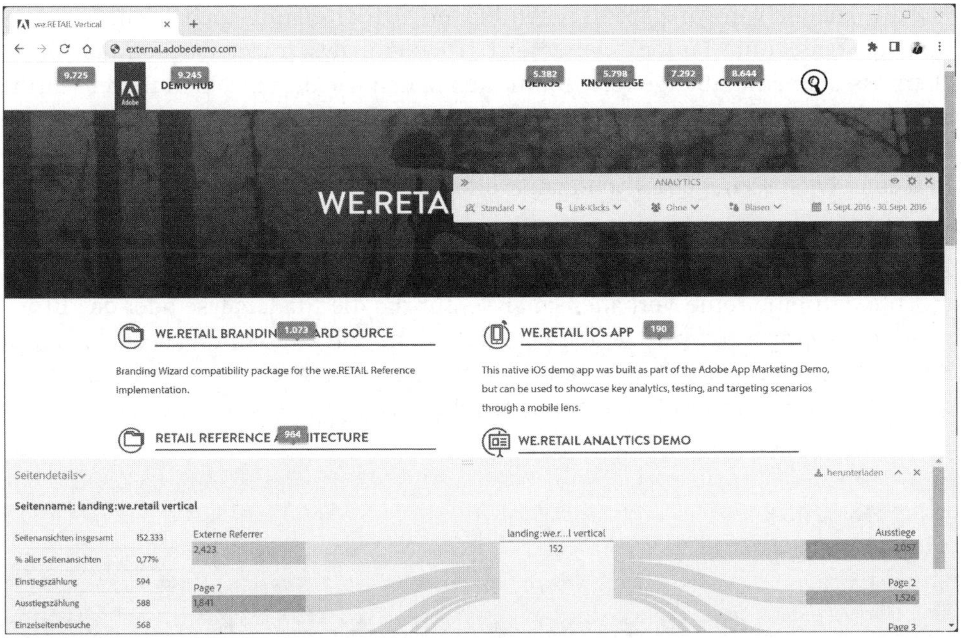

Abb. 8.9: Browser-Overlay von Adobe mit Klickhäufigkeiten und Besucherfluss

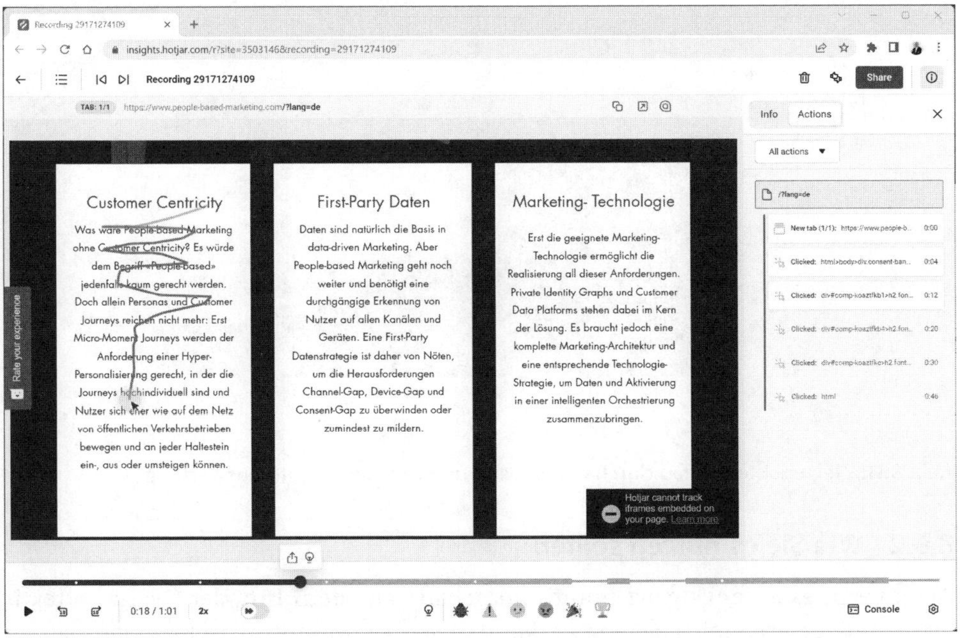

Abb. 8.10: Wiedergabe einer Sitzung eines Besuchers in Hotjar

Für die Analyse von ganz spezifischen Pfaden werden häufig auch Trichterauswertungen, sogenannte Funnels, eingesetzt. Trichteranalysen untersuchen den Besucherfluss über eine Abfolge von bestimmten Seiten wie die einzelnen Bestellschritte innerhalb eines Bestellprozesses oder die Zwischenschritte von einer Landingpage bis zu einer Kontaktanfrage. Abbildung 8.11 zeigt ein Beispiel eines solches Pfades und einer entsprechenden Trichterauswertung.

Trichterauswertungen setzen allerdings voraus, dass man ein konkretes Website-Ziel hat, zu dem man seine Besucher über allfällige Zwischenschritte hinführen möchte. Für eine reine Verhaltensanalyse, für die die Pfadanalyse oder das Browser-Overlay eingesetzt wird, eignen sie sich nicht. Wir werden uns deshalb erst in Kapitel 15 eingehend mit Trichterauswertungen befassen, wenn es darum geht, die Website auf bestimmte Ziele hin zu optimieren.

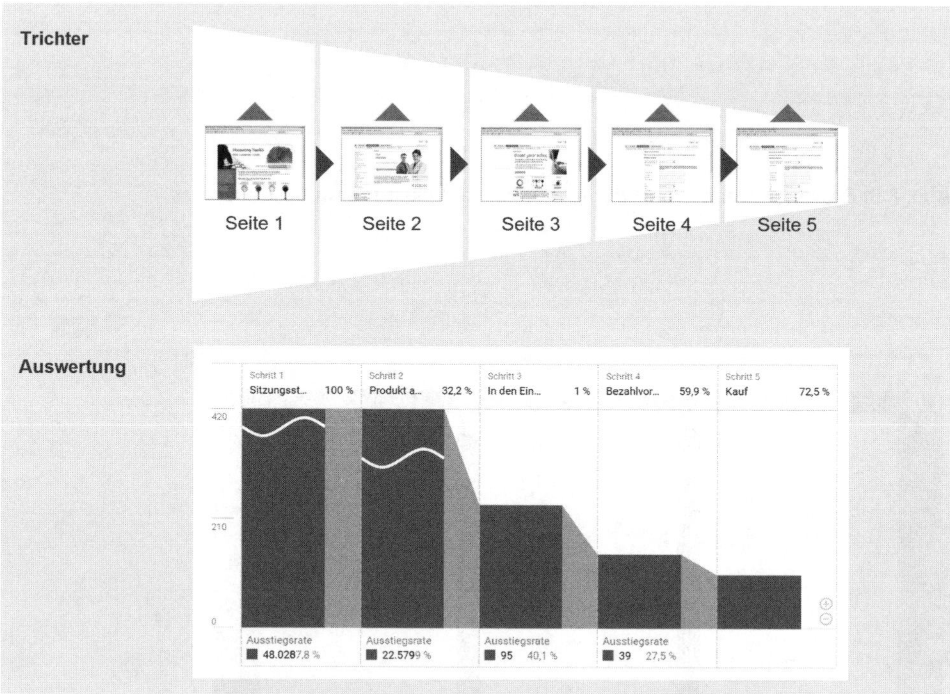

Abb. 8.11: Zielgerichteter Pfad durch die Website und analoge Trichterauswertung

8.6.2 Wie Sie es nutzen sollten

Auch wenn es anfangs ganz intuitiv ausschaut, aus dem Browser-Overlay effektiv ein Benutzerverhalten ableiten zu können, ist es wesentlich schwieriger, als es scheint. Dennoch, das Browser-Overlay ist das mit Abstand mächtigste Instrument, um den Besucher zu verstehen. Nutzen Sie es daher so oft und so viel Sie können, am besten täglich. Folgende Tipps helfen zudem, zielorientiert vorzugehen:

- Wählen Sie jeden Tag eine Seite aus, die Sie genauer analysieren möchten.
- Beginnen Sie bei der Homepage oder wichtigen Landingpages.
- Versuchen Sie, zu verstehen, weshalb Benutzer wo klicken.
- Gehen Sie den meistangeklickten Links nach und rufen Sie die verlinkte Seite auf. Machen Sie dies wiederholt über mehrere Seiten, um ein Gefühl dafür zu bekommen, wie sich der Großteil der Benutzer durch die Website klickt.
- Vergleichen Sie Linktexte und Inhalte der Folgeseiten. Erfüllt der Inhalt die Erwartungen, die der Linktext schürt? Beschreibt der Linktext die dahinterliegende Seite treffend genug?
- Wenn Sie für Ihre Website über ausgestaltete Personas verfügen, dann versetzen Sie sich in diese Charaktere hinein: Könnte Michelle aufgrund ihres Hintergrunds woanders klicken als Kevin? Was würde Petra wohl tun?
- Machen Sie Rückwärts-Pfad-Analysen, um zu verstehen, woher die Besucher kommen.
- Falls es Ihr Analytics-System unterstützt, dann betrachten Sie das Verhalten unterschiedlicher Besuchergruppen bzw. Segmente auf derselben Seite. Verhalten sich Besucher aus Suchmaschinen anders? Klicken neue Besucher anders als wiederkehrende?
- Nehmen Sie kleine Änderungen an Links und Texten vor und beobachten Sie das Klickverhalten am Folgetag. Verleitet ein kürzerer Text oder ein attraktiveres Bild mehr Besucher zum Klick auf den Teaser? Ändern sich die Klickzahlen, wenn der Link nach einem Einleitungstext nicht »mehr«, sondern »Finden Sie Ihre passende Lösung« heißt?

Wenn Sie das Browser-Overlay derart nutzen, dann können Sie sich die Pfadauswertungen praktisch sparen. Sollte ihr Analytics-Tool allerdings kein Browser-Overlay anbieten – was im Fall von Google Analytics zutrifft – dann sind die Pfadanalysen das geeignetste Mittel. Darüber sollten Sie das Interesse an Inhalten unterschiedlicher Gruppen gelegentlich monitoren, indem Sie die Besucherflüsse ab der Homepage oder Landingpage betrachten. Für den im Beispiel oben gezeigten Warenhaus-Shop kann die Auswertung dann folgendermaßen aussehen:

- Kleidung: 16 Prozent
- Beauty: 13 Prozent
- Herrenbekleidung: 7 Prozent
- Taschen: 7 Prozent
- Wohnen: 6 Prozent

Dies gibt schon mal ein gutes Gefühl dafür, aufgrund welcher Themen sich interessierte Besucher auf der Website befinden.

8.6.3 Was es zu beachten gilt

Gerade beim Browser-Overlay bzw. der Klick-Analyse gibt es einige Fallstricke, die zu beachten sind. Im Normalfall weiß ein Analytics-System nämlich zum Beispiel nicht, auf welchen Link innerhalb einer Seite geklickt wurde – selbst wenn dies das Browser-Overlay suggeriert. Stattdessen weiß das System lediglich, welche URLs in der Besuchsabfolge auf eine Seite folgten. In der Folge heißt dies, dass das System nicht unterscheiden kann, auf welcher der beiden Links geklickt wurde, wenn von einer Seite zwei Links auf dieselbe Zielseite führen. Aufgrund dessen können zum Beispiel Links in der Navigation und im Inhalt mit denselben Klickraten ausgewiesen werden, selbst wenn sie ganz unterschiedlich angeklickt wurden. Die Aussagekraft der Auswertung wird dann deutlich reduziert.

Um diesen Effekt zu umgehen, muss das Analytics-System jeden Link einzeln identifizieren können. Meist müssen dann den Links, versteckt im HTML der jeweiligen Seite, Identifikationsnummern zugewiesen werden, was die technische Implementierung eines Systems erheblich verkomplizieren kann. Jeder Produkthersteller geht dabei mit der Problematik etwas anders um – es empfiehlt sich daher, den Hersteller seiner Wahl diesbezüglich zu befragen.

8.7 Beweggründe und Aufgaben von Besuchern

Wenn man sich intensiv mit einer Thematik beschäftigt, ist stets eine der größten Gefahren, dass man vor lauter Bäumen den Wald nicht mehr sieht. Auch bei Digital Analytics tritt diese Tendenz zutage, wenn man sich tagtäglich in den Tiefen von Auswertungen, Klickpfaden und Kennzahlen bewegt. Den Hauptfehler, den viele bei der Analyse der Besucher begehen, ist – so absurd es auch klingen mag –, den Besucher an sich zu vergessen. Schließlich geht es ja nicht nur darum, Seitenaufrufe zu erhöhen, Klickraten zu verbessern und Besuchsflüsse zu optimieren. Vielmehr ist neben dem Erreichen von Business-Zielen das oberste Gebot aus nutzerzentrierter Sicht, dass der Besucher seine Beweggründe oder Aufgaben, aufgrund derer er auf unserer Website angelangt ist, gelöst bekommt.

Und was sind die Beweggründe und Aufgaben Ihrer Besucher? Wenn Sie die wichtigsten fünf nun nicht aus dem Stegreif aufzählen können, dann ist es spätestens jetzt an der Zeit, diese zu untersuchen. Kennt man die Motivation der Besucher nicht ausreichend, gelangt man irgendwann an einen Punkt, wo alle Optimierungen nichts mehr helfen. Dann kann man einen Teaser oder Text noch so ausgefallen, interaktiv und fancy gestalten. Wenn der Inhalt des Teasers keinem Bedürfnis des Besuchers entspricht, dann kann man's selbst mit Gewalt nicht erzwingen.

8.7.1 Was gemessen werden kann

Nun gibt es leider kein Analytics-System, das aus dem Klickverhalten, aus den eingeschlagenen Pfaden oder Ähnlichem die Beweggründe der Besucher ausliest und in einem schönen Kuchendiagramm ausgibt. Um diese ausfindig zu machen, braucht man etwas mehr Handarbeit und Anstrengungen.

Gedanken lesen mit der internen Suche

Dennoch gibt es in Analytics-Systemen eine exzellente Informationsquelle, die man sich zunutze machen sollte: die interne Suche, auch Site Search genannt. Besucher, die auf die Website gelangt sind und dann die Suche auf der Website nutzen, haben eines gemeinsam: Sie formulieren in ihrer eigenen Sprache, was sie wollen. Zwar sind die Such-Formulierungen meist etwas vom eigentlichen Wunsch abstrahiert und nicht gerade in Form eines ausformulierten Bedürfnisses wie »Mein Computer funktioniert nicht und ich suche technische Unterstützung« vorhanden. Mit etwas Interpretationsgeschick lassen sich jedoch aus den eingegebenen Suchbegriffen genau solche Beweggründe für einen Website-Besuch erahnen.

Abbildung 8.12 zeigt eine Auswertung von Suchbegriffen einer internen Suche. Hierbei wird relativ schnell ersichtlich, welche Inhalte und Themen offensichtlich interessieren. Interessant ist zum Beispiel, dass der meistgesuchte Begriff »Case Study« ist. Offenbar sind die Referenzprojekte des Website-Betreibers, eines Dienstleisters, ein entscheidendes Auswahlkriterium für die Besucher – oder die Referenzinformationen sind schlicht über die Navigation nicht auffindbar, sodass für diesen Anwendungsfall besonders viele Besucher auf die Site Search ausweichen. Auch weitere Themengebiete, für die sich Besucher der Website interessieren, lassen sich rasch aus der Liste der Suchbegriffe auslesen.

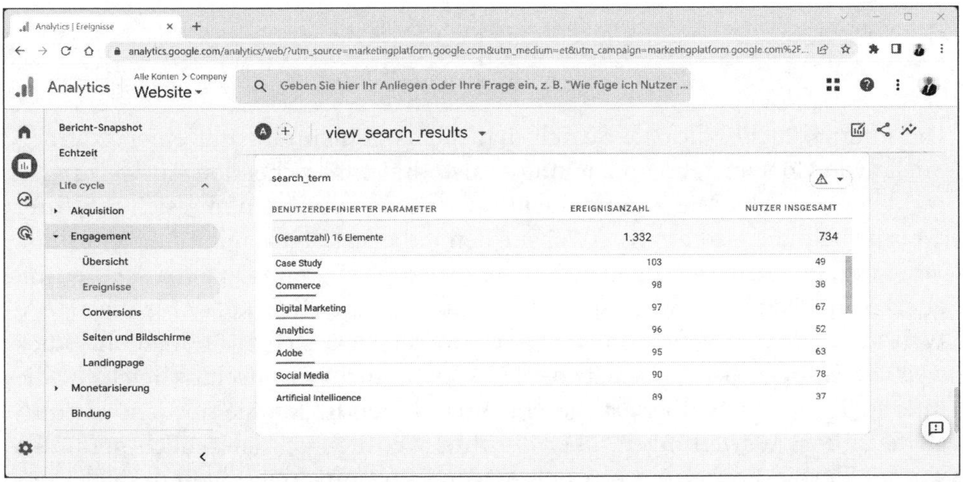

Abb. 8.12: Eingegebene Suchbegriffe in die interne Suche

Neben der Erkennung von Bedürfnissen aus der internen Suche lässt sich mit solchen Auswertungen praktisch im gleichen Zuge natürlich auch noch die Qualität der Suchfunktion an sich beurteilen – zumindest, wenn das Web-Analytics-System eine solche detaillierte Analyse zulässt. Häufig finden sich neben den meist genutzten Suchbegriffen auch der prozentuale Anteil an Suchausstiegen. Diese Metrik sagt aus, wie viele Besucher nach der Nutzung der Suche den Website-Besuch abgebrochen haben. Eine weitere interessante Metrik zur internen Suche ist die Zeit, die Besucher nach Nutzung der Suchfunktion noch auf der Website verbrachten. Genau wie bei der allgemeinen Metrik zur Besuchsdauer kann man davon ausgehen, dass lange Besuchszeiten ein Interesse an den Inhalten kundtun.

Nicht selten treten bei der Analyse von Suchbegriffen ganz überraschende Bedürfnisse zutage, die wieder neue Fragen aufwerfen. Warum suchen viele Besucher eines Elektronik-Shops nach »Hamburg«, wo das Geschäft seinen einzigen Standort doch in München hat? Weshalb wird auf der Website eines Versicherers nach »Krankenkasse« gesucht, wo diese Dienstleistung doch gar nicht angeboten wird? Eingegebene Suchbegriffe können so ganz tiefe Einblicke geben in das, was ein Besucher eigentlich gesucht hat. Nicht, dass man deshalb gerade eine Filiale in Hamburg eröffnen oder Krankenversicherungen ins Dienstleistungsportfolio mit aufnehmen müsste. Dennoch sind solche Denkanstöße sehr aufschlussreich.

Die meisten Analytics-Systeme haben derartige oder ähnliche Auswertungen von Suchbegriffen der internen Suche mittlerweile in den Standardreports integriert. Dennoch ist im Normalfall eine technische Anpassung des Page Tags notwendig, damit das System Suchbegriffe auswertet. Dies ist darin begründet, dass jede Site Search etwas anders funktioniert und daher die Suchbegriffe vom Analytics-System nicht automatisch erkannt werden können.

Vorsicht vor Verwechslungsgefahr zwischen interner und externer Suche

Die interne Suche, die Site Search, hat nichts gemeinsam mit einer externen Suche wie Google, Yahoo oder Bing – also die entsprechenden Auswertungen nicht verwechseln! Die interne Suche ist jene Suchfunktion, die sich auf Ihrer Website befindet – sofern Ihre Website denn überhaupt über eine solche verfügt. Von externen Suchmaschinen wie Google & Co. existieren zwar auch Auswertungen zu Suchbegriffe, jedoch sagen diese aus, mit welchen Keywords die eigene Website überhaupt gefunden wurde. Darin versteckt sich zwar auch ein Stück weit das Besucherbedürfnis, ist aber bei Weitem nicht so aufschlussreich wie die interne Suche. Denn über externe Suchmaschinen finden Sie nur jene Suchbegriffe in den Auswertungen, über die Ihre Website auch tatsächlich gefunden wurde. Für die Erörterung von Beweggrund und Aufgabe sollten deshalb stets die internen Suchbegriffe herangezogen werden, die alle eingegebenen Suchbegriffe enthält.

Nachfragen hilft: Umfragen/Surveys

Auswertungen der internen Suche bringen zwar vieles zutage, dennoch ist eine strukturierte Auswertung nicht immer einfach. Um zum Beispiel herauszufinden, wie groß der Anteil jener Besucher ist, die aufgrund einer Supportanfrage auf die Website gelangt, wird es schwierig. Wohl die wenigsten Besucher werden nämlich »Support« in ein internes Suchfeld eingeben, stattdessen die erhaltene Fehlermeldung, der Name des verwendeten Produkts oder sonst einen Begriff. Natürlich kann man auch solche Begriffe aggregieren – dahinter steckt dann aber wirklich sehr viel Handarbeit, die man kaum mehr als einmal auf sich nehmen wird.

Dagegen ist es geradezu komfortabel, wenn man den Besucher selbst nach seinen Beweggründen fragt. Das Instrument dazu sind Online-Umfragen, sogenannte Surveys, die heutzutage ohne großen Aufwand mit Tools wie beispielsweise Google Forms oder SurveyMonkey aufgesetzt werden können. Üblicherweise werden solche Surveys einfach als Pop-up bzw. Overlay integriert, das nach bestimmten Regeln aufgeht. Dies kann zum Beispiel nach einem Seitenaufruf, direkt auf der Homepage oder nach der Durchführung einer bestimmten Aktion sein.

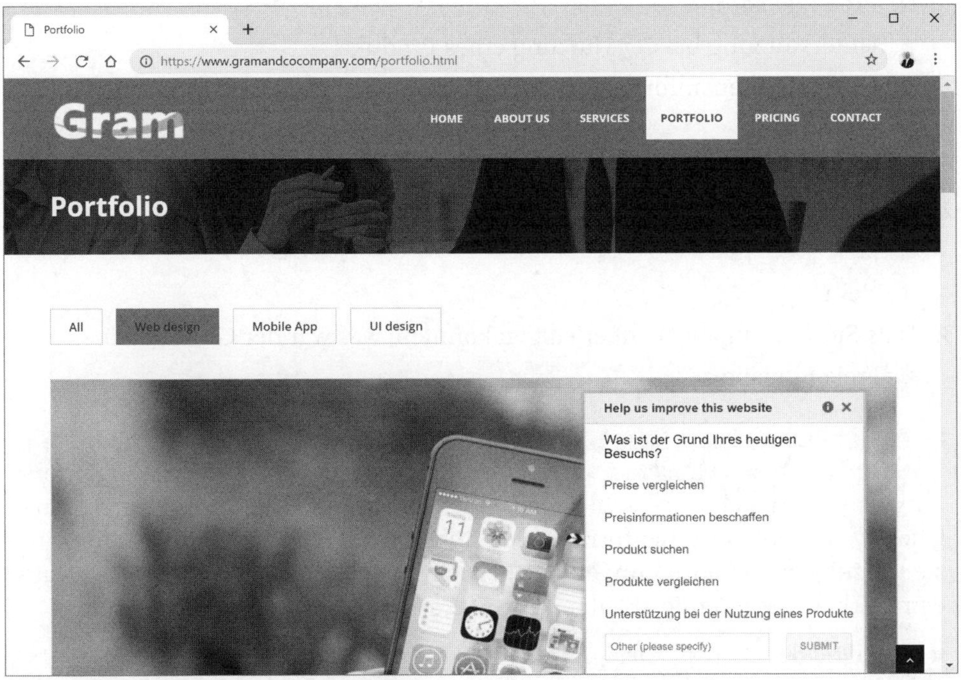

Abb. 8.13: Kurzumfrage auf einer Website

Die ganze Logik der Umfrage genauso wie die Auswertung dazu kann bei Drittanbietern in der Cloud gemietet werden, sofern man solch eine Software nicht selbst kaufen und installieren möchte. Das Aufschalten eines Surveys auf der eigenen Website ist dann noch vor dem Mittagessen erledigt. Umfragen sind auch im User-Centered-Design-Ansatz ein beliebtes Instrument, um schnell und kostengünstig an eine große Anzahl Feedbacks zu gelangen.

Um nun den Beweggrund eines Besuchers herauszufinden, stellt man ganz einfach die Frage nach dem Grund des Besuchs, begleitet mit einigen Auswahloptionen an möglichen Gründen und einem freien Textfeld für die individuelle Grundangabe. Zugleich mit der Frage nach der Motivation des Besuchs sollte man auch fragen, ob das Ziel des Besuchs denn erfüllt ist. Für eine spätere Auswertung ist der Erfüllungsgrad eine sehr interessante Kennzahl, sagt er doch aus, wie nützlich die Website für die Besucher ist.

Eine kurze Umfrage nach den Beweggründen der Besucher könnte sich damit aus folgenden Fragen und Antwortoptionen konstituieren:

1. Was ist der Grund Ihres heutigen Besuchs?
   - Produktinformation beschaffen
   - Produkte vergleichen
   - Produkte kaufen
   - Unterstützung bei der Nutzung eines Produkts
   - Unternehmensinformationen erfragen
   - Bewerbung
   - Andere (freie Eingabe)
2. Konnten Sie diese Aufgabe auf unserer Website erfolgreich abschließen?
   - Ja
   - Nein
3. Falls Sie die Aufgabe nicht erledigen konnten, was war der Grund dafür?
   - Freie Eingabe

Online-Umfragen (Surveys) vielfältig einsetzen

Surveys eignen sich in verschiedener Hinsicht, um die Auswertungen im Analytics-System mit Zusatzinformationen anzureichern. Besonders geeignet sind sie für subjektive Beurteilungen der Besucher oder für alles, was sich nicht aus dem Verhalten eindeutig ableiten lässt. Dazu zählt:

- Gefallen des Website-Designs oder der Website generell
- Bedienbarkeit der Navigation
- Besuchserlebnis
- Glaubwürdigkeit
- Nützlichkeit von Informationen oder Funktionen

- Empfinden der Ladegeschwindigkeit
- Wahrscheinlichkeit für Kauf oder Weiterempfehlung
- Gründe für einen Besuch
- Erfüllung des Ziels des Website-Besuchs
- Qualität der Resultate der internen Suche
- Bedienbarkeit der Navigation
- Offene Anregungen

Unterschieden wird dabei in sogenannte Site-Level-Surveys und Page-Level-Surveys. Site-Level-Surveys stellen Fragen zur Gesamt-Website wie zum Design oder zur Bedienbarkeit. Page-Level-Surveys versuchen zu klären, wie hilfreich eine einzelne Inhaltsseite – zum Beispiel eine FAQ-Antwort oder eine Produktinformation – für den Besucher war.

Ebenfalls sehr häufig werden Surveys eingesetzt, um den »Net Promotor Score« (NPS) zu bestimmen. Dies ist eine vereinheitlichte Kennzahl, um die Kundenzufriedenheit zu bestimmen. Dabei wird lediglich eine Frage gestellt, nämlich: »Mit welcher Wahrscheinlichkeit würden Sie dieses Unternehmen Freunden oder Kollegen weiterempfehlen?« Als Antwortmöglichkeit steht eine Skala zwischen 0 (unwahrscheinlich) und 10 (sehr wahrscheinlich) zur Verfügung. Bei Nutzern, die die Werte 9 oder 10 angeben, wird von Promotoren des Unternehmens gesprochen – sie werden sich aktiv positiv zum Unternehmen äußern. Bei Angaben von 0 bis 6 wird dagegen von Detraktoren gesprochen: Nutzer die kritisch eingestellt sind und dies womöglich auch in negativer Weise zum Ausdruck bringen werden. Werte dazwischen gelten als neutral. Je höher die durchschnittliche Zahl des NPS, als desto größer kann die Kundenzufriedenheit angesehen werden. Bei einem geeigneten Einsatz eines Event-Trackings lässt sich der Net Promotor Score auch gleich in einem Analytics-System erfassen.

Damit jeder Survey zum Erfolg wird, empfiehlt es sich, sich an folgende Regeln zu halten:

- Formulieren Sie Fragen so, dass sie für jedermann sofort verständlich sind. Halten Sie Fragen kurz.
- Stellen Sie keine Suggestivfragen, das heißt, beeinflussen Sie den Befragten nicht in der Fragestellung zum Beispiel »Finden Sie nicht auch, dass ...«
- Stellen Sie nicht mehr Fragen als unbedingt nötig. Zwar werden auch lange Surveys häufig beantwortet – der Besucher schenkt Ihnen jedoch seine Zeit, und dies sollten Sie nicht überstrapazieren.
- Besucher sollten stets alle Fragen beantworten können.
- Geben Sie bei Multioption-Antworten nicht mehr als sieben Antwortmöglichkeiten an.

- Erwarten Sie nicht mehr als eine Beteiligung an dem Survey von ein bis zwei Prozent Ihrer Besucher.
- Denken Sie daran, gegebenenfalls die Datenschutzerklärung auf der Website anzupassen, falls diese eine solche Datensammlung nicht bereits abhandelt.

Für die Frage, ob ein Survey bei allen Besuchern oder nur bei nach dem Zufallsprinzip ausgewählten erscheinen soll, gibt es keine Best-Practice-Regeln. Auch ob der Survey auf der Startseite, auf der dritten Seite oder vor dem Verlassen der Website eingeblendet werden soll, gibt es keine klar zu bevorzugende Methode – es kommt auch auf die gestellten Fragen an. Eine Frage zum Shopping-Erlebnis stellt man zum Beispiel am besten auf der Danke-Seite nach der Bestellung. Sicherstellen sollte man aber auf jeden Fall, dass ein Besucher dieselbe Umfrage nur einmal eingeblendet bekommt. Denn andernfalls werden Surveys für den Besucher schnell zur nervtötenden Angelegenheit. Auch auf die Häufigkeit der Surveys sollte man achten. Wer ständig einen neuen Survey auf der Website laufen hat, kann das übliche Wohlwollen von Besuchern für solche Umfragen ganz schnell riskieren.

Weiterführende Anleitungen zur Erstellung und Auswertungen zu Surveys finden sich vor allem in der Literatur zu Usability und User-Centered-Design. Hierzu sei zum Beispiel auf das Buch »Measuring The User Experience« von Tom Tullis und Bill Albert verwiesen.

8.7.2 Wie Sie es nutzen sollten

Umfragen nach den Beweggründen von Besuchern sollten Sie mindestens einmal jährlich durchführen. Besser sogar quartalsweise, da sonst saisonale Bedürfnisse gern unter den Tisch fallen. Für die vorgegebenen Antwortoptionen geben die Auswertungen der Umfrage-Tools meist eine ausreichende Zusammenstellung. Am geeignetsten ist es zudem, Aufgabe und Erfüllungsgrad gegenüberzustellen, wie dies in Abbildung 8.14 unter Zuhilfenahme von Microsoft Excel erfolgt ist.

Die freien Antworten bei den Gründen für den Website-Besuch versucht man so weit wie möglich zu clustern, das heißt zu gruppieren. Falls dies möglich ist, kann man die entsprechende Dimension in der Auswertung ergänzen. Häufig eingegebene Alternativgründe kann man bei einem nächsten Survey direkt als Antwortoption mit aufnehmen. Die fünf Hauptaufgaben, mit denen Besucher auf die Website gelangen – die sogenannten User Tasks –, kann man sich gleich einmal gut einprägen. Denn anhand dieser kann man später für jede Seite abwägen, inwieweit sie einen solchen User Task unterstützt. Auch Fragen, die man sich bei Klickpfadanalysen zum Verhalten der Besucher stellt, lassen sich möglicherweise beantworten, wenn man sich die User Tasks vor Augen hält.

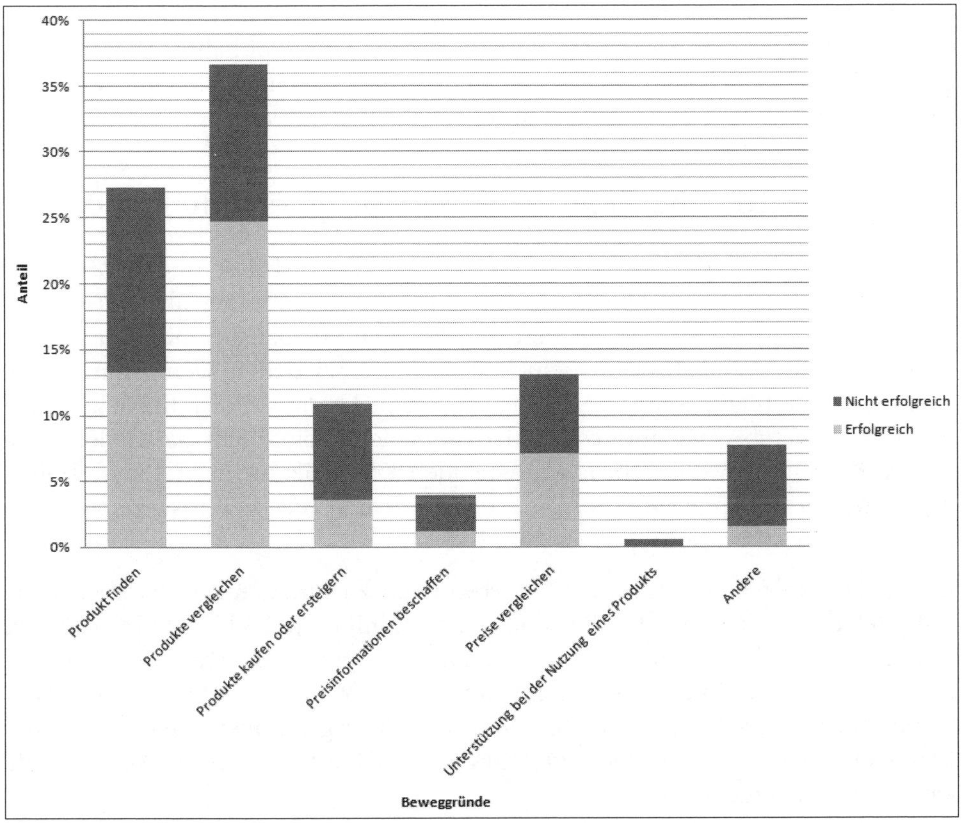

Abb. 8.14: Auswertung einer Umfrage nach den Besuchsgründen mit MS Excel

Bei der internen Suche monitort man regelmäßig die Top 10 der eingegebenen Suchbegriffe. Sie dienen insbesondere fürs Verständnis, welche Beweggründe Besucher thematisch haben. Wer sich die Mühe machen will oder auf eine Umfrage verzichten möchte, nimmt zudem die Top 100 der Suchbegriffe und versucht, diese nach Themenbereichen zu clustern. Mögliche Cluster können ähnlich der Antwortoptionen bei Umfragen Bereiche wie Support, Produkte, Unternehmensinformationen etc. sein.

8.7.3 Was es zu beachten gilt

Die vielen Feedbacks, die man aus der internen Suche und vor allem aus Surveys bekommt, kommen einem wie ein unglaublicher Reichtum vor, wenn man es das erste Mal durchführt. Das ist es auch, doch muss man immer den Blick fürs Wesentliche behalten. Schließlich gibt es oft Besucher, die sich schlichtweg auf der Website verirrt haben und etwas komplett anderes suchen. Da darf man sich nicht vom eigentlichen Ziel, das man selbst mit der Website verfolgt, abbringen lassen.

Wenn Sie online Blumen verkaufen, dann sollten Sie nicht Gemüse mit ins Sortiment aufnehmen, nur weil einige Besucher danach gesucht haben. Wenn hingegen häufig nach »Nelken« gesucht wird und Sie diese bislang nicht anbieten, dann ist eine Ausweitung des Sortiments durchaus überlegenswert.

8.8 Verhalten und Ziele von Nutzergruppen und Personas

Im Verlauf dieses Kapitels haben wir einiges über das Verhalten und die Ziele der Besucher auf der Website erfahren können. Die Erkenntnisse darüber lassen sich natürlich gut nutzen, um die eigenen Angebote darauf abzustimmen. Zu voreilig sollte man aber dennoch nicht versuchen, Schlüsse zu ziehen. Denn wenn Besucher eines Warenhaus-Shops sich nun zum Beispiel hauptsächlich für Bekleidung und für Kosmetik-Artikel interessieren, dann bedeutet dies nicht, dass jeder Besucher gleichzeitig sowohl Bekleidung wie auch Kosmetik sucht. Vielmehr stehen die einzelnen Beweggründe und Ziele nebeneinander, das heißt, sie repräsentieren je einen bestimmten Typ eines Nutzers.

Um genau diese konzeptionellen Überlegungen zu unterstützen, werden heute mitunter Personas eingesetzt. Personas wurden mit dem Buch »The Inmates are Running the Asylum« von Alan Cooper erstmals populär gemacht und haben seither in breiter Front in den Gestaltungsprozess von Websites – aber auch im Marketing oder generell der Produktgestaltung – Einzug gehalten. Überall, wo der Benutzer in das Zentrum der Betrachtungen gestellt wird, sind Personas heute kaum mehr wegzudenken.

Vielerorts sind daher heute bereits Personas definiert und können auch in Bezug auf die Website-Gestaltung genutzt werden. Häufig verfügen Unternehmen aber auch nur über sogenannte »Fake Personas«. Da sich mit einem Beispielfoto und ein paar ausgedachten Eigenschaften schnell ein Personaprofil erstellen lässt, bedienen sich manche dieses Vorgehens. Echte Personas dagegen basieren immer auf einer soliden Datenbasis, die meist über Umfragen und Interviews mit Nutzern gewonnen wird.

Nun erlaubt es aber nicht jedes Budget, ein Marktforschungsinstitut zu beauftragen, das Umfragen bei einer großen Zahl von Nutzern macht und statistisch auswertet. Wenn man sich mit einer etwas pragmatischeren Herangehensweise begnügt oder aus zeitlicher Dringlichkeit darauf angewiesen ist, können Analytics-Daten durchaus als erste Basis für die Persona-Bildung dienen.

Genau eine solche Basis wollen wir mittels der in diesem Kapitel gewonnenen Erkenntnisse zum Besucherverhalten legen – und diese dann um Eigenschaften aus den früheren Kapiteln ergänzen. Da grundsätzlich je Nutzerziel unterschiedliche Personas erstellt werden sollten, bilden die im vorangegangenen Abschnitt vorgestellten Beweggründe und Aufgaben von Nutzern das Kernelement, um das herum wir unsere pragmatische Website-Persona-Definition vornehmen. Waren also beispielsweise die drei häufigsten Beweggründe für den Website-Besuch Preisvergleich, Produktkauf und Unterstützung bei der Produkt-Nutzung, dann definieren Sie drei Personas mit diesen unterschiedlichen Zielen.

Für die Anreicherung dieser Personas mit Eigenschaften braucht es dann – außer beim Namen – mäßig viel Fantasie, sondern viel mehr Digital-Analytics-Fähigkeiten. Um die Eigenschaften einer ersten Persona mit Preisvergleich-Ziel zu ergänzen, untersuchen wir erst alle Nutzer mit diesem Verhalten näher. Verweist eine bestimmte Quelle besonders viele Nutzer, die nachher in der internen Suche nach »Preis« suchen oder als Erstes die Seite mit den Preisplänen anschauen? Besteht eine besondere Ausprägung in Bezug auf Alter und Geschlecht? Liegt diesen Nutzern ein spezielles Navigationsverhalten zugrunde – zum Beispiel dass sie besonders auf Teaser klicken, statt die Navigation zu nutzen? Solche Fragen lassen sich beantworten, indem wir bei Nutzern mit dem gezeigten Zielverhalten die entsprechenden Eigenschaften untersuchen. Dies ist mittels Durchklicken verschiedener Berichte möglich – am einfachsten und zielführendsten ist es allerdings, für jede Persona bzw. gezeigtes Zielverhalten ein Analytics-Segment anzulegen und die verschiedenen Ausprägungen zu vergleichen. In Abschnitt 11.3 werden wir uns genauer mit der Erstellung von Segmenten auseinandersetzen.

Setzen Sie sich derart mit den Personas auseinander, stellen Sie vielleicht beim Vergleich der Eigenschaften der »Preisvergleicher« Folgendes fest:

	Ausprägung	Anteil
Geschlecht	Weiblich	68 Prozent
	Männlich	32 Prozent
Altersgruppe	18–24	22,29 Prozent
	25–34	24,05 Prozent
	> 49	18,88 Prozent
	< 18	17,40 Prozent
Wohnort	Hessen	43,46 Prozent
	Nordrhein-Westfalen	14,09 Prozent
	Bayern	11,05 Prozent
	Berlin	6,33 Prozent
Sprache	Deutsch	86,42 Prozent
Website-Besuch	Erster Besuch	81,58 Prozent
	Zweiter Besuch	8,61 Prozent
Besucherloyalität, -frequenz und -aktualität	Bei Wiederbesuch	Alle 1 Tage, zum letzten Mal gestern

Tabelle 8.1: Beispiel einer Datenbasis für die Persona-Bildung aus Analytics-Systemen

	Ausprägung	Anteil
Technisches System	Windows/Chrome	72,74 Prozent
	Mac/Safari	19,53 Prozent
Besuchsdauer	unter ½ Minute	21 Prozent
	1–3 Minuten	15,35 Prozent
	3–6 Minuten	12,79 Prozent
	½–1 Minute	7,59 Prozent
Besuchstiefe	3–7 Seiten	26,19 Prozent
	2 Seiten	14,89 Prozent
	>7 Seiten	12,39 Prozent
Navigationsverhalten	Navigation	63,4 Prozent
	Inhaltslinks/Teaser	22,8 Prozent
	Suche	13 Prozent
Nachgefragte Inhaltsgruppen	Bekleidung	48,46 Prozent
	Kosmetik	12,4 Prozent
	Wohnen	10,86 Prozent
	Accessoires	10,06 Prozent

Tabelle 8.1: Beispiel einer Datenbasis für die Persona-Bildung aus Analytics-Systemen (Forts.)

Aufgrund solcher Daten empfiehlt es sich dann, als ausgestaltende Eigenschaften für die Persona »Preisvergleicher« eine weibliche Form im Alter von 25 bis 34 Jahren zu wählen, die aus Hessen stammt. Zu noch etwas genaueren Daten gelangt man, indem man das erstellte Persona-Segment Eigenschaft für Eigenschaft ergänzt und die nachfolgenden Eigenschaften aufgrund dessen untersucht. Dadurch lässt sich der Fehler vermeiden, dass die meisten jungen und weiblichen Preisvergleicher vielleicht gar nicht aus Hessen, sondern aus einer anderen Region stammen. Eine derart ausgestaltete Persona könnte vielleicht Franziska heißen, und genauso würden Sie vielleicht Petra und Kevin für die anderen beiden Nutzerziele ausgestalten, sodass Sie folgende Datenbasis für die Personas erhalten:

Mit etwas weiter ausgestaltender Fantasie haben wir nun eine ziemlich gute Vorstellung darüber, welche Nutzergruppen sich auf unserer Website bewegen. Da wäre zum Beispiel die Gruppe der Jugendlichen wie Kevin. Kevin ist 17, wohnt in Hamburg und besucht das Gymnasium. In freien Minuten surft er mit dem Smartphone im Internet, weswegen seine Besuchsdauer typischerweise kurz ist. Auf Websites seiner Wahl nutzt er normalerweise die Suchfunktion, da er damit am schnellsten zum gewünschten Ziel gelangt. Da er demnächst in eine Wohngemeinschaft ziehen möchte, hält er immer wieder Ausschau nach möglichen Einrichtungsgegenständen und entsprechenden Preisen.

	Franziska	Petra	Kevin
Ziel/Motivation	Preisvergleich	Unterstützung bei Produkt	Produktkauf
Interesse	Bekleidung	Kosmetik	Wohnen
Geschlecht	weiblich	weiblich	männlich
Alter	27	53	17
Wohnort	Frankfurt am Main, Hessen	München, Bayern	Berlin
Sprache	Deutsch	Deutsch	Deutsch
Besuchsverhalten	1. Besuch	1. Besuch	2. Besuch, gestern zum 1. Mal
Technisches System	Windows und Chrome	Windows und Chrome	iOS und Safari
Besuchsdauer	1–3 Minuten	unter ½ Minute	½–1 Minute
Besuchstiefe	3–7 Seiten	2 Seiten	3–7 Seiten
Navigationsverhalten	Navigation	Inhalt/Teaser	Suche

Tabelle 8.2: Exemplarische Analytics-Datenbasis für drei Personas

Eine noch bessere Einsicht in die Entscheidungsmuster und Motivationen solcher Personas würde man nun erhalten, indem mit echten Personen, die vergleichbare Eigenschaften aufweisen, persönliche Interviews führt. Für unsere pragmatischen Zwecke, nämlich uns ein Bild von den Besuchertypen der Website zu machen, reichen jedoch die so definierten Charaktere aus.

Kapitel 9

Inhaltsnutzung

Mittlerweile kennen wir die Website-Besucher, ihren Hintergrund, ihr Verhalten und ihre Ziele schon recht gut. Wir wissen, aus welcher Region sie stammen, was sie suchen, wie sie sich durch eine Website klicken und auch mit welcher Motivation sie auf die Website gelangt sind. Was nun noch fehlt, ist die Information, wie gut diese Nutzerbedürfnisse von der Website erfüllt werden.

Die Antwort dazu steckt in den Inhalten einer Website. »Content is King« – Inhalte sind das A und O jeder Website und die Basis dafür, ob ein Besucher das Ziel seines Website-Besuchs überhaupt erfüllen kann. Noch so attraktive Teaser, eine noch so intuitiv bedienbare Navigation oder ein noch so ausgefallenes Design helfen nicht, wenn die richtigen Inhalte fehlen. Ob und wie die Inhalte die Nutzerbedürfnisse beantworten, wollen wir deshalb in diesem Kapitel mit Analytics-Mitteln herausfinden.

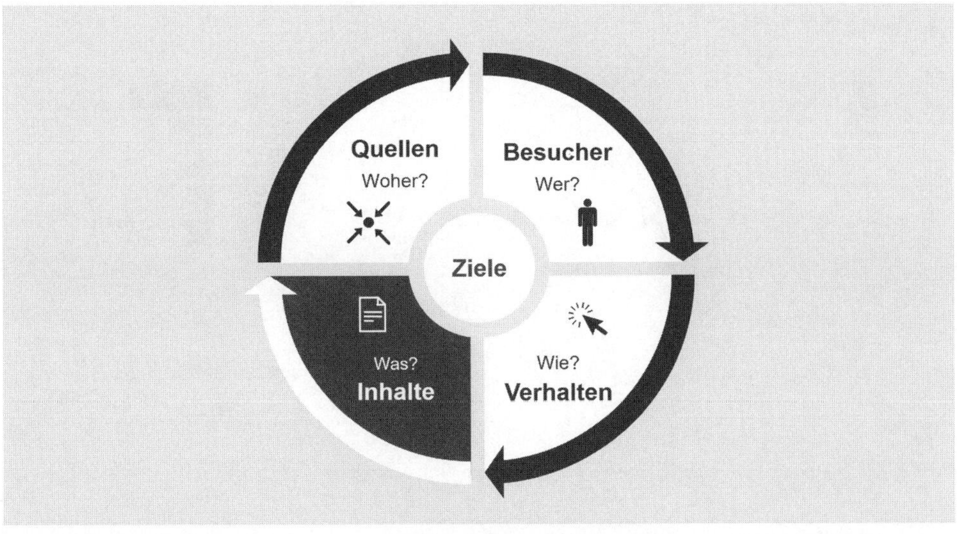

Abb. 9.1: Die Inhaltsnutzung verrät, ob die Bedürfnisse von Besuchern beantwortet werden.

9.1 Genutzte Inhalte

Ob Inhalte genutzt werden oder nicht, sagt schon viel über deren Qualität aus. Häufig aufgerufene Inhalte sprechen dafür, dass sie Besucher – oder Suchmaschinen als spezielle Art von Besucher – in irgendeiner Form ansprechen. Dennoch, etwas Vorsicht ist geboten. Häufig aufgerufene Inhalte mit Qualität gleichzusetzen, ist ein Trugschluss. Im Kino sind auch nicht immer die meistbesuchten Hollywood-Streifen die hochwertigsten Filme – klein, aber fein kann genauso bei Website-Inhalten gelten.

9.1.1 Was gemessen werden kann

Auswertungen über die Nutzung von Inhaltsseiten sind so etwa das Ursprünglichste, was mittels Analyse-Tools seit jeher gemessen wird. Die Auswertungen dazu sind typischerweise lange Listen wie Abbildung 9.2, in denen praktisch alle Seiten einer Website aufgeführt und mit der Häufigkeit der Aufrufe versehen sind.

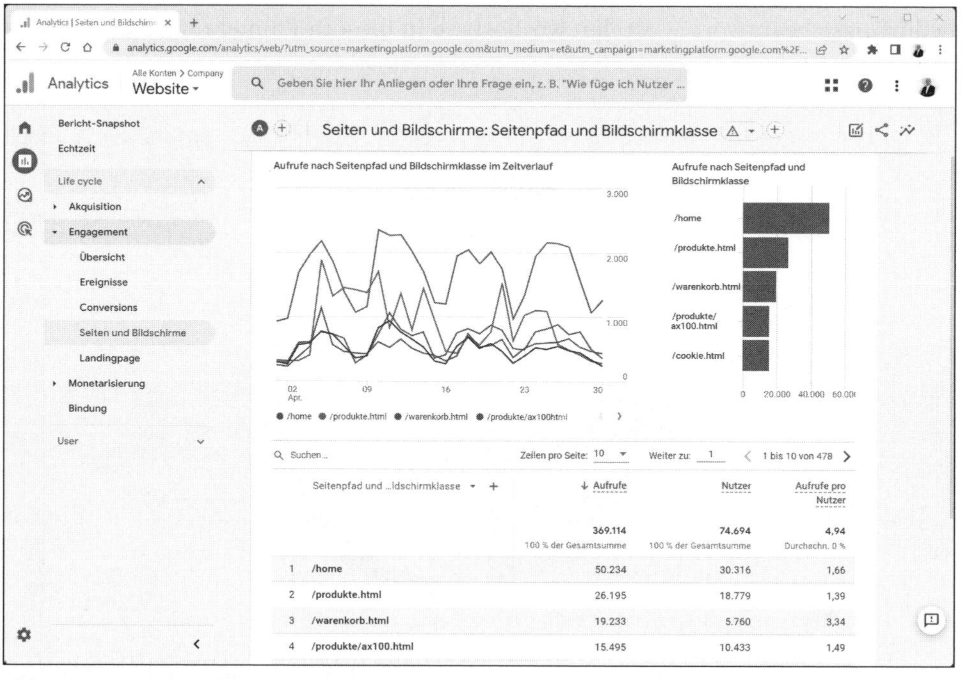

Abb. 9.2: Top-Seiten absteigend, sortiert nach Seitenaufrufen

Sortiert man die Ansicht der Seitenaufrufe nach deren Zugriffshäufigkeit, trifft man stets auf Unerwartetes. Seiten, von denen man nie gedacht hätte, dass sie groß genutzt werden, erscheinen in den oberen Rängen. Dagegen werden solche

Seiten, zu denen man Besucher vielleicht gerne führen möchte – zum Beispiel die mit viel Mühe zusammengestellten, überzeugenden Unternehmensinformationen –, kaum nachgefragt. Kaum je verhalten sich Website-Besucher halt einfach so, wie dies der Website-Ersteller geplant hat – zumindest dann nicht, wenn man die Bedürfnisse der Besucher nicht ins Zentrum der Website-Planung stellt.

Die Schwierigkeit in solchen Auswertungen mit den genutzten Inhalten besteht meistens insbesondere darin, sich im Umfang der Liste zurechtzufinden. Eine Such- oder Filterfunktion innerhalb des Analytics-Systems, wo nach URL oder noch besser Seitentitel gesucht werden kann, ist deshalb fast ein Muss.

Viele Systeme legen Inhaltsseiten in einer weiteren Ansicht hierarchisch entsprechend den auf der Website angelegten Ordnern bzw. Datei-Verzeichnissen ab. Dies bringt gleich zwei Vorteile mit sich. Einerseits findet man die Auswertungen zu einer Seite besser, indem man sich den Verzeichnissen nach durch das Analytics-System hangelt. Voraussetzung dafür ist natürlich, dass die URL eines Webangebots ein sauberes Naming verfolgt und »sprechend« ist (siehe dazu Kasten *Sprechende URLs verwenden*). Der zweite Vorteil von solchen Verzeichnisansichten ist, dass Aufrufe aller Seiten innerhalb eines Verzeichnisses addiert werden. Wenn zum Beispiel die Verzeichnisse analog der Hauptnavigation einer Website aufgebaut sind, dann lässt sich dadurch zugleich erkennen, in welchem Teil der Website am meisten Inhalte betrachtet werden.

Sprechende URLs verwenden

URLs haben ihren Hauptzweck darin, dass sie eine Seite im Web eindeutig kennzeichnen und auffindbar machen. Eine URL wie `http://www.ihreseite.de/index.php?id=67498763&uid=489200&cat=3045&view=3463` mit vielen URL-Parametern erfüllt diesen Zweck. Diese Schreibweise hat aber einen gewichtigen Nachteil: Kein Mensch kann sich die URL merken. Eine URL wie `http://www.ihreseite.de/produkte/fahrraeder/mountainbikes/rotwild.html` verfügt hierzu über wesentlich mehr Informationsgehalt. Solche URLs werden sprechende URLs genannt, weil allein anhand dieser schon verständlich ist, worum es im Inhalt der Seite geht.

Bei der Gestaltung einer Website sollte deshalb unbedingt darauf geachtet werden, solche sprechende URLs zu verwenden. Meist kann man auch bei bestehenden Websites, die URL-Parameter wie beim ersten Beispiel einsetzen, dies noch relativ einfach umbiegen. Das technische Stichwort dazu heißt »URL-Rewrite«. Dies besagt, dass der Webserver nach zu definierenden Regeln eine sprechende URL in eine parametrisierte umwandelt. Damit kann der Website-Benutzer sprechende URLs verwenden, während zum Beispiel ein Content-Management-System hinter dem Webserver intern immer noch die parametrisierten URLs einsetzt.

Die Vorteile von sprechenden URLs sind vielseitig. Dazu zählen:

- Ein Besucher versteht den Inhalt einer Seite schon anhand der URL.
- Beim Versenden oder Speichern von Links ist für den Benutzer stets klar, um welche Seite es sich handelt.
- Ein Besucher erkennt, wo die Seite hierarchisch in einem Webangebot aufgehängt ist. Dies ist einer der Faktoren, der die einfache Orientierung auf einer Website unterstützt.
- Sprechende URLs sind technologie- und systemunabhängig. Das heißt, auch nach einem Technologie-Wechsel, zum Beispiel nach einem Website-Redesign, können die URLs konstant bleiben. Verlinkungen von Drittseiten her funktionieren deshalb problemlos weiter.
- Suchmaschinen beachten bei der Reihenfolge ihrer Resultate auch, ob ein Suchbegriff in der URL vorkommt. Man geht davon aus, dass bei Google das Vorkommen des Keywords in der URL oder gar Domain einen Einfluss auf die Platzierung in der Trefferliste haben kann.

9.1.2 Wie Sie es nutzen sollten

Viel Zeit damit zu verbringen, Seite um Seite auf Aufrufhäufigkeiten anzuschauen und zu vergleichen, lohnt sich kaum. Vielmehr sollten Sie Ihre Aufmerksamkeit auf das Wesentliche lenken, nämlich:

- Die Top 10 der am meisten genutzten Inhaltsseiten
- Die Top 10 der »Movers and Shakers«, die größten Auf- und Absteiger im Vergleich zur Vorperiode
- Die Aufrufe von Seiten, die für Ihr Webangebot als Schlüsselseiten zu bezeichnen sind
- Die am wenigsten nachgefragten Seiten

Mit den Top-nachgefragten Seiten haben Sie einen Überblick darüber, was die Besucher interessiert. Betrachten Sie die Top-Seiten unbedingt auch im Vergleich zur Vorperiode, also zur Vorwoche oder zum Vormonat. So erkennen Sie frühzeitig Änderungen im Verhaltens- und Bedürfnismuster der Besucher. Änderungen bis zu 20 Prozent brauchen einem dabei keine Kopfschmerzen zu bereiten, dies kann in der normalen Volatilität der Besuche liegen. Größeren Schwankungen sollte man aber unbedingt nachgehen. Die Top-Seiten sind ein guter Ausgangspunkt, um später mit Optimierungen zu beginnen. Auch bei der Aufschaltung von wichtigen Promotionen lässt sich auf die Liste der Top-Seiten zurückgreifen, um eine möglichst große Reichweite auf der eigenen Website zu erreichen.

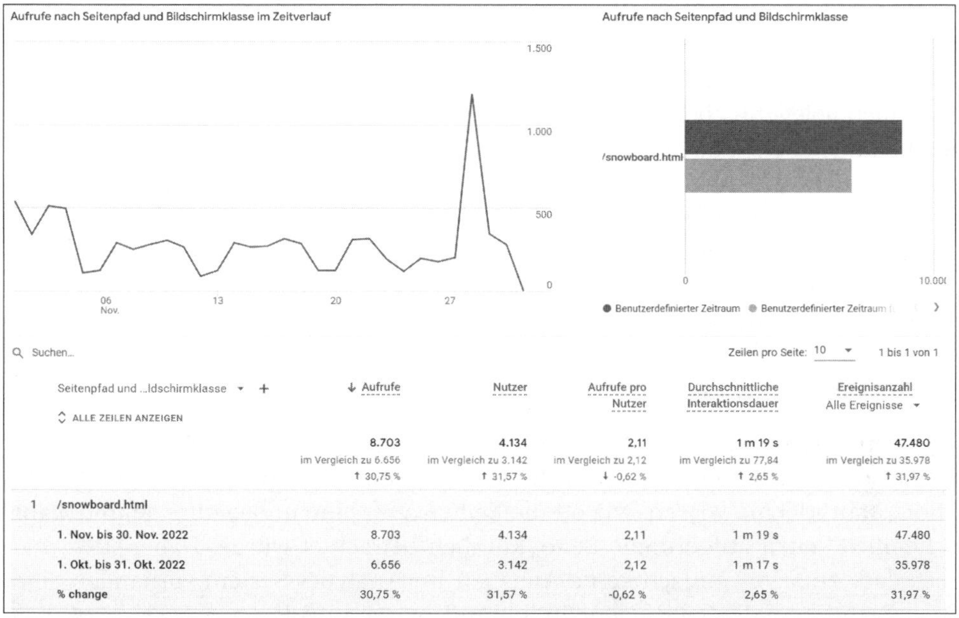

Abb. 9.3: Vergleiche von Zeitperioden lassen Nachfrage-Schwankungen deutlich erkennen.

Abbildung 9.3 zeigt zum Beispiel Seitenaufrufe eines Outdoor-Shops. Im Vergleich zwischen zwei Monaten – Oktober und November – wird schnell ersichtlich, dass die Nachfrage nach Wintersportartikeln bzw. Snowboards bei Wintereinbruch im November stark angezogen hat. Über 30% war der Zuwachs an Aufrufen und Nutzern im entsprechenden Bereich.

Mit der Überwachung der Movers & Shakers fällt es noch eine Spur früher auf, wenn sich ein neuer Trend in der Nachfrage ergibt. Steigen in einem Outdoor-Shop so zum Beispiel sprunghaft die Aufrufe von Seiten zum Thema Kajakfahren, könnte dies ja der Indikator für den großen Sommertrend sein. Als Shopbetreiber ist man dann gut beraten, dies durch Marketing-Maßnahmen zu verstärken oder gar schon das Lager frühzeitig aufzustocken.

Schlüsselseiten sind jene Seiten eines Webangebots, die Sie einem Besucher unbedingt zeigen möchten. Wie ein Autoverkäufer alles versucht, damit sich ein potenzieller Kunde nicht nur Prospekte anschaut, sondern sich auch hinters Steuer eines neuen Autos setzt, wird es solche Schlüsselsituationen auch auf Ihrer Website geben. Dies könnte eine eindrucksvolle Produktanimation oder eine schlüssige Argumentkette sein, weshalb man Sie als Anbieter oder Hersteller auswählen sollte. Das Monitoring der Schlüsselseiten hilft Ihnen dabei zu erkennen, inwieweit Sie Besuchern das zeigen können, was Sie wollen.

Nicht nur die am meisten aufgerufenen Seiten, auch die Seiten, die nicht nachgefragt werden, sind aussagekräftig. Gerade bei umfangreichen Websites, wo viel Zeit und Arbeit in die Aktualisierung aller Inhaltsseiten gesteckt wird, muss man sich auch gelegentlich überlegen, wo man Ressourcen sparen kann. Längerfristig kaum aufgerufene Seiten kann man dann gut auch archivieren oder löschen. Oder man versucht, sie inhaltlich aufzuwerten und zu optimieren – wie dies geht, wird in Kapitel 15 noch ausführlich betrachtet. Leider sind jene Seiten, die überhaupt nie aufgerufen werden, auch nicht in Analytics-Systemen abgebildet. Für die Analyse empfiehlt sich also, einen möglichst großen Zeitraum zu wählen, sodass die Chance eines mindestens einmaligen Aufrufes steigt.

9.1.3 Was es zu beachten gilt

Wenn man sich länger mit Digital Analytics beschäftigt und eine Website mit sehr vielen Inhaltsseiten betreut, dann stößt man früher oder später auf folgende Situation: Man möchte wissen, wie oft die Seite »xyz«, eine unbedeutende und wahrscheinlich selten aufgerufene Seite, kürzlich betrachtet wurde. Dabei stellt man fest, dass zu »xyz« einfach keine Angaben im Analytics-System vorhanden sind. Auch wenn man die Seite eigenhändig im Browser aufruft – womit sie ja zwangsläufig in der Auswertung erscheinen müsste –, erscheint sie keineswegs im System. Das technische Stichwort zu diesem Problem heißt »Table Sizes«.

Die Table Size ist die Tabellengröße, das heißt der Platz, der für die Speicherung von Nutzungsdaten in der Datenbank des Analytics-Systems freigehalten wird. Bei der Festlegung dieser Tabellengröße – eine Aufgabe der IT oder des für die Installation verantwortlichen Technikers – muss zwischen Geschwindigkeit der Auswertung und Umfang der gespeicherten Seiten abgewogen werden. Dabei handelt es sich um einen »Trade Off«, das heißt, eine Verbesserung des einen geht immer zulasten des anderen.

Hat eine Website zum Beispiel 10.000 Seiten, dann werden sich die Nutzungszahlen vielleicht wie folgt zusammensetzen: 1.000 Seiten werden häufig bis sehr intensiv aufgerufen, 4.000 Seiten gelegentlich, der Rest praktisch nie. Um Speicherplatz zu sparen und die Auswertung zu beschleunigen, wird man deshalb die Tabellengröße auf 5.000 auslegen. Das heißt, für diese Anzahl Seiten werden in der Tabelle einzeln die Aufrufe gespeichert. Für die restlichen Seiten wird es lediglich eine Kategorie »Übrige Seiten« geben. Jeder Aufruf einer solchen übrigen Seite setzt den Zähler für diese Kategorie um eins hoch. Die Information, um welche Seite es sich genau handelte, geht jedoch verloren. Während die Summe der Seitenaufrufe korrekt ist, bleibt die einzelne Seite jedoch unauffindbar in der Kategorie »Übrige Seiten« verborgen. Will man dies vermeiden, hilft nur, die Tabellengröße heraufzusetzen und Speicherplatz- und Performanceverluste in Kauf zu nehmen. Normalerweise ist man mit kleineren Tabellengrößen jedoch besser bedient.

9.2 Inhaltsgruppen

Bei der Betrachtung einzelner Seiten verliert man sich schnell im Detail – oder sieht vor lauter Bäumen den Wald nicht mehr. Hilfreich ist es deshalb, wenn Seiten zusammengefasst werden. Die simpelste Form dieser Zusammenfassung sind die hierarchisch auf dem Webserver angelegten Ordner bzw. Dateiverzeichnisse, die sich dann in der URL einer Seite als solche Pfadstruktur zeigen. Seiten, die sich dann in solchen Ordnern befinden, zum Beispiel »Produkte« oder »Angebote«, können derart gruppiert werden. Die meisten Analytics-Systeme erlauben die Betrachtung auf dieser Seitenpfad-Ebene. Manche Systeme bieten darüber hinaus aber noch eine flexiblere und von der Verzeichnisstruktur auf dem Webserver unabhängige Gruppierungsvariante an, die sogenannten Inhaltsgruppen.

9.2.1 Was gemessen werden kann

Inhaltsgruppen (Content Groups) sind die logische Zusammenfassung von Inhalten, die zum Beispiel ein ähnliches Thema behandeln. Die Definition der Gruppen ist dabei beliebig. Schließlich wird jede Seite einer oder mehreren solcher Gruppen zugeordnet. Auch diese Gruppen können wiederum hierarchisch aufgebaute Untergruppen enthalten.

Wenn wir als Beispiel eine Website eines Telekom-Unternehmens betrachten, dann verfügt dieses vielleicht über eine Sitemap wie in Abbildung 9.4 dargestellt.

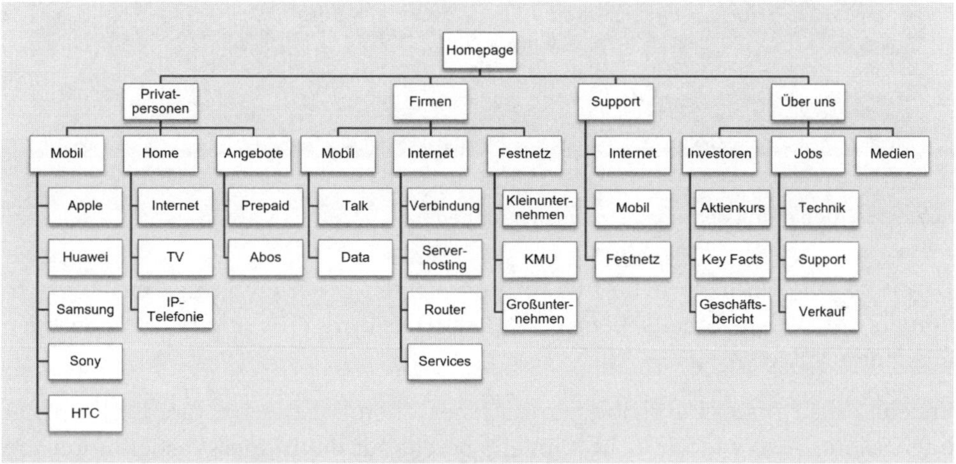

Abb. 9.4: Beispielhafte Sitemap eines Telekom-Unternehmens

Eine rein auf der Verzeichnisstruktur basierte Gruppierung ergibt die Hauptgruppen »Privatpersonen«, »Firmen«, »Support« und »Über uns«. Auf der nächsten Hierarchieebene sind sowohl der Privat- wie der Firmenbereich in »Mobil«,

»Internet« und teilweise »Festnetz« aufgegliedert. Damit lassen sich jedoch zum Beispiel folgende beiden Fragestellungen nicht direkt beantworten:

- Wie hoch ist das Interesse an Produktseiten insgesamt (Firmen und Private)?
- Wie hoch ist das Interesse an allen Seiten mit Mobilfunkinhalten?

Inhaltsgruppen schaffen da Abhilfe, indem jede Seite – auch wenn sie hierarchisch an einem anderen Zweig aufgehängt ist – einer Gruppe zugewiesen werden kann. So können die Mobilfunkseiten der Privat- und Firmenkunden derselben Gruppe zugewiesen werden. Alle Produktseiten werden in einer übergeordneten Produkte-Gruppe zusammengefasst, die dann die Untergruppen »Mobil«, »Festnetz« und »Internet« enthalten. Abbildung 9.5 zeigt, wie die Seiten einer Sitemap solchen flexiblen Gruppen zugeordnet werden können.

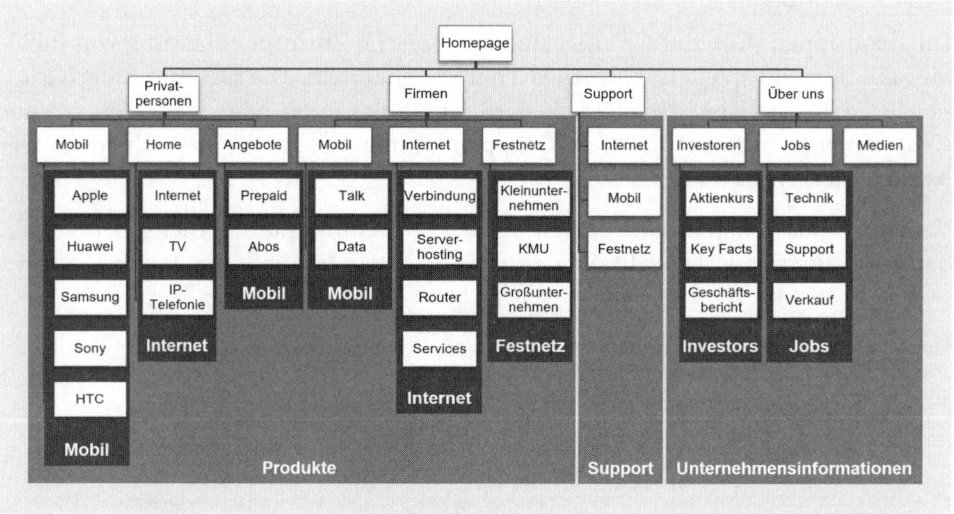

Abb. 9.5: Gruppierung der Inhalte in Inhaltsgruppen

Damit lassen sich ganz neue Auswertungssichten generieren, die eine Aggregation der Inhalte auf Inhaltsebene darstellen. Dies bringt für Inhaltsbetrachtungen folgenden Nutzen:

Erstens erhält man eine Priorisierung jener Themenbereiche, die die Besucher interessieren – so wie wir es in Kapitel 8 bereits für die Interessensdefinition von Besuchern genutzt haben. Zum Zweiten erkennt man Affinitäten unter Themenbereichen. Wenn zum Beispiel innerhalb des gleichen Besuchs häufig Seiten aus »Internet« und »Mobil« betrachtet werden, dann müssen diese Inhalte eine hohe Affinität haben. Dies sind Indizien dafür, dass sich Cross-Promotionen auf den betreffenden Seiten lohnen würden – oder im Maximalfall gar die beiden Produkte im Bundle angeboten werden sollten. Drittens lassen sich später Erfolge je Gruppe ausweisen. So lässt sich zum Beispiel unterscheiden, ob Mobil-Produkte oder Festnetz-Produkte eine höhere Bestellrate aufweisen. Dadurch kann man lernen, wie hoch die Online-Affinität eines Produkts oder Inhaltes ist, das heißt, wie gut sich das Produkt online verkaufen lässt. Bücher weisen zum Beispiel eine sehr hohe Online-Affinität aus, während dies bei Möbeln und Autos nicht der Fall ist. Zu guter Letzt sind auch Pfadanalysen auf der Ebene von Inhaltsgruppen wesentlich aussagekräftiger. Dies haben wir bereits in Kapitel 8 in Abschnitt 8.4 feststellen können.

Abbildung 9.6 zeigt die Inhaltsnutzung auf Inhaltsgruppen-Ebene. Die Auswertung der Telekom-Website zeigt, dass hauptsächlich in den Produktkategorien »Mobil« sowie deutlich weniger in den Kategorien »Internet« und »Festnetz« die meisten Seitenaufrufe vorgenommen werden. Für diese Bereiche stimmt demnach das Inhaltsangebot am besten mit den effektiven Bedürfnissen der Besucher überein.

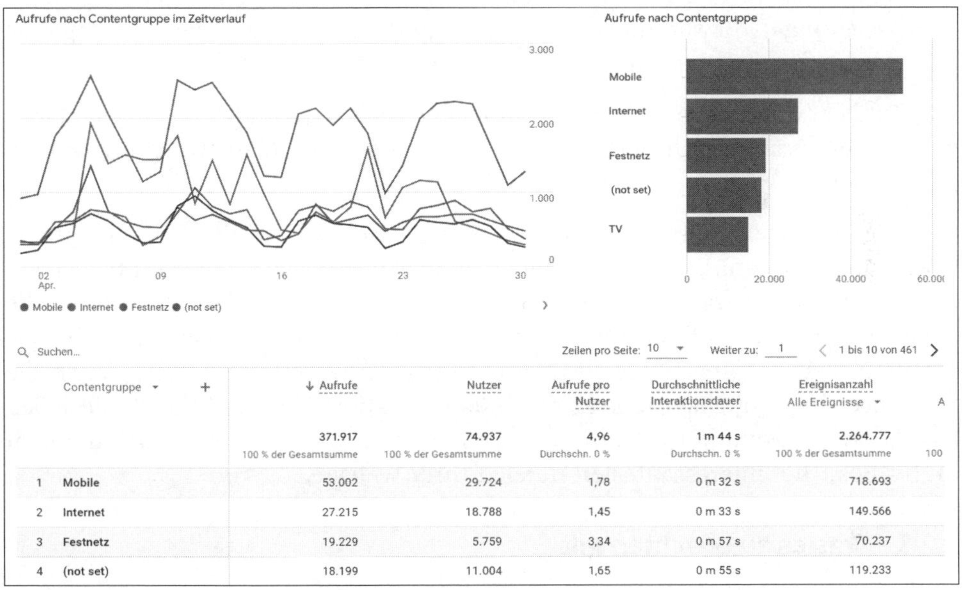

	Contentgruppe	Aufrufe	Nutzer	Aufrufe pro Nutzer	Durchschnittliche Interaktionsdauer	Ereignisanzahl Alle Ereignisse	A
		371.917 100 % der Gesamtsumme	74.937 100 % der Gesamtsumme	4,96 Durchschn. 0 %	1 m 44 s Durchschn. 0 %	2.264.777 100 % der Gesamtsumme	100
1	Mobile	53.002	29.724	1,78	0 m 32 s	718.693	
2	Internet	27.215	18.788	1,45	0 m 33 s	149.566	
3	Festnetz	19.229	5.759	3,34	0 m 57 s	70.237	
4	(not set)	18.199	11.004	1,65	0 m 55 s	119.233	

Abb. 9.6: Seitenaufrufe aggregiert nach Produktgruppen

9.2.2 Wie Sie es nutzen sollten

Wenn man es gezielt einsetzt, dann sind Inhaltsgruppen ein sehr mächtiges Instrument, um auf einer Meta-Ebene die Nutzung von Inhalten zu verstehen. Allerdings installieren sich Inhaltsgruppen nicht Out-of-the-Box, sondern man braucht einiges an kognitiver Leistung, um die Inhalte sinnvoll zu gruppieren. Die Schwierigkeit ist dabei, nach welchem Prinzip man Inhalte zusammenfassen soll. Strategien können sein:

- **Nach Produktkategorien**, zum Beispiel »Bekleidung«, »Kosmetik«, »Wohnen«. Diese Strategie eignet sich für Websites mit hoher Produktvielfalt.
- **Nach Inhaltstyp** einer Seite, zum Beispiel »Homepage«, »Promotion«, »Produktinformation«, »Suche«, »Bestellprozess«. Dies ist insbesondere geeignet für verkaufsfokussierte Websites.
- **Nach Themen**, bei einer Bank zum Beispiel »Sparen«, »Hypotheken«, »Vorsorge«, »Jobs«, »Medien«. Diese Strategie ist tendenziell geeignet für alle inhaltsfokussierten Websites.
- **Nach Funktion** einer Seite, wie »Fänger«, »Verteiler«, »Informierer« oder »Ziel-Seite«. Dies ist dann geeignet, wenn Websites konsequent solchen Seitentypen folgend aufgebaut werden.
- **Nach Nutzerbedürfnissen** ausgehend von den Aufgaben, mit denen ein Besucher auf die Website gelangt, zum Beispiel »Supportanfrage« »Preisvergleich«, »Bestellung«, »Bewerbung«, »Unternehmensinformation«. Diese Strategie ist geeignet für alle konsequent nutzerzentriert erstellten Websites.

Die Wahl der Strategie sollte man vom Ziel der Website (zum Beispiel verkaufsorientierte versus nutzerzentrierte Website) und der gewünschten Messgröße abhängig machen.

Sind die Gruppen erst einmal implementiert, sollten Sie die Inhaltsgruppen wöchentlich nutzen. Beobachten Sie dabei die fünf meistbesuchten Inhaltsgruppen auf größere Veränderungen. Rufen Sie für jede dieser Inhaltsgruppen die zugehörigen Seiten auf, die am meisten Aufrufe innerhalb der jeweiligen Gruppe haben. Neben den Top-10-Seiten über die gesamte Website bekommen auch die Spitzenseiten je Inhaltsgruppe eine Schlüsselfunktion. Nutzen Sie auch diese Seiten als Ausgangspunkt für Optimierungen, denn dies sind die wichtigsten Seiten im für Besucher interessantesten Bereich Ihrer Website.

9.2.3 Was es zu beachten gilt

Um die Nutzung von Inhaltsgruppen messen zu können, muss jede Seite einer Website einer solchen Gruppe zugeordnet sein. Die Zuordnung erfolgt in den meisten Analytics-Systemen über das Page Tag. Dies bedeutet, dass im Code jeder Seite oder wie heute üblich im Tag-Management-System definiert werden muss, welcher Gruppe die Seite angehört. Das wiederum heißt, dass unter Umständen jede Seite technisch modifiziert werden muss und es nicht mit der Standard-Implementierung eines Analytics-Systems getan ist. Je nachdem kann dies beträchtliche Kosten verursachen, abhängig davon, wie viele Seiten betroffen sind und welche

Technologie man verwendet. Einfacher ist es, wenn man mit einem Tag-Management-System arbeitet, das ohne technischen Eingriff die Modifikation des Page Tags oder das Setzen von solchen Variablen erlaubt. In vielen solcher Systeme ist es sogar möglich, regelbasiert Content-Gruppen zu vergeben – also z.B. abhängig von der URL bzw. dem Verzeichnis, in dem sich eine Seite befindet.

Auch nicht außer Acht gelassen werden darf der Änderungsprozess. Sowohl bei neu angelegten Seiten muss vom Autor die Inhaltsgruppe definiert werden, auch bei bestehenden Seiten kann es sein, dass sich die Zugehörigkeit zu einer Inhaltsgruppe ändert. Auch dann ist wiederum ein technischer Eingriff in die betroffene Seite unumgänglich, sofern man nicht mit einem Tag-Management-System und einer cleveren Regel arbeitet.

Eine andere Alternative aus dieser Abhängigkeit von der Technik ist die Editierbarkeit von Inhaltsgruppen über ein Content-Management-System (CMS) – sofern ein solches für den Website-Unterhalt eingesetzt wird. Damit kann die Inhaltsgruppe oder weitere für das Analytics-System relevante Parameter je Seite von einem Autor angepasst werden – genauso wie der Titel oder Inhalt einer Seite geändert wird. Vorher muss dazu aber das CMS kundenspezifisch angepasst werden, was jedoch häufig eine über die Zeit lohnende Investition ist.

Die Definition der Namen für Inhaltsgruppen sollte man sich zudem gut überlegen und systematisch durchführen. Spätere Änderungen sind nämlich schwierig bzw. rückwirkend auf bereits gespeicherte Besuche meist gar nicht mehr möglich.

9.3 Ein- und Ausstiegsseiten

Bei jedem Website-Besuch sind zwei Seiten speziell und verdienen besondere Beachtung: die erste Seite und die letzte Seite des Besuchs. Die erste Seite deshalb, weil dies sozusagen der erste Eindruck ist, den eine Website beim Besucher hinterlässt. Die letzte Seite aus dem Grund, weil der Besuch an der Stelle offenbar abgebrochen oder abgeschlossen wurde.

9.3.1 Was gemessen werden kann

Bei Einstiegsseiten, auch Entry- oder Landingpages genannt, beginnt der Besuch einer Website. Nun würde man vielleicht meinen, dass die Homepage in den meisten Fällen die Einstiegsseite ist – das ist aber gerade komplett falsch, denn häufig wird die Homepage kaum mehr als in 20 Prozent der Fälle die Einstiegsseite sein. In der heutigen Zeit, wo Suchmaschinen eine zentrale Rolle als Traffic-Quellen einnehmen, steigen Besucher irgendwo in der Tiefe der Website ein und nicht mehr unbedingt auf der Homepage. Häufig als Einstiegsseiten aufgerufene Unterseiten sind also sozusagen die Startseiten von Suchmaschinen-

Benutzern, und genauso wie die Homepage sollte man die wichtigen Einstiegsseiten auch behandeln.

Abbildung 9.7 zeigt solch häufige Einstiegsseiten. Dabei stammen die ersten beiden Einträge von der Homepage und einer Landingpage, die speziell beworben wurde. Diese beiden Seiten machen rund 85 Prozent aller Einstiege auf der Website aus. Alle anderen erfolgen irgendwo in der Tiefe, beispielsweise direkt auf Produktbeschreibungsseiten. Dies lässt sich dadurch erklären, dass diese Seiten über mehr textlichen Inhalt verfügen und deshalb in Suchmaschinen weit besser auffindbar sind, als eine bildlastige Homepage oder speziell gestaltete Landingpage.

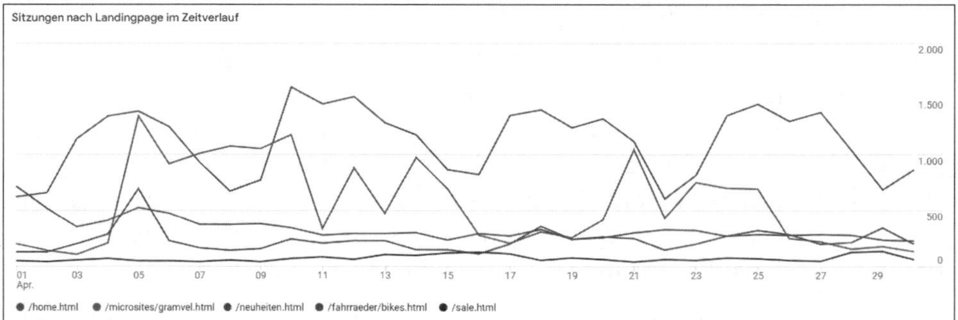

Suchen… Zeilen pro Seite: 10 Weiter zu: 1 1 bis 10 von 109

	Landingpage	Sitzungen	Nutzer	Neue Nutzer	Durchschnittliche Interaktionsdauer pro Sitzung	Conversions Alle Ereignisse	
		103.667 100 % der Gesamtsumme	73.768 100 % der Gesamtsumme	60.841 100 % der Gesamtsumme	1 m 13 s Durchschn. 0 %	540.123,00 100 % der Gesamtsumme	10
1	/home.html	54.931	45.626	5.387	1 m 02 s	21.708,00	
2	/microsites/gravel.html	32.845	27.616	21.166	1 m 53 s	234.423,00	
3	/neuheiten.html	17.129	15.057	13.561	1 m 01 s	68.975,00	
4	/fahrraeder/bikes.html	9.894	7.661	7.250	0 m 08 s	21.119,00	
5	/sale.html	6.968	6.174	4.810	2 m 00 s	49.090,00	
6	/fahrraeder/rennrad.html	2.008	1.871	1.712	0 m 53 s	8.882,00	

Abb. 9.7: Häufige Einstiegsseiten einer Website

Ausstiegsseiten – die letzte Seite eines Besuchs – werden im Analytics-Umfeld vielfach als die »Löcher von Websites« bezeichnet. Gemeint ist damit, dass die Seiten jenen Punkt darstellen, wo ein Besuch abgebrochen wird und damit der Besucherfluss leckt.

Die Vorstellung ist allerdings etwas absurd, denn jeder Website-Besuch muss ja auf irgendeiner Seite aufhören. Dies kann aber genauso gut jene Seite sein, wo ein Besucher endlich die gewünschte Information gefunden hat. So betrachtet kann die Ausstiegsseite auch einen Erfolg darstellen. Welche dieser beiden Varianten,

Erfolg oder Abbruch, es nun ist, entzieht sich leider der Kenntnis eines Analytics-Systems und ist ohne Kontext auch ziemlich schwer interpretierbar. Deshalb sollte man die Aussage von Ausstiegsseiten nicht überbewerten.

Den Kontext zu Ausstiegsseiten schaffen Sie sich, indem Sie sich die Inhalte dieser Seiten betrachten. Zum Beispiel kann eine Ausstiegsseite eine sogenannte Zielseite sein, eine Seite, auf die man möglichst viele Besucher lenken möchte. Erreichen sie diese Zielseite, dann ist das eine Erfolgsaussage. Darauf folgende Ausstiege liegen in der Natur der Sache und müssen nicht negativ behaftet sein. Auf der anderen Seite kann eine häufige Ausstiegsseite eine Fehlerseite sein, die zum Beispiel einen 404-Fehler (Seite nicht gefunden) erklärt. Diese stellt nun tatsächlich sozusagen ein Loch in der Website dar. Denn Besucher gelangen aus zu untersuchenden Gründen auf eine Fehlerseite und verlassen dann offensichtlich die Seite. In dem Fall stellt die Ausstiegsseite einen Mangel dar. Ob häufige Ausstiegsseiten nun also ein positives oder negatives Zeichen für eine Seite sind, ist im Einzelfall und differenziert zu untersuchen.

Ein Indikator, der genutzt werden kann, um abzuschätzen, ob eine Ausstiegsseite ein Erfolgs- oder Fehlerereignis darstellt, ist die Ausstiegsrate. Wenn dieses Verhältnis der Anzahl Ausstiege zur Anzahl Seitenaufrufe der betreffenden Seite hoch ist, dann kann man davon ausgehen, dass mit dieser Seite allgemein etwas nicht stimmt. Ein weiterer Indikator kann die durchschnittliche Betrachtungsdauer einer solchen Seite sein: Findet ein Besucher, was er will, wird er wesentlich mehr Zeit darauf verwenden, die gewünschte Information auf der Seite zu studieren, als wenn er entnervt beschließt, auf dieser Seite den Besuch abzubrechen.

9.3.2 Wie Sie es nutzen sollten

Die Top 10 der Einstiegsseiten sollten Sie so im Auge behalten, wie Sie die Homepage im Auge haben – also in kürzeren Intervallen überwachen. Welche Seiten sich unter den Top 10 befinden, spielt dabei nicht einmal solch eine große Rolle. Für alle Seiten gilt nämlich folgende Vorgehensweise:

- Überprüfen Sie, ob die Botschaft, die Sie generell online kommunizieren, mit jener der Homepage und der Top-10-Einstiegsseiten konsistent ist. Die Top-Einstiegsseiten und die Homepage geben den ersten Eindruck ab. Wenn dieser Eindruck nicht mit der über die Kommunikation geschürten Erwartungshaltung des Besuchers übereinstimmt, dann besteht direkt bei Besuchsbeginn schon ein Missverhältnis.
- Forschen Sie bei den einzelnen Einstiegsseiten und der Homepage nach, welche Traffic-Quellen auf die betreffenden Einstiegsseiten verweisen. Vielleicht stammt bei einer Einstiegsseite besonders viel Traffic aus Suchmaschinen, bei einer anderen Seite aus Partnerverlinkungen. Die notwendigen Auswertungen

zu den Traffic-Quellen haben Sie bereits in Kapitel 6 kennengelernt. Überprüfen Sie anschließend für die Haupt-Traffic-Quelle je Seite, ob die dort kommunizierte Botschaft mit jener auf der Einstiegsseite übereinstimmt.

Bei den Ausstiegsseiten sollten Sie mit den in Abschnitt 9.3.1 gezeigten Mitteln versuchen zu identifizieren, ob es sich um Abschluss- oder Abbruchseiten handelt. Finden sich Abbruchseiten wie Fehlermeldungsseiten unter den Top 10 der Ausstiegsseiten, dann sollten Sie der Ursache dafür unbedingt nachgehen.

9.3.3 Was es zu beachten gilt

Natürlich kann die Ein- und Ausstiegsseite eines Besuchs auch ein und dieselbe Seite sein. Dies trifft dann zu, wenn ein Besucher sich auf der Website im Kreis dreht oder wenn ein Besuch nur genau eine Seite beinhaltet. Der letzte Fall tritt relativ häufig auf, man spricht dann von Einzelzugriffen oder Absprüngen. Bereits in Abschnitt 8.3 haben wir dieses Verhalten, das mittels der Absprungrate gemessen werden kann, kennengelernt. Im folgenden Abschnitt werden wir diese Messgröße nun auch noch für einzelne Seiten anwenden.

9.4 Attraktivität einer Seite

Bei den bisherigen Betrachtungen haben wir meist für eine spezifische Ausprägung wie die Anzahl Seitenaufrufe jeweils die Top-Seiten angeschaut. Für detailliertere Analysen – gerade, wenn man irgendwo auf eine Auffälligkeit unter den Top-Seiten stößt – muss man jedoch eine einzelne Seite für sich alleine beurteilen. Um solche Detailbetrachtungen geht es in diesem Abschnitt.

9.4.1 Was gemessen werden kann

Für jede Seite kann man einige Kennzahlen zusammenstellen, die die Attraktivität einer Seite ausmachen. Die Attraktivität soll darüber Auskunft geben, wie gut oder schlecht eine Seite ihre Aufgabe erfüllt. Zu den interessantesten Kennzahlen zählen:

- Verweildauer auf der Seite
- Absprungrate/Einzelzugriffe
- Ausstiegsrate
- »Haftung« der Seite

In vielen Analytics-Systemen – Google Analytics rangiert diesbezüglich als Ausnahme – sind die ersten beiden Kennzahlen je Seite aufrufbar – oder zumindest sind die notwendigen Berechnungsgrundlagen dafür vorhanden. Abbildung 9.8 zeigt solche sowie noch einige weitere Metriken aufgeschlüsselt für einzelne Seiten.

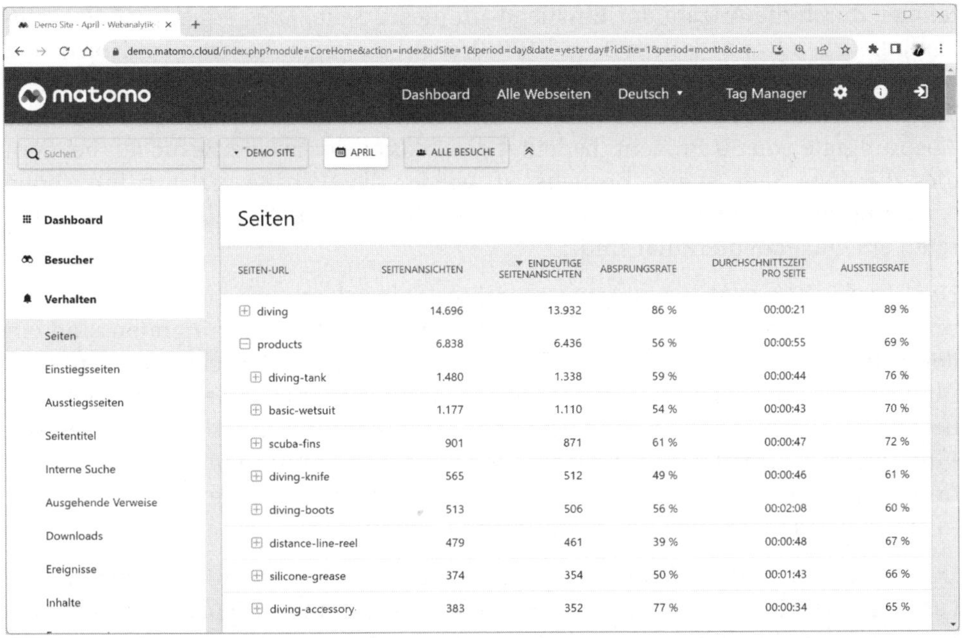

Abb. 9.8: Metriken zu einzelnen Seiten in Matomo

Verweildauer auf der Seite

Anders als die Dauer eines Website-Besuchs (vgl. Abschnitt 8.1 in Kapitel 8) gibt die Verweildauer auf einer Seite darüber Auskunft, wie lange die betreffende Seite im Durchschnitt betrachtet wurde. Dies ist mitunter eine Qualitätsaussage für die betreffende Seite. Für Inhaltsseiten zum Beispiel ist eine lange Betrachtungsdauer als Erfolg zu werten. Dies gilt allerdings nicht für alle Seiten. Bei einer Seite, deren Funktion es ist, einen Besucher schnell auf eine andere Seite weiterzuleiten, kann auch eine kurze Verweildauer als positiv zu bewerten sein. Die Interpretation der Verweildauer ist also abhängig vom Inhalt und der Funktion der betreffenden Seite und muss in deren Kontext betrachtet werden.

Absprungrate

Die Absprungrate haben wir bereits in Kapitel 8 in Abschnitt 8.3 näher betrachtet, dort jedoch mit Blick auf die gesamte Website. Bei solchen Betrachtungen dient die Metrik dazu, zu erkennen, wie viele Besuche lediglich über eine einzelne Seite führten. Dies ergibt einen guten Überblick über das Verhalten der Besucher.

Genauso spannend ist die Absprungrate oder Bounce Rate jedoch auch, wenn man sie für eine einzelne Seite betrachtet. Um die Absprungrate einer bestimmten Seite zu berechnen, nimmt man die Anzahl der Einzelzugriffe einer Seite und teilt sie durch die Anzahl der Einstiege auf dieser Seite. Dies ergibt eine Prozentzahl, die irgendwo zwischen 0 und 100 Prozent zu liegen kommt. Im Normalfall berechnen Analytics-Systeme diese Metrik aber automatisch, sodass man den Taschenrechner in der Schublade lassen kann. Verfügt eine Seite nun über eine Absprungrate von 50 Prozent, bedeutet dies, dass jeder zweite Besucher, bei dem dies die erste Seite seines Besuchs ist, wieder die Website verlässt. Eine hohe Absprungrate ist demzufolge ein schlechtes Zeichen, während niedrige Absprungraten ein Qualitätsmerkmal sind.

Der Vergleich von Absprungraten einzelner Seiten lässt sich so gut verwenden, um bei Seiten die Spreu vom Weizen zu trennen. Hohe Absprungraten sind ein deutlich negatives Signal, dessen Gründen man unbedingt nachgehen muss. In Abbildung 9.8 beispielweise werden die Absprungraten aller Seiten gelistet, sortiert nach Anzahl der Seitenaufrufe. Betrachtet man nun die Absprungraten der Einträge, wird schnell ersichtlich, welche Seiten mutmaßlich ein Problem qualitativer Art aufweisen. Handelt es sich gar um eine häufig aufgerufene Seite wie jene in erster Position, ist dies eine alarmierende Situation.

Die Absprungrate einer Seite ist auch eine exzellente Metrik, um die Qualität der Landingpage einer Kampagne zu beurteilen. Sei es eine Display-, Google-Ads- oder Suchmaschinenkampagne – eine niedrige Absprungrate bezeugt, dass die Botschaft der Kampagne auf der Landingpage weitergeführt wird und der Besucher das findet, was er aufgrund der Kampagne erwartet hat.

»Haftung« oder Interaktionsrate der Seite

Manche Leute sehen ein Glas stets halb leer, während andere es noch als halb voll bezeichnen. Genauso verhält es sich mit der Absprungrate und der Haftung einer Seite, der Page Stickiness – oder in der Terminologie von Google Analytics: der Interaktionsrate. Die Haftung einer Seite ist die positive Betrachtungsweise der Absprungrate, da für diese Kennzahl der Anteil an Besuchen angeschaut wird, bei dem es eine Seite schafft, den Besucher zum weiteren Verbleib auf der Website zu bewegen. Die Berechnungsweise der Haftung lautet denn auch schlicht 1 – (Einzelzugriffe einer Seite/Anzahl Einstiege auf dieser Seite). Eine Haftung von 50 Prozent heißt also, dass jeder zweite Besucher nach Einstieg auf der Seite mindestens noch eine zweite Seite aufruft.

Die Haftung zeichnet die Fähigkeit einer Seite aus, einen Besucher zum Verbleiben zu bewegen. Gerade für die Homepage oder wichtige Landingpages ist die Haftung ein guter Indikator dafür, ob die Seite ihren Job gut macht.

Gründe, weshalb die Seitenhaftung schlecht ausfallen kann, sind vielfältig. Mit zu den gewichtigsten zählen:

- Unprofessionelles Design und unklare Navigationsmöglichkeiten können bereits auf der ersten Seite zum Abbruch führen.

- Lange Ladezeiten lassen den Besucher stoppen, noch bevor die Seite ganz geladen ist.
- Entspricht der Inhalt einer Seite nicht dem in Verlinkungen oder Kampagnen kommunizierten, führt dies ebenfalls häufig zu Abbrüchen.

Ausstiegsrate

Anders als die Absprungrate bezeichnet die Ausstiegsrate jenen Anteil an Seitenaufrufen, bei dem die betrachtete Seite die letzte Seite des Besuchs war – eben der Ausstieg. Angenommen, in 9 von 10 Fällen beenden die Besucher nach Bestellabschluss und Aufruf der Danke-Seite ihren Besuch, dann beträgt die Ausstiegsrate dieser Danke-Seite 90%. Dabei kann die Absprungrate dieser Seite gut bei 0% liegen, da kein Besucher innerhalb eines Besuchs nur auf diese einzelne Seite zugreifen konnte – stattdessen wurden vor der Bestellung ja schon verschiedene andere Seiten aufgerufen. Somit hat kein Absprung stattgefunden.

Wie bereits im vorausgegangenen Abschnitt 9.3 zu den Ausstiegsseiten thematisiert, muss die Ausstiegsrate im Kontext der jeweiligen Seite betrachtet werden. Für die genannte Danke-Seite ist eine Ausstiegsrate von 90% zum Beispiel absolut in Ordnung – bei einer Startseite wäre dies hingegen nicht der Fall.

9.4.2 Wie Sie es nutzen sollten

So interessant die Seitenattraktivitäts-Metriken wie Verweildauer, Absprungrate, Ausstiegsrate oder Seitenhaftung auch sein mögen, sie haben ein bedeutendes Manko: Für sich allein lassen sie sich kaum sinnvoll interpretieren. Eine Landingpage kann im Vergleich zu einer Inhaltsseite eine hohe Absprungrate haben – aber eigentlich dennoch ihren Job gut verrichten. Genauso kann die Homepage eine niedrige Verweildauer haben – was allerdings okay sein kann, weil sie zum Beispiel hauptsächlich aus Bildinhalten besteht und einen Besucher schnell zu den Inhalten weiterleiten soll. Um also Seitenmetriken interpretieren zu können, muss man den Inhalt einer Seite vor sich haben.

Eine Variante, um dem zu begegnen, ist, das Browser-Overlay zu nutzen. Im Idealfall zeigt dieses die Nutzungsdaten einer Seite parallel zur Seitendarstellung an. Die Erklärung, ob es sich bei der betreffenden Seite um eine Landingpage oder um eine normale Inhaltseite handelt, fällt dann leicht.

So ganz glücklich wird man allerdings auch mit dem Browser-Overlay nicht werden, denn was immer noch fehlt, ist ein Anhaltspunkt, ob nun zum Beispiel eine Haftung von 45 Prozent für eine Landingpage gut oder schlecht ist. Eine gute Möglichkeit, um ein Gefühl dafür zu bekommen, ist, Seiten gleichen Typs gegeneinander zu messen. Angenommen, eine Website hat 15 Landingpages, dann kann ein Vergleich der Landingpages miteinander Differenzen aufzeigen. Performt dann eine Landingpage tatsächlich massiv schlechter als die beste, dann weiß man, wo man ansetzen muss.

Um so ein internes Benchmarking nicht nur für Landingpages, sondern für alle Seiten anzuwenden, muss man zuerst ein System finden, nach dem man gleichartige Seiten kategorisiert. Empfehlenswert ist es, diese Kategorisierung abhängig von der Aufgabe einer Seite zu machen. Schaut man sich die Aufgaben von Seiten an, dann lassen sich diese für die meisten Websites in folgende sieben Kategorien gliedern:

- **Fänger-Seiten:** Sie haben die Aufgabe, Besucher zu »fangen«, das heißt sie so anzusprechen, dass sie auf der Website bleiben und weitere Seiten betrachten. Typischerweise übernehmen Landingpages oder die Homepage diese Aufgabe.
- **Verteiler-Seiten:** Die Struktur von Websites ist im Normalfall hierarchisch aufgebaut. Übergeordneten Knotenpunkten kommt deshalb die Funktion zuteil, Besucher auf verschiedene untergeordnete Seiten weiterzuleiten.
- **Informierer-Seiten:** Die eigentlichen Inhalte von Webseiten haben eine Informationsaufgabe. Sie haben den Zweck, Fragen des Besuchers zu beantworten. Beim größten Teil von Seiten einer Website handelt es sich um solche Informierer-Seiten.
- **Service-/Tool-Seiten:** Service- oder Tool-Seiten sind kleine Applikationen oder Dienste, die eine bestimmte Funktion anbieten. Dies kann ein Hypotheken-Rechner auf einer Bankenwebsite oder eine Suchfunktion auf einer Inhaltssite sein.
- **Überzeuger-Seiten:** Eine Website mit Business-Fokus will immer den Besucher von der eigenen Leistung, vom Produkt oder vom Unternehmen überzeugen. Seiten dieses Typs versuchen beim Besucher, dies zu erreichen.
- **Aktionsseiten:** Ist ein Besucher erst überzeugt, folgt im Idealfall eine Aktion. Eine solche Aktion kann eine Bestellung, eine Kontaktaufnahme, eine Bewerbung oder vieles mehr sein.

Abbildung 9.9 zeigt Beispiele solcher Seitentypen anhand einer Automobil-Website. Die Fänger-Seite versucht, mit ansprechenden und emotionalen Bildern und Teasern den Besucher zum Verweilen anzuregen. Die Verteiler-Seite leitet Besucher nüchtern und schnell auf das gewünschte Fahrzeug-Modell weiter. Eine Informierer-Seite wie die Leistungsbeschreibung des Autos klärt den Informationsbedarf von interessierten Besuchern. Der Autokonfigurator ist eine Tool-Seite, mit der sich die Wunschkonfiguration des Autos zusammenstellen lässt. Auf der Überzeuger-Seite versucht der Hersteller anschließend, leicht emotional und mit Fakten den Besucher zum nächsten Schritt – der Probefahrt – zu überreden. Die Seite zur Vereinbarung eines solchen Probefahrt-Termins schließlich stellt eine Aktionsseite dar. In Kapitel 16 wird noch gründlich auf diese Seitentypen eingegangen, wenn es darum geht, komplette Websites neu zu erstellen.

Wenn man solche Seiten derart gegenüberstellt, dann wird klar, dass zum Beispiel eine Verweildauer von zehn Sekunden auf der Verteiler-Seite gut, dagegen auf der Informierer-Seite schlecht ist. Sobald man jedoch nur noch Seiten des Typs Verteiler für sich anschaut, ist das Ziel klar: je kürzer die Verweil-Dauer, desto besser. Umgekehrt gilt dasselbe zum Beispiel für Informierer-Seiten.

Mit diesem Ansatz lassen sich nun verschiedene Metriken von Seiten derselben Kategorie miteinander vergleichen. Da die Seiten in einer Kategorie alle dieselbe Aufgabe haben, sind auch die Metriken vergleichbar. Mit diesem Ansatz im Kopf und mit dem Browser-Overlay ausgerüstet erreicht man eine fundierte Detailanalyse einzelner Seiten. Nutzt man zudem noch Inhaltsgruppen (vgl. Abschnitt 9.2), um die Seiten nach Seitentyp zu gruppieren, ist auch eine Auswertung innerhalb des Analytics-Systems einfach möglich.

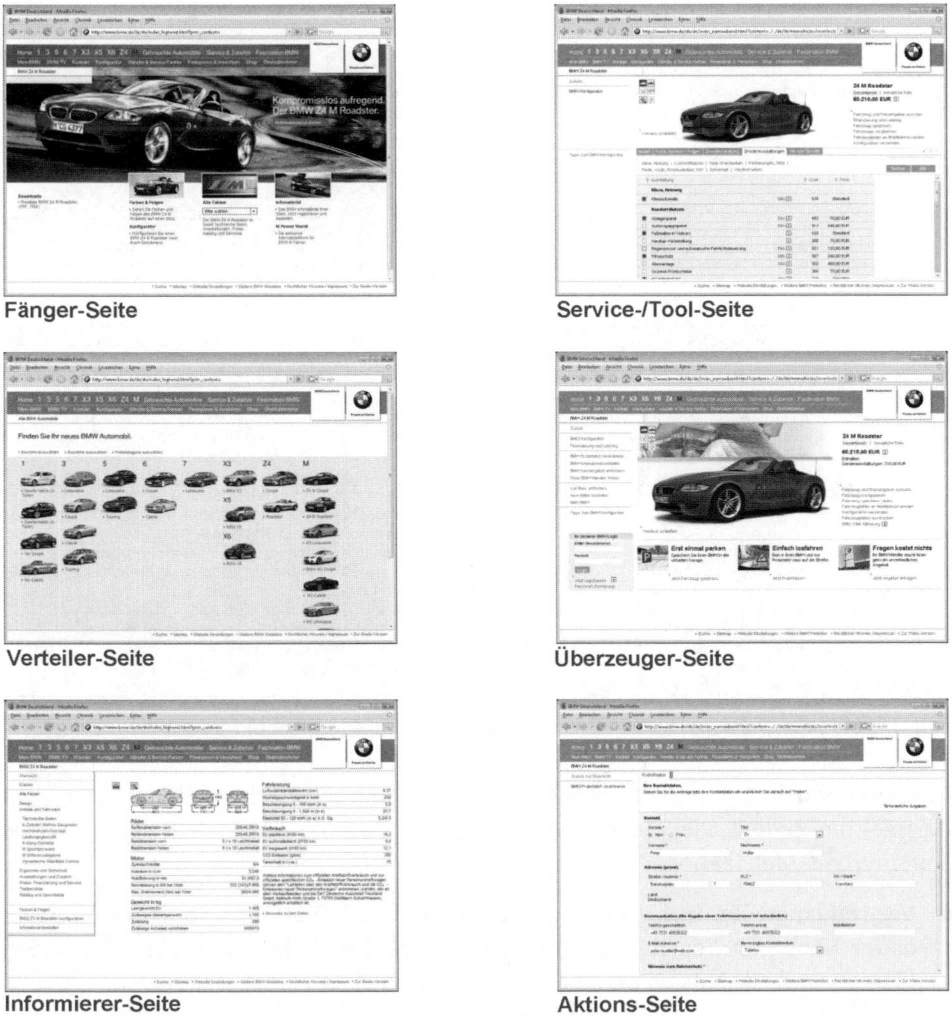

Abb. 9.9: Unterschiedliche Seitentypen anhand einer Automobil-Website

Wenn man keine Möglichkeit hat, Inhaltsgruppen im Analytics-System zu definieren, dann hilft auch Excel, um eine systematische Auswertung zu fahren. Am besten nimmt man dazu im Analytics-System die Auswertung der Top-Seiten und exportiert die Top 100 oder 200 der meistaufgerufenen Seiten als CSV-Datei. Anschließend liest man diese Daten einfach in Excel ein und hat dort rasch eine Kategorisierung der Seiten vorgenommen. Mit Bordmitteln von Excel lassen sich dabei schnell die Datenreihen nach Kategorie sortieren und die Zahlen mit einigen automatischen Formatierungen voneinander abheben.

	A	B	C	E	F	G	H		I
1	URL	Seitentyp	Seitenzugriffe	Verweildauer	Absprungrate	% Ausstieg	Haftung		Bewertung
2	/ch/motorraeder/motorrad_boerse/moto	Verteiler	7191	15.76689942	0.192771077	0.063968852	0.807228923	✔	3
3	/error.aspx?eid=404	Verteiler	5606	79.57609711	0.828655243	0.808954716	0.171344757	✖	1
4	/ch/pocketbikes/pocket_bike_boerse/mi	Verteiler	3509	20.20509709	0.25	0.060701054	0.75	✔	3
5	/ch/bikes/bike-boerse/fahrraeder_325.as	Verteiler	2752	18.28832407	0.101449274	0.085029073	0.898550726	✔	3
6	/ch/bikes/bike-boerse/fahrraeder/rennv	Verteiler	1303	27.56091148	0.175084174	0.124328472	0.824915826	✔	3
7	/ch/handys/handy_boerse/sony_ericsson	Verteiler	1181	22.28026071	0.305084735	0.090601183	0.694915265	!	2
8	/ch/bikes/bike-boerse/fahrraeder/mount	Verteiler	1155	22.33670653	0.166666672	0.058874458	0.833333328	✔	3
12	/funnel_G1/notelistgoal.aspx	Überzeuger	552	27.43155894	0	0.047101449	1	✔	3
13	/ch/bikes/in_meiner_naehe_7348.aspx	Tool	1156	72.69122807	0.645390093	0.260380626	0.354609907	!	2
14	/ch/motorraeder/in_meiner_naehe_7341	Tool	617	91.53647059	0.722222209	0.311183155	0.277777791	!	2
15	/ch/pocketbikes/in_meiner_naehe_7349.	Tool	559	69.14081633	0.181818187	0.123434708	0.818181813	✔	3
16	/ch/tickets/ticket_boerse/konzerttickets/	Informierer	9314	59.34366925	0.505984306	0.501395762	0.494015694	!	2
17	/ch/motorraeder/motorrad_boerse/moto	Informierer	2691	21.00079554	0.41538462	0.065774806	0.58461538	!	2
18	/ch/pocketbikes/pocket_bike_boerse/mi	Informierer	2460	18.37786425	0.203389823	0.059756096	0.796610177	✔	3
19	/ch/bikes/bike-boerse/fahrraeder/mount	Informierer	2384	26.81323322	0.194092825	0.106124163	0.805907175	✔	3
23	/ch/pocketbikes/pocket_bike_boerse/mi	Informierer	1753	15.56295844	0.294117659	0.066742726	0.705882341	✔	3
24	/ch/tickets/ticket_boerse/konzerttickets/	Informierer	1691	27.6813903	0.973333359	0.183323473	0.026666641	✖	1
25	/ch/handys/handy_boerse/nokia_3208.as	Informierer	1680	21.67055772	0.200000003	0.08214286	0.799999997	✔	3
26	/ch/motorraeder/motorrad_boerse/moto	Informierer	1668	21.10070108	0.349999994	0.059352517	0.650000006	✔	3
30	/ch/bikes/bike-boerse/fahrraeder/like_a	Informierer	1385	36.81457663	0.343283594	0.326353788	0.656716406	!	2
31	/ch/motorraeder/motorrad_boerse/moto	Informierer	1330	20.93380062	0.400000006	0.034586467	0.599999994	✔	3
32	/ch/motorraeder/motorrad_boerse/moto	Informierer	1286	18.56741108	0.333333343	0.059875581	0.666666657	✔	3
40	/ch/notebooks/notebook_boerse/acer_3	Informierer	1011	34.85109489	0.66315788	0.322453022	0.33684212	✖	1
41	/ch/motorraeder/motorrad_boerse/moto	Informierer	983	25.85452586	0.128205135	0.055951171	0.871794865	✔	3
42	/ch/motorraeder/motorrad_boerse/moto	Informierer	977	19.98099261	0.666666687	0.030706244	0.333333313	✖	1
91	/ch/motorraeder/motorrad_boerse_3171.	Fänger	21327	32.09747775	0.224104837	0.299151301	0.775895163	✔	3
92	/ch/pocketbikes/pocket_bike_boerse_37	Fänger	9832	43.66666667	0.226757005	0.285394639	0.773242995	✔	3
93	/ch/bikes/bike-boerse_324.aspx	Fänger	8343	39.91425943	0.281069756	0.348555684	0.718930244	!	2
94	/ch/handys/handy_boerse_3204.aspx	Fänger	5849	33.54851914	0.18463181	0.28996411	0.81536819	✔	3
95	/ch/notebooks/notebook_boerse_3237.a	Fänger	2578	39.58121432	0.192579508	0.252521336	0.807420492	✔	3
96	/default.aspx	Fänger	2466	51.44892086	0.552348971	0.436334133	0.447651029	✖	1
97	/schweiz_12.aspx	Fänger	1721	31.65858726	0.181434602	0.160952941	0.818565398	✔	3
98	/de/pocketbikes/pocket_bike_boerse_36	Fänger	1704	36.1641286	0.290379524	0.306338042	0.709620476	!	2
99	/ch/snowboards/snowboard-boerse_3357	Fänger	865	50.76642336	0.33203885	0.366474003	0.66796115	!	2
100	/ch/autos/auto_boerse_3269.aspx	Fänger	748	43.86115445	0.119999997	0.143048123	0.880000003	✔	3
101	/ch/motorraeder/motorrad_boerse_3171.	Fänger	725	28.36550633	0.010752688	0.128275856	0.989247312	✔	3

Abb. 9.10: Manuelle Auswertung von verschiedenen Seiten-Metriken in Microsoft Excel

In einer derartigen Gegenüberstellung werden Ausreißer schnell ersichtlich, zum Beispiel die Zeile 3 oder Zeile 24 in Abbildung 9.10. Grundsätzlich sollte man je Seitentyp die Metriken wie folgt interpretieren:

- **Verweildauer:** Bei Informierer-, Überzeuger- und Toolseiten sollte die Verweildauer hoch sein, da Besucher sich mit dem Inhalt beschäftigen sollten. Bei Fänger- und Aktionsseiten ist die Betrachtungsdauer weniger relevant.
- **Absprungrate:** Insbesondere bei Fängerseiten ist eine niedrige Absprungrate wichtig. Aber auch bei Informiererseiten sollte die Rate niedrig sein, da Infor-

miererseiten vielfach die Einstiegspunkte über Suchmaschinen darstellen. Tendenziell fallen die Absprungraten jedoch höher aus als bei anderen Seitentypen, da Fänger und Informierer auch häufig Einstiegsseiten darstellen. Bei den anderen Seitentypen fallen die Absprungraten weniger ins Gewicht.

- **Ausstiegsrate:** Auch hier zeigt sich, dass Fänger meist die höchsten Werte erzielen, wenngleich ein niedriger Wert besser ist. Wesentlich entscheidender sind jedoch niedrige Ausstiegswerte bei den Verteiler-, Überzeuger- und Aktionsseiten. Denn diese Seiten haben die klare Aufgabe, Besucher zur nächsten Seite – zum Beispiel zum Website-Ziel – zu bringen. Erfüllen sie dies nicht, dann besteht dringender Handlungsbedarf.

9.4.3 Was es zu beachten gilt

Für die Metriken »Verweildauer«, »Absprungrate« und »Seitenhaftung« gilt dasselbe wie für ihre Pendants auf Gesamt-Website-Ebene. Die Verweildauer kann technisch nicht gemessen werden, wenn die Seite die letzte Seite eines Besuchs darstellt.

Die Berechnung der Absprungrate basiert ja unter anderem darauf, wie häufig eine Seite ein Einzelzugriff eines Besuchs darstellte. Nicht berücksichtigt wird dagegen, wie lange eine Seite betrachtet wird bzw. ob sie gelesen wird oder der Besucher gerade wieder wegklickt. Weshalb dies so ist, ergibt sich aus dem Fehlen der Messmöglichkeit der Betrachtungsdauer für die letzte oder einzige Seite eines Besuchs. Ungünstig wirkt sich dies insbesondere für Blogs aus. Denn dort ist es sehr häufig der Fall, dass nur einzelne Seiten – eben Blog-Posts – gelesen werden. Eine hohe Absprungrate ist bei Blogs daher natürlich und nicht weiter bedenklich.

9.5 Geschwindigkeit, Ausfälle und Fehler

Üblicherweise möchte man ja wissen, welche Inhalte und Seiten von Besuchern aufgerufen, betrachtet und genutzt worden sind. Es gibt jedoch auch den negativen Fall, dass Inhalte zwar nachgefragt werden, diese der Benutzer aber aufgrund eines Fehlers oder Ausfalls der Website oder langer Ladezeiten gar nichts zu sehen bekommt. Insbesondere wenn man eine ausgedehnte Kampagne auf einen bestimmten Zeitpunkt hin aufschaltet, ist es äußerst ärgerlich, wenn genau dann die Website ausfällt und die erwartungsvoll auf ein Display Ad klickenden Besucher lange Ladezeiten oder gar eine Fehlermeldung hinnehmen müssen.

Analytics-Auswertungen zu Ladegeschwindigkeiten, Ausfällen und Fehlermeldungen beugen zwar keinen Problemen vor. Sie helfen aber zu merken, dass überhaupt ein Problem auf der Website besteht. Denn schlimm ist es, wenn Besucher über Tage oder gar Wochen lange Ladezeiten oder unschöne Fehlermeldungen hinnehmen müssen oder wegen eines Ausfalls überhaupt nicht auf die Website gelangen – ohne dass man als Website-Betreiber eine Ahnung davon hat.

9.5.1 Was gemessen werden kann

Die Sicherstellung des Betriebs einer Website ist meist die Aufgabe der IT-Abteilung oder des externen Cloud- oder Hostingdienstleisters. Als Web- oder Marketing-Verantwortlicher sollte man sich in der Regel deshalb eigentlich nicht um die Verfügbarkeit der Website kümmern müssen. Wenn die Website aber langsam oder schlecht verfügbar ist, dann ist man dennoch stark davon betroffen, hängt doch Reputation und unter Umständen gar Umsatz von der Verfügbarkeit der Website ab. IT-Abteilungen und Hoster neigen zudem dazu, nur die eigene Infrastruktur im Blickfeld zu behalten und nicht die Gesamtwebsite. »Die Prozessorauslastung und das Memory des Servers sind im grünen Bereich und die Bandbreite ist nur zu 30 Prozent ausgenutzt«, wird man dann häufig belehrt, wenn man das subjektive Gefühl oder gar Kundenfeedbacks hat, dass die Website einfach langsam lädt oder schon wieder nicht verfügbar ist.

Das Grundproblem ist, dass solche Aussagen aus einer internen IT-Sicht erfolgen und nicht den Besucher der Website ins Zentrum stellen. Schlussendlich ist die Wartezeit für einen Besucher nämlich in der Zeit zwischen Aufruf der Website und vollständiger Darstellung im Browser definiert – und nicht zwischen dem Zeitpunkt, wo der Server den Request bekommen und die Response ausgeliefert hat. Die Analyse von Ladezeit und Ausfällen muss daher auch hier unbedingt vom Client, also vom Browser des Besuchers, aus erfolgen und nicht serverseitig. Leider eignen sich die klassischen Analytics-Systeme nur teilweise für solch eine Messung – denn wenn die Website ausfällt, dann erfolgt einfach überhaupt keine Messung, da ja auch das Page Tag nicht bis zum Besucher gelangt.

Die ideale Lösung dafür sind sogenannte Sonden, Dienste, die von verschiedenen Punkten auf der Welt aus die dortige Verfügbarkeit und Performance einer Website überprüfen. Damit bekommt man ein objektives Gespür dafür, wie lange es zum Beispiel für einen australischen Besucher dauert, bis die Website geladen ist. Sonden gibt es dabei von kostenlosen Testversionen bis hin zu umfassenden Lösungen im High-End-Bereich, wobei für ein einfache Verfügbarkeitsmessung Dienste wie jene von Pingdom (`www.pingdom.com`) oder Updown (`www.updown.io`) mehr als ausreichend sind. Das Aufsetzen solcher Sonden ist meist binnen weniger Minuten gemacht – im Wesentlichen muss nur eine URL angegeben werden, die überwacht werden soll.

Ladezeit

Zu lange Ladezeiten können eine häufige Ursache dafür sein, dass Besuche frühzeitig abgebrochen werden. Auch Suchmaschinen wie Google berücksichtigen die Ladezeit einer Seite und bevorzugen gar Seiten mit schneller Ladezeit in der Rangfolge. Durch einen regelmäßigen Aufruf bestimmter Seiten eines Webangebots messen nun Sonden, wie lange es vom Aufruf einer Webseite bis zum vollständigen Erhalt aller notwendigen Dateien dauert. In grafischen Auswertungen wie in Abbildung 9.11 lässt sich so nicht nur die durchschnittliche Ladezeit für eine Seite erkennen, auch potenzielle Ladeprobleme stechen einem ins Auge.

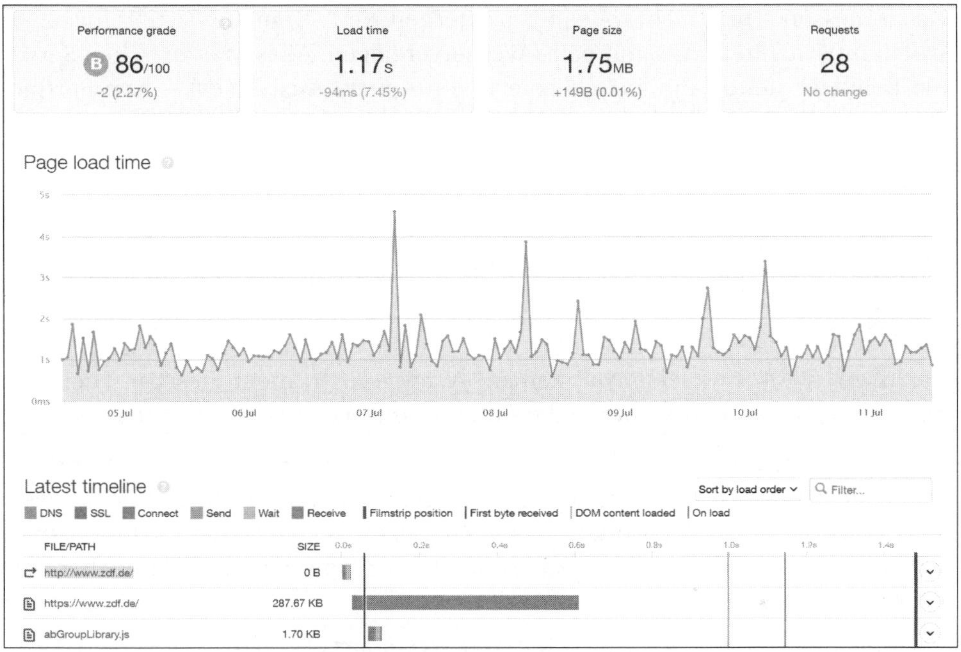

Abb. 9.11: Einzelne Ausreißer in der Website-Ladezeit vom ZDF-Portal, gemessen mit Pingdom

Um den Gründen für lange Ladezeiten auf die Spur zu kommen, kann man weitere Entwickler-Tools zurate ziehen, die angeben, aus welchen Komponenten sich die Ladezeit zusammensetzt. Auch hier bieten die genannten Tools Unterstützung, indem sie Performance-Analysen anbieten. Damit lassen sich zum Beispiel ausgehend von verschiedenen Standorten auf der Welt gemessene Ladezeiten unterteilen in die Zeit für die Umwandlung des Domain-Namens in die IP-Adresse (DNS-Auflösung), Verbindungszeit oder die effektive Downloadzeit der Inhalte. Auch die Ladezeit für einzelne Elemente einer Seite wie Bilder, Stylesheets oder JavaScript-Bibliotheken lässt sich so erkennen. Eine simple Analyse der Ladezeiten für einzelne Inhalte lässt sich auch bereits mit dem eigenen Browser auslösen, indem man die dort integrierten Entwickler-Tools nutzt. Bei Chrome zum Beispiel findet man diese im Menü unter ENTWICKLERTOOLS. Wechselt man dort auf den Netzwerk- oder Performance-Tab, erhält man eine ähnlich detaillierte Aufschlüsslung der Ladezeiten.

Verfügbarkeit

Gleichzeitig mit der Ladezeitmessung eignen sich Sonden auch für eine Ausfallmessung: Sobald die Ladezeit eine definierte Grenze wie etwa 30 Sekunden überschreitet, kann man dies aus Benutzersicht als Ausfall bezeichnen. Genau wie bei der Ladezeit ist es entscheidend, die Ausfälle von außen, das heißt vom Benutzer aus zu messen – und nicht im eigenen internen Netz. Denn der Grund für einen Ausfall muss nicht immer nur beim Webserver liegen. Alles, was zwischen Server und Benutzer steht, kann ausschlaggebend für einen Ausfall sein – zum Beispiel ein Router, die Firewall oder die Anbindung des Servers ans Internet.

Fehler

Auch wenn die Website verfügbar und schnell ist, heißt das noch nicht, dass sie fehlerfrei funktioniert. Auch innerhalb einer einzelnen Seite können Fehler oder Fehlfunktionen auftreten. Viele dieser Fehler, wie optisch unschöne Darstellungen, inhaltlich falsche Verlinkungen oder ein Layout, das durch zu lange Texte »zerrissen« wird, sind leider mit keinem Analyse-Instrument messbar. Hier hilft nur die Qualitätssicherung durch die Autoren und Webverantwortlichen.

Gravierende technische Fehler jedoch wie eine aufgerufene, aber nicht vorhandene Seite, werden jedoch von jedem Webserver protokolliert. Solche Fehler werden in das Server-Logfile notiert, das auch für die serverseitige Logfile-Analyse verwendet wird (siehe Abschnitt 2.2 in Kapitel 2). Typische Beispiele solcher Serverfehler:

- Unerlaubter Zugriff auf eine Datei/Seite (Status-Code 403)
- Datei/Seite nicht gefunden (Status-Code 404)
- Allgemeiner interner Serverfehler (Status-Code 500)

Die Analyse solcher Serverfehler ist denn auch die Domäne von Logfile-Analyse-Systemen, da ihnen mit Sicherheit keiner dieser Serverfehler entgeht. Bei der Verwendung von clientseitigen Page Tags fällt die Messung etwas schwieriger aus. Denn wenn zum Beispiel eine Seite nicht gefunden und die Standard-Fehlermeldung »Seite nicht gefunden« des Browsers angezeigt wird, dann befindet sich darin kein Page Tag. Das Analytics-System kann dann auch nicht erfahren, dass ein Fehler aufgetreten ist.

Die Lösung dafür sind individuell angepasste Fehlerseiten. In jedem Webserver lassen sich nämlich statt der Standard-Fehlermeldungen beliebige Webseiten konfigurieren, die im Fehlerfall angezeigt werden sollen. Erstellt man je Fehlertyp eine eigene Fehlerseite, lässt sich diese wie eine normale Seite mit dem Page Tag versehen und im Analytics-System messen. Im Idealfall wird dem Page Tag sogar noch die Art des Fehlers mitgegeben, sodass dies im Analytics-System ausgewertet werden kann.

Um solche Fehlerseiten einzurichten, ist zwar etwas technischer Konfigurationsaufwand auf dem Webserver notwendig, gehören aber doch heute zum Standard. Adaptierte Fehlermeldungen haben jedoch auch noch einen anderen Vorteil. Gerade wenn eine Seite nicht gefunden wird oder sonst ein Fehler auftritt, ist dies häufig der Grund, weshalb ein Besucher seine Sitzung abbricht. Verständlich formulierte Fehlermeldungen, die den Besucher unterstützen, den Fehler zu umgehen und trotzdem zum Ziel zu gelangen, reduzieren die Ausstiegsrate erheblich.

Wie eine solch gestaltete Fehlerseite aussehen kann, zeigt Abbildung 9.12. Dem Besucher wird nicht nur auf humorvolle Art und Weise erklärt, weshalb es zu dieser Situation kam. Es werden auch mögliche Umgehungsstrategien zur Auffindung des gewünschten Inhalts sowie eine Suchfunktion angeboten. Auch die sonst üblichen Navigationselemente bleiben eingeblendet, sodass über das Menü ohne Eintippen einer URL weiternavigiert werden kann.

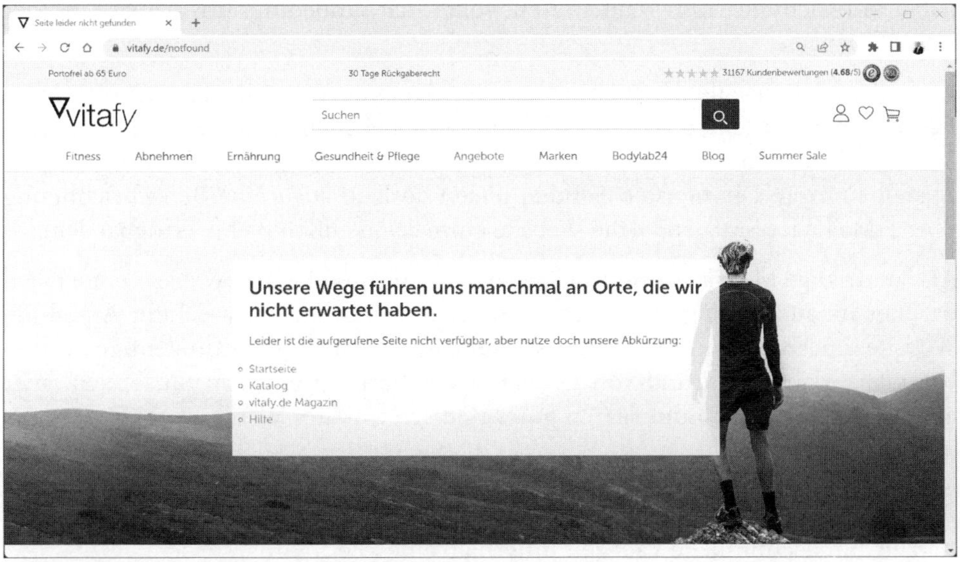

Abb. 9.12: Nutzerzentriert gestaltete Fehlermeldung bei nicht gefundener Seite

Für andere Fehlerereignisse wie einen internen Serverfehler sollten entsprechend ähnlich Meldungen formuliert werden.

9.5.2 Wie Sie es nutzen sollten

Da auch bei optimal gestalteten Fehlerseiten der Abbruch des Besuchs nur schwer vermeidbar ist, sollten Sie die Fehlerhäufigkeiten gut im Auge behalten. Da zum Beispiel durch einen geänderten und nun falschen Link auf der Homepage plötzlich eine beträchtliche Anzahl Besucher mit Fehlermeldungen konfrontiert sein können, sollten Sie im Hinblick auf eine Qualitätssicherung die Fehlerzahl gar täglich beobachten. Ein gewisses Grundrauschen an Fehlern, insbesondere nicht gefundener Seiten, ist dabei normal. Dies kann an alten Bookmarks, falsch abgetippten URLs oder alten Verweisen von Drittseiten liegen, die auf eine nicht mehr existierende Seite zeigen.

Ist aber mehr als ein halbes Prozent der Besucher mit Fehlermeldungen konfrontiert, dann sollten Sie der Ursache unbedingt nachgehen. Ursachen können nämlich auch zum Beispiel falsche interne Verlinkungen, gelöschte Seiten oder überlastete Anwendungen sein. Um den Gründen auf die Schliche zu kommen, lässt sich eine Fehlerseite im Analytics-System ähnlich einer normalen Seite analysieren. Aus dem Referer einer Fehlerseite lässt sich so allenfalls auch herausfinden, welche vorherige Seite den Fehler verursacht hat. Handelt es sich um interne Seiten, lässt sich so eingrenzen, wo fehlerhafte Verlinkungen vorhanden oder Fehler in Applikationen aufgetreten sind. Bei externen Seiten lässt sich so erkennen, welche anderen Websites auf nicht existente Seiten verweisen. Handelt es sich dabei um wichtige Traffic-Lieferanten, sollte man unbedingt um Anpassung der Links bitten.

Auch Komplettausfälle der Website sind ein Ereignis, das jederzeit eintreten kann und das man dementsprechend auf dem Radar behalten sollte. Da hier sogar jede Minute zählt, um die ein Ausfall verkürzt werden kann, ist gar eine Alarmierung bei Ausfall sinnvoll. Die meisten Sonden bieten deshalb auch eine Benachrichtigung über E-Mail oder SMS, sollte die Website einmal von außen nicht verfügbar sein.

Als langfristige Metrik zur Beurteilung der Verfügbarkeit einer Website eignet sich darüber hinaus die Uptime. Dieser Prozentsatz gibt an, zu welchem Anteil die Website innerhalb eines Zeitraums verfügbar war. Eine hundertprozentige Verfügbarkeit ist dabei aufgrund von notwendigen Wartungsfenstern illusorisch, aber eine 99-prozentige Uptime ist ein guter und erreichbarer Wert.

Bei den Ladegeschwindigkeiten von Seiten kann man sich auf zwei Metriken konzentrieren:

- Die durchschnittliche Ladezeit innerhalb eines Zeitraums, sowie
- die langsamste Ladezeit im selben Abschnitt

Mit diesen beiden Zahlen im Auge lässt sich die ungefähre Verteilung der Ladezeiten in etwa erahnen. Erst um den Ursachen für lange Ladezeiten nachzugehen, kommen dann Entwickler-Tools zum Zuge.

Ein kritischer und gern diskutierter Punkt für die Beurteilung von Ladezeiten ist, was nun genau als »lang« bzw. »zu lang« zu bezeichnen ist. Eine sinnvolle Herangehensweise, um die Grenzen kennenzulernen, ist, zu beobachten, ab wann Benutzer Wartezeiten als störend empfinden. Bereits 1968 hat ein gewisser Robert Miller in breit angelegten psychologischen Studien das Verhältnis zwischen Computerantwortzeiten und der Wahrnehmung durch Benutzer untersucht. Dabei gelangte er zu folgenden Schwellen, die auch heute noch für die Beurteilung von Antwortzeiten herangezogen werden:

- **0,1 Sekunden Antwortzeit:** Grenze, um dem Benutzer das Gefühl zu geben, die Anwendung reagiere umgehend.
- **1 Sekunde Antwortzeit:** Grenze dafür, dass die Gedankengänge des Benutzers nicht unterbrochen werden.
- **10 Sekunden Antwortzeit:** Grenze, um die Aufmerksamkeit des Benutzers auf den Dialog mit der Anwendung zu fokussieren.

Zwei Sekunden Antwortzeit sind dabei gemäß Miller als noch optimal zu bezeichnen. Natürlich sind die Schwellen auch abhängig vom Inhalt und der Art eines Interface. Sie sind jedoch auch für heutige Websites noch anwendbar und können als Richtgröße für eine tolerable Antwortzeit genommen werden. Vom Benutzer aus gemessene Ladezeiten unter einer Sekunde sind somit als optimal, unter zwei Sekunden als tolerabel einzustufen.

9.5.3 Was es zu beachten gilt

Wenngleich Sonden nützlich sind in der Analyse von Verfügbarkeiten und Ladezeiten, gibt es zwei Fallstricke, die man bei ihrem Einsatz beachten sollte:

- Sonden rufen in kurzen Intervallen (zum Beispiel einer Minute) von verschiedenen Punkten auf der Welt mehrere Seiten einer Website auf. Dies verursacht eine beachtliche Menge an Traffic auf der Website. Schließt man diesen Traffic nicht aus den Analytics-Auswertungen aus, dann meint man, wesentlich mehr Besucher zu haben, als sich effektiv auf der Website bewegen. Analytics-Systeme, die Logfiles auswerten, können von solchem Traffic massiv in ihrer Aussagekraft beeinträchtigt werden. Es ist daher unbedingt notwendig, im Logfile-Analyse-System über den User Agent solche Sonden aus dem normalen Traffic herauszufiltern. Dies ist dann schwierig, wenn Analytics-System und Sonde von unterschiedlichen Abteilungen aufgesetzt werden und keine an den Einfluss von Sonden auf die Analyse denkt.
- Der Einsatz von Sonden für eine Performance-Messung kann im schlimmsten Fall gar einen Einfluss auf die Website-Performance haben. Werden Sonden in sehr kurzen Intervallen, von vielen Orten der Welt und auf zahlreiche Seiten geschaltet, kann die dadurch verursachte Last auf einen Webserver nicht unerheblich sein. Gerade in Shops oder komplexen Websites, wo viele Daten aus Datenbanken oder Drittquellen gelesen werden, kann ein übermäßiger Sondeneinsatz zu einer Verlangsamung der Website führen. In gesundem Maß eingesetzt erweisen sie aber sehr hilfreiche Dienste.

Kapitel 10

Spezifische Inhalte und digitale Kanäle

Während im klassischen Verständnis von »Web Analytics« und den bislang angestellten Betrachtungen meist eine Corporate Website im Vordergrund steht, ist das digitale Ökosystem eines Unternehmens heute aber lange nicht mehr nur auf diesen einen Kanal fokussiert. Stattdessen haben Apps, Social-Media-Plattformen oder weitere Dritt-Kanäle heute eine mindestens so wichtige Bedeutung.

Auf Analytics-Betrachtungen hat dies insbesondere zur Auswirkung, dass nicht nur die Website mit eventuellen Traffic-Lieferanten betrachtet werden darf. Gleichermaßen muss Analytics die weiteren Kanäle beachten, und vor allem die übergreifenden Interaktionen zwischen ihnen berücksichtigen. Da Nutzer es zudem heute gewohnt sind, entlang ihrer Journey von einem Kanal zum anderen zu wechseln, erlangt die integrierte Betrachtung der verschiedenen digitalen Kanäle zusätzliche Bedeutung. Zu den im Rahmen von Digital Analytics im Folgenden speziell beleuchteten Aspekten zählen daher:

- Mobile-Apps
- Social Media und Social Networks
- Soziale Interaktionen
- Weblogs
- Dynamische Webanwendungen
- Videos

10.1 Mobile-Apps

Die starke Verbreitung von Smartphones und Tablets mit unbeschränktem Datenabo haben nicht nur dazu geführt, dass Websites immer häufiger über ein solches Gerät aufgerufen werden. Sie haben darüber hinaus vielmehr auch das Verhalten etabliert, dass sich Nutzer bewusst Anwendungen für ganz spezifische Zwecke auf diesen Geräten installieren bzw. eben sogenannte Apps herunterladen. Aufgrund der darauf folgenden einfachen Verfügbarkeit auf einem vom Benutzer sehr häufig frequentierten und persönlichen Gerät weisen Apps häufig einen stärkeren Bindungseffekt auf als normale Websites. Gleichzeitig ist die Herausforderung, mit einer App in eine solche persönliche Nähe zu gelangen, größer als bei einer typischen Website.

10.1.1 Was gemessen werden kann

Für die Auswertung von Apps lassen sich aus Analyse-Sicht dann auch zwei Bereiche unterscheiden. Einerseits nämlich, inwieweit es gelingt, die Apps in einem der App-Stores gut zu platzieren und Nutzer zum Download zu bewegen. Diese Disziplin nennt sich »App Store Analytics«, die in der Vorgehensweise erstaunlich viel mit der Suchmaschinen-Optimierung (SEO) von Websites zu tun hat. Anderseits befasst sich das eigentlich »App Analytics« damit, wie Apps effektiv genutzt werden. Dieses Vorgehen ist wiederum inhaltlich nahe an Analytics für Websites angelehnt.

App Store Analytics

Apps werden hauptsächlich – bzw. bei Apple praktisch ausschließlich – über die App-Stores des jeweiligen Betriebssystemherstellers heruntergeladen.

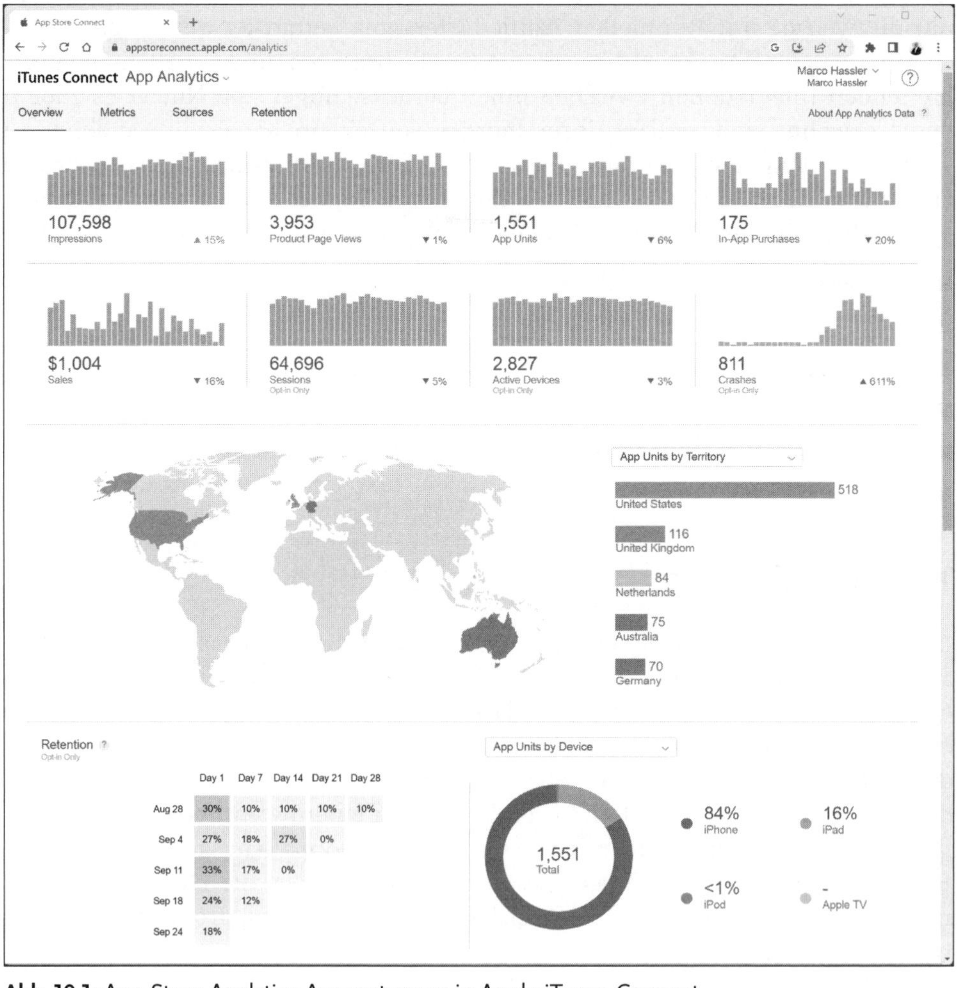

Abb. 10.1: App-Store-Analytics-Auswertungen in Apple iTunes Connect

Aus diesem Grunde beschränken sich App-Story-Analytics-Auswertungen mehrheitlich auf die von den Store-Betreibern bereitgestellten Auswertungen. Die darin enthaltenen Mindestinformationen für die eigene App sind dabei Aufrufe der Store-Seiten, Download-Zahlen sowie die Bewertungen der App. Je nach Store können weitere Informationen wie Anzahl Deinstallationen, App-Abstürze oder Sprachversionen hinzukommen.

Diese Auswertungen sind ausschließlich für die eigene App verfügbar. Jedoch erhält man auch für Dritt-Apps z.B. der Konkurrenz, einige spannende Daten – z.B. deren Rang im App Store zu bestimmten Suchbegriffen oder das vermutete Download-Volumen. Hierzu greift man auf Analyse-Anbieter wie z.B. data.ai (`www.data.ai`) oder Appfigures (`www.appfigures.com`) zurück. Diese ermöglichen nicht nur eine Ranking-Analyse im Konkurrenzvergleich, sondern fassen auch gerade noch die Auswertungen der eigenen App in verschiedenen Stores (wie iTunes, Google Play etc.) in einer Sicht zusammen.

App Analytics

Bei der Nutzungsanalyse von Apps sind grundsätzlich die gleichen Kennzahlen wie bei einer Website verfügbar. Als Voraussetzung, damit Mobile-Apps aber überhaupt getrackt werden können, muss mittels eines Software Development Toolkits (SDK) des gewünschten Analytics-Anbieters in der App ein Tracking-Code eingebettet werden. Dies ist ungefähr vergleichbar mit der Integration des Page Tags in eine Website.

Neben sehr vielen, mit Websites vergleichbaren Auswertungen unterscheiden sich App-Auswertungen jedoch in einigen wenigen Punkten maßgeblich:

- **Bildschirmansichten statt Seitenaufrufe:** Apps kennen keine Seitenaufrufe, da Apps nicht aus Seiten, sondern aus Bildschirmansichten bestehen. Während sich bei einer Webseite anhand der URL jeweils einfach eine Seite abgrenzen lässt, ist dies bei Bildschirmansichten nicht so eindeutig. Vielmehr muss man sich beim Einrichten des Trackings individuell überlegen, was man in seiner App als Bildschirmansicht ausgewiesen haben möchte.
- **App-Version:** Eine weitere Besonderheit im Gegensatz zu Websites ist, dass zur gleichen Zeit mehrere Versionen der gleichen App in Betrieb sein können. Dies rührt daher, dass nicht alle Nutzer Updates sofort installieren, sondern teilweise auch über längere Zeit alte Versionen weiternutzen. In Analytics-Auswertungen hat dies der Effekt, dass z.B. auch Bildschirmansichten noch angezeigt werden, die es in neueren Versionen längst nicht mehr gibt.
- **Offline-Tracking**: Ein weiterer Spezialfall im Vergleich zum Web ist, dass Apps durchaus auch so erstellt werden, dass sie teilweise ohne Internetverbindung genutzt werden können. Intelligente App-Analytics-Systeme speichern die Offline-Nutzung deshalb temporär lokal auf dem Gerät des Nutzers ab und syn-

chronisieren die Informationen bei Verfügbarkeit von Internet. Auswertungsseitig führt dies allerdings zu Verzerrungen in den Auswertungen: Nutzerzahlen können sich so auch für einen zurückliegenden Tag nachträglich noch ändern.

10.1.2 Wie Sie es nutzen sollten

Für den mobilen Kanal sollten grundsätzlich dieselben Metriken im Auge behalten werden, die gemäß den vorangehenden Kapiteln auch für Websites gelten. Dies gilt zumindest für Besucher- und Verhaltenskennzahlen sowie für die Inhalte. Bei den Quellen gilt die Spezialität, dass es für eine App eine zentrale »Quelle« gibt, nämlich den App-Store. Dieser funktioniert zudem noch etwas anders als typische Webquellen, weshalb hier folgenden Kennzahlen Beachtung zu schenken ist:

- Ranking-Position im App-Store (in der gewünschten Kategorie und bei den angepeilten Suchbegriffen)
- Seitenaufrufe der im App-Store publizierten App-Seite
- App-Ratings
- Download-Zahlen, ggf. untergliedert nach Ländern
- Anzahl Deinstallationen

10.1.3 Was es zu beachten gilt

Wenn man von Mobile-App-Analytics spricht, ist wichtig, dies nicht mit Zugriffen über Mobilgeräte auf der Website zu verwechseln. Natürlich gibt es bei den Zugriffen auf die Website auch Auswertungen nach Mobilgeräten. Dies sind aber lediglich Besucher, die den Browser des Mobil-Telefons oder Tablets genutzt haben, um die Website zu besuchen.

Während man als Betreiber bei Websites komplett selbst festlegen kann, ob man einen Tracking-Code in eine Website einbaut oder nicht, ist man bei Apps nicht ganz unabhängig. Die App-Store-Betreiber wie Google oder Apple können nämlich ein Wort mitreden, bzw. die Publikation einer App im Store verhindern. Bezüglich Analytics ist dies deshalb relevant, weil insbesondere Apple es sich auf die Fahnen geschrieben hat, Nutzer vor ungewolltem Tracking zu schützen. Deshalb setzt Apple zum Beispiel für gewisse Tracking-Funktionen voraus, dass Nutzer um Einwilligung gefragt werden. Diese Einwilligung muss dabei über das sogenannte »App Tracking Transparancy Framework« (ATT) erfolgen, das sodann bei Nutzung der App einen standardisierten Dialog zur Erlaubnisabfrage einblendet. Nur ein geringer Anteil der Apple-Nutzer willigt aber in diese Abfrage ein, sodass dementsprechend auf Apple-Geräten nur zu einem kleinen Prozentsatz überhaupt Daten der Nutzer gesammelt werden können.

Allerdings ist nicht für jegliche Datensammlung ein solcher Einwilligungsdialog notwendig. Apple schreibt dies insbesondere dann vor, wenn die gesammelten Nutzer-Daten mit anderen Datensammlungen von Drittanbietern zusammengebracht werden – zum Beispiel aus Advertising-Systemen. Für einfache Nutzungsanalysen der App, zum Beispiel auch mittels Google Analytics, wird ein Einwilligungsdialog derzeit nicht vorausgesetzt. Allerdings lassen sich dann dadurch bei Apple-Geräten auch Ad-Kampagnen für Apps nicht mit den Nutzungsdaten der App kombinieren – dies würde die genannte Einwilligung bedingen. Google- bzw. Android-Geräte sind diesbezüglich derzeit weniger restriktiv, womit sich App-Kampagnen hauptsächlich noch für Google-Geräte gut auswerten lassen.

10.2 Social Media und Social Networks

Ein heute ganz zentraler Kanal neben der Website stellen die sozialen Netzwerke und Online-Plattformen dar. Auf Sites wie Facebook, LinkedIn oder Pinterest erstellen Nutzer ihren eigenen Raum im Internet und verknüpfen sich zu sozialen Online-Gemeinschaften. Auf Plattformen wie Instagram, TikTok oder YouTube werden von jedermann Foto- oder Video-Inhalte publiziert. Auf den Millionen von Blogs oder Foren sowie auf Micro-Blogging-Plattformen wie Twitter bzw. X werden Meinungen kommuniziert, diskutiert und kommentiert. Diese Plattformen haben mittlerweile nicht mehr nur bei jüngerem Publikum einen größeren Einfluss auf ihre Meinung als klassische Medien-Sites oder Unternehmenswebsites. Gleichzeitig versuchen auch Unternehmen, in diese Bereiche vorzudringen und mit Fanseiten auf Facebook, Videos oder X-Nachrichten von den viralen Effekten der Netzwerke zu profitieren.

Wenn nun auf solchen Sites Produkte, Dienstleistungen oder Unternehmen im Stile von Mundpropaganda besprochen und bewertet werden, dann hat dies im positiven Falle einen fördernden Einfluss auf den Verkauf des eigenen Angebots. Im negativen Falle kann es jedoch auch nachteilige Auswirkungen haben, wenn Kunden zum Beispiel Qualitätsmängel diskutieren, von denen das anbietende Unternehmen noch gar nichts weiß.

Der Klassiker für die Wirkung von Communitys auf die Geschäftstätigkeit eines Unternehmens stammt vom Fahrradschlosshersteller Kryptonite. Ein Blogger in den USA fand heraus, wie sich mit einem simplen Kugelschreiber ein rund 50 Dollar teures Schloss in kürzester Zeit knacken ließ. Mit einem Beweisvideo gefilmt und im Blog gepostet, wurde das Ganze schnell bekannt, verbreitete sich auf anderen Blogs und Communitys und fand schließlich den Weg auf `www.engadget.com`, einem Verbraucherblog mit täglich rund 250.000 Besuchern. Kryptonite war offensichtlich in Unkenntnis darüber und reagierte zunächst überhaupt nicht. Erst als die New York Times und die Agentur Associated Press über den Fall berichteten, ging Krypotonite proaktiv darauf ein und startete eine millionenteure Rückrufaktion. Diese hätte man sich wohl ohnehin nicht ersparen können – den guten Ruf hätte man aber wohl mit geeigneter Überwachung der Vorgänge in den Communitys retten können.

Zu wissen, was zu den eigenen Produkten, Dienstleistungen oder der Marke im Web diskutiert wird, kann daher einigen Schaden abwehren. Eine mögliche Strategie kann es deshalb sein, proaktiv die eigene Website oder ein Blog für eine solche Diskussion zu öffnen, selbst wenn dadurch negative Bewertungen auf der eigenen Website erscheinen. Dafür weiß man zumindest davon und kann dazu Stellung nehmen.

Doch selbst bei einer solch offenen Kommunikation werden viele Diskussionen und Bewertungen über die eigenen Angebote im sozialen Web vorgenommen, verteilt auf unzählige Blogs, Foren oder Communitys. Um diese Einflüsse auf die eigene Website im Auge zu behalten, ist es daher nicht ausreichend, nur die eigene Website zu monitoren. Vielmehr gehört es heute auch dazu, das soziale Web und dessen Einflüsse auf die eigene Website zu beobachten.

10.2.1 Was gemessen werden kann

Grundsätzlich gibt es im Social Web zwei unterschiedliche Dimensionen, die gemessen und überwacht werden können:

- Social Network Analytics: Der Erfolg der eigenen Anstrengungen im Social Web (z.B. die eigene Facebook-Fanpage, das X-Konto des Unternehmens etc.) und über die eigene Website hinaus
- Social Media Listening: Die Aktivitäten von Drittnutzern im gesamten Internet (inkl. Blogs, Foren, Facebook-Seiten Dritter etc.), die sich um das eigene Unternehmen und Produkte bzw. den eigenen Brand drehen

Social Media Analytics berücksichtig beide dieser Dimensionen.

Social Network Analytics

Für die Erfolgsmessung der eigenen Anstrengungen in den sozialen Netzwerken bieten die betreffenden Plattformen meist eine große Anzahl losgelöster Kennzahlen. Dazu zählen zum Beispiel:

- Für YouTube: Die Anzahl Abspielungen der eigenen Videos
- Für Facebook: Die Anzahl der Freunde und Fans
- Für Twitter/X: Die Anzahl der Followers
- usw.

Wer zum Beispiel als Unternehmen eine Facebook-Fanseite betreibt, erhält unter Facebook Insights in der Meta Business Suite (`business.facebook.com`) recht ausführliche Statistiken über Nutzeraktivitäten und sogar deren Demografie. Auch Twitter bzw. X verfügt über ein entsprechendes Analytics-Tool, mit dem die Klicks auf die eigenen Tweets und Retweets ausgewertet werden können. Im Unterschied zu einem Web-Analytics System sind diese Auswertungen jedoch limitiert und bieten wenig bis keine Einflussmöglichkeiten auf die gesammelten und ausgewerteten Daten.

Wer meint nun, ob zu vieler Social-Analytics-Kennzahlen auf zu vielen Plattformen den Überblick zu verlieren, der kann mit einem integrierten Social-Analytics-Tool die Daten der Plattformen in einer Auswertung zusammenführen oder über all diese Metriken einen Index bilden. Dienste wie Talkwalker (`www.talkwalker.com`) oder Brandwatch (`www.brandwatch.com`) aggregieren die Daten der einzelnen Plattformen wie Facebook und Twitter und die dortigen Metriken in einer Ansicht.

Allen diesen Auswertungen und Kennzahlen sind jedoch eigen, dass sie rudimentär bis gar nicht zentral in Analytics-Systeme integriert werden können. Zwar können manche Analytics-Systeme über Schnittstellen der Social-Web-Sites-Kennzahlen wie z.B. die Twitter-Followers lesen. Der volle Zusammenhang zwischen den Plattformen und der eigenen Website – zum Beispiel die Absprungrate von generiertem Traffic eines Tweets – lässt sich damit aber noch nicht herstellen. Der Grund dafür liegt darin, dass die meisten sozialen Netzwerke als sogenannte »Walled Gardens« – ummauerte Gärten – konzipiert sind. Dies bedeutet, dass die dort zu den Nutzern gesammelten Informationen nicht auf ein Analytics-System oder andere Ziele übertragen werden können. Dies ist durchaus im Sinne der Erfinder, da schließlich die Geschäftsmodelle der Social Networks meist auf den Daten zu ihren Nutzern basieren. Die sinnvollste Verknüpfung zwischen sozialem Network und Analytics-System ist es deshalb, Links von den Plattformen auf die eigene Website mit einem Micro-Kampagnen-Tracking zu versehen (siehe Abschnitt 6.6 in Kapitel 6). Umgekehrt versuchen jedoch Social Networks vermehrt analog einem Analytics-System auch Daten von Websites und Apps zu sammeln und so die Nutzer zu verknüpfen. Sobald Features wie zum Beispiel ein Like-Button in eine Website integriert werden, können diese nämlich auch wie ein Page Tag funktionieren. Allerdings enden auch diese Versuche an den Walled Gardens anderer sozialer Netzwerke.

Integration von Facebook & Co. in Web-Analytics-Systeme

Die Idealvorstellung ist klar: Die Auswertung zur Nutzung des eigenen Angebots auf den Social Networks sollte mit den Besuchsdaten der eigenen Website nahtlos verknüpft sein. Das Verhalten eines Besuchers soll vom Klick auf einen Tweet über das Engagement auf der Fanseite bis zum Kauf auf der Website nachverfolgt werden können. Leider ist die Realität von Web Analytics nicht bei dieser Idealvorstellung angelangt – vermutlich auch weiterhin sind Facebook, Twitter bzw. X und die Website separate Datentöpfe.

Die Bestrebungen, dies zu ändern, waren und sind bei den größeren Analytics-Anbietern hoch, die Angebote dementsprechend einem schnellen Wandel unterworfen. Zum Teil werden aber vollmundig Versprechen abgegeben und Social-Analytics-Suiten angeboten, die dann aber doch noch nicht das Ei des Kolumbus sind. Dementsprechend genau sollte man die effektiven Fähigkeiten der angepriesenen Funktionalitäten prüfen. Tatsache ist, dass es aufgrund der einigermaßen geschlossenen Systeme von Facebook, X & Co. technisch schwierig ist, Nutzungsdaten anzuzapfen und nahtlos zu integrieren. Insbesondere auf Nutzer-Ebene ist dies mittlerweile praktisch ausgeschlossen, das heißt ein bestimmter Nutzer aus einem sozialen Netzwerk kann nicht im Analytics-System der eigenen Website wiedererkannt werden. Der Grund liegt darin, dass das Bindeglied für eine plattformübergreifende Wiedererkennung von Nutzern – 3_{rd} Party-Cookies – von Browsern vermehrt aus Datenschutzüberlegungen automatisch gelöscht wird. Eine Website-übergreifende Wiedererkennung kann deshalb öfters nur noch über deklarierte Erkennungsmale wie deine E-Mail-Adresse oder Telefonnummer erfolgen. Dies setzt allerdings voraus, dass sich Nutzer zuvor auf den beteiligten Websites und Plattformen damit registriert haben. Während dies innerhalb der Sozialen Netzwerken der Fall ist, fehlt diese Registrierung auf Websites aber häufig. Ist eine solche Kennung auch auf der Website vorhanden, dann wird eine Verknüpfung möglich – ist jedoch meistens eine Einbahnstraße: Website-Nutzer können in den sozialen Netzwerken über Werbung wieder angesprochen werden, umkehrt lassen dies die Walled Gardens hingegen nicht zu.

Social Media Listening

Schwieriger, als den Erfolg der eigenen Tätigkeiten im Social Web zu prüfen, ist zu messen, was andere im Web über die eigenen Produkte, Dienstleistungen oder den Brand aussagen. Eine ganz simple Möglichkeit für das Monitoring der wichtigsten Aktivitäten bietet jedoch Google. Geht man davon aus, dass Google mehr oder weniger alle relevanteren Websites und Plattformen indexiert, dann werden von Benutzern erstellte Posts, Beiträge und Kommentare früher oder später im Index von Google auftauchen. Sucht man so in Google nach seinem eigenen Firmennamen oder Produktnamen, ist die Wahrscheinlichkeit relativ hoch, dass man entsprechende Beiträge findet. Geht man den Treffern anschließend nach und untersucht die Inhalte, werden einem entsprechende Stimmungen nicht mehr entgehen.

Da man eine solche Suche allerdings in regelmäßigen Abständen durchführen muss, ist der Aufwand beachtlich. Etwas Erleichterung schafft da zum Beispiel die Alert-Funktion von Google (`www.google.com/alerts`). Dort kann man sich von Google per E-Mail benachrichtigen lassen, sobald ein definierter Begriff neu in Webinhalten, Diskussionsforen oder News auftaucht. Auch die Diskussionen zu Konkurrenzprodukten lassen sich so natürlich überwachen.

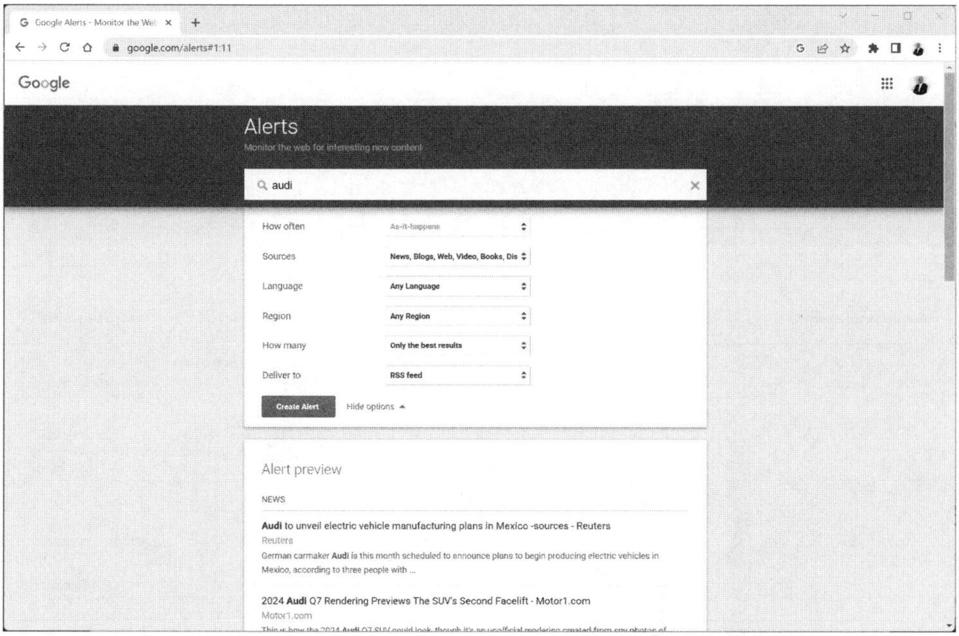

Abb. 10.2: Benachrichtigung über neue Inhalte mit bestimmten Schlüsselbegriffen

Während eine solche Überwachung für mäßig etablierte Produkte und Unternehmen funktioniert, wird es bei bekannteren Marken schwierig. Hier Hunderten von Posts und Kommentaren nachzugehen, die den eigenen Markennamen beinhalten, wird schwierig. So findet Google zum Beispiel aktuell über 800 Millionen Seiten, die den Begriff »Audi« enthalten. Das Mitlesen der entsprechenden Beiträge wird bei der enormen Masse zur Sisyphus-Arbeit.

Abhilfe schaffen da Analyse-Tools – sogenannte Social-Media-Analytics- oder Social-Media-Listening-Systeme. Diese monitoren nach einem automatischen Verfahren Webinhalte und stufen die Aussage von Inhalten ein, die betreffende Suchbegriffe verwenden. Zu den verbreitetsten dieser Systeme zählen zum Beispiel Meltwater (`www.meltwater.com`) oder Sprinklr (`www.sprinklr.com`). Auch größere Analytics- bzw. Marketing-Cloud-Suiten bieten meist ein Modul an, das ein solches Monitoring durchführt.

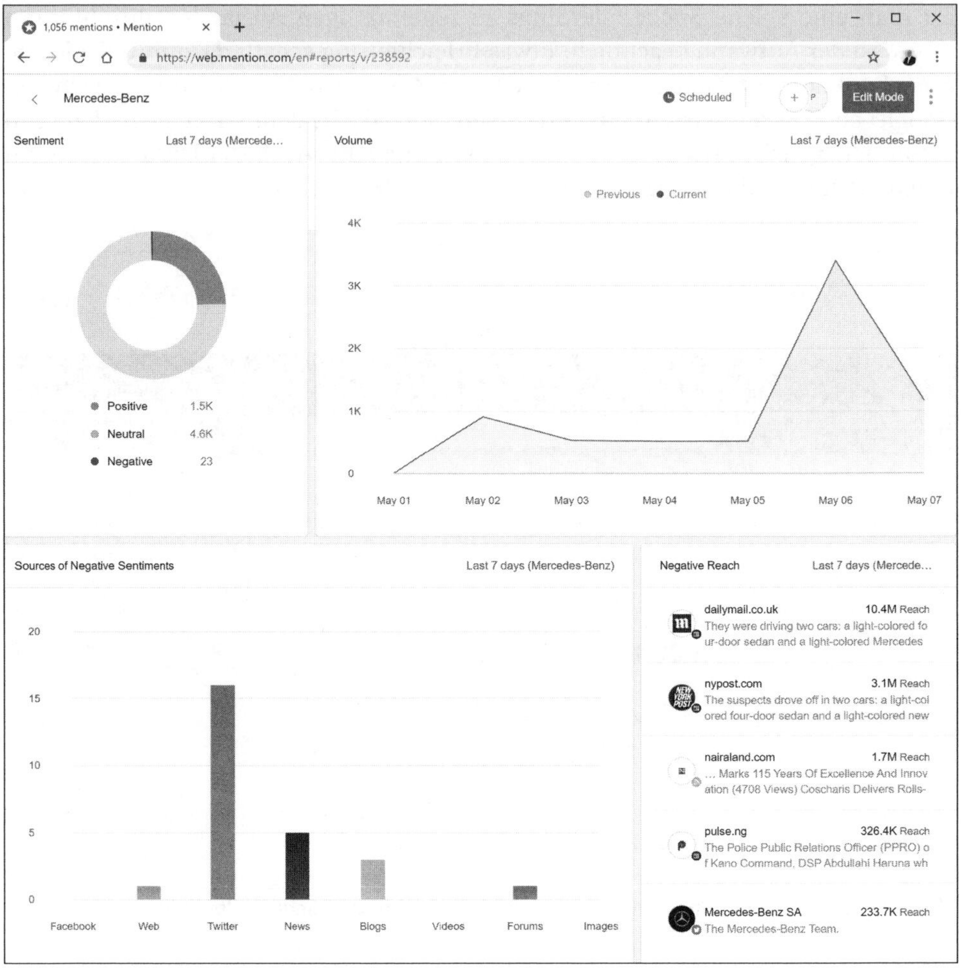

Abb. 10.3: Automatisches Monitoring und Einstufung von Tweets, Forenbeiträgen, News und Posts mit mention

Solche Systeme – die je nach Funktionsumfang allerdings auch das notwendige Budget für die Lizenzierung voraussetzen – ermöglichen es, das soziale Web auch für bekanntere Brands sozusagen in Echtzeit mitzuverfolgen. Dies hilft enorm beim Verstehen der Brandwahrnehmung im Web oder bei der Früherkennung von Trends, die sich direkt auf den Unternehmenserfolg niederschlagen können. Auch Mitbewerber und deren Brandwahrnehmung lassen sich natürlich gleichermaßen verfolgen.

10.2.2 Wie Sie es nutzen sollten

Je mehr sich das soziale Web ausdehnt oder man selbst als Unternehmen darin aktiv wird, desto weniger kommt man darum herum, Social Media Analytics zu betreiben. Die eigenen Tätigkeiten in den sozialen Netzwerken versteht man dabei am besten als kleine »Kampagnen«. Wenn diese auf die eigene Website zurückverlinken, monitort man sie analog anderer Kampagnen (siehe dazu Abschnitt 6.6 in Kapitel 6).

Es empfiehlt sich, jene Kennzahlen, die die Auswertungen der Sozialen Netzwerke bereithalten, etwas zu kategorisieren. Ein Ansatz dazu ist, nach drei verschiedenen Stufen des Nutzerengagements zu unterscheiden: Applaus, Verstärkung und Konversation. Der Applaus ist dabei das geringste Engagement und berücksichtigt Aktionen wie Likes. Unter die Kategorie der Verstärkung (Amplification) fallen Nutzerinteraktionen, die einen Inhalt stärker verbreiten – zum Beispiel Shares. Die Konversationsstufe wird bei Aktionen erreicht, wo ein Dialog entsteht, also zum Beispiel bei Kommentaren oder Antworten in sozialen Netzwerken. Auf diese Weise lassen sich auch sich auch publizierte Inhalte in Relation zu Follower- oder Fan-Zahlen bringen. Dies geschieht über Verhältnisse wie die folgenden Ratios:

- Applause rate: Anzahl Likes per Post / Anzahl Follower
- Amplification rate: Anzahl Shares per Post / Anzahl Follower
- Conversation rate: Anzahl Kommentare per Post / Anzahl Follower

Für das Monitoring weiterer Vorkommnisse auf sämtlichen Web- und Social-Media-Plattformen ergeben sich folgende beiden Handlungsalternativen:

Für kleinere Unternehmen oder weniger bekanntere Marken eignet sich Google Alert bestens, um plötzlich aufkommende Diskussionen zu erfassen. Hierzu führt man am besten zuerst mittels Google eine Bestandsaufnahme durch und klärt, wo der eigene Firmen- oder Produktname in welchem Zusammenhang im Web verwendet wird. Anschließend setzt man sich einen Alert auf die wichtigsten Produktnamen und die Firmenbegriffe.

Bei bekannteren Brands kommt man um den Einsatz eines Tools wie jenes von Meltwater kaum herum. Die Überwachung innerhalb solcher Tools funktioniert anschließend vergleichbar der Vorgehensweise in Analytics-Systemen. Im Wesentlichen gilt es, Veränderungen zu Vorperioden zu vergleichen und bei Ausschlägen in der Detailanalyse den einzelnen Posts und Kommentaren nachzugehen.

Bei beiden Vorgehensweisen empfiehlt sich, folgendermaßen mit Vorkommnissen umzugehen: Positiven Posts, Kommentaren oder Beiträgen sollte man gelegentlich nachgehen, um verstehen zu lernen, weshalb Leute ein Produkt oder eine Dienstleistung gut finden. Dies ist sehr wertvolles Kundenfeedback, das man gut auch in der Produktentwicklung mit einfließen lassen könnte. Handelt es sich um einen Blogger mit viel Einfluss, dann sollte man versuchen, die positive Meinung zu verstärken. Dabei ist es durchaus legitim, zum Beispiel ein neues Produkt auch mal einem Blogger vorübergehend zum Testen zur Verfügung zu stellen. Dieser kann sich dadurch in seinem Umfeld profilieren als einer der Privilegierten, die das Produkt schon vor dem offiziellen Verkaufsstart in Händen hielten. Die Wahrscheinlichkeit eines positiven Beitrags zu dem Produkt ist damit beachtlich.

Negativen Kommentaren und Beiträgen sollte man gleichermaßen nachgehen und versuchen, die Hintergründe zu verstehen. Bei offensichtlichen Falschaussagen ist auch eine Stellungnahme per Kommentar oder Eingriff in die Diskussion empfehlenswert. Dies kann auch mit Verweis auf weiterführende Informationen auf der eigenen Website erfolgen, wo detailliert dazu Stellung genommen werden kann. So kann vielleicht eine Diskussion auch auf die eigene Website verlagert werden, wo sie besser kontrollierbar ist. Voraussetzung ist natürlich, dass entsprechende Informationen und Statements zeitnah auf der Website aufgeschaltet werden. Schließlich ist eine offene Kommunikation bei vorhandenen Problemen meist der beste Ausweg.

10.2.3 Was es zu beachten gilt

Dadurch, dass Brands und Unternehmensnamen wie »Audi« relativ eindeutig sind, lassen sie sich mittels Tools wie Google Alert grundsätzlich gut monitoren. Schwieriger wird es jedoch bei solchen Namen, die keineswegs eindeutig sind, weil zum Beispiel ein Unternehmen in einem anderen Land genauso heißt. Will man zum Beispiel Kommentare und Beiträge zur Deutschen Post monitoren, dann wird das etwas schwierig. Nicht nur, dass in mehreren Ländern eine »Post« existiert. Auch ist »to post« im englischen Sprachraum ein Verb und kommt dementsprechend häufig in einem anderen Zusammenhang zum Einsatz. Auch bei bekannten Abkürzungen wie etwa »DB« kann es inhaltlich sowohl um die Deutsche Bank, die Deutsche Bahn, Datenbanken wie um Dezibel gehen.

In solchen Fällen hilft nur der Einsatz eines intelligenten Social-Media-Listening-Systems, das algorithmisch den Inhalt rund um den betreffenden Begriff analysiert und entscheidet, in welchem Zusammenhang der Begriff steht.

10.3 Soziale Interaktionen

Noch vor nicht allzu langer Zeit war eine Website ein Instrument, mit dem ein Unternehmen seine Angebote und Informationen unidirektional in die Welt verbreitete. Heute hat die Interaktionsabsicht mit den Besuchern der Website bedeutend zugenommen – lassen sich doch mittlerweile die meisten Inhalte in irgendeiner Form kommentieren, bookmarken, bewerten, liken oder tweeten. Mittels Kommentaren oder Beiträgen von Nutzern – sogenannter User Generated Content – können publizierte Inhalte erweitert werden. Der Information erlangt eine neue Dimension von Qualität und Kredibilität.

Mit der Bewertung von Inhalten durch den Nutzer – sei es mittels einer einfachen Rating-Funktion, einem Facebook-Like oder X-Tweet – wird ein ähnlicher Effekt erzielt. Da dies für den Nutzer meist nur ein Klick auf eine entsprechende Schaltfläche bedeutet, ist die Teilnahme-Hürde hier wesentlich geringer als bei einem

Kommentar oder inhaltlichem Beitrag. Deshalb sind auch solche Bewertungen gute Indikatoren, wie gut ein Inhalt beim Benutzer ankommt.

Abb. 10.4: Interaktion mit der FAZ: Kommentarfunktion, Facebook, Twitter

Mit diesem Wandel von der Publikationswebsite zur Interaktionswebsite ändern sich auch die Messgrößen, die den Inhalt beurteilen. Inhaltskennzahlen wie Seitenaufrufe, Verweildauer und Absprungrate – so wie wir sie in Kapitel 9 kennengelernt haben – eignen sich gut für statische Seiten. Sobald allerdings die Interaktion mit dem Besucher gemessen werden soll, sagen die Metriken wenig aus.

Stattdessen wird für eine solide Messung der Interaktion ein Set von Kennzahlen notwendig, die man mit dem Begriff »Social Interactions« zusammenfassen kann. Social-Interactions-Kennzahlen messen auf Seitenebene auf der eigenen Website die Nutzung der einzelnen Interaktionsmöglichkeiten wie Kommentare, Likes oder Bookmarks und sagen damit aus, wie hoch das effektive Interesse oder eben Engagement an einem Inhalt ist.

10.3.1 Was gemessen werden kann

Nun ist gerade bei Klicks auf Schaltflächen wie »Gefällt mir« oder »Twittern« oder bei Abgabe eines Kommentars das Messen jeweils nicht ganz so einfach. Denn die Links oder Interaktionen müssen erst mittels eines technischen Eingriffs mit einem Tracking-Code versehen werden. Dennoch lässt sich dies für die meisten

Analytics-Systeme mittlerweile durch Ereignis-Tracking relativ einfach lösen. Eine Auswertung der Seiten mit den meisten Shares sieht dann wie in Abbildung 10.5 dargestellt aus.

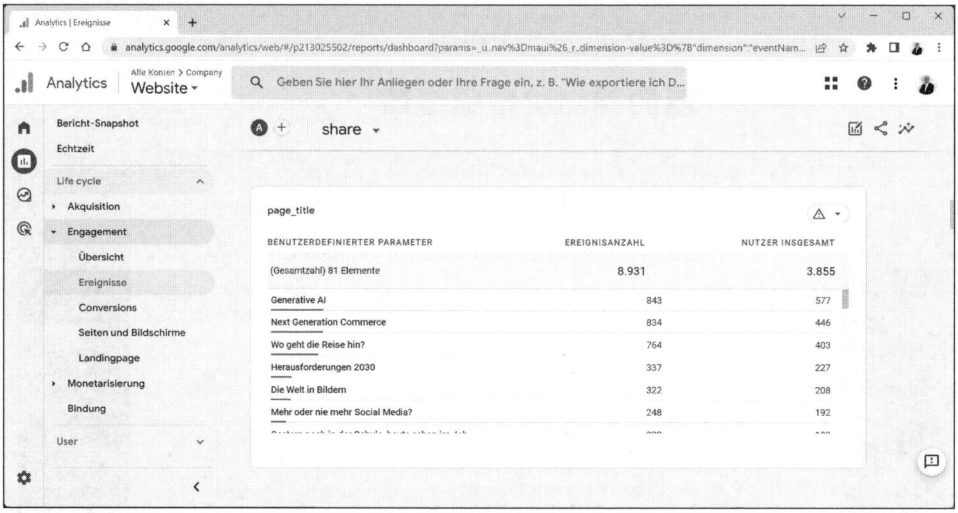

Abb. 10.5: Zu welchen Inhaltsseiten und Themen engagieren sich Besucher besonders?

Durch solche Auswertungen wird ersichtlich, für welche Inhalte sich Besucher besonders interessieren. Während die Metrik »Seitenaufruf« das Interesse im Vorhinein misst – zum Beispiel, weil der Besucher einen Titel in einem Suchergebnis spannend fand oder über die Navigation auf die betreffende Seite gelangte –, misst das soziale Engagement das Interesse des Besuchers, nachdem er den Inhalt konsumiert hat. Damit kann eine bedeutend höhere Aussagekraft erreicht werden.

10.3.2 Wie Sie es nutzen sollten

Sobald man nun mehrere Interaktionsmöglichkeiten – Kommentare, Likes, Tweets etc. – misst, wird es unter Umständen schwierig, den Überblick zu bewahren. Ein weiterer zu beachtender Faktor ist, dass zum Beispiel ein Kommentar ja ein wesentlich höheres Engagement des Besuchers darstellt als vielleicht nur ein flüchtiger Klick auf einen Facebook-Button.

Um dem Rechnung zu tragen, kann man einerseits Kategorien zu Applaus, Verstärkung oder Konversation bilden, wie bereits in Abschnitt 10.2.2 für Social Media Netzwerke gezeigt. Eine Alternative dazu stellt dar, sämtliche Interaktionen mittels unterschiedlicher Score-Werte zu gewichten und einen Gesamtscore als »Social Interaction Score« zu errechnen. Einen Kommentar auf einer Seite würde man so zum Beispiel als hohes soziales Engagement mit einem Faktor 10 gewichten, einen Tweet über dieselbe Seite mit Faktor 5 und ein Bookmark vielleicht lediglich mit einem Faktor 1 oder 2. Eine Seite mit zehn Kommentaren und keinen Tweets ist dann höher bewertet als eine solche mit keinen Kommentaren und elf Tweets. Das Engagement der Besucher zu einer Seite kann damit realitätsgetreuer wiedergegeben werden.

Wie man nun die auf der Website angebotenen sozialen Aktionen gewichtet, bleibt individuell festzulegen. Einige Beispiele für Aktionen und eine mögliche Gewichtung ist folgender Tabelle zu entnehmen.

Soziale Aktion	Gewichtungsfaktor
Kommentar	10
Facebook Share	7
LinkedIn Share	7
Facebook Like	5
Facebook Unlike	-5
Twitter Share	5
Bewertung/Rating	2
Social Bookmark	2

Tabelle 10.1: Mögliche Gewichtung von sozialen Aktionen

Aus dieser Gewichtung lässt sich nun ein Wert für den Social Interaction Score errechnen, nämlich Anzahl Kommentare einer Seite * 10 + Anzahl Facebook Likes * 5 usw. Natürlich ist es zweckmäßig, wenn man dies nicht selbst je Inhaltsseite ausrechnen muss, sondern einem dies das Analytics-System in geeigneter Form bereitstellt. Auch hierfür sind systemspezifische Konfigurationen, meistens in Form von spezifischen Ereignis-Parametern, notwendig.

Wöchentlich oder monatlich sollte man nun überprüfen, welche Inhalte über einen hohen, durchschnittlichen oder tiefen Engagement-Wert verfügen. Inhalte mit hohen Werten scheinen Besucher anzuregen und in den Bann zu ziehen – hier schreien die Zuschauer sozusagen nach Zugabe. In diesem Fall lohnt es sich, weitere ähnliche Inhalte zu erstellen oder bestimmte Facetten des Inhalts in einem separaten Gefäß zu behandeln. Bei tiefen Werten des Social Interaction Scores muss man sich dagegen eher die Frage stellen, weshalb der Inhalt die Besucher nicht anspricht – auch dies kann aber eine wichtige Lektion für die zukünftige Inhaltserstellung sein.

10.3.3 Was es zu beachten gilt

Bei emotionalen oder polarisierenden Inhalten sind erfahrungsgemäß höhere Social-Interaction-Werte zu erzielen als bei sachlichen Informationen. Dies kann man sich zunutze machen – je nach Website-Zielen darf man sich aber auch nicht allzu stark davon leiten lassen und sollte bei der Sache bleiben. Schließlich will man auf einer Corporate-Website ja nicht Boulevard-Journalismus betreiben.

Natürlich lässt sich die Nutzung von Facebook-Likes, Twitter-Shares oder Bookmarks auch ohne eine technische Integration im Analytics-System auf den jeweiligen Plattformen auswerten. Allerdings sind die Auswertungen dann auf mehrere Quellen verteilt, ein Überblick fehlt oder muss händisch hergestellt werden. Daher lohnt sich der Aufwand allemal, dies in einem System zusammenzufassen.

Trotz der hohen Aussagekraft der sozialen Interaktionen im Vergleich zum Seitenaufruf darf man Letzteren nicht ganz außer Acht lassen. Erfahrungsgemäß interagiert nur ein Bruchteil der Besucher mit den sozialen Elementen – Prozentanteile im tiefen einstelligen Bereich sind da die Norm. Bei niedrigen Besucherzahlen kann es daher sein, dass für gewisse Inhaltsseiten gar keine ausreichend große Zahl Interaktionen gesammelt werden können, um eine relevante Bewertung vorzunehmen. Dann helfen wiederum die Seitenaufrufszahlen für eine Beurteilung aus.

10.4 Weblogs

Auch wenn das Format schon etwas in die Jahre gekommen ist: Weblogs nehmen für bestimmte Inhalte und Kommunikationsziele weiterhin einen recht wichtigen Stellenwert im Web ein. Auch Corporate Blogs finden mittlerweile eine breite Verwendung – insbesondere als Instrument, um vielfältigen und interessanten Content zu publizieren, der auch für die Suchmaschinen-Optimierung sehr hilfreich ist. Die Funktion und Ausrichtung von Blogs ist in vielen Bereichen ähnlich wie bei normalen Websites, in einigen Kriterien unterscheiden sie sich jedoch auch deutlich von diesen. Die wohl zentralste Unterscheidung ist der Fokus von Blogs auf den Dialog mit dem Publikum, sodass diese als Prosumenten – eine Wortkreation aus Produzenten und Konsumenten – in eine Interaktion eingebunden werden. Damit wiederum weisen Blogs auch Elemente von Social Media auf – allerdings mit dem gewichtigen Unterschied, dass Blogs vollständig in der Kontrolle von den betreibenden Unternehmen sind. Bei Unternehmenspräsenzen innerhalb von sozialen Netzwerken ist dies nur bis zu einem gewissen Masse der Fall.

10.4.1 Was gemessen werden kann

Für die Analyse der Blognutzung können als Basis zuerst einmal dieselben Metriken wie für eine Website herbeigezogen werden. Zu den wohl hilfreichsten darunter zählen Seitenaufrufe, Besucher und einkommende Links, wie sie in den vorangegangenen Kapiteln für die Website-Analyse beschrieben sind. Auch als Analytics-System kann grundsätzlich das gleiche Tool verwendet werden wie für die Website.

Darüber hinaus gibt es jedoch einige blogspezifische Kennzahlen, die insbesondere den Erfolg der Dialogfunktion von Blogs zu messen versuchen. Dazu zählen:

- **Durchschnittliche Anzahl Besucher-Kommentare je Post:** Dies misst die Feedbacks von verschiedenen Benutzern auf einen Blogeintrag. Falls möglich, sollten Rück-Kommentare des Betreibers auf einen Benutzerkommentar im Durchschnittswert nicht berücksichtigt werden.
- **Durchschnittliche Anzahl Trackbacks je Post:** Trackbacks sind Links, die andere Blogger auf den eigenen Post gelegt haben und die über einen automatischen Benachrichtigungsmechanismus zwischen den betreffenden Blogs festgehalten werden. Ein Trackback ist somit als Qualitätsmerkmal für einen Post zu werten.

Leider sind diese Angaben meist kaum direkt in einem Analytics-System zu finden. Stattdessen muss die Anzahl der Kommentare und Trackbacks aus dem Blog-System ausgelesen werden, das für die Publikation der Inhalte verwendet wird. Das Ausrechnen von Durchschnittswerten für einzelne Posts bleibt jedoch im Normalfall Aufgabe des Taschenrechners.

10.4.2 Wie Sie es nutzen sollten

Viele routinierte Blog-Leser nutzen RSS-Feeds, um die verschiedenen Blogs ihrer Wahl schnell auf neue Posts überprüfen zu können. Dies hat zur Folge, dass nach einem neuen Post typischerweise die Seitenaufrufe des betreffenden Posts in die Höhe schnellen. Mehr als bei normalen Websites haben Seitenaufrufe und deren zeitlicher Verlauf deshalb eine Bedeutung in der Nutzungsanalyse von Blogs. Nutzen Sie die Metrik der Seitenaufrufe deshalb, um das Interesse am Inhalt eines einzelnen Posts zu beurteilen und zu verstehen:

- Ein kurzfristiger Anstieg der Seitenaufrufe nach einem Post lässt sich insbesondere auf soziale Interaktionen oder auf RSS-Nutzer zurückführen. Dies bedeutet für den Inhalt des Posts: Der Titel des Posts ist attraktiv formuliert, das Thema ist aktuell und interessant für die bestehende Leserschaft. Erstellen Sie in naher Zukunft Posts zum gleichen Thema.
- Eine langfristig hohe Zahl Seitenaufrufe auf einen Post ist eher auf Nutzer aus Suchmaschinen oder von verlinkten Blogs her zurückzuführen. Dies bedeutet, dass das im Post behandelte Thema insbesondere auch neue Besucher anspricht. Versuchen Sie deshalb mittelfristig, über ähnlich gelagerte Inhalte zu bloggen.

Ebenfalls eignet sich für Blogs die Nutzung von sozialen Interaktionselementen sowie deren Auswertungsmöglichkeiten, wie im vorangegangenen Abschnitt 10.3 erläutert. Um darüber hinaus interessante Themengebiete zu clustern, lassen sich auch Inhaltsgruppen, wie in Kapitel 9 in Abschnitt 9.2 beschrieben, einsetzen. Eine mögliche Gruppierungsstrategie für Blogs ist, die Gruppen übereinstimmend mit den Blog Tags zu benennen. So lässt sich nachher erkennen, zu welchen Tags wie viele Seitenaufrufe erfolgt sind. Somit hat man einen guten Überblick, welche Themengebiete besonders ankommen.

Mehr eine qualitative statt quantitative Aussage zu den Inhalten eines Blogs geben natürlich die einzelnen Besucher-Kommentare auf Posts. Zu beachten ist allerdings, dass nur ein Bruchteil der Besucher aktiv einen Kommentar zu einem Post abgibt und die große Menge immer noch lediglich konsumiert.

Um die Dialogaufgabe des Blogs zu überwachen, sollten Sie überdies die durchschnittliche Anzahl Kommentare und Trackbacks je Post wöchentlich monitoren – zumindest dann, wenn Sie mehrere Posts pro Woche schreiben. Setzen Sie sich dabei je Post ein Ziel, das Sie erreichen möchten – also zum Beispiel zwei Trackbacks und drei Kommentare je Post.

10.4.3 Was es zu beachten gilt

Setzen Benutzer einen Feedreader ein, um neue Posts eines Blogs zu überwachen, ist ihr Verhalten im Vergleich zu einer normalen Website speziell. Nicht nur, dass sie unter Umständen Inhalte bereits im Feedreader lesen und die Website gar nicht besuchen. Auch das Verhalten auf dem Blog ist anders als auf einer Website. Statt mehrere Seiten anzuschauen, ist es nämlich fast üblich, lediglich den neuen Post zu lesen und dann das Blog wieder zu verlassen. Verstärkt wird dies noch dadurch, dass die Startseite eines Blogs meist aus den letzten fünf bis zehn Posts besteht, sodass auf ein und derselben Seite mehrere Posts gelesen werden können. Diese Spezifika wirken sich auf einige der für Websites verwendeten Metriken aus:

- Die Absprungrate auf Blogs ist entsprechend höher.
- Die Zahl der Einzelseitenaufrufe ist höher.
- Bei Einzelzugriffen kann die Verweildauer nicht gemessen werden, die Verweildauer wird tendenziell niedriger angegeben.

Diese Unterschiede haben eine natürliche Ursache und sind im unterschiedlichen Zweck von Blog und Website begründet. Blogs sollten deshalb nicht unter Verwendung dieser Metriken mit einer Website verglichen werden.

10.5 Dynamische Webanwendungen

Unter dynamischen Webanwendungen werden Websites oder -Applikationen verstanden, die vorwiegend im Frontend funktionieren und nur noch selten mehr als eine Seite laden. Gelegentlich werden solche Anwendungen auch als Single Page Applications (SPAs) oder Rich Internet Applications (RIAs) bezeichnet, da sie in ihrem Funktionsumfang und Verhalten »reich« sind und damit eher an Desktop-Anwendungen erinnern. Ein klassisches Beispiel dynamischer Webanwendungen sind die Office-Anwendungen wie Google Docs (`docs.google.com`). Diese stellen einige Funktionen ähnlich jenen eines installierten Office-Pakets bereit, können jedoch komplett über den Browser bedient werden. Auch Funktionen wie Drag&Drop, Kontextmenü über die rechte Maustaste oder Tastaturbedienbarkeit lassen einen glauben, man nutze eine fest installierte Software. Aber auch normale Websites bedienen sich heute häufig dieses Musters. Ein Auto-Konfigurator beispielsweise, wie in Abbildung 10.6 dargestellt, funktioniert heute ebenfalls komplett innerhalb lediglich einer Web-Seite. Auch Konfigurationsschritte, wie beispielsweise die Auswahl von Motor, Interieur oder Ausstattung benötigen dann nicht mehr das Laden einer weiteren Seite pro weiterem Schritt.

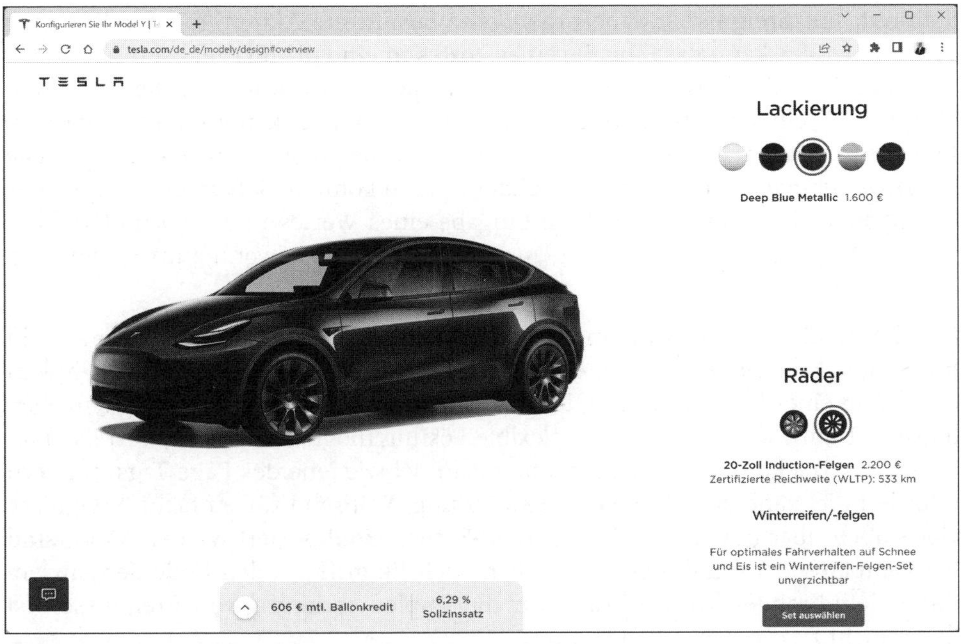

Abb. 10.6: Konfiguration eines Autos innerhalb einer einzelnen Seite

Typisch für dynamische Webanwendungen ist, dass nach einem Mausklick nicht mehr die Seite neu geladen wird, sondern sich nur einzelne Bereiche innerhalb einer Seite ändern. Das bekannte Verhalten von Websites, wo nach jedem Klick ein sogenannter Server-Roundtrip erfolgt und nach einem kurzen Flackern die neue Seite angezeigt wird, gibt es nicht mehr. Stattdessen speichert der Browser die Daten zwischen und sendet sie im Hintergrund an den Server – und erhält von diesem genauso im Hintergrund neu angeforderte Daten.

10.5.1 Was gemessen werden kann

Solche dynamischen Webanwendungen stellen die digitale Analyse vor eine neue Herausforderung. Für herkömmliche Websites gilt der Seitenaufruf ja als die zentrale Messgröße, auf die alles ausgelegt wird. Bei dynamischen Anwendungen, wo sich bei einer Interaktion des Benutzers nur Bestandteile einer Seite verändern und keine neue Seite geladen wird, besteht ein Besuch häufig nur aus einem einzelnen Seitenaufruf. Damit werden die meisten der sonst üblichen Metriken zur Farce. Besucherflüsse, Klickpfade, Inhaltsgruppen, Ein- und Ausstiegsseiten usw. verlieren jegliche Aussagekraft, wenn nur eine Seite betrachtet wird.

Das Mittel dagegen heißt ereignisbasierte oder interaktionsbasierte Messung – mit dem Ereignis oder Interaktion als resultiereder Kennzahl, wie Sie diese in Abschnitt 5.4 schon kennengelernt hatten. Statt eines Seitenaufrufs als kleinste Maßeinheit wird ein Ereignis oder Nutzerinteraktion auf einer Seite als solche definiert. Ein Ereignis ist dabei irgendeine bestimmte Aktion, die der Benutzer vornimmt. Dies kann die Eingabe eines Textes in ein Formularfeld sein, der Klick auf einen Link, das Verschieben von Objekten per Drag&Drop usw. Der Definition dessen, was ein Ereignis darstellen soll, sind praktisch keine Grenzen gesetzt. Eine Seite kann dabei beliebig viele Ereignisse beinhalten, sodass dynamische Webanwendungen problemlos abgebildet werden können. Sobald nun ein solches Ereignis eintritt – zum Beispiel die Eingabe eines Wertes in ein Formularfeld –, wird im Hintergrund die Messung ausgelöst, genauso als wenn zum Beispiel ein Seitenaufruf erfolgt wäre.

Für die Auslösung der Messung wird von den meisten Analytics-Systemen ein JavaScript-Code verwendet. Die Auslösung von Ereignissen erfolgt sodann, indem der Aufruf einer JavaScript-Funktion in die dynamische Webanwendung eingebettet wird. Damit wird eine beliebig flexible Lösung möglich. Allerdings ist das Einbetten des Tracking-Codes nicht mehr so simpel wie jene des Page Tags, sondern erfordert die Nähe zum Code der Anwendung. Während für einfache Ereignisse vieles auch über einen Tag-Management-System konfiguriert werden kann, sind bei komplexen Anwendungen zusätzlich auch Eingriffe in den Code der Anwendung zielführender. Der Aufwand für die Implementierung von Ereignissen ist daher nicht zu unterschätzen.

Ein typisches Beispiel einer RIA sind integrierte Kartenlösungen wie in Abbildung 10.7 dargestellt und wie man sie von Google Maps her kennt. Ein Benutzer hat innerhalb dieser Website die Möglichkeit, den angezeigten Kartenausschnitt zu verschieben, zu vergrößern oder auf einen der ballonförmigen Marker zu klicken. Genauso kann er den Marker wieder schließen und einen anderen öffnen, alles, ohne dass die Seite je neu geladen werden würde.

Will man nun zum Beispiel wissen, wie häufig der Kartenausschnitt verschoben oder gezoomt oder wie häufig auf einen Marker geklickt wird, definiert man folgende Events und Auslöser:

- Der Event »Verschieben« tritt ein, sobald der Kartenausschnitt verschoben worden ist und der Benutzer die Maus wieder loslässt.
- Der Event »Zoom« wird ausgelöst, sobald ein Benutzer die Zoomstufe der Karte verringert oder vergrößert.
- Der Event »Marker öffnen« tritt ein, wenn ein Benutzer auf einen Marker klickt und sich die Blase öffnet.

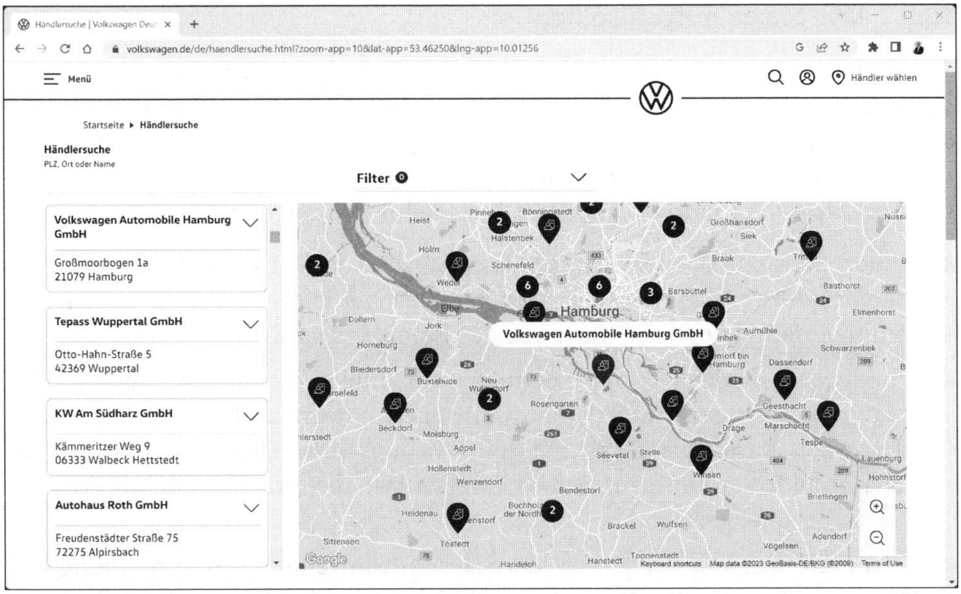

Abb. 10.7: Beispiel einer dynamischen Anwendung, hier eine eingebundene Kartenanwendung auf einer Website

In einem Analytics-System, das eine ereignisbasierte Messung unterstützt, kann eine Auswertung dann wie in Abbildung 10.8 gezeigt implementiert werden. Damit lässt sich zum Beispiel auslesen, dass Besucher das Verschieben des Kartenausschnitts intensiv nutzen. Allerdings werden nur sehr wenige Marker geöffnet oder gar im Marker auf einen Link geklickt. Dies lässt darauf schließen, dass Besucher die Karte zwar nutzen, aber wenig passende Marker vorfinden.

Abb. 10.8: Auswertung von Events einer Kartenanwendung in Google Analytics

10.5.2 Wie Sie es nutzen sollten

Seitenbasierte Web-Analyse bei herkömmlichen Websites ist relativ einfach zu nutzen, da das Messereignis durch den Seitenaufruf per se schon definiert ist. Bei dynamischen Webanwendungen ist dies um einiges komplizierter, da man sich zuerst überlegen muss, welche Interaktionen denn überhaupt gemessen werden soll. Um Messereignisse zu definieren, empfiehlt sich folgendes Vorgehen:

- Halten Sie sich zuerst vor Augen, was das Ziel der Anwendung ist. Bei einer Mapping-Anwendung wie im gezeigten Beispiel kann dies sein, schnell und intuitiv Produkte in der Umgebung des Benutzers zu finden.
- Überlegen Sie sich, was ein Benutzer tun muss, damit er zu diesem Ziel gelangt. Für die genannte Mapping-Anwendung wird ein Besucher zumindest zuerst den Kartenausschnitt auf seine Region verschieben und dann einen Marker anklicken müssen. Daraus ergeben sich die zu messenden Ereignisse, wie im Beispiel gezeigt.
- Setzen Sie sich mit den Entwicklern der Webanwendung in Verbindung und klären Sie den exakten Auslöser des Ereignisses. Nimmt man das Öffnen des Markers als Ereignis, dann kann der Auslöser der Mausklick auf den Marker sein – oder aber erst das Aufgehen der Informationsblase. Letzteres dürfte das aussagekräftigere Ereignis sein, da ein Benutzer ja auch auf einen bereits geöffneten Marker klicken könnte.
- Damit das Ereignis bei der späteren Auswertung erkennbar und verständlich ist, empfiehlt es sich, einen sprechenden Namen für das Ereignis, wie »Marker öffnen«, zu definieren. Noch besser ist es, Ereignisse mit Inhalten zu verknüpfen, also zum Beispiel auch noch als Parameter mitzugeben, in welcher Stadt sich der betreffende Marker befand. Sofern das Analytics-Tool dies unterstützt, sollte man sich sogar eine Hierarchie von Ereignissen und Inhalten aufbauen wie in Abbildung 10.9 dargestellt.
- Implementieren Sie den Auslöser inklusive dessen Benennung in den Code oder nutzen ein Tag-Management-System hierfür. Spätere Anpassungen sind leider wiederum mit Aufwand verbunden, das heißt, man sollte erst mit der Umsetzung beginnen, wenn man genau weiß, was man messen möchte.

Inhalte, die wie in Abbildung 10.9 gezeigt gemessen werden, lassen sich anschließend vergleichbar mit Seitenaufrufen überwachen. Die Top 10 der in dynamischen Webanwendungen ausgeführten Interaktionen oder die größten Auf- und Absteiger eignen sich so zur Beobachtung. Im gezeigten Beispiel lässt sich nachvollziehen, in welcher Stadt am häufigsten nach entsprechenden Autohändlern gesucht wird.

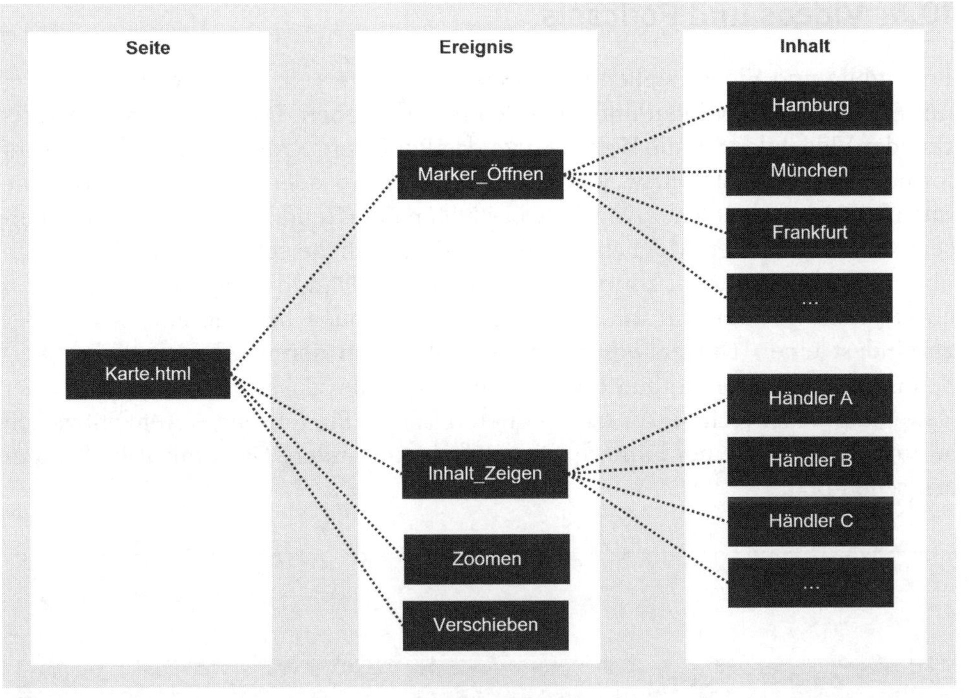

Abb. 10.9: Hierarchie von Seite, Ereignissen und Inhalten der Seite

Die Ereignisse an sich, wie das Verschieben der Karte oder das Öffnen eines Markers, ist ebenfalls interessant. Diese Angaben sollte man nutzen, um zu verstehen, ob und wie häufig Besucher bestimmte Funktionen überhaupt nutzen. Stellt man zum Beispiel fest, dass kaum ein Besucher die Karte mit der Maus verschiebt, dann kann dies bedeuten, dass die Zielgruppe die Bedienung solcher Karten noch nicht verstanden hat – oder dass sie etwa auf Mobilgeräten gar nicht richtig funktioniert.

10.5.3 Was es zu beachten gilt

Zwar können praktisch alle Analytics-Systeme ereignisbasierte Messungen durchführen und so Interaktionen innerhalb einer Seite überhaupt erst erkennen, die Auswertung von Ereignissen in den Systemen ist jedoch unterschiedlich.

Viele Systeme behandeln zudem ein Ereignis in der Auswertung analog zu einem Seitenaufruf. Dies führt gelegentlich auch zu nichts aussagenden oder kuriosen Auswertungen. Nutzer kostenpflichtiger Analytics-Systeme sollten sich zudem bewusst sein, dass, wenn die Lizenzkostenberechnung auf einem Seitenaufruf-basierten Modell aufbaut, jedes eintretende Ereignis zusätzliche »Seitenaufrufe« und somit auch Kosten verursacht.

10.6 Videos und Podcasts

Bewegtbild und Videos stellen in heutigen Angeboten ein wichtiges Element dar, um Emotionen zu wecken und das Erlebnis zu erhöhen. Das Integrieren entsprechender Videobilder in die Website oder das Publizieren von Videos auf Drittplattformen wie YouTube (`www.youtube.com`), TikTok oder Instagram sowie die intensive Nutzung solcher Angebote bestätigen den Trend. Der Nutzen liegt einerseits in der einfachen Möglichkeit, komplizierte Inhalte schnell und verständlich über Filmausschnitte zu kommunizieren. Für die Handhabung oder Installation eines Produkts kann ein kurzes Video ein Handbuch beinahe ersetzen – oder zumindest einen Nutzer wesentlich schneller instruieren. Aber auch im Werbeumfeld bieten Bewegtbildformate starke Vorteile, da sich Emotionen in der Bewegung wesentlich besser transportieren lassen. Ein fahrendes Auto entwickelt so zum Beispiel in einer Filmsequenz einfach eine andere Dynamik als auf einem statischen Bild.

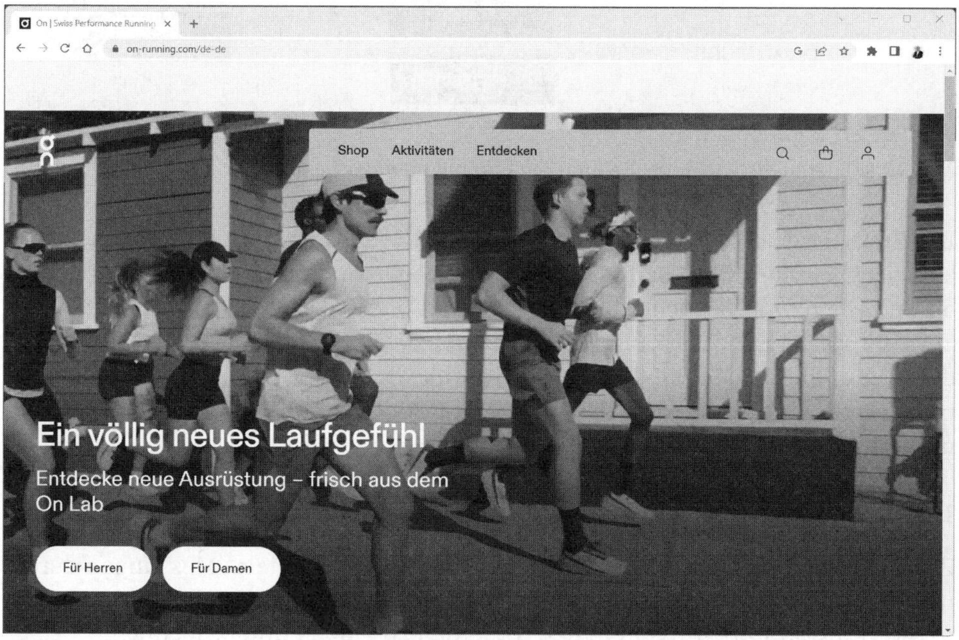

Abb. 10.10: Website eines Laufschuh-Herstellers mit Vollbild-Video im Hintergrund

10.6.1 Was gemessen werden kann

Audio- und Video-Inhalte werden heute hauptsächlich gestreamt. Das bedeutet, dass keine ganzen Dateien mehr heruntergeladen und dann betrachtet werden. Stattdessen gibt ein in die Website eingebetteter Player die ersten Sequenzen sofort wieder, während weitere Sequenzen im Hintergrund geladen werden. Ein klassisches Beispiel hierfür ist ein eingebettetes YouTube-Video oder auch die in Abbildung 10.10 gezeigte Hintergrund-Animation, wo Videos direkt auf der Website abgespielt werden.

Die Messung von über einen eingebetteten Player gestreamten Video- oder Podcastinhalten ist dem Verfahren bei dynamischen Webanwendungen sehr ähnlich. Ein Video innerhalb eines Players einer Website stellt nämlich selbst auch nichts anderes als eine dynamische Anwendung dar. Aktionen wie das Starten, Pausieren oder Stoppen eines Videos sind Ereignisse, die analog einer dynamischen Webanwendung gemessen werden können. Darüber hinaus können natürlich zusätzliche Messereignisse definiert werden, wie das Erreichen eines bestimmten Zeitpunkts innerhalb eines Videos. Typische Messgrößen für Videoinhalte sind dann:

- **Abspieldauer eines Clips:** Misst, wie lange ein Clip im Schnitt abgespielt wird.
- **Starts, Stopps und komplette Abspielungen:** Misst die Interaktionen auf einen Clip und zählt, wie viele Male ein Clip bis zum Ende betrachtet wurde.
- **Abspielrate** (Anzahl Seitenaufrufe/Anzahl Starts des Clips): Gibt an, zu welchem Anteil ein in eine Seite eingebetteter Clip abgespielt wurde.
- **Abbruchrate ([Anzahl Starts des Clips – Anzahl komplett abgespielte Clips]/ Anzahl Starts des Clips):** Gibt an, wie häufig ein bereits gestarteter Clip wieder abgebrochen bzw. nicht zu Ende gesehen wurde.
- **Wiederholte Abspielungen:** Misst, wie viele Male ein Clip durch den gleichen Besucher abgespielt wurde.

Bei Podcasts oder auch Videos, die vom Nutzer in einer speziellen App genutzt werden – zum Beispiel in Apple Podcasts oder Spotify – sind es die jeweiligen Plattformen, die Auswertungen dazu bieten. Die Möglichkeiten hierfür beschränken sich auf die von den Plattformen definierten Kennzahlen, wie Abonnenten, Zuhörer, Abspielungen sowie weiteren Details dazu.

10.6.2 Wie Sie es nutzen sollten

Um die Nutzung von Podcasts zu verstehen, sollten Sie trotz des geringeren Detaillierungsgrads der Auswertungen zumindest folgende Metriken im Auge behalten:

- **Die Top-10-Podcast-Abspielungen im vergangenen Monat oder Jahr:** Dies gibt Aufschluss darüber, welche Themen bzw. Inhalte grundsätzlich beim Publikum gut ankommen.
- **Anzahl Abspielungen eines Podcasts in den ersten fünf Tagen nach der Publikation:** Dies ist meist die konkreteste Aussage, wie gut ein Thema aktuell gerade beim Publikum ankommt. Da die Abonnenten bei jeder Publikation benachrichtigt werden, kann die Dauer von fünf Tagen als Abgrenzung hinzugezogen werden, um einen Vergleich mit früheren Podcast-Downloads zu ermöglichen.

Ohne diese zeitliche Abgrenzung erreichen ältere Podcasts einfach aufgrund der längeren Verfügbarkeit tendenziell höhere Abspielzahlen.

- **Anzahl Abonnenten:** Diese sollte man wie die Anzahl Besucher auf der Website immer etwas im Auge behalten. Bei Ausschlägen nach oben sollten Sie unbedingt nachforschen, welcher Podcast zu dem Zeitpunkt genau publiziert wurde. Mit großer Wahrscheinlichkeit hat dieser Podcast dann bewirkt, dass Interessenten zu Abonnenten wurden.

Im Vergleich zu Podcasts sind bei Videos die Messmöglichkeiten bedeutend umfangreicher. Dabei gibt es zwei Dimensionen, die man im Auge behalten sollte. Dies ist die generelle Nutzung von Video-Inhalten auf der Website einerseits und die Qualität der einzelnen Video-Clips andererseits. Um die generelle Nutzung von Videos zu beobachten, werten Sie folgende Metriken aus:

- **Abspielrate:** Die websiteweite Abspielrate ist ein genereller Indikator dafür, wie Video-Inhalte beim Publikum ankommen. Hohe Abspielraten bezeichnen ein videoaffines Publikum oder dass sich die Inhalte Ihrer Website für Video eignen.
- **Abbruchrate:** Die websiteweite Abbruchrate ist eine gute Metrik dafür, wie ansprechend die Clipinhalte auf der Website insgesamt sind.
- **Durchschnittliche Abspieldauer:** Die durchschnittliche Abspieldauer gibt – losgelöst vom Inhalt – eine Idee dafür, wie lange ein Online-Video mit Inhalten wie den Ihrigen ungefähr sein sollte. Vereinfachend kann die Abspieldauer auch in Sequenzen nach 25%, 50%, 75% und 100% unterteilt werden, wobei nach Ablauf der jeweiligen Zeitdauer eines Clips ein entsprechendes Ereignis ausgelöst wird. Durch die Prozentsätze lassen sich auch bei stark differierenden Länge der verschiedenen Videos sinnvolle Einsichten generieren.

Um die Qualität eines einzelnen Clip-Inhalts zu beurteilen, kann man für einen solchen folgende Metriken konsultieren:

- **Abbruchrate eines Clips:** Die Abbruchrate ist der wohl eindeutigste und aussagekräftigste Indikator dafür, wie gut ein Clip ankommt. Im Vergleich von Abbruchraten verschiedener Clips lässt sich so ziemlich rasch erkennen, was Besucher mögen und was nicht.
- **Abspieldauer eines Clips:** Die Verteilung der Abspieldauer kennzeichnet jene zeitlichen Stellen, bei denen Besucher aussteigen. Wenn es eindeutige Spitzen bei den Ausstiegszeitpunkten gibt, dann sollten Sie diese innerhalb des Videos nachvollziehen und versuchen zu verstehen, weshalb Besucher diese Sequenz uninteressant finden. Ein anderer Nutzen der Abspieldauer kann sein, herauszufinden, wie lange Besucher Werbung innerhalb eines Clips aushalten, bevor sie abbrechen.
- **Wiederholte Abspielungen:** Spielt derselbe Benutzer denselben Clip mehrfach ab, kann dies zwei Aussagen haben. Entweder war der Inhalt unverständlich und wird vom Benutzer deshalb nochmals betrachtet – oder der Clip ist äußerst

interessant, spannend oder lustig. Meist lässt sich aus dem Inhalt des Clips interpretieren, um welchen Fall es sich gerade handelt. Bei Produkterklärungen oder Nutzungsanleitungen wird wohl eher Ersteres der Fall sein.

10.6.3 Was es zu beachten gilt

Die Messung von Video-Clips ist stets mit etwas Extra-Aufwand verbunden, da diese selten Out-of-the-Box erfolgt. Im Normalfall muss im Videoplayer wie bei einer dynamischen Webanwendung jedes Ereignis wie Starten und Stoppen im Code eingebettet oder ein entsprechendes Tracking-Plug-in eingesetzt werden. Will man unterschiedliche Sequenzen innerhalb eines Clips messen, muss auch der Clip selbst mit entsprechenden Ereignissen versehen werden. Um möglichst wenig technischen Aufwand zum Tracking von Video-Clips betreiben zu müssen, wählt man für das Einbetten der Clips auf der eigenen Webseite am besten einen Player, der ein Plug-in für das verwendete Analytics-System besitzt. Flowplayer (`www.flowplayer.org`) zum Beispiel – ein Open-Source-Video-Player – bietet ein Plug-in für Google Analytics an, mit dem sich bestimmte Clip-Ereignisse wie Abspielen, Pause, Vollbildschirmmodus etc. relativ einfach übermitteln lassen. Verschiedene Analytics-System-Hersteller bieten für andere Video-Player analoge Plug-ins an.

Will man eingebettete YouTube-Videos messen, wird es nochmals etwas komplizierter. Hier ist es nämlich nicht möglich, einen Video-Player nach eigener Wahl einzusetzen – sondern dieser wird von YouTube bereitgestellt. Zumindest bietet der YouTube-Player aber die Ereignisse wie Start, Pause und Stopp über eine API zum Auslesen an, sodass diese mit einigen technischen Kniffen an ein Analytics-System übertragen werden können. Auch hierfür bieten manche Analytics-System-Anbieter Unterstützung in Form eines Plug-ins. Die einfachste Integrationsvariante für YouTube bietet wie erwartet Google Analytics: Hier kann mittels einfacher Konfiguration in den Tracking-Einstellungen definiert werden, dass die wichtigsten Ereignisse innerhalb von eingebetteten YouTube-Videos automatisch gesammelt werden.

Kapitel 11

Metriken und Dimensionen nutzen

In den vorausgegangenen Kapiteln haben Sie die Bedeutung von rund 80 Metriken und Dimensionen kennengelernt und gesehen, was man damit messen kann. Bei der Flut an Zahlen und Auswertungen vergisst man gern das Wesentliche, nämlich, wie man diese nun sinnvoll nutzt.

Metriken in dieser Breite helfen, den Besucher, sein Verhalten und seine Motivationen zu verstehen. Dieses Verständnis ist entscheidend, will man später eine Optimierung der Website vornehmen. Andernfalls läuft man nämlich die Gefahr, an den Bedürfnissen vorbei zu optimieren und somit gesetzte Ziele nicht zu erreichen. Um das Verständnis für die Ziele und Bedürfnisse der Besucher zu schärfen, sollten Metriken deshalb folgendermaßen genutzt werden:

- **Beobachten:** Das Observieren von zentralen Metriken ist so etwas wie ein Fiebermesser für die Befindlichkeit der Besucher und die Gesundheit der Website.
- **Vergleichen:** Um gemessene Ergebnisse zu interpretieren, braucht man Anhaltspunkte. Um Fieber oder Untertemperatur feststellen zu können, benötigt man auch entsprechende Schwellenwerte.
- **Nachforschen:** Schlägt ein Indikator aus, dann brennt die Frage nach dem Weshalb und Warum. Zur Antwort gelangt man nur mit weiteren Untersuchungen, bei denen man Hypothesen aufstellt und überprüft. Das ist genau so, wie es vom Fieber als Symptom ein langer Weg sein kann, um die ursächliche Krankheit herauszufinden.

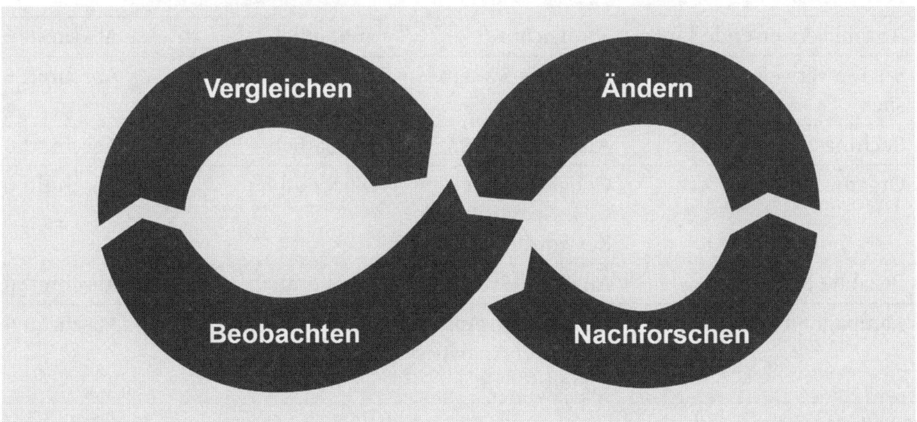

Abb. 11.1: Vorgehensweise bei der laufenden Nutzung von Metriken

Erst wenn man jetzt weiß, wo die Ursache des Problems liegt, kann man später beginnen, Gegenmaßnahmen einzuleiten und das Angebot zu ändern.

11.1 Beobachten

Würde man nun alle Metriken ständig beobachten wollen, dann wäre man wohl die ganze Zeit nur damit beschäftigt. Für wichtigere Sachen – zum Beispiel für das Optimieren der Website – bliebe dann gar keine Zeit mehr. In der Fülle der Metriken ist es deshalb wichtig zu unterscheiden, welche Metriken täglich, wöchentlich oder gar nur monatlich betrachtet werden sollten.

11.1.1 Alle Metriken im Überblick

Die folgende Zusammenstellung gibt einen Überblick über die wichtigsten Analytics-Metriken, die in den Kapiteln 5 bis 10 beschrieben werden. Ergänzend dazu sind die zur Messung verwendeten Hilfsmittel und vorgeschlagenen Beobachtungsintervalle aufgeführt. Die Beobachtungsintervalle sind als Richtwert zu verstehen, die je nach Wichtigkeit der Kennzahl für die eigene Website nach unten oder oben anzupassen sind.

Traffic-Quellen

Metriken zu den Traffic-Quellen umschreiben, über welche Kanäle Besucher auf die Website gelangt sind. Da die Besuchszahlen häufig starken Schwankungen unterworfen sind und von verschiedensten Faktoren beeinflusst werden, ist eine häufigere Beobachtung empfehlenswert.

Metrik	Instrumente	Beobachtungsintervall	Abschnitt
Anzahl Direktzugriffe und Lesezeichen	Analytics-System	monatlich	Abschnitt 6.1
Anzahl verweisende Links	ahrefs.com	monatlich	Abschnitt 6.2
3-5 Top-verweisende Websites	Analytics-System	wöchentlich	Abschnitt 6.2
Suchmaschinen-Traffic	Analytics-System	monatlich	Abschnitt 6.3
Organische Keywords	Google Search Console, Google Trends, Keyword Planner	wöchentlich	Abschnitt 6.4
Bezahlte Keywords	Analytics-System	wöchentlich	Abschnitt 6.4
Kampagnen	Kampagnen-Auswertung oder Analytics-System	wöchentlich	Abschnitt 6.5

Tabelle 11.1: Gebräuchliche Metriken, die Traffic-Quellen beschreiben

Metrik	Instrumente	Beobachtungsintervall	Abschnitt
Social Network Traffic	Analytics-System oder Auswertung von URL-Shortenern	wöchentlich	Abschnitt 6.6
App-Store-Ranking-Position	App Store Auswertungen	wöchentlich	Abschnitt 10.1
App-Store-Seitenaufrufe	App Store Auswertungen	wöchentlich	Abschnitt 10.1
App-Store-Downloads	App Store Auswertungen	wöchentlich	Abschnitt 10.1

Tabelle 11.1: Gebräuchliche Metriken, die Traffic-Quellen beschreiben (Forts.)

Besuchereigenschaften

Metriken zu den Besuchereigenschaften umschreiben über einen Besuch hinaus konstante Eigenschaften wie Herkunft, Interesse und Demografie von Besuchern. Da die Zusammensetzung der Besucherschaft im Normalfall wenig Volatilität unterliegt, reichen für die Betrachtungen längere Beobachtungsintervalle. Die meisten Angaben zu Besuchern lassen sich aus dem eingesetzten Analytics-System auslesen.

Metrik	Instrumente	Beobachtungsintervall	Abschnitt
Anzahl Besucher	Analytics-System	monatlich	Abschnitt 5.6
Anteil neue Besucher	Analytics-System	monatlich	Abschnitt 7.1
Anteil wiederkehrende Besucher	Analytics-System	monatlich	Abschnitt 7.1
3-5 Top-Herkunftsländer	Analytics-System	quartalsweise	Abschnitt 7.2
3-5 Top-Herkunftsregionen	Analytics-System	quartalsweise	Abschnitt 7.2
Sprache	Analytics-System	quartalsweise	Abschnitt 7.3
Geschlecht	Google Analytics, Quantcast	quartalsweise	Abschnitt 7.5
Altersgruppe	Google Analytics, Quantcast	quartalsweise	Abschnitt 7.5
Browser/Betriebssystem-Kombination	Analytics-System und Browserstack.com	halbjährlich	Abschnitt 7.6
Bildschirmauflösung/Farbtiefe	Analytics-System und Browserstack.com	halbjährlich	Abschnitt 7.6
Plug-Ins	Analytics-System	halbjährlich	Abschnitt 7.6

Tabelle 11.2: Gebräuchliche Metriken für die Beschreibung von Besuchereigenschaften

Metrik	Instrumente	Beobachtungsintervall	Abschnitt
Cookies	Analytics-System	halbjährlich	Abschnitt 7.6
Verbindungsgeschwindigkeit	Analytics-System	halbjährlich	Abschnitt 7.6

Tabelle 11.2: Gebräuchliche Metriken für die Beschreibung von Besuchereigenschaften (Forts.)

Besucherverhalten

Metriken zum Verhalten von Besuchern während eines Besuchs auf der Website messen, wo Besucher klicken und wie sie sich durch die Website hindurchbewegen. Da das Verhalten eng mit dem Inhalt einer Website zusammenhängt, bietet das Verständnis dafür guten Nährboden, um Optimierungspotenziale festzustellen. Bei häufigen Inhaltsänderungen sollten deshalb auch die Verhaltensmetriken entsprechend oft beobachtet werden.

Metrik	Instrumente	Beobachtungsintervall	Abschnitt
Anzahl Besuche	Analytics-System	wöchentlich	Abschnitt 5.5
Nutzer-Interaktionen und Ereignisse	Analytics-System	wöchentlich	Abschnitt 5.4
Besuchsdauer	Analytics-System	wöchentlich	Abschnitt 8.1
Interessierte Besuche	Analytics-System	wöchentlich	Abschnitt 8.1
Engagierte Besuche	Analytics-System	wöchentlich	Abschnitt 8.1
Besuchstiefe oder Aufrufe pro Besuch	Analytics-System	wöchentlich	Abschnitt 8.2
Zielorientierte Besuche	Analytics-System	wöchentlich	Abschnitt 8.2
Intensive Besuche	Analytics-System	wöchentlich	Abschnitt 8.2
Absprungrate und Interaktionsrate	Analytics-System	wöchentlich	Abschnitt 8.3
Wiederkehr-Häufigkeit	Analytics-System	wöchentlich	Abschnitt 8.4
Besuchsfrequenz	Analytics-System	monatlich	Abschnitt 8.4
Besuchsaktualität	Analytics-System	quartalsweise	Abschnitt 8.4
Navigationsnutzung	Analytics-System	quartalsweise	Abschnitt 8.5
Suchnutzung	Analytics-System	quartalsweise	Abschnitt 8.5
Teasernutzung	Analytics-System	quartalsweise	Abschnitt 8.5
Klickverhalten	Browser-Overlay	täglich	Abschnitt 8.6
Top 10 der Keywords-interne Suche	Analytics-System	monatlich	Abschnitt 8.7
Beweggründe	Survey	halbjährlich	Abschnitt 8.7

Tabelle 11.3: Metriken für die Beschreibung des Besucherverhaltens

Metrik	Instrumente	Beobachtungsintervall	Abschnitt
Zufriedenheit oder Net Promotor Score	Survey	quartalsweise	Abschnitt 8.7

Tabelle 11.3: Metriken für die Beschreibung des Besucherverhaltens (Forts.)

Inhalte und Nutzung

Metriken zu Inhalten und deren Nutzung zeigen, welche Inhalte auf Bedürfnisse von Besuchern zugeschnitten sind und welche nicht. So verschiedenartig, wie Inhalte sein können, so vielfältig sind auch die Metriken dafür. Da je nach Website-Inhalt und Inhaltsaktualisierungen sich die nachgefragten Inhalte rasch ändern können, ist eine Beobachtung in entsprechend kurzen Intervallen notwendig. Aufgrund der Vielfalt der Metriken ist jedoch die Betrachtungshäufigkeit selektiv je Metrik einzustufen.

Metrik	Instrumente	Beobachtungsintervall	Abschnitt
Anzahl Seitenaufrufe	Analytics-System	täglich	Abschnitt 5.3
Top 10 der genutzten Inhalte	Analytics-System	wöchentlich	Abschnitt 9.1
Top 10 der Movers&Shakers	Analytics-System	wöchentlich	Abschnitt 9.1
Schlüsselseitenaufrufe	Analytics-System	wöchentlich	Abschnitt 9.1
Minimal nachgefragte Seiten	Analytics-System	quartalsweise	Abschnitt 9.1
Top-5-Inhaltsgruppen	Analytics-System	wöchentlich	Abschnitt 9.2
Top-10-Einstiegsseiten	Analytics-System	wöchentlich	Abschnitt 9.3
Top-10-Ausstiegsseiten	Analytics-System	wöchentlich	Abschnitt 9.3
Seitenverweildauer	Analytics-System	wöchentlich	Abschnitt 9.4
Seitenabsprungrate	Analytics-System	wöchentlich	Abschnitt 9.4
Seitenhaftung	Analytics-System	wöchentlich	Abschnitt 9.4
Seitenausstiegsrate	Analytics-System	wöchentlich	Abschnitt 9.4
Verfügbarkeit	Sonde	täglich	Abschnitt 9.5
Uptime	Sonde	monatlich	Abschnitt 9.5
Durchschnittliche Ladezeit	Sonde	wöchentlich	Abschnitt 9.5
Langsamste Ladezeit	Sonde	monatlich	Abschnitt 9.5
Fehlerzahl	Analytics-System	täglich	Abschnitt 9.5
App-Ratings	App-Store-Auswertungen	wöchentlich	Abschnitt 10.1

Tabelle 11.4: Metriken zur Messung der Nutzung von Inhalten

Metrik	Instrumente	Beobachtungsintervall	Abschnitt
Twitter-/X-Followers, Facebook-Fans etc.	Twitter Analytics, Facebook Insights, Aggregationsplattformen	wöchentlich	Abschnitt 10.2
Applause Rate	Twitter Analytics, Facebook Insights, Aggregationsplattformen	wöchentlich	Abschnitt 10.2
Amplification Rate	Twitter Analytics, Facebook Insights, Aggregationsplattformen	wöchentlich	Abschnitt 10.2
Conversation Rate	Twitter Analytics, Facebook Insights, Aggregationsplattformen	wöchentlich	Abschnitt 10.2
Positive Social Posts	Social-Media-Analytics-System oder Google Alert	täglich	Abschnitt 10.2
Negative Social Posts	Social-Media-Analytics-System oder Google Alert	täglich	Abschnitt 10.2
Social Interaction Score	Analytics-System	wöchentlich	Abschnitt 10.3
Durschnittliche Kommentare je Blogpost	Blog-Software	wöchentlich	Abschnitt 10.4
Durchschnittliche Trackbacks je Blogpost	Blog-Software	wöchentlich	Abschnitt 10.4
Top-10-Ereignisse	Analytics-System	wöchentlich	Abschnitt 10.5
Top-10-Ereignisse Movers&Shakers	Analytics-System	wöchentlich	Abschnitt 10.5
Top-10-Podcasts	Podcast-Plattform	wöchentlich	Abschnitt 10.6
Podcasts-Download nach 5 Tagen	Podcast-Plattform	wöchentlich	Abschnitt 10.6
Podcast-Abonnenten	Podcast-Plattform	monatlich	Abschnitt 10.6
Video siteweite Abspielrate	Analytics-System	monatlich	Abschnitt 10.6
Video siteweite Abbruchrate	Analytics-System	monatlich	Abschnitt 10.7
Video siteweite Abspieldauer	Analytics-System	monatlich	Abschnitt 10.6
Clip-Abbruchrate	Analytics-System	wöchentlich	Abschnitt 10.6

Tabelle 11.4: Metriken zur Messung der Nutzung von Inhalten (Forts.)

Metrik	Instrumente	Beobachtungsintervall	Abschnitt
Clip-Abspieldauer	Analytics-System	wöchentlich	Abschnitt 10.6
Clip wiederholte Abspielungen	Analytics-System	wöchentlich	Abschnitt 10.6

Tabelle 11.4: Metriken zur Messung der Nutzung von Inhalten (Forts.)

11.1.2 Wichtige Metriken selektieren

Auch wenn man versucht, sich die Kennzahlen etwas nach Beobachtungsintervallen einzuteilen, es bleibt eine große Anzahl. Je länger man sich mit Analytics auseinandersetzt, kommen zudem noch laufend weitere ebenfalls interessant aussehende Metriken hinzu – sei es, weil das Analytics-System diese standardmäßig misst und ausgibt oder weil man selbst zusätzliche Messgrößen definiert. Hier den Überblick zu bewahren, ist schwierig oder zumindest sehr zeitaufwendig.

Indizes bilden

Ein Ausweg daraus ist, Indizes zu bilden. Ein Index ist eine Zusammensetzung bzw. ein errechneter Wert aus verschiedenen Metriken, sodass wiederum ein aussagekräftiger Indikator entsteht. Ein Beispiel für einen solchen Index ist das »Besucher-Engagement«, das Eric T. Peterson, ein amerikanischer Spezialist für Analytics-Kennzahlen, wie folgt definiert:

Besucher-Engagement-Index = ? $(C_i + R_i + D_i + L_i + B_i + F_i + I_i + S_i)$

Ausformuliert bezeichnet das Besucher-Engagement so in etwa die Summe über folgende addierten Kennzahlen einzelner Besuche: Intensive Besuche (C_i), Besuchsaktualität (R_i), engagierte Besuche (D_i), Brand-Index (B_i), Feedback-Index (F_i), Interaction-Index (I_i), Treue-Besuche (L_i) und Subscription-Index (S_i). Wer sich für weitere derart oder auch etwas einfacher errechnete Kennzahlen interessiert, dem sei Eric T. Petersons Buch *The Big Book of Key Performance Indicators* empfohlen.

Der Index »Besucher-Engagement« erlaubt nun, in einer Zahl verschiedene Metriken zu überwachen. Steigt der Index, dann ist offenbar das Engagement gestiegen, andernfalls gesunken.

So schön diese Aggregation auch sein mag, die Verwendung von Indizes hat einige merkliche Schwächen. Der abstrakte Wert eines Indexes macht eine Interpretation des Wertes extrem schwierig. Was bedeutet es nun genau, wenn der Index-Wert um zehn Prozent gestiegen ist? Mangels Interpretationsmöglichkeit fehlt solch kompliziert errechneten Kennzahlen jegliches Gefühl für eine Beeinflussungsmöglichkeit und damit einer Handlungsempfehlung bei einer Veränderung. Wenn die Metrik »Seitenaufrufe« sinkt, dann weiß man relativ direkt, dass man dies mit zusätzlicher Werbeschaltung wieder erhöhen könnte. Wenn aber der

Index »Besucher-Engagement« sinkt, dann wird es etwas schwierig, nun konkrete Handlungen abzuleiten. Tut man es doch, dann ist die Gefahr von Fehlaktionen hoch. Würde man zum Beispiel an der Börse ohne weitere Analyse all seine Aktien verkaufen wollen, nur weil der Deutsche Aktienindex stark ins Minus rutscht, kann dies ganz ungünstig ausgehen. Unter Umständen war vielleicht ja für den Rutsch des Indexes lediglich ein gewichtiges Unternehmen verantwortlich, von dem man selbst gar keine Aktien besitzt.

Indizes haben ihre Berechtigung für eine High-Level-Betrachtung der Dinge, solange sie zielorientiert eingesetzt werden. Auf eine zielorientierte Nutzung wird ab Kapitel 12 noch näher eingegangen. Um Aktionen daraus abzuleiten und direkt etwas aus der Analyse herausziehen zu können, sind sie jedoch unbrauchbar.

Das Ujujuj!-Prinzip

Um die beträchtliche Menge Metriken auf die wesentlichen zu reduzieren, sollte man sich bei der Selektion daher vielmehr daran orientieren, ob Metriken für die eigene Website aktionsorientiert sind oder nicht. Aktionsorientiert heißt, zu wissen, dass man bei einer Veränderung der Metrik unbedingt etwas unternehmen muss, um dies wieder auszugleichen. Bestenfalls sollte man sogar bereits im Hinterkopf haben, welche Aktionen bei einer drastischen Veränderung vorzunehmen sind. Zumindest aber sollte einem bekannt sein, durch welche Faktoren die Metrik beeinflusst werden kann.

Angenommen, das Geschlecht der Besucher ändert sich von einem Monat zum nächsten von 20 Prozent männlich auf 80 Prozent männlich, dann ist dies eine massive Veränderung der Kennzahl. Kommt man zum Schluss, dass diese Veränderung bei einem Webangebot eines Süßgetränkeherstellers eigentlich keine Rolle spielt, da beide Geschlechter gleichermaßen zur Zielgruppe gehören, dann muss man diese Metrik auch nicht beobachten. Würde die Website jedoch ausschließlich Frauenkleider anbieten, dann wäre die Veränderung sehr wohl geschäftsrelevant und müsste unverzüglich zum Beispiel durch Anpassung der Kampagnen beeinflusst werden.

Um herauszufinden, ob eine Metrik nun aktionsorientiert ist oder nicht, lässt sich folgende simple Herangehensweise herbeiziehen: das »Ujujuj!-Prinzip«. Dabei muss man bei jeder Kennzahl hinterfragen, was das jetzt für die eigene Website bedeutet: »Und jetzt?« Kommt man auch nach dreimaliger Hinterfragung nacheinander – »Und jetzt?«, »Und jetzt?«, »Und jetzt?« oder eben »Ujujuj« – nicht zu einer eindeutig notwendigen Aktion, dann kann man die Metrik getrost vergessen.

Für die Metrik der Seitenaufrufe einer Corporate-Website eines Großunternehmens wird das Ujujuj!-Prinzip zum Beispiel wie folgt angewandt:

- »Die Seitenaufrufe sind in den letzten vier Wochen um rund 30 Prozent eingebrochen.« »Und jetzt?«

- »Somit haben weniger Besucher unsere Inhalte gelesen.« »Und jetzt?«
- »Möglicherweise liegt dies an den Sommermonaten und der Ferienzeit.« »Und jetzt?«
- »Wir sollten dies weiter beobachten und nach den Sommermonaten überprüfen.«

Auch nach dem dritten »Und jetzt?« ist immer noch keine konkret aus der Kennzahl abgeleitete Aktion ersichtlich, sodass sich das Unternehmen die Beobachtung der Metrik auch schenken kann. Denn in dem Fall hat eine Veränderung keinen Einfluss auf die eigene Geschäftstätigkeit und Ziele und erfüllt lediglich einen Selbstzweck.

Je nach Zielvorgabe der Website kann jedoch die gleiche Metrik sehr wohl aktionsorientiert sein. Betrachtet man die Seitenaufrufe für ein Newsportal, dann kann dies folgendermaßen aussehen:

- »Die Seitenaufrufe sind in den letzten vier Wochen um rund 30 Prozent eingebrochen.« »Und jetzt?«
- »Wir verdienen weniger Geld, da wir Displaywerbung auf Page-View-Basis verkaufen.« »Und jetzt?«
- »Wir sollten Suchmaschinen-Optimierungsmaßnahmen einleiten, um wieder zu mehr Traffic zu gelangen oder uns Traffic mittels bezahlter Suchmaschinenanzeigen kaufen.«

Damit ist bereits nach dem zweiten »Und jetzt?« klar, dass die Metrik kritisch für das eigene Geschäft ist. Auch die notwendige Aktion, um dem zu begegnen, ist bekannt. In diesem Fall sollten die Seitenaufrufe unbedingt in kurzen Intervallen observiert werden.

Geht man nun alle Standard-Metriken nach diesem Prinzip durch, wird sich aus der Menge an Kennzahlen ziemlich schnell jene Handvoll Indikatoren herausschälen, die wirklich einen Einfluss auf die Aufgabe der eigenen Website haben. Man sollte nun diese Handvoll in hohem Intervall beobachten und bei Veränderungen rasch reagieren. Die anderen Metriken kann man stattdessen als Zusatzinformation oder für weitere Nachforschungen nutzen.

Das Ujujuj!-Prinzip ist ein Bottom-up-Ansatz, um aus vorgegebenen Standardreports von Analytics-Systemen jene auszuwählen, die für die eigene Website relevant sind. Ab Kapitel 12 werden wir uns noch mit einem Top-down-Ansatz beschäftigen, der ausgehend von den Zielen einer Website die wichtigen Kennzahlen festlegt. Der Vorteil des Top-down-Ansatzes ist, dass man so auch zu Kennzahlen gelangt, die es vielleicht in den Standardreports eines Analytics-Systems noch gar nicht gibt und man spezifisch definieren und messen muss. Der Bottom-up-Ansatz mittels Ujujuj!-Prinzip hat dafür den Vorteil, dass man nach der Installation eines Analytics-Systems pragmatisch und schnell die individuell relevanten Metriken selektieren kann und den Fokus somit direkt auf das Wichtige lenkt.

11.1.3 Reports und Dashboards nutzen

Hat man erst die Handvoll Metriken ausgewählt, die aktionsorientiert und erfolgszentral sind, dann sollte man sich diese so zurechtlegen, dass man sie ohne viel Zeitaufwand abfragen kann. Ideal ist es dabei, wenn das Analytics-System personalisiert konfigurierbare Reports oder Dashboards bereitstellt. Dabei handelt es sich meist um die Einstiegsseite ins System, die nach einem Login direkt angezeigt wird. In Google Analytics lassen sich zum Beispiel auch mehrere personalisierte Berichte als einzelne Seiten konfigurieren und so in die Google-Analytics-Navigation integrieren. Über den Navigationspunkt BIBLIOTHEK gelangt man zu dieser Berichtspersonalisierung. Hat man seine wichtigen Metriken in so einem Bericht oder Dashboard, dann ist es eine Sache von Minuten, um den Gesundheitsstatus der Website im Blickfeld zu haben. Der Zeitaufwand für die Beobachten-Phase in der Analytics-Vorgehensweise kann so auf ein Minimum reduziert werden.

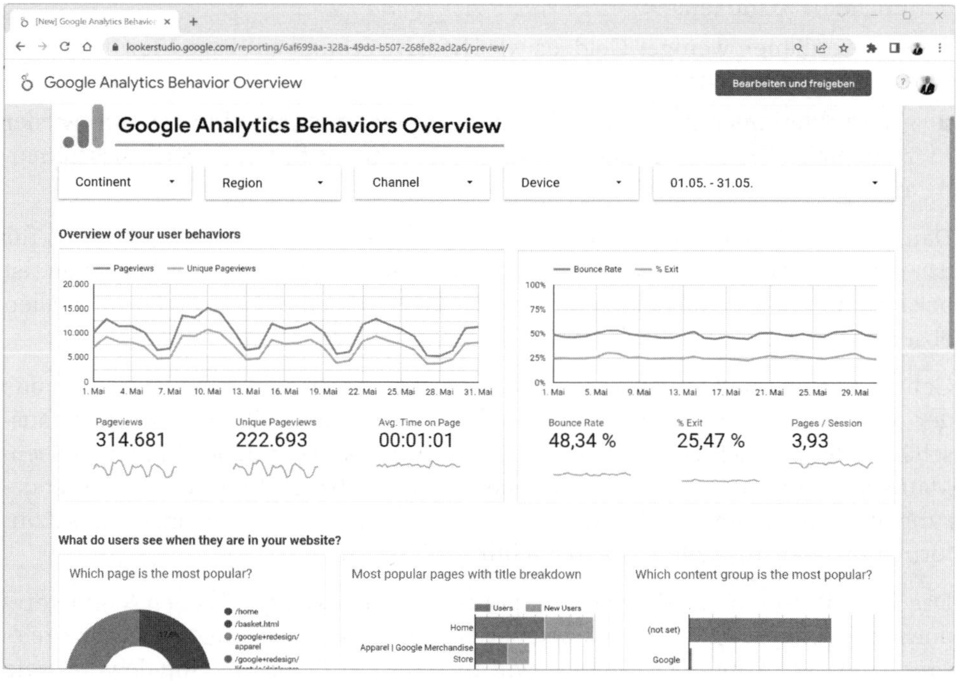

Abb. 11.2: Personalisierter Bericht in Google Looker Studio

Auch wenn bei auf diese Weise erstellten Darstellungen vielfach von Dashboards die Rede ist, sind es genau genommen Reports und keine Dashboards. Dashboards zeichnen sich durch eine hohe Zielorientierung der Metriken und Übersichtlichkeit aus und werden in Kapitel 14 näher behandelt. Reports dagegen sind zwar auch auf die individuellen Bedürfnisse von Zielgruppen zugeschnitten, jedoch deutlich detaillierter ausgestaltet.

Als mögliche Strategie für die Gestaltung der Reports hat sich dabei in der Praxis bewährt, mehrere Reports entsprechend dem Beobachtungsintervall der ausgewählten Metriken zu bilden – sofern das Analytics-System denn mehrere personalisierbare Reports bereitstellt. Andernfalls ordnet man die Metriken aufsteigend beginnend mit den täglich abzufragenden.

Wählt man eine solche Intervalleinteilung für seine Reports, dann sieht die Nutzung von Analytics im täglichen Gebrauch ungefähr wie folgt aus:

- Man loggt sich täglich in das Analytics-System ein und wendet drei Minuten für einen Blick auf die Einstiegsseite bzw. den primären Report mit den täglich zu prüfenden Metriken auf. Dies können zum Beispiel die Seitenaufrufe, Klickverhalten, verweisender Traffic aus aktuellen Kampagnen und die für einzelne Google Ads bezahlten Kosten sein.
- Jeweils montags investiert man drei Minuten mehr und wirft auch noch einen Blick auf den zweiten Report mit den wöchentlich zu prüfenden Metriken. Da können dann zum Beispiel die Absprungrate, die Anzahl Besuche und der Anteil intensive Besuche sowie die Top-Keywords aus Suchmaschinen-Traffic stehen.
- Am ersten Montag des Monats schaut man sich in drei zusätzlichen Minuten zu den anderen beiden auch noch den dritten Report an, der dann zum Beispiel den Anteil wiederkehrende Besucher, die Top-Keywords der internen Suche oder die meistgenutzten Inhalte enthält.
- Auf einem vierten Report hält man alle übrigen Metriken fest, die man sonst noch gemäß Ujujuj!-Prinzip als aktionsorientiert ausgewählt hat. Im Idealfall betrachtet man auch dieses am ersten Montag des Monats – jedoch mit zweiter Priorität.

Mit diesem 3x3x3-Reporting-Prinzip kann man sich mit minimalem Aufwand stets und aktuell über den Gesundheitszustand der Website auf dem Laufenden halten. Nimmt man sich so täglich nur drei Minuten Zeit – montags etwas mehr –, dann kann einem schon mal zumindest nichts Wichtiges entgehen. Rein für die Beobachtung bedeutet dies insgesamt 1¼ Stunden Aufwand im Monat, den man wirklich problemlos an Randzeiten – zum Beispiel bei Arbeitsbeginn oder nach der Mittagspause – unterbringen kann. Zeitaufwendiger wird es erst, wenn sich irgendwelche Abnormalitäten oder Ausreißer abzeichnen. Dann wird zusätzliche Zeit nötig, um in der Detailanalyse den Ursachen nachzugehen.

Natürlich kann man sich solche Reports in den meisten Systemen auch automatisch zu gewissen Zeitpunkten generieren und per E-Mail zustellen lassen. Dies hilft noch etwas mehr dabei, das Beobachten nicht – absichtlich oder unabsichtlich – zu vergessen.

11.2 Vergleichen

Betrachtet man eine Kennzahl für sich allein, zum Beispiel 8.294 Besucher innerhalb einer Woche oder einen Anteil von 73 Prozent an neuen Besuchern, dann ist es schwer zu sagen, ob dies nun gute, durchschnittliche oder schlechte Werte sind. Was man braucht, ist eine Messlatte oder eine Vergleichsgröße, um entsprechend urteilen zu können.

Es ist deshalb ein nur allzu häufiger Wunsch bei Web-Analysten, einen Benchmark, das heißt eben eine Vergleichsgröße, für Metriken zu haben. Die ideale Vorstellung ist darüber hinaus meist noch, die eigenen Kennzahlen im Vergleich zur direkten Konkurrenz zu sehen. Solches Benchmarking mag nützlich sein, wenn man die gleichen Kennzahlen wie die Konkurrenz zur Optimierung nutzt und mit den gleichen Messlatten misst.

Leider ist beides im Analytics-Umfeld nicht der Fall. Da von Analytics-System zu Analytics-System problemlos Messunterschiede um die 10 Prozent bestehen – in Kapitel 5 haben Sie gesehen, wie diese zustande kommen –, haben die Vergleiche einen so großen Vorbehalt, dass die Aussagekraft fehlt. Auch sind die einzelnen Metriken stark abhängig von der Website selbst und deren aktuellen und individuellen Zielen. Eine Absprungrate von 63 Prozent kann zum Beispiel ganz gut sein, wenn gerade massiv mit Online-Werbung Neubesucher angeworben werden. Macht die Benchmark-Website jedoch gerade keine Neukundenakquise, dann sind die 63 Prozent eher als unterdurchschnittlich zu bewerten. Kennt man also nicht die genauen Umstände rund um die Benchmark-Website und verfügt diese nicht über genau dieselben Ziele und das gleiche Analytics-System, dann ist der externe Benchmark praktisch wertlos.

11.2.1 Eigene Benchmarks setzen

Um dennoch einen Anhaltspunkt dafür zu haben, ob ein erzielter Wert nun gut oder schlecht ist, gibt es noch andere Möglichkeiten als Konkurrenz-Benchmarks: seine eigenen besten Resultate.

Führen wir uns folgende Metapher vor Augen: Ein Radrennfahrer oder Marathonläufer hat zwar während eines Rennens ideale Benchmarking-Möglichkeiten mit der Konkurrenz. Allerdings ist es im Rennen zu spät, um aus dem Benchmarking in nützlicher Frist noch Maßnahmen ergreifen zu können. Die Basis für den Entscheid, ob es zum Sieg reicht oder zur Niederlage wird, wird nämlich bereits in der monatelangen Aufbau- und Trainingsphase gefällt. Während dieser ausschlaggebenden und langen Zeitdauer steht auch einem Sportler kein verlässlicher externer Benchmark zur Verfügung. Das Aufbautraining erfolgt darum gegen die eigenen Benchmarks – Leistungswerte aus der Vorsaison oder Vorjahren. Die

Kennzahlen dafür können die Ruheherzfrequenz, Blutwerte, Wattleistung oder die benötigte Zeit für eine bestimmte Teststrecke sein. Solche eigenen Werte aus der Vorperiode zu übertreffen, gilt dann als Vorgabe und Messlatte für die Bewertung des Trainingserfolgs in der aktuellen Periode.

Genauso funktioniert auch ein interner Benchmark in Analytics. Die Vorgabe liefern Werte aus einer vergleichbaren Vorperiode. Abweichungen davon – sowohl in positiver wie in negativer Hinsicht – bieten Stoff für die Nachforschung nach Gründen. Um aussagekräftige Vergleiche zu erreichen, ist es jedoch entscheidend, verwandte Zeitperioden auszuwählen. Wie ein Radrennfahrer auch nicht seine Form im Winter mit jener vom Hochsommer des Vorjahres vergleicht, gilt es, entsprechende saisonale Aspekte auch im Web-Umfeld zu berücksichtigen. Generell lassen sich dabei folgende Empfehlungen für zu vergleichende Zeiträume zusammenfassen:

- Beim Vergleich einzelner Tage immer den gleichen Wochentag wählen: Will man die Zugriffszahlen eines Montags beurteilen, sollte immer ein anderer Montag als Vergleichswert herhalten. An unterschiedlichen Wochentagen, zum Beispiel Freitag und Samstag, können ganz andere Nutzergruppen im Internet unterwegs sein.
- Beim Vergleich einzelner Wochen immer nahe zusammenliegende Wochen wählen. Vergleicht man eine Woche mit den Vorwochen, sind die saisonalen Abhängigkeiten meist geringer, als wenn man eine weiter zurückliegende Woche als Vergleichszeitraum wählt.
- Beim Vergleich einzelner Monate den Vormonat oder den gleichen Monat im Vorjahr wählen. Dezember und Januar sind das klassische Beispiel zweier aufeinanderfolgender, aber meist komplett unterschiedlicher Monate. Nach dem »Kaufrausch« im Weihnachtsgeschäft macht sich das »Januarloch« auch im Web bemerkbar. Für diese beiden Monate sollte man daher unbedingt das Vorjahr als Benchmark herbeiziehen. Je nach Orientierung und Saisonalität des eigenen Geschäfts lassen sich die übrigen Monate zumindest teilweise mit Vormonaten benchmarken.

Abbildung 11.3 und Abbildung 11.4 illustrieren, wie gefährlich es sein kann, falsche Vorperioden als Benchmark herbeizuziehen. Vergleicht man den Mai mit dem Vormonat, dann sind die Zahlen und ihre Schwankungen ungefähr vergleichbar bzw. nur leicht sinkend. Nimmt man hingegen den Januar des Vorjahrs als Vergleich, dann wird ein deutlicher Rückgang der Besucherzahlen sichtbar. Der eigene Benchmark aus dem Vorjahr ist also in diesem Fall aufgrund der saisonalen Schwankungen der geeignetere Benchmark.

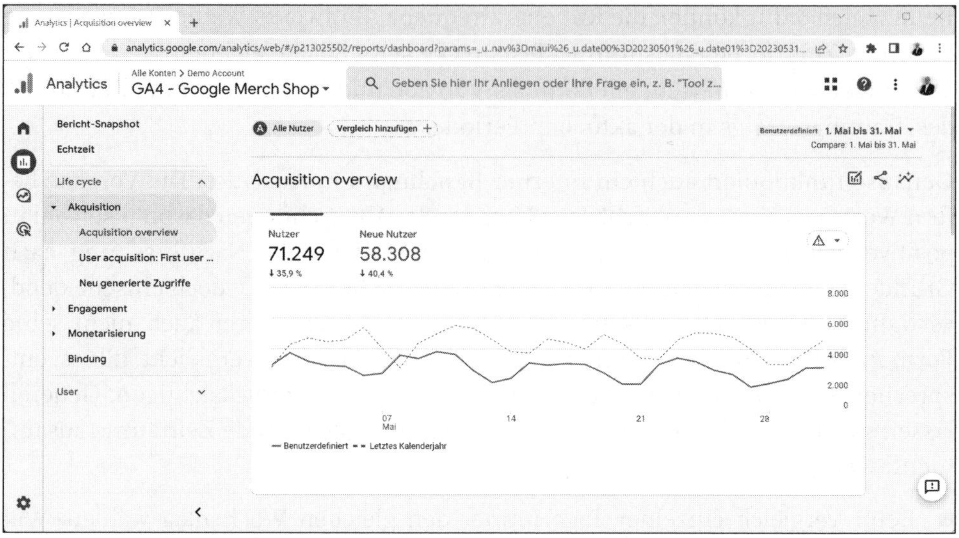

Abb. 11.3: Aussagekräftiger Benchmark bei Vergleich von Mai zu Mai: deutlicher Rückgang der Besucherzahlen

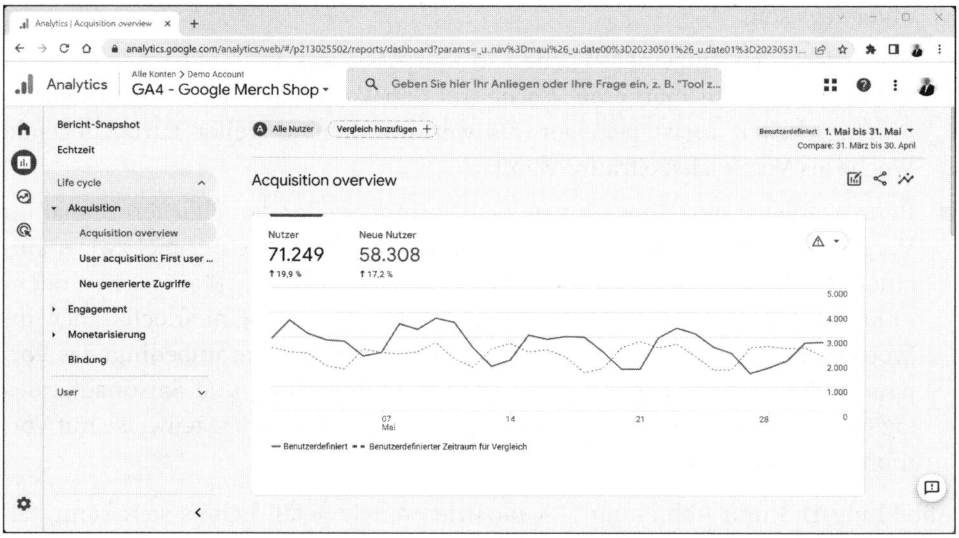

Abb. 11.4: Wenig aussagekräftiger Benchmark bei Vergleich von Mai mit April: Besucherzahlen lassen saisonal bedingt keine Erkenntnis zu

Wenn man sich seinen täglichen, wöchentlichen oder monatlichen Report zusammenstellt oder einen Bericht an Interessierte oder Vorgesetzte schickt, gehört deshalb die Veränderung zur Vorperiode immer mit dazu. Die Veränderung gibt einen Kontext und gewährt die einfache Interpretation der sonst allein stehenden Zahlen. So könnte ein simpler Report zum Beispiel lauten:

- Seitenaufrufe aktueller Monat: 142.987 (+7,4 Prozent)
- Seitenaufrufe/Besuch: 5,4 (+0,8)
- Anteil neuer Besucher: 48,9 Prozent (-14,5 Prozent)

Im Idealfall führt das Analytics-System bereits solche Rechnungen, wie mit Google Analytics für Standard-Metriken gezeigt, durch. Andernfalls muss man diese Prozentangaben manuell zum Beispiel wöchentlich oder monatlich selbst ausrechnen oder in einem Excel-Sheet zusammentragen.

11.2.2 Konkurrenzvergleich und externe Benchmarks

Wie der Sportler auch seine Rennen braucht, um sich effektiv mit der Konkurrenz zu messen, braucht man auch im Web gelegentlich solche Benchmarks. Trotz der einleitend proklamierten Ungenauigkeit im Vergleich macht es sporadisch Sinn, einen direkten Vergleich mit der Konkurrenz zu suchen. Der Fokus sollte dabei allerdings mehr auf der Beobachtung der Konkurrenz und deren Tätigkeiten im Web liegen – und weniger als Benchmark für bestimmte Kennzahlen. Beobachtet man Veränderungen bei wichtigen Konkurrenten, zum Beispiel steigenden Traffic aufgrund einer laufenden Kampagne oder Suchmaschinen-Optimierung, dann lässt sich unter Umständen noch zeitgerecht darauf reagieren.

Nun gibt es im Web leider kein öffentliches und geregeltes Wettrennen, bei dem Analytics-Metriken aller Unternehmen transparent offengelegt werden. Vielmehr werden die Zahlen von den einzelnen Unternehmen als vertraulich behandelt, sodass es extrem schwierig ist, überhaupt an eine relevante Anzahl an Benchmarking-Daten zu gelangen. Es gibt jedoch einige Möglichkeiten, wie dies geht.

Eine erste ist, durch Panel-Untersuchungen bei repräsentativ ausgewählten Internetnutzern die Nutzung verschiedener Websites zu messen und hochzurechnen. Dabei werden die von den Nutzern besuchten Websites meist durch eine lokal installierte Software nachverfolgt und gespeichert. Dies hat den Vorteil, dass ein durchaus repräsentatives Bild von den genutzten Websites einer bestimmten Anzahl Nutzer entsteht. Auch Zusatzinformationen wie Alter und Geschlecht können so gesammelt und ausgewertet werden. Die Untersuchungen sind allerdings zeitaufwendig und meist sehr teuer.

Eine zweite Benchmark-Messmöglichkeit ist eine Hochrechnung auf Basis von Browser-Plug-ins-Messung bei einer großen Anzahl Nutzer. Genau wie die Panel-Untersuchungen, allerdings nach dem quantitativen Ansatz, funktionieren Messungen über solche Browser-Plug-ins. Durch Installation eines Plug-ins bzw. einer Toolbar im Browser akzeptiert eine beträchtliche Anzahl von Internetnutzern, anonymisierte Daten über ihr Surfverhalten an den entsprechenden Betreiber zu übermitteln. Dank den Hunderttausenden von Benutzern, die solche Toolbars nutzen und somit ihr Verhalten tracken lassen, entsteht ebenfalls ein Bild darüber, welche Websites im Internet wie oft aufgerufen werden. Da die »Auswahl« von

Nutzern aber eher zufällig erfolgt und nicht die Gesamtheit der Internet-Nutzer widerspiegelt, sind die darauf basierenden Hochrechnungen für den Traffic nicht so verlässlich.

Über eine dritte Möglichkeit verfügen große Internet Service Provider (ISPs), indem sie allen Traffic, der über sie läuft, untersuchen. Bei ISPs mit einer entsprechenden Verbreitung in einem Land ist die Datenbasis dafür relativ gut.

Eine letzte Möglichkeit für eine Benchmark-Messung bieten Analytics-System-Anbieter. Da bei Cloud-Angeboten die Daten zentral beim Anbieter gesammelt werden, sind Nutzungsinformationen verschiedenster Websites an einem Ort gespeichert. Eine Erlaubnis der einzelnen Website-Betreiber vorausgesetzt, können diese Daten genutzt werden, um bestimmte Kennzahlen websiteübergreifend zu vergleichen. Da bei allen so gemessenen Websites ja das gleiche Analytics-System eingesetzt wird, sind die Messungenauigkeiten im Vergleich irrelevant. Google bot den Google-Analytics-Nutzern zum Beispiel lange Zeit einen Vergleich sämtlicher Kennzahlen mit jenen anderer Unternehmen vergleichbarer Größe und Branche an – allerdings ist das Benchmarking in der aktuellen Version derzeit nicht mehr verfügbar.

All diese Angaben geben erste Anhaltspunkte bei der Interpretation von eigenen Kennzahlen oder Ausreißern in den Auswertungen. Sinkt die Zahl der Besuche auf der eigenen Website zum Beispiel an Wochenenden oder an speziellen Feiertagen, lässt sich anhand eines geeigneten Benchmarks erkennen, ob dies ein allgemeines, wochentagbedingtes oder doch ein hausgemachtes Problem ist. Sinken nämlich an den betreffenden Tagen auch die Besuchszahlen im Benchmark, dann kann man daraus schließen, dass dies auf Schwankungen im generellen Nutzerverhalten im Internet zurückzuführen ist. Entscheidend ist allerdings, dass man über geeignete Benchmark-Daten aus der eigenen Branche und einem ähnlichen Marktsegment verfügt.

Über diese einfachen Benchmarking-Angaben hinaus sollte man sich als Großunternehmen den kostenpflichtigen Zugang zu Panel-Daten von Marktforschungsunternehmen wie Nielsen (`www.nielsen.com`), comScore (`www.comscore.com`) oder GfK (`www.gfk.com`) leisten. Für nur im nationalen Markt operierende Unternehmen gibt es auch entsprechende Pendants für Deutschland, Österreich oder die Schweiz oder Stellen wie die Informationsgemeinschaft zur Feststellung der Verbreitung von Werbeträgern IVW (`www.ivw.de`), die ähnliche Daten bereitstellen.

Mit solchen Panels erhält man je nach Anbieter nicht nur einen allgemeinen Benchmark, sondern konkrete Branchenvergleiche. Als Automobilhersteller wird so zum Beispiel ersichtlich, welchen Anteil die eigenen Besucherzahlen an den Besuchern auf Automobilwebsites insgesamt ausmachen. Auch der Vergleich dieses Anteils mit jenem der direkten Konkurrenz wird so ersichtlich.

Solche Zahlen sind äußerst hilfreich, wenn es darum geht, Investitionen, Kosten oder interne Aufwände für eine Website zu rechtfertigen oder das Ergebnis der eigenen Arbeit zu unterstreichen. Lässt man über diese Zahlen den Markt sprechen, dann zeigt dies auf Management-Ebene meist eine wesentlich höhere Wirkung, als wenn man dies nur einer einzelnen Person sagt.

Wer sich kein qualitatives Panel leisten kann oder will, dem steht eine Auswahl frei zugänglicher Daten aus quantitativen Datensammlungen über Browser-Plug-ins zur Verfügung. Über Dienste wie jene von SimilarWeb (`www.similarweb.com`) oder Semrush (`www.semrush.com`) gelangt man zum Beispiel zu Traffic-Vergleichen verschiedener Websites. Wie Abbildung 11.5 zeigt, lässt sich so die Reichweite oder die Seitenaufrufe von zum Beispiel Automobil-Websites analysieren. Die Nutzungshäufigkeit der eigenen Website lässt sich so in Relation zur Konkurrenz setzen. Ebenfalls kann man aus entsprechenden Schwankungen bei Konkurrenzsites nun vermuten, wo die betreffenden Unternehmen Kampagnen oder sonstige Aktivitäten betrieben haben. Gelegentlich lässt sich so auch der Anstieg von Besuchszahlen auf der eigenen Website besser erklären, weil zum Beispiel eine Konkurrenz-Kampagne das Bedürfnis nach bestimmten Produkttypen geschürt hat und man selbst nun auch davon profitiert.

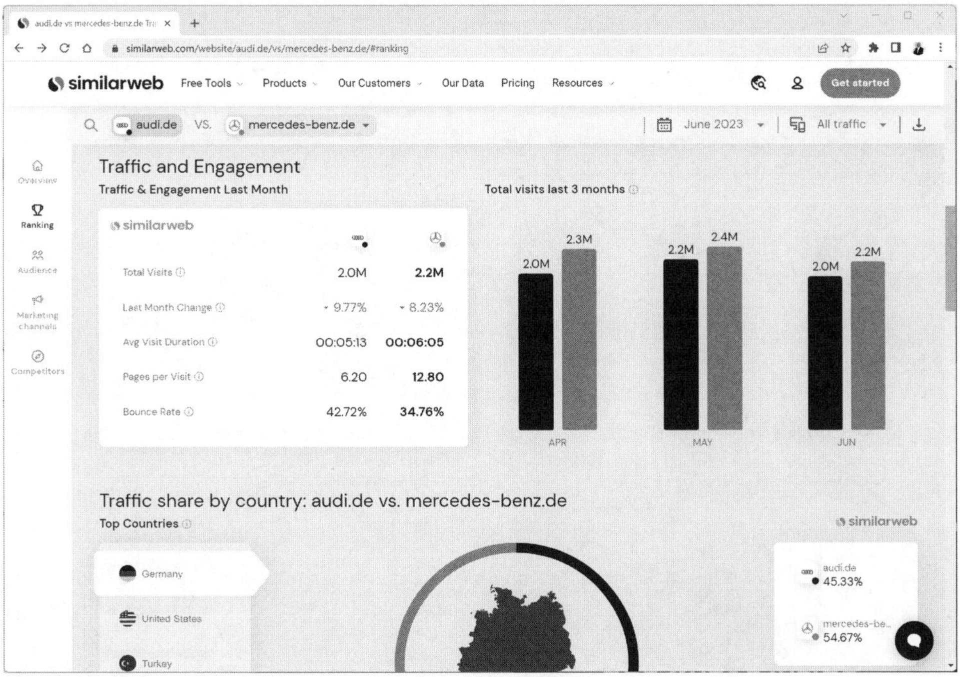

Abb. 11.5: Ansicht des Traffics und Engagements deutscher Automobilhersteller-Websites bei similarweb.com

Ein Nachteil solcher Dienste wie Semrush oder SimilarWeb ist zweifellos die Qualität der Angaben. Um überhaupt eine fundierte Aussage machen zu können, wird eine beträchtliche Besuchermenge benötigt. Gerade bei kleineren Websites ist diese Menge nicht gegeben, sodass entsprechende Statistiken gar nicht verfügbar sind.

Etwas mehr Hoffnung auf eine solide weltweite Basis liegt da im Dienst von Google, Google Trends (`trends.google.com`). Sie haben Google Trends bereit in Kapitel 6 in Abschnitt 6.4 für die Trend-Analyse von bei Google eingegebenen Suchbegriffen kennengelernt. Für die Auswertung der Nutzung von Unternehmen und Unternehmens-Websites kombiniert Google Trends nun Nutzungsdaten aus der Google-Suche und verschiedenen anderen Quellen. Neben einem reinen Interessensvergleich verschiedener Websites bietet Google Trends weitere interessante Auswertungen, zum Beispiel aus welcher Region die jeweiligen Interessenten stammten und mit welchen Keywords sie die betreffende Website fanden. Abbildung 11.6 zeigt eine solche Auswertung für die Website der Deutschen Bank im Vergleich mit der Commerzbank. Darin zeigt sich zum Beispiel, dass sich das Interesse an den beiden Banken über die Zeit stark angenähert hat – wenngleich Tendenz sinkend.

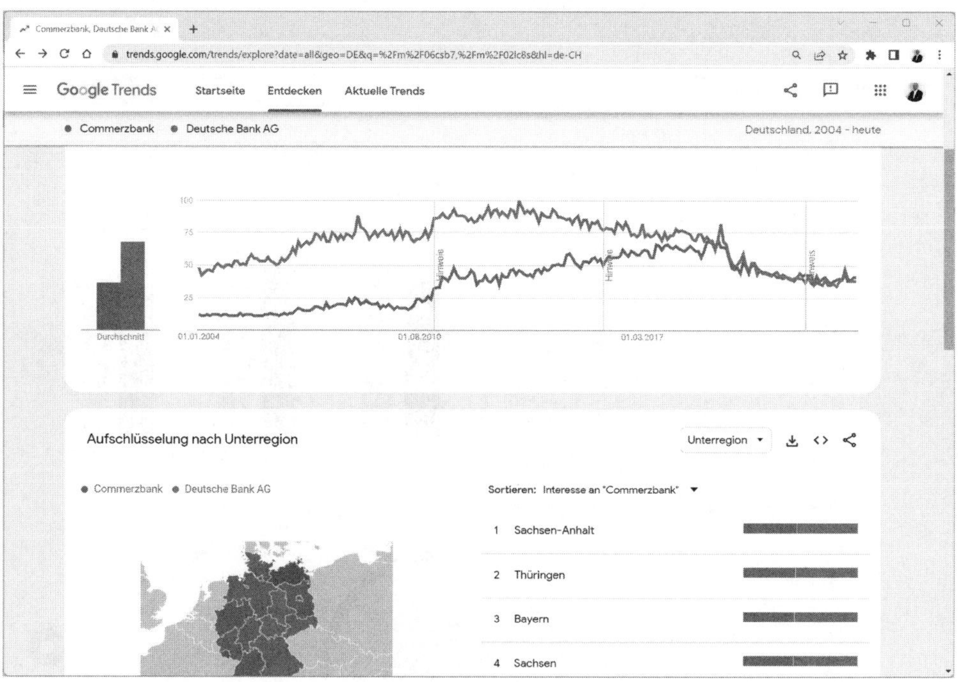

Abb. 11.6: Vergleich von zwei Banken mit Google Trends

Neben dem direkten Vergleich mit der Konkurrenz kann man solche Vergleichsdienste auch nutzen, um die Daten aus dem Analytics-System mit Zusatzinformationen zur Nutzung der eigenen Website zu ergänzen. Da solche Panels nicht nur den Besucherfluss auf einer Website, sondern auch den Fluss von Website zu Website messen, entsteht sozusagen ein Blick aus der Vogelperspektive. Dienste wie Semrush, SimilarWeb oder Google Trends geben deshalb auch an, welche anderen Websites eine hohe Affinität mit der eigenen Website haben. Die Affinität ergibt sich aus den Websites, die vor oder nach der eigenen Website betrachtet wurden. Damit kann man über den mit Analytics-Systemen messbaren Referer weiter zurück in den Verlauf der Besucher schauen – oder erkennen, welche Sites nach dem Besuch betrachtet wurden.

Analyse einer Drittseite ohne Analytics-System

Gewusst wie, kann man über irgendeine Website im Internet sehr viele Nutzungsinformationen sammeln – selbst mit kostenlosen Tools. Eine grobe Analyse zum Beispiel von Konkurrenz-Websites wird so möglich, ohne dass das Unternehmen etwas davon erfährt oder gar seine Einwilligung geben muss. Einfach auswertbar sind folgende Eigenschaften einer Website:

- Traffic-Informationen wie Reichweite, Anzahl Seitenaufrufe und Besucherzahlen: Tools wie SimilarWeb (`www.similarweb.com`) geben zu größeren Websites zu diesen Kennzahlen Hochrechnungen ab.
- Demografische Informationen wie Geschlecht und Altersgruppe der Nutzer: Dienste wie Semrush (`www.semrush.com`) erweitern die Nutzungsinformationen um demografische Angaben zu den Nutzergruppen.
- Verfügbarkeit und Ausfälle: Antwortgeschwindigkeiten und Ausfälle von Drittsites lassen sich mittels Sonden wie Pingdom (`www.pingdom.com`) feststellen.
- Eingesetzte Technologie: Dienste wie BuiltWith (`www.builtwith.com`) oder Wappalyzer (`www.wappalyzer.com`) finden heraus, welches Betriebssystem, welcher Webserver, welches Analytics-System und unter Umständen welche Programmiersprache von einer Website eingesetzt wird.
- Umfang der Website: Google kann man dazu verwenden, die Anzahl Seiten einer Website festzustellen. Mit Eingabe des Suchterms `site:firma.com` erhält man mit der Anzahl Treffer den Umfang einer Website.
- Verlinkungsgrad: Wie für die eigene Website kann man auch für Konkurrenz-Websites Dienste wie ahrefs (`www.ahrefs.com`) einsetzen, um die Verlinkung von Drittwebsites festzustellen.

11.3 Nachforschen

Wer glaubt, ein Analytics-System würde einfach so alle Fragen zu der Website-Nutzung und dem Besucher-Verhalten beantworten, der wird schon nach kurzer Zeit desillusioniert aufgeben. Leider geben die Systeme nämlich keine Antworten, sondern werfen mit ihren Auswertungen nur immer wieder neue Fragestellungen auf. Das ist aber richtig so und Teil des Optimierungsprozesses. Aufgabe eines Analysten ist es nämlich, ein großes und komplexes Problem in viele kleine Teilprobleme zu untergliedern und die einzelnen kleinen Probleme oder Fragen mittels Hypothesentests zu beantworten. Da die Komplexität so heruntergebrochen wird, fällt einem die Beantwortung solcher kleinen Fragen wesentlich einfacher. In der Summe lässt sich aber schließlich auch das Gesamtproblem lösen.

Das Herunterbrechen von Problemen, zum Beispiel eine plötzlich stark angestiegene Absprungrate, in mögliche Ursachen sowie das Erstellen und Testen von Hypothesen ist Teil der Nachforschungsarbeit. Als eigentlich zeitaufwendigster Teil von Analytics entscheidet sich dabei, ob Analytics erfolgreich oder erfolglos genutzt wird. Nur wer selbst Interpretationen und Antworten für gewisse Phänomene findet, kann seinen Nutzen aus der Analyse ziehen.

Eine Wunderwaffe bei der aufreibenden Nachforschungsarbeit haben Analytics-Systeme jedoch zu bieten. Diese Wunderwaffe heißt »Segmentierung« und ist die Hilfe schlechthin, wenn es darum geht, komplexe Fragestellungen in ihre Einzelkomponenten zu zerlegen oder Hypothesen zu verifizieren oder zu falsifizieren.

11.3.1 Segmentierung macht den Unterschied

Segmentierung ist die Unterteilung einer Gesamtheit in verschiedene Teilmengen. Solche Teilmengen wiederum lassen sich kombinieren, schneiden oder gegenseitig ausklammern – ungefähr so, wie man es vielleicht noch von der Mengenlehre aus den Mathematik-Stunden in der Schule kennt. In Analytics bedeutet Segmentierung konkret, solche Teilmengen mittels einer Definition von Metrik- oder Dimensionsausprägungen festzulegen. Nimmt man die Besucherzahl einer Website als zu segmentierende Metrik, dann lässt sich diese zum Beispiel wie folgt unterteilen: in die Anzahl Besucher, die über Suchmaschinen auf die Website gelangten, die Anzahl Besucher, die einen Internet Explorer verwenden, oder die Anzahl Besucher, die bereits mindestens einmal die Website besucht haben. Aus der Gesamtheit wird so wie aus einer Torte ein Stück herausgeschnitten und näher untersucht. So lassen sich plötzlich interessante Unterschiede zwischen den einzelnen Segmenten feststellen. Vielleicht fällt auf, dass von Suchmaschinen verwiesene Besucher eine höhere Absprungrate aufweisen als Besucher aus Google-Ads-Kampagnen. Oder dass Besucher, die einen Firefox verwenden, deutlich länger auf der Website bleiben als Besucher mit einem Safari-Browser. So kann man Interessantes von Uninteressantem trennen und gelangt zu ganz neuen Einblicken und Fragestellungen, die vorher in der breiten Masse untergingen.

Hat man sich einmal mit der Segmentierung etwas näher beschäftigt, möchte man nicht mehr aufhören, die Tortenstücke weiter zu unterteilen und zu untersuchen: Wieso nicht nur genau jenes Besuchersegment betrachten, das über ein Display Ad auf die Website gelangt, die Site bereits zum zweiten Mal besucht und zugleich einen Firefox verwendet? Wie fein die Segmentstücke zusammengeschnitten werden, ist schließlich einzig durch die Fähigkeiten des Analytics-Systems limitiert. Und genau da liegt auch der Bereich, wo sich Systeme deutlich unterscheiden. Während einfache Tools gar keine Segmentierung erlauben, versprechen die Enterprise-Tools, die Segment-Schnipsel beliebig und fast in Echtzeit definieren zu können.

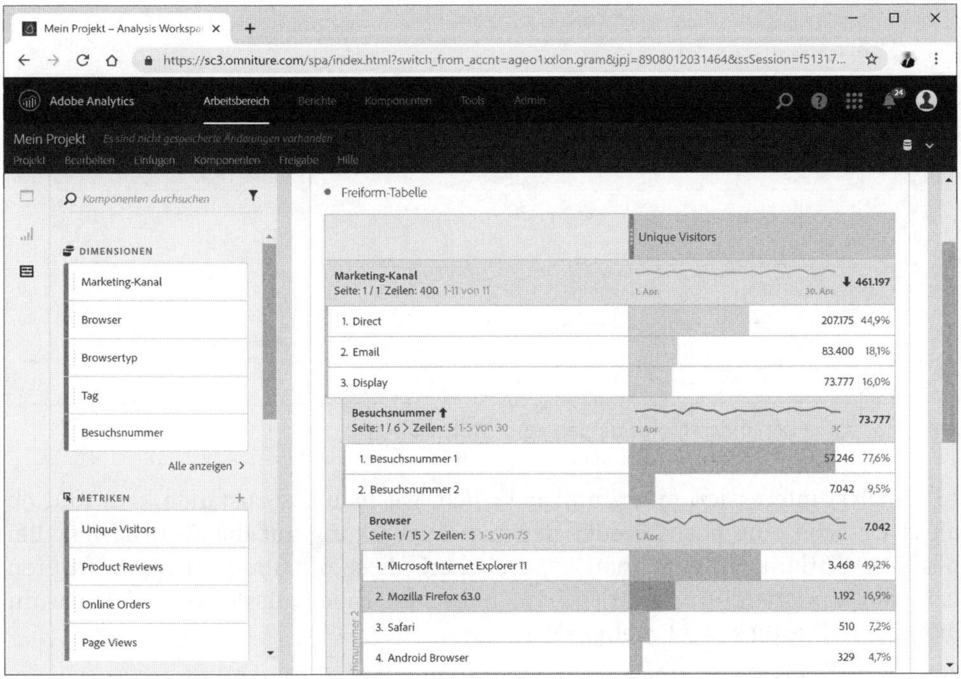

Abb. 11.7: Ad-hoc-Segmentieren in praktisch beliebiger Tiefe mit Adobe Analytics

11.3.2 Einfache Ad-hoc-Segmentierung

Doch auch kostenlose Systeme wie Google Analytics bieten mittlerweile sehr ausgefeilte Segmentierungsmöglichkeiten. Wie man mittels Segmentierung Probleme und Ausreißer isoliert, lässt sich am besten anhand eines Beispiels illustrieren. Deshalb setzten wir den Sherlock-Holmes-Hut auf und nehmen die Lupe zur Hand.

Eine typische Situation mit Nachforschungsbedarf ist zum Beispiel, dass man bei der wöchentlichen oder monatlichen Beobachtung von Reports auf außergewöhnliche Zahlen oder Ausreißer stößt, für die man sich eine Erklärung wünscht. Abbildung 11.8 zeigt einen solchen Ausreißer bei den Nutzern einer Website. Dank der Grafik ist ein Ausreißer – an einem Tag rund das Fünffache an Nutzern wie an einem normalen Tag – leicht ersichtlich.

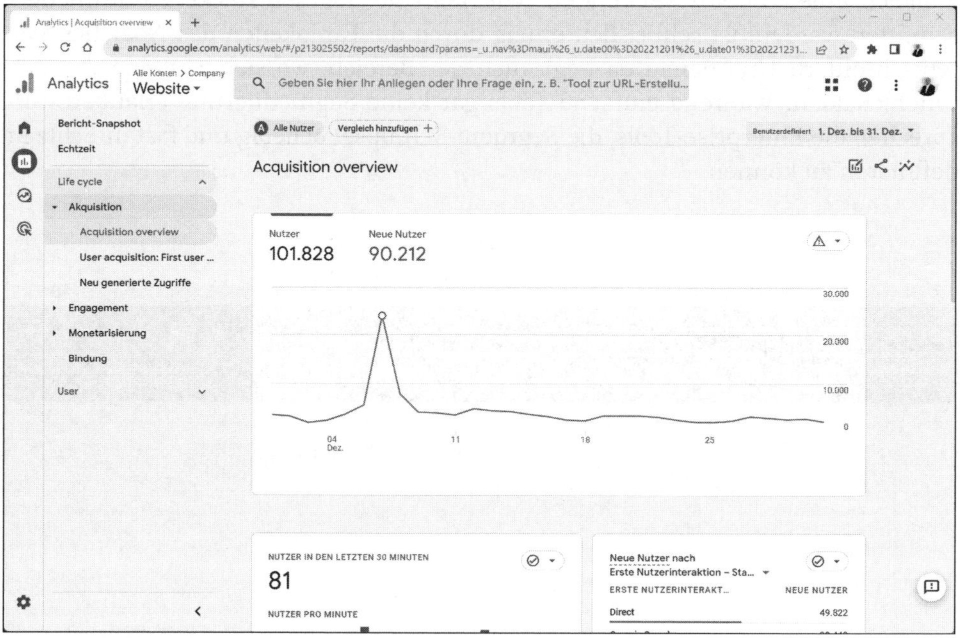

Abb. 11.8: Ausreißer in den Nutzerzahlen einer Website

Als Analyst interessiert einen nun natürlich, weshalb das zustande kam und ob diese Ursache eine positive oder negative Auswirkung auf die Website hat. Bei positiver Wirkung müsste man ja versuchen, diese Situation zu reproduzieren bzw. die Ursachen zu verstärken. Im negativen Falle müsste man sich darum bemühen, dass dies nicht mehr eintritt.

Das erste simple Segmentierung, die praktisch in jedem Analytics-System abgebildet werden kann, ist die Segmentierung nach Zeitpunkt. Dies ist zum Beispiel in Google Analytics durch Auswahl eines Vergleichsdatums im Feld oben rechts einfach möglich. Abbildung 11.9 zeigt den Vergleich eines solchen ersten Segments – die Zugriffe am 7. Dezember, dem Tag des Ausreißers – mit einem zweiten Segment – die Zugriffe am gleichen Wochentag in der Vorwoche. Durch diesen einfachen Vergleich lassen sich nun nämlich direkt Unterschiede in sämtlichen Berichten erkennen, zum Beispiel, dass die durchschnittliche Besuchszeit stark gesunken ist. Auch aus anderen Berichten, zum Beispiel aus den Nutzereigenschaften oder Quellen, lassen sich so erste Erkenntnisse gewinnen.

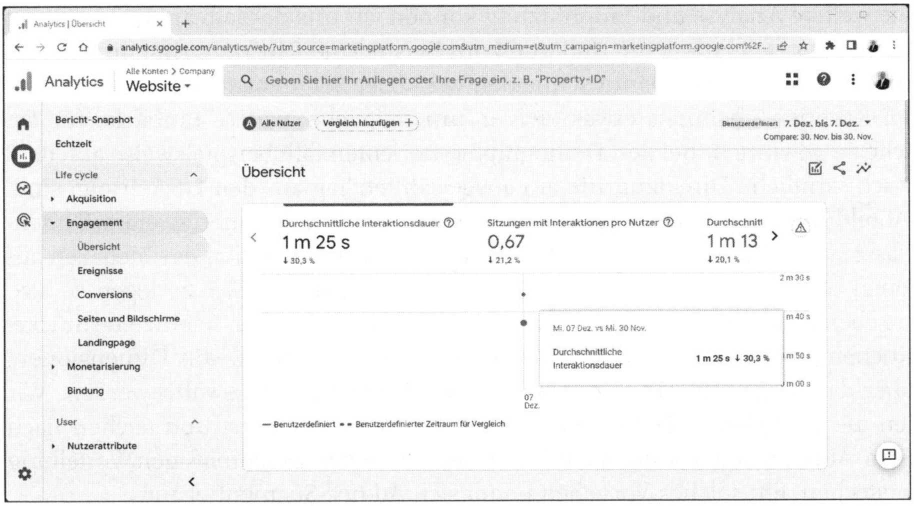

Abb. 11.9: Vergleich des Ausreißertags zum gleichen Tag der Vorwoche

In einem zweiten Segmentierungsschritt nehmen wir deshalb die Quellen etwas näher unter die Lupe – denn wenn immer Traffic steigt oder sinkt, muss es etwas mit den Quellen zu tun haben. Wir schneiden unseren Kuchen damit sozusagen in einzelne Stücke nach Traffic-Quellen. Möglicherweise generieren gewisse Quellen mehr oder weniger Nutzer als zuvor, womit sich die Ursache eingrenzen ließe. In unserem Beispiel erstellen wir deshalb ein einfaches Vergleichssegment wie in Abbildung 11.10 gezeigt, das nur einzelne Traffic-Quellen enthält. Dabei fällt im Segmentvergleich auf, dass der Ausreißer praktisch ausschließlich über Direktzugriffe erzeugt wurden. Die anderen Quellkanäle verhalten sich an dem Tag ohne nennenswerte Ausreißer.

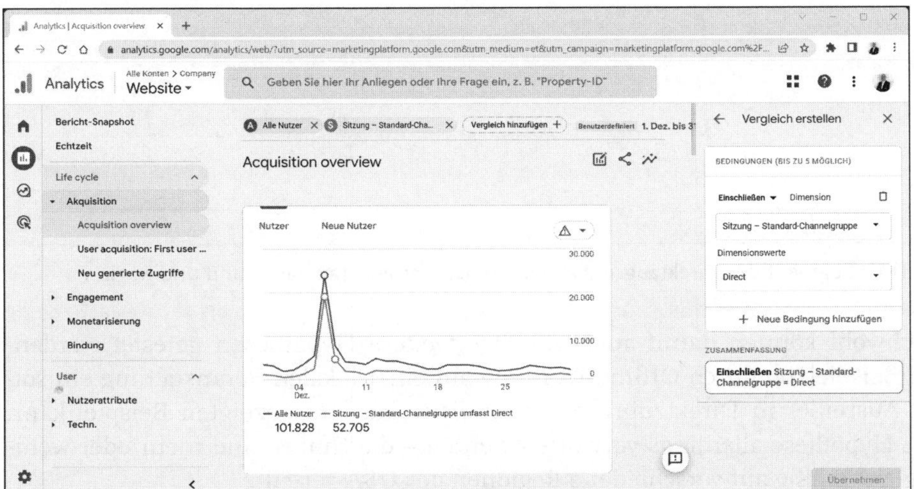

Abb. 11.10: Ein Segment mit Nutzern über Direktzugriffen verglichen mit allen Nutzern

Für die weitere Analyse und Eingrenzung können wir uns deshalb auf das Segment der Direktzugriffe fokussieren und nun zum Beispiel die Direktzugriffe nur für den 7. Dezember betrachten. Damit schneiden wir unser Segmentstückchen über diese beiden Kriterien nochmals etwas kleiner, um mögliche weitere Einblicke für die Ursache zu gewinnen. Bei den Demographie-Berichten fällt beispielsweise auf, dass praktisch sämtliche Direktzugriffe am ausgewählten Tag aus den USA erfolgt sind. Die Abbildung 11.11 zeigt diese Situation. Über die Zuwahl einer zweiten Dimension lässt sich neben den Ländern nun auch ein Herunterbrechen der Metriken auf Regionen oder Städte oder andere Dimensionen realisieren. Wir zerlegen so also unsere eben abgeschnittene Scheibe des Kuchenstücks also noch in einzelne Stücke. Als Kuchenmesser bietet Google Analytics eine breite Auswahl von Dimensionen, die über das dargestellte Plus-Zeichen eingeblendet und ausgewählt werden. Wir wählen die verfügbaren Dimensionen nun der Reihe nach aus und suchen nach weiteren Auffälligkeiten und Ausreißern, die aus einer gleichmäßigen Verteilung hervorstechen. Ein solches Vorgehen nennt sich Ad-hoc-Segmentierung.

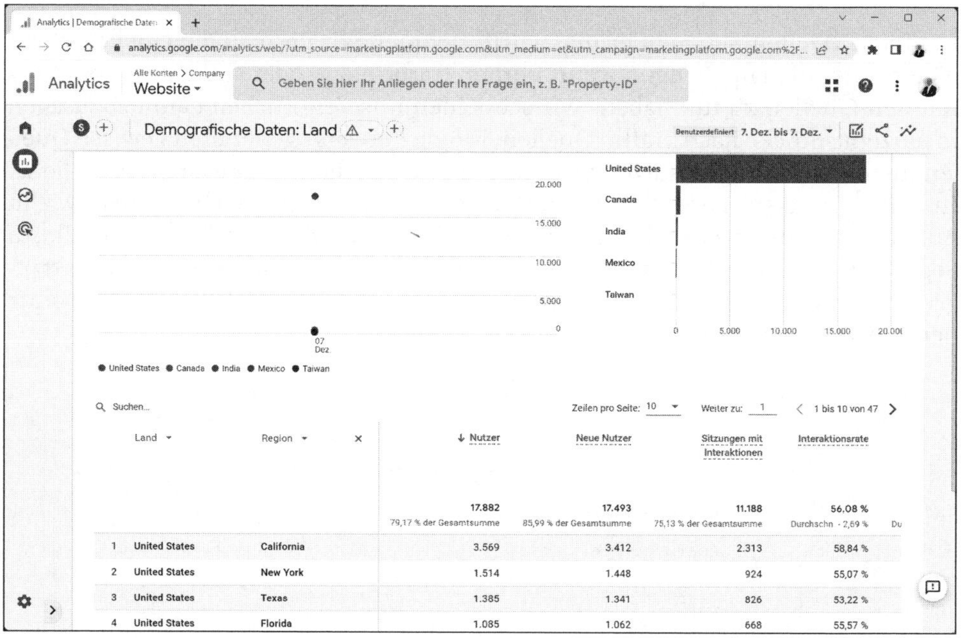

Abb. 11.11: Segment der Direktzugriffe an einem bestimmten Tag nach Land und Region

Gleichwohl können damit auch allfällige weitere Hypothesen getestet werden, zum Beispiel, ob durch Offline-Werbung auf einer lokalen Veranstaltung ein solcher Ausreißer in Direktzugriffen generiert wurde. Im gezeigten Beispiel kann diese Hypothese allerdings verworfen werden – die Nutzer sind mehr oder weniger gleichmäßig auf verschiedene Regionen der USA verteilt.

Bewegt man sich derart durch weitere Berichte, werden einem Auffälligkeiten begegnen, die Ideen für neue Hypothesen generieren. Früher oder später wird man zum Punkt gelangen, wo so eine Hypothese nicht mehr falsifizierbar ist bzw. eine einleuchtende Erklärung für die Ursache darstellt. In unserem Fall entdecken wir bei den Auswertungen der Seitenzugriffe, dass das definierte Segment praktisch nur auf gewisse ausgewählte Inhaltseiten zugreift – Abbildung 11.12 illustriert dies.

Die sprechenden Namen der Seiten lassen auch sehr schnell erahnen, um was es geht – nämlich um ein neues Produkt mit dem Namen »Model Z«. Dieses wurde offenbar am 7. Dezember in den USA gelauncht, begleitet von einer kurzen Kampagne, die womöglich über Offline-Kanäle erfolgt ist oder nicht sauber mit einem Campaign-Tag versehen wurde, weshalb sie als Direktzugriffe registriert wurden.

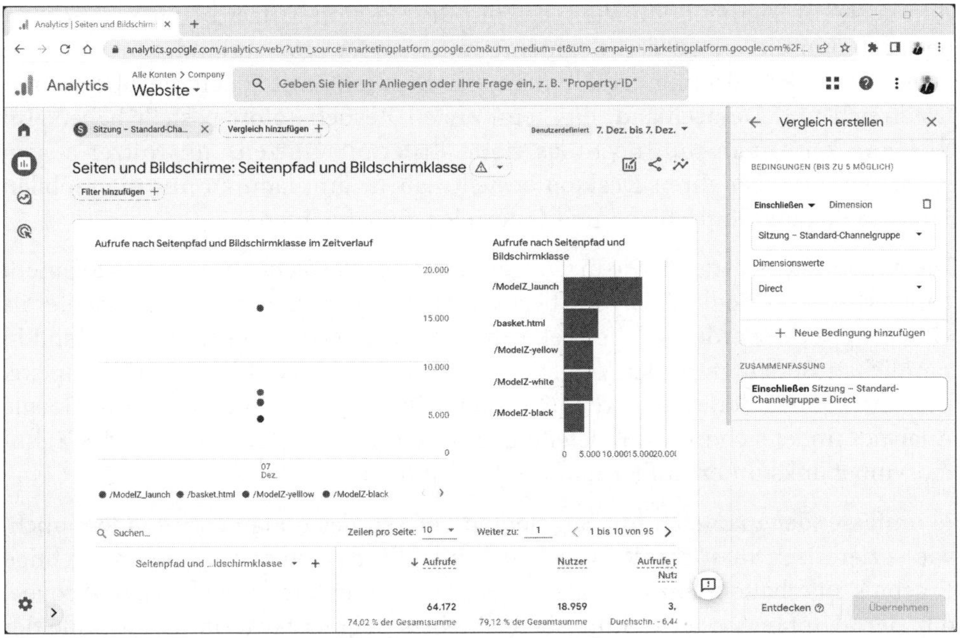

Abb. 11.12: Seiten, auf die das gewählte Segment zugegriffen hat

Der Fall wäre somit soweit geklärt, und da es sich um kein inhaltliches Problem des Website-Angebots handelt, kann man die Alarmstufe reduzieren und an der Stelle die Nachforschungen auch abbrechen. Dank der Segmentierung von Daten, der Isolation von Teilproblemen und ein wenig Scharfsinn von Sherlock Holmes gelangt man so zu nachvollziehbaren Einsichten, zu denen man auf der obersten Stufe der Betrachtungen kaum so gekommen wäre.

11.3.3 Erweiterte Segmentierung

Beispiele wie das eben gezeigte wenden eine einfache Form der Segmentierung mit meist einer oder zwei Segmentierungsdimensionen an. In Google Analytics lassen sich bereits in dieser Form aber auch weitere Segmentkriterien ergänzen und verknüpfen oder gegenseitig ausschließen. Erweiterte Segmente gehen noch deutlich darüber hinaus, eine Vielzahl von Kriterien und Dimensionen lässt sich definieren, verknüpfen oder gegenseitig ausschließen.

Eine erste Dimension für ein solches Segment kann nun jenes sein, das nur die Besucher enthält, die zum ersten Mal auf der Website sind. Mit einer weiteren Dimension teilt man dieses Segment dann nach einem weiteren Kriterium auf, zum Beispiel indem man die Besucher aus Österreich und Deutschland auswählt. In einer dritten Dimension erstellt man anschließend ein Segment, das nur Besuche enthält, die zu einer Bestellung geführt haben. Eine vierte Dimension könnte nun noch ein Segment enthalten, das nur die Desktop-Nutzer betrachtet. Schneidet man nun die ersten drei Segmente miteinander bzw. verbindet man sie mit einer UND-Verknüpfung, erhält man ein Segment mit jenen Besuchern aus Österreich und Deutschland, die beim ersten Besuch sofort bestellt haben. Im Weiteren kann man nun noch das vierte Kriterium nutzen, um Nutzer auszuschließen, die über ihren Desktop bestellt haben, um dadurch nur die mobilen Erstbesteller aus Deutschland und Österreich zu betrachten.

Die Abbildung 11.13 zeigt, wie in Google Analytics ein solches erweitertes Segment definiert wird. Google Analytics bezeichnet die so gespeicherten Segmente als »Zielgruppen«. Werden solche Zielgruppen erstellt, stehen diese anschließend in sämtlichen Berichten in der Vergleichsfunktion zur Auswahl zur Verfügung stehen und können derart angewendet werden. Die Zielgruppendefinition in Google Analytics findet sich in den Einstellungen zu der Property, welche über das Zahnradsymbol links unten aufgerufen werden kann.

Je umfassender man sich mit Segmenten befasst, desto klarer wird einem auch, wie seziererisch man damit umgehen kann – und auch muss, um das richtige Ergebnis zu erhalten. Ein solches kleines, aber elementares Detail ist der »Scope«, d.h. der »Umfang« oder Geltungsbereich eines Segmentkriteriums. Im Falle der Abbildung 11.13 ist der Scope der Segmentkriterien auf »Sitzung« gesetzt, weil wir nur die Sitzungen auswählen wollten, die Erstbesuche darstellen. Neben der Sitzung sind weitere typische Scope-Ebenen »Nutzer« oder »Hit«. Der Nutzer bildet dabei die höchste Ebene, die Sitzung die zweite und der Hit die unterste Ebene – wobei der Hit zum Beispiel ein Ereignis oder ein Seitenzugriff sein kann.

Was es nun mit dem Scope auf sich hat, ist Folgendes: Der Scope definiert die Ebene, auf der die gewählten Kriterien gelten. Möchte man zum Beispiel wissen, wie viele Sitzungen eine Bestellung enthielten, dann gibt es abhängig vom Scope unterschiedliche Antworten. Definiert man den Scope auf Sitzungsebene, dann werden alle Sitzungen eingeschlossen, in denen die Bestellung erfolgt ist. Definiert man dagegen den Scope auf Nutzerebene, werden alle Sitzungen von jenen Nutzern eingeschlossen, die jemals in dem gewählten Zeitraum eine Bestellung durchgeführt haben. Damit können auch Sitzungen dazugezählt werden, die selbst gar keine Bestellung enthielten. Man muss deshalb immer sehr präzise formulieren können, was man genau wissen möchte.

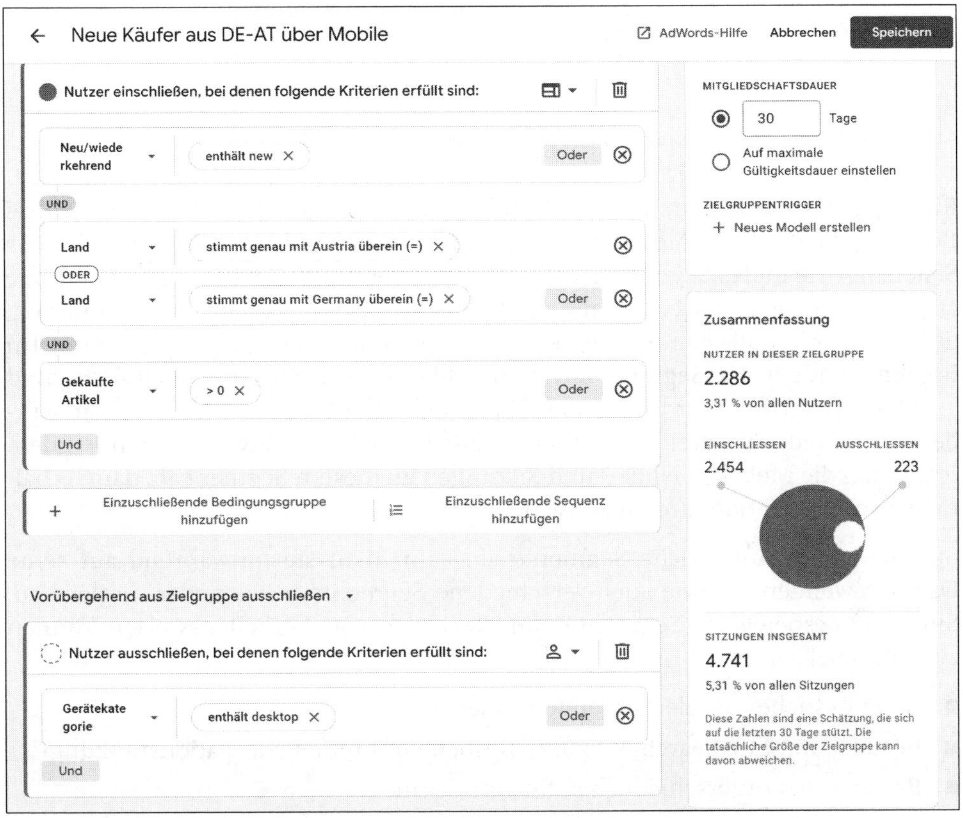

Abb. 11.13: Erstellung eines Zielgruppen-Segments mit Google Analytics

Die Illustrationen in Abbildung 11.14 und folgend erläutern anhand eines zweiten Beispiels den Scope. Zwei Nutzer statten einer Website je zwei Besuche ab. Der erste Besuch des ersten Nutzers beinhaltet die Seiten A und B, der zweite Besuch die Seiten C und D. Der zweite Nutzer besucht in seinem ersten Besuch die Seiten A, B und C, im zweiten nur die Seite A. Wie viele Besuche enthalten nun die Seite A?

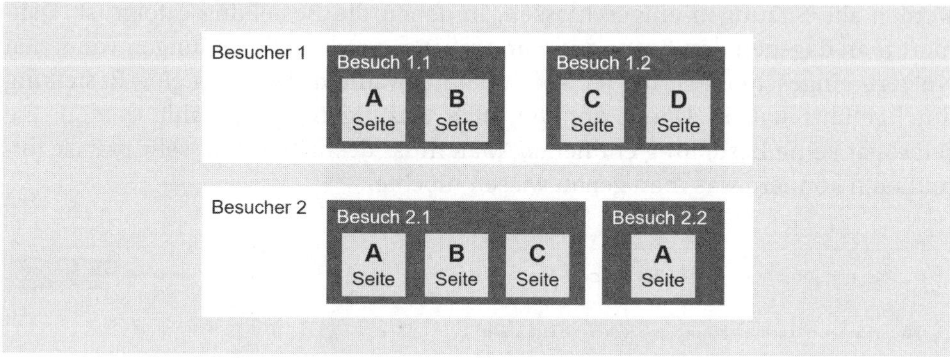

Abb. 11.14: Ausgangssituation für eine beispielhafte Scope-Betrachtung

Richtigerweise setzt man den Scope auf Ebene »Sitzung«. Daraus resultieren drei Besuche, die die Seite A enthalten. Insgesamt sind damit zwei Nutzer und sechs Seitenzugriffe in das Segment eingeschlossen. Definiert man hingegen den Scope auf Ebene »Nutzer«, werden alle vier Besuche in das Segment aufgenommen, denn es werden all jene Nutzer selektiert, bei denen die Seite A vorkommt. Im Ergebnis enthält das Segment auf Nutzer-Ebene zwei Nutzer, vier Besuche und acht Seitenzugriffe. Würde man den Scope auf »Hit«-Ebene definieren, dann würden nur gerade die drei Seitenzugriffe auf die Seite A eingeschlossen werden. Fragt man die Metriken Nutzer und Sitzungen zu diesem Segment ab, dann erhält man zwei Nutzer oder drei Sitzungen.

Speichert man nun solche Segmente ab, kann man sie fortwährend auf seine Daten anwenden – sowie auch verschiedene Segmente miteinander vergleichen. Sinnvolle gespeicherte Segmente zum Vergleich von Verhaltensweisen können zum Beispiel sein:

- Neue Besucher; wiederkehrende Besucher
- Besuche mit Site-Search-Nutzung; Besuche mit reiner Navigationsnutzung
- Besuche aus unterschiedlichen Suchmaschinen
- Besuche, die von unterschiedlichen Websites verwiesen wurden
- Besuche, die über Kampagnen auf die Website gelangt sind; organisch vermittelte Besuche
- Besteller; Warenkorbleger ohne Bestellung; Nichtbesteller
- Besuche, die eine bestimmte Zielseite erreicht haben (zum Beispiel Anfahrtsplan); Besuche, bei denen dies nicht der Fall war

Stets gilt dabei der Grundsatz, Interessantes von Uninteressantem zu trennen und mit Ersterem weiter so fortzufahren, bis das gewünschte Informationsstück gefunden ist. Hat man so die Ursache isolieren und ausfindig machen können, ist es dagegen nur noch Formsache, diese durch eine Website-Anpassung zu eliminieren.

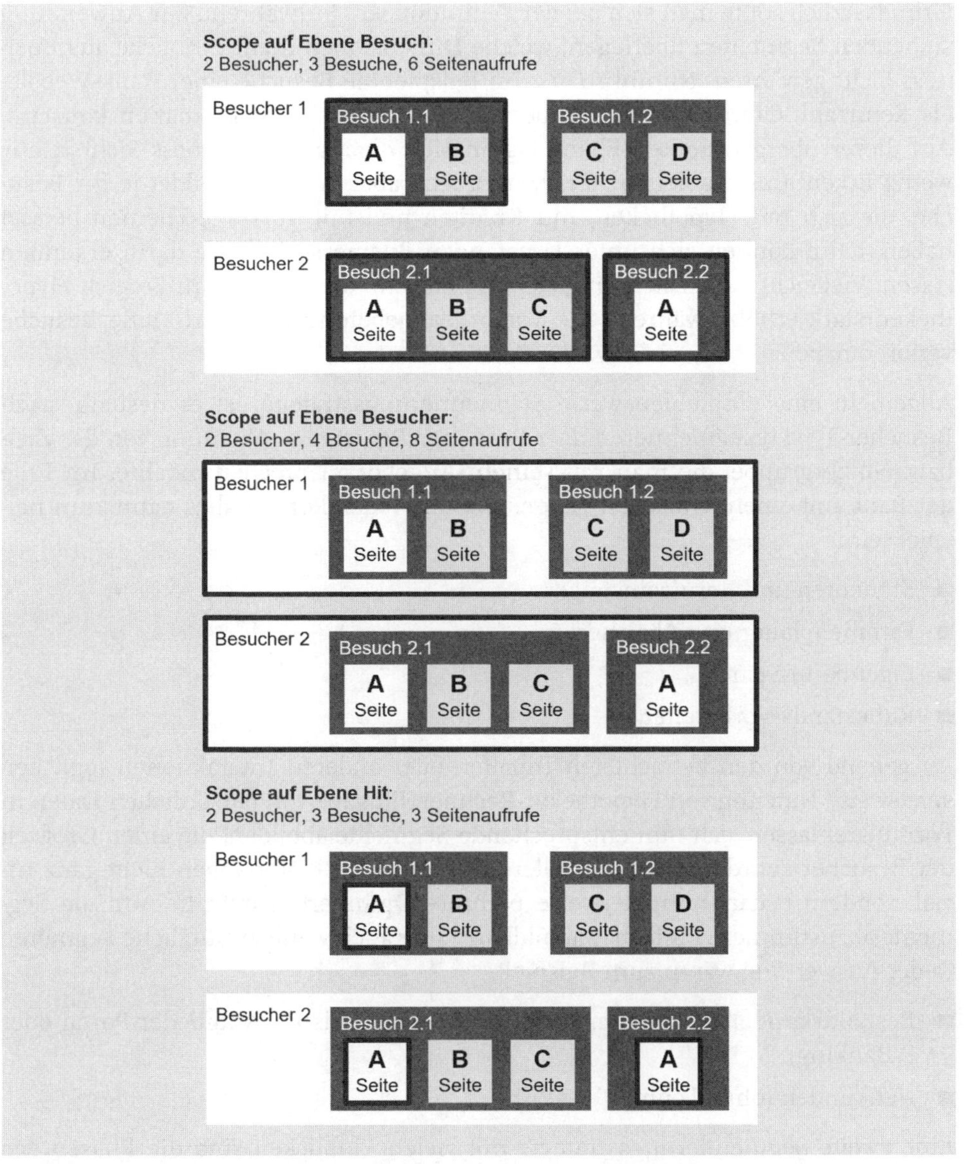

Abb. 11.15: Auswertung für Metriken je nach Definition des Scopes

11.3.4 Segmentierungsstrategien und Herangehensweisen

»Segmentieren, was das Zeug hält«, lautet die unverkennbare Empfehlung. Häufig ist aber nicht mehr das Analytics-System der limitierende Faktor dafür, was und wie tief segmentiert werden kann – sondern das Fehlen einer sinnvollen Vorgehensweise für den Einsatz von Segmenten.

Grundsätzlich sollte man sich bei der Definition von fortwährend zur Anwendung stehenden Segmenten überlegen, welche Dimensionen mehr Einblicke aus Business-Sicht gewähren. Nimmt man zum Beispiel die Besuche einer Bank-Website als Kennzahl, dann bleibt diese über die Zeit vielleicht einigermaßen konstant. Auf dieser übergeordneten Ebene lassen sich daraus aus Business-Sicht relativ wenig Erkenntnisse ableiten. Wenn man jetzt aber Segmente bildet je für Besuche, die sich mit Hypotheken, mit Krediten und mit Vorsorge-Themen befasst haben, dann können sich unter Umständen Business-Einblicke darin erkennen lassen. Vielleicht haben sich im gleichen Zeitraum die Besuche im Bereich Hypotheken stark erhöht, während die Vorsorgeangebote in gleichem Maße Besuche verloren haben.

Allgemein eine empfehlenswerte Segmentierungsstrategie ist es deshalb, nach Besucher-Typ zu segmentieren. Der Besucher-Typ ist eine Ableitung von der Ziel- bzw. Nutzergruppe, die man mit seinem Angebot ansprechen möchte. Im Falle der Bank mit einem typischen Lebensphasen-Modell können dies dann zum Beispiel sein:

- Studenten und Berufseinsteiger
- Familienplaner und Absicherer
- Eigenheim-Sparer
- Ruhestands-Vorbereiter

Ausgehend von den betrachteten Inhalten oder anderen Interaktionen (ggf. beispielsweise Nutzung von Hypothekar-Rechner, Eingabe von persönlichen Daten in Formulare) lassen sich nun entsprechende Segmente abbilden, die einen Großteil der Besucher zuordnen können. Allerdings ist so ein Unterfangen nicht ganz trivial, sondern bedarf normalerweise mehrere Optimierungsschritte, um die Segmente abzustimmen. Einfacher abbildbare, aber auch weniger nützliche Segmente in der Auswertung wären zum Beispiel:

- Bestandskunden (mit Login-Absprung in zum Beispiel Mitglieder-Portal oder E-Banking)
- Neukunden (ohne Login)

Eine zweite Segmentierungsstrategie mit vielen Einblicken sind die Phasen des Kunden-Lebenszyklus, innerhalb denen sich Besucher befinden. Solche Phasen können vereinfacht zum Beispiel sein:

- Erster Eindruck
- Vorinformation für Abschluss
- Abschluss/Anfrage (zum Beispiel für ein Beratungsgespräch)
- Unterstützung nach Abschluss

Auch hierfür lassen sich Segmente definieren, indem zum Beispiel neue Besucher dem Segment »Erster Eindruck« zugeordnet werden. Dagegen werden jene Besucher, die sich über mehrere Besuche mit jeweils hoher Besuchstiefe mit den Inhalten befassen, aber noch kein Kontakt-Formular ausgefüllt haben, dem Segment »Vorinformation für Abschluss« zugeordnet.

Während bereits dies viel geschäftsrelevanten Kontext zu allgemeinen Metriken geben kann, lässt sich dies mittels einer zweistufigen Segmentierung noch steigern: Kombiniert man die Segmente der beiden Segmentierungsstrategien, dann erhält man Einblicke, wie sich zum Beispiel Eigenheim-Sparer in einer Vorinformationsphase verhalten. Dieses Vorgehen, das so etwas die Hohe Schule der Segmentierung darstellt, ist im englischen Sprachraum unter dem Begriff »Two-tiered Segmentation« bekannt und geht auf Gary Angel, einer der amerikanischen Analytics-Koryphäen zurück.

Teil 3

Erfolg nachhaltig steigern

In diesem Teil:

Kapitel 12

Digital-Ziele definieren

In Teil II dieses Buches haben wir uns mit der Beobachtung und Interpretation der Website-Nutzung beschäftigt. Dies sind die Brot-und-Butter-Aufgaben eines jeden Digital-Analysten, die er im Schlaf beherrschen muss. Auf dem Verständnis für Analytics-Metriken aufbauend lassen sich diese nun für die Optimierung der Website und generell der Digitalkanäle einsetzen. Um derartige Digitalkanal-Optimierungen geht es in diesem dritten Teil des Buches.

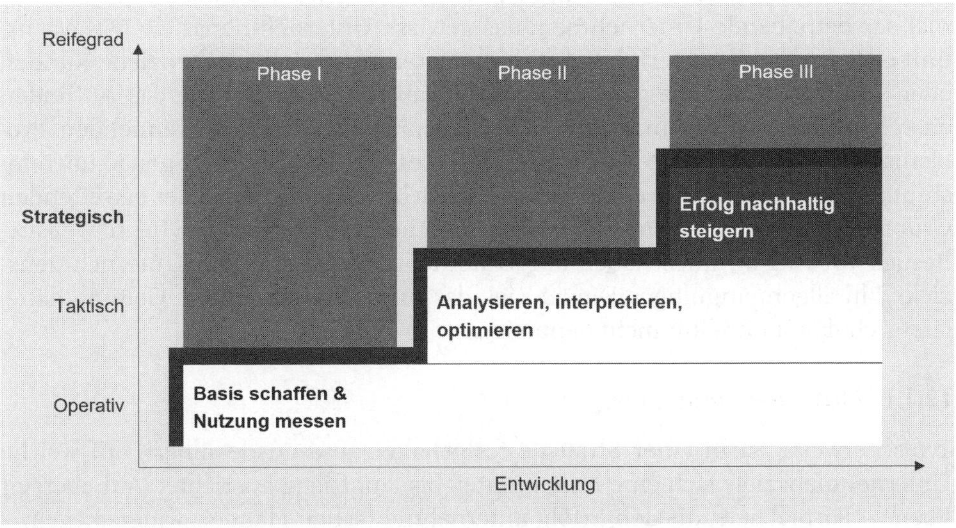

Abb. 12.1: Phase 3 in der Analytics-Nutzung: Digitalkanäle optimieren und Erfolg steigern

Wenn man ein Problem lösen oder eine Situation verbessern will, muss man sich im Klaren darüber sein, was denn der Soll- oder Idealzustand ist. Andernfalls wird ein Optimierungsversuch ineffizient, da man nur zu gerne beginnt, sich im Kreis zu drehen. Auch auf einer Website sollte man deshalb bei allen Verbesserungsmaßnahmen ein Ziel vor Augen haben, das man schlussendlich optimieren will.

Das klingt logisch und einfach – ist es aber nicht unbedingt. Zu gerne fokussiert man sich nämlich im täglichen Business auf die Optimierung von untergeordneten und irrelevanten Faktoren und vergisst dabei das übergeordnete Ziel. Ein typisches Beispiel dafür ist der Website-Traffic. Wohl jeder Website-Betreiber würde mit dem Kopf nicken, wenn man fragt, ob »viel Traffic« ein für ihn zu optimierendes Ziel sei. Vordergründig mag dies plausibel klingen; wenn man den Sinn und Zweck einer Website jedoch hinterfragt, ist Traffic kaum je ein Website-Ziel. Viel Traffic kostet nämlich eigentlich nur Bandbreite und Infrastruktur und kann somit kaum das wirkliche Ziel sein. Die wirklichen Ziele einer Website stehen nämlich meist im Hintergrund, zum Beispiel die Vermittlung eines Marken-Images oder die Generierung von Leads und Verkäufen. Traffic kann dabei unter Umständen ein Mittel zum Zweck sein, aber keinesfalls ein Ziel an sich. Damit man also nicht den falschen Zielen hinterherrennt oder gar in eine abwegige Richtung optimiert, muss man sich zuerst sehr klar darüber sein, was die Ziele der eigenen Website und der weiteren Digitalkanäle sind.

12.1 Typen von Zielen

Eine Website, eine Mobile-App oder der Social-Media-Kanal steht im Zentrum von ganz unterschiedlichen Anspruchsgruppen und Akteuren. Da wäre einerseits einmal das betreibende Unternehmen, das gewisse Unternehmensziele wie Wachstum oder Profitabilität verfolgt. Auf der anderen Seite stehen potenzielle Kunden oder Website-Nutzer, die ganz andere Motivationen haben – wie das Auffinden einer bestimmten Information oder die Lösung eines für sie brennenden Problems. Nur in den seltensten Fällen werden diese beiden Zielfelder genau übereinstimmen. Zudem sind die einzelnen Zielbereiche auch innerhalb der betreffenden Gruppen heterogen. Weder haben alle Besucher das gleiche Ziel beim Website-Besuch vor Augen, noch haben alle Unternehmen die gleichen Unternehmensziele. Ein allgemeingültiges Digital-Ziel, das für alle Digitalkanäle Geltung hätte, lässt sich damit ohnehin nicht definieren.

12.1.1 Unternehmensziele

Typischerweise ist in einer Strategie festgehalten und ausdetailliert, auf welche Unternehmensziele sich eine Firma mittel- bis langfristig ausrichtet. Auf oberster Ebene – Formalziele, die den Erfolg unternehmerischen Handels widerspiegeln – sind diese Ziele bei wirtschaftlich orientierten Unternehmen meist sehr ähnlich. Gewinn, Wachstum und Produktivität stehen im Vordergrund – bzw. zumindest eines von diesen drei Formalzielen. Auf Sachzielebene können diese Ziele weiter ausformuliert sein oder nennen ein konkretes Handeln, um diese Formalziele zu erreichen. Ein Beispiel dafür ist der Verkauf einer bestimmten Menge an Produkten oder die Erlangung einer Monopolsituation in einem bestimmten Markt und bis zu einem gewissen Zeitpunkt.

Die Kenntnis und das Verständnis der Unternehmensziele oder zumindest der wesentlichen Eckwerte ist wichtig, um aus Analytics-Sicht in die richtige Richtung zu denken und zu optimieren. Allerdings ist für einzelne Digital-Kanäle wie Website oder mobile App die Flughöhe im Normalfall noch etwas zu hoch, um Konkretes daraus ableiten zu können.

12.1.2 Benutzerziele

Eine nochmals ganz andere Perspektive als die Unternehmen haben die Nutzer mit den ihnen eigenen Zielen. Gewinn und Profitabilität eines Unternehmens ist ihnen wohl in den meisten Fällen gleichgültig. Stattdessen sind sie vielleicht von einer bestimmten Aufgabe getrieben oder möchten grundsätzlich etwas für sich erreichen. Alan Cooper, Autor des Buchs *About Face 3 – The Essentials of Interaction Design* unterscheidet beispielsweise nach folgenden Typen von Benutzerzielen:

- **Erlebnisziele:** Menschen wollen Spaß haben, ausgeruht sein, träumen, sich gut fühlen usw. Ziele dieser Natur haben damit zu tun, wie eine Website erlebt wird.
- **Endziele:** Ziele dieses Typs fokussieren auf den Abschluss einer bestimmten Aufgabe. Dies kann sein, eine gesuchte Information zu finden, einen guten Kauf zu machen oder sich über ein Problem bewusst zu sein, bevor es sich ausbreitet.
- **Lebensziele:** Lebensziele haben mit der übergeordneten Vorstellung zu tun, wie man leben möchte. Dazu zählen zum Beispiel: beliebt sein, Respekt genießen, ein gutes Leben führen, sich attraktiv fühlen etc.

Auf einer Website sind Erlebnisziele, die User Experience, insbesondere durch das Design oder die Bereitstellung von ganz spezifischen Inhalten und Funktionen wie Videos oder anderen interaktiven Elementen adressierbar. Eine Website kann sich meist maximal an einigen wenigen dieser Grundziele orientieren, da der Gesamteindruck zählt und man nicht zugleich mehrere Erlebnisse vermitteln kann.

Endziele adressieren ganz bestimmte Aufgaben, mit denen Nutzer auf die Website gelangen und die meist sehr konkret von der Website lösbar sind. Von dieser Art von Zielen sollte eine Website möglichst viele gleichzeitig abdecken um Relevanz für den Nutzer zu erzielen.

Die Erfüllung von Lebenszielen schließlich kann von einer Website allein wenig beeinflusst werden. Stärkeren Einfluss haben hier die sozialen Netzwerke, die auf solchen Zielen aufbauen. Für die eigenen Digitalkanäle kann es hier lediglich Strategie sein, sich in die Kette von Faktoren einzuordnen, die sich auf die Erfüllung von Lebenszielen eines Nutzers ausrichten.

Für sich allein haben Benutzerziele in der Zieldefinition noch keine Relevanz. Denn kein Unternehmen lebt allein vom Glück seiner Benutzer. Der Grund, weshalb ein Unternehmen überhaupt eine Website betreibt, liegt in der Verwirklichung von Unternehmenszielen. Jedoch erreicht man seine Unternehmensziele kaum, wenn man die individuellen Ziele der Benutzer außer Acht lässt. Denn Produkte oder Dienstleistungen, die erfolgreich sind, erfüllen in erster Linie die Ziele der Nutzer. Die Gründe und Motivationen, weshalb ein Benutzer auf die Website gelangt, gehören daher mitberücksichtigt und dienen als Erfolgsfaktor für das Erreichen der Unternehmensziele.

Ein guter Verkäufer weiß seinen Kunden zu beraten, seine Bedürfnisse zu erfragen und ihm anschließend die passenden Produkte zu verkaufen. Ein schlechter Verkäufer versucht, den Kunden zum Kauf von jenem Produkt zu überreden, das am meisten Ertrag einbringt. Genau so darf auch eine Website nicht blind ein gesetztes Geschäftsziel verfolgen, sondern soll dieses geschickt auf die Benutzerziele abgestimmt vermitteln.

12.1.3 Weitere Ziele auf Verantwortlichkeitsebene

Mitten in dem Spannungsfeld von Unternehmenszielen und Benutzer-Zielen befinden sich nun in einem Unternehmen noch weitere Akteure – zum Beispiel die Verantwortlichen für die digitalen Kanäle: Inhaltsverantwortliche, Redakteure, Digitalkanalverantwortliche, Projektleiter, Produktmanager, Designer, Techniker usw. Selbst wenn sie meist ein sehr gutes Verständnis sowohl für Unternehmensziele wie Benutzerziele aufweisen, ist ihnen nochmals eine zusätzliche, meist individuelle Zieldimension eigen. Diese liegt vor allem in der Erfüllung der von ihnen geforderten Funktion in der Job Description oder den Zielen, die sie für ein bestimmtes Projekt erhalten. So hat ein Produktmanager, der sein Produkt anpreisen und positionieren will, zum Beispiel etwas andere Vorstellungen von der Produktdarstellung als der Webdesigner, der für den ästhetischen Eindruck der Website verantwortlich ist. Typische und durchaus konträre Ziele von direkten Website-Verantwortlichen sind zum Beispiel:

- Einfache Pflege und Aktualisierung von Inhalten
- Reduktion von Aufwänden für die Inhaltserfassung
- Keine redundanten oder ähnlichen Inhalte
- Promotion einzelner Produkte oder Dienstleistungen
- Einhaltung von Corporate Design Guidelines
- Einheitliches Erscheinungsbild sowohl auf inhaltlicher wie gestalterischer Ebene
- Technisch einwandfrei funktionierende Website
- Technisch wartungsarme Website

Während diese Ziele als Projektziele oder Rahmenbedingungen durchaus sinnvoll sind, ist es für Business-orientiertes Digital Analytics notwendig, diese Ebene von Zielen erst einmal auszugrenzen. Denn ihnen liegt eher eine temporäre Betrachtungsweise zugrunde und nicht rein das Erreichen einer langfristigen, ausgewogenen Soll-Situation, die auf den Unternehmenserfolg einzahlt.

12.2 Vorgehen zur Findung von Digitalkanal-Zielen

Ordnet man Ziele erst mal nach dieser Typisierung in Unternehmens-, Benutzer- oder Drittziele, dann fällt es einem leichter, die richtigen für die Digitalkanäle zu identifizieren. Digitalkanäle wie Website, App oder Social Media sind nämlich schlussendlich das Bindeglied zwischen Unternehmens- und Benutzerzielen. Während die Unternehmensziele die Innensicht auf einen Digitalkanal darstellen, bilden die Benutzerziele die Außensicht ab. Dort, wo sich diese zwei Sichten mit einem möglichst großen Anteil überlappen, befindet sich ein ideales Digitalkanal-Ziel.

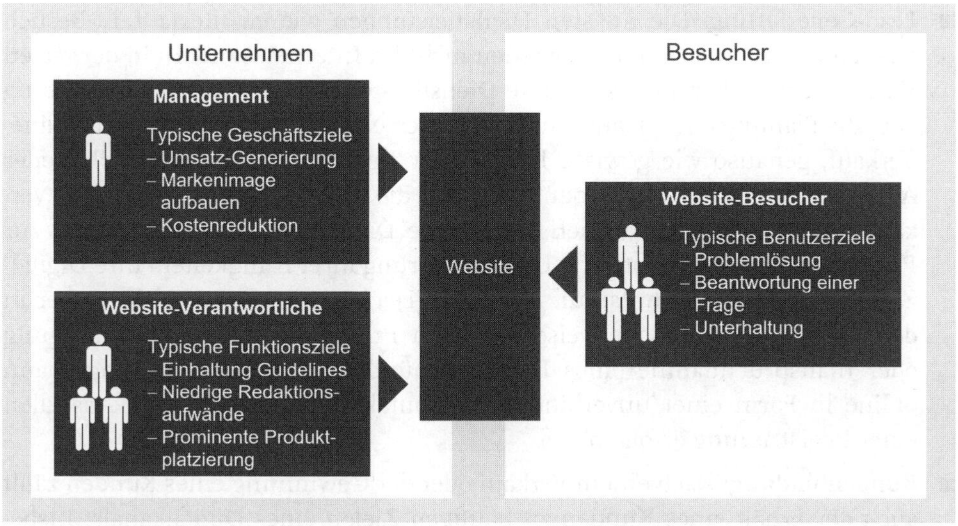

Abb. 12.2: Unterschiedliche Zielsetzungen einer Website und mögliche Ausprägung

Hat sich ein Unternehmen beispielsweise zum Ziel gesetzt, mit Elektronikartikeln möglichst viel Umsatz zu erwirtschaften, dann ist der nächste Schritt, die Nutzerperspektive einzunehmen. Einblicke aus Nutzerinterviews besagen vielleicht, dass Nutzer Elektronikartikel gerne online kaufen, aber vorher noch eine Bestätigung in Social Media suchen. Das Digitalkanal-Ziel für die Website dürfte somit primär der Online-Verkauf sein, für Social Media dagegen primär eine Kundenbindung und Markenkommunikation.

Wenn in einem Unternehmen eine Digital-Strategie vorhanden ist, dann wird diese je digitalem Kanal bereits solche Digitalkanal-Ziele aufführen. Ist keine Digital-Strategie definiert, dann gilt es, auf diese Art und Weise erst selbst die Digitalkanal-Ziele zu definieren, denn diese sind elementar für die weiteren Betrachtungen.

Da sich kaum ein Unternehmen gleich positioniert wie ein zweites, gibt es auch keine allgemeingültigen Digitalkanal-Ziele. Zumindest lassen sich aber bei Unternehmen mit vergleichbaren Geschäftsmodellen und Markttätigkeiten Ähnlichkeiten in den Digital-Zielen feststellen. Je nach Online-Businessmodell eines Unternehmens lassen sich so folgende typische Ziele unterscheiden:

- **Online-Verkauf:** E-Commerce-Websites und Applikationen, die online Produkte oder Dienstleistungen zum Kauf anbieten, sind in puncto Ziele am geradlinigsten. Unter dem Strich gilt hier meist der Produktverkauf und ein hoher Umsatz als das Ziel. Klassische Beispiele für E-Commerce-Websites sind Versandhandel-Sites wie Zalando, Otto oder Amazon, aber auch Online-Reiseportale wie Expedia oder Ebookers.
- **Lead-Generierung:** Die meisten Dienstleistungen wie ein Restaurant-Besuch oder eine Computer-Beratung werden nicht im Internet, sondern in der realen Welt erbracht. Aber auch komplexe Dienstleistungen wie eine Rechtsberatung oder die Planung eines Hausbaus eignen sich ebenfalls schlechter zum Online-Verkauf, genauso wie gewisse Luxus- oder Investitionsgüter wie Möbel oder Autos. Dienstleister oder Produktanbieter, die ihre Leistung nicht online verkaufen oder erbringen können, nutzen die Digitalkanäle deshalb primär zur Promotion ihres Angebots und Untermauerung ihrer Fähigkeiten. Ihre Digital-Ziele fokussieren dann darauf, Anfragen (Leads) zu generieren, die später in der realen Welt möglicherweise in einem Produktkauf, einer Beauftragung oder Inanspruchnahme eines Dienstes münden. Eine solche Anfrage kann online in Form einer unverbindlichen Kontaktaufnahme oder im Ausfüllen einer Registrierung erfolgen.
- **Kundenbindung:** Nach einem Verkauf oder der Gewinnung eines Kunden zählt auch der Erhalt eines Kunden zu häufigen Zielen eines Digitalkanals. Insbesondere wenn Dienstleistungen, Informationen oder Software im Abonnement angeboten werden, ist deren Verlängerung ein gewichtiges Ziel. Aber auch in herkömmlichen Modellen ist der Verkauf von Leistungen an zufriedene Bestandskunden meist mit weniger Investitionen verbunden, als für das Überzeugen und Gewinnen von neuen Kunden gebraucht werden.
- **Branding/Markenkommunikation:** Bei Endkonsumenten-Produkten wie Süßgetränken oder Autos, die über etablierte Offline-Verkaufskanäle vertrieben werden, ist die Vorstufe zum Kauf weniger eine konkrete Kundenanfrage, sondern der Kaufentscheid aufgrund des Brands. Das Ziel der Website eines solchen Anbieters wird es deshalb sein, das Marken-Image auszubauen und so durch Online-Maßnahmen die Markenwahrnehmung der Konsumenten zu schärfen.
- **Unternehmenskommunikation:** Ein Ziel, das Websites, aber auch zum Beispiel der Social-Media-Kanal häufig aufweisen, ist die direkte und transparente Unternehmenskommunikation. Diese kann sich an verschiedene Anspruchsgruppen wie Medien, Investoren oder auch Kunden richten.
- **Self-Service:** Unternehmen mit einem großen Kundenstamm oder standardisierten Administrationsprozessen nutzen ihre Website oder App, um Kunden zu pflegen und gleichzeitig den Verwaltungsaufwand zu minimieren. Ziel der

Website oder App ist es dann, den eigenen Administrationsaufwand zum Beispiel für Adressänderungen, Rechnungsfragen oder Produktunterstützungen zu verringern. Auf der Website kann dies zum Beispiel mittels Self-Service-Portal oder ausgeprägtem Supportbereich erfolgen, der dann hilft, arbeitsintensive schriftliche Formularanträge oder Anrufe im Callcenter zu verhindern. Typische Institutionen mit solchen Zielsetzungen sind Telekom-Unternehmen, Stromanbieter oder öffentliche Verwaltungen. Aber auch eine E-Banking-Plattform ist ein klassischer Fall von Self-Service, die den administrativen Prozess von Kontoabbuchungen für eine Bank verringert.

- **Personalgewinnung:** Auch die Gewinnung von neuen Mitarbeitern über Digitalkanäle spielt eine immer tragendere Rolle in der Aufgabe von Websites. Da immer mehr potenzielle Bewerber Websites als Informationskanal nutzen, bietet sich dies als kostengünstiges Website-Ziel an.
- **Hohe Nutzungsintensität:** Wenn ein Geschäftsmodell zum Beispiel aus dem Verkauf von Werbeeinblendungen je Webseitenaufruf besteht, dann ist eine hohe Nutzung der Website ein klar umrissenes Ziel. Typischerweise verfolgen viele Informationsportale und Medien-Websites, aber auch Plattformen wie Twitter, Facebook oder YouTube mangels anderer Einnahme-Möglichkeiten solche Ziele.

Nicht immer sind die Ziele so eindeutig und im Normalfall bedient ein Kanal sogar überschneidend mehrere Ziele. Auf der anderen Seite haben unterschiedliche Kanäle häufig andere Ziele, je nachdem was für eine Rolle sie in der Customer Journey des Nutzers einnehmen sollen. Zum Beispiel entscheidet sich ein Telekom-Unternehmen vielleicht dazu, die Website hauptsächlich für den Online-Verkauf von Abonnements und Geräten zu nutzen sowie zusätzlich die Markenwerte darüber ideal zu transportieren. Eine App entwickelt das Unternehmen zur Bindung von Bestandskunden, die darüber Dienste wie Rechnungseinsicht und Adressänderungen vornehmen oder Zusatzservices zu ihrem Abonnement bestellen können. Social Media nutzt das Unternehmen dagegen nicht nur zur Markenkommunikation, sondern auch als eine Form von Self-Service, indem sich bestehende Kunden bei der Produktnutzung gegenseitig unterstützen.

Nicht immer ist es eine einfache Angelegenheit, solche Digitalkanal-Ziele zu definieren, insbesondere dann, wenn innerhalb eines Unternehmens mehrere Anspruchsgruppen ein einseitiges Interesse an den Digitalkanälen haben. Und selbst wenn man sich auf solche Digitalkanal-Ziele verständigen kann, ist die Reise noch nicht beendet. Denn will man den Erfolg in den Digitalkanälen messen, muss man für jedes dieser Ziele auch geeignete Messgrößen finden. Bei einer größeren Anzahl an unternehmensinternen Anspruchsgruppen hat sich jedoch folgende, über sechs Stufen führende Vorgehensweise als Best Practice bewährt:

- Interne Anspruchsgruppen an die Digitalkanäle identifizieren
- Global-Ziele sammeln und mit Geschäftszielen abgleichen
- Erfolgsfaktoren ableiten und zuordnen
- Benutzerziele ergänzen
- Notwendige Elemente und Aktivitäten definieren
- Messgrößen ableiten

Die einzelnen Vorgehensschritte werden in den folgenden Abschnitten ausführlich erläutert. Im Kern lautet die Vorgehensweise jedoch, erst mit den Anspruchsgruppen die Ziele der Digitalkanäle zu definieren und zu priorisieren und die Erfolgsfaktoren dafür herzuleiten. Danach werden konkrete Elemente, Inhalte oder Funktionalitäten im jeweiligen Digitalkanal gesucht, die auf Ziel oder Erfolgsfaktoren einzahlen. Letztere schlussendlich geben den entscheidenden Hinweis darauf, welche Messgrößen bedacht werden müssen, um direkt oder indirekt die Ziele zu messen.

Wer in einem kleineren Unternehmen tätig und alleine für sämtliche Digital-Belange zuständig ist, wird allerdings die einzelnen Schritte um einiges einfacher handhaben können, als hier vorgestellt. Der interne Abstimmungsaufwand, der sonst in mittelgroßen und großen Unternehmen getätigt werden muss, entfällt dann nämlich. Solch Glücklichen sei empfohlen, von den folgenden Abschnitten jeweils die einleitenden Absätze zu studieren und die weiteren Unterabschnitte jeweils selektiv zu lesen.

12.3 Interne Anspruchsgruppen identifizieren

Die Digitalkanäle eines Unternehmens sind eigentlich ein komplexes System, wenn es um Zuständigkeiten und Verantwortlichkeiten geht. Vielfach ist die Hauptverantwortung für die Digitalkanäle in zentralen Marketing- oder Corporate-Communications-Abteilungen angesiedelt oder gar bei einem Chief Digital Officer konsolidiert. Daneben haben aber auch andere Abteilungen – insbesondere das Produktmanagement – sehr konkrete Vorstellungen, wie sie die Website nutzen wollen. In sehr spezifischen Bereichen, zum Beispiel für Bewerbungen, haben auch Human-Ressource-Abteilungen ihre Schnittstelle zu den Digitalkanälen. Und die IT ist ohnehin involviert, was den technischen Betrieb der Lösung betrifft. Zu guter Letzt haben auch noch externe Firmen, zum Beispiel Digital-Agenturen, Einfluss darauf, wie das Enderscheinungsbild einer Website daherkommt.

Beginnt man in solch einem Umfeld, unstrukturiert Anforderungen und Ziele zu sammeln, dann wird die Bandbreite der Zielvorstellungen von der produktorientierten und ausgefallenen Verkaufswebsite bis hin zur schlichten und zurückhaltenden Unternehmenspräsentation reichen. Macht man nun noch den Fehler und versucht, alle diese Ziele zu berücksichtigen, dann erfordert dies einen derartigen Spagat, dass das Ergebnis weder Fisch noch Fleisch ist.

12.3.1 Direkte und indirekte Akteure

Um bei solchen Verflechtungen ein gemeinsames Digital-Ziel vor Augen zu haben und sich nicht in verteilten Teilzielen zu verzetteln oder sich auf Grabenkämpfe zwischen Abteilungen einzulassen, gilt es, zuerst die Anspruchsgruppen genau zu identifizieren. Dabei kann man intern nach folgenden Klassen von Anspruchsgruppen unterscheiden:

- Direkte Akteure
- Indirekte Akteure

Die direkten Akteure sind all jene Personen, die unmittelbar einen Einfluss auf die Digitalkanäle haben. Dies sind typischerweise Inhaltsverantwortliche, Redakteure, Designer usw. Vielfach verfügen diese Personen nicht über die Kompetenz, Entscheidungen zu den Website-Zielen zu treffen, jedoch sind sie in ihrem täglichen Handeln stetig damit konfrontiert und beeinflussen im Kleinen schließlich sehr wesentlich, welche Ziele wie umgesetzt werden. Auch liegt die eigentliche Kompetenz bezüglich Möglichkeiten und Grenzen des Webs meist bei solchen Personen.

Indirekte Akteure sind jene Leute, die zwar meist nur wenig mit den digitalen Kanälen selbst zu tun haben, jedoch Entscheidungen treffen, die einen zentralen Einfluss auf Aussehen, Inhalt oder Technik der Digitalkanäle haben. Dies können zum Beispiel Budgetentscheidungen oder übergeordnete Zielvorgaben sein. Der digitale Kanal ist für solche Personen, die typischerweise im Management angesiedelt sind, meist nur ein Kanal unter anderen. Dennoch prägen sie im Großen sehr stark, in welche Richtung sich der digitale Bereich entwickelt.

Um nun zu einer Auflistung sämtlicher involvierten Personen zu kommen, kann man entweder alle Job-Profile des Unternehmens durchgehen und klären, wo überall Web oder Digital vorkommt. Meist ist dies allerdings nicht sehr zielführend, da die Verflechtungen wesentlich größer sind, als dies in Job-Profilen berücksichtigt ist. Alternativ empfiehlt es sich deshalb, diese Informationen nach und nach in kurzen Interviews bei bekannten Involvierten abzuholen und so nach weiteren Verantwortlichen zu fragen. So ergibt sich Schritt für Schritt ein umfassendes Bild, wer alles einen Einfluss auf die Website hat und in welcher Form dies passiert. Neben den Personen selbst notiert man ebenfalls deren Aufgaben im Zusammenhang mit der Website sowie wem sie ihre Digital-Tätigkeiten berichten müssen bzw. von wem sie dafür Budget erhalten. Die Informationen dokumentiert man vorerst am besten in einer Tabelle in der Form, wie sie Tabelle 12.1 als Beispiel zeigt.

Name	Abteilung	Job-Titel	Aufgabenbereich für Digital	Budgetverantwortlicher	Akteur
A. Fischer	Corp. Comm.	Mitarbeiter Corp. Comm.	Redaktion Textinhalte	C. Kurz	direkt
C. Kurz	Corp. Comm.	Head of Corp. Comm.	Inhaltliche Verantwortung Gesamtauftritt	M. Rode	indirekt
A. Zünd	IT	Software Engineer	Technischer Betrieb Website	B. Moser	direkt
B. Moser	IT	Leiter IT	Technische Verantwortung	M. Rode	indirekt
F. Gerig	Services	Produktmanager	Produktverkauf	H. Müller	direkt
K. Marx	Services	Produktmanager	Produktverkauf	C. Knoll	direkt
H. Müller	Services	Verkaufsleiter		M. Rode	indirekt
P. Sears	Marketing	Marketing Manager	Offsite-Promotionen	F. Probst	direkt
F. Probst	Marketing	Marketingleiter		M. Rode	indirekt
Futura	Externe Agentur		Web-Entwicklung		direkt
Highhost	Externer Hoster		Hosting		direkt
Adway	Externe Agentur		Online-Marketing		direkt

Tabelle 12.1: Indirekt und direkt in die Digital-Definition involvierte Personen eines Unternehmens

Der Vorteil eines solchen sanften Vorgehens liegt nicht nur darin, dass sich die betreffenden Personen involviert fühlen und deswegen bereitwilliger Informationen abgeben. Auch hat man selbst die Möglichkeit, Analytics und den Nutzen davon schon einmal darzulegen und die Leute etwas zu bekehren.

12.3.2 Digital-Stakeholder-Karte

Um einen einfachen Überblick über die Einflüsse und Verflechtungen rund um die Website und die Digitalkanäle zu erhalten, hilft vielfach die visuelle Aufarbeitung der Beziehungen, wie sie in Tabelle 12.1 aufgelistet sind. Abbildung 12.3 zeigt ein Beispiel, wie solch eine Stakeholder-Karte mit aufgezeichneten Anspruchsgruppen aussehen kann.

Die derartige Identifikation von direkten und indirekten Akteuren hat neben der strukturierten Website-Zielfindung noch einen weiteren nützlichen Effekt. Wir werden die Rollen und Funktionen später auch dafür nutzen können, um spezifisch auf deren Bedürfnisse ausgerichtet Analytics-Reports zu erstellen.

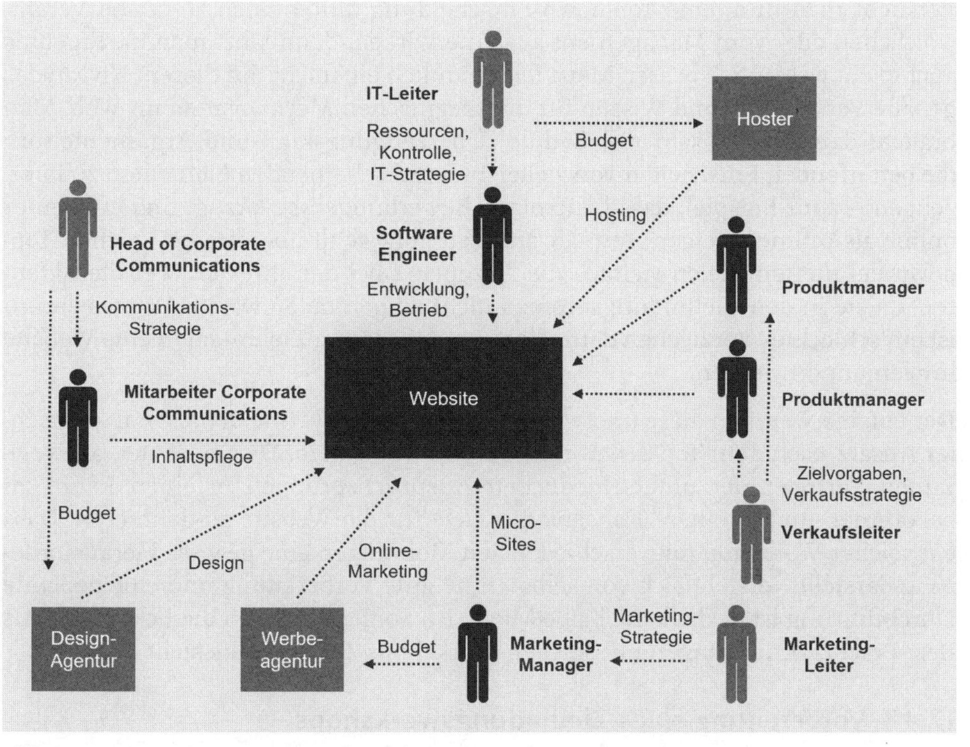

Abb. 12.3: Anspruchsgruppen rund um die Website eines Unternehmens

12.4 Global-Ziele und Erfolgsfaktoren definieren

Wenn man eine Digitalstrategie vorliegen hat oder zumindest bei der Website- oder App-Erstellung seine Hausaufgaben gemacht hat und strukturiert vorgegangen ist, dann kann man Ziele, die man mit dem entsprechenden Kanal verfolgt, einfach aus der Tasche ziehen. In der Realität sieht es jedoch meist eher so aus, dass man sich vielleicht einmal Gedanken zu den Zielen der Website gemacht hat, diese dann aber irgendwo im Tagesgeschäft untergegangen sind. Und selbst wenn man sich entsprechende Zielvorstellungen einmal notiert hat, haben sich diese durch die laufenden Anpassungen längst wieder verwässert.

Im Normalfall bedarf es deshalb von Zeit zu Zeit eines Prozesses, um die Website-, App- oder Social-Media-Ziele neu zu bestimmen. In kleineren Unternehmen, wo vielleicht gerade ein oder zwei Personen für die Website verantwortlich sind, mag dies eine Aufgabe einer kurzen Sitzung sein, um solche Ziele zu bestimmen. In größeren Unternehmen mit so vielseitigen Anspruchsgruppen wie in Abschnitt 12.3 aufgezeichnet, reicht dazu allerdings eine einfache Sitzung nicht aus. Zu unterschiedlich sind meist die Vorstellungen, als dass man ohne geeignete Hilfsmittel und Methodiken einen Konsens unter den Beteiligten herbeiführen könnte.

Versucht man nun, eine Top-down-Entscheidung durch einen zentralen Verantwortlichen oder vom Management aus zu erwirken, dann fährt man im Ergebnis auch nicht wesentlich besser. Meist fehlt nämlich einerseits auf diesem Niveau das genaue Verständnis und Wissen für die spezifischen Mechanismen im Web. Man braucht dann häufig sehr viel Geduld, Überzeugungskraft und Argumente, um die betreffenden Entscheider von vielleicht banal scheinenden Elementen zu überzeugen – zum Beispiel, dass heutzutage Bewerbungen bevorzugt und effizienter online als offline erfolgen. Auf der anderen Seite fehlt überdies bei solchen Top-down definierten Zielen vielfach die Akzeptanz bei den direkten Website-Akteuren, da sie in den Zielfindungsprozess nicht eingebunden waren. Das wiederum ist ein schlechtes Vorzeichen dafür, dass die definierten Ziele auch in eine Website implementiert werden.

Der einzige Weg, um diese unerwünschten Effekte zu vermeiden, ist ein gemischter Ansatz nach dem Top-down- und Bottom-up-Prinzip. Dies bedeutet, alle relevanten Vertreter der unterschiedlichen Anspruchsgruppen in einen Raum zu bekommen und in einem Konsens die Ziele für die Website zu definieren. Dass ein solcher Workshop mit verschiedensten Meinungen eine gewisse Herausforderung darstellt, versteht sich von selbst. Eine gute Vorbereitung und eine geplante Durchführung ist deshalb die halbe Miete. Im Folgenden seien die Eckpunkte aus Best-Practice-Erfahrungen mit solchen Workshops zusammengestellt.

12.4.1 Vorbereitung eines Zielfindungsworkshops

Zu einem Zielworkshop laden wir sämtliche in den Vorinterviews identifizierten Digital-Akteure ein (vgl. Abschnitt 12.3). Für die inhaltliche Arbeit sind die direkten Akteure wichtig (meist Inhaltsverantwortliche, Customer-Experience-Spezialisten etc.), für den Management-Support die indirekten Akteure. Da Letztere aber selbst meist über die Digitalkanäle hinaus Management-Aufgaben innehaben und schlechter für spezifische Workshops greifbar sind, erlauben wir ihnen auch die Vertretung durch einen direkten Akteur. Diese muss aber explizit durch den indirekten Akteur gewährt sein, da sonst die Unterstützung für im Workshop erarbeitete Definitionen fehlt.

Diesen Personenkreis laden wir zu einem rund halbtägigen Workshop mit folgenden Eckdaten:

- **Titel/Ziel:** Workshop zur Definition der Website-Ziele oder eines anderen Digitalkanals
- **Agenda:**
  - Einführung in Digital-Zielsetzungen und Ziel des Workshops (30 Min.)
  - Brainstorming Website-Zweck (15 Min.)
  - Sammlung und Gruppierung der Website-Ziele (50 Min.)
  - Sammlung und Zuordnung von Sub-Zielen (60 Min.)
  - Zusammenfassung, Abschluss und Ausblick (10 Min.)

Genauso wie für eine Website lässt sich dieser Workshop für jeden anderen Digitalkanal wie App oder Social Media analog durchführen. Falls sämtliche Digitalkanäle in einem Aufwasch besprochen werden sollen, empfiehlt sich, entsprechend mehr Zeit einzuplanen.

Zur Vorbereitung geben wir den Eingeladenen die Aufgabe, sich die Geschäftsziele, die die Website oder der gewählte Digitalkanal unterstützen soll, zu notieren. Diese Aufgabe gibt auch nicht teilnehmenden, indirekten Akteuren die Möglichkeit, ihre Anliegen über die Stellvertreter in den Workshop einzubringen. Die Vorbereitungsaufgabe ist denn auch explizit so formuliert, dass sie sich an Management-Personen richtet, die das Business und ihre Geschäftsziele vor Augen haben.

Sollten mehr als 15 Akteure in einen solchen Zielworkshop involviert sein – keine Seltenheit bei größeren Unternehmen –, dann empfiehlt es sich, aus Effizienzgründen den Workshop auf mehrere Termine und Gruppen aufzuteilen. Aus Konsensgründen ist dies zwar ungünstig, allerdings neigen Workshops bereits ab zehn Leuten dazu, ineffizient zu werden – oder sie stellen zumindest hohe Anforderungen an den Moderator, der Langschwätzer sanft, aber bestimmt abklemmen muss.

Zur eigenen Vorbereitung sollten Sie sich als Moderator die Begrüßung und die Einführungspräsentation zurechtlegen. In der Einführung zu den Digital-Zielen sollten Sie den Teilnehmern eine kurze Präsentation über die verschiedenen Typen von Zielen der Digitalkanäle geben und dabei vorerst die Geschäftsziele in den Mittelpunkt stellen. Inhaltlich können Sie sich an die dieses Kapitel einleitenden Informationen dazu halten. Ziel ist es, die Teilnehmenden etwa auf die Digital-Ziele einzuschwören und den Fokus auf den Zweck der Website zu lenken. Dies vermeidet, dass der Workshop nachher von individuellen Zielen der Beteiligten gelenkt wird, sondern fokussiert ihn stattdessen auf übergeordnete Ziele.

Damit Sie im Workshop nicht von allzu Unerwartetem überrascht werden – Workshops bergen ohnehin schon genug Überraschungen –, sollten Sie den Workshop vorher einmal im Trockenen durchspielen und selbst Inhalte zusammentragen. Dies erhöht nicht nur die Vorhersehbarkeit, sondern lässt Sie auch selbst Vorschläge oder Beispiele beitragen, sollte die Runde einmal nicht auf Touren kommen.

Zu guter Letzt gehört auch die Bereitstellung des benötigten Workshop-Materials zur Vorbereitung. Dazu zählt:

- Beamer oder Bildschirm
- Flipchart mit genügend Papier und Stiften
- Pro Person 30 bis 40 Workshop-Karten in DIN-A6-Format, im Idealfall in unterschiedlicher Farbe je Person
- Je Person einen fetten Filzschreiber
- Je Person fünf farbige Klebe-Punkte

- Pinnwand und Nadeln oder Papierwand und Klebeband zum Anheften der Karten
- Smartphone-Kamera für Dokumentation der erarbeiteten Ergebnisse

Natürlich kann ein solcher Workshop heute auch rein virtuell stattfinden, sofern die Teilnehmer sich dies gewohnt sind. Statt den physischen Workshop-Utensilien braucht es dann aber eine entsprechende Vorbereitung in einem virtuellen Workshop-Tool wie beispielsweise Miro oder Google Jamboard.

Egal ob virtuell oder physisch, ziehen Sie zudem eine Hilfsperson für den Workshop dazu, die Sie bei der Vorbereitung und während des Workshops unterstützt und die Diskussionen und Entscheidungen protokolliert. Wenn Sie den Workshop alleine moderieren, sollten Sie zumindest das Protokollschreiben am Beginn des Workshops an einen Teilnehmer delegieren.

Ebenfalls als hilfreich erwiesen hat es sich, sich den genauen zeitlichen Ablauf des Workshops auf einem Blatt Papier zu notieren. Dies hilft Ihnen, sowohl die Zeit im Auge zu behalten wie auch keine notwendigen Zwischenschritte zu vergessen. Auf einem solchen Ablauf-Protokoll steht dann zum Beispiel

- Uhrzeit für die einzelnen Programmpunkte
- Notwendige Vorbereitungen für die Programmpunkte (zum Beispiel Karten austeilen, Pinnwand vorbereiten etc.)
- Zu stellende Aufgaben für die jeweiligen Programmpunkte
- Zeit, die den Teilnehmern für die Arbeit gewährt wird

Derart vorbereitet sind Sie gut für die Durchführung des Workshops gewappnet.

12.4.2 Workshop-Durchführung

Bei der Workshop-Durchführung sind Sie diejenige Person, die verantwortlich für die Moderation und Dokumentation ist. Falls Sie sich dies nicht zutrauen, sollten Sie externe Berater hinzuziehen. Dies kann auch deswegen hilfreich sein, weil externe Personen innerhalb eines Unternehmens ein ganz anderes Standing haben, da sie nicht in die Unternehmenshierarchie eingebunden sind. Die Moderation und vor allem auch das Durchgreifen und Abblocken von langen Reden fällt dann einfacher aus, da kein Vorgesetzter-Untergebener-Verhältnis besteht. Auch die Erfahrung, die Berater hoffentlich aus ähnlichen Projekten bei anderen Kunden mitbringen, kann hilfreich sein.

Brainstorming zum Website-Zweck

Beginnen Sie den Workshop wie üblich mit einigen einleitenden Worten oder einer Vorstellungsrunde, sofern sich nicht ohnehin alle Teilnehmer bereits kennen. Da Sie nachher mit einer Präsentation bzw. der Einführung in die Website-

Zielsetzungen beginnen, haben die Teilnehmer noch etwas Zeit, sich mit dem Thema anzufreunden.

Das anschließende Brainstorming zum Website-Zweck ist sozusagen die Aufwärmphase, die den Teilnehmern Hemmungen nimmt. Stellen Sie ihnen dazu folgende knackige Frage: »Unsere Website fällt für zwei Tage unerwartet aus. Was fehlt uns dadurch?« Die Fragestellung prüft implizit die Ziele der Website, denn nur wenn etwas spürbar fehlt, steckt auch ein Ziel dahinter. Vermeintliche Ziele bzw. eben Mittel zum Zweck wie »die Website muss ästhetisch sein« werden dann nämlich nicht genannt. Stattdessen werden Sie Punkte wie »Wir bekommen keine Bewerbungen mehr« oder »Wir können aktuelle Pressemitteilungen nicht mehr publizieren« hören.

Sammeln Sie alle Antworten der Teilnehmer unkommentiert am Flipchart oder dem virtuellen Whiteboard. Diskutieren Sie nicht darüber, ob Nennungen wichtig sind oder nicht, und blocken Sie andere Teilnehmer ab, die darüber diskutieren möchten. Es ist Teil der Brainstorming-Methodik, Gedanken ohne Diskussion zu erfassen.

Sobald die Gedanken und Anzahl der Nennungen langsam nachlassen, ist es eine gute Zeit, eine kurze Pause zu machen. Dies gibt den Teilnehmern die Gelegenheit, auch im ungezwungenen Gespräch Gedanken noch etwas weiterzuspinnen und auszutauschen. Nach der Pause können Sie noch kurz fragen, ob es noch etwas zu ergänzen gäbe, und notieren auch dies noch auf dem Flipchart.

Website-Ziele sammeln

Platzieren Sie in der Pause die beschriebenen Flipcharts in eine Ecke oder hängen Sie sie gut sichtbar an die Wand. Bereiten Sie anschließend die Pinnwand und die Stecknadeln vor oder trennen Sie schon einmal einige Dutzend Klebestreifen ab, um diese zum späteren Aufkleben von Workshop-Karten schnell zur Hand zu haben. Verteilen Sie zudem jetzt je Person die 20 bis 30 Workshop-Karten inklusive Stifte. Im Idealfall hat jede Person eine eigene Farbkombination aus Kartenfarbe und Stiftfarbe. So lässt sich später nachvollziehen, wer welche Beiträge genannt hat. Notieren Sie die Farbkombinationen je Person im Protokoll, damit Sie diese Zuordnung später noch kennen. In einem virtuellen Workshop lassen sich gleichfalls farblich unterschiedliche Post-It‘s vorbereiten, welche dann von den Teilnehmern beschrieben werden können.

Nach der Pause kann der eigentliche Ziel-Workshop beginnen. Definieren und erläutern Sie kurz, was Website-Ziele sind, indem Sie auf die Nennungen auf dem Flipchart verweisen: Website-Ziele sind Elemente, die hinter den genannten Problemen bei einem Website-Ausfall stehen. Hinter dem Problem »Wir bekommen keine Bewerbungen mehr« steht zum Beispiel »Rekrutierung von neuen Mitarbeitern« als Ziel. Hinter dem Problem »Wir können aktuelle Pressemitteilungen nicht mehr publizieren« steht das Ziel »Kommunikation mit Medienvertretern«. Ziele haben zudem die Eigenschaft, dass sie sich über die Zeit nicht oder kaum verändern. So war es zum Beispiel schon im 18. Jahrhundert bei einer Reise von München nach Rom das Ziel, möglichst bequem, schnell und sicher anzukommen. Bequem, schnell und sicher ist auch heute noch das Ziel solch einer Reise, selbst wenn die Mittel, Reisedauer und Umstände sich längst geändert haben.

Mit dieser Definition im Hintergrund geben Sie den Teilnehmern die Aufgabe, in den nächsten fünf Minuten Website-Ziele auf die Karten vor sich zu schreiben – und zwar eine Karte je Ziel. Als Basis dürfen sie dabei die Ideen auf dem Flipchart oder die in der Workshop-Vorbereitung ausgedachten Geschäftsziele verwenden – jedoch immer vor dem Hintergrund der eben gegebenen Definition.

Nach rund fünf Minuten (oder gegebenenfalls etwas mehr) bitten Sie die Teilnehmer, aus den vor sich liegenden die drei Karten mit den für den jeweiligen Teilnehmer wichtigsten Website-Zielen auszuwählen und diese bei Ihnen abzugeben. Die restlichen Karten werden Sie später einsammeln, und wenn die Zeit knapp wird, für eine umfassende Besprechung die Nennungen nur im Protokoll vermerken. Dies ist so ein kleiner Trick, um bereits eine erste Priorisierung vorzunehmen und die benötigte Zeit für den Workshop etwas zu steuern.

Mit den eingesammelten Karten gehen Sie nun folgendermaßen vor:

- Greifen Sie sich die oberste Karte auf dem Stapel und halten Sie sie für alle sichtbar in die Runde.
- Wiederholen Sie kurz das genannte Ziel und prüfen Sie, dass für alle klar ist, was damit gemeint ist. Zur Not fragen Sie in der Runde nach, was damit gemeint ist.
- Stellen Sie anschließend das Ziel vor dem Hintergrund der Definition infrage. Hinter welchem Problem bei einem Website-Ausfall steht das genannte Ziel? Ist es über die Zeit konstant? Holen Sie dazu Stimmen aus der Runde ab, ob die Karte ein Ziel gemäß Definition darstellt oder nicht. Falls Sie der Überzeugung sind, dass es kein Ziel darstellt, fragen Sie kritisch in der Runde nach, zum Beispiel im Stile von »Was genau ist das auftretende Problem bei einem Website-Ausfall, das hinter diesem Ziel steht?« oder »Würde sich bei einem Ausfall jemand aus dem Management innerhalb von zwei Tagen vehement für die Lösung des Problems einsetzen?«
- Karten, die so den Definitionstest bestehen, positionieren Sie auf der linken Hälfte der Pinnwand. Durchgefallene Karten listen Sie auf der rechten Seite am Rande der Pinnwand auf.
- Bei Doppelnennungen von Zielen legen Sie die Karten leicht versetzt übereinander.
- Versuchen Sie, beim Anpinnen der Karten ähnliche Ziele nahe beieinander zu positionieren. Gegebenenfalls müssen Sie dadurch andere Karten zwischendurch umpositionieren.

Wenn Sie alle eingesammelten Karten durchgegangen sind und noch Zeit haben, dann lassen Sie sich von den Teilnehmern die restlichen Karten geben. Gehen Sie diese genauso durch und positionieren Sie sie auf der Pinnwand. Wenn die Zeit fehlt, sammeln Sie die Karten ebenfalls ein, gehen diese aber alleine in der Nachbearbeitung des Workshops durch. Weil die Teilnehmer die wichtigsten drei Ziele abgegeben haben, sollte diese Vorgehensweise keine wesentliche Einschränkung ihres Mitspracherechts darstellen. Am Ende dieses Workshop-Teils sollte die Pinnwand ein Muster gemäß Abbildung 12.4 aufweisen.

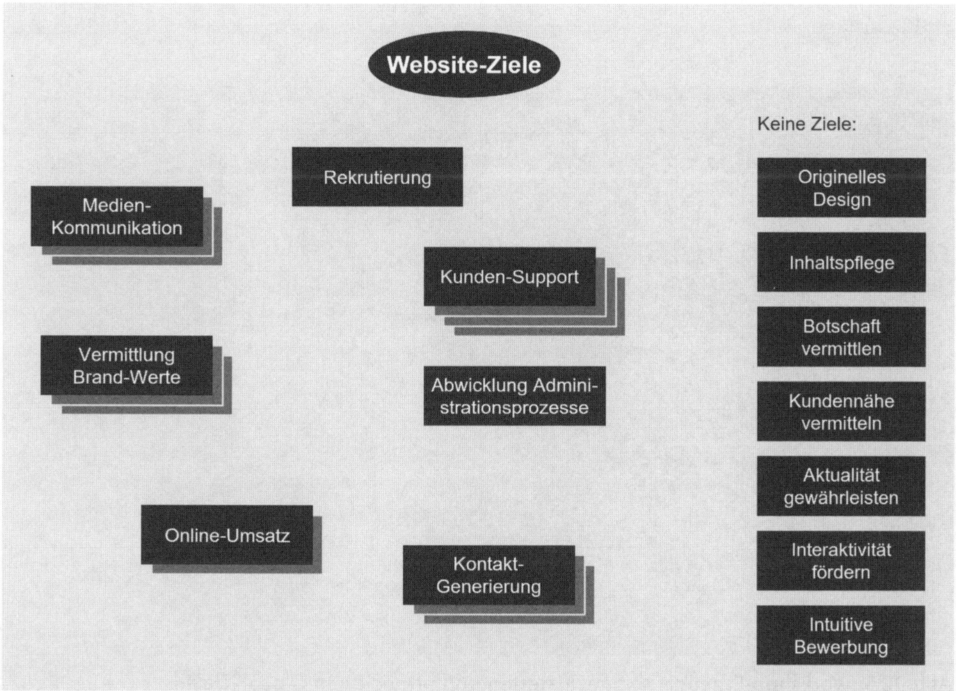

Abb. 12.4: Während des Workshops gesammelte und gruppierte Website-Ziele

Ziel-Priorisierung

Falls Sie mehr als sieben Ziele auf der Pinnwand stehen haben, wird es etwas schwierig für die weitere Vorgehensweise. Auch eine Website wird kaum zehn Ziele in gleichem Maße verfolgen können. Eine gewisse Priorisierung ist deshalb angesagt. Dazu gibt es zwei unterschiedliche Vorgehensalternativen, nämlich

- die Konsensvariante mittels Punktverteilung durch die Workshop-Teilnehmer
- die strategische Variante mittels Effizienz/Effektivitäts-Priorisierung

Je nach der verfügbaren Zeit und dem Teilnehmerkreis wählen Sie eine der Varianten aus. Bei genügend Zeit und starker Durchmischung von direkten und indirekten Akteuren empfiehlt sich die strategische Variante. Bei vornehmlich direkten Akteuren oder einem Teilnehmerkreis mit kaum hierarchischen Abstufungen empfiehlt sich die Konsensvariante.

Bei letzter Variante verteilen Sie vier oder fünf Klebe-Punkte an jeden Teilnehmer. Anschließend bitten Sie alle Teilnehmer, aufzustehen und die ihnen am wichtigsten scheinenden Website-Ziele mit ihren Punkten zu bekleben. Erlaubt sind dabei maximal zwei Punkte je Ziel auf der Pinnwand. Mittels Zusammenzählen der Punkte erhalten Sie eine einfache Priorisierung der wichtigsten Ziele, mit denen Sie im Workshop nachher fortfahren. Die niedrig bewerteten Ziele legen Sie beiseite.

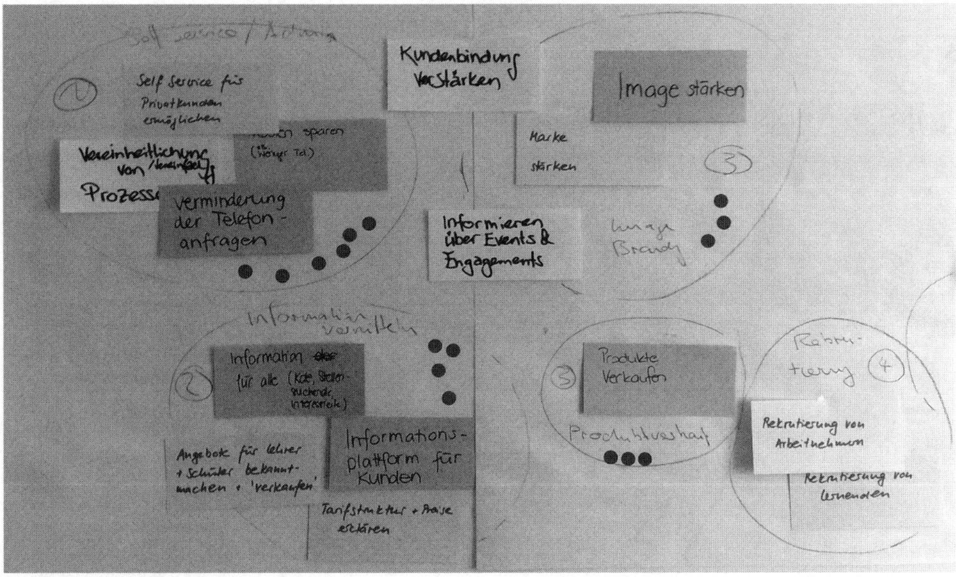

Abb. 12.5: Workshop-Ergebnis mit geclusterten und priorisierten Global-Zielen

Bei der strategischen Variante zeichnen Sie einen Graphen mit X- und Y-Achse auf das Flipchart. Die X-Achse beschreibt dabei die Effektivität des Ziels im Hinblick auf den Geschäftserfolg. Ziele, die einen hohen Beitrag zum Unternehmenserfolg leisten – zum Beispiel Umsatz –, werden weiter oben positioniert. Die Y-Achse beschreibt die Effizienz des Online-Kanals zur Erfüllung des Ziels. Bei einem Buchhändler eignet sich der Online-Kanal zum Beispiel sehr gut zur Erfüllung des Umsatzziels, bei einem Möbelverkäufer weniger. Demzufolge wird das betreffende Ziel bei höherer Zweckmäßigkeit weiter rechts auf dem Graphen positioniert.

So erläuternd bitten Sie nun die Runde, Ihnen zu sagen, wo auf dem Graphen Sie die einzelnen Ziel-Karten platzieren sollen. Im Ergebnis sollten Sie eine Positionierung erreichen, wie Abbildung 12.6 zeigt.

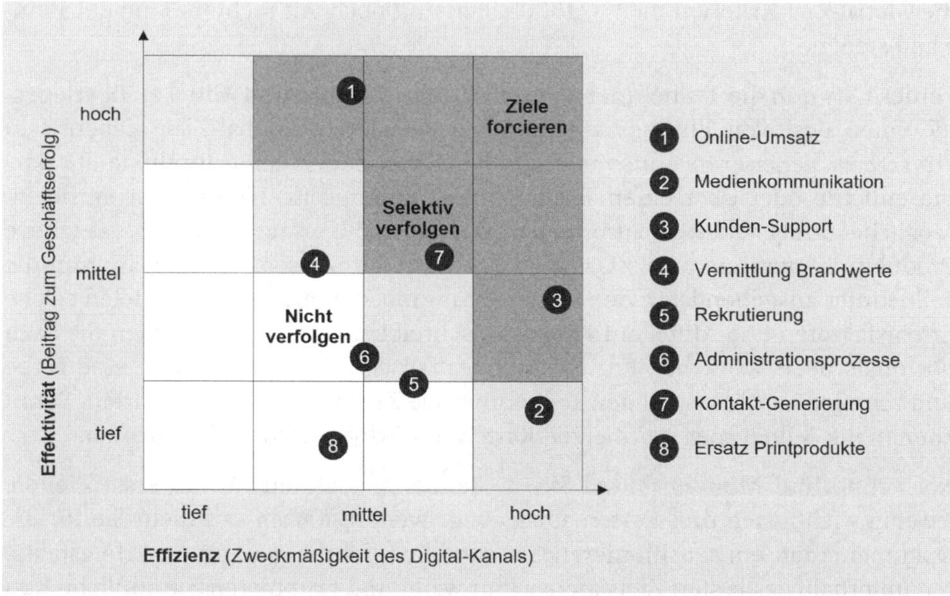

Abb. 12.6: Priorisierung von Zielen anhand der Dimensionen Effektivität und Effizienz

Erfahrungsgemäß neigen die Teilnehmer dazu, die meisten Karten möglichst oben rechts zu platzieren. Folgend Sie diesen Wünschen, klären Sie jedoch in der Runde, ob ein Ziel jeweils höher oder niedriger als bereits positionierte zu platzieren sei. Wenn sich so zumindest Abstufungen zwischen den einzelnen Zielen festhalten lassen, können Sie zur Not am Schluss das ganze Koordinatensystem im Hintergrund skalieren oder nach oben rechts verschieben. Dadurch wird eine Ansammlung von Zielen im oberen rechten Quadranten wieder verteilt auf den gesamten Graphen.

Wenn Sie nun am Schluss eine Diagonale von oben links nach unten rechts durch den Graphen legen (und diese gegebenenfalls etwas nach links oder rechts rücken), erhalten Sie die mit der Website zu realisierenden Ziele. Je weiter oben rechts ein Ziel positioniert ist, desto höher ist die Priorität dieses Ziels. Ziele, die sich in der unteren linken Hälfte des Graphen befinden, nehmen Sie nur noch vereinzelt in die zu realisierenden Ziele mit auf bzw. legen sie beiseite.

Erfolgsfaktoren und Mittel zur Zielerreichung

Die Global-Ziele, die die Website verfolgt, sind nun bestimmt. Nach einer kurzen Pause fahren Sie mit dem Workshop fort. Am besten verteilen Sie die übrig gebliebenen Global-Ziele gleichmäßig auf der Pinnwand, sodass jeweils unterhalb einer Zielkarte genügend Platz bleibt. Die nächste Aufgabe wird sein, untergeordnete Ziele herauszufinden, die die Global-Ziele unterstützen. Einige davon stehen wahrscheinlich schon auf der Pinnwand, nämlich diejenigen, die im ersten Schritt die Global-Ziel-Kriterien nicht erfüllt haben und noch am rechten Rand der Pinnwand stehen.

Fordern Sie nun die Teilnehmer auf, sich Erfolgsfaktoren und Mittel zu überlegen, die einen positiven Einfluss auf die eben definierten Global-Ziele haben. Um Umsatz zu generieren, muss man zum Beispiel zuerst seine Produkte attraktiv präsentieren oder über einen Bestellprozess ohne große Hindernisse verfügen. Mögliche Erfolgsfaktoren zum Global-Ziel Online-Umsatz wären so »attraktive Produktpräsentation« oder »Usability des Bestellprozesses«. Lassen Sie nun die Teilnehmer ausgehend von den an der Pinnwand stehenden Global-Zielen solche Erfolgsfaktoren und Mittel auf Karten aufschreiben. Am besten verteilen Sie dazu nochmals neue Workshop-Karten. Im Idealfall definieren Sie je Ziel eine Farbe und verteilen anschließend den Teilnehmern je Ziel bzw. Farbe fünf Karten. Somit können die Teilnehmer pro Ziel die Karten mit Erfolgsfaktoren beschriften.

Nach rund fünf Minuten bitten Sie die Teilnehmer, Ihnen für das erste Ziel die jeweilig wichtigsten drei Karten abzugeben. Weitere Karten sammeln Sie für die Dokumentation ein. Positionieren Sie anschließend die genannten Erfolgsfaktoren unterhalb des ersten Ziels an der Pinnwand und gruppieren Sie ähnliche Karten. Hinterfragen Sie allenfalls die Nennungen auf der Karte, falls es sich eher um konkrete Maßnahmen (zum Beispiel »3D-Ansicht eines Produkts«) als um generelle Erfolgsfaktoren handelt. Bei Übereinstimmung, dass es sich um keine Erfolgsfaktoren handelt, heften Sie die Karte auf der rechten Seite der Pinnwand unter die Karten mit den »Nicht-Zielen«. Verfahren Sie so für jedes der auf der Pinnwand stehenden Ziele. Nachdem alle Karten positioniert sind, sollte sich auf der Pinnwand ein Ergebnis wie in Abbildung 12.7 ergeben.

Abb. 12.7: Zuordnung von Erfolgsfaktoren zu Global-Zielen

Abschließend fragen Sie die Runde, ob eine der im ersten Workshop-Teil als Nicht-Ziel herausgefallenen Karten nun als Erfolgsfaktor bezeichnet werden könne. Im positiven Falle positionieren Sie solche Karten von der rechten Seite zum betreffenden Ziel um.

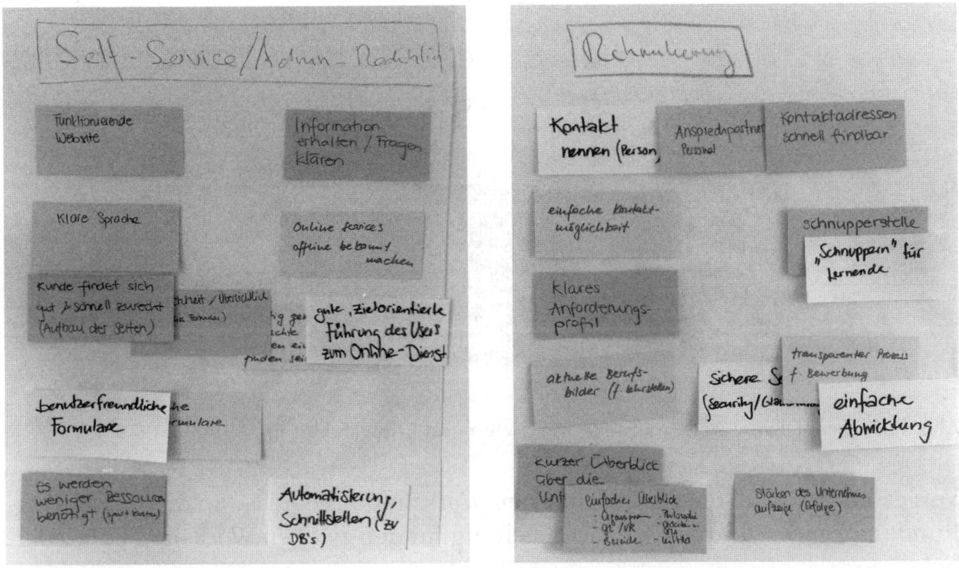

Abb. 12.8: Beispielergebnis eines Workshops: Erfolgsfaktoren für spezifische Website-Ziele

Damit hätten Sie nun zusammen mit den Teilnehmern definiert, was eigentlich der Sinn und Zweck der Website ist. Bedanken Sie sich bei den Beteiligten für die Mitarbeit und geben Sie ihnen noch folgende Aufgabe mit auf den Weg: Die Teilnehmer mögen sich bis zum nächsten Workshop überlegen, welche konkreten Aktivitäten auf der Website die gesammelten Erfolgsfaktoren unterstützen. Für den Erfolgsfaktor »Attraktive Produktpräsentation« kann dies nun die »3D-Produktvisualisierung« sein, sofern eine solche auf der Website präsent ist.

12.4.3 Nachbearbeitung

Als Workshop-Moderator ist für Sie leider die Arbeit auch nach dem Workshop noch nicht ganz abgeschlossen – die Dokumentation und Nachbearbeitung wartet noch. Am einfachsten fotografieren Sie direkt nach dem Workshop den Arbeitsstand auf der Pinnwand, so lässt sich die Nachbearbeitung auch zeitverzögert durchführen und muss nicht noch gleich im Meeting-Raum erfolgen.

Im Protokoll sollten Sie die genannten Global-Ziele tabellarisch notieren, ergänzt jeweils um eine Spalte mit den Namen derjenigen Personen, die die Ziele genannt haben, sowie eine Spalte mit der erarbeiteten Priorisierung je Ziel. Für die den

Zielen zugeordneten Erfolgsfaktoren und Mittel empfiehlt es sich, je Ziel kleine Pyramiden zu zeichnen. Diese Form soll deutlich machen, dass die Ziele auf den Erfolgsfaktoren aufbauen. Abbildung 12.9 zeigt eine solche Pyramidendarstellung, die wir später mit einem Fundament nach unten noch erweitern werden.

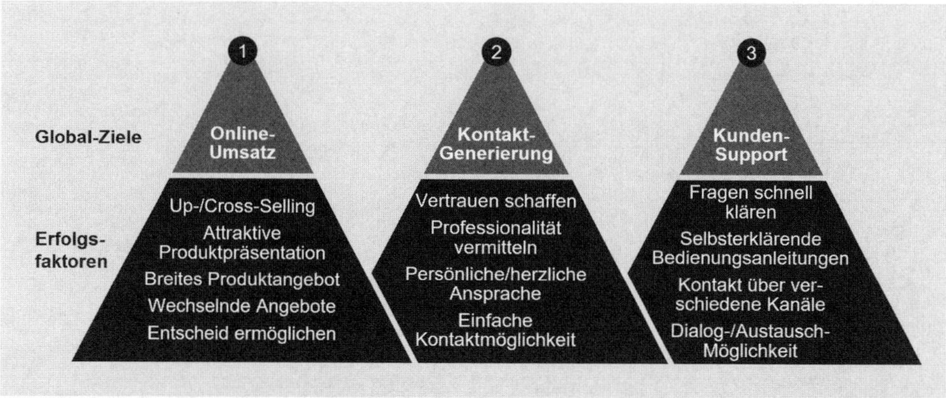

Abb. 12.9: Beispiel von Ziel-Pyramiden mit Zielen und Erfolgsfaktoren

Vergessen Sie nicht, die dokumentierten Workshop-Ergebnisse an die Teilnehmer-Runde zu senden und die Aufgabenstellung für den zweiten Workshop zu wiederholen.

12.5 Benutzerziele ergänzen

Mit dem durchgeführten Workshop haben wir die Zielvorstellung der Anspruchsgruppen innerhalb des Unternehmens umfassend abgeholt. Bislang außer Acht gelassen haben wir jedoch die Website-Nutzer. Zwar mögen manche der erarbeiteten Erfolgsfaktoren auch im Sinne von Benutzern sein – so richtig konsequent die Perspektive des Benutzers eingenommen haben wir bei den bisherigen Betrachtungen jedoch nicht.

Leider ist es nicht ganz so einfach, Benutzerziele zu erarbeiten. Ein Workshop mit allen Benutzern – was die analoge Form zu den eben durchgeführten Anspruchsgruppen-Workshops wäre – lässt sich leider nicht einberufen. Die Website-Besucher surfen ja meist anonym und verteilt auf der ganzen Welt.

Am einfachsten lassen sich Besucherziele nun noch ableiten, wenn man die Nutzergruppen oder Personas aus Kapitel 8, Abschnitt 8.8 zur Hand nimmt. Anhand deren Verhaltensmuster haben wir bereits in diesem Kapitel versucht, logische Verbindungen zwischen dem erkennbaren Verhalten und möglichen Motivationen und Zielen herzustellen. Mit genügend Erfahrung und Einfühlungsvermögen in unterschiedliche Besuchertypen kann man so pragmatisch und schnell deren

Zielsetzungen ergründen. Auch mit Analytics-Auswertungen kann man auf ähnliche Weise versuchen, Benutzer zu verstehen, wie wir in Teil II dieses Buches gesehen haben.

Um wissenschaftlich fundiert zu Benutzerzielen zu gelangen, ist jedoch eine etwas strukturiertere Vorgehensweise notwendig. Die am meisten verbreitete Vorgehensweise dafür – zum Beispiel auch als Teil der User-Centered-Design-Methodik verwendet – sind qualitative Untersuchungen in Form von Benutzer-Interviews oder Benutzer-Beobachtungen. Hierzu befragt oder beobachtet man ausgewählte Personen – bestehende und potenzielle Nutzer der Website – bei ihrem Besuch. Natürlich gehört dazu vorher ein unter Umständen aufwendiges Verfahren, um solche Personen zu finden und mit ihnen einen Termin zu vereinbaren – denn das Interview oder die Beobachtung erfolgt im Idealfall beim Benutzer zu Hause oder an seinem Arbeitsplatz. Video- und Bildschirmaufzeichnungen helfen, um auch später noch Details in der Benutzung erkennen zu können.

Der Vorteil eines solchen aufwendigen Vorgehens liegt darin, dass man den Kontext und die Bedingungen, in denen sich der Besucher beim Website-Besuch befindet, besser versteht als bei einer quantitativen Analyse. Verhaltensmuster und damit auch Ziele sind so viel schneller identifizierbar als bei quantitativen Untersuchungen. Meist reichen nämlich schon sechs bis zehn Benutzer aus, um ein einigermaßen klares Bild der Verhaltensweisen, Motivationen und Probleme der Benutzer zu bekommen. Insbesondere wenn es darum geht, Verhalten, Einstellung, soziale Aspekte, Ziele oder technischen und geschäftlichen Kontext zu ergründen, dann sind Benutzer-Interviews und -Beobachtungen trotz des aufwendigen Verfahrens meist der effizientere Weg.

Abgeleitet von solchen Erkenntnissen zum Verhalten und dem Kontext lassen sich anschließend, ähnlich wie oben beschrieben aus den Personas, Ziele von Benutzern ableiten. Wenngleich die Datenbasis aus den qualitativen Untersuchungen weit tiefgreifender ist, bleibt es jedoch der Denkleistung des Interviewers oder Analysten überlassen, die eigentlichen Benutzerziele zu ergründen. Denn kaum ein Besucher wird seine Ziele so klar und ehrlich formulieren und begründen können, dass sie direkt als Zielsetzung einer ganzen Benutzergruppe übernommen werden könnten.

Wer Benutzerziele derart fundiert erörtern möchte, dem sei deshalb weiterführende Literatur nahegelegt, die sich insbesondere mit qualitativen Untersuchungsmethodiken oder generell mit User-Centered-Design befasst. Als besonders empfehlenswert gerade im Hinblick auf die Findung von Benutzerzielen lässt sich das Buch *About Face 3 – The Essentials of Interaction Design* von Alan Cooper et al. nennen.

Wer diesen Aufwand scheut, dem sei geraten, zumindest die drei generischsten Benutzerziele zu betrachten. Zu diesen zählen:

- Einfache und effiziente Bedienbarkeit
- Ergreifendes oder erfreuliches Erlebnis
- Fehlerfreie Funktionsweise

Um diese oder mittels Untersuchungen herausgefundenen Benutzerziele in die unternehmensspezifischen Ziele einzubetten, gehen wir folgendermaßen vor:

- Für jedes Benutzerziel überlegen wir uns, ob und inwiefern es einen Einflussfaktor oder gar Erfolgsfaktor für ein Global-Ziel darstellt. Ein hürdenfreier Bestellprozess ist zum Beispiel ein Erfolgsfaktor für Online-Umsatz.
- Wenn es auf ein oder mehrere Ziele einen positiven Einfluss hat, ordnen wir es in der Pyramide als Sub-Ziel dem betreffenden Global-Ziel zu. Das Benutzerziel »Rasch Auskunft bekommen« hat zum Beispiel eine aufbauende Wirkung auf das Global-Ziel »Kontakt-Generierung«.

Ein anderer Ansatz ist, dass man eventuell vorhandene User Journeys zur Hand nimmt und die Phasen der Journeys grob zusammenfasst. Diese High-Level-Phasen könnten zum Beispiel »Annäherung«, »Überlegung«, »Kauf«, »Retention« und »Loyalität« lauten. Anschließend überlegt man sich für die definierten Digitalkanal-Ziele, in welchen Phasen der Journey der Kanal eine Rolle spielt und wo darin das Digitalkanal-Ziel zu verorten ist. Wenn zum Beispiel der Online-Kauf das Ziel darstellt, dann sind die Phasen »Annäherung«, »Überlegung« und »Kauf« vorgelagert – zumindest wenn man den Wiederkauf nun mal vorderhand ausklammert. Die Erfolgsfaktoren müssten daher grundsätzlich diese drei Phasen bedacht haben und sich darauf zuordnen lassen. Falls nach der Zuordnung noch Lücken bleiben, fehlen in der bisherigen Auflistung noch Faktoren, um die Benutzersicht vollständig zu berücksichtigen. Diese sollte dann für die weiteren Betrachtungen überlegt und ergänzt werden.

In Summe haben wir nun aber über den einen oder anderen Weg auch die Benutzersichten mit in die Zielbetrachtungen einfließen lassen und können uns damit sicher sein, nicht einen wesentlichen Aspekt für die Erfolgsbetrachtung vergessen zu haben.

12.6 Zielorientierte Digitalkanal-Aktivitäten und Messgrößen definieren

Nachdem nun die allgemeingültigen und eher statischen Ziele der Website oder eines anderen Digitalkanals definiert sind, geht es daran, diese auf konkretere Bereiche des Kanals hinunterzubrechen. Schließlich gilt es zu eruieren, welche Bereiche, Inhalte oder Funktionen einen positiven Effekt auf die definierten Global-Ziele und Erfolgsfaktoren haben. Hat man diese gefunden, lassen sich später die Messereignisse abgrenzen, die den Nutzungsgrad dieser Aktivitäten bestimmen. Nimmt man so zum Beispiel den Online-Umsatz und eine attraktive Produktpräsentation als Global-Ziel bzw. Erfolgsfaktor, dann stellt die interaktive 3D-Produktdarstellung eine zielorientierte verkaufssteigernde Aktivität dar. Das Messereignis für diese Aktivität ist dann beispielsweise der Aufruf jener Seite mit der integrierten Produktpräsentation oder die durchschnittliche Nutzungsdauer der 3D-Darstellung.

Auf diese Weise erweitern wir unsere Ziel-Pyramide um zwei weitere Stufen nach unten. Wie man erahnen kann, befinden wir uns auf der Ebene »Messgröße« bei Elementen, die Sie mehr oder weniger aus Teil II dieses Buches kennen. Dank der Vorgehensweise ausgehend von den Zielen stellen wir aber sicher, dass wir stets zielgerichtet operieren und nicht abschweifen.

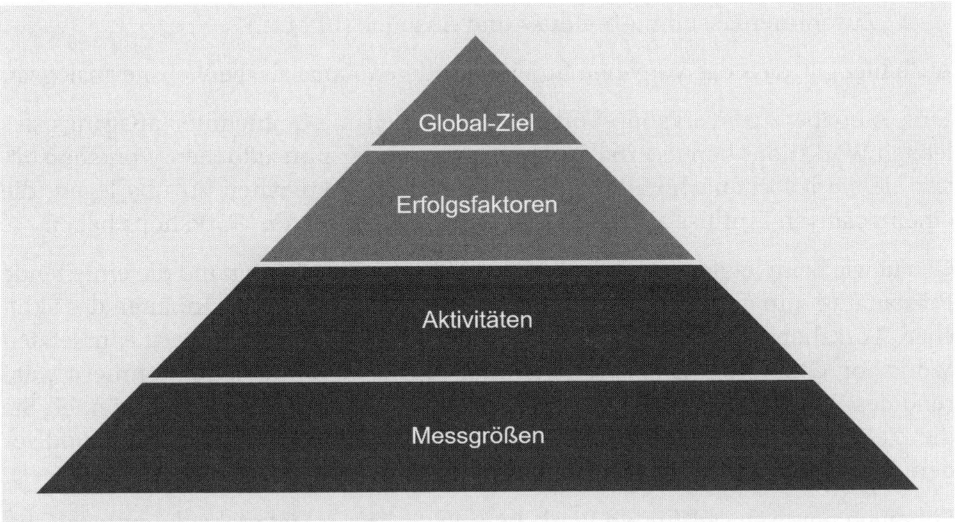

Abb. 12.10: Nach unten um Aktivitäten und Messgrößen erweiterte Ziel-Pyramide

Um ein breit abgestütztes Verständnis für die Aktivitäten und allenfalls Messgrößen zu haben, empfiehlt es sich wiederum, dies in Form eines Workshops zu tun. Der Teilnehmerkreis richtet sich diesmal primär an die direkten Digitalkanal-Akteure, das heißt mehr an jene Personen, die täglich mit dem betreffenden Channel in Kontakt stehen, und weniger an das Management. Die vollständige Teilnahme der direkten Akteure ist hierbei besonders wichtig, da diese Personen die Inhalte und Eigenschaften des Kanals am besten kennen. Die indirekten Akteure dagegen sind durch die Entscheidung der Ziele meist schon ausreichend und auch ihrer Kompetenz entsprechend eingebunden.

12.6.1 Workshop-Vorbereitung

In der Vorbereitung laden wir deshalb die direkten Akteure (und optional die weiteren Teilnehmer des ersten Workshops) zu einem zweiten rund halbtägigen Workshop mit folgenden Eckdaten ein:

- **Titel/Ziel:** Workshop zur Definition von zielorientierten Aktivitäten der Website (oder eines anderen digitalen Kanals) sowie möglichen Messgrößen
- **Agenda:**
  - Wrap-up des letzten Workshops, Stand der Definitionen und Ziel des Workshops (15 Min.)
  - Sammlung und Gruppierung der Website-Aktivitäten (100 Min.)
  - Sammlung und Zuordnung von Messgrößen (50 Min.)
  - Zusammenfassung, Abschluss und Ausblick (10 Min.)

Auch hier gilt, dass das Vorgehen für einen anderen Kanal als die Website analog ist.

Eine Aufgabe zur Workshop-Vorbereitung haben die Teilnehmer ausgangs des letzten Workshops bereits erhalten. In der Einladung zum aktuellen Workshop bitten Sie sie jedoch nochmals darum, sich Website-Aktivitäten zu überlegen, die einen positiven Einfluss auf die definierten Ziele des ersten Workshops haben.

Genau wie beim letzten Workshop bereiten Sie die Begrüßung und die einleitende Präsentation mit dem Wrap-up des letzten Workshops und den Inhalten des aktuellen Workshops vor. Zudem stellen Sie auf einer Präsentationsseite alle im letzten Workshop definierten Ziel-Pyramiden dar. Diese werden den Teilnehmern während des Workshops als Gedankenstütze dienen. Anstatt PowerPoint können Sie die Ziel-Pyramiden auch mit dickem Filzstift auf je ein A3-Blatt zeichnen und vor dem Workshop an den oberen Rand der Pinnwand hängen.

Für einen physisch stattfinden Workshop stellen Sie an Material Folgendes zusammen:

- Je Person einen Ausdruck der Tabelle mit Zielen, jeweiliger Priorisierung und Personen, die das Ziel genannt haben (aus Protokoll des letzten Workshops)
- Beamer oder Bildschirm
- Flipchart mit genügend Papier und Stiften
- Pro Person rund 50 Workshop-Karten in DIN-A6-Format, im Idealfall in unterschiedlicher Farbe je Person
- Je Person einen fetten Filzschreiber
- Pinnwand und Nadeln oder Papierwand und Klebeband zum Anheften der Karten
- Smartphone-Kamera für Dokumentation der erarbeiteten Ergebnisse

Derart vorbereitet sollten Sie gut für den zweiten Workshop gerüstet sein.

12.6.2 Workshop-Durchführung

Nach der Begrüßung leiten Sie den Workshop ein, indem Sie mit einer kurzen Zusammenfassung der Ergebnisse des letzten Workshops beginnen, sodass alle das Besprochene wieder mehr oder weniger präsent haben. Erklären und zeigen Sie schließlich die Pyramiden mit den verschiedenen Global- und Sub-Zielen. Erläutern Sie, wie diese im aktuellen Workshop um weitere Stufen nach unten ergänzt werden. Falls Sie nach dem Workshop Benutzerziele als Erfolgsfaktoren ergänzt haben, geben Sie auch dazu einige Ausführungen und Begründungen an. Lassen Sie sich anschließend von den Teilnehmern bestätigen, dass diese passend in den Ziel-Pyramiden zugeordnet sind.

Sammlung zielorientierter Website-Aktivitäten

Danach beginnt mit der Sammlung von bestehenden, zielorientierten Website-Aktivitäten der Hauptteil des Workshops. Aufgrund der benötigten Dauer für diesen Teil sollten Sie zwischendurch eine kurze Pause schalten, sobald die Teilnehmer ermüden.

Geben Sie nun jeder Person einen großen Stapel an Workshop-Karten, und zwar je Person eine eigene Farbe. Falls Sie nicht über genügend Farbvariationen an Karten verfügen, schauen Sie auf eine eindeutige Kombination von Karten- und Filzstiftfarbe oder bitten Sie die Personen, jeweils ihre Namenskürzel auf die Rückseite der Karte zu schreiben. Notieren Sie sich die Farbzuordnung im Protokoll, damit Sie später die Zuordnung von Person und Karte wiederherstellen können. Geben Sie nun den Teilnehmern fünf Minuten Zeit, um für das erste Ziel aktuell auf Ihrer Website bestehende Website-Aktivitäten auf die Karten zu schreiben. Erläutern Sie an einem konkreten Beispiel, was zielorientierte Aktivitäten sein können, zum Beispiel:

- **Global-Ziel:** Kontakt-Generierung
- **Erfolgsfaktoren:**
  - Vertrauen schaffen
  - Professionalität vermitteln
  - Persönliche/herzliche Ansprache
  - Rasch Auskunft bekommen
- **Zielorientierte Aktivitäten:**
  - Kunden-Testimonials zeigen
  - Referenzliste aufführen
  - Fallstudien präsentieren
  - Bild von zuständigem Ansprechpartner je Bereich
  - Kontakt-Button und Telefonnummer auf jeder Seite
  - Kontakt-Formular mit Mail-Versand direkt an betreffenden Bereich

Nachdem die Teilnehmer Aktivitäten zum ersten Ziel auf die Karten vor sich geschrieben haben, bitten Sie sie, Ihnen maximal drei Karten zu geben, die ihrer Meinung nach eine besondere Relevanz für das Ziel haben. Gehen Sie die eingesammelten Karten einzeln durch und klären Sie gegebenenfalls, was die Aktivitäten bedeuten. Positionieren Sie die Karten an der Pinnwand unterhalb des betreffenden Ziels und gruppieren Sie gleiche oder ähnliche Kartenbeschriftungen.

Sobald Sie alle Karten an der Pinnwand angeheftet haben, dokumentieren Sie den Arbeitsstand mit einer Fotografie oder halten die bisherigen Nennungen im Protokoll fest. Das Festhalten des Zwischenstands ist deshalb wichtig, um später eine gewisse Priorisierung der einzelnen Aktivitäten nachvollziehen zu können. Sammeln Sie anschließend die restlichen Karten der Teilnehmer ein und positionieren Sie diese Aktivitäten nun ebenfalls noch an der Pinnwand. Fragen Sie am Schluss noch in die Runde, ob den Teilnehmern zwischenzeitlich noch weitere Aktivitäten in den Sinn gekommen sind, die sie noch ergänzen möchten.

Auf diese Art und Weise gehen Sie Ziel für Ziel durch, eine Prozedur, die einige Zeit in Anspruch nehmen wird. Am Ende dieses Teils – den Sie unbedingt mit einer Pause zwischendurch auflockern sollten – steht eine Serie von Ziel-Pyramiden ähnlich Abbildung 12.11.

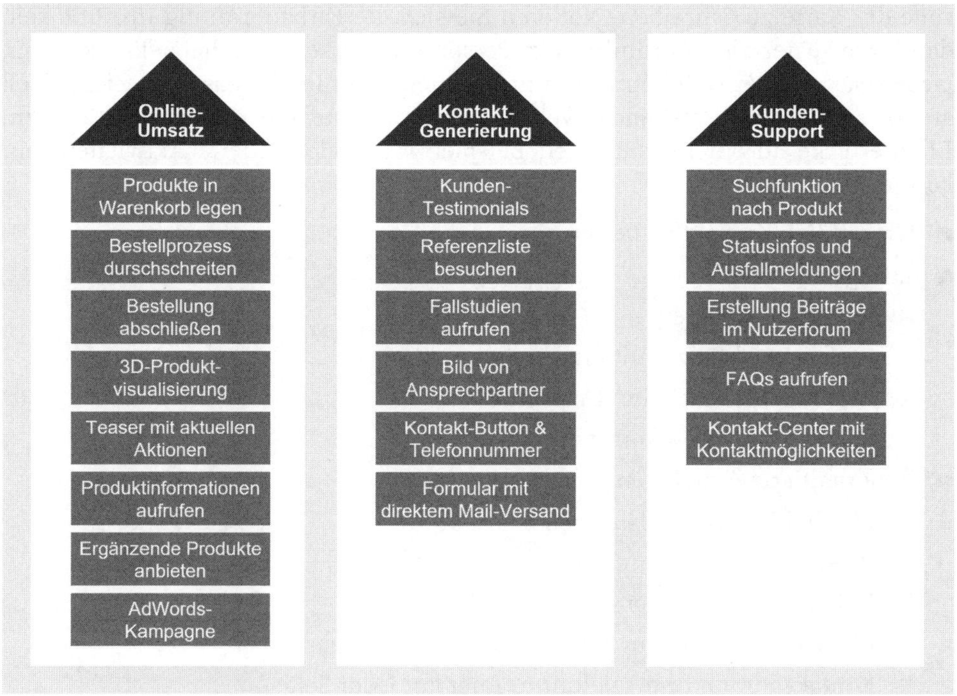

Abb. 12.11: Ziele mit zugehörigen Website-Aktivitäten

Die Ziel-Pyramiden listen nun jene Website-Aktivitäten auf, die über Erfolg oder Misserfolg Ihrer Website entscheiden. Diese mit Ihren Leuten erarbeitete Information ist das Kernelement jeder Website-Optimierung und enorm wertvoll. Es zeigt Ihnen nämlich wahrscheinlich zum ersten Mal auf, wo die Stellschrauben für die Erreichung Ihrer Website-Ziele liegen. Diese Relevanz der eben definierten Aktivitäten sollten Sie auch den Teilnehmern des Workshops vermitteln.

Sollte die Runde beim Sammeln von Aktivitäten nur mit Mühe auf einige spärliche Aktivitäten kommen, dann kann dies zweierlei bedeuten. Entweder ist es tatsächlich extrem schwierig, die Ziele, die sich die Runde gesetzt hat, im Web zu verwirklichen. Oder Sie haben aktuell tatsächlich wenig oder keine Aktivitäten, die online zur Zielerreichung beitragen. Beides sind nicht sehr gute Nachrichten, denn es bedeutet, dass die Website momentan nicht wirklich zielorientiert ausgerichtet ist. Dann nützt allerdings auch eine Optimierung, wie wir sie mit Analytics anstreben, nicht viel. Denn wenn man keine Kraft hat, die per se schon mal in die ungefähr richtige Richtung zieht, dann kommt man mit kleinen Optimierungsschritten zu langsam vorwärts.

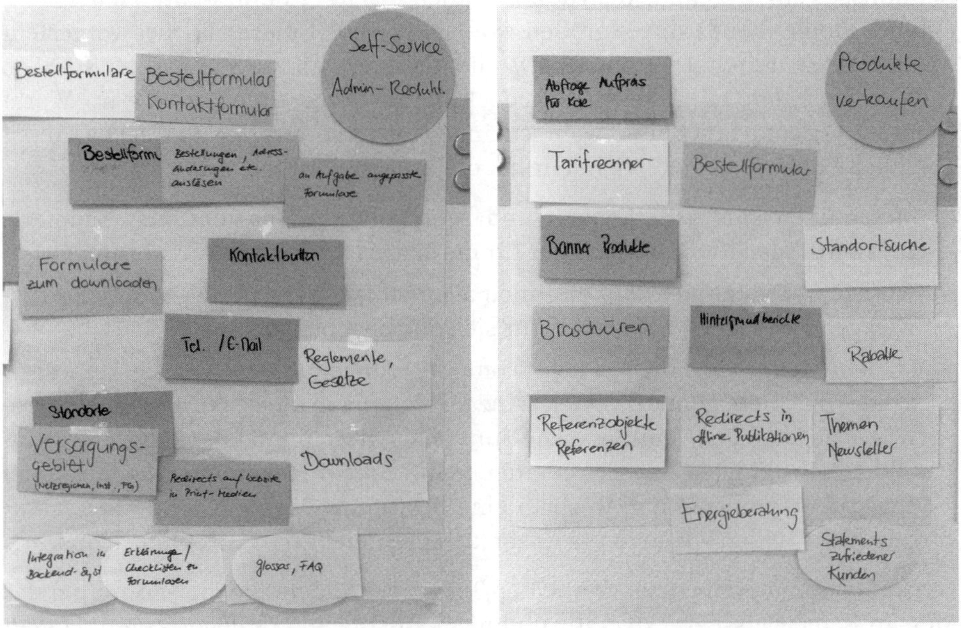

Abb. 12.12: Beispiel von zusammengetragenen zielorientierten Website-Aktivitäten

Ist es wirklich der Fall, dass Sie praktisch über keine bestehenden Aktivitäten verfügen, die auf gesetzte Ziele ausgerichtet sind, dann sollten Sie an der Stelle den Fokus des Workshops neu setzen. Statt bestehende Aktivitäten zu suchen, können Sie in so einer Situation Ihre Energien darin investieren, welche neuen Aktivitäten

Sie denn auf der Website anbieten könnten, die zielgerichtet wären. Diese können als wertvollen Input dienen, wie die Website in Zukunft erweitert werden soll. Vermischen Sie aber keinesfalls bestehende und neue Aktivitäten, sondern sammeln Sie die neuen separat auf einem Flipchart oder in einer Ecke der Pinnwand.

Messgrößen definieren

Sind die Aktivitäten erst einmal gesammelt, dann beginnt der richtig schwierige Teil: die Messgrößen oder Performance Metrics definieren. Im Prinzip geht es in diesem letzten Teil des Workshops darum, herauszufinden, wie man die eben gesammelten Aktivitäten messen kann. Bei der Aktivität »3D-Produktvisualisierung« stellt beispielsweise die durchschnittliche Verweildauer auf der Produktvisualisierung eine messbare Größe dar. Steigt die Verweildauer, dann ist dies eine Erfolgsauszeichnung für die Produktvisualisierung, diese wiederum fördert das Sub-Ziel »Attraktive Produktpräsentation«, das einen positiven Einfluss auf das Global-Ziel »Online-Umsatz« hat.

Die Erkennung von Messgrößen erfordert einiges an Abstraktionsvermögen und Kenntnisse vom Web und Analytics. Eventuell macht es Sinn, wenn Sie den Teilnehmer einige Standardmessgrößen, wie sie in Teil II dieses Buches vorgestellt wurden, präsentieren. Dies gibt so etwa die Richtung vor, was standardmäßig alles gemessen werden kann. Seien Sie jedoch darauf vorbereitet, dass die im Workshop erarbeiteten Ergebnisse wahrscheinlich nicht so ergiebig und sicher nicht abschließend sein werden. Vielmehr hat dieser letzte Teil folgenden Zweck:

- Messgrößen sind sehr konkret und sehr nahe an Analytics-Auswertungen. Dies sensibilisiert die Teilnehmer für die späteren Analytics-Auswertungen.
- Workshop-Teilnehmer können Ihnen allenfalls interessante Ideen mit auf den Weg geben, welche Messgrößen für sie sinnvoll sind.
- Manche Teilnehmer haben sehr konkrete Vorstellungen, was sie gemessen haben möchten (zum Beispiel »Anzahl Seitenaufrufe«). Nimmt man diese Wünsche entgegen, kann man sie zum jetzigen Zeitpunkt dank der Ziel-Pyramiden sehr einfach in »zielorientiert« und »nicht zielorientiert« unterscheiden. Die Argumentation, weshalb eine bestimmte Messgröße wie Seitenaufrufe nicht zu den wichtigen Kennzahlen gehört, fällt so relativ einfach aus.

Leiten Sie nun diesen letzten Workshop-Teil so ein, indem Sie die Sammlung der Messgrößen bewusst als explorativ und nicht abschließend kategorisieren. Fragen Sie die Runde nach Messgrößen und notieren Sie diese je Ziel auf einem Flipchart. Als wichtige Abgrenzung, ob es sich um eine zielorientierte Messgröße handelt oder nicht, stellen Sie folgende Überlegung in den Raum: Wenn die Messgröße zielorientiert ist, dann verbessert sich direkt oder indirekt auch das Globalziel, sobald die Messgröße einen verbesserten Wert erzielt. Messgrößen, die nicht zielorientiert sind, sammeln Sie auch – jedoch in einer separaten Spalte auf dem Flipchart. Offensichtlich stellen diese Größen für bestimmte Teilnehmer interessante, wenngleich nicht strategisch relevante Kennzahlen dar. Wir unterscheiden später nach strategischen Kennzahlen – jene, die sich innerhalb der Ziel-Pyramide befinden – und taktischen Kennzahlen, jene, die temporär oder aus anderen Gründen für bestimmte Interessensgruppen relevant sind.

Sobald die Wortmeldungen zu den Messgrößen nachlassen und Sie sämtliche Ziele durchexerziert haben, beenden Sie den Workshop mit Dank an die Teilnehmer. Vergessen Sie nicht, zum Abschluss den interessierten Teilnehmern noch einen kurzen Ausblick auf Ihre weiteren Schritte zu geben. Da Sie die in den Workshop gesammelten Erkenntnisse in die Reports aus Analytics-Systemen einfließen lassen werden, können Sie den Teilnehmern dies schon einmal in Aussicht stellen.

12.6.3 Nachbearbeitung und Ausarbeitung der Messgrößen

Neben dem Erstellen des Protokolls wartet dieses Mal noch einiges an Arbeit auf Sie in der Nachbearbeitung des Workshops: Das Aufspüren von weiteren Messgrößen, die den Erfolg von Aktivitäten messen, ist nämlich eigentlich die Aufgabe eines Digital-Analysten und erfordert eine große Portion an Denkleistung. Im Ergebnis sollten Sie für jedes definierte Ziel eine vollständige Ziel-Pyramide gemäß Abbildung 12.13 erhalten.

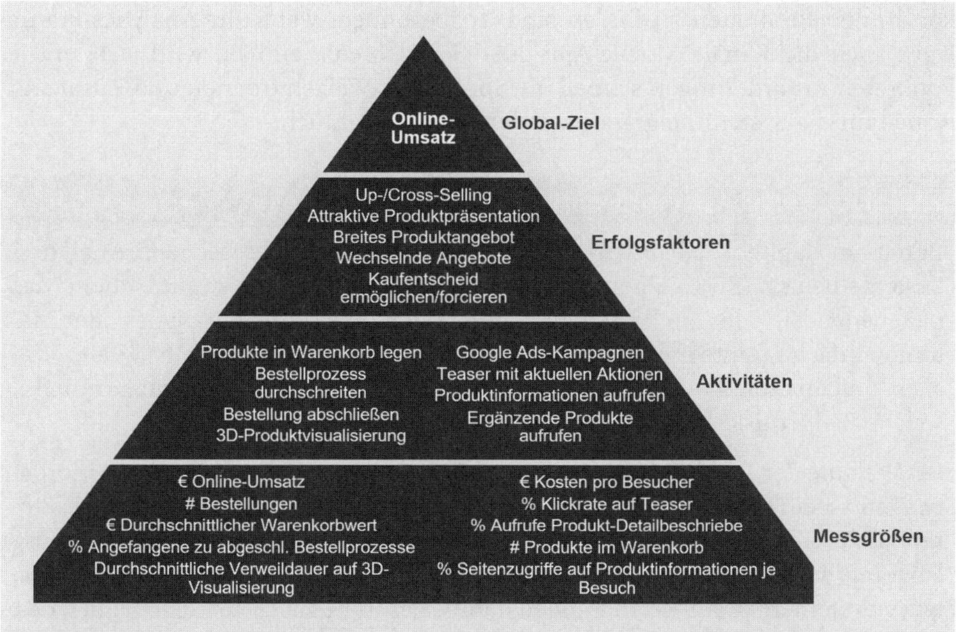

Abb. 12.13: Vollständige Ziel-Pyramide mit beispielhaften Aktivitäten und Messgrößen

Falls Sie dies nicht nur für den Website-Kanal, sondern auch für Ihre anderen Digitalkanäle durchgeführt haben, werden Sie eine umfangreiche Sammlung an Zielen, Erfolgsfaktoren, Aktivitäten und Messgrößen zusammengetragen haben. Diese Sammlung stellt das sogenannte »Analytics-Framework« dar, das die strategische und operative Basis für Ihre zukünftigen Analytics-Tätigkeiten darstellen wird.

Leider gibt es kein Rezept, wie man einfach zu möglichst sinnvollen und nützlichen Messgrößen gelangt. Die naheliegendste Vorgehensweise ist, einfach mal alle in einem Analytics-System vorhandenen Metriken zu nehmen und sich zu überlegen, ob diese in irgendeiner Form die definierten Aktivitäten messen. Meist wird man aber feststellen, dass man leicht andere als die dort direkt auslesbaren Messgrößen benötigt oder gewisse Funktionen gar nicht gemessen werden.

Notieren Sie solche Messgrößen, unabhängig von den Möglichkeiten des eingesetzten Systems. Sind bestimmte Metriken später tatsächlich nicht oder nur mit großem Aufwand in ein System zu implementieren, dann kann man die Entscheidung zum Ausschluss einer Messgröße auch nach der Aufwandabschätzung noch fällen. Häufig lassen sich über die Definition von spezifischen Ereignissen solche Messgrößen abbilden. Die definierten Messgrößen geben dann sozusagen vor, welche spezifischen Ereignisse man nun im Analytics System einrichten sollte.

Falls man noch über kein Analytics-System verfügt, bilden die gewünschten Messgrößen die idealen Kriterien zur Auswahl eines solchen. Lassen Sie verschiedene Produktanbieter dann demonstrieren, wie genau die von Ihnen definierten Metriken in den Produkten zu finden sind. Insbesondere wenn Ihr Analytics-Framework auch die Kanäle Mobile-App oder Social Media enthält, wird sich mit so konkreten Anforderungen schnell die Spreu vom Weizen trennen und Zusatzaufwände für die Systemintegration werden leicht ersichtlich.

Zielorientierte Auswahl eines Analytics-Systems

Bereits in Kapitel 1 haben wir uns mit der Auswahl eines passenden Analytics-Systems befasst. Zu so einem frühen Zeitpunkt ist man meist gut bedient, das naheliegendste oder ein kostengünstiges System wie Google Analytics oder Matomo einfach zu integrieren. Damit kann man nicht nur unmittelbar Daten tracken und nutzen, sondern auch erst einmal wichtige Erfahrungen sammeln, welche Bedürfnisse man eigentlich hat.

Im Verlaufe der Beschäftigung mit Analytics sollten sich die konkreten Anforderungen an ein System dann immer mehr herausschälen. Auf viele dieser Faktoren sind Sie in den vergangenen Kapiteln dieses Buches gestoßen. Diese Faktoren sind meist für die Trennung von Spreu und Weizen unter den Analytics-Systemen verantwortlich oder definieren, ob es sich um ein High-End-, Mid-Range- oder Low-End-Tool handelt. Zu den zu beachtenden und individuell in einer Auswahl zu gewichtenden Faktoren zählen zusammengefasst:

Allgemeine Dimensionen:

- Art und Weise der Datensammlung, clientseitig/Page Tagging oder serverseitig/Logfile (Abschnitt 2.5)
- Betriebslösung intern oder in der Cloud (Abschnitt 3.1)
- Berücksichtigung von Datenschutzkriterien, zum Beispiel Unterstützung von First-Party-Cookies (Abschnitt 2.2.2 und 3.2.4), keine Abspeicherung der IP-Adresse (Abschnitt 3.2.3) oder Unterstützung der europäischen Datenschutznormen (Abschnitt 3.2)

Funktionale Dimensionen:

- Einrichtung von Kampagnen ohne IT-Eingriff (Abschnitt 6.5.1)
- Browser-Overlay und insbesondere Linkidentifikation im Browser-Overlay (Abschnitt 8.6.1)
- Erstellungsmöglichkeit für Inhaltsgruppen (Abschnitt 9.2)
- Umfang der Segmentierungsmöglichkeiten (Abschnitt 11.3)
- Abbildungsmöglichkeit und Implementierungsaufwand für genau die definierten, zielorientierten Messgrößen (Abschnitt 12.6)
- Abbildungsmöglichkeit von Conversions, auf Seitenbasis und bei kundenspezifischen Ereignissen (Abschnitt 13.2.1)
- Abbildungsmöglichkeit von Conversion-Kosten und -Werten (Abschnitt 13.3)
- Abbildungsmöglichkeiten und Implementierungsaufwand von individuell definierten Key Performance Indicators (Abschnitt 14.2)
- Auswertung von Formularfeld-Abbrüchen (Abschnitt 15.1.4)

Schnittstellen:

- Exportmöglichkeit von Daten über ein Application Programming Interface (Abschnitt 4.3)
- Integrationsmöglichkeit von Google-Ads-Daten (Abschnitt 6.4)
- Integrationsmöglichkeiten von anderen Kampagnendaten (Abschnitt 6.5)

Darüber hinaus werden Sie weitere für Sie individuell wichtige Kriterien finden, wenn Sie erst einige Zeit mit einem Analytics-System gearbeitet haben. Mit Bestimmtheit wird unter den zahlreichen Herstellern von Systemen ein Produkt sein, das Ihren Bedürfnissen am nächsten kommt. Der Vollständigkeit halber seien nachfolgend einige der bekannteren Hersteller von Analytics-Produkten genannt, die Sie bei einer Auswahl eines Systems auf Ihrem Radar haben sollten:

- Adobe Analytics (`www.adobe.com/analytics/adobe-analytics.html`)
- Clicky Web Analytics (`www.clicky.com`)
- etracker (`www.etracker.com`)

- Google Analytics (www.google.com/analytics)
- Heap (www.heap.io)
- Jentis (www.jentis.com)
- Mapp Intelligence (www.mapp.com/customer-intelligence-and-ai)
- Matomo (www.matomo.org)
- Mixpanel (www.mixpanel.com)
- Webtrends Analytics (www.webtrends.com)
- Woopra (www.woopra.com)

Mit den hier vorgestellten Workshop-Schritten gelangen Sie mit dem Analytics-Framework zu einem Ergebnis, das die ideale und wohl einzige Basis ist, um Analytics zielorientiert zu nutzen und damit Ihren Digital-Erfolg äußerst effizient zu optimieren. Sich zuerst über die Ziele im Klaren zu sein, ist sozusagen der Booster für spätere Optimierungen. Dies garantiert, dass alle Kräfte an der gleichen Seite des Stricks ziehen und den Karren Ihrem Reiseziel näherbringen. Neben den Zielen haben aber genauso auch die anderen Elemente des Digital-Analytics-Frameworks einen sehr konkreten Nutzen: Die Messgrößen sind die Werte oder Ereignisse, die in dem Analytics-System abgebildet sein sollten und später in wiederkehrenden Berichten auftauchen werden. Ebenfalls bilden sie die Basis für die Definition von Key Performance Indicators. Die Aktivitäten sind die Angriffspunkte für eine Optimierung – denn sie beeinflussen die Zielerreichung. Die Erfolgsfaktoren schließlich geben Handlungsanleitungen dazu, wie die Aktivitäten optimiert werden müssen, damit dies erfolgreich wird.

Abb. 12.14: Verwendung der Elemente des Digital-Analytics-Frameworks

In ähnlicher Art und Weise wie eben beschrieben sind auch bereits bei namhaften Unternehmen Analytics- und Kennzahlen-Systeme eingeführt worden. Ein ausführlicher Erfahrungsbericht dazu ist zum Beispiel von zwei Mitarbeitern von Nokia verfügbar. Die beiden berichten in dem bei Google auffindbaren Papier »Implementing Web Analytics the Nokia Way: a Customer's Methodology by Vincent Kermorgant and Ilkka Manninen« über ihre Erkenntnisse bei der Einführung einer solch zielorientierten Analytics-Nutzung (auf Englisch).

Kapitel 13

Zielerreichung und Conversion

In Teil II dieses Buches haben Sie Dutzende Metriken kennengelernt, die Traffic-Quellen messen, Besucher und ihr Verhalten beschreiben oder die Nutzung von Inhalten untersuchen. In Kapitel 12 haben wir uns nun näher mit der Zielsetzung von Websites und anderen Digitalkanälen auseinandergesetzt. Um Metriken zielorientiert zu nutzen und damit den Digital-Erfolg zu multiplizieren, braucht man nun noch eine Kombination der Ziele einerseits und den Metriken aus den Untersuchungsbereichen zu Traffic-Quellen, Besuchern, Verhalten und Inhalten andererseits.

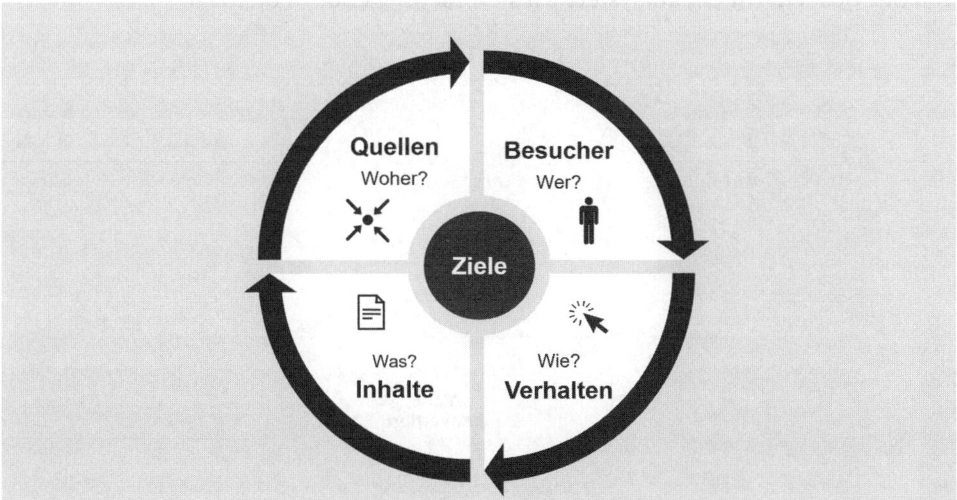

Abb. 13.1: Digital-Ziele stehen im Zentrum von Quellen, Besuchern, Verhalten und Inhalten.

Die Fragestellung, mit der wir uns deshalb befassen, ist, wie man den Beitrag der verschiedenen Bereiche einer Website oder eines anderen Kanals zur Erreichung der gesetzten Ziele feststellt. Das zentrale Instrument, um dies zu messen, nennt sich Conversion.

13.1 Was Conversions sind

Eine Conversion ist wörtlich eine Umwandlung. Konkret geht es um die Umwandlung eines normalen Besuchers in einen solchen, der sich so verhält, wie dies der Betreiber des digitalen Kanals möchte. Nimmt man die unternehmensindividuellen Website-Ziele als Basis, dann tritt eine Conversion dann auf, wenn ein Besucher eine Aktion unternimmt, die als zielgerichtet definiert wurde.

Das Hauptverwendungsgebiet von Conversions stammt ursprünglich aus dem E-Commerce-Umfeld. Dort wird eine Conversion nämlich meist mit einer Bestellauslösung durch den Besucher gleichgesetzt. Der Begriff Conversion wird deshalb gelegentlich immer noch nur so verstanden. Avinash Kaushik, Autor des brillanten Buches *Web Analytics – An Hour a Day* kritisiert zum Beispiel, dass ein Fokus auf die Conversions im Sinne einer E-Commerce-Conversion wenig bei der Website-Optimierung hilft. Als Begründung dafür gibt er an, dass typischerweise nur zwei bis vier Prozent der Website-Besucher konvertieren. Das Verhalten der restlichen 96 bis 98 Prozent bliebe hingegen im Dunkeln, womit der überwiegende Teil der Besucher nicht analysiert wird – brachliegendes Potenzial.

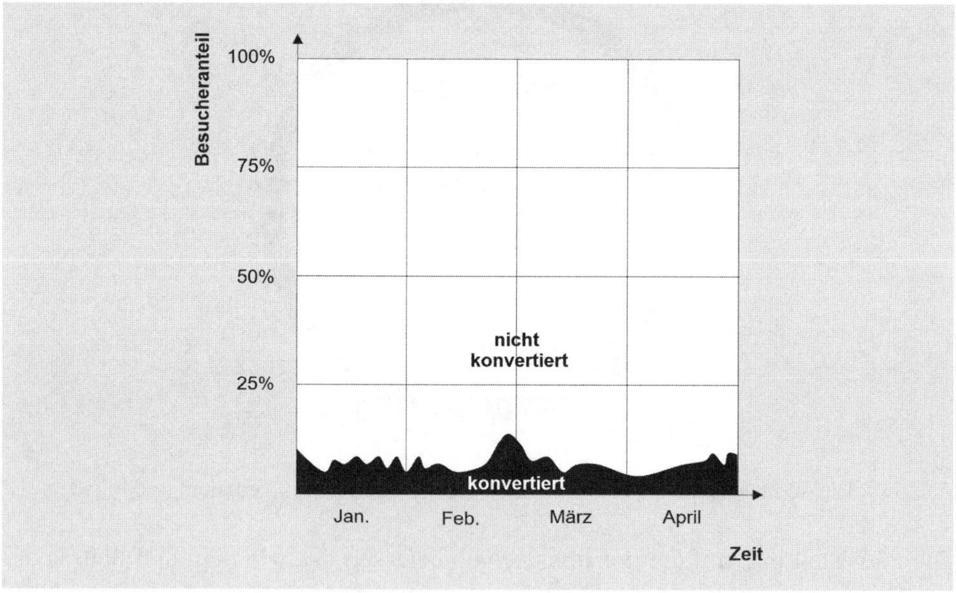

Abb. 13.2: Untersuchungsbereich der Conversion nach Definition von A. Kaushik

Diese Betrachtung ist insofern korrekt, wenn man als Conversion effektiv nur die Bestellauslösungen oder sonst das Erreichen eines einzelnen Website-Ziels betrachtet. Dann ist der Anteil an Conversions im Vergleich zu allen Besuchern tatsächlich zu gering, um mit diesen Werten eine Website gesamt zu optimieren.

Definiert man die Digital-Ziele aber vielseitig und teilt sie auf verschiedene beisteuernde Aktivitäten auf – so wie wir dies in Kapitel 12 getan haben –, dann bringen die Conversions auch Einblicke und Analysen in den übrigen Teil der Besucherschaft. Da es dann eine wesentlich größere Breite an Zielen gibt, treten Conversions auch häufiger ein. Somit schrumpft der Anteil an nicht konvertierenden Besuchern gut und gern auf unter 25 Prozent. Abbildung 13.3 zeigt schematisch den Abdeckungsgrad des Besucheranteils mit einer derartigen Conversion-Definition. Der von den Conversions nicht betrachtete Restteil ist dann wohl effektiv der Anteil Besucher, die auf der Website schlicht und einfach falsch sind und die man mit keinerlei Maßnahmen je dazu bringen wird, ein Ziel zu erreichen.

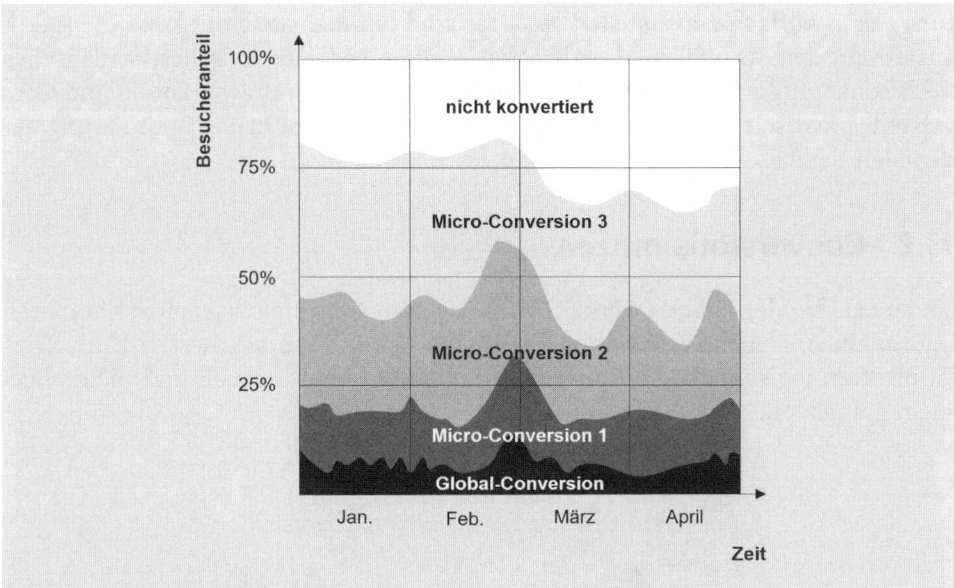

Abb. 13.3: Untersuchungsbereich von Conversions bei Einbezug von mehreren Zielen und Aktivitäten

Für die weiteren Betrachtungen definieren wir deshalb eine Conversion so, dass sie immer dann eintritt, wenn ein Besucher ein definiertes Global-Ziel erfüllt oder eine diesem nahestehende Aktivität ausführt. Entsprechend den Global-Zielen und beisteuernden Aktivitäten unterteilen wir auch die Conversions in Global-Conversions einerseits und Sub- oder Micro-Conversions andererseits.

Je nach Digital-Ziel tritt sodann eine Global-Conversion ein, wenn ein Besucher zum Beispiel eine Bestellung auslöst (Ziel: Online-Umsatz), ein Kontaktformular absendet (Ziel: Kontakt-Generierung) oder eine FAQ-Antwort als hilfreich bewertet (Ziel: Kunden-Support). Micro-Conversions treten beim Global-Ziel Online-Umsatz zum Beispiel dann ein, wenn Produkte in den Warenkorb gelegt werden, eine Produktvisualisierung während mindestens 30 Sekunden betrachtet wird oder ein Factsheet downgeloadet wird. Für das Global-Ziel Kontakt-Generierung wären Micro-Conversions beispielsweise der Aufruf der Referenzlisten-Seite, der Download einer Fallstudie oder der Besuch von mindestens zwei Kunden-Testimonial-Seiten. Bei einer Website mit Kunden-Support-Ziel könnten die Micro-Conversions »Aufruf einer FAQ-Seite und dazugehöriger Antwort« oder »Nutzung der Suchfunktion und Betrachtung mindestens einer Trefferseite« lauten.

Derart eingesetzt sind Conversions *die* Wunderwaffe, um alle Aspekte eines Digitalkanals – egal ob Online-Shop, App, Portal, Corporate-Website oder sonst ein Kanal – zielorientiert zu optimieren. Hinzu kommt noch, dass Conversions im Vergleich zu anderen Metriken wie Besuchstiefe, Absprungrate oder Seitenhaftung relativ einfach zu verstehen sind. Sie sind nämlich stets mit konkreten Aktivitäten auf dem Digitalkanal verbunden, sodass weder technisches, statistisches noch sonst großartiges Verständnis von Metriken notwendig ist. Somit sind Conversions praktisch in jeder Hinsicht das ideale Instrument in der Optimierung der digitalen Kanäle.

13.2 Conversions nutzen

Anders als bei den Standard-Metriken muss man Conversions explizit definieren und in ein Analytics-System implementieren, damit man sie messen kann. Dies ist insofern logisch, als die Conversion-Ereignisse ja individuell und nicht allgemein gültig sind.

Abb. 13.4: Aus Zielen und Aktivitäten abgeleitete Global- und Micro-Conversions

Zur Definition nimmt man am besten das in Kapitel 12 festgelegte Analytics-Framework bzw. die Ziel-Pyramiden zur Hand. Ausgehend von den dort stehenden Aktivitäten und Messgrößen leiten wir Ereignisse ab, die das Eintreten eines Global-Ziels oder einer beisteuernden Aktivität beschreiben.

Beschreibt ein Messereignis direkt ein Global-Ziel, dann nennen wir die entsprechende Conversion auch Global-Conversion. In einem Online-Shop ist der Bestellabschluss zum Beispiel eine solche Conversion, die direkt Umsatz verursacht und deshalb als Global-Conversion zählt. Andere Zielereignisse wie der Download eines Produkt-Factsheets oder das Legen eines Produkts in den Warenkorb steuern nur einer Aktivität bei und werden deshalb als Micro-Conversions festgehalten.

13.2.1 Conversions im Analytics-System messen

Um nun die Conversions im verwendeten Analytics-System abzubilden, ist man an dessen Fähigkeiten bezüglich Conversion-Messung gebunden. Bei manchen Systemen kann eine Conversion nur dann gemessen werden, wenn eine bestimmte Zielseite erreicht wird. Als Zielseite wird so zum Beispiel die Danke-Seite nach einer Bestellung definiert. Da auf diese Seite nur jemand gelangen kann, der vorher eine Bestellung abgeschickt hat, ist der Aufruf dieser Seite eine eindeutige Zielerreichung.

Für Global-Ziele reicht die seitenbasierte Messmöglichkeit meist relativ gut aus, da vor einem Global-Ziel vielfach ein Bestellprozess oder Kontaktprozess steht, der mit einer Bestätigungsseite endet. Wenn das Global-Ziel aber zum Beispiel »Brand stärken« heißt oder Aktivitäten wie »Erste Sequenz Brand-Movie betrachtet« abgebildet werden sollen, gelangt man mit seitenbasierter Zielbetrachtung an die Grenzen der Abbildungsmöglichkeiten.

Für solche Ziele ist es dann notwendig, dass im Analytics-System Conversions auch durch Ereignisse ausgelöst werden können. Klickt zum Beispiel ein Besucher auf einen Download-Link oder ist eine Seite während mindestens 30 Sekunden im Browser geladen, dann kann man dies als Ereignis absenden. Das Eintreten dieses Ereignisses wird sodann im Analytics-System als Conversion definiert.

Der Einbau solcher dynamischer Conversions bedeutet jedoch im Normalfall erst eine technische Anpassung an der Website, da die entsprechenden Ereignisse bzw. Events implementiert oder via Tag-Management-System konfiguriert werden müssen. Im Vergleich zur seitenbasierten Messmethode ist es dann nicht mehr nur eine Aufgabe von einigen Klicks im Analytics-System, sondern mit etwas mehr Aufwand verbunden. Um ein vollständiges Bild der Conversions und damit des Besucherverhaltens zu erhalten, lohnt sich eine solche Implementierung aber allemal.

In Google Analytics, wo ohnehin Ereignisse die Basis für die gesamte Datensammlung darstellen, lassen sich Conversions glücklicherweise recht einfach konfigurieren. Ist erst mal ein Ereignis definiert – sei es da es ohnehin im Standard- oder erweiterten Tracking gesammelt wird, oder individuell konfiguriert wurde – dann kann ein solches mittels eines Klicks als Conversion ausgezeichnet werden. Abbildung 13.5 zeigt die Liste von definierten Ereignissen, welche über Bedienung der jeweiligen Schaltfläche als Conversions markiert werden können.

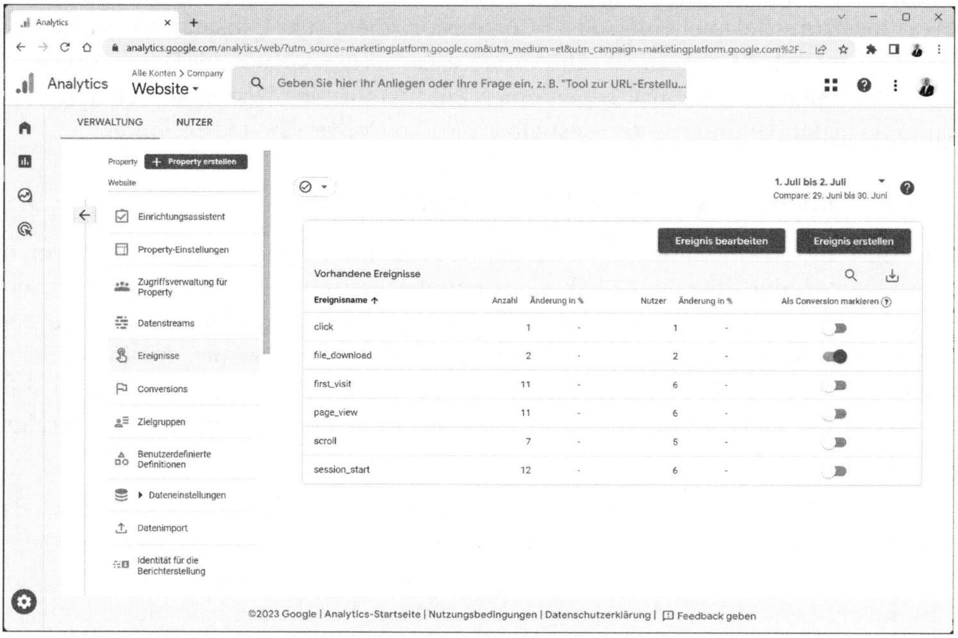

Abb. 13.5: Einrichtung von Conversions in Google Analytics

13.2.2 Verwendung von Conversion-Metriken

Der übliche Gebrauch von Conversion-Metriken ist derjenige in Form von Verhältnissen. Die allgemeine Ermittlung einer Rate erfolgt nach der Formel »Rate = Zielereignis/Basisereignis * 100 Prozent«. Wenn das Zielereignis zum Beispiel eine Bestellung während eines Besuchs ist, dann ist das Basisereignis der Besuch an sich. Die Conversion Rate ist somit der Anteil an Besuchen, die in einer Bestellung resultierten.

Conversion Rates lassen sich ideal als Teil einer Segmentierung nutzen, zusätzlich zu den bereits in Kapitel 11 in Abschnitt 11.3.3 genannten Segmentierungsdimensionen. Die meisten Metriken, von Quellen über Besucher bis hin zu deren Verhalten und Inhalten, lassen sich unter Conversion-Gesichtspunkten beurteilen. Als nützliche Segmentierungskriterien zeigen sich so die Conversion Rates bei unterschiedlichen referenzierenden Websites oder einzelnen Suchmaschinen-Keywords. Auch zur Eruierung von Mustern, welche Eigenschaften oder welches

Verhalten von Besuchern ausschlaggebend für eine Zielerreichung sind, lassen sich Conversions einsetzen. Beispiele solcher Conversion Rates sind solche von:

- unterschiedlichen verweisenden Websites
- einzelnen Suchmaschinen
- einzelnen Google Ads
- einzelner Kampagnen, Werbeplattformen, Banner oder Bannerformaten
- Besuchern nach Herkunftsregionen, Sprachen oder technischen Voraussetzungen
- Besuchern beim ersten Website-Besuch und beim Wiederbesuch
- Klicks auf Teaser oder Inhaltslinks
- verschiedenen Besuchsstartpunkten, zum Beispiel ab Homepage, Landingpage oder interner Suchnutzung

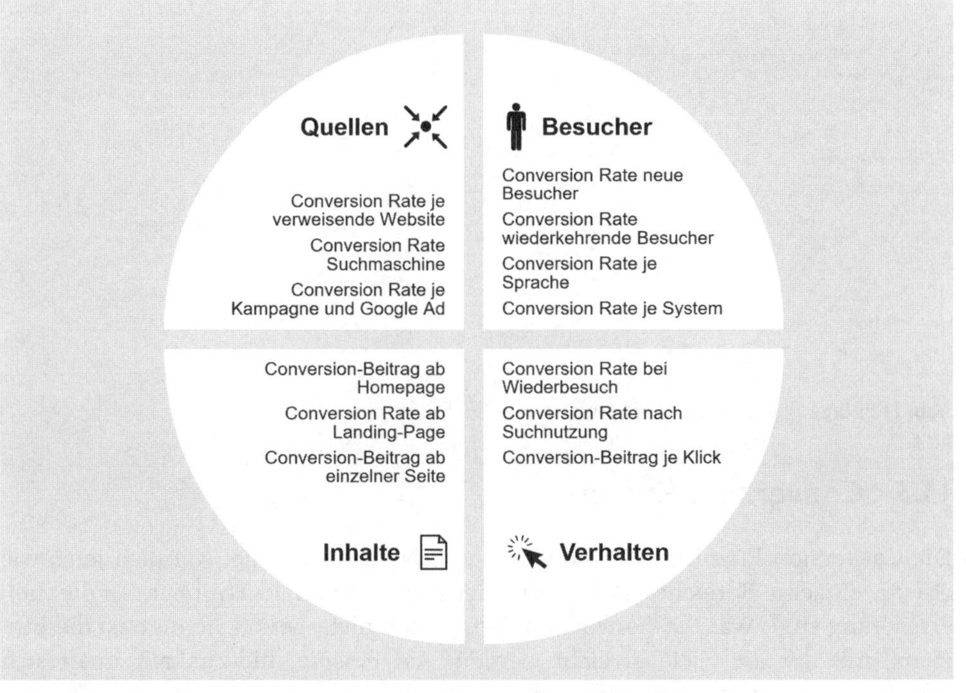

Abb. 13.6: Conversion Rates je Untersuchungsbereich einer Website

Abbildung 13.7 zeigt verschiedene Suchmaschinen und die jeweiligen Conversions, die von darüber vermittelten Besuchern generiert wurden. In der Darstellung ist »Add to Cart« – also Produkt in den Warenkorb legen – als eine der definierten Conversions ausgewählt. Einfach ersichtlich ist hier, dass die

Suchmaschine von Google die meisten Conversion generiert hat – nämlich 205. Bing dagegen hat lediglich 8 Conversions generiert. Besser als solche absoluten Zahlen anzuschauen, wäre allerdings eine Conversion-Rate zu betrachten, welche in der Ansicht allerdings nicht berechnet wird. Würde man so die Anzahl Conversions mit den Anzahl Sitzungen (oder »Session Starts«) in Relation setzen, dann hätte Bing eine deutlich höhere Rate. Bing vermittelt damit offenbar in diesem Beispiel den qualitativ hochwertigeren Traffic.

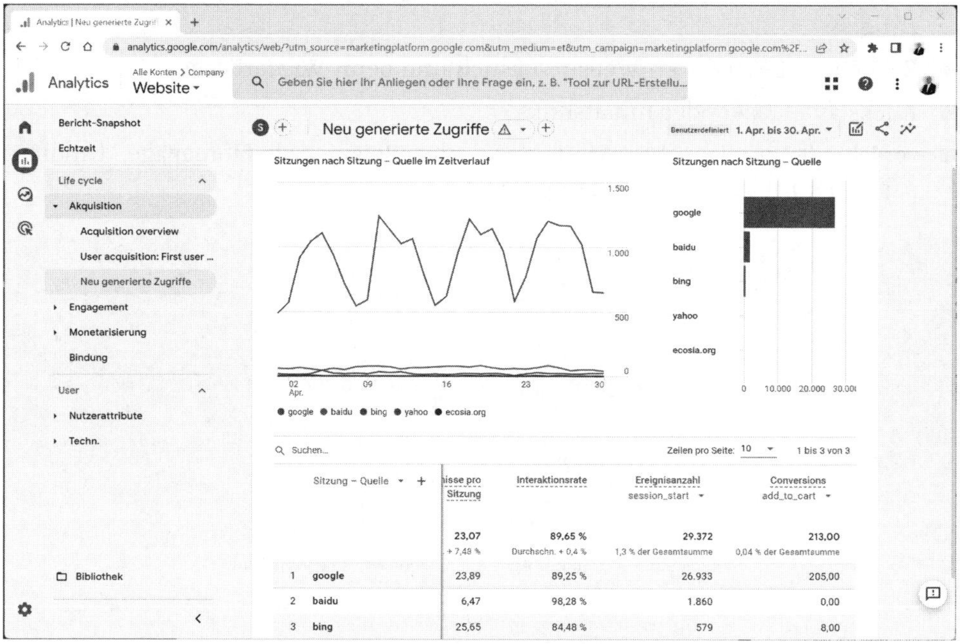

Abb. 13.7: Erzeugte Conversions verweisender Suchmaschinen

13.3 Conversion-Kosten

Die Conversion Rate fördert eine wichtige Erkenntnis zutage. Nämlich jene, wie effektiv einzelne Bereiche, Aktivitäten oder Maßnahmen im Hinblick auf die Zielerreichung sind. Was die Conversion Rate jedoch nicht berücksichtigt, ist die Effizienz, mit der die Ziele erreicht werden. Als Beispiel hierzu kann man sich folgende Situation vor Augen führen:

Bei der Lancierung eines Produkts wird über verschiedene Kanäle Werbung betrieben, unter anderem über Google Ads, mittels Display-Werbungen auf verschiedenen Plattformen, einem E-Mailing an bestehende Kunden und mit einem Direct Mailing an 20.000 Postadressen. Dank dem Einsatz eines Analytics-Systems wird die Conversion Rate jedes einzelnen Kanals inklusive dem Direct Mailing gemessen. Als Ergebnis resultiert folgende Zusammenstellung der Conversion Rate:

- Google Ads: 3,67 Prozent (843 Conversions)
- E-Mailing: 2,76 Prozent (552 Conversions)
- Display-Werbung: 0,2 Prozent (163 Conversions)
- Direct Mailing: 5,96 Prozent (1.192 Conversions)

Allein mit dieser Betrachtungsweise müsste man schließen, dass das Direct Mailing der beste Kampagnenkanal war und deshalb zu forcieren ist. Das ist allerdings ein gefährlicher Trugschluss. Denn in puncto Effektivität mag das Direct Mailing zwar das Beste sein. Was aber die Effizienz betrifft, sieht dies bei Einbezug der Kosten anders aus:

- Google Ads: 2.400 Euro (2,85 Euro/Conversion)
- E-Mailing: 1.900 Euro (3,44 Euro/Conversion)
- Display-Werbung: 5.000 Euro (30,67 Euro/Conversion)
- Direct Mailing: 21.000 Euro (17,61 Euro/Conversion)

So betrachtet zeigt sich ein ganz anderes Bild. Die Plätze als effizienteste Aktivität machen E-Mailing und Google Ads unter sich aus. Währenddessen kann die vermeintlich attraktivste Maßnahme, das Direct Mailing, überhaupt nicht mithalten. Sobald Auslagen getätigt werden, reicht also die reine Betrachtung von Conversion Rates nicht mehr aus. Zieht man jedoch die Kosten mit in die Conversion-Betrachtung mit ein – zum Beispiel in Form der Kosten je Conversion –, dann wird die Aussage umso gewichtiger.

Voraussetzung, um jedoch überhaupt die Kosten je Conversion messen zu können, ist, dass die Kosten der einzelnen Kampagnen im Analytics-System hinterlegt werden. Die ideale Form, um solche Kampagnenkosten in ein Analytics-System zu integrieren, bietet Google Analytics bei Google Ads-Daten. Weil Google Analytics einfach mit einem Google-Ads-Konto verbunden werden kann, sind die Kampagnenkosten direkt und stets aktuell in Google Analytics integriert. Darüber hinaus bietet Google Analytics für Kampagnen auf Dritt-Plattformen die Möglichkeit, Kosten-Daten hochzuladen oder per API (Application Programming Interface) direkt anzubinden. Andere Analytics-Systeme erlauben auf ähnliche Weise die komplette Ablage von Kampagnendaten wie gebuchte Einblendungen, Kostenmodell und natürlich Kampagnenkosten. Dadurch werden Auswertungen wie in Abbildung 13.8 möglich, wo verschiedene Vermarktungskanäle auch kostenmäßig einander gegenübergestellt werden können.

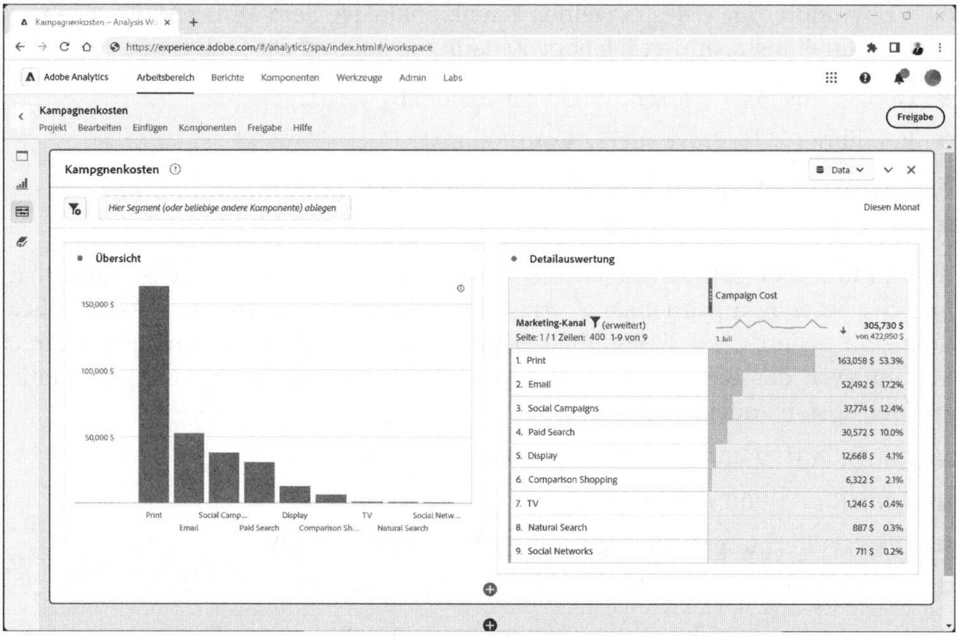

Abb. 13.8: In Adobe Analytics hinterlegte Kampagnendaten mit automatischen Kostenberechnungen

13.4 Return on Investment

Die Kosten je Conversion zu berechnen, bringt eine neue Dimension – die Effizienz – in die Betrachtung von Aktivitäten. Allein die Kosten – ob es nun 2,85 Euro je Conversion bei Google Ads oder 17,61 Euro bei einem Direct Mailing sind – bringen zwar eine Effizienzreihenfolge, jedoch noch keine Erfolgsaussage. Wenn jede Conversion im Schnitt einen Gewinnbeitrag von 2 Euro leistet, dann wären auch die 2,85 Euro der Google Ads mit jeder Konvertierung ein Verlustgeschäft. Um effektiv bewerten zu können, was eine Conversion bringt, muss man daher nicht nur deren Kosten, sondern auch deren Wert kennen.

13.4.1 Werte von E-Commerce-Conversions

Der Wert einer Conversion ist gleichzusetzen mit dem Gewinnanteil, der dank der Conversion erwirtschaftet wird. Wer online Bücher für 20 Euro verkauft und vielleicht weiß, mit 16 Euro alle Kosten für Beschaffung, Verkauf und Abwicklung gedeckt zu haben, dem bleiben 4 Euro je Buch übrig. Diese 4 Euro bilden damit bei jedem Verkauf entweder den Gewinn oder den Spielraum für zusätzliche Investitionen, zum Beispiel die Finanzierung von zukünftigen Marketing-Maßnahmen. Der Wert der Conversion »Produkt-Verkauf« eines ausgewählten Artikels ist demzufolge bei 4 Euro anzusiedeln.

Kosten nun Google Ads im Schnitt 2,85 Euro je Conversion und ist ihr Wert 4 Euro, dann lohnt sich diese Investition. Denn mittels der Kampagne lassen sich mehr Bücher verkaufen und auch nach Abzug der Kampagnenkosten bleiben immer noch über 1 Euro je verkauftem Stück hängen. Bei einem Direct Mailing lohnt sich dann aber die Investition offensichtlich nicht – zumindest nicht kurzfristig. Bei Kosten von über 17 Euro je Conversion reichen die verfügbaren 4 Euro bei Weitem nicht für eine Finanzierung aus.

Eine Gesamtinvestition zum Beispiel für eine Google-Ads-Kampagne lässt sich so auch unter dem Aspekt des Return on Investment (ROI) betrachten. Der ROI misst den Gewinnanteil je Kapitaleinsatz (ROI = Gewinnanteil/Kapitaleinsatz) und sagt damit aus, ob sich eine Investition lohnt oder gelohnt hat. Nimmt man die Kampagnenkosten von 2.400 Euro als Kapitaleinsatz und setzt sie dem mit den 843 Conversions erwirtschafteten Gewinnanteil von 3.372 Euro (843 * 4 Euro) gegenüber, dann resultiert ein ROI von 1,4 (3.372/2.400). Ist der ROI-Wert größer als 1, dann ist die Investition sinnvoll und empfehlenswert. Bei ROI-Werten unter 1 ist von der Investition abzusehen.

Neben den Kosten einer Conversion ist demnach immer auch der Wert einer Conversion zu beachten. Will man entsprechende ROI-Betrachtungen direkt in einem Analytics-System durchführen, dann muss man neben den Investitionskosten – wie bereits in Abschnitt 13.3 gemacht – auch den Wert einer Conversion hinterlegen. Im Falle des Buchladens würde man demnach für die Conversion »Produkt-Verkauf« 4 Euro abbilden Bereits einfachere Systeme lassen solche Abbildungen von einzelnen Werte je Conversion zu.

Für das genannte Beispiel ist die Definition eines Conversion-Werts allerdings stark vereinfachend durch einen fixen Betrag ausgefallen. In der Praxis ist es allerdings deutlich schwieriger, da monetäre Werte und Margen je Produkt oder Produktgattung sehr unterschiedlich sein können und die Conversion-Werte genau genommen abhängig von Wert und Kategorie der im Warenkorb befindlichen Produkte sind. Eine höhere Genauigkeit ist dann zu erzielen, wenn ein Analytics-System einen dynamischen Conversion-Wert erlaubt, zum Beispiel in Abhängigkeit vom Warenkorbwert. In Google Analytics zum Beispiel lässt sich dafür pro Ereignis ein Wert als Ereignis-Parameter übergeben, womit auch die umfangreiche Abbildung von ganz unterschiedlichen monetären Werten je Produkt ermöglicht wird. Als Ereignis-Parameter wird dabei erst ein benutzerdefinierter Messwert wie zum Beispiel »Wertbeitrag« erstellt, welche dann die verschiedenen Beiträge aufnehmen kann. Dennoch ist man auch bereits mit einem durchschnittlichen, fixen Conversion-Wert besser bedient als mit überhaupt keinem. »It's better to be approximately right than precisely wrong.« – »Ungefähr richtig ist besser als exakt falsch«, pflegt auch Warren Buffet zu sagen.

13.4.2 Werte von Nicht-E-Commerce-Conversions

So richtig schwierig mit der Definition von Conversion-Werten wird es aber für Nicht-E-Commerce-Ziele. Was zum Beispiel ist der monetäre Gegenwert eines gelösten Support-Falles, einer Kontaktanfrage, eines Downloads von einem Factsheet oder der Betrachtung einer Produktbeschreibungsseite? Statt vor solchen Fragen zu resignieren und überhaupt keine ROI-Betrachtungen anzustellen, sollte man sich auch hier an eine Näherungslösung wagen. Denn es ist immer noch besser zu wissen, ob sich eine Investition wahrscheinlich gelohnt oder nicht gelohnt hat, anstatt komplett im Dunkeln zu tappen.

Die Vorgehensweise, die sich in der Praxis am besten bewährt hat, um monetäre Werte für nicht monetäre Ereignisse zu definieren, ist die folgende: Als Erstes nimmt man seine Global-Ziele bzw. die daraus abgeleiteten Global-Conversions zur Hand. Für diese diskutiert man intern, was der ungefähre Geldwert dafür ist. Ein einfaches Rezept dafür gibt es zwar nicht, jedoch findet man vielfach aus anderen Bereichen solche Werte.

Lautet eine Global-Conversion zum Beispiel »Über die Website gelöster Supportfall«, kann man den ungefähren Wert aus den Callcenter-Kosten ableiten. Die meist bekannten, durchschnittlichen Kosten für einen Callcenter-Call ergeben so einen Anhaltswert für einen über die Website gelösten Supportfall.

Ist die Global-Conversion einer Website die Kontakt- oder Lead-Generierung, dann lohnt sich vielleicht folgende Überlegung: Was kostet es, über andere Kanäle, zum Beispiel TV oder Print, einen Kontakt zu generieren oder einen Neukunden zu gewinnen? Wie viel Geld wird für eine Messe ausgegeben und wie viele Leads entstehen darüber? Da solche Kanäle bereits länger etabliert sind, sind die entsprechenden Vergleichszahlen vielfach vorhanden.

Verfolgt die Website das Ziel, die Personalgewinnung darüber abzuwickeln, und lautet eine Global-Conversion »Online-Bewerbung abgesendet«, dann lässt sich auch so verhältnismäßig einfach ein Wert dafür bestimmen. Die Vergleichswerte erhält man dann, indem man die Inseratkosten für eine Stelle in Print-Medien oder Job-Portalen durch die durchschnittliche Anzahl der erhaltenen Bewerbungen teilt.

Auf vergleichbare Weise lassen sich praktisch für fast jede Global-Conversion monetäre Werte ermitteln. Bei Sub-Conversions hingegen wird dies schwieriger, da kaum Vergleichswerte aus dem Offline-Bereich bestehen. Will man zum Beispiel den Wert für die Betrachtung einer 3D-Produktvisualisierung oder den Download eines Factsheets bestimmen, dann werden die Zahlen zur Spekulation.

Hilfreich dafür sind aber folgende Überlegungen: Aus dem Analytics-System lässt sich herauslesen, dass zum Beispiel einer Bestellung in einem Snowboard-Shop 300 Aufrufe der Produktvisualisierungen vorgelagert sind. Da die Micro-Conversion

»Produktvisualisierungen« der Global-Conversion »Produkt-Bestellung« untergeordnet ist und man den monetären Wert einer Bestellung kennt, lassen sich die fehlenden Werte berechnen. Wie Abbildung 13.9 illustriert, kann man so mittels Dreisatz den theoretischen Wert der Micro-Conversion berechnen.

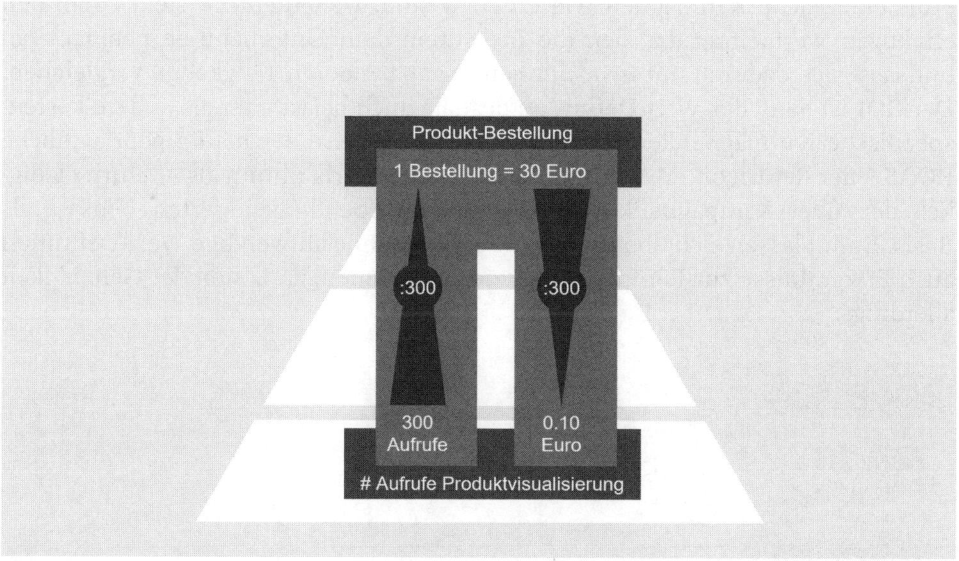

Abb. 13.9: Berechnung des Wertes von Micro-Conversions ausgehend vom Wert der Global-Conversion

In einem ganzen System von Micro- und Global-Conversions, wo mehrere Micro-Conversions auf eine Global-Conversion fallen, ist die Berechnung natürlich etwas komplizierter. Insbesondere gilt es zu beachten, dass das System durch die Addition von Werten aus Micro- und Global-Conversions nicht plötzlich einen höheren Gesamtwert ausweist, als dass rein durch die Global-Conversion erzeugt werden kann. Es darf also im genannten Beispiel nicht sowohl für die 300 Produktvisualisierungen wie für die Bestellung selbst der volle Wert berechnet werden, sondern jeweils nur die Hälfte davon. Arbeitet man mit solch einem System, muss der Wert der Global-Conversion anteilmäßig reduziert und auf die Micro-Conversions verteilt werden.

Mit diesem Vorgehen lassen sich aber für jede Art von Websites oder Apps monetäre Werte für Conversions errechnen und in einem Analytics-System abbilden. Der große Vorteil dabei liegt darin, dass plötzlich für alle Aktivitäten und Inhalte eine einheitliche und vollständig zielorientierte Messgröße zur Verfügung steht: der monetäre Wert. Jeder Verweis, jede Seite und jeder Klick bekommt so einen virtuellen Wert, wie stark er zur Zielerreichung beiträgt.

Wichtige, zielorientierte Quellen sind so am höheren Zielwertbeitrag identifizierbar. Optimierungsanstrengungen lassen sich so auf die richtige Stelle fokussieren. Auch bei Kampagnen hat die Verwendung von monetären Werten eine tragende Rolle. Über einen so ausgerechneten Return on Investment lässt sich nämlich für praktisch jede Website – selbst wenn sie keinen E-Commerce-Hintergrund hat – eruieren, welche Kampagnen wie effizient sind. Der »Return« stellt dabei den effektiven Wertbeitrag dar, den die Investition dem Unternehmen gebracht hat und lässt sich dadurch mit Investitionen in ganz anderen Tätigkeiten vergleichen. Der ROI ist dank der Wert-Definition deshalb auch belastbarer als andere kostenspezifische Kampagnenkennzahlen wie beispielsweise der häufig gebräuchliche ROAS – der Return on Advertising Spend. Diese Metrik nimmt als »Return« lediglich den über Kampagnenkosten (Advertising Spend) generierten Umsatz als Basis. Damit lassen sich überschlagsmäßig und ohne aufwendige Wert-Definition auch Erkenntnisse zur Kampagneneffizienz gewinnen, zu Lasten der Genauigkeit allerdings.

Kapitel 14

Key Performance Indicators

Im Zusammenhang mit Analytics wird gerne und häufig von Key Performance Indicators (KPIs) gesprochen. KPIs bezeichnen in der Betriebswirtschaftslehre Kennzahlen, mit denen der Fortschritt oder der Erfüllungsgrad wichtiger organisatorischer Zielsetzungen gemessen werden kann. Speziell kommen KPIs dann zum Einsatz, wenn der Erreichungsgrad von Zielen selbst direkt kaum oder nur sehr schwierig messbar ist – in Analytics meist zutreffend.

Für die Abgrenzung von KPIs wird häufig das Akronym SMART verwendet. SMART definiert KPIs wie folgt:

- **S**pecific (spezifisch)
- **M**easurable (messbar)
- **A**chievable (erreichbar)
- **R**esult-oriented (ergebnisorientiert)
- **T**ime-bound (zeitlich gebunden)

Insbesondere ihre Ausrichtung auf organisatorisch wichtige Zielsetzungen gibt den KPIs eine individuelle Note je Unternehmen.

14.1 Definition von KPIs

Leider haben sich KPIs in letzter Zeit dermaßen als Schlagwort verbreitet, dass die Bezeichnung häufig falsch verwendet wird. Der gebräuchlichste Fehler ist, sämtliche Kennzahlen, die zum Beispiel ein Analytics-System darstellt, als KPIs zu bezeichnen. Die meisten dieser Kennzahlen mögen zwar PIs, »Performance Indicators«, sein, aber eben keine »Key Performance Indicators«.

Der Unterschied macht das »Key«, nämlich dass es sich um »Schlüssel«-Indikatoren handelt. Um Schlüsselindikatoren kann es sich nämlich nur dann handeln, wenn sie den Schlüssel zum Erfolg darstellen – und das wiederum ist nur der Fall, wenn sie zielgerichtet sind. Würde man die Kennzahl »Seitenaufrufe« zum Beispiel als KPI definieren, dann wäre dies in 99 Prozent der Fälle falsch, da die Seitenaufrufe kaum je einen Schlüsselfaktor im Hinblick auf eine Zielerreichung darstellen. Nur wer vielleicht Display Ads auf Basis von Seitenaufrufen schaltet und damit Geld verdient, kann die Seitenaufrufe als seinen Key Peformance Indicator bezeichnen.

Ein zweites, damit zusammenhängendes Fehlverständnis von KPIs ist der Glaube, dass es allgemeingültige KPIs gibt, die für jeden Website-Typ oder Kanal angewandt werden können. Für solche generischen KPIs müssten Unternehmen jedoch mit ihren Websites und anderen digitalen Kanälen auch alle dieselben Ziele verfolgen und dafür die gleichen Mittel einsetzen. Dies wiederum kommt praktisch nie vor, da es ja gerade im Internet besonders entscheidend ist, sich zumindest durch den Einsatz unterschiedlicher Mittel von seinen Konkurrenten zu differenzieren.

14.1.1 Identifikation und Selektion von KPIs

Es gibt deshalb keine allgemeingültigen und auch keine branchentypische KPIs, sondern nur individuelle auf die eigenen Ziele und Instrumente ausgerichtete KPIs. Demzufolge ist auch die Identifikation von KPIs eine spezifische und unter Umständen schwierige Aufgabe. Das Ganze wird jedoch zum Kinderspiel, wenn man die Hausaufgaben gemacht hat und sich über die Ziele, die man mit der Website, der App oder in Social Media verfolgt, im Klaren ist. Hat man gar die Digitalkanal-Ziele, Erfolgsfaktoren, Aktivitäten und Messgrößen nach der in Kapitel 12 beschriebenen Vorgehensweise in einem Analytics-Framework notiert, dann bekommt man die individuellen KPIs fast schon geschenkt. Unter den in den Ziel-Pyramiden notierten Messgrößen sind nämlich auch die Key Performance Indicators enthalten – zielgerichtete, spezifische und messbare Größen, die den Ausprägungs- oder Erreichungsgrad von Erfolgsfaktoren und Zielen einer Website anzeigen.

Ausgehend von den im Analytics-Framework definierten Messgrößen identifizieren wir KPIs deshalb folgendermaßen:

- Zielnahe Messgrößen, das heißt solche, die Digitalkanal-Ziele oder Erfolgsfaktoren selbst messen können, sind besonders wichtig. Wenn der online generierte Umsatz messbar ist und ein Website-Ziel »Online-Umsatz« heißt, dann ist dies eine sehr zielnahe Messgröße und dementsprechend ein KPI.
- Je größer der Einfluss von Aktivitäten auf die Zielerreichung ist, desto wichtiger ist auch die darunterliegende Messgröße. Wenn bekannt ist, dass eine 3D-Produktvisualisierung besonders ausschlaggebend für den Kaufentscheid ist, dann ist die »Durchschnittliche Verweildauer auf 3D-Visualisierung« ebenfalls ein KPI.

Indem Sie alle Messgrößen durchgehen und auf diese Weise gewichten, gelangen Sie so zu unserer Handvoll an Key Performance Indicators. Die weniger hoch gewichteten Messgrößen verbleiben im Analytics-Framework als einfache Performance Metrics. Zum Gesamtbild der Zielerreichung sind sie auch Indikatoren – aber verfügen eben nicht über eine derartige Schlüsselfunktion.

Bei jenen Digitalkanal-Zielen, die direkt oder indirekt über einen Erfolgsfaktor oder eine zentrale Aktivität messbar sind, lässt sich eine solche KPI-Bestimmung meist intuitiv durchführen oder gut in einem Workshop mit den Digitalkanal-Verantwortlichen diskutieren und bestimmen. Denn es ist naheliegend, dass etwa bei einem Lead-Ziel die Anzahl abgesendeter Kontaktformulare der KPI ist – und nicht die Anzahl Betrachtungen eines Video-Testimonials, das auch in der Ziel-Pyramide aufgeführt ist. Falls es allerdings nicht gelingt, auf dieser Ebene die KPIs aus den Performance Metrics auszuwählen, dann ist allenfalls eine Indexbildung angebracht, wie wir es im folgenden Abschnitt 14.1.2 betrachten werden.

Wer sich nicht allein auf die individuelle KPI-Definition verlassen möchte, sondern Anhaltspunkte für gebräuchliche KPIs sucht, der sei auf Eric T. Petersons Buch *The Big Book of Key Performance Indicators* verwiesen. Peterson beschreibt einige der je Website-Zweck häufig als KPIs eingesetzten Kennzahlen, die zusammengefasst in Tabelle 14.1 notiert sind. Vor einer unkritischen und nicht zielorientierten Verwendung solcher Kennzahlen-Sammlungen sei jedoch gewarnt.

E-Commerce-Site	Inhaltssite	Marketing-Site	Support-Site
% null Resultate bei Suchanfragen	% Besuche geringer Dauer	% null Resultate bei Suchanfragen	% null Resultate bei Suchanfragen
% Besuche geringer Tiefe	% Besuche geringer Tiefe	% Besuche geringer Dauer	% Besuche geringer Tiefe
% Besuche hoher Tiefe	% Besuche hoher Dauer	% Besuche hoher Dauer	% Besuche hoher Tiefe
% Besuche mittlerer Tiefe	% Besuche hoher Tiefe	% Besuche mittlerer Dauer	% Besuche mittlerer Tiefe
% Besucher mit niedriger Häufigkeit	% Besuche mittlerer Dauer	% Besucher in spezifischem Bereich	% Besucher in spezifischem Bereich
% hohe Besucherzufriedenheit	% Besuche mittlerer Tiefe	% Besucher mit hohem Zeitabstand	% Besucher mit Suchnutzung
% niedrige Besucherzufriedenheit	% Besucher mit hoher Häufigkeit	% Besucher mit mittlerem Zeitabstand	% hohe Besucherzufriedenheit
% Umsatz von Neukunden	% Besucher mit mittlerer Häufigkeit	% Besucher mit niedrigem Zeitabstand	% niedrige Besucherzufriedenheit
% Umsatz von bestehenden Kunden	% Besucher mit niedriger Häufigkeit	Homepage-Haftung	Download-Rate
Bestellrate	% Besucher mit Suchnutzung	Kontaktgenerierungsrate	Formular-Absenderate
Bestellrate für Kampagnen	Homepage-Haftung	Kontaktgenerierungsrate für Kampagnen	ø Antwortzeit für E-Mail-Anfragen

Tabelle 14.1: Gebräuchliche KPIs nach Hauptzweck einer Website gemäß Eric T. Peterson

E-Commerce-Site	Inhaltssite	Marketing-Site	Support-Site
Checkout Abschluss-Rate	Inhaltsabonnierungsrate	Landingpage-Haftung	
Conversion Rate ab Suche	Landingpage-Haftung	Verhältnis neuer zu wiederkehrenden Besuchern	
Conversion Rate neue Besucher	Verhältnis neuer zu wiederkehrenden Besuchern	ø Antwortzeit für E-Mail-Anfragen	
Conversion Rate wiederkehrende Besucher	ø Besuche je Besucher	ø Besuche je Besucher	
Homepage-Haftung	ø Kosten je Besuch	ø Kosten pro Conversion	
Käuferrate	ø Seitenaufrufe je Besuch	ø Suchanfragen je Besuch	
Landingpage-Haftung	ø Umsatz je Besuch	ø Umsatz je Besuch (geschätzt)	
Verhältnis neuer zu wiederkehrenden Besuchern			
ø Antwortzeit für E-Mail-Anfragen			
ø Bestellwert			
ø Kosten pro Conversion			
ø Umsatz je Besuch			

Tabelle 14.1: Gebräuchliche KPIs nach Hauptzweck einer Website gemäß Eric T. Peterson (Forts.)

Die KPIs, die wir so ausgehend von den Messgrößen in den Ziel-Pyramiden identifizieren, nennen wir »strategische Digital KPIs«. Strategisch sind sie deshalb, weil sie konsequent auf die Digital-Ziele ausgerichtet sind und demzufolge auch relativ konstant bleiben. Sie eignen sich insbesondere, um langfristige Ziele zu überwachen und im Auge zu behalten.

Bei kurzfristigen Aktivitäten, wie laufenden Kampagnen, oder auch bei akuten Problemen mit der Website-Performance wird man jedoch eher kurz- bis mittelfristige Zwischenziele verfolgen. Selbst wenn diese natürlich auch auf die Digitalkanal-Ziele ausgerichtet sein können, haben sie eher temporären Charakter. Die dahinterstehenden Messgrößen können dann zum Beispiel die Kosten einer Online-Kampagne oder die durchschnittliche Ladezeit der Website sein. Solche temporären KPIs nennen wir »taktische KPIs«, da sie kurzfristig für die Bewältigung einer bestimmten Situation notwendig sind. Wenn Sie sich an die Sammlung der Messgrößen im zweiten Workshop in Kapitel 12 in Abschnitt 12.6.2 erinnern, dann haben wir dort als Nebenprodukt solche Kennzahlen auf dem Flipchart gesammelt.

Zu verschwenderisch mit der Auflistung von KPIs sollte man allerdings nicht sein. Wer fünfzig Key Performance Indicators sein Eigen nennt, der kann wohl nicht mehr von »Schlüsselindikatoren« sprechen, sondern nur noch von »Indikatoren«. Ein sparsamer Umgang mit KPIs bzw. eine gesunde Selektion der wichtigsten ist deshalb entscheidend. Schließlich soll man später ja die KPIs zyklisch überwachen und Ausreißer nach unten oder oben umgehend behandeln. Eine Handvoll KPIs, mit denen man die Ziele im Auge behält, ist daher wesentlich effizienter zu handhaben als eine große Anzahl unspezifischer Indikatoren. Als Faustregel sollte man sich zumindest zu Herzen nehmen, nicht mehr als 20 + 5, nämlich zwanzig strategische und fünf taktische KPIs zugleich überwachen zu wollen.

14.1.2 Bildung von Indizes

Falls eine Reduktion auf eine sinnvolle Anzahl KPIs nicht möglich scheint, können Indizes Abhilfe schaffen. Unter einem Index wird ein Messmodell verstanden, bei dem eine Reihe von Indikatoren ein Merkmal beschreiben. In der empirischen Sozialforschung werden Indizes seit Langem für die Messung von nicht direkt beobachtbaren Merkmalen verwendet – der Intelligenzquotient ist zum Beispiel ein solches Merkmal, das über eine Reihe von Indikatoren in einem Intelligenztest gemessen wird.

Um ausgehend von vorhandenen Indikatoren eine neue Größe zu bilden, eignen sich indes eher Indizes in der Art, wie sie aus der Wirtschaft und Börsenwelt bekannt sind. Dort ist es gang und gäbe, die aktuelle Wirtschaftssituation einer Branche oder ganzer Länder über Indizes zu beschreiben, indem zum Beispiel die Aktienkurse der wichtigsten Unternehmen eines Landes zu einem Index zusammengefasst werden. Solche Indizes sind zum Beispiel der DAX (Deutscher Leitindex) oder der Dow Jones und Standard & Poor's in den USA.

Wenn nun solch ein Leitindex am Tagesende im Plus oder Minus schließt, ist dies jeweils ein guter Indikator dafür, wie sich der Markt in einem Land gerade entwickelt hat. Jedenfalls kann ein breites Publikum mit einer Aussage wie »der DAX hat mit 3,24 Prozent im Plus geschlossen« etwas anfangen. Selbst wenn einzelne Unternehmen oder gar ganze Branchen vielleicht einen anderen Trend aufweisen, schmälert dies die Kernaussage nicht. Als allgemein verständliches Stimmungsbarometer sind solche Indizes also durchaus gut geeignet und aussagekräftig.

Im Falle von Aktienindizes werden die Aktienwerte von Unternehmen häufig entsprechend der Marktkapitalisierung der jeweiligen Unternehmen gewichtet. Vereinfacht ausgedrückt haben große, gewichtige Unternehmen eines Landes einen großen Einfluss auf einen so definierten Index-Wert, kleinere entsprechend weniger. So liegt der Einfluss von SAP auf den DAX zum Beispiel bei rund zehn Prozent – während jene der 39 anderen DAX-Unternehmen meist im tieferen einstelligen Prozentbereich liegen.

Transportiert man diese Denkweise auf eine Website oder einen anderen Digitalkanal, lassen sich Indizes sinnvoll einsetzen, wenn kein direkter KPI für ein Digitalkanal-Ziel bestimmbar ist. Ist beispielsweise »Branding« das Digitalkanal-Ziel, dann zeichnen mehrere Indikatoren mit einer ähnlichen Gewichtung ein Teilbild des Ziels ab. So haben vielleicht die Anzahl Website-Besucher eine gewisse Relevanz, weil für sie die Marke sichtbar war. Wiederbesucher mit Direktzugriffen haben unter Umständen jedoch noch eine etwas speziellere Relevanz, weil jene Nutzer sich offenbar die URL und damit meist den Markennamen gemerkt haben. Auf der anderen Seite konnte jenen Nutzern, die sich den Branding-Spot angesehen haben, die Markenwerte sicher am besten verdeutlicht werden. Keine dieser Performance Metrics, die sich wohl in einer Ziel-Pyramide für Branding finden ließen, kann jedoch alleinig als KPI für Branding bezeichnet werden.

Abb. 14.1: Beispiel einer Index-Bildung für einen Branding-KPI

Jedoch lässt sich sehr wohl ein Index für die Erfolgsfaktoren »Sichtbarkeit der Marke« und »Vermittlung der Markenidentität« bilden. Der Index »Sichtbarkeit« setzt sich dann im genannten Beispiel aus der Anzahl der Besucher und der Anzahl Wiederbesucher über Direktzugriffe zusammen. In Analogie zu einem Börsenindex lassen sich zudem die einzelnen Indikatoren gewichten, um deren unterschiedlichem Einfluss Rechnung zu tragen. Wie bei der Wertberechnung von Micro-Conversion in Abschnitt 13.4.2 helfen auch hier Verhältnisse zwischen zwei sich in einer Abfolge befindlichen Merkmalen, um eine Gewichtung aufgrund historischer Daten vornehmen zu können. Wenn zum Beispiel auf zehn Besucher ein Wiederbesucher mit Direktzugriff fällt, dann könnte eine Gewichtung der beiden Indikatoren im Verhältnis eins zu zehn erfolgen. Genauso könnte die Anzeige eines Brand-Ads auf einem Drittkanal in Relation gesetzt werden, wenn zum Beispiel jede tausendste Anzeige zu einem Klick und damit Nutzer auf der Website führt. Nicht immer ist jedoch eine lineare Abfolge und damit Kausalität zwischen zwei Kennzahlen gegeben, sodass nicht in jedem Fall die Herstellung einer Gewichtung gelingt.

Ein anderer Ansatz für eine pragmatische Gewichtung von Performance-Indikatoren ist, sich die Aktivitäten im Analytics-Framework näher anzuschauen, wie sie zum Beispiel für ein Branding-Ziel in Abbildung 14.1 auf der dritten Ebene der Pyramide dargestellt sind. Stellen Sie sich dazu die Frage, welche Aktivitäten stärker auf das definierte Ziel oder einen Erfolgsfaktor einzahlen und welche weniger stark. Möglicherweise lässt sich sagen, dass das CI/CD der Website nur niederschwellig auf das Erlebnis der Brand-Werte einzahlt. Beim Konsum von Inhalten, bei denen das Unternehmen seine Themenführerschaft aufzeigen kann, zahlt dies hingegen aktiv auf das Brand-Erlebnis ein. Beim Abspielen eines Brand-Spots auf der Website könnte dies sogar stark auf das Erlebnis der Brand-Werte einzahlen. Durch eine derartige Kategorisierung der Aktivitäten in drei Stufen lassen sich anschließend drei unterschiedliche Gewichtungen für alle einzahlenden Aktivitäten bilden. Mit dieser Gewichtung werden daraufhin die Performance-Metriken versehen, die die ausgewählten Aktivitäten messen, womit sich im nächsten Schritt ein Index für das Erlebnis der Brand-Werte bilden lässt. Um die Gewichtung zusätzlich auf Daten zu stützen, kann man überdies einen Survey aufschalten, der Nutzer im Verlaufe des Website-Besuchs fragt, über welche der Aktivitäten sie Werte der Marke wahrgenommen haben.

Für die Berechnung eines Index kann schließlich die folgende Formel angewendet werden:

$$I = \sum p \cdot q$$

Dabei stellt p die Performance Metric und q die Gewichtung dessen dar.

Eine weitere Eigenschaft von Indizes ist es, dass sie meist auf einen Wert zu einem Startzeitpunkt bzw. auf einen Basiswert referenzieren. Das gilt sowohl bei Börsen-Indizes wie auch bei einem Preisindex. Der DAX zum Beispiel hat einen Basiswert von 1.000 Punkten per 31. Dezember 1987. Ausgehend von dieser Basis hat er sich zu heute mehreren Tausend Punkten entwickelt. Genauso lassen sich die in einem Index berechneten KPIs auf einen Startzeitpunkt hin mit einer Basis – zum Beispiel 100 Punkte – versehen. Die Berechnungsformel eines solchen Index-KPIs lautet dann anlehnend an die Preisindex-Formel des Statistikers Étienne Laspeyres wie folgt:

$$I = \frac{\sum p \cdot q}{\sum p_0 \cdot q}$$

Dabei stellt p_0 den Wert der Performance Metric zum Startzeitpunkt dar.

Derart gewappnet lassen sich nun aus mehreren Performance Metrics gewichtete Indizes darstellen. In der Praxis hat es sich dabei bewährt, entweder je Erfolgsfaktor eines Digitalkanal-Ziels oder gar nur je Digitalkanal-Ziel einen Index zu entwickeln. Für das Ziel »Branding« zum Beispiel wären entweder »Sichtbarkeits-Index« und »Identitätsvermittlungs-Index« zwei geeignete Indizes – oder ein »Brand-Index«, der alles zusammenfasst. Was schlussendlich geeigneter ist, sollte aus Sicht der Zielgruppe beurteilt werden, die den indexierten KPI nutzt.

14.1.3 Der »Digital Performance Index«

Natürlich lassen sich Indizes auch noch auf höherer Ebene bilden oder zusammenfassen. Die maximale Form eines Indexes für die Digitalkanäle stellt der »Digital Performance Index« dar. Die Idee dahinter ist, dass genau ein KPI – der Digital Performance Index – den Erfolg auf sämtlichen Digitalkanälen ausweist und in einer zusammenfassenden Zahl ein Gefühl für deren aktuelle Performance liefert. Diese Betrachtungsweise ist etwa vergleichbar mit einem Börsenindex der wichtigsten Unternehmen eines Landes.

Um einen solchen Meta-KPI zu errechnen, müssen die definierten KPIs aller Digitalkanal-Ziele gewichtet und in einem Index zusammengezogen werden. Hat man ein sauber erstelltes und dokumentiertes Digital-Analytics-Framework inklusive KPIs vorliegen, dann ist dies allerdings lediglich eine Fleißarbeit. Anstatt einen solchen Index händisch zu berechnen, ist es aber natürlich noch einfacher, ihn gleich in einem Analytics-System zu hinterlegen. Voraussetzung hierfür ist ein sogenannter Formel- oder Metrik-Editor, wie dies manches Enterprise-Analytics-System anbietet (zum Beispiel Adobe Analytics). Im Ergebnis lassen sich dann zum Beispiel Verlaufsgrafiken mit dem Digital Performance Index generieren, die jenen von Börsencharts gleichen.

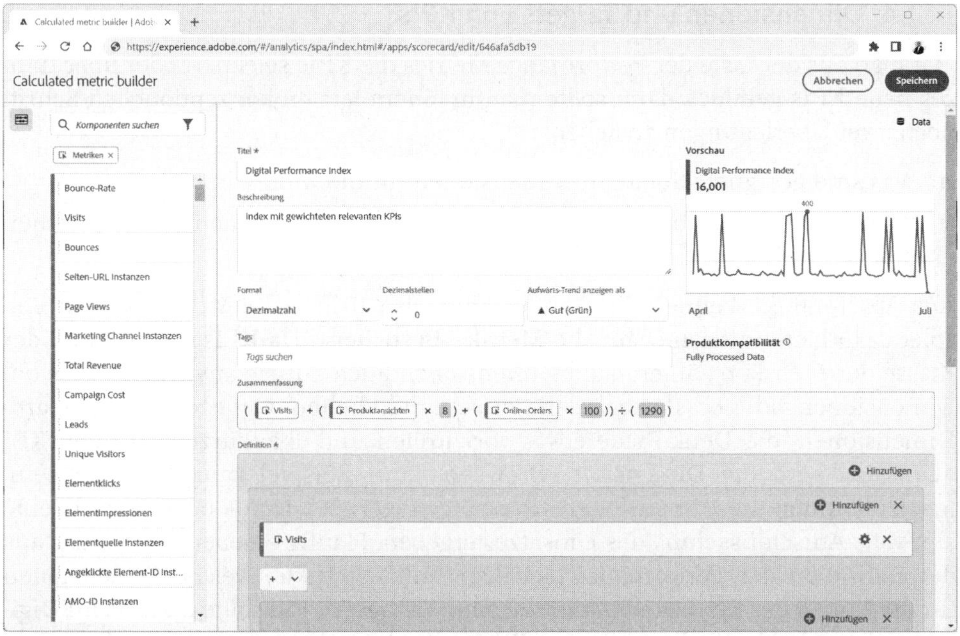

Abb. 14.2: Berechnung des Digital Performance Index im Formel-Editor von Adobe Analytics

Im täglichen und wöchentlichen Verlauf gibt der Index nun barometermäßig und grob zusammengefasst den aktuellen Erfolgsstatus der Digitalkanäle wieder. Natürlich ist der Wert täglichen wie auch zyklischen Schwankungen unterworfen, die den Index mal auf- und dann wieder absteigen lassen – ähnlich wie wir dies von der Börse her kennen. Dennoch lassen sich damit spannende Tendenzen herauslesen, nämlich zum Beispiel, ob man es über einen längeren Zeitraum hinweg schafft, den Indexwert in die Höhe zu treiben und so den Wert der digitalen Kanäle nachhaltig zu steigern. Auch bietet einem der Index immer einen ganzheitlichen Blick auf die Website und die restlichen Kanäle, der sich nicht so leicht durch kurzfristige Maßnahmen beeinflussen lässt. Wenn zum Beispiel ein Online-Wettbewerb zwar viele Besucher oder Teilnehmer bringt, aber nur wenige effektive Leads generiert, dann lässt sich dies im Index nicht kaschieren – eine wahre Management-Kennzahl also.

Abb. 14.3: Ergebnis einer Digital-Performance-Index-Berechnung

14.1.4 Dimensionen und Targets von KPIs

Hat man aus der Liste der Performance Metrics die KPIs selektiert oder über Indizes neue KPIs gebildet, dann sollte man in einem letzten konzeptionellen Schritt noch zwei Überlegungen anstellen:

- Was sind geeignete Standard-Dimensionen für die KPIs?
- Was die Zielwerte oder Targets, die man für die einzelnen KPIs erreichen möchte?

Aus Abschnitt 5.8 kennen Sie Dimensionen als Attribute zu Metriken, zum Beispiel das »Herkunftsland« für die Metrik »Besucher«. Da KPIs ebenfalls zu der Klasse der Metriken zählen, sind Dimensionen auch auf sie anwendbar. Obwohl Dimensionen ad hoc flexibel definierbar sind, helfen vorgegebene Standard-Dimensionen, die Denk-Pfade etwas vorzutreten und abzukürzen. Für den KPI »Umsatz« wird die Dimension »Browser« zum Beispiel kaum relevant sein. Jedoch könnten die Dimensionen »Produktkategorie«, »Land« oder »Kanal« eine sinnvolle Aufschlüsselung des Umsatzes ergeben. Häufig ergeben sich bereits aus der Definition der Performance-Metriken Anhaltspunkte, welche Dimensionen für die Nutzer der Kennzahlen relevant sind. In diesem Fall sollte man sie im Digital-Analytics-Framework zu einem KPI und ggf. auch zu anderen Performance Metrics notieren.

Aus der SMART-Vorgabe für KPIs wissen Sie, dass KPIs ergebnisorientiert und zeitlich gebunden sein sollen. Sogenannte Targets für KPIs erfüllen diese Anforderungen, indem sie vorgeben, welcher Wert für einen KPI in welchem Zeitraum erreicht werden soll. Eine Million Euro Umsatz im Jahr ist beispielsweise ein solch definiertes Target für den KPI »Umsatz«. Targets können auf verschiedene Arten bestimmt werden, zum Beispiel

- auf Basis von Vorperioden
- ausgehend von Business-Zielen
- auf Basis von externen Benchmarks

Externe Benchmarks, die wie in Abschnitt 11.2.2 beschrieben über Dienste wie Similarweb gewonnen werden können, eignen sich nur selten für eine präzise Target-Definition. Zu stark werden Äpfel mit Birnen verglichen, zumal stets unterschiedliche Geschäftsmodelle, -strategien und Strategie-Umsetzungen dahinterstehen. Als Richtgröße, zur Stützung des Bauchgefühls oder zur Verifizierung von definierten Targets sind sie besser eingesetzt. Vergleichswerte aus Vorperioden lassen sich dagegen einfach als Targets verwenden. Nimmt man zum Beispiel den monatlichen Durchschnittswert des Umsatzes im vergangenen Jahr, erhält man eine gute Basis für einen Zielwert für einen Monat. Je nach Ambition addiert man einen Prozentsatz zu diesem Wert – wenn man denn nach Höherem streben möchte. Eine Umsatzsteigerung um fünf Prozent oder Steigerung der Anzahl Leads um sieben Prozent kann durchaus ein sinnvolles Target bilden. Der bedeutendste

Vorteil bei der Verwendung der Vorperiode als Basis ist jedoch, dass die für die Berechnung notwendigen Daten für alle KPIs vorhanden sind – sofern die Datensammlung bereits erfolgt ist. Damit lässt sich dies auch zum Beispiel für die Target-Definition für Indizes gut nutzen.

Noch etwas stärker geschäftsorientiert formuliert sind Targets, wenn ein Geschäftsszenario dieses vorgibt. Wenn also zum Beispiel innerhalb von drei Jahren die Investitionen und laufenden Kosten für einen Online-Shop wettgemacht werden sollen, dann lässt sich daraus ein Zielumsatz je Jahr berechnen und als zu erreichendes Target für den Umsatz-KPI hinterlegen.

Dimensionen und Targets komplettieren das Digital-Analytics-Framework, wie wir es in Kapitel 12 ausgehend von den Zielen begonnen haben. Mit all diesen Definitionen hat man ein mächtiges Instrument zur Hand, das fortwährend eine ziel- und erfolgsorientierte Nutzung von Digital Analytics sicherstellt.

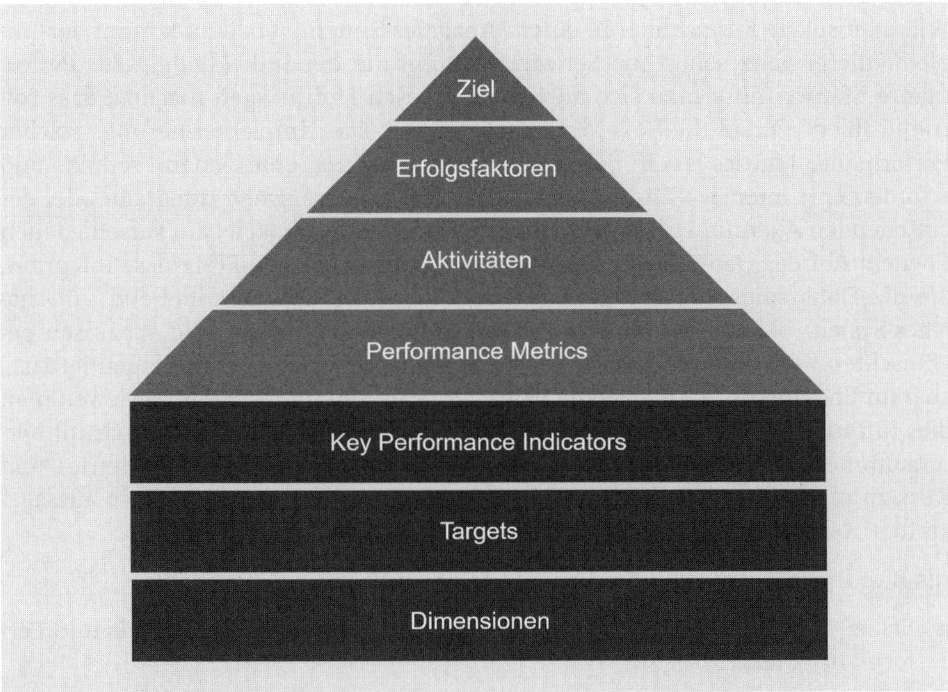

Abb. 14.4: Vollständiges Digital-Analytics-Framework mit KPIs, Targets und Dimensionen

14.2 Implementierung von KPIs

Spätestens wenn man jetzt seine KPIs kennt, ist man an jenem Punkt, an dem man diese Messgrößen in einem Analytics-System abbilden muss. Dies ist zugegebenermaßen einer der härtesten Augenblicke. Denn wenn man sich wirklich auf die Ziele und deren Messung und nicht auf die Möglichkeiten des Analytics-Systems ausgerichtet hat – die einzig richtige Vorgehensweise –, dann werden die KPIs unter Umständen ganz schön kompliziert formuliert sein. Exemplarisch können solche komplizierten Messgrößen dann wie folgt lauten:

- Prozentsatz der neuen Besucher, die drei oder mehr Produktbroschüren innerhalb des letzten Besuchs betrachtet haben
- Prozentsatz an neuen Besuchern, die Produkte in den Warenkorb gelegt, jedoch nicht bestellt haben
- Prozentsatz der Besucher, die die Suchfunktion benutzt haben und genau ein Suchresultat der Trefferliste angeklickt haben
- Prozentsatz an Besuchern, die während desselben Besuchs Seiten aus den Bereichen »Mobilfunk« und »Festnetz« betrachtet haben
- Prozentsatz an neuen Besuchern, die über Google Ads auf die Website gelangten und ein Online-Game mindestens zwei Minuten lang gespielt haben

Will man solche Kennzahlen in einem Analytics-System abbilden, kommt der Implementierer ganz schön ins Schwitzen. Aufgrund der Individualität der Performance Metrics muss man sich auch keine großen Hoffnungen machen, dass solche Zahlen Out-of-the-Box verfügbar wären. Die Implementierung solcher Performance Metrics ist ein tiefgreifendes Customizing eines jeden Produkts und erfordert eine intensive Zusammenarbeit mit dem technischen Integrator oder der betreuenden Agentur. Dabei ist es meistens ein Zusammenspiel auf verschiedenen Ebenen: Auf der Datensammlungsebene werden spezifische Ereignisse integriert, die die Daten messen. Auf Konfigurationsebene werden anschließend im Analytics-System berechnete Metriken und Segmente erstellt, die die spezifisch gewünschten KPIs ausweisen. Grundsätzlich ist damit zwar alles implementierbar – aber im Endeffekt ist es meist eine Frage von Aufwand und Nutzen, inwieweit man dies tun möchte. Da Budgets selten unbegrenzt sind, wird man nicht darum herumkommen, gewisse Abstriche an den gewünschten Performance Metrics und KPIs zu machen und vielleicht auf etwas einfachere, dafür nicht ganz so aussagekräftige Kennzahlen ausweichen müssen.

Als Best Practice hat sich erwiesen, wie folgt damit umzugehen:

- Setzen Sie sich eine Budgetgrenze für die Implementierung der KPIs und Performance Metrics.
- Priorisieren Sie die Wichtigkeit der einzelnen KPIs und Performance Metrics, und zwar ausgehend von der Wichtigkeit des Ziels, das Sie überwachen. Wenn Sie sämtliche KPIs mit monetären Werten versehen haben (siehe in Kapitel 13 den Abschnitt 13.4.2), dann priorisieren Sie absteigend vom höchsten Wert. Eventuell haben Sie auch gewisse KPIs, die ein »Must« sind – dann stehen diese an oberster Stelle der Liste. Es empfiehlt sich jedoch, sehr zurückhaltend mit solchen »Musts« umzugehen, da dies keine Priorisierung, sondern eine Bedingung darstellt.

- Lassen Sie die Kosten für die Implementierung aller KPIs und Performance Metrics schätzen.
- Verwenden Sie rund die erste Hälfte des Budgets, um KPIs und Performance Metrics gemäß Ihrer Priorisierung zu implementieren, ausgehend vom wichtigsten.
- Nutzen Sie die zweite Hälfte des Budgets, um weitere KPIs der Priorisierung folgend umzusetzen. Versuchen Sie jedoch, gemeinsam mit dem Implementierer oder der Agentur zu klären, wo bei diesen KPIs Vereinfachungen vorgenommen werden können, sodass die notwendigen Integrationsaufwände sinken. Ziel ist, mit einigen Abstrichen an den KPIs mit dem restlichen Budget noch möglichst viele KPIs und Performance Metrics zu implementieren.
- Sparen Sie sich die innerhalb des Budgets nicht mehr implementierbaren KPIs für eine spätere Priorisierungsrunde auf, sobald Sie wieder über Budget verfügen.

14.3 Dashboards erstellen

So schön die Vorstellung sein mag, alle KPIs vollständig in einem Dashboard eines Analytics-Systems integriert zu haben, so unrealistisch ist sie leider für die meisten Digital-Analysten. Denn neben den initialen Implementierungsaufwänden, um die KPIs überhaupt messen zu können, sind die Dashboards in Analytics-Systemen meist nicht uneingeschränkt anpassbar. Hinzu kommt, dass unter Umständen gar nicht alle KPIs allein im Analytics-System abgebildet sind, sondern gegebenenfalls nur in Drittsystemen vorhanden sind. Gerade wenn man Digital Analytics über verschiedene Kanäle betreibt, ist dies nicht selten der Fall.

Will man komplett flexibel mit Inhalt und Darstellungsform des Dashboards und trotzdem kostengünstig bleiben, dann gibt es aber Auswege – einer davon ist Microsoft Excel bzw. Google Spreadsheets. Für die individuelle Berechnung von spezifischen Kennzahlen ist dies schlicht das Flexibelste und Günstigste, was es an Auswertungssystemen gibt – sofern man denn den manuellen Aktualisierungsaufwand nicht scheut. Eine Auswertung in Excel bedeutet nämlich erst einmal, dass man in den gewünschten Berichtsintervallen mehr oder weniger manuell Zahlen aus dem Analytics-System in Excel überträgt und die KPIs dort zusammenstellt bzw. berechnen lässt.

So unattraktiv es vielleicht klingen mag, Metriken mit Excel zusammenzustellen, solche KPI-Berichte mit Excel sind jedoch etwas äußerst Effektives im Hinblick auf eine fortwährende Nutzung und Überwachung. Die Vorteile individueller Excel-Reports liegen insbesondere in:

- Flexible Anpassungsmöglichkeit und Erweiterung bei neuen KPIs
- Gruppierung von KPIs nach eigenem Gutdünken
- Beliebig erweiterbar zum Beispiel um Vergleiche zu Vorwochen und Vormonaten
- Ergänzbar um Kommentare und Erklärungen zwecks einfacherer Interpretation für die Empfänger

Wer natürlich über ein High-End-Analytics-System verfügt, das diese Dashboard-Konfigurationsmöglichkeiten direkt im System ermöglicht, dem sei dies gegönnt. Für alle anderen besteht zumindest die Gewissheit, dass ein hochgradig individuelles Dashboard auch mit einfacheren Mitteln erstellt werden kann. Manche Analytics-Systeme bieten zudem Excel- oder Spreadsheet-Plug-ins an, mit denen sich Daten aus den Systemen automatisch dort importieren und bestehende Berichte aktualisieren lassen. Das mühsame und repetitive manuelle Übertragen von Werten aus dem Analytics-System in Microsoft Excel lässt sich so umgehen – ein einmal erstelltes Excel-Dashboard lädt so selbständig die aktuellen Daten.

Auch für Google Analytics gibt es verschiedene solcher Plug-ins von Drittanbietern – ein empfehlenswertes für Excel ist beispielsweise Analytics Edge unter `www.analyticsedge.com/analytics-edge-core-addin`. Mit wenigen Klicks lassen sich so aus Excel heraus die Google-Analytics-Daten anzapfen und anschließend beliebig in Excel formatieren. Auch für Google Spreadsheets sind solche Add-ons verfügbar, beispielsweise von Adformatic (`www.adformatic.com/en/reporting-for-google-analytics-4`).

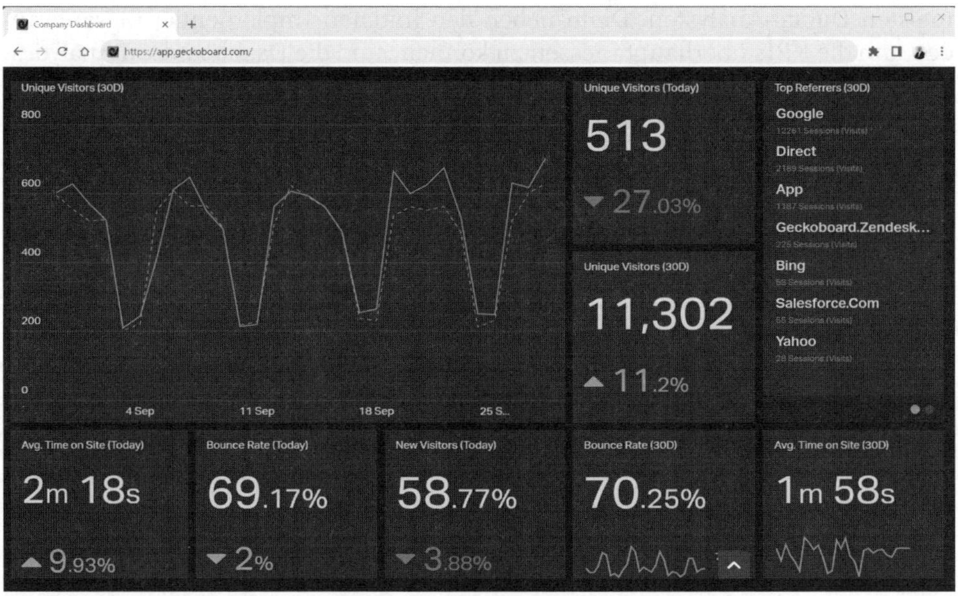

Abb. 14.5: Das Geckoboard-Dashboard mit frei konfigurierbaren KPI-Widgets

Wer neben Analytics-Daten viele verschiedene Quellen in einem Dashboard integriert haben möchte, dem sei überdies eine dedizierte Dashboard-Software empfohlen. Diese optisch attraktiv gestalteten Tools bieten meist einfache Konnektoren für die Anbindung von verschiedenen Quellen wie Analytics-Systeme, Mailing-Systeme, Social-Media-Quellen und anderen. Klipfolio (`www.klipfolio.com`) oder Geckoboard (`www.geckoboard.com`) sind zwei gute Beispiele für solche Software.

Auch Google bietet mit dem Google Looker Studio (`lookerstudio.google.com`) eine Dashboard-Lösung, die sich sehr einfach mit Google Analytics integrieren lässt.

Unabhängig vom gewählten System ist es bei der individuellen Gestaltung eines Dashboards oder KPI-Reports sinnvoll, ähnliche KPIs zu gruppieren und so einen zusätzlichen Abstraktionslevel einzuführen. Insbesondere bei einer größeren Anzahl an KPIs hilft dies, den Überblick zu bewahren. Wenn Unternehmen interne betriebswirtschaftliche Kennzahlen an das Management berichten, dann lauten solche Abstraktionslevels beispielsweise »Land«, »Abteilung« oder »Produktsparte«. Für solche Bereiche werden anschließend ausgewählte Kennzahlen zusammengestellt, sodass je nach Adressaten des Berichts diese sich auf die für sie interessanten Bereiche fokussieren können. Der Gesamtüberblick bleibt jedoch auch dann noch bestehen. Für Analytics-Kennzahlen können solche Gruppierungsmöglichkeiten zum Beispiel »Untersuchungsthemen«, »Digital-Ziele« oder »Customer Buying Cycle« lauten.

14.3.1 Dashboards nach Untersuchungsthemen

Bei einer Gruppierung von KPIs nach Untersuchungsthema werden diese in einem Dashboard derart geordnet, wie Sie die Kennzahlen in Teil II des Buches kennengelernt haben. Somit unterscheiden wir nach KPIs, die Quellen, Besucher, ihr Verhalten, genutzte Inhalte oder Ziele beschreiben.

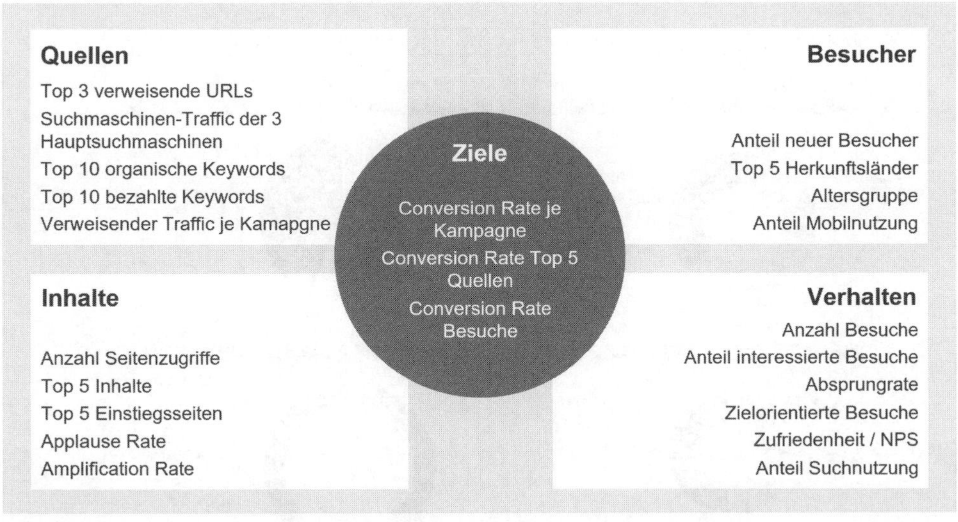

Abb. 14.6: Struktur eines Dashboards gruppiert nach Untersuchungsthemen

Der Vorteil einer solchen Anordnung liegt darin, dass man aufgabenorientiert das Dashboard nutzen kann. Liegt der Fokus der Bemühungen gerade darin, mehr

Besucher auf die Website zu bekommen, kann man dem Bereich »Quellen« höhere Aufmerksamkeit schenken. Überlegt man sich, die Website-Inhalte besser auf das Nutzerbedürfnis abzustimmen, adressiert man den Bereich »Inhalte«. Bei Zielgruppen- oder Technik-Betrachtungen beobachtet man eher den Besucher-Bereich und bei Usability-Überlegungen die Verhaltenskennzahlen.

Der gebräuchlichste Einsatz eines solchen Berichttyps ist eine eher defensive Website-Überwachung. Möchte man mit dem Dashboard hauptsächlich die Website im Auge behalten und auf hohem Level sämtliche ihrer Aspekte überwachen, ist eine solche Gruppierung geeignet. Weniger passend ist die Anordnung für eine zielgerichtete Optimierung der Website.

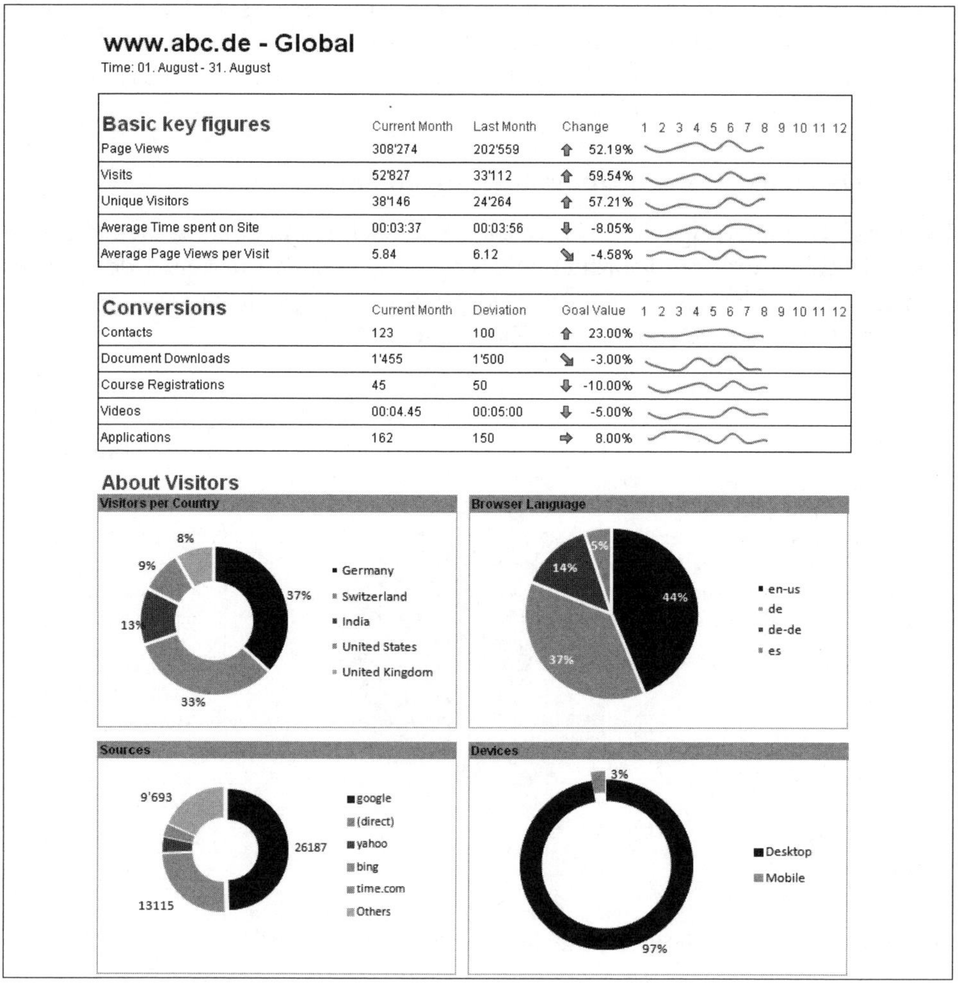

Abb. 14.7: Beispiel eines Berichts nach Untersuchungsthemen, erstellt in Excel

14.3.2 Dashboards nach Website-Zielen

Dashboards, die nach Website-Zielen aufgebaut sind, fokussieren auf die in Kapitel 12 erarbeiteten unternehmensspezifischen Zielsetzungen. Analog den dort definierten und priorisierten Zielen werden KPIs zusammengefasst, die deren Ausprägung messen. Abbildung 14.8 zeigt eine solche Gruppierung entlang von fünf Global-Zielen.

Abb. 14.8: Struktur eines KPI-Reports gruppiert nach Website-Zielen

Der Vorteil solcher Dashboard-Typen ist der klare Zielfokus. Der Leser des Reports kann jene Ziele, die er aktuell mit der Website verfolgt, auslesen und deren Fortschritt überwachen. Dadurch eignet sich das Dashboard auch dann, wenn er an unterschiedliche Adressaten geht, die jeweils eine etwas andere Zielsetzung verfolgen. Dank Nennung der Ziele und den zugehörigen KPIs ist das Ganze auch relativ leicht verständlich. Nachteilig wirkt sich hingegen aus, dass einzelne KPIs mehrfach in dem Bericht vorkommen können, da sie vielleicht den Erfolg mehrerer Ziele zugleich bewerten.

14.3.3 Dashboards nach Customer Journey

Besonders für Lead- oder E-Commerce-Websites hat es sich bewährt, KPIs entlang der »Customer Journey« oder des Kaufprozesses auszurichten. Der Kaufprozess nennt die unterschiedlichen Phasen, in denen sich ein Kunde rund um den Produktkauf befindet. In einem ersten Verkaufsschritt geht es darum, einem potenziellen Kunden überhaupt bewusst zu machen, dass es das Angebot oder das

Unternehmen gibt. Dies wird mit »Reichweite & Reputation« bezeichnet und beinhaltet Kennzahlen wie »Anzahl Seitenaufrufe« oder »Anzahl referenzierende Links auf eigene Website«. In einem zweiten Schritt geht es darum, beim Kunden das Interesse zu wecken und ihn auf die Website zu bekommen. Diese »Akquisition« wird durch KPIs wie »Anzahl betrachtete Seiten je Besucher und Quelle« oder »Akquisitionskosten je Quelle« ausgedrückt. Bei der »Conversion« geht es darum, die Besucher zu überzeugen und Abschlüsse zu messen, so zum Beispiel Bestellraten oder Abbruchraten in Bestellprozessen. Bei der »Bindung« geht es schlussendlich darum, den Erfolg von Kundenbindungsmaßnahmen wie Newsletter zu überwachen. Zu typischen KPIs in dieser Gruppe zählen Anteil wiederkehrende Besucher oder die Besuchshäufigkeit.

Abb. 14.9: Struktur eines KPI-Reports gruppiert nach der Customer Journey

Der Nutzen eines derart gruppierten Dashboards liegt darin, Marketing-Maßnahmen und -Entscheidungen auf unterschiedliche Phasen des Kaufprozesses fokussieren zu können. Sind zum Beispiel die Reichweite-KPIs niedrig, dann sind reichweitefördernde Maßnahmen geeignet. Sind dagegen Umsatzzahlen von Bestandskunden niedrig, ist der Fokus eher auf Bindungsmaßnahmen wie ein Loyalty-Programm zu legen.

Abbildung 14.10 zeigt, wie ein an die Customer Journey ausgerichtetes KPI-Dashboard im täglichen Geschäft aussehen kann. Das Dashboard unterteilt die Journey in fünf Phasen von »Aware« bis zu »Advocate« und zeigt in der ersten Reihe die Anzahl der Nutzer auf, die sich gerade in dieser Phase befinden. Die zweite Reihe weist als qualitative Kennzahl die Raten auf, mit der Nutzer in die nächstfolgende Journey-Phase konvertiert werden.

Abb. 14.10: Beispiel eines journeybasierten KPI-Dashboards

14.3.4 Adressaten von Dashboards

Beim Erstellen sowie auch bei der Nutzung von Dashboards in Analytics-Systemen bleibt zu beachten, dass je nach Aufgabenbereich des Nutzers des Berichts andere Kennzahlen interessant sind. Ein Verkaufsleiter wird sich nun mal herzlich wenig für KPIs aus dem Rekrutierungsumfeld interessieren, den IT-Leiter dagegen werden womöglich die Verkaufszahlen weniger interessieren.

Versucht man so alle individuellen Bedürfnisse mit einem Report zu erschlagen, dann werden diese entweder nicht erfüllt – oder es artet in einer KPI-Schlacht mit Dutzenden von KPIs aus. Eine zielgruppengerechte Anpassung von KPI-Berichten ist daher bei einem größeren Empfängerkreis durchaus angebracht.

Für so eine zielgruppengerechte Dashboard-Konfiguration besonders geeignet sind nach Zielen ausgerichtete Berichte wie in Abschnitt 14.3.2 ausgeführt. Je nach den Zielen, die dem Dashboard-Empfänger wichtig sind, werden unterschiedliche KPI-Gruppen berichtet. Dank des modularen Aufbaus des Dashboards lässt sich dies sehr einfach zusammenstellen, indem man die Kästen mit den gewünschten Zielen zusammenträgt.

In Microsoft Excel ist dies zum Beispiel so lösbar, dass man sämtliche KPIs in einem zweiten Worksheet hinterlegt, und die KPIs zu den gewünschten Zielen auf dem ersten Worksheet referenziert. Das zweite Worksheet bleibt dann für alle Empfänger identisch und kann bei Bedarf für weitere KPI-Informationen genutzt werden. Die für den Adressaten wichtigen KPIs finden sich jedoch in aggregierter Form auf dem ersten Worksheet.

Eine Stufe detaillierter kann man Dashboards gestalten, indem man jeden einzelnen KPI auf den Empfänger abstimmt. Würde man dies einfach so aus dem Stand heraus versuchen wollen, wäre es ein ungeheuerlicher Aufwand, bis jeder gewünschte KPI mit allen Adressaten einzeln abgestimmt ist. Dank der in Kapitel 12 beschriebenen und durchgeführten Ziel-Workshops hat man jedoch eine exzellente Basis, um die KPIs individuell auf die Empfänger abzustimmen. In diesen Workshops haben alle Beteiligten, direkte und indirekte Akteure, ihre individuellen Website-Ziele aufgeschrieben. Anhand der individuellen Farbe der von den einzelnen Personen beschriebenen Karten lässt sich aus der Workshop-Dokumentation problemlos herauslesen, welcher Akteur welche Ziele mit der Website verfolgt. Dadurch lassen sich auch die unterhalb dieser Ziele liegenden Messgrößen oder KPIs den einzelnen Akteuren zuordnen. Möchte man eine noch detailliertere Zuordnung der KPIs zu Akteuren, kann man auch noch die von den Teilnehmern genannten Aktivitäten für die Zuordnung der individuell interessanten KPIs verwenden.

Am einfachsten für die Zuteilung von KPIs zu Empfängern ist es, die in den Workshops erarbeiteten Ziel-Pyramiden in eine Tabelle umzugießen, so wie Tabelle 14.2 zeigt. In zusätzlichen Spalten lässt sich dann je Akteur ankreuzen, welche Messgrößen für ihn Relevanz hat.

Ziele	Erfolgsfaktoren	Aktivitäten	Peformance Metrics	Empfänger/Akteur			
				A	B	C	usw.
Ziel 1	Erfolgsfaktor 1.1	Aktivität 1.1.1	Messgröße 1.1.1.1	x	x		
			Messgröße 1.1.1.2	x	x		
		Aktivität 1.1.2	Messgröße 1.1.2.1	x			
			Messgröße 1.1.2.2	x			
	Erfolgsfaktor 1.2	Aktivität 1.2.1	Messgröße 1.2.1.1	x	x		
			Messgröße 1.2.1.2	x	x		
		Aktivität 1.2.2	Messgröße 1.2.2.1	x		x	
			Messgröße 1.2.2.2	x		x	
Ziel 2	Erfolgsfaktor 2.1	Aktivität 2.1.1	Messgröße 2.1.1.1		x	x	
			Messgröße 2.1.1.2		x	x	
		Aktivität 2.1.2	Messgröße 2.1.2.1		x	x	

Tabelle 14.2: Tabellarisch transformierte Ziel-Pyramiden mit für Akteure relevanten Performance Metrics

Geht man mit einem solchen Vorschlag eines Berichts zu den einzelnen Akteuren, ist der notwendige Abstimmungsaufwand minimal. Auch lässt sich mit der Zielfokussierung relativ einfach argumentieren, weshalb ein Akteur nun genau diese KPIs und nicht irgendwelche anderen beachten soll.

Im Ergebnis kann ein auf Zielgruppen abgestimmtes Dashboard dann zum Beispiel wie in Abbildung 14.11 aussehen. Das gezeigte »Performance Dashboard« richtet sich auf Management-Ebene an die verschiedenen Unternehmensbereiche und zeigt die für den Bereich jeweils relevanten Kennzahlen. Auffallend ist, dass die Dashboard-Anwendung allgemeine Kennzahlen wie Besucher und Besuche komplett außen vor lässt.

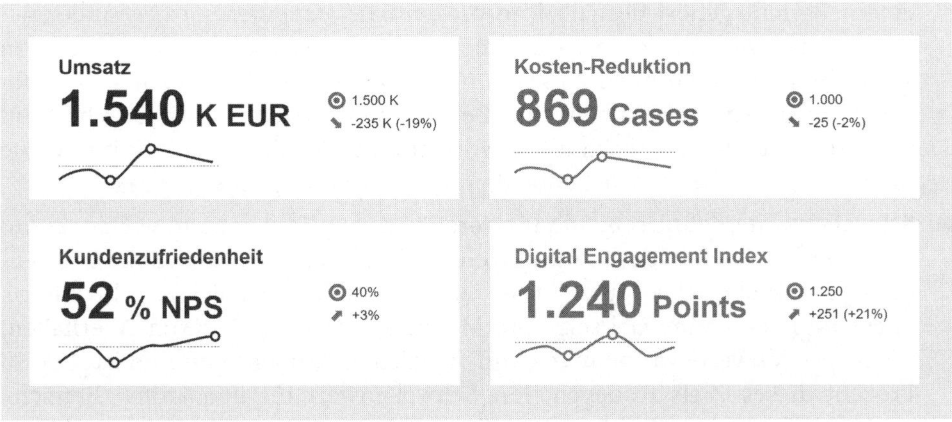

Abb. 14.11: Ein Performance-Dashboard mit Business-relevanten KPIs

14.3.5 Gestaltung von Dashboards

Gut gestaltete Dashboards erlauben es, sich in Kürze einen Überblick über einen Zustand zu verschaffen und dabei Zusammenhänge schnell zu erkennen. Das Ziel von Dashboards ist es, beim Adressaten das »Big Picture« innerhalb weniger Sekunden zu vermitteln. Hierzu gehört auch, den Fokus auf spezifische Bereiche zu lenken und Unwichtiges wegzulassen. In der Definition von Stephen Few, Autor des Buches *Information Dashboard Design*, hat ein Dashboard folgende Aufgabe: »Ein Dashboard ist eine visuelle Darstellung der wichtigsten Informationen, die benötigt werden, um eines oder mehrere Ziele zu erreichen, konsolidiert und zusammengefasst auf einem Bildschirm, damit die Information auf einen Blick erfasst werden kann«.

Nicht nur dem Inhalt, sondern auch der Gestaltung von Dashboards kommt damit eine tragende Rolle zu. Hierzu gilt es, einige Prinzipien zu beherzigen, um nicht Dashboards zu gestalten, die ablenken, schnell verleiden oder schlicht ihr Ziel verfehlen:

- **One Screen:** Alle Information muss gleichzeitig – ohne Scrollen – sichtbar sein. Nur dann ist gewährleistet, dass die Inhalte schnell in Kontext gesetzt werden können. Dashboards sollten zudem nach dem 2/20/200-Sekunden-Prinzip gestaltet sein. In zwei Sekunden sollte der Bericht-Empfänger erkennen können, ob die Gesamtsituation gut, durchschnittlich oder schlecht ist. In 20 Sekunden sollte er erkennen, auf welche Bereiche diese Gesamtaussage zurückzuführen ist. In 200 Sekunden sollten schließlich die genaueren Gründe dafür herauslesbar sein.

- **Kontext zu Daten geben**: Es muss einfach ersichtlich sein, wie die Information einzustufen ist, bzw. ob diese gut, befriedigend oder schlecht ist. Zahlen sollten daher stets auch im Verhältnis zur Vorperiode stehen. Neben jede Zahl in einem Bericht gehört deshalb ihre prozentuale Veränderung gegenüber der Vorperiode. Dies gibt dem Leser eine wichtige Interpretationshilfe, um den Wert überhaupt einordnen zu können. Gegebenenfalls kann man auch mehrere Vergleichswerte angeben, zum Beispiel zur Vorwoche, zum Durchschnitt im Vormonat oder Durchschnitt im Vorjahr. Auch Maxima- und Minima-Werte in den vergangenen 52 Wochen helfen bei der Deutung eines Wertes.
- **Schwellenwerte definieren:** Die Interpretation von Zahlen kann weiter vereinfacht werden, wenn man für die einzelnen KPIs Ziel- und Schwellenwerte definiert. Ein Zielwert bedeutet, dass man sich zum Beispiel für die Metrik »Bewerbungen« zum Ziel setzt, pro Monat mindestens 20 davon zu erhalten. Als Schwellenwerte würde man dann vielleicht einen »grünen Bereich« ab 90 Prozent dieses Ziels festlegen. Ein Schwellenwert für den »roten Bereich« würde vielleicht bei 70 Prozent zu liegen kommen. Aus diesen zusätzlichen Informationen zu einem KPI können nun einfach verständliche Grafiken – zum Beispiel in Form eines Tachometers – generiert werden. Der Betrachter weiß auf einen Blick, ob der aktuelle Wert der Kennzahl gut oder schlecht ist.
- **Unnötige Präzision vermeiden:** Zu präzise Informationen verhindern die schnelle Aufnahme. 3.2 Mio. EUR sind in in einem Dashboard zweckmäßiger als 3.237.723,75 EUR. Prozentwerte haben ebenfalls eine hohe Dashboard-Konformität.
- **Einheiten/Zahlen müssen verständlich sein:** Viele Akteure, insbesondere die indirekten, beschäftigen sich nur einen beschränkten Teil ihrer Zeit mit Key Performance Indicators für die digitalen Kanäle. Das Wissen, was Kennzahlen wie »Absprungrate« oder »Besuchstiefe« bedeuten, kann deshalb nicht vorausgesetzt werden. Empfehlenswert ist es deshalb, je KPI-Gruppierung oder je Website-Ziel den Bericht um eine kurze Interpretationshilfe in Prosa zu ergänzen. In diesen drei bis vier Sätzen je Gruppierung interpretieren Sie die auf dem Bericht sichtbaren Informationen. Bei kritischen Veränderungen lässt sich hier auch gleich noch angeben, welche Gegenmaßnahmen eingeleitet werden können oder gar schon geplant sind – dies erspart unter Umständen einen bösen Telefonanruf oder ein ungemütliches Meeting.
- **Geeignete Darstellung wählen:** Die Wahl der geeigneten Darstellungsform von Zahlen in Tabellen, Charts usw. ist eine Disziplin für sich. Grundsätzlich gilt, dass Balkendiagramme für sehr viele Fälle eine geeignete Darstellungsform sind. Kuchendiagramme sind eher selten geeignet.

- **Darstellungen angemessen gestalten:** Farben sollten zweckgebunden eingesetzt werden, ablenkende Effekte vermieden werden. 3D-Darstellungen oder Anlehnungen an Dashboards in der realen Welt (z.B. Flugzeug-Cockpits) sind daher ungeeignet.
- **Sinnvolle Anordnung der Daten auf dem Dashboard:** Die Inhalte sollten entlang dem Lesefluss für die Interpretation angeordnet sein.
- **Wichtiges Herausheben:** Wichtiges muss schnell herausstechen, unnötige Dekoration sollte vermeiden werden.
- **Usability-Fallgruben vermeiden:** Bei der Auszeichnung mit Farben, Rot für schlecht und Grün für gut, muss zum Beispiel Rot-Grün-Blindheit bedacht werden.
- **Attraktives visuelles Design wählen:** Trotz allem muss das visuelle Design aber ansprechend sein.

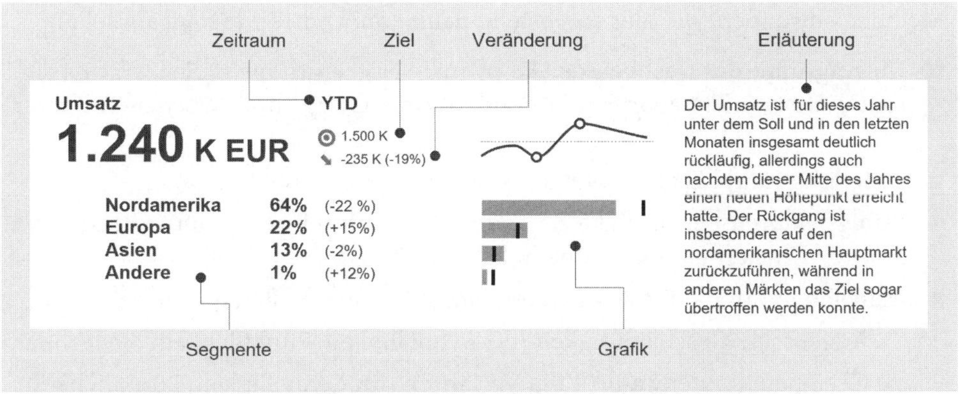

Abb. 14.12: Gestaltung und mögliche Kontext-Informationen zu einem KPI

Das Auto-Dashboard: Eine geeignete Analogie – oder hoffnungslos schlecht?

Beispiele von misslungenen Dashboards, an der sich übereifrige Designer ausgetobt oder unkundige Berater verewigt haben, gibt es zuhauf. Eines der meistgenutzten, breit akzeptierten, aber mitunter wohl schlechtesten Beispiele für ein Dashboard ist jenes im Auto – zu Deutsch das Armaturenbrett. Auch ein Auto-Dashboard sollte vom Gedanken her dem Fahrer die zentralen Kennzahlen für die erfolgreiche Fahrt von A nach B schnell lesbar darstellen. Wenn man sich so ein klassisches Auto-Dashboard anschaut, kann man sich aber durchaus fragen, ob denn z.B. die Motortemperatur ein KPI für die Zielerreichung der Fahrt darstellt. Im Laufe der Nutzung des Autos und des Dashboards hat sich ein Fahrer ja daran gewöhnt, dass sich die Motorentemperatur praktisch nie verändert. Und falls sie doch mal in den kritischen Bereich kommen sollte, dann gibt's ohnehin eine andere Warnleuchte, die dann entsprechend blinkt. Auch aus Drehzahlmesser oder Kilometerstand lassen sich für den Fahrer kaum Aktionen ableiten, die zur sicheren, komfortablen und schnellen Erreichung des Fahrziels beitragen.

Neben der Frage, ob die richtigen KPIs auf dem Dashboard stehen, gesellen sich Mängel in der gewählten Darstellungsform für die Kennzahlen dazu. Die Darstellung der Geschwindigkeit zum Beispiel in der Form eines Tachometers ist im heutigen Gebrauch völlig ungeeignet. Mit der gewählten Form lässt sich zwar schnell erkennen, ob die Geschwindigkeit eher bei 200, 100 oder 30 km/h ist. Allerdings dürfte dies kaum je eine Information für den Fahrer sein, die ihm nicht schon anderweitig bewusst wäre. Dagegen wäre es für ihn sehr wohl relevant, zu wissen, ob die Geschwindigkeit in der 30er-Zone eher bei 30 oder 35 liegt – das ist aber kaum erkennbar, ohne die Augen länger als der Sicherheit gebührend von der Straße zu nehmen.

Würde man für die Konzeption und Gestaltung eines Auto-Dashboards dieselbe Methode anwenden, wie hier vorgestellt, dann könnte dies wie folgt aussehen:

- **Nutzergruppe des Dashboards:** Als primäre Nutzergruppe stellen wir uns den routinierten, nicht-sportlich-fahrenden Arbeitsweg- und Wochenendfahrer vor.
- **Ziele:** Das Haupt-Ziel der Nutzer ist schlicht eine »gute Reise«.
- **Erfolgsfaktoren:** Erfolgsfaktoren oder Sub-Ziele einer »guten« Reise sind Komfort, Sicherheit und Schnelligkeit/Pünktlichkeit.
- **Aktivitäten:** Auf die Erfolgsfaktoren einzahlende Aktivitäten sind z.B.
  - Angepasste Geschwindigkeit (für Schnelligkeit/Pünktlichkeit, Sicherheit)
  - Geeignete Routenwahl / Kein Verfahren (für Schnelligkeit/Pünktlichkeit)
  - Unfall-/Pannenfreiheit (für Sicherheit, Schnelligkeit/Pünktlichkeit)
  - Ausreichend Treibstoff (Schnelligkeit/Pünktlichkeit, Komfort)
  - Stauvermeidung (Komfort, Schnelligkeit/Pünktlichkeit)
- **Key Performance Indicators:** Metriken, die dann die Zielerreichung indirekt messen und daher auch als KPIs bezeichnet werden können, sind damit beispielsweise:
  - Aktuelle Geschwindigkeit
  - Navigationsrichtung
  - Voraussichtliche Ankunftszeit
  - Fahrzeit bis Tankfüllung oder Ladung
  - Allgemeiner Fahrzeugzustand

Als ausgefüllte Zielpyramide dargestellt würde sich dies wie folgt ausprägen:

Würde man nun ein Auto-Dashboard mit diesen KPIs befüllen und entsprechend gestalten, könnte dies somit folgendermaßen aussehen:

Sämtliche KPIs auf dem Dashboard sind aktionsorientiert: Der Fahrer weiß unmittelbar, was er zu tun hat. Fährt er innerorts zu schnell, ist das Tempo zu drosseln. Ist der Ankunftstermin knapp oder gar verspätet, liegt keine Kaffeepause drin. Reicht das Benzin oder die Batterieladung nicht, ist noch ein Stopp notwendig. Dank GPS- oder Fahrzeugkamera-Informationen sind heute erlaubte Geschwindigkeiten, berechnete Fahrzeit usw. im Auto verfügbar. Eine entsprechende Ergänzung des Dashboards bringt die zentralen Informationen dahin, wo sie der Fahrer häufig überprüfen soll. Die Darstellungsformen werden insoweit angepasst, als dass die Erreichung des Solls über eine farbliche Ausprägung sogleich ersichtlich wird.

14.4 Dashboards und KPI-Berichte nutzen

Genau so, wie man Kennzahlen in Analytics-Systemen zyklisch konsultieren muss, erfordert dies auch der Umgang mit Dashboards und KPI-Berichten. Wer einen KPI-Bericht oder Dashboard nur monatlich oder quartalsweise erstellt und verteilt, dem entgehen die kleinen und großen Erfolge und Misserfolge in den digitalen Kanälen. Der Nutzen aus dem Aufwand für die Dashboard-Erstellung ist denn auch erst gegeben, wenn man in kurzen Intervallen die Berichte konsultiert und Veränderungen prüft. Das geeignete zeitliche Intervall für die Berichtsintervalle lässt sich über folgende Faktoren erörtern:

- Je größer der über die Website erwirtschaftete Umsatz ist, desto häufiger sollten KPI-Berichte oder Dashboards erstellt und genutzt werden. Bei Unternehmen, die mindestens 20 Prozent ihres Umsatzes digital erwirtschaften oder direkt darüber generieren, ist ein wöchentliches Reporting angebracht. Bei noch größeren Umsatzanteilen ist sogar ein tägliches Reporting zweckmäßig.
- Nach dem Launch einer Website oder nach größeren Änderungen sind kürzere Zyklen zu wählen. Nach einem Website-Launch empfiehlt es sich, mit einem wöchentlichen Zyklus zu beginnen und diesen dann langsam dem langfristigen Bedürfnis anzugleichen.
- Für eine durchschnittliche Unternehmenswebsite ist ein zwei- bis vierwöchentlicher Rhythmus zu empfehlen. Keinesfalls sollte eine Messung aber weniger als einmal im Monat erfolgen – die Reaktionsdauer auf eventuell auftretende Ereignisse wäre dann zu groß.

Kapitel 15

Analytics-Erkenntnisse zur Website-Optimierung nutzen

Der große Vorteil des in den vorangegangenen Kapiteln beschriebenen zielorientierten Vorgehens ist, dass man zur Steigerung des Website-Erfolgs eigentlich nur eine Verbesserung seiner Global- und Micro-Conversions erzielen muss. Sobald man nämlich eine Steigerung auf einer tiefer liegenden Ebene der Ziel-Pyramide erreicht, ist dies automatisch auch auf den höheren Ebenen nützlich und verbessert damit die Zielerreichung. Da sämtliche definierten und gemessenen Aktivitäten auf die Ziele ausgerichtet sind und über die Micro-Conversions auch breit in der Besucherschaft abgestützt sind, lassen sich die Conversion-Werte praktisch vorbehaltslos einsetzen. Wie nun Conversions für die Optimierung einzelner Bereiche oder Aktivitäten auf einer Website genutzt werden können, zeigen die folgenden Abschnitte.

15.1 Benutzerführung optimieren

In den Überlegungen zu Digitalkanal-Zielen, Erfolgsfaktoren und Aktivitäten haben wir implizit bereits über mögliche Pfade von einer Einstiegsseite bis zur Conversion nachgedacht: Hauptziel einer Website ist es zum Beispiel, Bestellungen zu generieren. Bevor ein Besucher jedoch eine Bestellung auslöst, wird er typischerweise zuerst verschiedene andere Aktivitäten durchführen, zum Beispiel die Eigenschaften und das Aussehen eines Produkts genau klären oder dieses mit anderen Produkten vergleichen. Im Digital-Analytics-Framework haben wir diese Vorläufer einer Global-Conversion Erfolgsfaktoren und Aktivitäten genannt.

15.1.1 Conversion-Pfade identifizieren

Conversion-Pfade versuchen nun, diesen Gedanken noch etwas konsequenter weiterzuspinnen. Möchte man einen Website-Besucher früher oder später dazu bringen, eine Global-Conversion zu tätigen, überlegt man sich, welche Schritte er vorher unbedingt oder wahrscheinlich vornehmen wird. Bevor ein Besucher zum Beispiel zum Produktkäufer wird, wird er sich vorher höchstwahrscheinlich eine ausführliche Produktbeschreibung zu Gemüte führen, einige hochauflösende Produktbilder betrachten, Preisinformationen klären, eventuell die Lieferkonditionen prüfen und erst dann bestellen. Der erfolgversprechendste Pfad, der zur Global-Conversion führt, lautet dann:

Landingpage → Aufruf Produktdetailseite → Preisplan auswählen → Bestellung

Natürlich ist es auch denkbar, dass ein Interessent einer Website mehrere Besuche abstattet, um diesen Pfad als Gesamtes zu durchschreiten – z.B. weil er sich noch in einer Such- und Vergleichsphase befindet und erst bei einem späteren Besuch den Kauf abschließen möchte. Abbildung 15.1 zeigt einen solchen Conversion-Pfad über verschiedene Schritte anhand einer Produktseite eines Telekom-Anbieters.

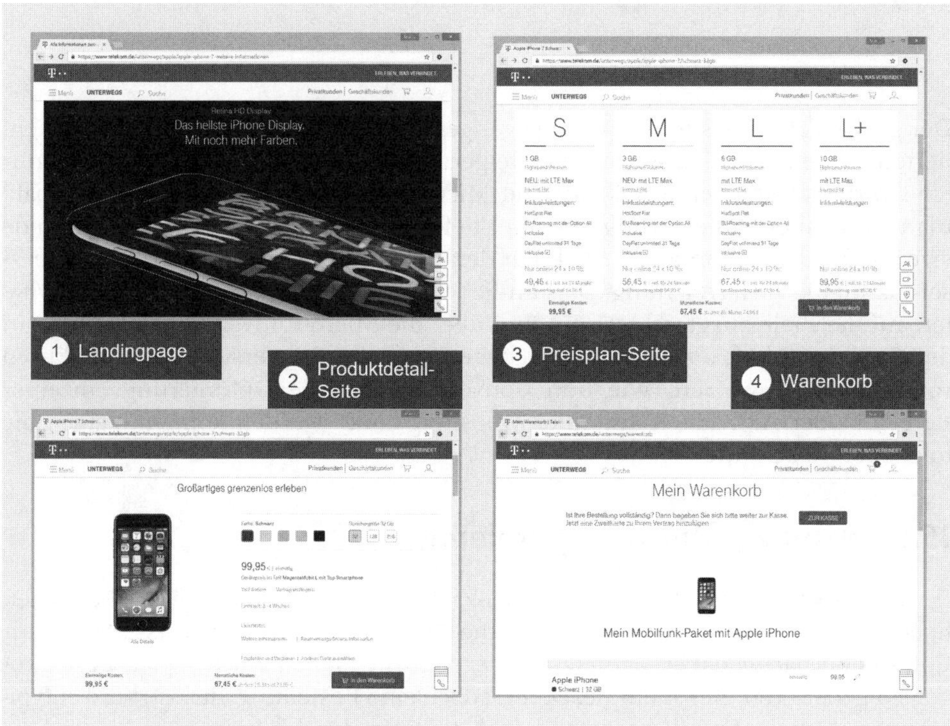

Abb. 15.1: Typischer Conversion-Pfad für die Bestellung eines iPhones

Um solche Pfade zu identifizieren, hilft es, in Besucher-Szenarien zu denken. Besucher durchlaufen im Rahmen ihrer Customer Journey verschiedene Stadien bis zu einem Produktkauf und kommen jeweils mit bestimmten Motivationen bzw. Zielen auf die Website. Andererseits möchte man sie als Unternehmen mittelfristig zu einer bestimmten Global-Conversion bewegen. In der Schnittmenge von Besucher- und Unternehmens-Ziel liegt das Szenario, für das man dann die notwendigen Schritte zu identifizieren sucht. Ein Besucher, der aufgrund eines ausgeschriebenen Wettbewerbs auf die Website gelangt und den man zur Kontaktaufnahme für eine Dienstleistung bewegen möchte – ein typisches Szenario für eine Marketing-Aktivität –, wird im Idealfall folgende Schritte unternehmen:

- Aufruf der Landingpage oder Microsite mit dem Wettbewerb
- Teilnahme am Wettbewerb

- Aufruf von weiterführenden Informationsseiten
- Kontaktaufnahme

Gleichermaßen kann man weitere Szenarien mit einem idealtypischen Ablauf definieren, zum Beispiel die Promotion eines Produkts auf der Homepage mittels Teaser oder die Suche eines Produkts über die Suchfunktion:

Produkt-Teaser auf Homepage → Aufruf Landingpage → Aufruf Produktdetailseite → Download Produktbroschüre

Nutzung Suchfunktion → Trefferliste → Klick auf Treffer → Betrachtung Produktdetailseite mit Dauer > 30 s

Ein Spezialfall solcher Conversion-Pfade sind lineare Prozesse wie ein Bestellprozess über fünf Seiten mit Produktauswahl, Adresseingabe, Eingabe Zahlungsinformationen, Zusammenfassungs- und Bestätigungsseite. Abbildung 15.2 zeigt ein Beispiel eines solchen linearen Conversion-Pfades. Im Unterschied zu den allgemeinen Conversion-Pfaden ist die Abfolge der Schritte sequenziell und vom System vorgegeben. Ein Benutzer kann so zum Beispiel nicht auf die Seite für die Eingabe der Zahlungsinformationen gelangen, ohne zuvor ein Produkt ausgewählt und die Adressdaten erfasst zu haben.

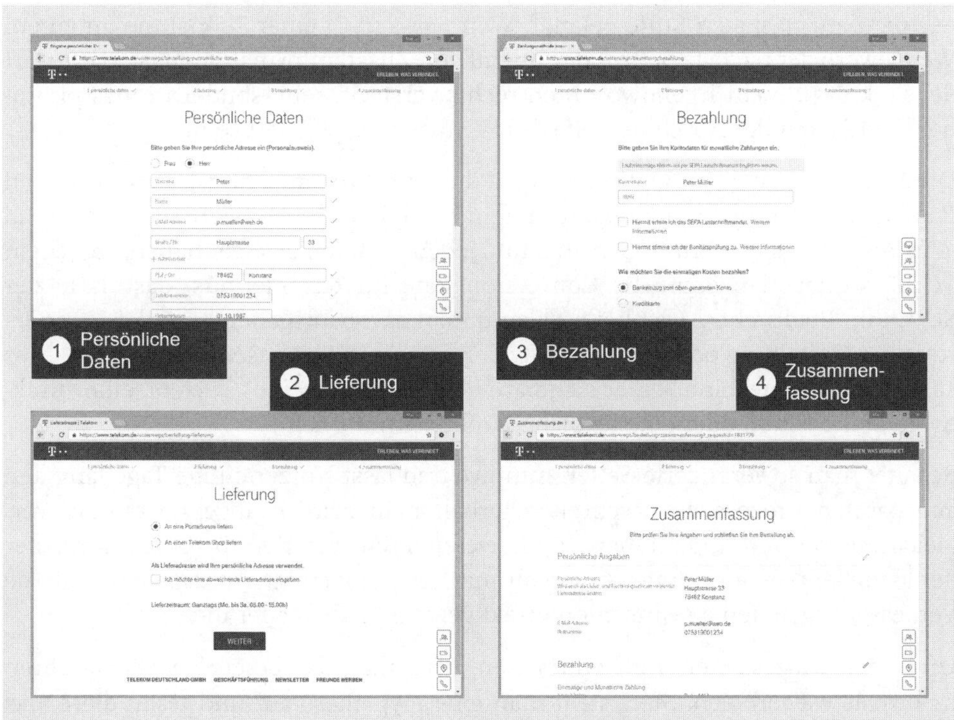

Abb. 15.2: Linearer Bestellprozess vom Warenkorb zur Bestellung

Jeder Ausstieg aus solch einem Conversion-Pfad bedeutet, dass der Prozess abgebrochen wurde. Gerade, wenn es sich um einen Ablauf handelt, der besonders nahe an einer Global-Conversion steht – bei einem Bestellprozess zweifellos der Fall –, ist jeder Ausstieg tragisch. Lineare Conversion-Pfade verdienen deshalb besondere Beachtung bei der Optimierung.

15.1.2 Vorgehen zur Optimierung von Conversion-Pfaden

Zielsetzung einer Optimierung ist es nun, einen identifizierten Conversion-Pfad möglichst effektiv zu gestalten, das heißt, möglichst viele Besucher, deren Motivation mit dem Website-Ziel übereinstimmt, durch einen solchen Pfad hindurchzuschleusen. Dies erreicht man zum einen, indem man mögliche Navigationshindernisse oder andere Hürden auf den einzelnen Seiten aus dem Weg räumt. Zum anderen sollten die Seiten der einzelnen Konvertierungsstufen gezielt so gestaltet sein, dass der Besucher auf die nächste Stufe gelenkt wird. Auch ein »Nachfassen« durch Remarketing-Maßnahmen hilft, um einen allenfalls abgeschweiften Besucher wieder auf den gedachten Pfad zu bringen.

Da eine solche »Lenkung« des Besuchers vielleicht eher ein Wunschdenken des Website-Betreibers ist – Besucher lassen sich genauso wie Menschen sonst im Leben nicht so gerne fremdsteuern –, sollte zumindest einfach erkenntlich sein, wie man zur nächsten Stufe gelangt. Wenn also nach einer Teilnahme an einem Wettbewerb der nächste Schritt der Aufruf von Zusatzinformationen ist, dann darf der Link dazu nicht irgendwo unten rechts versteckt sein, sondern muss prominent mitten auf der Abschlussseite des Wettbewerbs platziert sein.

Die Metrik, die man für Optimierungen dieser Art heranzieht, ist die Conversion Rate. Am besten bildet man dazu Ereignisse ab oder bildet Segmente aus für all jene Besucher, die Schritt 1, Schritt 2 und jeden weiteren erreicht haben. An jedem Schritt wertet man dann die Conversion Rate für das Ziel aus, das als letzter Schritt im Pfad steht. Anschließend kann man davon ausgehend mit der Veränderung der Gestaltung oder der Usability der einzelnen Schrittseiten beginnen. Dies kann zum Beispiel eine besser sichtbare Positionierung eines Teasers, eine attraktivere Linkposition oder eine textliche Umbenennung sein.

Schaltet man so veränderte Seiten nun live und lässt Nutzer einige Tage lang den angepassten Prozess durchschreiten, erhält man zeitlich abgegrenzt eine Vergleichsauswertung. Indem man die Conversion Rate von der Vorversion mit jener der aktuellen Version vergleicht, erhält man eine eindeutige Aussage dazu, ob die Verbesserungen den gewünschten Effekt gebracht haben oder nicht.

Um einen Prozess weiter zu optimieren, wird man das beschriebene Verfahren mehrmals wiederholen. Stets stellt man eine Hypothese auf und testet diese, das heißt, man ändert Kleinigkeiten an der Website bzw. den einzelnen Schritten, von denen man glaubt, dass sie anders besser funktionieren könnten. Von Rückschlägen in Form einer gesunkenen Conversion Rate sollte man sich dabei nicht betrüben lassen – sondern vielmehr von diesen falsifizierten Hypothesen lernen. Zur Not sind die jeweiligen Änderungen ja recht schnell auch wieder rückgängig gemacht.

Mit diesem Verfahren nähert man sich in kleinen Trial-and-Error-Schritten einem optimierten Prozess und damit einer verbesserten Conversion Rate an. Jim Sterne, einer der Pioniere im Analytics-Umfeld, nennt diese Vorgehensweise in seinem Buch *Web Metrics – Proven Methods for Measuring Web Site Success* »TIMITI«. Dies ist ein Akronym für »Try It, Measure It, Tweak It« und bedeutet ausprobieren, messen, verfeinern.

Hilfreich bei solchen Optimierungsschritten ist das Browser-Overlay, falls das Analytics-Tool über ein solches verfügt. Am besten versetzt man sich dann in einen Benutzer, der mit der betreffenden Motivation auf die Ausgangsseite gelangt. Seinem Bedürfnis folgend prüft man nun, ob die jeweils gedachte Benutzerführung zum nächsten Schritt tatsächlich so offensichtlich ist. Das Browser-Overlay mit der Anzeige der Klickzahlen auf sämtlichen Links hilft dabei, direkt zu verstehen, weshalb sich die Besucher vielleicht anders verhalten als gedacht.

15.1.3 Trichteroptimierungen

Das wohl wichtigste Instrument bei der Analyse und Optimierung von Conversion-Pfaden sind jedoch sogenannte Trichterauswertungen oder Funnels, wie Sie sie in Kapitel 8 in Abschnitt 8.6 bei den Betrachtungen von Besucherflüssen bereits kennengelernt haben. Wenn man sich den Conversion-Pfad von der ersten bis zur letzten Seite des Pfades vorstellt, dann werden relativ viele Besucher den ersten Schritt besuchen, jedoch nur noch ein Bruchteil davon den letzten Schritt erreichen. Die restlichen fallen irgendwo in den Zwischenschritten aus dem Pfad und wählen einen anderen Weg. Wenn man dies in der Vertikalen betrachtet, dann ergibt sich aus der abnehmenden Besuchermenge auf den einzelnen Schritten so etwas wie eine Trichterform. Abbildung 15.3 zeigt schematisch einen solchen Trichter.

Das Ziel einer Optimierung ist es nun natürlich, einen möglichst großen Anteil der Besucher geradlinig durch diesen Trichter durch und hin zum Website-Ziel zu bringen. Jede Optimierung, die man zwischen den einzelnen Schrittabfolgen machen kann, um mehr Besucher eine Stufe näher an das Ziel zu bringen, hat direkten und positiven Einfluss auf die Zielerreichung und damit den Erfolg der Website. Seiten, die solchen Conversion-Pfaden angehören, bedürfen deshalb besonderer Beachtung im Hinblick auf Nützlichkeit der Inhalte, Bedienbarkeit und Führung zum nächsten Zwischenschritt hin.

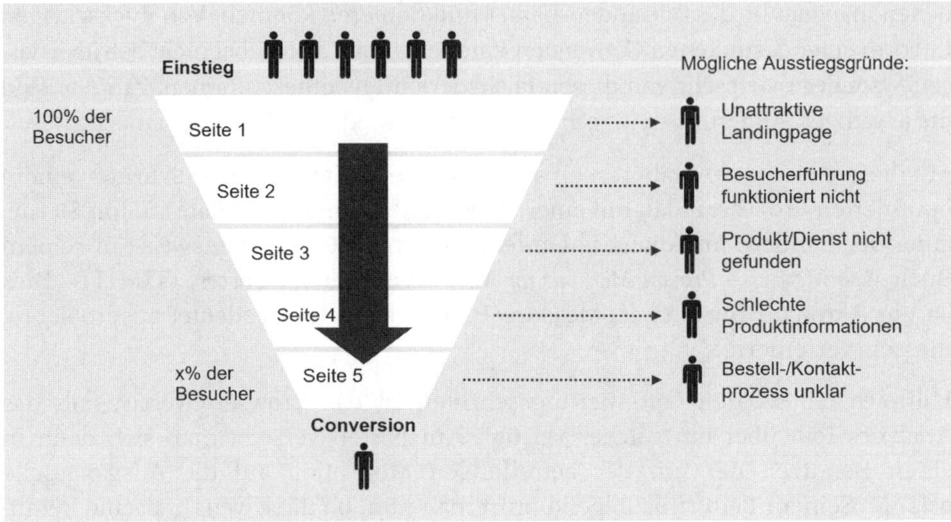

Abb. 15.3: Die Besuchermenge vom Einstieg bis zur Conversion bildet eine Trichterform.

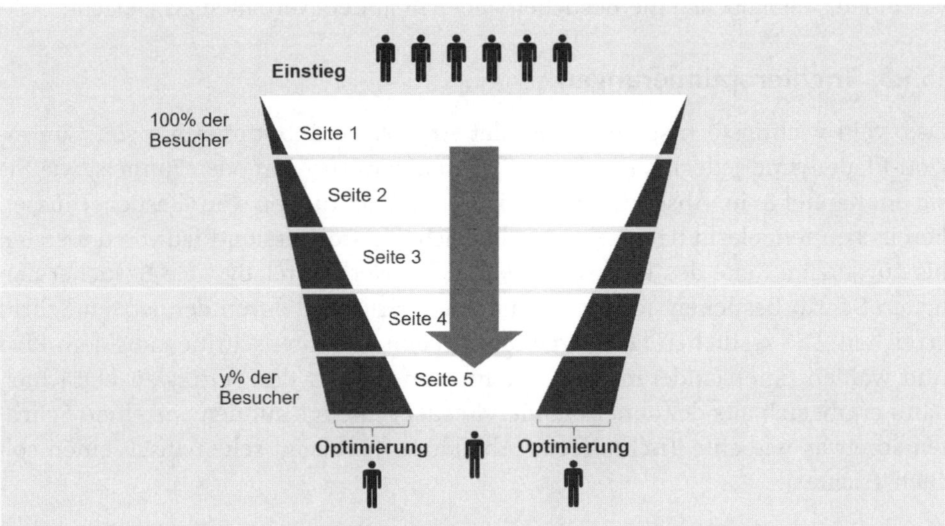

Abb. 15.4: Kleine Optimierungen in Conversion-Pfaden haben großen Einfluss auf die Erreichung von Website-Zielen.

Indem man im Analytics-System solche Abfolge von Seiten speziell hinterlegt, werden diese Trichterauswertungen möglich. Die Auswertungen zeigen die Anzahl oder den Prozentsatz der Ausstiege auf den betreffenden Zwischenschritten. Abbildung 15.5 zeigt zum Beispiel einen solchen Trichter – von links nach rechts – über vier Zwischenschritte hin zu einem Conversion-Ereignis. In Google Analytics können solche Trichteranalysen individuell für beliebige Zwischenschritte und Conversions definiert werden. Hierzu verwendet man die EXPLORATIVE DATENENANALYSE im linken Navigationsmenü und wählt die TRICHTERANALYSE als Vorlage. Die einzelnen Schritte lassen sich dort ebenfalls über Ein- und Ausschlusskriterien ähnlich den Segmenten festlegen.

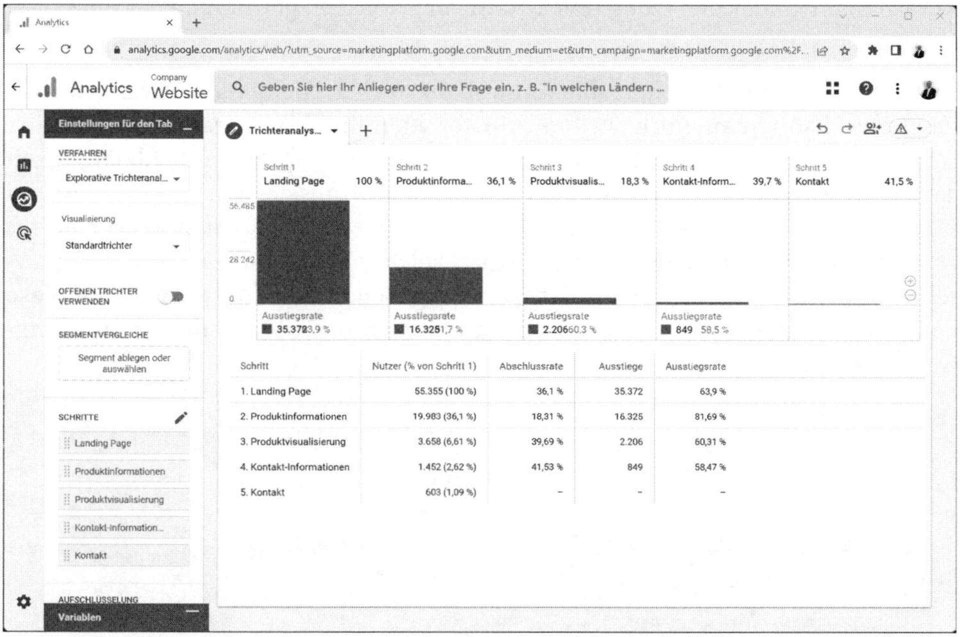

Abb. 15.5: Trichterauswertung für eine Kontaktaufnahme über vier Zwischenschritte

Diejenigen Schritte, wo überproportional viel Besucher aussteigen, sollte man genauer untersuchen. Offenbar scheint der Trichter dort ein besonders großes Leck zu haben. Dementsprechend muss man versuchen, diese Löcher zu stopfen. Die Gründe für die Ausstiege finden wir wiederum am einfachsten, wenn wir uns die Motivation eines Benutzers innerhalb des Trichters vor Augen halten und dann mittels eingeblendetem Browser-Overlay den Pfad durchschreiten.

Zusätzliche Anhaltspunkte darüber, weshalb Benutzer den Pfad verlassen haben könnten, lassen sich erkennen, wenn wir in der weiteren Analyse ein Segment bilden. Dieses umfasst dann zum Beispiel jene Nutzer, die beim zweiten Zwischenschritt ausgestiegen sind. Anhand deren betrachteter Produkte oder Ausstiegsseiten lässt sich hier allenfalls ein Muster erkennen. Eine häufige Ursache für solche Ausstiege ist es in der Praxis, dass ein sich im Trichter befindlicher Besucher von anderen Angeboten abgelenkt wird und von seinem ursprünglichen Task abgebracht wird. Hat ein Nutzer zum Beispiel bereits Produkte in den Warenkorb gelegt und befindet sich bei der Eingabe von Adress- oder Zahlungsinformationen, dann sollte man tunlichst auf die Anpreisung von weiteren Produkten verzichten – selbst wenn diese ideal die Produkte im Warenkorb ergänzen. Zu groß ist die Gefahr, dass der Benutzer davon abgelenkt wird, noch weitere Produktvergleiche anstellt und schließlich vielleicht bei einem anderen Anbieter oder gar nicht bestellt. In eingeschränkterem Maß gilt diese Regel auch für nichtlineare Conversion-Pfade. Auch hier sollte der Fokus für den Benutzer klar auf den nächsten Schritt im gedachten Prozess liegen. Jede Zusatzoption und jeder Quer-Teaser kann ihn von der gewünschten Conversion abbringen.

Betrachtet man die Besucherzahlen innerhalb solcher Trichter aus etwas größerer Flughöhe, kann man noch weitere Muster identifizieren. Interessant für eine Interpretation ist insbesondere, welche Form die Trichter bilden in Abhängigkeit davon, an welcher Stelle des Trichters die Besucher aussteigen. Matt Cutler und Jim Sterne unterscheiden in ihrem Whitepaper *E-Metrics: Business Metrics for the New Economy* vier unterschiedliche Formen solcher Trichter, die sie mit dem Aussehen von unterschiedlichen Trinkgläsern vergleichen. Abbildung 15.6 zeigt diese Formen, die einmal ein Martini-Glas, ein Margarita-, ein Wein- und ein Cocktail-Glas repräsentieren.

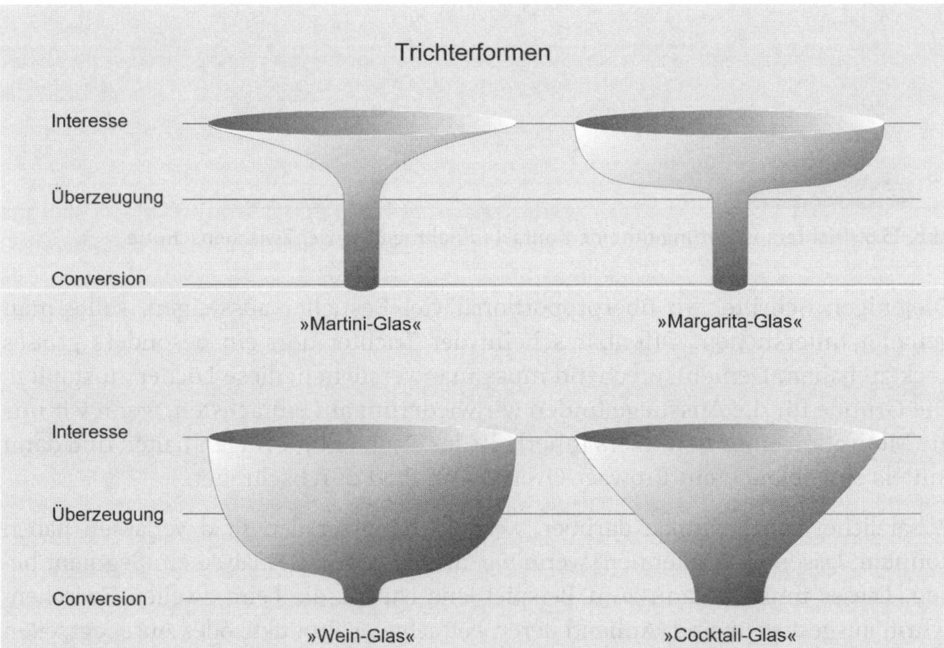

Abb. 15.6: Unterschiedliche Trichter-Formen mit Ähnlichkeiten zu Getränkegläsern gemäß Cutler/Sterne

Weist ein Trichter die Form eines Martini-Glases auf, lässt sich Folgendes aussagen: Offensichtlich gelingt es gut, Besucher anzusprechen, allerdings scheinen es die falschen zu sein, denn das effektive Angebot entspricht nicht der Erwartungshaltung der Besucher. Möglicherweise ist der Teaser oder die Werbung für das Ziel zu reißerisch oder auf die falsche Zielgruppe ausgerichtet. Weist ein Trichter eine solche Form auf, sollte man also die Werbebotschaft oder die Ankündigungen und Teaser besser mit dem effektiven Angebot abgleichen.

Hat ein Trichter die Form eines Margarita-Glases, lässt sich Folgendes aussagen: Besucher fühlen sich von dem Angebot angezogen und zeigen auch näheres Interesse. Dann allerdings lassen sie sich offensichtlich verwirren und brechen die weiteren Schritte ab. Möglicherweise ist das Produkt oder die Dienstleistung zu wenig umfassend beschrieben, die Benutzerführung ist schlecht oder die Navigation verwirrend. Häufig ist eine solche Trichter-Form in allgemeinen Usability-Problemen auf der Website begründet. Eine grundsätzliche Überprüfung der Informationsarchitektur und der Bedienbarkeit ist daher angebracht.

Zeigt der Trichter die Form eines Weinglases, dann zeigen sich Besucher interessiert und sind schließlich auch überzeugt vom Angebot. Allerdings scheitert das Ganze dann am Abschluss. Dies ist meist ein Indiz dafür, dass Kleinigkeiten mit großer Wirkung in einem Abschluss- oder Bestellprozess nicht stimmen. Eventuell fragt ein Kontaktformular nach zu sensiblen Daten, eine Checkbox verlangt das Akzeptieren von unklaren AGBs oder ein Bestellprozess ist schlichtweg nicht bedienbar. Wenn ein Trichter ein solches Muster aufweist, dann sollten Sie den Abschlussprozess auf mögliche Hürden und die Erfüllung der wichtigsten Usability-Kriterien prüfen.

Gleicht ein Trichter einem gleichförmigen Cocktail-Glas, dann läuft der Besucherfluss im Trichter so, wie er sollte. Offensichtlich gelingt es dann in einem guten Verhältnis, Besucher anzulocken, ihr Interesse zu wecken, sie zu überzeugen und schließlich zum Abschluss zu führen. Natürlich wäre das Ideal ein Wasserglas, wo alle Nutzer ohne Verlust vom Einstieg zur Conversion gelangen – nur ist dies natürlich fern jeglicher Realität.

15.1.4 Formularoptimierungen

Vielfach besteht der letzte Schritt vor einer Global-Conversion aus einem Formular – zum Beispiel einem Kontakt-Formular oder Bestellformular –, in dem der Besucher persönliche Daten preisgibt. Da bei Bestellungen häufig zwanzig und mehr Angaben wie Name, Adresse, Zahlungsinformationen etc. gesammelt werden, teilt man solche Formulare auf mehrere Schritte auf. Schritt 1 nimmt dann zum Beispiel die Rechnungsadresse auf, Schritt 2 die Lieferadresse, Schritt 3 die Zahlungsangaben usw. Solche mehrstufigen Formulare werden anschließend vom Benutzer linear durchschritten. Jeder Absprung in einem solchen Formular ist nun für den Website-Betreiber besonders tragisch, da der Besucher den Kaufentscheid offenbar bereits getroffen hat, jedoch durch irgendwelche Umstände – meist nur noch in Usability-Ursachen begründet – am Abschluss gehindert wird.

Formulare generell und mehrstufige Formulare im Speziellen verdienen deshalb besondere Beachtung in der Web-Analyse.

Bildet man für die linearen Formularprozesse in einem Analytics-System Trichter wie in den vorhergehenden Abschnitten beschrieben ab, erkennt man im Groben relativ schnell, bei welchem Schritt Besucher abbrechen. In der Detailanalyse wird man deshalb zuerst jenen Schritt mit der größten Abbruchrate näher untersuchen. Ein Hilfsmittel, das dann Wunder bewirken kann, ist die Formularfeld-Analyse.

Die Formularfeld-Analyse ist ein wirklich mächtiges Instrument zur Aufdeckung von Usability-Hürden. Die Auswertung zeigt nämlich, bei welchem Formularfeld genau innerhalb einer Seite ein Besucher die Eingabe abgebrochen hat. Wenn ein Besucher mit dem Ausfüllen eines Formulars beginnt und dann an einer bestimmten Stelle ins Stocken gerät, dann ist dies ein ziemlich gutes Indiz dafür, dass das betreffende Feld eine schwer überwindbare Hürde im Prozess darstellt.

Aufgrund der Komplexität der Messung werden solche Auswertungen jedoch nur von einigen wenigen Analytics-Systemen geboten, die eher im oberen Segment anzusiedeln sind. Jedoch lässt sich mit einigen Kniffs & Tricks auch für ein System wie Google Analytics eine solche Formularfeld-Abbruchmessung einrichten. Abbildung 15.7 zeigt, wie Google Analytics mittels eines spezifisch eingerichteten Event-Trackings ausweist, bei welchen Formularfeldern das Ausfüllen abgebrochen wurde. Um zu so einem Ergebnis zu gelangen, ist allerdings einiges an kundenspezifischer Konfiguration, zum Beispiel durch die betreuende Agentur, notwendig.

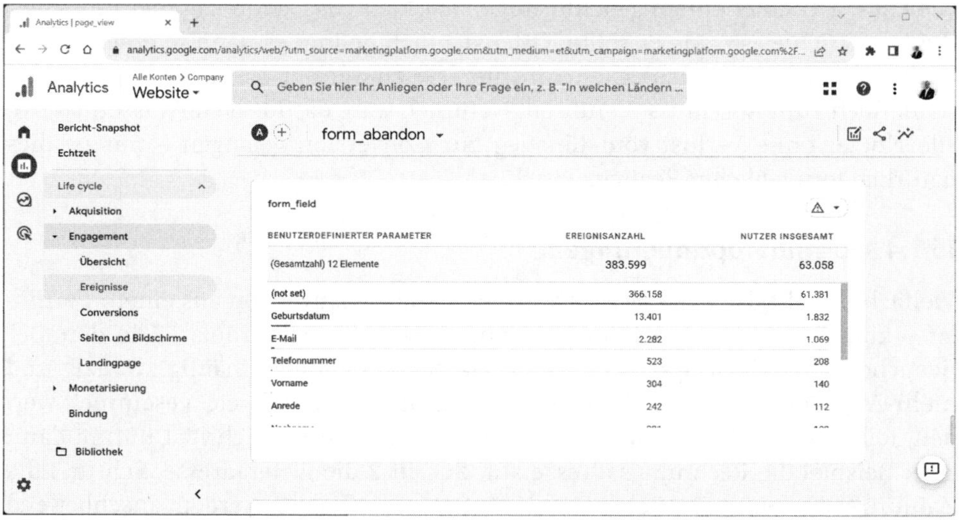

Abb. 15.7: Anzeige der häufigsten Abbruchfelder innerhalb eines Formulars

Häufig sind solche Hürden mit Ausstiegsfolge darin begründet, dass für das vom Besucher angestrebte Ziel zu sensible Daten gesammelt werden. Ist es in einem

Bestellprozess für ein Produkt noch legitim, nach Adresse oder gar Geburtsdatum zu fragen, ist dies bei einer einfachen Kontaktanfrage sicher zu viel. Auch E-Mail-Adressen geben Besucher nur ungern preis, da sie Angst davor haben, später dadurch mit Spam-Mails überhäuft zu werden.

Abbildung 15.7 zeigt recht eindrücklich, wie das Geburtsdatum in einem mehrstufigen Bestellprozess offenbar der Hauptgrund für zahlreiche Abbrüche des Prozesses ist. In einem solchen Fall gibt es nur zwei Möglichkeiten: entweder das Geburtsdatum gar nicht erfragen oder die Eingabe nicht als Pflichtfeld gestalten – oder dann eine klare und transparente Erklärung abgeben, weshalb dieses benötigt wird und was damit geschieht. Da im gezeigten Beispiel das Geburtsdatum lediglich für die Überprüfung einer Volljährigkeit benötigt wurde, hat man dies nach der Analyse über ein einfaches Bestätigungsfeld gelöst – und so die Abbruchrate massiv gesenkt.

Allgemein lassen sich für Formulare und Dateneingaben folgende Beachtungspunkte zusammenfassen:

- Sammeln Sie nur so viel Daten, wie unbedingt nötig sind, um das angestrebte Benutzer-Ziel zu erfüllen. Wenn der Benutzer etwas zugesandt erhält, dann ist es notwendig, nach der E-Mail-Adresse oder physischen Adresse zu fragen – sonst nicht.
- Bei der Erfragung von Daten, die nicht für die Erfüllung des Benutzerziels notwendig sind, geht man das Risiko ein, dass der Prozess abgebrochen wird. Man kann dies riskieren, wenn der angebotene Nutzen für den Benutzer hoch ist. Bei einem Wettbewerb mit hohen Gewinnchancen oder attraktiven Preisen hat das Ziel einen solch hohen Wert, den Besucher eventuell mit der Preisgabe von persönlichen Daten »bezahlen«. Der Download einer Produktbroschüre wird dem Benutzer hingegen kaum die Preisgabe persönlicher Informationen wert sein.
- Im Zweifelsfall sollten Sie für solche Felder die Eingabe optional lassen. Dies bedeutet, dass das Feld kein Pflichtfeld darstellt, das zur Absendung des Formulars zwingend notwendig ist. Allerdings sollte man sich bewusst sein, dass auch optionale Felder eine gewisse Abschreckung bewirken können.
- Wenn Sie nach Daten fragen, die Sie für die Erbringung der Dienstleistung benötigen, dies jedoch für den Benutzer nicht offensichtlich ist, erklären Sie die Situation in einem kurzen Statement. Als kompakte Möglichkeit haben sich kleine Icons oder Text-Fragezeichen neben den betreffenden Formularfeldern bewährt, die sich bei Mouse-Over um das Statement erweitern. Bei E-Mail-Adressen kann so eine Erklärung zum Beispiel lauten, dass die Mail-Adresse zwecks Bestellbestätigung und Rückfragen benötigt, jedoch für keine weiteren Zwecke wie Werbung verwendet wird.
- Platzieren Sie auf jeder Seite einen gut sichtbaren Link zu ihrer Datenschutzerklärung. Wie eine solche aufgebaut sein soll, ist in Kapitel 3 in Abschnitt 3.2.6 erläutert.

15.2 Website-Inhalte optimieren

Bei den bisherigen Betrachtungen haben wir uns damit beschäftigt, wie wir Besucher möglichst von einer Seite zur nächsten Seite führen, damit sie ein gewünschtes Website-Ziel erreichen. Diese Vogelperspektive wollen wir nun verlassen und uns auf die Ebene der einzelnen Seiten begeben und untersuchen, welche Bestandteile und Inhalte sich dort optimieren lassen.

15.2.1 Testen statt glauben

Sicher haben Sie sich bei der Gestaltung von Webseiten oder beim Texten von Inhalten auch schon gefragt, wie ein Titel wohl nun am besten formuliert sein sollte, um Besucher anzusprechen. Oder ob ein Bild auf einer Landingpage nun besser emotional oder plakativ und reißerisch wirken soll. Um sich hier für die eine oder andere Variante zu entscheiden, kann man sich gut und gerne – und vor allem auch lange – den Kopf zerbrechen.

Selbst wer bereits über langjährige Erfahrung mit Zielgruppen, Website-Besuchern sowie deren Verhalten und Bedürfnisse verfügt, wird nie mit letzter Sicherheit eine Antwort auf solche Fragen geben können. Denn das Verhalten von Besuchern ist rein durch das gedachte Hineinversetzen in die Situation des Besuchers kaum ergründbar. Auch Benutzer-Interviews und Usability-Tests geben meist lediglich einen Ausschnitt der Besuchermeinungen wieder und liefern für subjektive Empfindungen selten eine ausreichende Entscheidungsbasis.

Statt sich nun endlos den Kopf zu zerbrechen oder mit anderen darüber zu streiten, wie ein Titel, ein Display Ad oder ein Text auf einer Seite ausgestaltet sein soll, kann man es auch einfach ausprobieren und die Besucher entscheiden lassen. Wenn das Verhalten der Besucher schließlich bestimmt, welche Text- oder Bildvariante am besten funktioniert, gibt es wohl keine fundiertere Entscheidungsgrundlage.

Die naheliegendste Vorgehensweise für ein solches Testing ist, verschiedene Varianten nacheinander auszuprobieren. Hierzu schaltet man zum Beispiel auf einer Landingpage während einer Woche ein emotional ansprechendes Bild und misst ihren Erfolg im Hinblick auf die Zielerreichung bzw. Conversion. In der Woche darauf tauscht man das Bild durch ein reißerisches und verkäuferisches aus und misst wiederum den Erfolg dieser Version. Am Ende stellt man die Conversion Rates der beiden Wochen einander gegenüber und entscheidet sich für jenes Bild, das in der Woche mit der höheren Conversion Rate geschaltet war. Vorausgesetzt natürlich, dass die Unterschiede in der Conversion Rate eine gewisse Signifikanz aufweisen.

Das klingt so weit gut und entspricht weitgehend dem in Abschnitt 15.1.2 als »TIMITI« bezeichneten Trial-and-Error-Verfahren für Conversion-Pfade. Doch in der Realität ist ein solch sequenzielles Varianten-Testing relativ mühsam und wenig praktikabel. Denn will man nicht nur zwei Varianten, sondern drei, vier oder mehr gegeneinander testen, dann ist nur schon die benötigte Zeitdauer dafür beträchtlich. Damit das Ergebnis genügend Relevanz aufweist, müssten überdies während der gesamten Zeit alle anderen Faktoren möglichst konstant bleiben. Würde man nämlich unterdessen noch andere Bereiche der Seite modifizieren, dann wäre nicht eindeutig erkennbar, auf welche Veränderung die Conversion Rate zurückzuführen ist. Auch saisonale Aspekte beeinflussen und verfälschen die Resultate, je weiter die Vergleichsperioden auseinanderliegen.

Glücklicherweise gibt's aber für ein solches Varianten-Testing Unterstützung von Analytics-Systemen oder zumindest von damit verwandten Tools wie AB Tasty (`www.abtasty.com`), Optimizely (`www.optimizely.com`) oder Adobe Target (`business.adobe.com/products/target/adobe-target.html`). Diese ermöglichen es, unterschiedliche Versionen einer Seite zur gleichen Zeit zu testen. Dies erfolgt in der Form, dass einem Teil der Besucher die eine Variante eines Seitenelements, dem anderen die zweite Variante eingeblendet wird. Mittels statistischer Berechnungen erörtern die Systeme anschließend selbstständig, welche Variante die zielführendere ist. Als Benutzer des Systems kann man sich so auf die Erstellung von unterschiedlichen Varianten fokussieren und die statistischen Berechnungen dahinter dem Tool überlassen.

15.2.2 A/B- und multivariates Testing

Testing-Systeme unterstützen im Normalfall zwei Testverfahren: A/B-Tests und multivariate Tests. Das A/B-Testverfahren ermöglicht es, zwei komplett unterschiedliche Webseiten gegeneinander zu testen. Diese können sich zum Beispiel durch ein komplett unterschiedliches Design oder durch andere Inhalte und Bildwelten unterscheiden. Auch businesskritische Prozesse wie einen neuen Bestellprozess kann man so testen. Hat man in einer Überarbeitungsrunde einen Bestellprozess zum Beispiel auf weniger Schritte als bisher verschlankt, schaltet man den neuen Prozess für einen Bruchteil der Besucher bereits auf und vergleicht den Erfolg mit jenem des herkömmlichen Prozesses. Nur wenn der neue Prozess besser in Bezug auf die Zielerreichung abschneidet, wird man ihn für alle Besucher live schalten.

Nachteilig beim A/B-Test ist zum einen, dass man nur wenige, dafür offensichtliche Unterschiede einander gegenüberstellen kann. Zum anderen ist der Aufwand nicht zu unterschätzen, da man immer auch eine zweite eigenständige Version von etwas braucht, also ein zweites Design, einen zweiten Bestellprozess usw. Das

Risiko besteht zudem, dass der Aufwand für die zweite Variante Eulen nach Athen tragen bedeutet – nämlich dann, wenn sich herausstellt, dass die bestehende Variante die bessere ist und den Test gewinnt. In der Praxis mögen genau dieses Risiko leider nur wenige auf sich nehmen. Zu groß ist die Angst vor möglicher, wenn auch unbegründeter, Kritik. Für businesskritische Prozesse, wo man mit jeder falschen Anpassung bereits bedeutende Verluste einfahren kann, sollte man sich solche Tests aber unbedingt leisten.

Will man nicht zwei komplett unterschiedliche Varianten einer Seite, dafür mehrere leicht modifizierte Inhaltsbereiche gegeneinander testen, dann eignen sich multivariate Tests. Multivariate Tests sind ein Segen für all jene, die schon immer ein Faible für Details hatten. Denn damit lassen sich Feinheiten anpassen und verbessern – und man hat zudem den Beleg dafür, wie diese Feinheiten Großes bewirken.

Bei multivariaten Tests teilt man eine Seite in verschiedene Inhaltsbereiche wie Titel, Bild, Text und Action-Button auf, so wie Abbildung 15.8 schematisch aufzeigt.

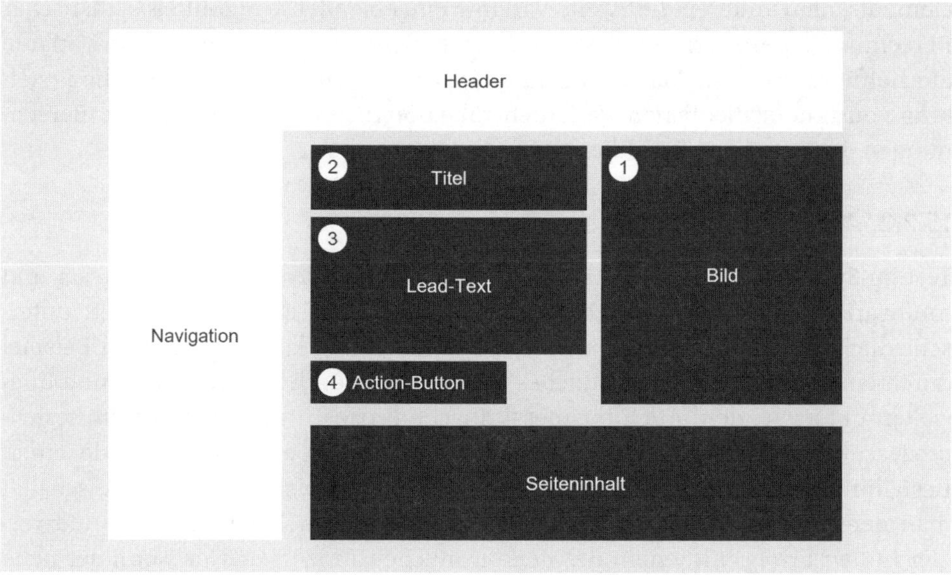

Abb. 15.8: Schematische Aufteilung einer Seite in verschiedene Elemente

Für jeden Bereich lassen sich nun unterschiedliche Inhalte festlegen, von denen man Gewissheit möchte, welcher am besten bei den Besuchern ankommt bzw. am meisten zum Website-Erfolg beiträgt. Bei der Gestaltung einer Landingpage für eine Sommeraktion eines Telekom-Anbieters wären so zum Beispiel je Bereich die Inhalte aus Abbildung 15.9 mögliche Inhaltselemente.

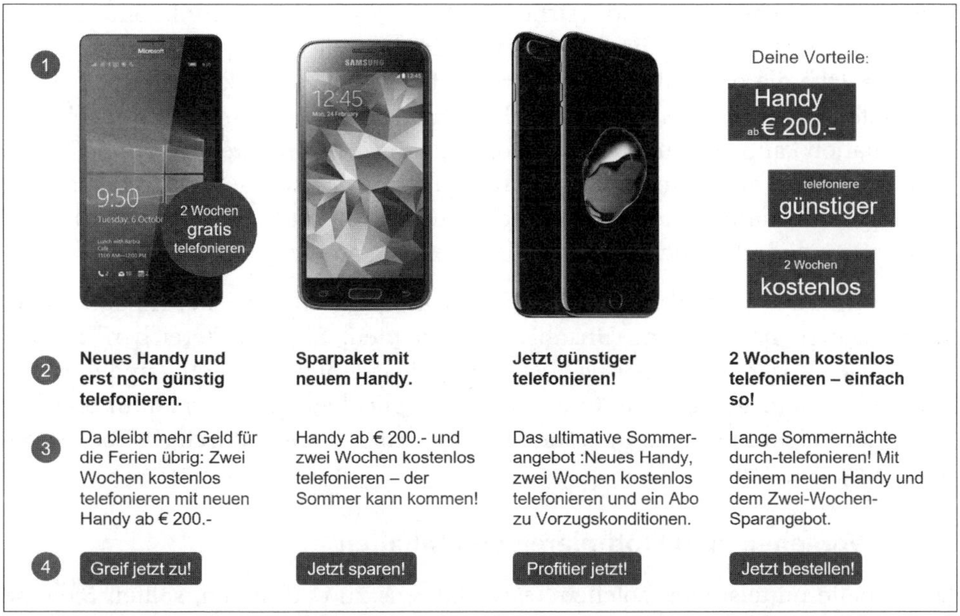

Abb. 15.9: Vier Varianten für jeden der vier Inhaltsbereiche einer Landingpage

Aus diesen Elementen lässt sich nun der Promotionsbereich der Landingpage zusammenbauen. Abbildung 15.10 zeigt zwei mögliche Varianten solcher resultierender Inhalte.

Abb. 15.10: Zwei Varianten des Landingpage-Promotionsbereichs

Bereits bei vier Inhaltsbereichen mit je vier Varianten wird ersichtlich, wie kompliziert Variantentests sind. Denn interessant ist ja nicht nur, welches Bild nun am meisten zur Conversion beiträgt, sondern auch, in welcher Kombination mit welchem Titel, welchem Text und welchem Button dies am besten funktioniert. Nicht zwingend muss nämlich die Kombination der jeweilig besten Inhalte der einzelnen Bereiche die optimale Gesamtkombination ergeben. So kann beispielsweise der Button GREIF JETZT ZU! für sich alleine am wirksamsten sein. In der Gesamtkombination kann jedoch auch jene Konstellation an Elementen gewinnen, die in sich am besten abgestimmt ist. Gewinnt die auf das Spar-Angebot fokussierte Kombination, dann könnte diese auch einen JETZT SPAREN!-Button enthalten, selbst wenn dieser für sich alleine vielleicht nicht ganz so erfolgreich ist.

Möchte man alle erdenklichen Kombinationsmöglichkeiten solcher Inhalte testen, dann gelangt man an eine Unzahl von Varianten. Bei vier Bereichen, für die jeweils vier Varianten zur Auswahl stehen (gemäß Abbildung 15.9), sind dies vier hoch vier, also insgesamt 256 Kombinationsmöglichkeiten. Dass man für eine solche Vielfalt nicht mehr manuell, sondern mit Unterstützung durch ein Tool vorgehen muss, liegt auf der Hand.

15.2.3 Vorgehen zum Optimieren von Inhalten

Um Inhalte mittels eines solchen Testverfahrens zu optimieren, sollten Sie eine Vorgehensweise wählen, die folgende Schritte umfasst.

- Selektion der zu optimierenden Seiten
- Hypothesen aufstellen
- Testfälle ableiten und Varianten ausgestalten
- Festlegung von Zielen bzw. relevanter Conversions
- Technisches Präparieren der Seitenbereiche und Conversions
- Testlauf durchführen
- Auswerten und Gewinnervariante fest implementieren

Als Erstes wählen Sie jene Seiten aus, die Sie optimieren möchten. Da auch mit Unterstützung durch ein Testing-System einiges an Aufwand dahintersteht – zum Beispiel für die Ausgestaltung der verschiedenen Variationen der Inhalte –, werden Sie nur die zentralen Seiten einer Website derart optimieren können. Zentrale Seiten sind sicher die Homepage oder Landingpages oder andere wichtige Einstiegsseiten. Solche weiteren Seiten finden Sie, indem Sie in Ihrem Analytics-System die häufigsten Einstiegsseiten herausfiltern oder jene Seiten suchen, die einen hohen monetären Beitrag zum Website-Ziel leisten.

Für diese Seiten sollten Sie sich anschließend genau überlegen, was Sie testen möchten. Es bringt wenig bis nichts, von einer bestehenden Seite einfach einmal Abweichungen zu gestalten, von denen man nicht der Überzeugung ist, dass sie eine Verbesserung bringen könnten. Stattdessen sollte jedem Testfall eine Hypothese zugrunde liegen, die man überprüfen möchte. Interessante Hypothesen findet man insbesondere dort, wo in Analytics-Auswertungen schwer erklärbare Ausreißer auftreten oder keine Datenbasis vorhanden ist. Typische Fragestellungen betreffen so zum Beispiel die Motivationen und Einstellungen von Besuchern oder das Besuchserlebnis und Design. Insbesondere sehr konträre Ausprägungen in solchen Bereichen fördern jeweils die nützlichsten Ergebnisse zutage. Eine solch konträre These könnte beispielsweise sein: »Eine emotionalere Kundenansprache bringt mehr Verkäufe ein als eine produktfokussierte« oder »Unsere Besucher reagieren mehr auf Angebote mit Preisreduktion als auf solche mit kostenlos angebotenen Zusatzdiensten.« Gute Anhaltspunkte für Hypothesen geben auch die im Digital-Analytics-Framework definierten Erfolgsfaktoren. Auf welchen Erfolgsfaktor zahlt die Aktivität ein, die Sie optimieren möchten? Wie kann die Aktivität im Hinblick auf den Erfolgsfaktor verbessert werden, soll diese zum Beispiel emotionaler oder vertrauensbildender sein?

Solch interessante Hypothesen lassen sich anschließend in Testfälle umformulieren. Um eine emotionale einer produktorientierten Ansprache gegenüberzustellen, braucht man beispielsweise einen Promotionsbereich, in dem zwei Varianten platziert werden, die sich vielleicht im Bild, im Titel und im beschreibenden Text unterscheiden. Für diese Elemente überlegen Sie sich Variationen, die der einen oder anderen Hypothese beisteuern – also zum Beispiel ein Bild mit emotionaler Nahaufnahme einer Person und eines mit einem in Szene gesetzten Produkt. Alternativ können Sie natürlich Ihre Webagentur beauftragen, dies unter diesen Vorgaben zu gestalten.

Entscheidend für die spätere Auswertung der Tests ist die zugrunde liegende Messgröße. Bei multivariaten Tests wird schließlich aufgrund der Conversion Rate entschieden, welche Variante die effektivste ist. Demzufolge ist es wichtig, die richtige Conversion hinter den Testfall zu legen. Am besten nehmen Sie dazu wieder Ihr in Kapitel 12 definiertes Analytics-Framework inklusive der Conversions zur Hand. Mit ihnen sollte einfach ersichtlich sein, auf welche der Global- oder Micro-Conversions die zu optimierende Seite ausgerichtet ist.

Nun ist es Zeit für etwas Technik. Die zu optimierenden Seiten müssen präpariert werden, damit sie je Besucher unterschiedliche Kombinationen der Inhaltselemente ausgeben. Dies ist in der Regel eine einmalige technische Anpassung der betreffenden Seite, wo die IT-Abteilung oder die implementierende Agentur benötigt wird, falls nicht bereits ein Tag-Management-System im Einsatz ist. Im Normalfall ist der technische Eingriff jedoch relativ klein. Im Wesentlichen werden die einzelnen Inhaltsbereiche der Seite, die später die unterschiedlichen Inhaltselemente aufnehmen, mittels Tags im HTML-Code markiert. Auch die Conversions, die als Messgrundlage dienen, müssen mit einem entsprechenden Codefragment versehen werden. Eine zusätzlich referenzierte JavaScript-Datei regelt anschließend die dynamische Anzeige der verschiedenen Varianten. Alles andere – zum Beispiel die Einpflege von Titel-, Text- und Bildvarianten – lässt sich später meist ohne Interaktion mit der IT-Abteilung steuern.

Nachdem Sie die unterschiedlichen Varianten in das System eingepflegt haben, lassen Sie den Test laufen. Automatisch werden nun unterschiedlichen Besuchern andere Varianten eingeblendet und deren Verhalten gemessen. Meist wird über ein Cookie sichergestellt, dass ein Besucher stets dieselbe Variante zu Gesicht bekommt, sodass er nicht bei Wiederbesuch der Seite durch unterschiedliche Inhalte verwirrt wird. Abhängig von der Besucherzahl, die die zu optimierende Seite besucht, werden Sie sich nun einige Tage oder gar Wochen gedulden müssen. Je näher die Varianten beieinanderliegen, desto mehr Besucher werden unter Umständen benötigt, damit das System eine signifikante Aussage bezüglich der einen oder anderen Variante machen kann. Das Test-System wird Sie jedoch benachrichtigen, sobald eine ausreichend große Grundgesamtheit vorhanden ist. Um Signifikanz und Versuchsdauer brauchen Sie sich deshalb nicht zu kümmern.

Je länger der Test läuft, desto klarer sollte sich ergeben, welche der Varianten am besten im Hinblick auf die definierte Conversion funktioniert. Über die unterschiedlichen Conversion Rates lässt sich dann erkennen, inwieweit eine Variante die Originalversion übertrifft bzw. welches die Gewinner-Version ist.

Dabei können schon geringe Steigerungen in der Conversion Rate einen deutlichen Effekt auf das Business haben. Angenommen, eine Landingpage erreicht mit einem »Hero-Teaser 1« eine Conversion Rate für ein Verkaufsziel von acht Prozent, dann klingt eine Steigerung um 1,6 Prozentpunkte bei einer Alternativ-Variante »Hero-Teaser 2« vielleicht erst mal nach nicht so viel. Bei bedeutenden Besucherzahlen schlägt das aber deutlich zu Buche. Gelangen in einem Monat 100.000 Besucher auf eine aktiv beworbene Landingpage, dann heißt dies, dass man mit der ersten Variante 8.000 und mit der zweiten 9.600 Bestellungen erzielen kann. Bringt jede Bestellung einen Gewinnbeitrag von durchschnittlich 5 Euro, dann macht dies einen Differenzbetrag von jährlich über 96.000 Euro aus. Unter solchen Umständen werden sich die Investitionen in Variantentests rasch lohnen.

15.2.4 Allgemeine Tipps für die Inhaltsoptimierung

Genauso wie Analytics selbst ist auch multivariates Testing eine Vorgehensweise, die hilft, Probleme aufzudecken und die richtigen Entscheidungen zu fällen. Das Denken und Finden von Lösungen wird einem jedoch nicht abgenommen – das bleibt die herausfordernde, aber auch die spannende Aufgabe des Web-Analysten.

Um Lösungen bzw. Optimierungsmöglichkeiten für eine Website zu finden, ist es deshalb stets hilfreich, auf grundlegendes Web-Wissen zurückgreifen zu können. Gerade bei Inhaltsoptimierungen liegen die Verbesserungspotenziale meist darin, Usability-Hürden aus dem Weg zu schaffen oder die Benutzer und deren Ziele, Bedürfnisse und Motivationen besser verstehen zu lernen. Dazu lohnt es sich, über den Tellerrand von Web Analytics hinauszublicken und sich etwas mit nutzerzentriertem Design und Usability vertraut zu machen. Eine Koryphäe auf diesem Gebiet ist Jakob Nielsen, der praktisch schon seit Anbeginn des Webs sich mit der Nutzbarkeit von Webangeboten auseinandersetzt. In einem seiner bekanntesten Werke, *Prioritizing Web Usability*, untersucht er zusammen mit Hoa Loranger die häufigsten Usability-Fehler, die namhafte Unternehmen auf ihrer Website machen. Davon kann man gut lernen, wenn es darum geht, das eigene Angebot zu optimieren – oder auch nur, um daraus Hypothesen zu formulieren, die man an den eigenen Website-Besuchern testen kann.

Tipps für das Texten von Inhalten

Zu den wichtigsten Punkten für die Gestaltung und Optimierung von Texten auf Websites zählen demnach die folgenden:

- Schreiben Sie exakte und beschreibende Titel und Unterüberschriften.
- Verwenden Sie kurze Sätze mit prägnanten Aussagen.
- Schreiben Sie in einer einfachen Sprache, die auch ein Zwölfjähriger verstehen würde.
- Verwenden Sie keine internen Begriffe oder Produktnamen in Navigationen oder Überschriften.
- Zählen Sie im Hauptinhalt Fakten auf und keine verschwommenen Verkaufsbotschaften.
- Schreiben Sie Texte, die gut »scanbar« sind, das heißt, die man schnell überfliegen kann. Wichtige Elemente dafür sind kurze Absätze, zahlreiche Untertitel, Aufzählungspunkte oder die Hervorhebung wichtiger Begriffe.
- Die ersten zwei Sätze einer Seite sind entscheidend dafür, ob weitergelesen wird. Bringen Sie die wichtigste Information der Seite hier unter.
- Achten Sie auf die Aktualität von Inhalten.
- Fassen Sie die Kernaussage zusammen.
- Setzen Sie Links innerhalb des Textes.
- Verwenden Sie spezifische und das Ziel treffend beschreibende Linktexte (zum Beispiel »mehr Wirtschafts-Nachrichten« statt nur »mehr«).

Tipps für die grafische Gestaltung von Websites

Bei der Gestaltung eines Webdesigns, aber auch von einzelnen Designelementen, Grafiken oder Teasern empfiehlt es sich, Folgendes zu beachten:

- Achten Sie auf einen konsistenten Aufbau der Seiten bzw. der Informationsarchitektur. Dies bedeutet, dass zum Beispiel die Navigation durchgängig links, Kontextinformationen stets rechts auf all Ihren Seiten zu finden sind.
- Strukturieren Sie auch innerhalb des Inhaltsbereichs Informationseinheiten entsprechend, sodass ein Besucher schnell versteht, in welchem Seitenbereich er welche Informationsarten vorfindet.

- Achten Sie darauf, dass die wichtigen Inhalte auch ohne Scrollen im sichtbaren Bereich des Browserfensters zu sehen sind.
- Verwenden Sie keine Designelemente, die wie Display Ads aussehen. Besucher werden diese aus Gewohnheit gedanklich einfach ausblenden.
- Achten Sie auf einen hohen Kontrast zwischen Text und Hintergrund. Dies ermöglicht die Lesbarkeit auch für Personen mit einer Sehbehinderung (zum Beispiel Farbenblindheit).
- Ermöglichen Sie eine Skalierbarkeit der Schrift, damit sehbehinderte Menschen die Schriftgröße über die Browsereinstellung beeinflussen können.
- Verwenden Sie keine sich bewegenden Bilder oder Textboxen, die man zur Betrachtung der Inhalte scrollen muss.
- Verwenden Sie Standardelemente für Formulare, ohne diese weiter zu formatieren, zum Beispiel für Buttons, Eingabefelder, Optionsfelder und Auswahllisten. Eigenkreationen werden häufig nicht als solche erkannt.

Tipps für Navigationselemente

Die Navigation ist eines der zentralen Hilfsmittel, damit sich Besucher durch die Website bewegen können. Achten Sie deshalb besonders auf folgende Bereiche:

- Die Navigation sollte konsistent über alle Seiten sein und sich überall gleich verhalten.
- Achten Sie auf kurze Navigationspfade, das heißt wenige Klicks, bei den zentralen, sprich meistnachgefragten, Inhalten. Es müssen jedoch nicht alle Inhalte mit drei Klicks erreichbar sein, wie dies manchmal proklamiert wird.
- Die Navigationsstruktur einer Website sollte auf die Benutzerbedürfnisse ausgerichtet sein. Navigationen, die hauptsächlich die interne Organisation abbilden, sind meistens nicht verständlich für einen Besucher.
- Dem Benutzer sollte auf jeder Seite klar sein, woher er kommt, wo er ist und wohin er gehen kann. Nützliche Elemente dafür sind eine Navigation mit Auszeichnung des hierarchischen Pfads, ein Bread Crumb Trail (»Brotkrümel-Pfad«) sowie deutlich als solche gekennzeichnete Links.
- Alles, was auf einer Seite anklickbar ist (Navigation, Link, Teaser, Button etc.), sollte als solches sofort ersichtlich sein – auch ohne mit der Maus darüberfahren zu müssen.
- Verwenden Sie keine Pop-ups – oder nur in absoluten Ausnahmefällen. Pop-ups werden von Pop-up-Blockern geblockt oder nerven Ihre Benutzer.
- Links öffnen die dahinterstehende Seite im gleichen Fenster. Sich in neuen Fenstern öffnende Links sind ärgerlich für Besucher. Das geflügelte Wort für ständig neue Browserfenster nennt sich »Window Polution« (Fensterver-

schmutzung). Einzig für Links, die auf eine Drittsite verweisen, hat es sich eingebürgert, diese in einem neuen Fenster zu öffnen.

- Der Zurück-Button des Browsers muss immer funktionieren – auch in Bestellprozessen und Applikationen. Dort ist es meist eine technische Schwierigkeit, dies sauber zu implementieren. Für Benutzer ist es jedoch ein extremes Ärgernis, wenn der Zurück-Button nicht funktioniert und alle vorherigen Eingaben beispielsweise in einem Bestellprozess verloren gehen.

Tipps für die Darstellung von Produkten

Wenn Sie online Produkte anbieten oder verkaufen, sollten Sie auf folgende Punkte achten:

- Verwenden Sie qualitativ hochwertige Inhalte zur Verkaufsunterstützung. Dies können zum Beispiel Zusatzinformationen zum Gebrauch des Produkts oder unbeschönigte Erfahrungsberichte von Kunden sein.
- Der Preis eines Produkts sollte direkt sichtbar sein. Der Preis ist eine so zentrale Produkteigenschaft, dass es hinderlich ist, ihn nicht anzugeben. Geben Sie ungefähre oder empfohlene Verkaufspreise an, falls die Vertriebsbeziehungen dies erfordern. Das ist immer noch besser, als keinen Preis anzugeben.
- Geben Sie zusätzliche Kosten wie Lieferkosten so früh wie möglich an. Es ist ärgerlich für Besucher und entzieht Ihnen jedes Vertrauen, wenn er diese erst im letzten Schritt des Bestellprozesses aufs Auge gedrückt bekommt.
- Beschreiben Sie die Produkte so detailliert wie möglich. Listen Sie Fakten auf und klären Sie alle möglichen Fragen, die ein Besucher haben könnte.
- Bieten Sie die Möglichkeit, große Produktbilder aufzurufen, wenn möglich aus verschiedenen Perspektiven.

Tipps für die technische Lösung

Bei der technischen Implementierung einer Website gilt es, aus Benutzersicht auf Folgendes zu achten:

- Halten Sie sich an Standards, insbesondere jene des World Wide Web Consortiums (W3C). In solchen Standards ist zum Beispiel definiert, wie HTML valide einzusetzen ist.
- Setzen Sie nicht auf die allerneuesten Technologien oder Plug-ins. Es kann nicht davon ausgegangen werden, dass der durchschnittliche Benutzer diese bereits einsetzt oder extra für Sie downloadet.
- Optimieren Sie nicht nur für einen Browser, sondern testen Sie die Funktionsweise auch mit weiteren, häufig eingesetzten Browsern. Als Anhaltspunkt für die zu unterstützenden Browser können Sie aus dem Analytics-System jene Browserversionen auslesen, die 80 oder 90 Prozent der neuen Besucher einsetzen.

- Achten Sie auf die korrekte Darstellung auf mobilen Geräten oder optimieren Sie gleich primär auf mobile Geräte (»Mobile First«).
- Achten Sie auf kurze Ladezeiten für die Inhaltsseiten.
- Verwenden Sie einfach zu merkende, sprechende URLs (vgl. Kasten in Kapitel 9 in Abschnitt 9.1).

15.3 Marketing-Aktivitäten analysieren und optimieren

Wenn es darum geht, die Wirksamkeit von Werbemaßnahmen oder Marketing-Aktivitäten zu beurteilen, dann sollte man einige unterstützende und etablierte Modelle zurate ziehen. Ein solches ist beispielsweise das AIDA-Modell, ein Stufenmodell über vier oder fünf Phasen, die ein Kunde durchläuft, bis er letztendlich die Kaufentscheidung fällt. Gleichwohl wie AIDA kann auch ein aktuelleres Phasen-Modell, zum Beispiel das 5A-Modell nach Philip Kotler (Aware, Appeal, Ask, Act, Advocate) zurate gezogen werden. AIDA als eines der länger etablierten Modelle ist ein Akronym, das sich aus den Anfangsbuchstaben der einzelnen Phasen zusammensetzt:

- Attention (Aufmerksamkeit) – Die Aufmerksamkeit des Kunden wird angeregt.
- Interest (Interesse) – Er interessiert sich für das Produkt oder die Dienstleistung.
- Desire (Verlangen) – Der Wunsch oder das Verlangen nach dem Produkt wird geweckt.
- Action (Handeln) – Der Kunde kauft das Produkt oder führt sonst eine gewünschte Aktion durch.

In letzter Zeit wird das Modell gerne noch um eine weitere Stufe, die Satisfaction (Zufriedenheit), erweitert, um die Kundenbeziehung nach einer Action besser zu berücksichtigen. Während für eine dialogorientierte Marktkommunikation andere Modelle mittlerweile mehr Unterstützung bieten, ist das AIDA-Prinzip für die Beurteilung und Optimierung einstufiger Werbemaßnahmen wie Display-Ads, Google Ads oder E-Mail immer noch äußerst treffend – selbst wenn das Modell nun doch schon etliche Jahre auf dem Buckel hat.

Die »Attention« betrachtet so zum Beispiel, inwieweit es einer Anzeige gelingt, die Aufmerksamkeit eines Benutzers auf sich zu lenken. Mit »Interest« wird untersucht, inwiefern die Botschaft der Anzeige ankommt und das Interesse des Betrachters geweckt wird. »Desire« zeigt den Nutzeranteil, der sich effektiv konkret mit den Eigenschaften des Angebots auseinandersetzt. Als »Action« wird schließlich bezeichnet, wenn ein Besucher eine gewünschte Aktion, wie den Kauf eines Produkts oder sonst eine Conversion, ausführt.

15.3.1 Aufmerksamkeit, Interesse, Verlangen und Handeln steigern

Ob eine Kampagne erfolgreich ist, entscheidet sich also nicht nur in Form der kommunizierten Botschaft und der Ausgestaltung des Werbemediums. Zu einem wesentlichen Teil liegt der Erfolg darin, wie die Kampagne auf der Website fortgesetzt und bis zum Abschluss geführt wird. Im Prinzip stellt die Marketing-Aktivität außerhalb der Website dann die Verlängerung eines Trichters dar, wie Sie ihn in Abschnitt 15.1.3 kennengelernt haben. Auch hier gilt es, von der Kampagne bis zur Conversion eine wohlgeformte Trichterform zu haben, so wie in Abbildung 15.11 dargestellt. Liegt der Flaschenhals oder die Verengung weiter oben, spricht dies dafür, dass die Kampagne nicht ganzheitlich durchdacht, das heißt nicht durchgängig bis auf die Conversion ausgerichtet ist. Dies ist beispielsweise dann der Fall, wenn die Botschaft einer Anzeige zwar bei vielen Leuten Interesse weckt, jedoch das Versprechen auf der Website nicht eingelöst wird.

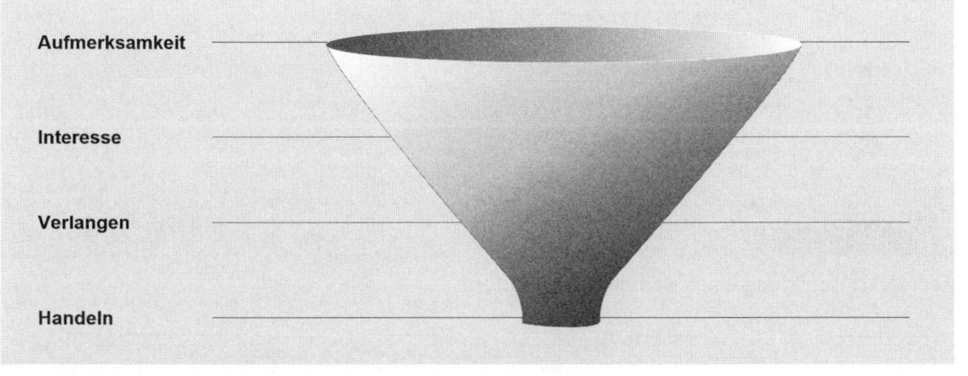

Abb. 15.11: Ausgewogener Besucher-Trichter von der Attention bis zur Action

In manchen Analytics-Systemen lassen sich nun Kampagnendaten wie Impression-Zahlen von Werbeschaltungen hinterlegen, sodass die Form solcher erweiterter Trichter genau wie für Conversion-Pfade analysiert werden können. Abbildung 15.12 zeigt einen so definierten und auf eine Kampagne gefilterten Trichter in der explorativen Datenanalyse von Google Analytics.

Allerdings handelt es sich dabei um eine ziemliche High-Level-Betrachtung, die sich für Optimierungsschritte nur bedingt eignet. Interessant wäre nämlich, nicht für eine ganze Kampagne, sondern zum Beispiel für jedes Mailing je Newsletter-Serie oder gar jedes einzelne Keyword einer Google-Ads-Anzeige einen solchen Trichter zu haben. Oft lassen sich dann erst in dieser Tiefe der Analyse oder über Vergleiche dazwischen sinnvolle Maßnahmen ableiten.

Trichter-Analysen auf Anzeigen- oder Keyword-Ebene bieten allerdings die wenigsten Analytics-Systeme standardmäßig an. Wenn man allerdings Segmentdefinitionen mit Trichter-Analysen verknüpft, dann lassen sich genau solche Betrachtungen anstellen und sogenannte Mikro-Trichter bilden. Voraussetzung dafür ist lediglich, dass ein Analytics-System über eine granulare Segmentierung verfügt, die auf Trichteranalysen angewendet werden kann.

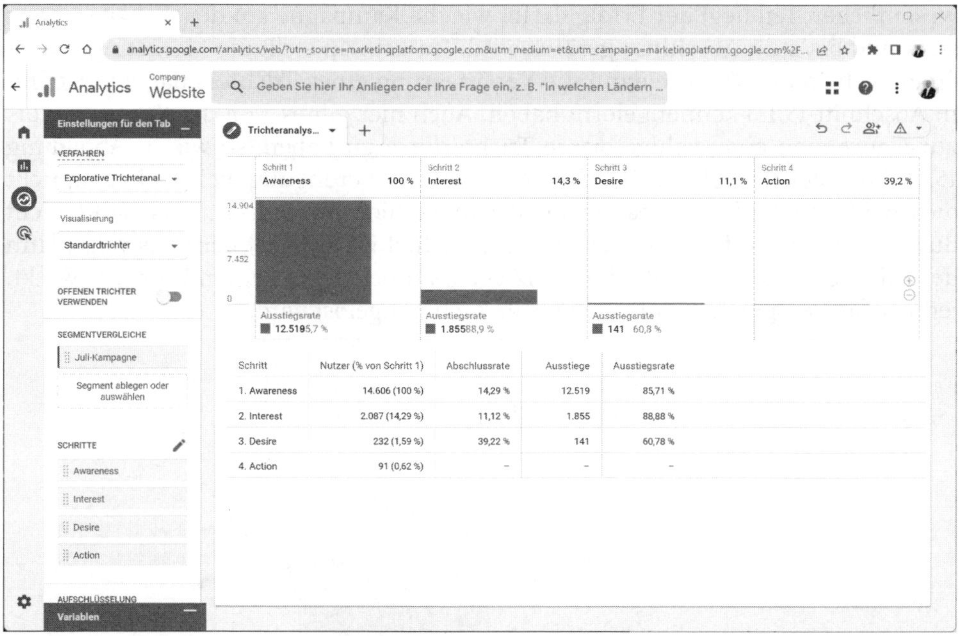

Abb. 15.12: Abbildung eines Kampagnen-Trichters

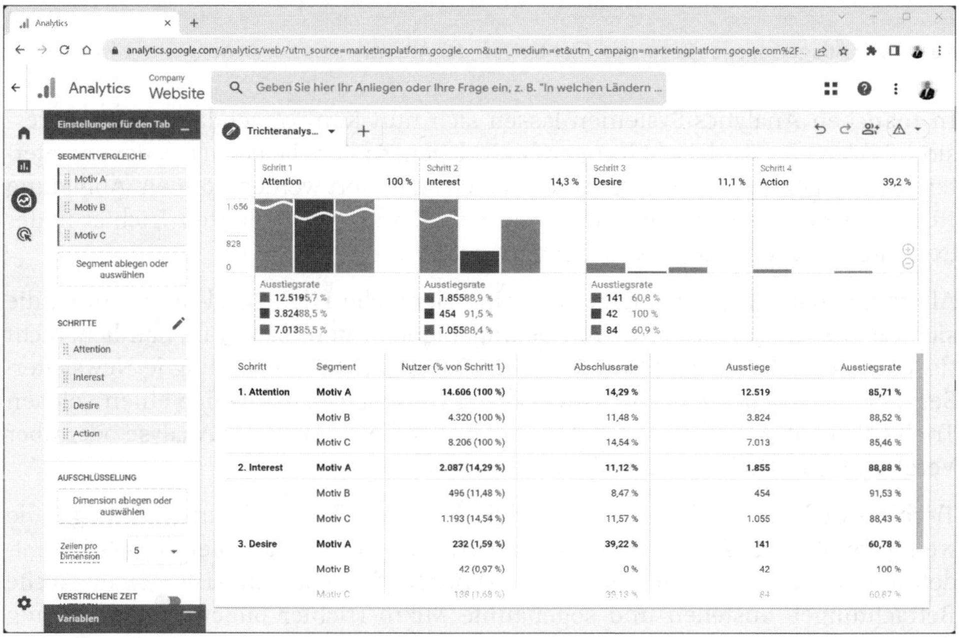

Abb. 15.13: »Mikro-Trichter« für verschiedene Motive einer Kampagne

In Google Analytics lassen sich auch in den Trichteranalysen Segmente anwenden, beziehungsweise miteinander vergleichen. Abbildung 15.13 zeigt, wie die AIDA-Mikro-Trichter für drei verschiedene Motive einer Kampagne ausschauen. Damit lassen sich schon einmal erste Unterschiede dessen erkennen, welche Motive es besser schaffen, nicht nur Aufmerksamkeit zu generieren, sondern auch nachhaltiges Interesse zu schaffen oder gar eine Conversion auszulösen. Je nach gewünschter Granularität erstellt man so kleine Segmente und Mikro-Trichter bis auf Ad-Gruppen- oder gar Keyword-Ebene. Bei zahlreichen solcher Mikro-Trichter macht allerdings ein Export dieser Daten in Excel oder andere Systeme Sinn, um flexibler zu vergleichen

15.3.2 Return on Investment bei Kampagnen

Die Conversion Rate ab einer Anzeige ist so etwas wie die integrale Betrachtung der Abstimmung von Anzeige und dahinterliegendem Website-Angebot. Damit lässt sich exzellent bestimmen, wie die Gesamtqualität einer Kampagne von der Kundenansprache bis hin zum Abschluss ist.

Sobald Kosten und Investitionen im Spiel sind – bei Kampagnen eigentlich immer der Fall –, interessiert jedoch nicht nur die Qualität, sondern auch, wie viel denn diese Qualität gekostet hat. Das Element für die gesamtheitliche Betrachtung auf monetärer Ebene heißt Return on Investment. In Kapitel 13 in Abschnitt 13.4 haben Sie den ROI und seine Berechnung bereits kennengelernt. Diese Metrik berücksichtigt nicht nur die Kosten von Marketing-Aktivitäten, sondern zieht auch die Conversion und den Wert einer Conversion mit in die Betrachtung ein. Etwas vereinfachend zum ROI wird im Kampagnenumfeld auch der Return on Advertising Spend (ROAS) zurate gezogen, der lediglich die Marketingausgaben als Investitionen in Relation zum dadurch generierten Umsatz (anstelle Gewinn) setzt.

Abbildung 15.14 zeigt eine in Google Analytics integrierte Google Ads-Auswertung, die je Kampagne aber auch Anzeigengruppen oder Keywords Kosten-, Conversion- und ROAS-Auswertungen anzeigt. Eine ROI-Berechnung ist in Google Analytics nur möglich, wenn man den Conversions Werte zugewiesen hat, die den effektiven Gewinnbeitrag bezeichnen. Schon die ROAS-Ansicht lässt vermuten, welche Kampagnen sich womöglich rentieren und daher forciert werden sollten – und welche sich sicher nicht lohnen. Liegt der ROAS unter 1, kostet die Kampagne schon mehr, als dass sie überhaupt Umsatz bringt. Üblicherweise wird sich erst ab einem ROAS von vier – das heißt die Kampagne generiert viermal mehr Umsatz, als sie gekostet hat – eine Kampagne auszahlen. Die genaue Grenze für die eigenen Produkte lässt sich dies allerdings nur mit einer ROI-Berechnung bestimmen, die im Falle von Google Analytics in einem anderen Analyse-Tool vorgenommen werden muss.

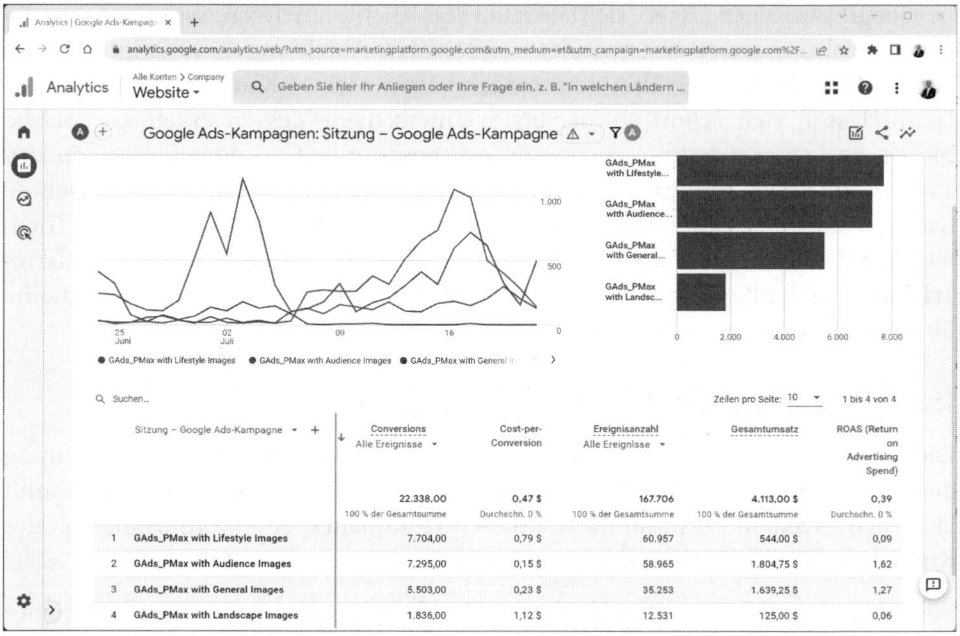

Abb. 15.14: Keyword-Kosten und daraus berechnete monetäre Metriken

Der Return on Investment besteht aus dem Verhältnis zwischen Gewinnbeitrag und Investition, oder anders ausgedrückt dem Wert einer Conversion und den Kosten dieser Conversion. Der Wert einer Conversion ist jener, den man für die Erreichung eines bestimmten Ziels hinterlegt hat – so wie in Kapitel 13 in Abschnitt 13.4 erarbeitet. Die Kosten einer Conversion erhält man hingegen, indem man die Kosten der gesamten Kampagne ins Verhältnis zur Conversion Rate setzt. Die Kosten je Kampagne sind bekannt – das ist die Media-Rechnung, die man für die Schaltung der Anzeigen erhält – allenfalls ergänzt um zusätzliche Auslagen für Agenturleistungen. Für Google Ads oder andere in das Analytics-System integrierte Kampagnenkosten sind die Kosten auch direkt in den Auswertungen ersichtlich.

Wenn man nun die Conversion Rate noch etwas weiter aufschlüsselt, dann steckt dahinter ja das Verhältnis zwischen Anzahl resultierender Conversions einer Kampagne zu Anzahl Besucher aus dieser Kampagne. Über diese Zusammenhänge sollte man sich im Klaren sein, bevor man zur ROI-basierten Optimierung einer Kampagne ansetzt. Abbildung 15.15 stellt diese Zusammenhänge nochmals dar.

Um sich über die nicht ganz einfachen Zusammenhänge klarzuwerden, hilft es, die Kampagnen nach ROI in einem Graphen aufzuzeichnen. Indem man zum Beispiel in Microsoft Excel die Kosten einer Conversion jeder Kampagne den Conversion-Werten einzelner Ziele gegenüberstellt, erhält man eine Ansicht, die eine verständlichere Entscheidungsbasis bietet als nur die Auswertungen in Analytics-

Systemen. Abbildung 15.16 zeigt beispielhaft Kosten-und-Wert-Gegenüberstellungen von einzelnen Google-Ads-Keywords sowie drei Display-Ad-Varianten.

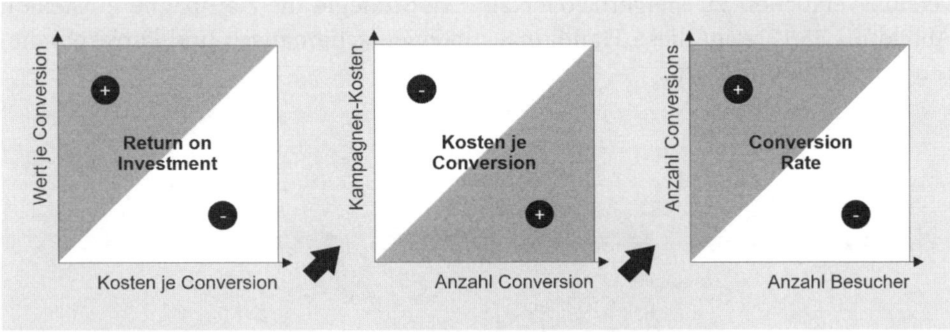

Abb. 15.15: Zusammensetzung des ROIs aus anderen Dimensionen

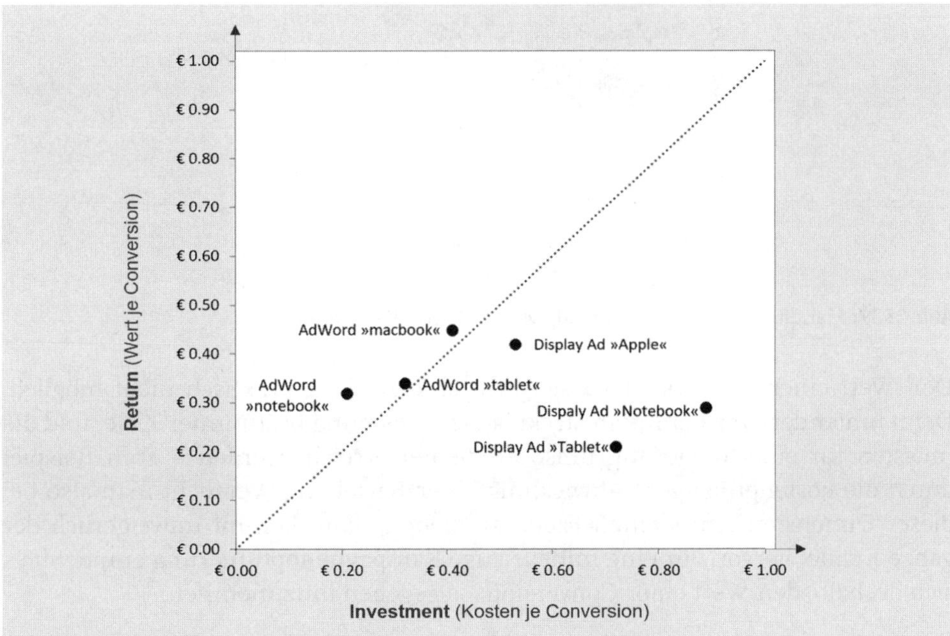

Abb. 15.16: ROI oder Kosten zum Wert von verschiedenen Kampagnen

Die Diagonale im Graphen markiert nun den Break-even, das heißt den Punkt, wo sich Investition und Ertrag ausgleichen. Kampagnen, die oberhalb der Diagonalen liegen, haben einen ROI größer eins und sind damit sinnvolle Investitionen. Bei allen Kampagnen unterhalb der Diagonalen ist hingegen Handlungsbedarf angesagt, da sie sich – zumindest in einer kurz- bis mittelfristigen Betrachtung – nicht auszahlen.

Wenn eine Kampagne nun im Graphen unterhalb der Break-even-Diagonalen zu liegen kommt, ergeben sich drei Handlungsstrategien. Entweder kann man versuchen, die Kosten je Conversion zu senken, man kann den Wertbeitrag einer Conversion versuchen zu steigern, oder als Exit-Strategie die Kampagne einstellen. Abbildung 15.17 zeigt diese Handlungsstrategien schematisch und korrespondierend zu Abbildung 15.16.

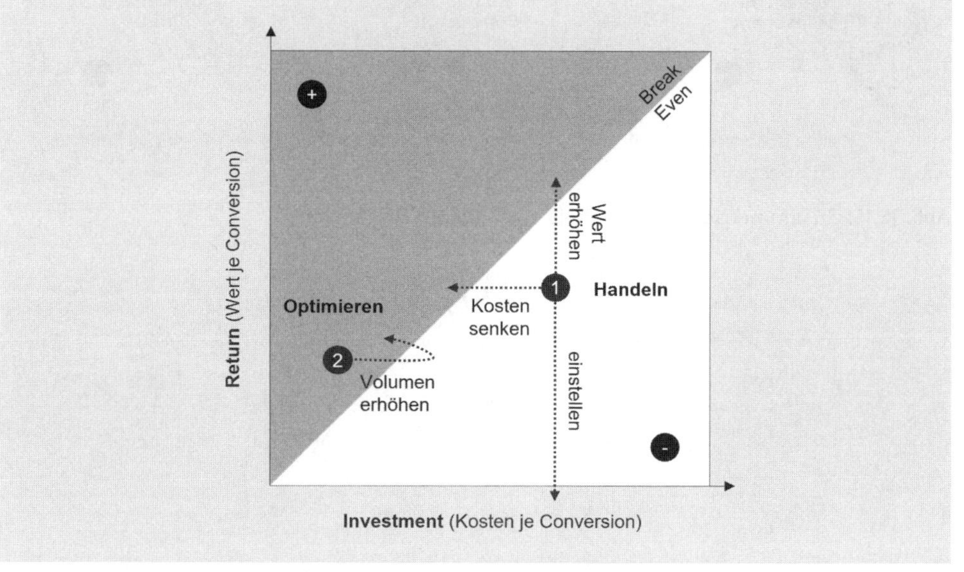

Abb. 15.17: Handlungsoptionen abhängig vom ROI von Kampagnen

Den Wert einer Conversion zu steigern ist kurzfristig praktisch nicht möglich. Denn hinter der Wertdefinition steckt ja die Erreichung bestimmter Ziele, und die müssten für eine Steigerung umso effizienter erreicht werden – zum Beispiel durch die kostengünstigere Abwicklung einer Bestellung. Versucht man also bei dieser Dimension, am kleinen Faden zu ziehen, dann kommt unweigerlich der ganze Knäuel hervor. Für eine mittelfristige Kampagnenoptimierung empfiehlt es sich deshalb, den Wert einer Conversion als gegeben hinzunehmen.

Die Kosten einer Conversion bieten hingegen mehr Spielraum. Denn wenn man sich die Zusammenhänge dahinter vor Augen hält (Abbildung 15.15), kann man versuchen, unter gleichbleibenden Umständen entweder die Gesamtkosten der Kampagne zu senken oder die Conversion Rate zu erhöhen.

Was die Erhöhung der Conversion Rate anbelangt, lässt sich dies wie in Abschnitt 15.1.2 beschrieben angehen. Das Senken der Kampagnenkosten als Alternativmöglichkeit sollte man jedoch auch prüfen – und das ist nicht einmal so unrealistisch. Da man ja die Grenze kennt, ab der eine Kampagne rentabel ist, kann man auch ganz einfach berechnen, welchen Betrag man maximal für eine Kampagne bezahlen kann. Die Entscheidungs- oder auch Verhandlungsposition gegenüber einem Plattformbetreiber ist dann klar und simpel: Entweder der Preis liegt unterhalb dieses Betrags – oder die Kampagne wird nicht mehr geschaltet. Wenn Sie jeweils ein einigermaßen großes Volumen an Werbung auf einer Plattform schalten, werden Sie erstaunt sein, zu welchen Konzessionen sich die Betreiber hinreißen lassen.

Auch bei anderen Kampagnenarten, wie Google Ads oder programmatischer Werbung, liegt das Senken der Kampagnenkosten im Rahmen des Möglichen bzw. gar in den eigenen Händen. Da Google Ads im Auktionsverfahren an die Meistbietenden verkauft werden und sich mehrheitlich aus dem gebotenen Betrag je Klick die Position einer Google-Ads-Anzeige ergibt, entsteht folgender Effekt: Will man sich viel Traffic in einem kurzen Zeitraum erkaufen, wird man seine Anzeige möglichst in den oberen Positionen schalten und deshalb verhältnismäßig viel Geld für einen einzelnen Besucher bzw. Klick bezahlen müssen. Kann man sich für die gleiche Anzahl an Besuchern mehr Zeit lassen, dann reichen auch günstigere Positionen in der Google-Ads-Reihenfolge. Durch Ausdehnung der Zeitspanne einer Google-Ads-Schaltung kann man also die gleiche Anzahl Besucher zu niedrigeren Kosten erhalten, womit der ROI der betreffenden Kampagne steigt.

Genau wie bei Display-Ad-Kampagnen kann man auch bei Google Ads den ROI nutzen, um den maximalen Betrag zu errechnen, den man für ein Keyword zu zahlen bereit ist. Der daraus abgeleitete Wertbeitrag je Klick definiert, wie viel man für den Klick auf die Anzeige maximal bezahlen darf, damit sie sich noch rentiert. Auch hier ist der Zusammenhang mit der Conversion Rate interessant, denn je höher diese ist, desto höher sind auch die Kosten pro Klick, die man sich maximal leisten kann. Mittelfristig wird das Erfolgsrezept bei der Optimierung von Google Ads deshalb darin liegen, die Conversion Rate von der Anzeige bis zur Zielerreichung zu erhöhen. Denn nur mit einer hohen Conversion Rate wird man sich langfristig die steigenden Klickkosten für begehrte Google-Ads-Positionen noch leisten können.

Neben solchen operativen Optimierungen von Kampagnen ergeben sich bei der Betrachtung eines ROI-Graphen auch noch einige strategische Überlegungen. Versucht man zum Beispiel die einzelnen Typen von Kampagnen wie Display-Ads, Google Ads, Direct Mailing oder E-Mail etwas zu gruppieren, lassen sich folgende Fragen untersuchen:

- Sind unterschiedliche Kampagnentypen oder Werbebotschaften nur für bestimmte Conversion-Ereignisse geeignet? Gibt es Ziele, die sich für bestimmte Kanäle besser eignen? Vielleicht findet man so heraus, dass Display-Kampagnen sich eher für Kontakt-Ziele eignen, Google Ads eher für Kaufziele.

- Können bestimmte Kanäle für das eigene Geschäftsmodell überhaupt effizient sein? Hat man beispielsweise bereits mehrere Display-Kampagnen gefahren und trotz Optimierungsversuchen nie den Break-even erreicht, dann eignet sich dieser Kanal möglicherweise nicht für das eigene Geschäft. Hat jedoch mindestens eine Kampagne gezeigt, dass ein Ertrag über die Zeit möglich ist, dann kann diese Kampagne als interner Benchmark für eine funktionierende Werbeform auf diesem Kanal gelten.

15.3.3 Multi-Channel-Trichter und Touchpoint-Attribution zum Kampagnen-Erfolg

Ein zentraler Punkt, der die ganzen Ausführungen nochmals etwas verkompliziert, ist bei den eben gemachten ROI-Betrachtungen noch ausgeblendet: nämlich, dass im Rahmen einer Kampagne selten nur eine Maßnahme oder ein Kanal dafür verantwortlich ist, dass ein Nutzer schließlich ein Conversion-Ziel erreicht. Vielmehr ist es im Rahmen einer Kampagne meist eine Kombination von verschiedenen Maßnahmen, die zum Erfolg führt. So wird ein E-Mailing vielleicht die Aufmerksamkeit wecken, aber noch keine Conversion auslösen. Eine zeitlich versetzte Einblendung eines Ads wird vielleicht das Interesse erhöhen, aber erst nach einer vertieften Recherche im Internet mit Bestätigungen aus dem Social Web wird schließlich eine Reaktion auf ein Google Ad ausgelöst und führt zur Conversion.

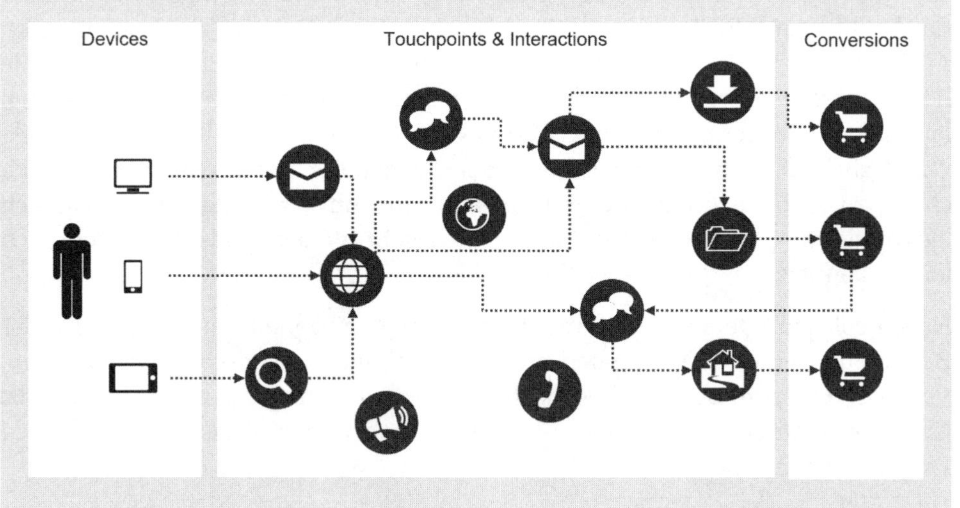

Abb. 15.18: Die nicht-lineare Reise eines Nutzers über verschiedene Kanäle bis zur Conversion

Wie wir bereits in Abschnitt 5.6 in Kapitel 5 gesehen haben, ist es heute Tatsache, dass aufgrund der Cookie- und Datenschutz-Thematik die vollständige Reise über verschiedene Kanäle mit normalen Analytics-Instrumenten nur noch beschränkt zusammenführbar ist. Wenn jedoch ein Besucher Links in verschiedene Quellen wie Suchmaschinen-Werbung, organische Suche, Display-Ads oder Verweise anklickt, die dann auf die Unternehmenswebsite führen, lässt sich diese Abfolge an so genutzten Kanälen in Analytics zusammenführen. Wenngleich nicht vollständig sind solche Multi-Channel-Auswertungen trotzdem interessant, da sie zeigen, welche Rolle ein Kanal häufig in Journey von Nutzer einnimmt.

Ob auch für das eigene Angebot die bezahlte Suche häufiger der letzte Kanal vor der Conversion ist, oder ob doch Nutzer eher mittels Direktzugriff zur Bestellung gelangen, erschließt sich aus solchen Berichten. Die Abbildung 15.19 zeigt, wie in Google Analytics kanalübergreifende Conversion-Pfade abgebildet werden. Für das Beispiel zeigt sich, dass die organische Suche in frühen und mittleren Phasen der Journey am häufigsten genutzt wird. Kurz vor dem Abschluss tippen die meisten Nutzer jedoch die URL der Website in den Browser ein – jedenfalls sind Direktzugriffe der häufigste genutzte Kanal bei späten Touchpoints. Auch Cross-Network-Werbung (auf einer Vielzahl von Netzwerk-Plattformen geschaltete Ads) scheint in diesem Beispiel besonders gut vor dem Abschluss zu funktionieren.

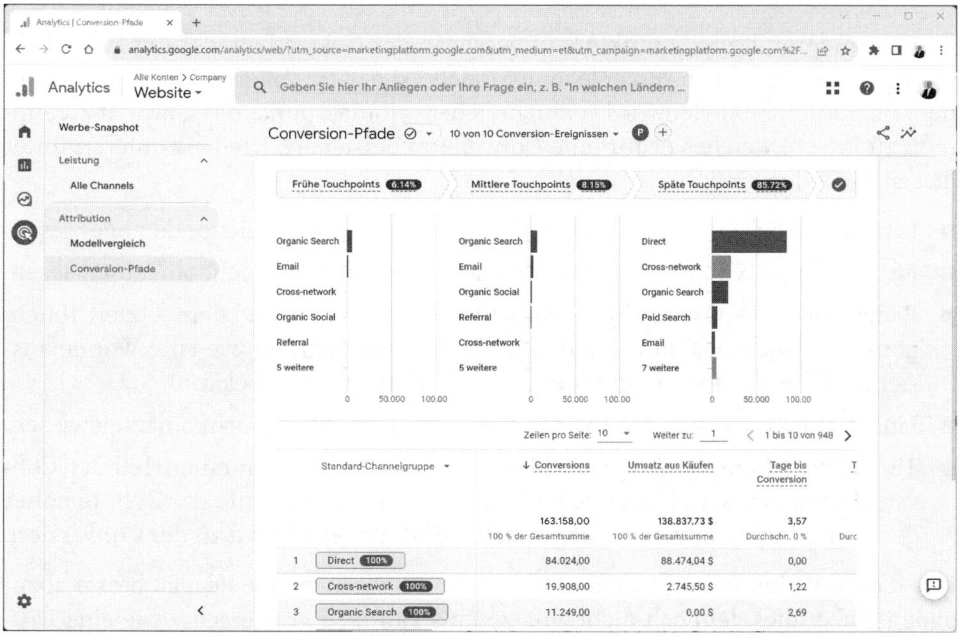

Abb. 15.19: Kanalübergreifende Conversions-Pfade

Wenn wir uns nun zurückerinnern an die weiter oben betrachteten ROI-Untersuchungen, dann beinhalteten diese eine Vereinfachung. Diese hatten nämlich nur jenen Touchpoint berücksichtigt, der in der Abfolge bei einem Nutzer als letzter vor der Conversion eine Rolle gespielt hatten. Dieser letzte Kanal erhält somit den gesamten Wert der Conversion zugesprochen. Dagegen gehen sämtliche anderen Touchpoints, die allenfalls einen Nutzer vorher zur Website geführt haben, leer aus. Diese, die Realität nur beschränkt abbildende »Last Touch«-Betrachtung, ist jedoch der Standard, der üblicherweise in Analytics-Systemen verwendet wird.

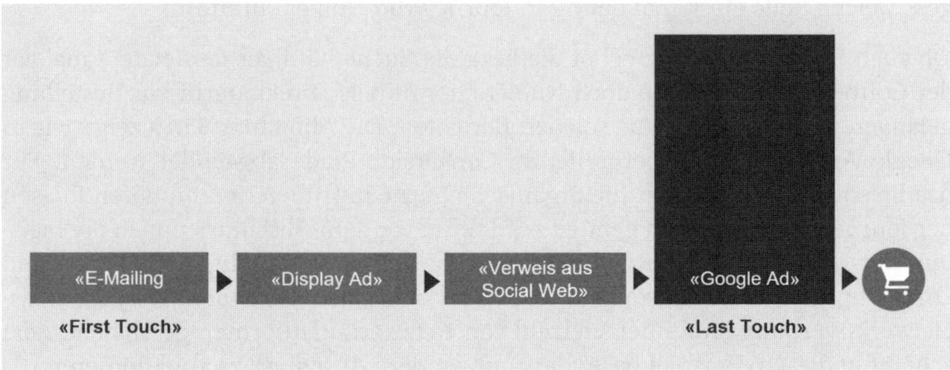

Abb. 15.20: Last-Touch-Betrachtung mit Conversion-Attribution zum letzten Kontakt

Um die anderen Kontaktpunkte nun besser in der Gesamtbetrachtung zu berücksichtigen, gibt es jedoch verschiedene Modelle, die dafür angewendet werden können. Bei diesen Modellen wird versucht, jedem Kontaktpunkt das Gewicht zukommen zu lassen, welches er für eine Conversion beisteuert. Die bekannteren unter diesen Modellen sind:

- **Last Click:** Die Conversion wird vollständig dem letzten Touchpoint zugewiesen.
- **First Click:** Die Conversion wird vollständig dem ersten Touchpoint zugewiesen.
- **Badewanne:** Die Conversion wird hälftig je dem ersten und dem letzten Touchpoint zugewiesen. Da dies in der grafischen Betrachtung wie eine Wanne aussieht, ist dieses Modell unter dem Begriff »Badewanne« bekannt.
- **Linear:** Die Conversion wird zu gleichen Anteilen jedem Touchpoint zugewiesen.
- **Time Decay (Verfallszeit):** Sämtliche Touchpoints erhalten einen Teil der Conversion zugewiesen, jedoch verfällt das Gewicht im Verlaufe der Zeit. Je näher der Kontakt zur Conversion liegt, desto höher ist sein Anteil an der Conversion.

Jede dieser Attributionen stellt ein Modell dar, das versucht, die Realität besser abzubilden – aber dies dennoch nicht eins zu eins kann. So »ungerecht« wie eine Last-Touch-Attribution den anderen Kontaktpunkten gegenüber ist, so ungerecht ist eine First-Touch-Betrachtung. Auch ein lineares Modell, das vielleicht als gerechte Kompromisslösung angeschaut werden könnte, kann genauso Kontaktpunkte vernachlässigen, die vielleicht in stärkerem Maße zur Conversion beigetragen haben.

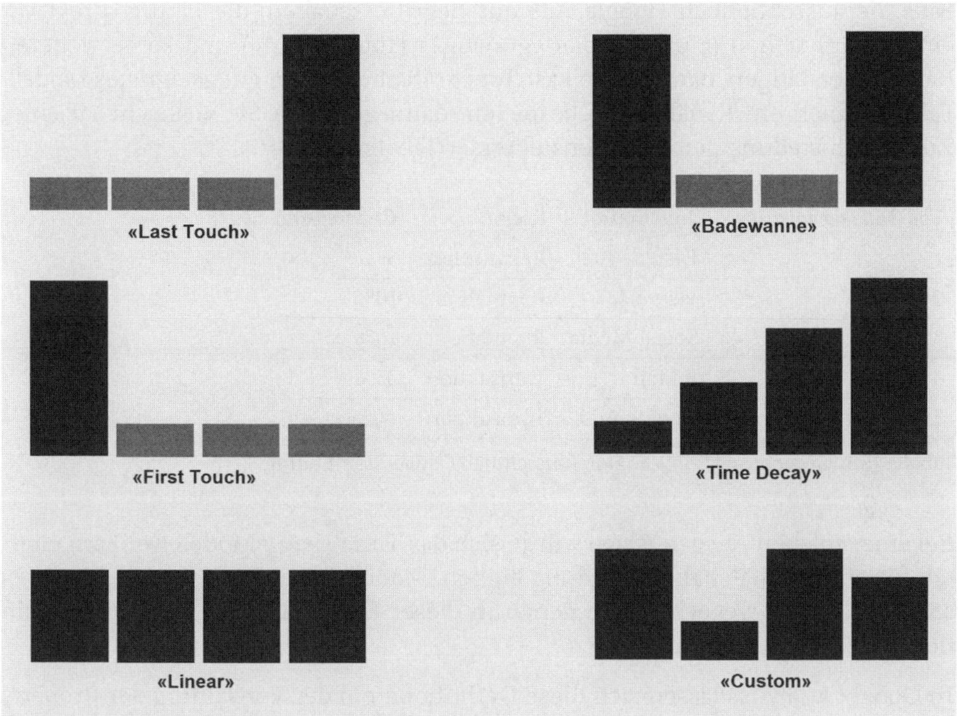

Abb. 15.21: Unterschiedliche Attributionsmodelle im Vergleich

Um dennoch das Modell zu finden, das der Realität am nächsten kommt, empfiehlt sich folgendes pragmatische Vorgehen:

- **User Journeys:** Überlegen Sie sich die wichtigsten Reise-Pfade, die ein Nutzer über die verschiedenen digitalen Kontaktpunkte vornimmt, bis er eine Conversion auf der Website tätigt.
- **Touchpoints:** Tragen Sie aus diesen Journeys die Kontaktpunkte zusammen, die eine wichtige Rolle einnehmen.
- **Gewichtung des Touchpoints:** Überlegen Sie sich, welche Rolle jeder dieser Touchpoints einnimmt oder wie Sie diesen Touchpoint in der Kommunikation nutzen. Je stärker der Kanal oder Touchpoint auf eine direkte Conversion abzielt, desto höher gewichten Sie ihn. Je weiter weg von der Conversion der Kanal seine Aufgabe hat – zum Beispiel um generelle Bekanntheit zu erzeugen oder Brandwerte zu vermitteln –, desto tiefer gewichten Sie den Beitrag des Touchpoints.
- **Abgleich mit Attributions-Modellen:** Vergleichen Sie nun diese Gewichtung mit den vorgestellten Attributions-Modellen und wählen Sie jenes aus, das Ihrer Gewichtung am nächsten kommt.

Falls Sie ausschließlich Google Ads auf Begriffe schalten, die häufig direkt vor einem Kauf stehen (zum Beispiel »günstiges Hotel Berlin«) und keine weiteren Kampagnen tätigen, dann ist die Last-Touch-Attribution ein gut geeignetes Modell. Falls Sie mehrere Kanäle aktiv bespielen, dann gelangen Sie vielleicht zu einer Zusammenstellung gemäß untenstehender Tabelle.

Pos. in User Journey	Touchpoint	Rolle	Gewichtung
1	Display-Ads	Bekanntheit	5%
2	Verweise	Reputation	10%
3	Social Media	Reputation	10%
4	E-Mail	Transaktion	35%
5	Google Ads	Transaktion	40%

Tabelle 15.1: Gewichtung von Kanälen hinsichtlich Conversion-Beitrag

Bei einer solchen Ausgangslage würde sich das Time-Decay-Modell wohl am ehesten für eine realitätsnahe Abbildung eignen. Manche Analytics-Systeme bieten es sogar an, solche Gewichtungen genau in dieser Form zu hinterlegen und so ein noch besseres Abbild zu schaffen.

In Google Analytics lassen sich diese Definitionen in der Verwaltung der Property treffen. Der Standard sieht jedoch ein Data-driven-Modell vor, das die Attribution mittels Data-Science exakter vornimmt. Für Fortgeschrittene lässt sich auch in anderen Systemen oder in Statistik-Werkzeugen wie R mittels Markow-Kettenmodell oder Shapley-Wert eine realistische Gewichtung für die Touchpoint-Attribution berechnen.

15.3.4 Schritt für Schritt zum ganzheitlichen Kampagnenerfolg

Unabhängig davon, ob es sich um Google Ads, Display-Ads verschiedener Formate oder Plattformen oder auch um E-Mail-Marketing-Maßnahmen handelt: Sämtliche Marketing-Aktivitäten lassen sich mit Conversion- und ROI-Betrachtungen auf Basis eines geeigneten Attributionsmodells in ihre Einzelbestandteile herunterbrechen und jeweils gleichermaßen optimieren.

Die Strategie dazu ist die folgende: Zuerst versucht man, einen gleichförmigen Trichter von den Werbeeinblendungen bis zur Conversion zu erzielen, so wie in Abschnitt 15.1.3 gezeigt. Am sinnvollsten optimiert man diesen Trichter nur bei einem Teil der eigentlichen Zielgruppe, also bei einer geringen Anzahl Display-Ad-Einblendungen oder einer Auswahl von E-Mail-Adressen aus dem Pool der E-Mailing-Empfänger. Sobald der Trichter für diese Testkampagnen optimiert abläuft, kann man die gesamte Zielgruppe ansprechen – also beispielsweise die Impressions erhöhen oder E-Mails an alle Empfänger versenden. Die maximale

Reichweite wird dabei vom ROI definiert: Der Empfängerkreis kann maximal so weit ausgedehnt werden, wie die Kampagne selbst noch einen Ertrag bringt.

Zusammengefasst gestaltet sich diese Strategie in folgende sechs Teilschritte aus:

1. **Kampagnenziel definieren:** Jede Kampagne muss auf ein Ziel auf der Website oder eines anderen digitalen Kanals ausgerichtet sein, entweder auf einen Erfolgsfaktor oder gar ein Global-Ziel. Dieses definiert man vor der Ausgestaltung der Kampagne. Lässt sich kein Digital-Ziel identifizieren, dann kann man sich die Kampagne schenken.
2. **Conversion und KPIs festlegen:** Mittels des definierten Kampagnen-Ziels lassen sich aus dem Analytics Framework die KPIs und die Conversion auslesen, die für die Kampagne Relevanz haben. Anhand dieser Metriken kann der Erfolg der Kampagne später gemessen werden
3. **Kanalstrategie und Zusammenspiel definieren:** Ausgehend von möglichen User Journeys erhält jeder Kanal oder Touchpoint seine Aufgabe zugeteilt. Entsprechend dieser Aufgabe, zum Beispiel Aufmerksamkeit generieren, Reputation schaffen oder Transaktion forcieren, wird der Kanal in der Kampagne bespielt.
4. **Conversion-Pfade optimieren:** Um von den durch die Kampagne aktivierten Nutzer zu profitieren, geht es in erster Linie darum, zuerst auf der Website alle Hindernisse aus dem Weg zu schaffen, die zwischen Landingpage und Ziel-Ereignis liegen. Solche Hindernisse können vielfach Usability-Probleme sein. In Abschnitt 15.2.4 finden sich einige Tipps für eine Usability-Verbesserung. In zweiter Linie geht es darum, dass der nächste Schritt des gedachten Conversion-Pfads für den Besucher immer prominent sichtbar ist. Als Messgröße für die Optimierung des Conversion-Pfads nutzt man die Conversion Rate ab der Landingpage.
5. **Landingpage optimieren:** Bei der Optimierung der Landingpage geht es darum, dem Besucher emotional und rational das Gefühl zu geben, dass er sich genau am richtigen Ort befindet. Dazu zählt, im Inhaltsbereich die Kernbotschaft, die zur Conversion überzeugen soll, kurz und prägnant zu formulieren. Alles, was von dem Conversion-Ziel ablenkt, zum Beispiel Werbung für andere Produkte, überflüssige Links und Navigationen, sollte man weglassen. Dafür helfen vertrauensbildende Elemente wie positive Kundenaussagen, Bilder oder schlicht der Brand bei der Vermittlung der Botschaft. Nützlich auf Landingpages ist ebenfalls das Austesten verschiedener Botschaften und Ansprachevarianten, zum Beispiel eine Ansprache mit Preisfokus versus einer solchen mit Fokus auf den Nutzen für den Besucher. Abschnitt 15.2.2 zu multivariatem Testing zeigt die Vorgehensweisen dazu. Als Metriken dafür, ob eine Landingpage anspricht und überzeugen kann, dienen Seitenhaftung, Seitenaufrufe je Besuch oder Verweildauer.
6. **Klickrate der Anzeige steigern:** Erst jetzt beschäftigen wir uns mit der Anzeige oder der Werbung. Ziel ist es nun, die Klickrate auf das Werbe-Element zu stei-

gern, ohne dass die Seitenhaftung oder die Conversion Rate sinkt. Genau dies ist nämlich die Gefahr, denn die Klickrate lässt sich durch reißerische Anzeigetexte oder Aufmache problemlos steigern, allerdings nicht zwingend zielorientiert. Der Kasten weiter unten in diesem Abschnitt gibt einige praktische Tipps zur nachhaltigen Verbesserung von Google-Ads-Anzeigen.

7. **Kampagnen-Volumen erhöhen:** Hat man derart die Kampagne von der Anzeige bis zur Conversion optimiert, lässt sich nun das Anzeige-Volumen erhöhen und die Adressaten einer Kampagne ausdehnen. Als Grenze für die Ausdehnung dient der ROI einer Kampagne. Über den ROI lässt sich der Maximalbetrag auslesen, wie viel eine bestehende Kampagne kosten darf. Abschnitt 15.3.2 hat sich näher mit diesen Berechnungen befasst.

Schließlich ist der Kampagnenerfolg dann praktisch sicher, wenn alles durchgängig von der Anzeige in verschiedenen Kanälen über die Landingpage bis hin zur Conversion fein aufeinander abgestimmt ist.

Tipps für die Optimierung von Google-Ads-Kampagnen

Google Ads sind seit langem eine der effizientesten Marketing-Aktivitäten, die es im Internet gibt. Der Grund für den Erfolg liegt darin, dass Suchmaschinenbenutzer mit Google Ads sehr transaktionsnah und bedürfnisspezifisch angesprochen werden können. Dies bedeutet, dass Suchende die Suchmaschine mit einem konkreten Ziel nutzen, das häufig darin besteht, einen Dienst oder ein Produkt zu finden und zu kaufen (Transaktion). Hinzu kommt, dass der Suchende seinen Wunsch auch noch ziemlich konkret formuliert, indem er Suchbegriffe ins Suchfeld eingibt. Auf diese zwei Faktoren ausgerichtete Anzeigen sind deshalb sehr effizient – weit effizienter als auf ein breites Publikum ausgerichtete Display-Werbung, die zum Beispiel auf einem News-Portal eingeblendet wird und dabei den Zielen des Nutzers eher hinderlich als zutragend ist.

Die Schaltung von Google Ads ist deshalb ein sehr lohnenswertes Marketing-Instrument. Einige Punkte gilt es aber dennoch zu beachten, wenn man erfolgreich sein will. Dazu zählen zum Beispiel:

- Anzeigen sollen relevante, originelle und wesentliche Inhalte enthalten.
- Der Text einer Anzeige muss einen klaren Bezug zum eingegebenen Suchbegriff aufweisen.
- Der Suchbegriff kann und soll in Überschrift und im Text der Anzeige aufgenommen werden.
- Die Überschrift soll knackig sein und die Neugier wecken. Dies kann zum Beispiel in der Formulierung als provokante Frage wie »Geschenk vergessen?« oder als Leistungsversprechen wie »Schlank in 4 Wochen!« münden.

- Der Anzeigentext soll etwas Substanz geben, aber natürlich in Kürze. Nach der Überschrift geht's nun darum, auszuführen, worum es geht. Die letzte der beiden Textzeilen soll schließlich als »Call-to-Action« formuliert sein, die den Besucher zur Handlung auffordert. »10-Tage-Testversion« oder »Gleich hier kaufen« sind Beispiele von gut formulierten Call-to-Actions. Auch Verknappungen wie »Nur bis 30.6.« oder »Solange Vorrat reicht« eignen sich als Auslöser für eine Benutzeraktion.

Was schließlich am besten funktioniert, lässt sich mittels der Kampagnen-Verwaltung von Google sehr gut herausfinden – zum Beispiel indem man zwei unterschiedliche Anzeigen-Versionen über eine bestimmte Zeit gegeneinander laufen lässt und Klickraten wie Conversions überwacht.

Kapitel 16

Websites mit Analytics zielorientiert neu konzipieren

So, nun haben wir uns über mehrere Hundert Seiten damit beschäftigt, wie man eine bestehende Website analysiert, um sie nachher zu optimieren. »Kann man Websites eigentlich nicht auch schon von Anfang an richtig bauen, anstatt sie nachträglich optimieren zu müssen?«

So blöd die Frage vielleicht zuerst klingen mag, sie hat durchaus eine Berechtigung. Natürlich ändern sich Inhalte und Angebote im Verlaufe des Lebens einer Website, sodass diese vielleicht nicht mehr gut auffindbar sind. Natürlich gibt es immer wieder neue Produkte, die promotet werden wollen, und natürlich kann sich die Zusammensetzung der Besucher einer Website komplett ändern. Trotzdem stößt man aber mit Analytics-Untersuchungen immer wieder auf Ursachen, die man eigentlich auch schon bei der ursprünglichen Erstellung der Website hätte wissen müssen. Zum Beispiel, dass man wichtige Funktionen wie eine Suchfunktion oder einen Bestellprozess nicht irgendwo in der Navigation verstecken, sondern prominent hervorheben sollte.

Damit es in Zukunft nicht überflüssiger Optimierungsschritte bedarf, befasst sich das letzte Kapitel des Buches damit, wie man die wertvollen Erkenntnisse aus Analytics-Untersuchungen in die Erstellung oder in das Redesign einer Website einfließen lässt.

16.1 Allgemeine Erkenntnisse für die Website-Konzeption

Wenn Sie sich intensiv mit Ihrer Website beschäftigen, werden Sie feststellen, dass sich schon innerhalb eines Jahres sehr viel ändert, was auf die Website Einfluss hat. Vielleicht erweitert Ihr Unternehmen die Geschäftsfelder, ändert die Kommunikationsstrategie – oder die Menge der Inhalte auf der Website wächst ins Unermessliche. So gut ein Grundgerüst einer Website auch sein mag, meist gelangt es nach zwei oder drei Jahren intensiven Betriebs an seine Grenzen. Dann ist es an der Zeit für eine grundlegende Website-Überarbeitung oder ein Redesign.

Die Konzeption einer neuen Website ist eine durchaus komplizierte Angelegenheit. Viele Faktoren und Anforderungen aus ganz unterschiedlichen Bereichen treffen jeweils aufeinander: Die Site soll das Unternehmen und den Brand repräsentieren, Benutzerbedürfnisse treffen, nützlich und nutzbar für den Besucher sein, einen hohen Erlebnisfaktor aufweisen, gut auffindbar in Suchmaschinen sein, auch für Behinderte zugänglich sein sowie mittels eines effizienten und einfachen Publikationsmechanismus die Inhaltsredaktion erleichtern. Schließlich soll natürlich mit dem Auftritt auch noch ein Geschäftsziel verfolgt werden, also zum Beispiel ein Verkaufs- oder Kommunikationszweck abgedeckt sein. Auch nicht zu vergessen ist, dass das Ganze auch noch technisch einigermaßen kostengünstig realisiert werden soll – oder zumindest gewisse Restriktionen bestehen, was das Budget anbelangt.

All diese Faktoren unter einen Hut zu bringen, ist eine Herausforderung und mit Bestimmtheit nicht in einem Kapitel eines Buches zu Digital Analytics abhandelbar. Dafür gibt es dedizierte Literatur, zum Beispiel für die Teilbereiche User Experience und Kreation Inga Reeps *Joy-of-Use* oder bezüglich des Informationsaufbaus von Websites Henrik Arndts *Integrierte Informationsarchitektur*.

Unabhängig von der Vorgehensweise und Methodik, wie man nun eine neue Website konzipiert oder eine bestehende grundlegend überarbeitet, haben wir jedoch durch die Analytics-Untersuchungen in den vergangenen Kapiteln einen immensen Erfahrungsschatz rund um unsere Website aufgebaut. Besonders hilfreich für jede Art einer Website-Konzeption sind dabei:

- **Das Verständnis für den Besucher:** Wir wissen bereits ziemlich gut, wer unsere Besucher sind, was ihre Ziele und Motivationen sind und wie sie sich verhalten.
- **Das Verständnis für Inhalte:** Wir wissen Bescheid darüber, welche Inhalte interessant und überzeugend sind und was von unseren Besuchern nachgefragt wird.
- **Das Geschick für die Benutzerführung:** Wir haben die Möglichkeiten ausgelotet, die Besucher am ehesten zu einem von uns gewünschten Ziel hinführen.
- **Das Bewusstsein für Usability-Hürden:** Wir kennen die Hauptfehler aus Usability-Sichtweise und wissen diese zu vermeiden.
- **Die Fähigkeit der Kundenansprache:** Wir verfügen aus multivariaten Tests über einen breiten Erfahrungsschatz darüber, auf welche Art und Weise man die Besucher am erfolgversprechendsten anspricht.
- **Die Kenntnis der Digitalkanal-Ziele:** Schließlich wissen wir sehr genau, welche Ziele mit der Website verfolgt werden sollen.

All dies wird zur wertvollen Basis, zum Beispiel für die visuelle Gestaltung einer Website, den benutzerzentrierten Aufbau von Inhalten und Informationsblöcken oder die Erstellung von Navigationselementen.

16.2 Benutzer zu Conversion-Ereignissen führen

Darüber hinaus lässt sich jedoch auch die Philosophie, mit der wir mit Analytics-Instrumenten Konversionspfade vom »Landen« des Besuchers auf der Website bis hin zur Zielerreichung gelegt haben, für die Neugestaltung von Websites nutzen.

In Kapitel 12 haben wir uns damit beschäftigt, wie man die Ziele einer Website oder eines anderen digitalen Kanals definiert. Davon ableitend haben wir nach bestehenden Aktivitäten und Zwischenschritten gesucht, die diesen Zielen beisteuern. Ist man sich erst einmal den generischen Zielen einer Website bewusst geworden, lassen sich jedoch mit der gleichen Vorgehensweise nicht nur bestehende, sondern auch neue Aktivitäten finden, die zielorientiert sind.

Hilfreich bei der Identifikation solcher neuen Zwischenschritte ist uns dabei das AIDA-Modell, wie Sie es in Kapitel 15 kennengelernt haben. Mit der Zieldefinition für die Website hat man sozusagen die letzte Stufe in der AIDA-Denkweise, die Action oder Handlung, festgelegt. Stufe für Stufe kann man sich nun rückwärts bewegen, indem man sich überlegt, welche Aktivitäten, Inhalte oder Funktionen das Interesse und das Verlangen nach der definierten Handlung stützen. Damit kreiert man sozusagen einen Trichter von unten her, indem man beim Flaschenhals beginnt und diesen langsam und gleichförmig nach oben öffnet.

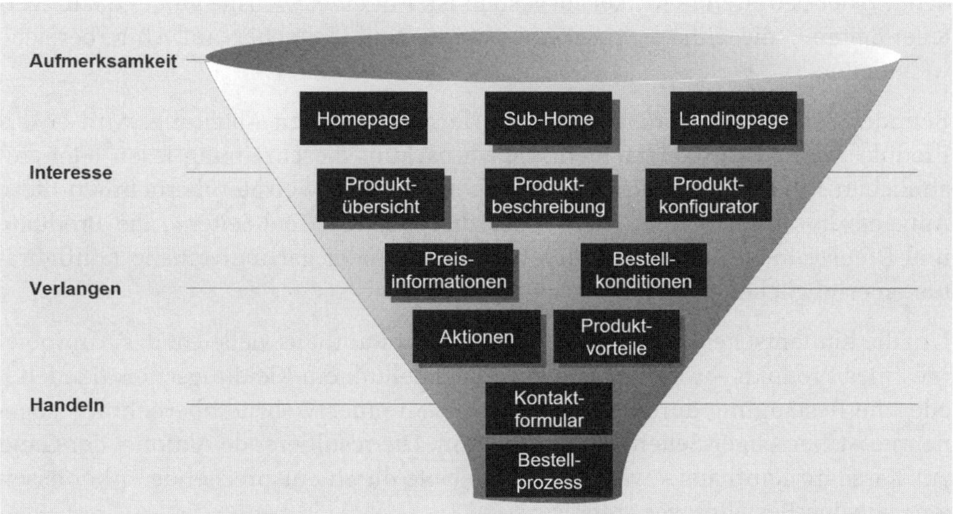

Abb. 16.1: Verschiedene Seiten einer Website und deren Aufgabe im Ziel-Trichter

Jede Seite einer Website erhält so eine Aufgabe, definiert durch die Stufe, die sie auf dem Weg zwischen Landingpage und Website-Ziel einnimmt. Die Homepage oder eine Landingpage hat so normalerweise die Aufgabe, eintreffende Besucher zu »fangen«, indem sie deren Aufmerksamkeit weckt. Beschreibungen des Angebots, Übersichten und gegebenenfalls Produktvergleichsseiten haben die Funktion, mittels Information das geweckte Interesse der Besucher zu stillen. Seiten, die die Produktvorteile nochmals zusammenfassen oder in einer zeitlichen oder mengenmäßigen Verknappung des Angebots den Abschluss forcieren wollen, fördern das Verlangen nach dem angebotenen Produkt oder Service. Abschlussseiten wie Kontaktformulare oder die Bestellauslösung markieren dann die Aktion, die der Erreichung des Ziels vorgelagert ist.

16.3 Besucherflüsse auf der Website planen

Die unterschiedlichen Aufgaben von Seiten einer Website kann man sich auch in der Analogie zu einem Kaufhaus vor Augen führen. Die Schaufenster eines solchen Kaufhauses, die auf die viel begangene Fußgängerzone ausgerichtet sind, haben den Zweck, die Aufmerksamkeit von Passanten zu erlangen und sie in das Kaufhaus hineinzulocken. Auf der Website übernehmen diese Aufgabe die »Fänger-Seiten« wie Landingpages oder auch die Homepage.

Ist ein Passant im Kaufhaus, wird er erst mal in der Absicht vorgehen, die im Schaufenster gesehenen Artikel näher zu betrachten. Dazu wird er sich anhand von Informationstafeln orientieren, um das Stockwerk oder die Abteilung zu finden, wo der betreffende Artikel ausgestellt ist. Auf einer Website gibt es dazu »Verteiler-Seiten«, die Inhalte zusammenfassen und Besucher auf Unterbereiche weiterleiten.

Befindet sich ein Kaufhausbesucher in der gewünschten Abteilung, wird er das Produkt seiner Gunst betrachten, die Verpackungsbeschreibung lesen oder mit ähnlichen Produkten im Regal vergleichen. Auf der Website übernehmen diese Aufgabe die »Informierer-Seiten« oder die »Service-/Tool-Seiten«, die Produkte und Dienste möglichst ausführlich beschreiben oder gar individuelle Konfigurationen ermöglichen.

Um die Kaufentscheidung zu forcieren, hilft im Kaufhaus vielleicht das Anprobieren eines Produkts – wenn es sich zum Beispiel um ein Kleidungsstück handelt – oder die Bestätigung durch den Verkäufer. Auf einer Website übernehmen sogenannte »Überzeuger-Seiten« diese Funktion. Die resultierende Aktion – der Gang zur Kasse im Kaufhaus – wird auf der Website durch entsprechende »Aktionsseiten« wie den Bestellprozess repräsentiert.

Solche funktionsabhängigen Seitentypen haben Sie bereits in Kapitel 9 in Abschnitt 9.4.2 im Zusammenhang mit der Bewertung der Attraktivität von Seiten kennengelernt. Dort ging es darum, dass je nach Seitentyp die Werte von Metriken eine unterschiedliche Aussagekraft haben. Im Zusammenhang mit der zielorientierten Ausrichtung von Webseiten lässt sich nun auch erkennen, dass die Seitenfunktionen einen Conversion-Pfad ergeben, wenn man sie in der richtigen Reihenfolge nacheinander reiht. Abbildung 16.2 zeigt den gedachten Pfad des Besuchers über verschiedene Seitentypen.

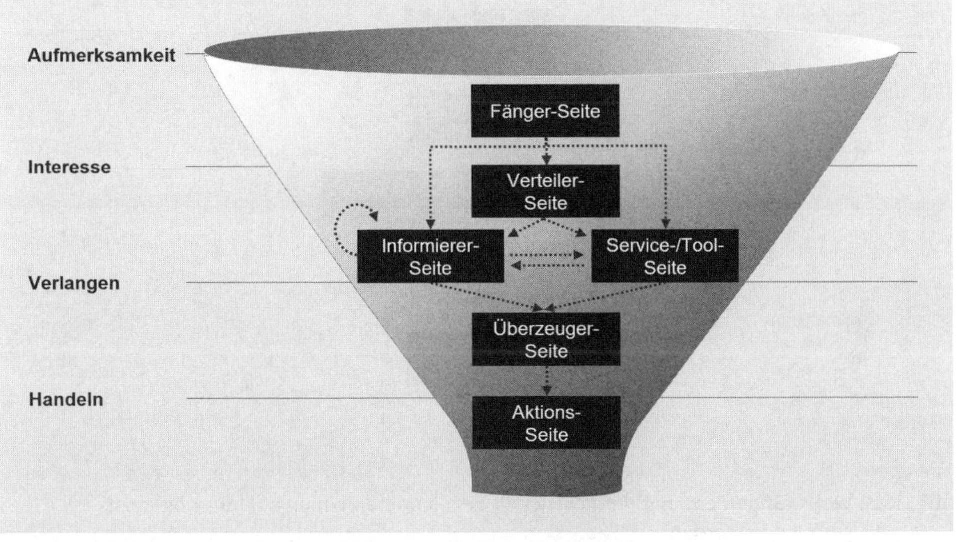

Abb. 16.2: Geeigneter Seitentyp abhängig von der Situation des Besuchers

Auf Fänger-Seiten folgt so entweder eine Verteiler-Seite oder direkt Informierer- oder Service-/Tool-Seiten. Da es bei letzteren drei Seitentypen erst einmal darum geht, das Informationsbedürfnis des Besuchers zu klären, muss der Pfad nicht ganz linear verlaufen und wird in den meisten Fällen über mehrere Verteiler- oder Informierer-Seiten gehen. Dann allerdings sollte der Pfad geradlinig über die Überzeuger-Seite zur Aktionsseite gehen.

Entscheidend bei der Ausgestaltung der Pfade ist insbesondere, dass die Schritte zurück auf höhere Ebenen nicht forciert werden. Einem Besucher, der sich bereits auf einer Überzeuger-Seite befindet, sollte man nicht noch weiterführende Informationen oder gar Alternativ-Produkte anbieten und ihn so von der Aktion ablenken. Einem Kaufhausbesucher, der bereits in der Schlange an der Kasse steht, präsentiert man ja auch keine Angebote mehr, für die er zurück in den zweiten Stock müsste. Höchstens die Kaugummis und Süßigkeiten, die sich auch in der Schlange stehend noch in den Warenkorb legen lassen, sind dann noch als Upselling-Möglichkeit erlaubt.

Abbildung 16.3 zeigt auf, in welche Richtung im Web solche Inhalts-Verlinkungen zwischen unterschiedlichen Seitentypen erfolgen sollten bzw. welche Varianten eben nicht zielführend sind. Dies gilt natürlich nur für Elemente im Inhaltsbereich einer Seite. Bei Navigationselementen wie Haupt-Navigation oder Bread-Crumb-

Pfad, die zur Orientierung oder Navigation dienen, sind solche Rück-Verlinkungen ein zentrales Element, das keinesfalls weggelassen werden darf.

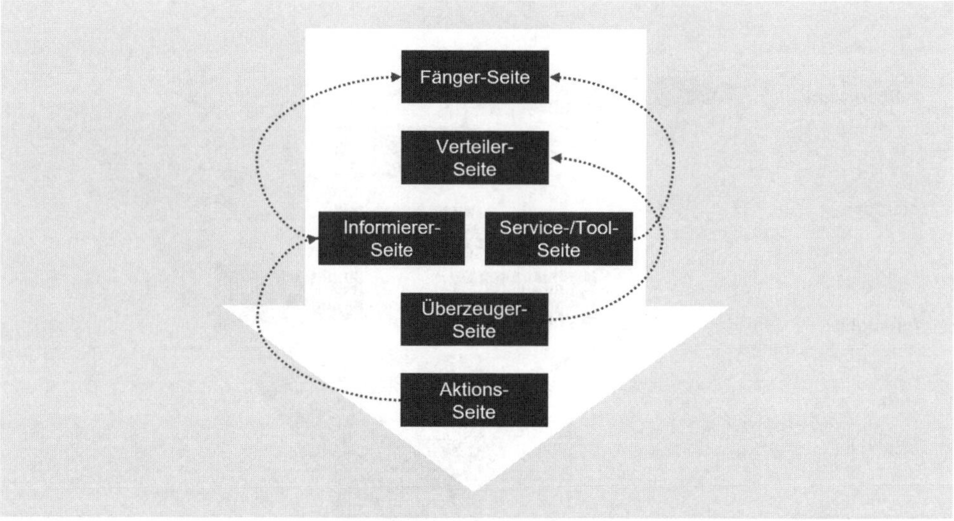

Abb. 16.3: Verlinkungen entlang der gestrichelt gezeichneten Linien sollten möglichst vermieden werden.

16.4 Seitentypen funktionsorientiert definieren

Konsequent angewendet bedeutet dies, dass jede Seite eines Webauftritts genau eine Funktion hat und diese im Inhaltsbereich abbildet. Diese Reduktion auf eine Funktion einer Seite ist zwar nicht immer ganz einfach zu realisieren, aber eine wichtige und richtige Abgrenzung einer Seite. Im Ergebnis resultieren daraus sehr fokussierte Seiten, die nicht nur in Bezug auf die Benutzerführung Vorteile aufweisen, sondern auch in Bereichen wie Suchmaschinenoptimierung oder allgemeine Benutzbarkeit. Eine Seite mit einem sehr starken Fokus auf ein Thema lässt sich so zum Beispiel besser inhaltlich auf bestimmte Keywords und somit auf die Auffindbarkeit bei Suchmaschinen optimieren. Für einen Besucher der Seite ist zudem immer sofort und klar ersichtlich, worum es auf der Seite geht. Dadurch kann er schneller entscheiden, ob ihm die Seite einen Nutzen bringt oder nicht.

Trotz des starken Fokus einer Seite auf eine Funktion dürfen natürlich auch ergänzende, nicht der Funktion zusteuernde Elemente enthalten sein. Dies ist sogar notwendig, um den Besucher einen Schritt weiter auf die nächste Stufe im Conversion-Pfad zu bringen. Abbildung 16.4 zeigt auf der linken Seite eine mögliche Informationsarchitektur einer Fänger-Seite. Während der Inhaltsbereich für die Hauptfunktion der Seite genutzt wird, verweisen Elemente am rechten und unteren Seitenrand auf Aktions-, Informierer- oder Verteiler-Seiten. Sie versuchen damit, den Besucher auf die nächste Stufe zu führen. Die rechte Seite von Abbildung 16.4 zeigt ein reales Beispiel einer typischen Fänger-Seite, das mit einem emotionalen und großflächigen Bildelement die Fängerfunktion auszuüben versucht.

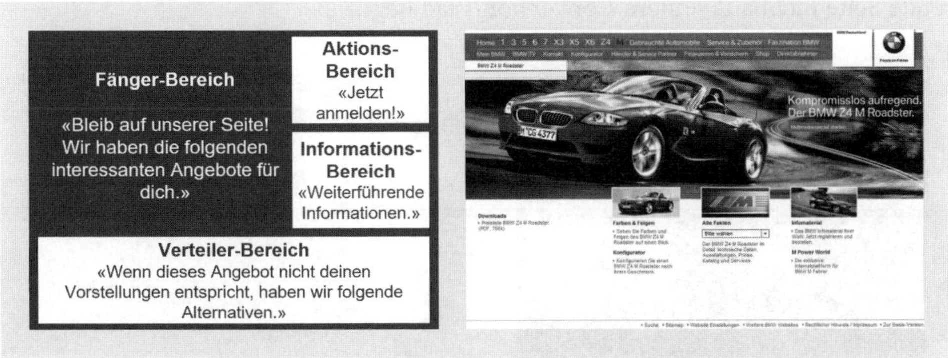

Abb. 16.4: Informationsarchitektur und Beispiel einer typischen Fänger-Seite

Vielfach ist es sinnvoll, die dahinterliegende Aktion bzw. das Website-Ziel bereits auf der Fänger-Seite zu platzieren. Dies ermöglicht einen Schnelleinstieg für all jene, die bereits informiert und überzeugt sind. Vielfach werden solche Einstiege von Wiederbesuchern benutzt, die sich bereits informiert haben und nun ohne Umwege zum Abschluss gelangen möchten.

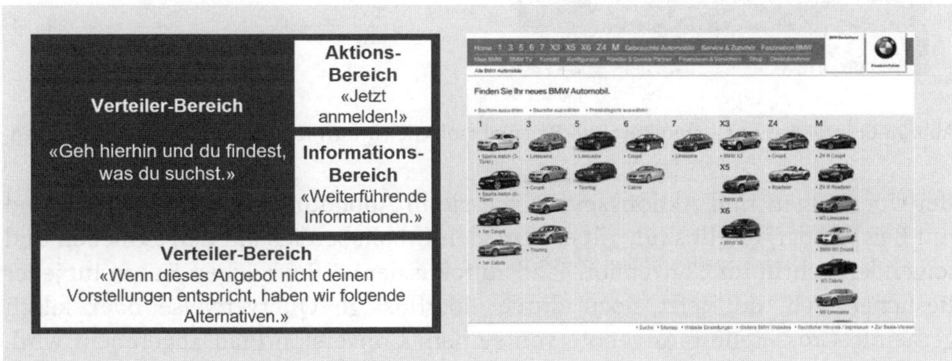

Abb. 16.5: Informationsarchitektur und Beispiel einer typischen Verteiler-Seite

Sowohl bei Fänger- wie bei Verteiler-Seiten (oder auch den weiteren Seitentypen mit Ausnahme der Überzeuger- und Aktionsseiten) kann es sein, dass Besucher zwar interessiert sind, aber eigentlich etwas anderes gesucht haben. Dies erkennen sie aber vielfach erst, nachdem sie die Seite aufgerufen und sich über den Inhalt im Klaren sind. Auch Besucher, die über Suchmaschinen direkt auf Unterseiten eingestiegen sind, finden eventuell auf der Seite nicht genau das, was sie gesucht haben. Deshalb ist es zweckmäßig, am besten am Ende einer Seite auf ähnliche Inhalte oder Angebote hinzuweisen. Ein solches Verteiler-Element stellt dann sozusagen die Alternative dar, um den Besucher auf der Website zu behalten und ihn auch dann noch zu seinem gewünschten Ziel zu führen, wenn die betreffende Seite nicht auf seinem Conversion-Pfad liegt.

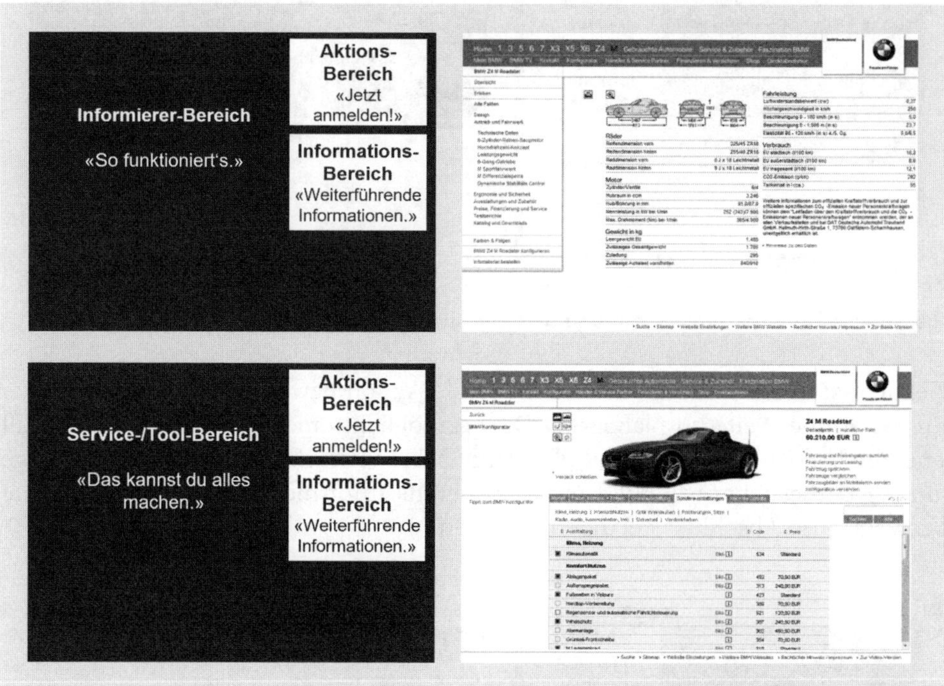

Abb. 16.6: Informationsarchitektur und Beispiel typischer Informierer- und Service-/Tool-Seiten

Bei Überzeuger- und Aktionsseiten, wie sie in Abbildung 16.7 schematisch und mit Beispiel dargestellt sind, gilt es nun, den Inhaltsbereich auf den aktuellen und folgenden Schritt im Conversion-Pfad zu fokussieren. Bei solchen Seiten tut jeder Besucher weh, der jetzt noch durch überflüssige Querverweise oder falsch gemeinte Cross-Selling-Angebote von seinem Conversion-Pfad abgebracht wird. Informations- oder Verteiler-Bereiche sollten auf solchen Seitentypen deshalb leer gelassen werden.

Websites, die bereits von Beginn an in dieser Form aufgebaut werden, werden in einem hohen Maße die gesetzten Ziele erreichen. Natürlich sind weitere Erfolgsfaktoren genauso zu berücksichtigen, zum Beispiel ein professionelles Design, das die Botschaft der Website stützt, sowie ein benutzerzentrierter Informationsaufbau. Auch die fehlerfreie und performante technische Umsetzung trägt schließlich das Ihrige zum Erfolg bei.

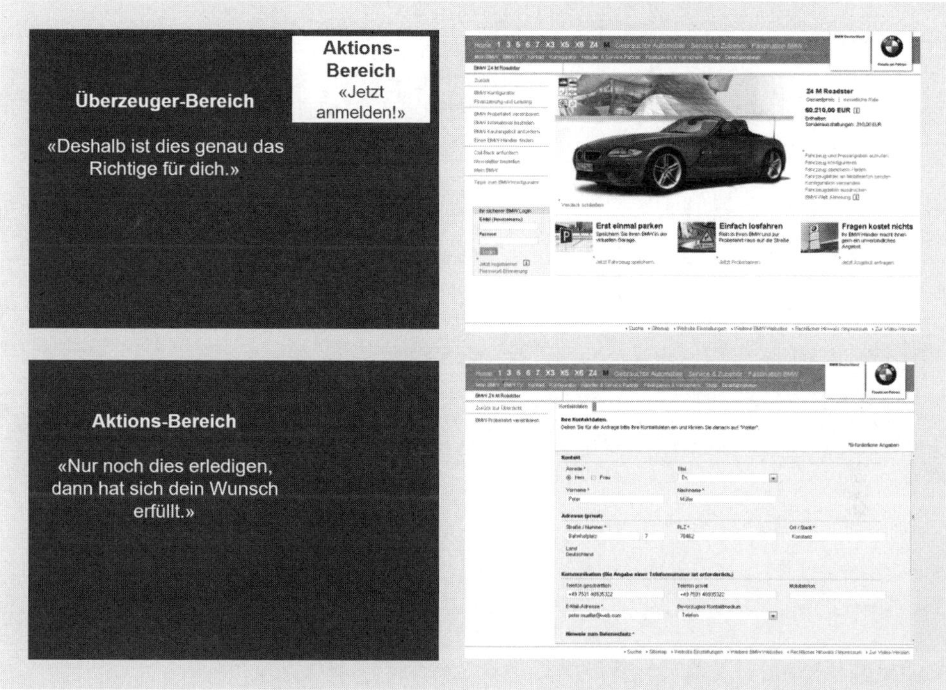

Abb. 16.7: Informationsarchitektur und Beispiel einer typischer Überzeuger- und Aktionsseiten

Ganz sicher lassen sich solche ziel- und konvertierungsfokussierten Websites später besonders einfach mit Analytics messen und optimieren. Denn die Ziele und Conversion-Ereignisse sind schon von Anfang an klar gegeben und brauchen nur noch im Analytics-System hinterlegt zu werden. Damit kann man seine Zeit mehr in die weiteren Optimierungsschritte investieren – und solche gibt es ja immer, egal auf welchem Niveau man sich befindet.

Literaturangaben

Angel, G., Hadary, J., Legutko, P.: Functionalism: A New Approach to Web Analytics, `http://www.semphonic.com/resources/wpaper_005.pdf` (03.08.2008)

Arndt, H.: Integrierte Informationsarchitektur – Die erfolgreiche Konzeption professioneller Websites, Berlin 2006

Cooper, A., Reimann, R., Cronin, D.: About Face 3 – The Essentials of Interaction Design, Indianapolis 2007

Cooper, A.: The Inmates Are Running the Asylum – Why High-tech Products Drive Us Crazy and How to Restore the Sanity, Toronto 2004

Few, S.: Information Dashboard Design – Displaying Data for At-A-Glance Monitoring, Burlingame 2013

Hassler, M.: Von Data-driven zu People-based Marketing, Frechen 2021

Kaushik, A.: Web Analytics – An Hour a Day, Indianapolis 2007

Kermorgant V., Manninen, I.: Implementing Web Analytics the Nokia Way – A Customer's Methodology, online

Nielson, J., Loranger, H.: Prioritizing Web Usability, Berkeley 2006

Peterson, E. T.: The Big Book of Key Performance Indicators, online 2006

Peterson, E. T.: Web Analytics Demystified, Portland 2004

Reeps, I.: Joy-of-Use – Ästhetik, Emotion und User Experience für interaktive Produkte, Saarbrücken 2006

Sterne, J., Cutler, M: E-Metrics – Business Metrics For The New Economy, `http://www.targeting.com/emetrics.pdf` (03.08.2008)

Sterne, J.: Web Metrics – Proven Methods for Measuring Web Site Success, New York 2002

Tullis, T., Albert, B.: Measuring the User Experience – Collecting, Analyzing, and Presenting Usability Metrics, Burlington 2008

Stichwortverzeichnis

C

F

G

H

I

W

X

Y

Z